노출치료의 혁신

저자의 또 다른 저서

일반 독자를 위해

강박장애 극복하기: 2판:
삶을 되돌리기 위한 10단계 워크북

조나단 S. 아브레모위츠

스트레스 줄이기 워크북:
스트레스를 줄이고, 전념하고,
갈등을 최소화하는 간단한 전략

조나단 S. 아브레모위츠

2판

노출치료의 혁신
Exposure Therapy for Anxiety

- 억제학습이론을 기반으로 -

조나단 S. 아브레모위츠 JONATHAN S. ABRAMOWITZ

브렛 J. 디콘 BRETT J. DEACON

스티븐 P.H. 화이트사이드 STEPHEN P.H. WHITESIDE

삶과지식
Life and Knowledge Publishing

노출치료의 혁신

저자_ 조나단 S. 아브레모위츠 / 브렛 J. 디콘 / 스티븐 P.H. 화이트사이드
역자_ 김선욱 / 전유진 / 맥락행동과학 연구회

초판 1쇄 인쇄_ 2021. 06. 28.
초판 1쇄 발행_ 2021. 07. 12.

발행처_ 삶과지식
발행인_ 김미화
편집_ 박시우(Siwoo Park)
디자인_ 다인디자인(E.S. Park)

등록번호_ 제2010-000048호
등록일자_ 2010-08-23

서울시 강서구 강서대로45라길 55-22, 102호
전화_ 02-2667-7447
이메일_ dove0723@naver.com

ISBN 979-11-85324-56-2 93000

불안을 어떻게 이해하고 극복해야 하는지에 대해
많은 걸 가르쳐준 환자들과 우리를 지도한 치료자들에게;

아내 스테이시와 사랑스러운 딸 에밀리와 밀리암에게
나의 모든 사랑을 담아서 바칩니다.

— J.S.A.(조나단 S. 아브레모위츠)

나의 아름다운 가족인 메렉, 한나, 헤일리, 샤론과
로버트 디콘을 추모하며
나의 모든 사랑과 감사한 마음을 담아서 바칩니다.

— B.J.D.(브렛 J. 디콘)

인내와 격려에 감사하며
캐서린과 제네바에게 바칩니다.

— S.P.H.W(스티븐 P.H. 화이트사이드)

|서문|

최근 30년간 불안장애에 대한 경험적으로 입증된 치료 매뉴얼이 매우 유행하고 있다. 이런 치료 매뉴얼은 상당히 유용하지만 종종 일률적인 가정을 가지고 만들었다는 비판을 받기도 한다. 즉 특정한 '불안장애'를 가진 모든 환자는 유사한 '전형적' 증상이 있고, 특정 문제를 보이는 모든 환자는 동일한 치료 계획에 따라 시행되는 동일한 치료 기법이 필요하며 그 기법에 반응할 것이라 가정하고 있다. 또한, 질환에 초점을 맞춘 매뉴얼은 하나의 불안장애가 있는 사람은 다른 불안장애의 증상을 갖지 않는다거나, 모든 환자는 진단 범주에 깔끔하게 맞아떨어질 것이라고 가정한다. 하지만 연구 결과와 임상 경험은 위의 모든 가정에 의문을 던진다. 치료 개입의 효능과 효과를 입증하는 연구는 대개 동일한 표본을 대상으로 동일한 치료 매뉴얼로 수행한다. 따라서 특정 질환에 대한 매뉴얼이 연구 수행에는 중요하지만, 전형적인 임상 환경에서는 유용성이 떨어질 수 있다. 임상 불안은 진료 현장에서 다양하고 복잡한 형태로 나타나는 경우가 많다. 예를 들어 사회불안이 있는 많은 사람이 공황발작, 알코올이나 약물 남용을 보인다.

불안장애에 대한 다양한 치료 매뉴얼을 대략 살펴보면 어느 정도 다양성은 있지만 각 매뉴얼의 가장 중요한 항목은 *치료적 노출*이라는 본질적으로 동일한 기법이다. 치료적 노출은 환자가 두려움을 직면하도록 돕는 기법이다. 과도한 두려움과 연관된 상황이나 자극에 반복적으로 장기간 직면하면 공포 소거가 촉진된다. 그 이유는 노출을 통해 이전에 생각했던 만큼 상황과 자극이 위험하지 않으며 불안과 두려움 자체가 해롭지 않다는 걸 배우기 때문이다. 따라서 질환별 치료 매뉴얼의 주된 차이점은 각 불안장애에서 보이는 특징적인 두려운 상황, 자극, 맥락과 단서와 직면할 수 있게 노출을 계획하고 구성하는 방법이다. 예를 들어 사회불안 치료 매뉴얼은 환자가 수행하고 평가받는 사회적 상황에 직면할 수 있게 임상의가 어떻게 최선의 계획을 세울 수 있는지 논한다. 강박장애 치료 매뉴얼은 강박 의식compulsive rituals 없이 칼, 화장실 또는 묘지와 같이 강박적 두려움을 유발할 수 있는 물건 또는 장소에 대한 노출을 계획할 수 있도록 돕는다.

이런 점을 염두에 두고 *노출치료의 혁신*을 집필하였고, 다양한 임상 불안 문제에 노출치료를 적용할 때 필요한 포괄적이고 실질적인 지침을 한 권의 책에 담고자 하였다. 이 책은 폭넓은 영역을 다루고 있으며, 임상과 연구에 밀접하게 관련된 내용을 담고 있어 진료하는 임상의, 연구자, 학생들의 관심을 끌 만한 책이다. 반복해서 강조하는 중요한 사실은 공포 소거를 촉진하는 노출이 *환자의 진단 범주나 상태와 상관없이* 과도한 임상적 두려움과 불안을 극복하는 효과적인 변화 기전이라는 점이다. 여기서 효과적이라는 의미는 경험적으로 입증되었거나 '근거 기반'이라는 뜻이다. 이 책에서는 각각의 불안장애에 노출을 어떻게 적용할까에 초점을 맞추는 대신, 다양한 양상으로 나타나는 임상 불안과 공포를 극복하기 위해 어떻게 노출치료의 원칙을 적용하는지에 초점을 맞췄다. 따라서 하나 또는 그 이상의 불안장애를 진단받은 환자 또는 진단 기준에 부합하지 않는 환자에게서도 활용할 수 있다.

여러 가지 기술을 능숙하게 익혀야 노출치료를 성공적으로 적용할 수 있다. 동물 공포증처럼 노출치료의 적용이 상대적으로 간단한 경우도 있고 지옥에 가지 않을까, 40년 후에 암에 걸리지 않을까, 운전 중에 보행자를 치지 않을까 하는 강박적 공포처럼 노출을 적용하기에 개념적으로 혼란스러운 경우도 있다. 외상후스트레스장애처럼 외상 사건을 상기시키는 자극을 만나면 공포를 경험하는 외상 생존자의 경우는 노출치료의 실행이 쉽지 않다. 하지만 불안의 내용이 어떻든 상관없이 임상의는 자신감을 가지고 감정적으로 힘든 치료에 환자를 참여시킬 수 있어야 한다. 이를 위해 노출치료에 관한 우리의 광범위한 지식과 임상적 전문기술을 공유하여 독자가 도전적인 노출을 계획하고 실행할 때 도움이 되고자 한다. 독자들이 이해하기 쉽게 쓴 노출의 역사와 과학, 쉽게 따를 수 있는 임상 불안의 다양한 요소에 관한 평가 지침을 읽은 뒤 치료를 설계하고 실행하다 보면 노출 활용에 대해 자신감이 증가할 것이다. 또 노출 실습에 대한 풍부한 임상 사례와 아이디어는 임상가로 하여금 매우 독특한 문제를 가진 환자에게도 노출을 고안하고 적용할 수 있는 능력을 키워줄 것이다.

이 책의 2판에서는 무엇이 달라졌을까? 불안에 대한 노출치료는 1판이 출간된 이후로 개념과 실제에서 몇 가지 중요한 발전이 이뤄졌다. 따라서 이러한 발전을 반영하기 위해 책의 모든 장을 개정하였다. 학습, 기억, 공포 소거에 관한 새로운 연구 결과를 노출치료에 적용하였다. 그 결과 노출을 보는 관점을 1판의 *정서 처리* 관점에서 *억제 학습* 관점으로 옮겼다. 더 구체적으로 정서 처리 관점은 노출 시도 중에 두려움의 감소를 강조하는 반면 억제 학습 모델은 장기적인 공포의 재발을 방지하기 위해 소거 학습의 강도와 연속성을 최대화하는 데 초점을 맞춘다. 따라서 노출 회기 중과 회기 사이에 불안의 습관화에만 초점을 맞추지 않고 2판에서는 공포 소거를 더 완전하고 오래 유지하기 위해 노출에 추가적인 방법을 적용하는 데 초점을 맞추고 있다. 2판은 완전히 새로운 두 개의 장이 추가되었다. 21장은 노출치료에 테크놀로지의 활용에 관한 장이며, 22장은 수용전념행동치료acceptance and commitment therapy, ACT의 틀 속에서 노출치료를 진행하는 방법에 관한 장이다.

1판에서처럼 이 책은 3부분으로 나뉜다. 1부는 노출치료의 실제에 필수적인 주제를 담고 있는 6개의 장으로 이뤄져 있다. 1장은 노출의 정의와 역사적 관점을 보여 준다. 2장은 불안과 관련된 문제에 노출의 효과를 입증하는 연구를 검토하였다. 3장은 노출치료 활용의 개념적 기초를 제공하고 임상 불안의 속성과 치료에 관해 논한다. 4,5장은 매우 실질적인 내용을 담고 있다. 여기에는 전문적인 평가 기법 및 치료 계획을 세우는 방법과 환자가 치료에 참여할 준비가 되었는지 확인할 수 있는 방법을 담고 있다. 6장은 다양한 노출기법을 적용하는 방법에 관한 전반적인 개관이다.

2부는 9개의 장으로 이뤄져 있으며 각 장은 임상 불안과 공포를 유발할 수 있는 상황과 자극, 그리고 효과가 확립된 치료적 노출에 대해 유형별로 다루고 있다. 7-15장은 상대적으로 짧지만, 매우 실질적인 내용을 담고 있는 장으로, 4-6장에 나온 내용을 각각의 공포 유형에 적용하는 방법을 기술하고 있다. 위의 장들은 읽기 쉽고 장별로 비교를 용이하게 하기 위해 치료 계획의 예시와 설명에 도움이 되는 임상 사례를 제시하고 있다.

3부는 8개의 장으로 임상의들이 일상적으로 마주하는 중요한 부수적인 주제를 다루고 있다. 16장은 임상에서 흔한 복잡한 문제를 다루는 방법, 17장은 소아에게서 노출치료는 어떻게 적용해야 하는지, 18장은 가족이나 부부 치료의 맥락에서 작업할 때, 19장은 약물치료를 받는 환자에게서의 노출치료, 20장은 노출치료가 끝난 이후에도 호전된 상태를 유지하는 방법에 관한 내용이다. 21장은 노출 적용에 테크놀로지 활용하기, 22장은 ACT 관점에서 노출치료 시행하기이며 두 개의 장은 앞서 언급했듯이 완전히 새로운 장이다. 마지막 장인 23장은 노출치료의 위험과 이익 그리고 노출치료에서 고려해야 할 윤리 문제를 짚고 있다.

이상적으로는 심리치료 기법에 관한 책은 평가와 개입의 원칙을 설명하고 치료 방법에 대한 지침을 임상의에게 주어야 한다. 이러한 책을 쓸 때 다양한 환자에게 적용할 수 있도록 추상적인 치료 원칙을 자세하게 구체화하는 동시에 지나치게 자세해서 내용이 너무 길고 복잡하여 읽기가 어렵지 않아야 한다. 이런 균형을 맞추는 일은 불안이 있는 환자를 치료하는 상황과 매우 유사하다. 왜냐하면, 임상 불안의 양상은 매우 광범위하고 환자마다 독특하기 때문이다. 사실 노출치료뿐만 아니라 어떤 다른 치료라도 환자가 호소하는 셀 수 없이 다양한 임상 불안과 공포를 모두 충분히 다루는 것은 불가능하다. 따라서 이런 문제를 해결하기 위해 우리는 가장 흔히 나타나는 임상 불안에 대해 합리적이고 표준화된 사례 개념화와 치료 지침을 제공하고, 임상 진료에서 마주칠 가능성이 있는 좀 더 특이적인 양상을 다룰 때는 지속적인 평가와 유연성, 그리고 창의력이 필요하다고 강조한다. 대부분의 경우, 예상치 못한 장벽은 노출치료의 기초를 이루는 개념적 원칙을 따름으로써 해결할 수 있다.

| 감사의 글 |

이 책에서 우리는 임상 불안 문제를 어떻게 이해하고 치료하는지에 대해 설명하고 있다. 여기에서 밝힌 개념 모델과 개입 전략은 우리가 배우고, 또 기여하기도 한 과학 문헌의 견고한 토대에 바탕을 두고 있다. 이 지식을 배우고 새로운 지식을 추가할 수 있게 도와준 모든 사람에게 감사 인사를 하고 싶다. 함께 작업한 수많은 환자들, 우리가 지도한 치료자들과 우리의 성장과 배움에 중요한 역할을 한 뛰어난 교수와 학생들에게 감사한다. 선생님과 멘토 역할을 했던 몇 분은 마땅히 특별하게 언급할 필요가 있다. 에드나 포아Edna Foa, 마틴 프랭클린Martin Franklin, 아서 후츠Arthur Houts, 폴 케틀웰Paul Kettlewell, 마이클 코작Michael Kozak, 돈 리남Don Lynam과 데이비드 발렌타이너David Valenteiner. 이분들의 통찰에 감사드리고 그들이 어떻게 이 책에 영향을 주었는지를 발견할 수 있기를 바란다. 우리는 불안 분야의 훌륭한 임상의와 학자들과 협력할 수 있는 뛰어난 관계 네트워크가 있어서 굉장히 운이 좋았다. 특히 샤넌 블레이키Shannon Blakey, 미셸 크레스케Michelle Craske, 줄리 다만Julie Dammann, 리안 자코비Ryan Jacoby, 사라 칼시Sarah Kalsy, 딘 맥케이Dean McKay, 분미 올라툰지Bunmi Olatunji, 브래드 리만Brad Riemann, 에릭 스토치Eric Storch, 스티븐 테일러Steven Taylor, 마이크 티에드Mike Tiede, 데이비드 톨린David Tolin, 패트릭 맥그래스Patrick McGrath, 조시 켐프Josh Kemp, 닉 파렐Nick Farrell에게 감사하다. 이들을 통해 우리는 이 책에서 논의한 개념과 기법에 관한 생각을 다듬을 수 있었다. 그리고 무엇보다도 집필에 몰두하고 있을 때 인내심 있게 기다려준 가족에게 감사하고 싶다. 우리가 가족을 자랑스러워하듯 가족들도 우리가 자랑스러웠으면 좋겠다.

|역자 서문|

수많은 치료법이 만들어지고 임상에 도입되었다가 과학적 연구를 통해 효과가 없다고 사라지거나 처음 생각했던 것과는 달리 그다지 매력적인 결과를 보이지 않는 경우가 많다. 하지만 노출치료는 오랜 기간 그 효과가 입증되었으며 기초과학의 새로운 발견을 받아들이며 끊임없이 발전해 나가는 분야이다. 아마도 단일 요법으로 노출치료만큼 효과를 볼 수 있는 치료법은 달리 없을 것이다. 공포증에서 체계적 탈감작과 홍수법, 강박장애에서 노출 및 반응억제법, 공황장애에서 내적 감각 노출 등이 노출치료의 대표적인 예가 된다.

하지만 노출치료를 제대로 알려주거나 자세히 배울 기회가 없어 몇 번 시도해 보다가 자기 것으로 만들지 못하고 점점 사용하지 않는 경우가 많다. 가장 효과적인 치료법을 가장 적게 사용하는 아이러니가 반복되고 있는 것이다. 여기에는 여러 가지 이유가 있겠지만 가장 큰 원인은 노출을 둘러싼 오해에 있다. 역자 또한 크라스케의 이론이나 이 책을 접하기 전까지는 노출은 그저 SUDS 점수를 매긴 후 낮은 것에서 높은 것으로 충분한 시간을 가지고 자극에 둔감해지기를 기다리는 것인 줄 알았다. 하지만 미셸 크라스케의 억제학습이론이 나온 후 노출치료는 하나의 혁명을 겪고 있다. 크라스케가 누구였던가? 수십 년간 발로우와 함께 불안장애의 임상 매뉴얼을 개발한 임상가이자 연구자이다. 누구보다 철저하게 임상 실제에서의 효과를 중시하는 그녀는 탄탄한 실험실 자료를 바탕으로 노출이 효과를 발휘하는 기전을 새로 쓰고 있다. 억제학습이론을 받아들이면서 노출치료는 단순히 습관화보다는 공포학습을 억제하기 위한 안전학습을 최적화하는 전략에 초점을 두게 되었다.

저자인 아브레모위츠는 노출치료에 관한 문헌 중에 그의 논문을 인용하지 않는 곳이 없을 정도로 노출치료의 대가이다. 이 책이 혁신적인 이유는 그런 아브레모위츠가 자신의 기존 관점을 기꺼이 포기했다는 점이다. 자신이 그동안 신봉했던 정서처리이론을 버리고 기억과 학습에 관한 최근의 과학적 성과인 억제학습관점을 받아들였다. 따라서 이 책의 1판과 지금의 책 사이에는 엄청난 관점의 차이가 있다. 대가가 자신의 기반 이론을 전면적으로 수정하는 일은 쉽지 않다.

이 책은 노출치료의 역사와 개념, 노출을 계획하고 실행하는 전략을 비롯하여 임상 현장에서 흔히 만나는 불안장애에 노출치료를 적용하는 구체적인 방법을 풍부한 사례를 들어 설명하고 있다. 또, 소아에서의 노출치료, 약물 병용 문제 등 노출치료를 시행하면서 만나게 되는 다양한 문제에 대한 해결책과 새로운 테크놀로지를 노출에 접목하는 방안을 제시하고 있다. 여기에 더해 대표적인 3동향 행동치료인 수용전념치료의 관점에서 노출을 실행하는 방법을 기술하는 등 노출치료에 관해 광범위하고 포괄적인 내용을 담고 있다. 아무쪼록 이 책을 통해 여러 임상가들이 노출의 신세계를 접하기를 바라고 임상에서 더욱 활용할 수 있으면 좋겠다.

끝으로 번역에 함께 참여하고 격려와 조언을 아끼지 않은 '맥락행동과학 연구회'의 모든 회원분께 감사를 전한다. 함께 공부하는 연구회가 있어 지적으로 나태해지지 않고, 근거 기반 지식으로 임상 진료에 임할 수 있어 지면을 빌어 고마움을 전한다.

- 역자 일동

|목차|

◆

1부 ─────── 노출치료의 기초 ───────

◆

◆

참고문헌은 https://kcbs.ne.kr/books 에서
다운로드 받으실 수 있습니다.

노출치료의 기초
The Fundamentals of Exposure Therapy

이 책의 1부는 6개의 장으로 구성되어 있으며, 임상에서 노출치료를 적용하여 불안 문제를 치료할 때 핵심이 되는 주제를 다루고 있다. 1장에서는 노출치료의 정의와 역사를, 2장에서는 불안과 관련된 문제를 치료할 때 노출의 효능을 증명한 연구들을 검토한다. 3장에서는 임상 불안clinical anxiety*의 특성과 노출치료의 개념적 근거에 관해 논의한다. 4장과 5장은 매우 실용적인 장으로, 노출치료에 특화된 평가 기법을 소개한다. 또한, 노출치료 계획을 설계하는 방안에 대해 설명하고, 환자가 노출에 참여할 수 있도록 준비하는 과정에 대해 다룬다. 6장도 노출기법을 어떻게 시행할 것인가에 관한 개요를 실용적으로 제시한다.

임상 불안은 매우 다양한 모습으로 나타나며, 환자들의 호소도 사람마다 다 다르다. 따라서 이 책의 1부, 특히 3장에서 6장까지는 사례 개념화, 평가, 치료 시행에 관한 일반적인 틀framework을 설명하고, 2부에서는 이러한 틀을 임상 불안의 다양한 양상에 적용하는 구체적인 방법에 대해 다룰 것이다.

---

*이 책에서는 DSM과 같은 범주적 진단보다는 초진단적 접근에 따라 불안장애보다는 임상 불안이라는 용어를 주로 사용하고 있다. 임상 불안은 진단과 상관없이 임상적으로 문제가 되는 불안을 말한다.

불안에 대한
노출치료의 개요 및 역사
Overview and History of Exposure Therapy for Anxiety

인간이 느끼는 공포는 형용할 수 없을 정도로 다양하다. 어떤 사람은 엘리베이터를 타거나 다리 위를 운전한다는 생각만으로도 식은땀을 흘리고, 또 어떤 사람은 크거나 작거나, 살아있는지 죽었는지 상관없이 특정 동물을 마주하는 것, 자제력을 잃는 것, 다른 사람 앞에서 말하는 것, 생리적 각성을 경험하는 것 등을 두려워한다. 그리고 또 다른 사람들은 영원불멸의 저주, '부도덕한' 단어, '불길한' 숫자, 섹스나 폭력에 대한 원치 않는 생각, 공중화장실을 이용하는 것을 두려워하기도 한다. 심지어 광대나 공동묘지, 자신의 배꼽을 보고 불안해져서 얼어붙는 사람도 있다.

정신 건강 전문가들은 괴로움과 무력감을 일으키는 불안을 극복할 수 있도록 도와주기 위해 노력해왔다. 그러나 혼란스러울 정도로 많은 치료법 중에서 효과적인 치료 전략을 선택해야 하는 것은 어려운 과제이다. 치료법 중 일부는 광범위한 심리적, 그리고 의학적 문제를 해결할 수 있는 '치유법'이라고 떠들썩하게 홍보되고 있다. 어떤 치료는 단기간의 간단한 치료법이라고 스스로를 선전하고 있는 반면에, 다른 치료는 장기간 진행된다. 어떤 치료는 개인을 대상으로, 다른 치료는 집단을 대상으로 고안되었다. 각각의 치료법을 옹호하는 사람들이 효과적인 치료라고 주장하고 있지만, 이러한 주장을 뒷받침할만한 설득력 있는 과학적인 증거는 대개 부족하다.

가능한 치료법이 워낙 많다 보니 그중 많은 치료법이 그럴듯해 보였지만 결과적으로 효과가 없거나, 심지어는 해가 되기도 하였다. 실제로 불안에 대한 치료는 기원전 5세기 이전으로 거슬러 올라가는 길고 다채로운 역사를 가지고 있다. 디모풀로스Dimopoulos, 로빈슨Robinson, 포운타스Fountas(2008)는 히포크라테스 시대의 사람들이 공황발작을 '치료'하기 위해 사용한 '천공술trephination'의 교훈에 대해 언급했다. 해부학에 관한 지식이 없었던 당시 '의사'들은 아마도 '정신병'을 일으키는 것으로 생각되는 악마를 뇌에서 빼내기 위해 환자의 두개골에 구멍을 뚫은 것으로 보인다. 이를 과거의 관행이라고 치부하고 웃을지 모르지만 이 치료법은 변형된 형태로 유지되고 있으며 오늘날에도 여전히 일부 지역에서 사용되고 있다. 천공술이 시술된 후 때때로 공황발작이 멈추었는데 시술자들은 이를 천공술이 '효과가 있다'는 의미로 받아들였다. 그러나 연구에 따르면 어떤 치료도 전혀 받지 않은 공황장애 환자의 약 삼분의 일 정도는 *자연치유*가 일어난다고 한다(Swobota, Amering, Windhaber, & Katschnig, 2001). 즉, 환자 세 명 중 한 명은 멀쩡한 머리를 가질 수도 있었다는 말이다! 임상에서 보이는 공포와 불안의 복잡함과 미묘함 때문에 수없이 다양한 치료 기법이 시도되었고, 효과가 있다는 증거가 부족함에도 불구하고 많은 치료법이 계속 시행되고 있다.

이러한 다소 혼란스러운 상황으로 인해 우리는 신중하게 시행된 임상 연구를 통해 치료 효과를 입증해야 할 뿐만 아니라 치료 기법이 효과를 나타내는 과정에 대해서도 알아야 한다. 이 과제를 해결하기 위해서는 유용하고 타당한 치료적 변화의 원리를 찾아야 한다. 공포와 불안에 대한 대부분의 정신치료에서 치료적 변화 원리로 제시되는 몇 가지 공통 후보는 치료 관계, 환자가 치료받는 환경, 환자(그리고 치료자)의 호전에 대한 기대 등이다(Frank, 1989). 그러나 이 책에서 주로 관심을 가지는 변화의 공통 원리는 치료 맥락 안에서 제시된 자료material에 환자가 강한 정서 반응을 보인 후 생각, 감정, 행동에 변화가 일어나는 것이다. 예를 들어 정신분석 치료자들은 *자유연상*과 꿈의 해석을 통해 무의식적인 갈등과 받아들일 수 없는 소망에 대한 정보를 환자에게 직면시킨다(Freud, 1949/1989). 마찬가지로 게슈탈트 치료자들은 심상화, 역할 시연, 그룹 간 상호 작용을 통해 환자가 회피한 정보에 직면하도록 한다(Perls, 1969). 이 책에서는 공포 자극을 보다 직접적이고 체계적으로 직면하게 하는 인지행동적인 접근법인 노출치료에 초점을 맞춘다.

노출치료는 환자가 불안을 줄이는 '대처coping' 기술을 사용하지 않고 객관적으로 일상적인 위험 정도를 넘지 않는 불안 유발 자극에 다가가고 참여하도록 돕는 과정을 말한다. 이러한 불안 유발 자극에는 생물(뱀, 광대 등), 무생물(풍선, 화장실 등), 상황(장례식장, 다리 등), 인지(극악무도한 행위를 저지르는 생각, 외상 사건에 대한 기억 등), 생리적 반응(심한 두근거림, 현기증 등)이 있다. 환자들이 객관적으로 안전하거나 위험도가 낮은 공포 유발 자극에 직면하면 일반적으로 가벼운 불안감에서부터 심각한 공황 상태까지 다양한 반응이 나타나는데, 이는 위험에 대한 환자의 과장된 예측expectation 때문이다. 그런데 개와 마주쳤지만 물리지 않는 경험을 여러 번 반복하는 것처럼 두려운 자극에 직면했는데도 예상했던 결과가 일어나지 않는 상황이 반복된다면 새로운 학습이 일어날 수 있다. 노출치료를 하는 동안 마음과 뇌에서 정확히 무슨 일이 일어나는지는 아직 논쟁이 계속되고 있지만, 불안을 줄이기 위한 전략이나 안전 단서에 의존하지 않고 두려운 상황을 효과적으로 처리할 때마다 새로운 행동 목록이 함양되고 강화되는 것으로 보인다. 이러한 노출치료의 시행에 관해 논의하기 전에 불안의 개념과 노출치료의 역사를 먼저 살펴볼 것이다.

불안: 정상 및 비정상
ANXIETY: NORMAL AND ABNORMAL

불안에 대한 완벽한 정의는 이 책의 범위를 벗어나지만(이 주제에 관해서는 Barlow의 저서를 참고하라; Barlow, 2002). 일반적으로 불안은 위험을 지각*perception*할 때 보이는 유기체의 반응을 일컫는다.[*] 이는 실제 위험이 없어도 불안을 느낄 수 있다는 의미이며, 독자들도 실제로 위험하다는 근거가 없는데도 불구하고 극심한 공포와 불안을 경험한 적이 있을 것이다. 이와 비슷하게 실제로는 위험하더라도 위험이 지각되지 않아 불안하지 않을 수도 있는데, 지나고 나서야 그 상황이 얼마나 위험했는지 깨달은 경험을 아마 모두 가지고 있을 것이다. 어느 경우든 사람들은 *불안, 걱정, 공포, 공황, 근심, 스트레스* 또는 어떤 이름으로 부르든지 간에 위험하다고 느끼는 이러한 심리 경험에 매우 익숙하며, 더불어 이러한 감정에 동반되는 생리적 각성에도 익숙하다.

정상 불안 Normal Anxiety
신경생리학적 수준에서 불안과 공포 반응은 시상의 시각 영역, 시각피질, 편도체 등 다양한 뇌 구조에서 구현되는 것으로 보인다. 하지만 아직 뇌에서 불안이 나타나는 기전을 정확히 파악하지 못하고 있다. 뇌는 부신에서 아드레날린 분비를 자극하여 교감신경계를 활성화하고 신체의 '투쟁-도피 반응'을 일으킨다. 이 반응은 유기체가 지각된 위험에 반응하여 생존을 위해 공격하거나 안전을 위해 도주하도록 체내에 내장되어 있다.

투쟁-도피 반응은 세 가지 차원에서 동시에 발생한다. 첫째, 생리적 차원에서는 혈액

---

[*]이 책에서 우리는 불안과 공포라는 용어를 어느 정도 혼용하고 있지만, 이 개념들은 다음과 같이 구별할 수 있다. 불안은 다가올 부정적인 사건에 대비하는 미래 지향적 기분 상태이며, 공포는 현재 또는 임박한 위험(실제 또는 지각된)에 대한 경고 반응이다(Barlow, 2002).

에 산소를 공급하여 신체 운동을 준비한다. 공급된 산소는 에너지로 전환되어 근육에서 사용된다. 이를 위해 갑자기 심장 박동과 호흡이 뚜렷하게 증가한다. 반면 투쟁-도피 반응으로 소화 기능이 중단되어 메스꺼움이 흔하게 나타나고 소화기관으로부터 다른 기관으로 혈액의 재분배가 일어난다. 둘째, 인지 차원에서는 지각된 위험과 위험에서 벗어나 안전해지는 방법에 자동적으로 주의를 집중하게 되어 위험과 관련 없는 문제에는 집중하기 어려워진다. 이렇게 위험에 주의를 집중하여 위해의 가능성을 지속적으로 되새기면 위험을 조기에 감지하고 위험으로부터 도피할 수 있게 된다. 마지막으로 행동 차원에서는 생존 확률을 높이기 위해 두려운 자극에 맞서 싸우거나, 아니면 도망가기와 같은 회피나 도피 행동을 취하도록 압박을 받는다.

투쟁-도피 반응은 인간을 비롯한 모든 동물의 생존에 매우 중요하다. 번잡한 길을 건너는 중에 자신을 향해 차가 달려오는 상황을 상상해보자. 만약 이런 상황에서 아무런 불안이나 스트레스를 느끼지 않는다면 어떤 일이 일어나겠는가? 투쟁-도피 반응에 의한 자연스러운 행동 덕분에 우리는 생명을 지키거나 적어도 심각한 부상을 피할 수 있다. 여러 사람이 말한데로 '위험할 때, 불안은 우리의 가장 가까운 친구이다'(Rosqvist, 2005, p.1).

비정상적인 불안 *Abnormal Anxiety*

불행하게도 투쟁-도피 반응은 우리의 '친구'이지만 때로는 위해를 끼치기도 한다. 위험하지 않은 상황에서 불안을 느끼거나, 실제 위험보다 불안을 너무 강하게 느낄 때 이런 경우가 발생한다. 낯선 사람들 앞에서 말할 때 불안을 느끼는 경우를 가정해보자. 이때의 불안은 투쟁-도피 반응을 일으켜서 안전한 곳으로 도망갈 준비를 하게 한다. 그러나 이런 준비는 낯선 사람들 앞에서 불안해하는 당신에게 아무런 도움이 되지 않는다. 오히려 진땀을 흘리고 근육이 긴장되어 말을 더듬을 수 있다. 대부분의 임상 불안 문제, 즉 불안장애의 원인은 안전한 상황을 위험하다고 잘못 지각해서 발생하는 과도한 불안이다 (Barlow, 2002; Beck, Emery, & Greenberg, 1985). 이런 경우 불필요한 투쟁-도피 반응이 촉발되고, '다들 내가 불안해하는 걸 눈치채고 무능하다고 생각할 거야'와 같은 더 많은 부정적인 생각으로 이어져 상황을 악화시킬 수 있다. 이런 편향된 감정적 추론은 위험에 대한 지각을 증가시키고 생리적 반응을 지속시키는데(Arntz, Rauner, & Van den Hout, 1995), 이는 다시 불안 반응으로 이어져 위험에 대한 지각을 더욱 증가시키는 악순환에 빠지게 된다.

안전한 자극을 매번 위험하다고 잘못 지각함으로써 발생하는 또 다른 불행은 두려운 단서를 회피하기 위한 전략을 개발하는 것이다. 예를 들어 잘못 대답하면 동료들이 비웃을까 봐 두려워하는 사회불안증 학생은 이런 상황을 피하려고 수업 중에 손을 들지 않는 '수동적 회피' 전략을 개발한다. 그러나 세균이나 외상 기억과 같은 공포 자극들은 완전히 회피할 수 없다. 이런 경우에는 환자가 불안 촉발요인에 노출될 때 수반되는 불안감으로부터 '도피'하는 전략을 개발한다(Barlow, 2002). 이런 전략을 '능동적 회피'라고 하는데, 여기에는 돈을 만진 후 더러운 병균으로 인한 질병에 걸리지 않기 위해 강박적으로 씻고 청소하기, 그리고 과거의 외상 사건을 연상시키는 상황을 접할 때 '안전한 사람' 곁에 가까이 붙어서 보호받으려는 행동이 포함된다. 결국 수동적 혹은 능동적 회피에 상관없이 모든 회피는 환자가 불안을 유발하는 자극에 노출하지 않고 피하도록 만들어, 그 자극이 실제로는 안전하고 위험도가 낮다는 사실을 배울 수 있는 기회를 박탈한다(Clark, 1999). 즉, 공포 촉발요인에 대한 잘못된 인식을 바로잡지 못하고 위험하다는 잘못된 믿음을 계속 가지고 있게 된다.

위험을 회피하거나 도피하려는 노력은 임상 불안이 시간이 지남에 따라 자가 치유되는 것을 방해할 뿐만 아니라, 오히려 문제를 *더 악화*시킨다. 즉, 환자가 안전을 지키고자 크게 위험하지 않은 공포 단서를 회피하고 도피하는 데 엄청난 노력을 들이면서 삶이 황폐해진다. 예를 들어 에이즈 공포를 가진 한 남성은 에이즈에 걸린 사람이 집을 방문한 후 5년 동안 침실 밖을 나가지 않았다. 한 여성은 특정한 다리를 피하려고 매일 70km가 넘는 거리를 운전하여 출근하였다. 또 어떤 여성은 매우 희귀한 의학적 응급 상황을 두려워한 나머지 메이오 클리닉 근처에 살기 위해 미국 서부 해안에서 대륙을 가로질러 미네소타주 로체스터시로 이주하였다. 이 여성은 의학적으로 건강했지만 병원에서 몇 마일 이상 벗어나지 않았으며, 항상 다양한 의료 기기, 자가진단 도구, 의약품을 가지고 다녔다. 비정상적인 불안의 발생과 지속에 관한 더욱 자세한 정보는 3장에 있다.

불안의 DSM-5 진단 분류 *DSM-5 Diagnoses Characterized by Anxiety*

정신장애 진단 및 통계편람 제5판(DSM-5; 미국 정신과 협회, 2013)은 범주적 입장을 취하고 있으며, 관찰 가능한 징후와 '증상'에 기초하여 *정신장애*를 정의한다. 이러한 진단은 임상의에게 질병의 진행 과정과 적절한 치료 방법에 관한 정보를 제공한다. DSM 제5판에는 표 1.1에 열거된 바와 같이 불안과 관련된 질병 목록이 수록되어 있다. 대부분의 질병에 대해 치료 매뉴얼이 만들어져 사용되고 있지만 DSM 진단은 치료 계획을 위해 사용하는 데 여러 가지 한계를 가지고 있다. 우선 DSM 체계의 범주형 서술은 정서 경험의 폭과 깊이를 완전히 담아내지 못한다. 불안 관련 장애의 다양한 진단명은 본

질적으로 동일한 심리 기전을 가진 문제들 사이의 지형적 차이를 반영할 뿐이다(예: Abramowitz & Deacon, 2005). 즉 표 1.1에 열거된 장애는 모두 비교적 안전한 자극을 위험하다고 잘못 인지하여 불필요한 불안을 초래하고 문제를 지속시키는 부적절한 회피나 도피 행동을 초래한다는 틀로 개념화할 수 있다. 하지만 각각의 진단은 자신만의 독특한 공포 단서, 공포 단서를 잘못 지각하는 방식, 부적응적 대처 반응을 갖고 있다. 표 1.2는 DSM-5 불안-관련 장애의 이러한 특징을 보여 준다.

표 1.1 DSM-5에 기재된 불안 관련 장애

불안장애

- 광장공포증이 있거나 없는 공황장애
- 특정공포증
- 사회불안장애
- 범불안장애
- 분리불안장애
- 선택적 함구증

강박 및 관련 장애

- 강박장애

외상 및 관련 장애

- 외상후스트레스장애
- 급성 스트레스장애

신체 증상 및 관련 장애

- 질병불안장애

표 1.2 주요 불안장애에서 보이는 공포 단서, 잘못된 인지, 부적응적 대처 반응

DSM 장애	공포 단서	잘못된 인지	부적응적 대처 반응
강박장애	침습사고, 상황적 단서	생각은 매우 중요하며 행동한 것과 같다; 위해 방지에 대한 책임을 과도하게 부풀림	회피, 강박 의식(예: 확인, 씻기, 은밀한 중화 행동), 안심 추구
특정공포증	뱀, 높은 곳, 주사 등	위험의 가능성 또는 심각성에 대한 과대평가	회피, 약물 사용(알코올, 신경 안정제), 주의 분산
사회불안장애	사회적 상황, 어떤 일을 수행해야 하는 상황	사람들은 매우 비판적이다; 부정적인 평가는 도저히 견딜 수 없다	회피, 처한 상황에서 안전행동 하기(예: 파티에서 술에 취해 있기)
공황장애 광장공포증	각성과 관련된 신체 감각; 상황적 단서	각성과 관련된 신체 감각을 위험하다고 잘못 해석(예: 심장이 빨리 뛰면 심장 마비가 오는 것이다)	광장공포로 인한 회피, 처한 상황에서 안전행동(예: 응급실 방문), 안전 신호(예: 안전한 사람 근처에 있기, 휴대전화 가지고 있기)
질병불안장애	설명되지 않는 신체 감각	별문제 없는 설명되지 않는 신체 감각, 미묘한 불편과 변화를 심각한 질병(예: 암)을 나타내는 조짐으로 잘못 평가	의사나 인터넷을 통해 정보를 찾고, 자신의 신체를 확인(예: 활력 징후와 배설물의 특성 등), 두려운 질병을 떠올리는 것을 회피
외상후스트레스장애 급성 스트레스장애	외상 사건에 대한 침습적 기억	어디에도 안전한 곳은 없다, 외상 기억을 회상하는 것은 도저히 견딜 수 없다	기억을 상기시키는 것을 회피, 주의 분산, 안전 신호(예: 총기 휴대)
범불안장애	가능성이 낮은 부정적인 사건에 관한 생각과 이미지	불확실성을 견디기 어려움; 부정적인 결과의 가능성과 심각성에 대한 과대평가	안심 추구, 문제 해결을 가장한 걱정하기
분리불안장애	부모나 다른 양육자로부터 물리적인 분리	해를 당하거나 영구적으로 분리될 가능성에 대한 과대평가	부모에게 매달리거나 울기, 분리되어야 하는 상황을 회피

또한 DSM은 불안 또는 불안 관련 장애로 진단 내릴 수 있는 증상 심각도를 임의로 구분한다(Widiger & Miller, 2008). 이런 진단 체계에서는 불안장애를 마치 의학적 질병처럼 취급하여 암이 있느냐 없느냐로 나누듯이 불안장애의 유무를 나눈다. 그러나 정상불안과 비정상적인 불안에 대한 논의에서 알 수 있듯이 공포나 걱정은 암보다는 혈압과 더 비슷하다. 사람들은 모두 혈압을 가지고 있으며 혈압이 너무 높거나 낮은 경우에 문제가 된다. DSM 같은 범주형 진단 체계는 특정 진단 기준에 속하지 않거나 진단 기준에는 미치지 않는 정도의 증상을 가진 사람에게는 치료를 권하지 않는 문제점을 가지고 있다.

따라서 우리는 정신장애를 '심리 기능의 조절 곤란으로 인한 유기체의 장애'라는 대안적 관점을 지지한다(Widiger & Miller, 2008). 이 관점에서는 증상의 심각도는 연속적이다. 다른 말로 하면, 불안장애는 특정 공포 단서에 반응하는 개인의 심리 *기전*이 적절하게 기능하지 못하는 상태를 말한다. 이러한 조작적 정의는 효과적인 정신치료는 불안 '장애'를 치료하기보다는 임상 불안의 특징적인 부적응적 심리 기전을 변화시킨다는 관점과 부합한다(Abramowitz & Blakey, 출간 중). 앞으로 알게 되겠지만 우리는 노출치료를 특정 '장애'를 위한 치료라기보다는 환자의 임상 불안을 지속시키는 핵심 과정을 목표로 하는 치료라고 본다(3장 참조).

노출치료는 특정 공포 촉발요인에 따라 변형하여 적용하지만(2부 참조), 각각의 불안 관련 장애에 대해 서로 다른 *치료나 치료 매뉴얼*을 사용한다는 의미는 아니다. 이 책에서의 주장대로 DSM 진단에 관계없이 노출치료의 동일한 기본 원리를 모든 불안 문제에 적용할 수 있다. 이러한 *초진단적* 접근 방식에 따라 치료자는 불안 관련 DSM 장애에 대한 수많은 치료 매뉴얼을 배워야 하는 부담에서 벗어나는 대신에 불안 관련 문제가 지속되는 공통 심리 기전에 대한 이해와 치료에 중점을 두어야 한다.

질환의 원인 대 지속요인 Etiology versus Maintenance

노출치료에서는 불안의 발생이나 원인보다는 문제를 지속시키는 심리 과정에 초점을 맞추고 있다. 이러한 이유 가운데 하나는 임상 관찰과 경험적 연구를 통해 불안을 지속시키는 요인에 대해서는 잘 이해하게 된 반면(예: Clark, 1999), 어떤 사람이 불안에 더 취약한지를 결정하는 요인에 대해서는 아직 이해가 부족하기 때문이다. 미네카Mineka와 진바그Zinbarg(2006)는 초기 학습 경험, 스트레스 사건의 발생과 맥락, 유전적 또는 기질적 취약성을 통합하여 불안장애의 원인을 설명하는 포괄적인 모델을 제안했다. 즉, 정서, 행동, 생리적 차원에서 과도하게 두려운 반응을 보이는 경향은 환경과 생물학적 변수 모두에 의해 매개되는 것으로 보인다.

하지만 정신치료는 개인의 과거 경험을 '취소'하거나 유전적, 기질적 소인을 바꿀 수 없다. 즉, 정신치료는 불안 문제의 원인과 관계된 요인을 직접적으로 다룰 수 없다. 사실 치료자는 개인의 학습 경험과 취약성이 어떻게 상호 작용하여 특정한 불안 문제를 일으키는지에 대한 정확한 기전을 확실히 밝혀낼 수도 없다. 그러나 정신치료를 통해 두려움의 자연치유 과정을 방해하는 *지속 요인*을 다루는 것은 가능하다. 과도한 불안 반응을 부적응적인 사고와 행동의 학습된 *패턴*으로 본다면 환자가 이를 대체할 수 있는 건강한 패턴을 배우도록 도울 수 있다. 이러한 관점에서 임상적 공포와 불안을 성공적으로 치료하고, 그 치료 효과가 지속적으로 유지되기 위해서 다음과 같은 요소가 필요하다. (1) 두려운 자극은 위험하거나 견딜 수 없다는 부적응적 신념과 반대되는 새로운 정보를 환자에게 제공해야 한다. (2) 이런 새로운 정보를 습득하고 공고화하는 데 방해가 되는 행동은 제거해야 한다. (3) 이런 새로운 정보는 기억 속에서 강화되고 가능한 한 광범위하게 일반화되어 다양한 맥락에서 오랜 시간이 지난 후에도 떠올릴 수 있어야 한다. 이 세가지 요소는 과도한 공포 및 불안과 관련된 대부분의 문제를 치료하는 데 사용되는 노출치료의 이론적 근거다(예: Craske 등, 2008; Foa, Huppert, & Cahill, 2006). 이 장의 나머지 부분은 이러한 치료 기법이 발전해온 역사에 관해 설명한다.

현대 노출치료: 개요
CONTEMPORARY EXPOSURE THERAPY: AN OVERVIEW

이 책에서 상세히 기술한 것처럼 노출치료는 과학이자 예술이다. 노출치료의 개념적 근거와 효과를 지지하는 충분한 경험적 자료가 있지만(2장 참조), 노출을 시행하려면 세심한 예술성과 치료에 대한 노하우가 필요하다. 환자의 두려움과 회피 패턴은 개인별로 차이가 있기 때문에 적용하는 노출치료 프로그램도 똑같을 수 없다. 이처럼 환자 개인별로 고유한 접근이 필요하다는 점은 치료자에게 하나의 중요한 도전이며 노출치료의 핵심 특징이다. 이에 4장에서는 치료자가 환자에 따른 맞춤 치료를 할 수 있도록 주의 깊게 평가하는 방법에 대해 설명한다. 공포에 직면하도록 환자를 설득해야 하는 부분도 성공적인 노출치료를 위해 뛰어넘어야 하는 하나의 난관이다. 이를 위해 5장에서는 치료의 이론적 근거를 명확하고 일관성 있게 전달하는 방법을 설명한다. 다음에 이어지는 내용은 현재 일반적으로 시행되는 노출치료의 대략적인 개요이며, 마지막에는 노출치료의 역사를 살펴볼 것이다.

평가 및 치료 계획 Assessment and Treatment Planning

일반적으로 노출치료는 불안과 관련된 환자의 문제를 철저하게 평가하는 것부터 시작한다. 4장에서 자세히 논의할 '기능(혹은 행동) 평가'는 (1) 불안이 촉발되는 맥락, (2) 공포 촉발인자에 직면할 때 예상되는 두려운 결과, (3) 위험으로부터 안전을 추구하는 전략과 촉발요인을 회피하고 도피함으로써 불안을 줄이는 전략을 이해하는 데 초점을 맞춘다. 그다음, 치료자는 노출 절차와 노출치료가 도움이 되는 이유에 대해 자세히 설명한다. 여러 가지 유용한 은유를 사용하여 치료의 이론적 근거rationale를 명확하게 제공하면, 노출에 참여하는 것이 비록 불안과 고통을 유발할지라도 해볼 만한 가치가 있다는 점을 알게 되어 동기 유발에 도움이 된다. 5장에서 설명하겠지만 치료의 이론적 근거를 효과적으로 전달하기 위해서는 환자가 쉽게 이해할 수 있는 언어로 불안 문제에 대해 명확하고 일관성 있게 설명하고, 고통을 일부러 유발시켜 불안이 안전하고 견딜 수 있다는 사실을 학습하게 하는 노출치료의 실제 진행 방식에 관한 정보를 제공해야 한다. 치료자의 역할은 코치와 조력자라는 것도 설명한다. 그런 다음 기능 평가를 통해 수집한 정보를 이용하여 이후에 진행되는 노출 실습을 설계한다.

또한, 치료의 준비단계에서 반응방지의 중요성에 대해서 소개한다. 반응방지란 공포의 자연적인 소거를 방해하는 명백하거나 미묘한 회피와 도피 같은 대처전략을 제거하는 것을 말한다. 환자가 가지고 있는 불안 문제의 특성과 사용하는 불안 감소 전략의 유형에 따라 반응방지는 각기 다른 형태로 시행된다. 예를 들어 강박 의식ritual을 가지고 있는 사람에게는 그런 의식을 삼가도록 한다. 불안감에 대처하기 위해 신경 안정제나 술을 사용하는 사람들에게는 이러한 약물의 사용을 안전하게 줄일 수 있도록 도와준다. '안전한 사람', 휴대폰, 물병 같은 안전 단서가 있어야 외출하는 사람들은 이러한 안전 신호 없이 노출 실습을 마칠 수 있도록 도움을 준다.

노출 실습하기 Practicing Exposure

노출치료를 실행하는 방식은 공포의 특성과 치료 목표에 달려 있다. 노출 자극에 직면하는 순서 같은 경우 위계 목록을 사용하여 처음에는 적당한 크기의 고통으로 시작하여 점차적으로 더 힘든 상황에 노출할 수도 있지만, 특정 순서에 얽매이지 않고 직면할 수도 있다. 일례로 삶의 질을 개선하는 데 영향을 많이 주는 항목 순으로 노출 순서를 정하는 것처럼 환자의 우선순위에 따라 순서를 정할 수도 있다. 침습적인 성적 이미지나 외상 경험에 대한 기억처럼 공포 자극이 생각이나 기억인 경우에는 상상으로 노출을 시행할 수 있다. 이러한 상상 노출은 주로 공포 자극을 마음속으로 시각화하는 기법을 사용하는 데 상황적 단서에 노출하면서 동시에 시행하기도 한다. 신체의 생리적 각성 자체가 공포 자극인 경우에는 내적 감각 노출을 시행한다. 이는 일부러 신체활동을 하거나 카페인을 사용하여 내적 감각을 불러일으키는 것처럼 의도적으로 환자의 생리적 각성을 유발시키는 노출 방법이다. 이들 중 어떤 노출 방법을 선택하더라도 노출의 목적은 환자가 안전 추구 또는 불안 감소 대처전략을 사용하지 않고 체계적인 방식으로 두려운 자극에 직면하고, 이를 통해 두려운 결과가 자신의 예상과 다르거나 심각하지 않으며 불안감은 그 강도나 지속시간에 관계없이 안전하고 감당할 수 있다는 점을 학습하는 것이다.

자극이 위험한 정도나 자극을 견딜 수 없다는 환자의 예상과 환자의 실제 경험이 최대한 모순될 때 노출 실습은 종료된다. 노출 실습 시에 처음 예상했던 부정적인 결과가 발생했는지, 부정적인 결과가 발생했다면 감당할 수 있었는지, 어느 정도의 고통까지 견딜 수 있는지 학습하는 데 초점을 맞춘다. 경우에 따라 노출을 길게 하거나 다양한 환경에서 여러 번 반복해야 필요한 학습이 이뤄질 수 있다. 노출 실습이 끝나면 환자는 경험하는 동안 배운 것을 치료자와 논의함으로써 새로 얻은 정보를 더욱 공고히 할 수 있다. 두려워하던 일이 실제로 일어났는가? 불안감이 실제로 *견딜 수 없었는가*? 노출 실습을 하는 동안에 노출 전에 예상했던 것과 비교하여 정말 놀라운 것은 무엇이었나? 또한, 치료자는 환자들이 경험한 불안의 강도나 지속 시간에 관계없이 노출 실습을 끝까지 견뎌 냈다는 사실을 인식하도록 도와준다. 앞에서도 언급한 바와 같이 노출치료는 전 세계에 있는 수많은 진료 현장에서 수백 명의 치료자가 수천 명의 불안장애 환자를 치료하는 과정을 통해 엄격하게 평가되었다. 2장에서 검토할 문헌들은 통제된 연구를 통해 입증한 노출의 치료 효능과 임상 실제에서 증명한 효과를 일관되게 보여 준다.

노출치료의 역사
A HISTORY OF EXPOSURE THERAPY

노출은 임상적 공포를 줄이기 위한 치료 방법으로 1950년대의 행동주의 운동에 그 뿌리를 두고 있다. 최초의 행동치료자들은 당시 미국과 영국에서 주류를 이루었던 정신분석학파를 비롯하여 다양한 정신치료 학파 출신이었다(Krasner, 1971; Krasner & Houts, 1984). 공포증과 다른 불안 관련 장애에 대한 초기 행동치료들 중 일부는 남아프리카 공화국의 실험 심리학자와 정신과 의사들에 의해 시행되었는데 그들 중 상당수는 영국으로 건너가 한스 아이젠크Hans Eysenck가 맡고 있던 모즐리 병원 훈련 프로그램에 참여하였다(Houts, 2005).

학습 이론과 실험 심리학에 많은 열정을 가지고 있던 정신과 의사 조셉 울프Joseph Wolpe(1915-1997)는 행동학적 관점으로 임상 문제를 논의할 수 있는 심리학자들을 찾았다. 그가 자문을 구한 사람들 중에는 남아프리카 공화국 케이프타운 대학 심리학과에 있는 제임스 G. 테일러James G. Taylor(1897 - 1973)가 있었다. 1950년대에 테일러는 행동치료를 이용하여 불안을 치료하였다. 안타깝게도 그의 사례 연구 대부분은 발표되지 않았고 연구에 대한 약간의 흔적만 출판된 형태로 남아 있다. 테일러는 레너드 크라스너Leonard Krasner와의 인터뷰에서 오늘날 우리가 *반응방지를 동반한 상황 노출*situational exposure with response prevention이라고 부르는 기법으로 다수의 불안증 환자를 치료하였다고 말하였다(Krasner, 1971). 예를 들어 운전 공포증 환자를 차에 태워 불안을 일으키도록 설정한 상황에 노출시켰다. 또한, 손을 씻는 강박 행동을 보이는 환자에게 강박 행동을 못 하게 하면서 점점 더 불안한 상황에 노출시켰다. 테일러가 체계적인 노출기법을 사용한 최초의 행동치료자로 보이지만 노출치료를 불안 치료의 중심으로 자리매김한 것은 왕성한 활동을 했던 여러 연구자들의 노력이라고 인정하고 있다.

체계적 탈감작 Systematic Desensitization

행동치료의 시대에 등장한 최초의 노출기법 중 하나는 *체계적 탈감작*으로 처음에는 솔터Salter(1949)에 의해 기술되었으나 이후 울프(1958)에 의해 정교하게 다듬어졌다. 체계적 탈감작은 공포 자극을 불안이 없는 이완된 생리적 상태와 연결시킴으로써 불안과 객관적으로 위험하지 않은 공포 자극 사이의 연합association을 약화시키는 것이다. 치료 과정을 보면 환자와 치료자는 먼저 두려움이 가장 적은 것부터 가장 큰 것까지 공포 상황과 공포 대상의 순서를 매겨서 위계를 만든다. 다음으로 치료자는 환자가 이완할 수 있도록 돕고, 환자가 이완 상태에 있는 동안 불안 유발 자극을 서서히 마음속으로 떠올리게 하거나 실제로 환자에게 제시한다. 환자는 가장 고통이 적은 자극부터 시작하여 가장 고통이 큰 공포 자극까지 순서대로 직면하게 된다. 만약 이 과정 중에 환자가 불안해하면 다시 이완된 상태를 회복할 수 있을 때까지 공포 자극 노출을 멈춘다.

체계적 탈감작의 목표는 환자가 공포 자극에 노출되는 동안 완전히 이완 상태로 있는 것이다. 울프는 이완 기법으로 제이콥슨Jacobson(1938)의 점진적 근육 이완법을 주로 사용하였다. 울프는 환자가 점진적 근육 이완법에 일단 숙달되면 진료실 안팎의 다양한 상황에서 언제라도 이완 기법을 사용할 수 있다고 믿었다. 또한, 울프는 실제가 아닌 상상을 통한 공포 자극 노출을 사용하여 체계적 탈감작이 다룰 수 있는 공포 자극의 범위를 넓혔다. 따라서 체계적 탈감작에서는 실제 공포 자극도 가끔 사용하지만 대부분의 경우에는 공포 상황 및 자극에 대한 생각과 이미지에 노출시킨다.

울프는 공포 자극이 있는 상황에서 불안한 상태와 상반되는 모순된 반응이 일어나면 인간과 동물에서 공포 반응이 약해질 수 있다는 점을 증명한 자신의 초기 실험실 연구(Wolpe, 1958)와 메리 커버 존스Mary Cover Jones(1924)의 연구로부터 체계적 탈감작 기법을 고안해냈다. 예를 들어 울프는 동물 우리 바닥에 전기 충격을 가함으로써 고양이가 우리를 무서워하도록 조건화시켰다. 그러고 나서 점차적으로 우리와 가까운 곳에 고양이 먹이를 둠으로써 우리에 대한 고양이의 공포 반응을 약화시킬 수 있다는 것을 발견하였다. 먹이를 먹는 것은 공포 불안과 반대되는 기분 좋은 반응으로 여겼다. 불안은 먹는 행동을 억제하고 먹는 행동은 불안을 억제하여 고양이들이 *상호 억제*reciprocal inhibition라고 불리는 과정을 겪는다는 가설을 세웠으며, 상호 억제는 체계적 탈감작의 이론적 근거가 되었다.

대규모의 임상 및 실험 연구는 특히 특정공포증, 사회불안, 광장공포증에 대한 체계적 탈감작의 효능과 효과를 상세히 보여 준다. 대중 연설에 대한 두려움을 가진 환자들을 대상으로 한 대표적인 연구에서 폴Paul(1966)은 체계적 탈감작이 통찰 지향적 치료보다 더 효과적이라고 보고하였다. 단 5회기 치료 후 체계적 탈감작을 시행한 환자는 100%가 호전 또는 상당한 호전을 보였으나 통찰 지향적 치료를 받는 환자의 호전 비율은 47%에 그쳤다. 게다가 이 연구의 치료자들은 행동치료에 대해 교육을 받지 않았는데, 이는 체계적 탈감작을 시행하는 데에는 집중적인 행동치료에 대한 훈련이 필요치 않다는 점을 시사한다. 그러나 1970년대와 1980년대에 체계적 탈감작의 이완 과정이 필수적이지 않다고 주장하는 다른 행동 요법이 등장하면서 체계적 탈감작에 대한 연구와 임상적 관심이 감소하기 시작했다(McGlynn, Smitherman, & Gothard, 2002).

홍수법과 내파법 Flooding and Implosive Therapy

현대 노출치료의 또 다른 선구자로 홍수법과 내파법이 있다. 홍수법은 공포를 유발하는 맥락으로부터 도피하지 않고(즉, 반응방지), 상상이나 실제로 자신이 가장 두려워하는 자극에 곧바로 직면하게 하는 방법으로 점진적인 접근 방식과 대조된다. 예를 들어 큰 개에 대한 공포증이 있는 아이를 큰 개가 있는 방에 놔두고 불안이 가라앉을 때까지 떠나지 못 하게 한다. 또는 아이에게 심한 불안을 유발하는 큰 개가 나오는 장면을 장시간 동안 상상하게 할 수도 있다. 이 치료의 가설은 홍수법을 통해 불안을 활성화 시킨 뒤, 회피하지 않은 채로 시간을 보내면 불안이 가라앉아 공포가 소거된다는 것이다.

*내파법*은 홍수법의 변형으로 간주되지만(Stampfl & Levis, 1967) 다음과 같은 차이가 있다. 첫째, 두려움을 유발하는 상황은 모두 상상으로만 제시된다. 둘째, 상상하는 장면들은 종종 최대한의 불안을 유발하기 위해 과장되거나 실현 불가능한 상황으로 제시된다. 셋째, 비록 내파법이 학습 이론에서 파생되어 행동치료 기법으로 간주되지만 정신역동적 요소를 포함하고 있다(Stampfl, 1966). 이는 구체적으로 부모를 상징하는 인물에 대한 적대감, 거절, 섹스, 죽음에 대한 소망, 오이디푸스 콤플렉스 등 불안에 대한 정신역동 이론에 근거한 장면을 상상하게 한다는 점에서 알 수 있다. 호건Hogan(1968)은 뱀 공포증이 있는 사람에게 내파법을 적용하면서 다음과 같은 이미지들이 포함된 장면을 상상하도록 했다. 뱀이 환자의 무릎에 기어 다니고 손가락을 물어뜯고 손가락에서 피가 뚝뚝 떨어지며, 환자의 얼굴을 물어뜯어 눈을 뽑아 먹고, 눈구멍과 코로 기어 들어가는 장면을 상상하도록 했다. 또 다른 장면은 수천 마리의 뱀으로 가득 찬 구덩이 속으로 떨어지는 장면이었다. 뱀이 남성성의 상징이라고 가정하면 여성 환자는 커다란 뱀이 자신을 성폭행하고 성기를 물어뜯어 훼손하는 상상을 할 수도 있다.

공포 감소 전략으로서 홍수법과 내파법은 실험실 연구에 의해 잘 확립되어 있는 *소거*의 원리에서 나왔다. 이 원리는 공포 자극에 노출하였을 때 회피나 도피 행동을 하지 않아도 두려운 결과가 일어나지 않는 경험이 반복되면 공포의 감소가 일어난다는 것이다. 이 치료법은 1960년대와 1970년대에 공포증, 외상 후 스트레스 반응, 강박장애를 성공적으로 치료하면서 확산되었다. 곧 빅터 마이어Victor Meyer(1966), 잭 라만Jack Rachman(Rachman, Hodgson, & Marks, 1971; Rachman, Marks, & Hodgson, 1973), 아이작 막스Issac Marks(1973)와 같은 영향력 있는 행동치료자와 연구자들은 홍수법, 내파법, 체계적 탈감작 모두에서 공포 유발 자극에 대한 노출과 회피 및 도피 반응의 자제가 포함되어 있다는 것을 깨닫게 되었다. 이러한 인식으로 인해, 1970년대와 1980년대에는 체계적 탈감작의 이완 요소와 내파법의 정신역동적 요소를 없앤 위계에 따른 점진적 노출치료의 개발과 검증이 이어졌다.

인지행동치료 Cognitive-Behavioral Therapy

1990년대와 2000년대에 걸쳐, 불안장애를 해결하기 위해 매뉴얼로 만들어진 인지행동치료cognitive-behavioral therapy, CBT가 확산되었고 수많은 무작위 대조 연구에서 검증되었다. 이들 중 대중적이고 경험적으로 지지받는 프로그램은 불안한 아이들을 위한 코핑 캣Coping Cat 프로그램(Kendall & Hedtke, 2006)과 공황장애 성인을 위한 공황 통제 치료(Craske & Barlow, 2006)가 있다. 이러한 여러 치료요소가 담긴 매뉴얼에는 일반적으로 인지 재구성, 호흡 조절, 이완 훈련과 같은 불안에 대처하거나 감소시키는 전략과 함께 노출기법이 포함된다. 일부 프로그램에서는 환자가 두려운 자극에 직면할 때 나타나는 불안에 잘 견딜 수 있도록 노출 작업 중에 불안을 감소시키는 대처기술을 사용하도록 권장한다. 노출 작업 시에 환자에게 강한 불안 반응이 일어날 수 있다는 점을 감안하면 이러한 접근이 이해가 되는 측면도 있지만 많은 치료자들은 노출 작업이 환자에게 위험하고, 견디기 어렵고, 비윤리적이라는 생각 때문에 이러한 대처기술을 강조한다(Deacon, Farrell, 등, 2013; Whiteside, Deacon, Benito & Stewart, 2016). 그러나 우리가 논의했듯이 불안은 불편하기는 하지만 보편적이고 안전한 경험이다. 대처기술이 포함되지 않은 강도 높은 노출 접근법은 대처기술이 포함된 접근법보다 더 효과가 있다(Ale, McCarthy, Rotschild, & Whiteside, 2015).

공포 내성의 촉진 및 억제 학습 Promoting Fear Tolerance and Inhibitory Learning

회기 내 그리고 회기 사이에 불안이 줄어드는 습관화habituation가 전통적으로 치료적 변화의 핵심 지표로 간주된다(예: Foa & Kozak, 1986). 치료자들은 습관화를 촉진하기 위해 공포 위계를 사용하여 작은 불안 유발 자극에서 큰 자극으로 가는 점진적 노출치료를 주로 사용한다. 그러나 최근 일부 저자들은 노출 중 불안 감소를 강조하는 치료의 한계에 대해서 지적하고 있다. 예를 들어 크라스케와 동료들(2008; Craske, Treanor, Conway, Zbozinek, & Vervliet, 2014)은 노출 중에 느끼는 두려움의 정도가 장기적인 공포 소거를 예측하는 데 신뢰할만하거나 타당한 지표가 아니라는 연구에 주목했다. 실제로 치료에서 습관화를 경험한 것처럼 보이는 일부 환자에서 공포가 재발하는 반면, 습관화를 경험하지 않은 환자에게서는 어떻게 된 영문인지 공포 소거가 장기간 지속되기도 한다. 더욱이 저자들(예: Jacoby & Abramowitz, 2016)은 점진적인 노출과 공포 감소, 즉, 습관화를 강조하는 것은 불안이라는 경험을 수치스러운 것으로 받아들이게 하고, 공포나 그 외의 다른 형태의 괴로움은 본질적으로 나쁘거나 위험하거나 견딜 수 없다는 부적응적인 신념을 강화시키며, 노출치료는 불안이 없어지는 경우에만 성공적이라는 부정적인 생각을 조장한다고 주장한다.

따라서 노출의 효과를 설명하는 보다 최근 모델에서는 노출 중 습관화와 노출 이후의 공포 정도가 불일치하는 현상을 설명하기 위해 억제 학습 기전에 초점을 맞춘다. 노출치료의 맥락에서 *억제 학습*inhibitory learning이란 공포가 소거되었다고 해서 공포 기반fear-based 인지가 기억에서 *제거*되는 것이 아니라 공포 자극에 대한 새로운 학습과 함께 *온전하게* 남아 있다는 개념을 말한다(Bouton, 1993). 예를 들어 천둥과 번개는 위험하다는 생각이 학습을 통해 새롭게 생긴 천둥과 번개는 안전하다는 생각과 함께 남아 있게 된다. 다른 말로 하면 성공적인 노출치료 이후에 공포 자극은 원래의 공포 기반(흥분성excitatory) 의미와 새로운 안전 기반safety-based(억제성inhibitory) 의미라는 두 가지 의미를 가지게 된다. 따라서 성공적인 노출로 인해 환자의 공포가 가라앉더라도 원래의 공포 기반 의미는 기억에 남아 있고 시간이 흐르거나 맥락이 변하면 자발적으로 회복되어 재발할 수 있다 (Bouton, 2002). 이러한 관점에서 보면 노출치료의 목적은 환자가 (1) 공포 자극이 위험하지 않다는 새로운 안전 기반 인지와 (2) 시간이 흐른 뒤 다른 맥락에서도 기존의 공포 기반 인지보다는 새로운 안전 기반 인지에 상대적으로 더 잘 접근할 수 있는 방법을 개발하도록 돕는 것이다.

이후의 장에서 논의하겠지만 억제 학습의 중요한 함의 중 하나는 노출은 환자가 자신의 공포나 불안에 저항하거나, 조절하거나, '해결'하도록 가르치는 것이 아니라는 점이다. 그 대신에 노출은 공포와 불안이 보편적이고 불가피하며 안전하다는 점에서 공포 *내성tolerance*을 촉진하는 데 사용된다. 이러한 관점은 22장에서도 논의된 불안에 대한 수용 기반 모델과 치료의 최근 발전 방향과 일치한다(예: Twohig 등, 2015). 억제 학습의 맥락에서 공포 내성을 달성하기 위해서는 노출치료를 시행할 때 *바람직한 어려움desirable difficulties*(Bjork, 1994)을 도입한다. 바람직한 어려움의 예로는 환자에게 불안 대처기술의 사용을 제한하도록 하거나, 노출 시 공포 위계를 사용하지 않고 무작위로 노출 자극을 선택하는 방법 등이 있다. 이러한 노출 방법은 노출 중에 환자를 더 힘들게 만들고, 회기 내 및 회기 사이의 습관화 속도를 늦출 수 있기 때문에 '어려움'으로 간주될 수 있다. 다른 한편으로는, 현실에서 흔히 부딪칠 수 있는 도전을 도입함으로써 새롭게 학습된 정보의 인출을 극대화할 수 있다. 이는 장기 학습을 최대화하는 데 도움이 된다는 점에서 '바람직한' 것이다(Bjork, 1994). 이러한 바람직한 어려움의 도입으로 환자는 공포 경험을 재발이나 치료 실패가 아닌 괴로움을 다룰 실습 기회로 보게 되고, 이에 따라 공포 내성이 강화된다(Craske 등, 2008).

결론 CONCLUSIONS

이 장에서는 치료자가 노출치료를 통해 임상 불안과 공포 기반 문제를 치료할 수 있도록 역사적, 이론적 틀을 제공하였다. 두려움에 직면하면 공포 반응이 감소할 것이라는 생각은 수천 년 전부터 이어져 왔지만 노출이 어느 정도로 공포 반응을 줄이는지와 효과가 있는 이유에 대한 연구는 겨우 지난 세기부터 진행되었다. 다음 장에서는 노출치료의 효능과 효과에 관한 문헌을 검토할 것이다.

노출치료의 효과
How Well Does Exposure Therapy Work?

앞 장에서 언급한 바와 같이, 두개골을 뚫는 천공술이나 몇몇 치료는 임상적 불안에 대해 해롭거나 최소한 효과적인 치료 방법은 아니다. 치료 자체로 인해 부작용이 생기지 않더라도 유익하지 않은 치료 방법은 환자에게 시간과 비용 면에서 과도한 부담을 줄 수 있고 더 많은 도움을 받으려는 의지를 꺾을 수 있다. 따라서 임상의는 안전하고 효율적으로 증상을 나아지게 할 가능성이 큰 치료 방법을 선택할 책임이 있다. 비록 완벽하지는 않지만 과학적 방법을 활용하면 넘쳐나는 수많은 치료법의 효과를 상세히 점검할 수 있다. 그러나 많은 임상의는 치료 방법을 선택할 때 자신의 임상적 판단에 의한 결정을 선호하며, 연구 결과에 따라 선택하는 것에 대해서는 양가감정을 가지고 있다(Lucock, Hall & Noble, 2006). 따라서 노출치료를 지지하는 경험적 연구를 검토하기 전에 엄밀한 연구를 통해 임상적 판단을 검증하는 것이 왜 중요한지에 대해서 간략하게 설명하고사 한다.

효과적인 치료를 식별하기 어려운 이유
BARRIERS TO IDENTIFYING EFFECTIVE TREATMENTS

효과적인 치료법을 식별하는 일은 언뜻 보기에는 상당히 명확해 보인다. 만약 심리적 고통을 겪고 있는 사람을 돕기 위해 치료를 했는데 그 사람이 좋아진다면 시행한 치료 방법이 효과적이라고 생각하는 것은 합리적이다. 비슷한 문제를 가진 수백 명에게서 위의 과정이 반복되면 시행한 치료가 효과가 있다고 확신하게 될 수 있다. 하지만 불행하게도 정서 문제의 본질이 모호하고 수시로 변하는 속성을 가지고 있어서 치료적 변화를 이끄는 요소를 식별하는 것은 그리 간단하지가 않다. 일상생활에서도 우리가 어떻게 다른 사람의 행동에 영향을 줬는지를 알아내기 위해서는 우리의 행동, 상대방의 특성, 둘러싼 환경, 그리고 이 모든 것에 대한 우리의 인식을 포함한 복잡한 상호 작용에 대해 모두 파악해야 한다. 만약 매번 이런 모든 정보를 고려하여 결정을 내려야만 한다면 정보 과부하로 마비되고 아무것도 하지 못할 것이다.

따라서 이러한 복잡한 결정을 효율적으로 처리하기 위해 사람들은 자연스럽게 *휴리스틱*heuristic을 개발한다. 휴리스틱이란 개인이 이용 가능한 정보를 다루기 쉬운 양으로 솎아내는 약식의 의사 결정 규칙이다. 일반적으로 이러한 전략은 새로운 상황에 과거의 경험을 적용함으로써 의사 결정 과정을 단축할 수 있게 도와준다. 예를 들어 휴리스틱은 주변 환경에 미치는 우리의 영향을 과장하고, 이미 믿고 있는 것을 확인시켜 주는 정보에 무게를 더하는 *확증 편향*을 통해 세상을 더 통제할 수 있는 것처럼 보이게 한다(Turk & Salovey, 1985). 비록 휴리스틱이 세상을 좀 더 다루기 쉬운 것처럼 만들지만 복잡한 상황에서 정확한 결정을 내리는 능력을 방해할 수 있다. 임상의와 연구자 모두는 이러한 인지적 지름길cognitive shortcut이 임상에서 치료자의 의사 결정 과정에 어떠한 영향을 미치는지에 관심을 가져왔다(Beutler, 2004; Dawes, 1986; Kahneman, 2011; Meehl, 1954/1996; Morton & Torgeson, 2003; Turk & Salovey, 1985).

환자에게 다른 치료를 했거나 아예 아무 치료도 하지 않았을 때 어떤 일이 일어났을지 알 수 없다는 것이 우리가 제공한 치료의 효과를 평가하는 데 있어 근본적인 장벽이 된다. 이러한 상황에 대처하기 위해 휴리스틱을 사용해 정보의 공백을 채운다. 예를 들어 환자의 공포증이 호전되면 자연스럽게 치료 성공의 원인을 우리가 시행한 특정한 치료 방법으로 보는 경향이 있다. 하지만 그렇게 함으로써 환자의 호전에 기여했을 수도 있는 다른 많은 요인을 간과한다. 가능한 다른 요인으로는 평균으로의 회귀(Morton & Torgerson, 2003), 자연 경과에 따른 자발적 완화, 친구나 부모의 도움, 삶에서 일어나는 또 다른 변화들, 따뜻한 치료 관계가 주는 이로운 효과가 있다. 일단 치료의 효과를 믿게 되면 성공적인 치료를 했던 다른 환자에 대한 기억과 동료 치료자들이 비슷한 경험을 했다는 이야기를 통해 이 믿음이 더 강화된다. 반대로 치료가 실패하면 치료의 부정적인 결과를 설명할 수 있는 환자의 동기 부족이나 비순응 같은 상황을 찾기 위해 치료 실패를 자세히 조사한다. 다시 말해 우리는 견해와 일치하는 정보는 환영하고 불일치되는 정보는 무시하는 경향이 있다.

이러한 인지적 지름길은 불안장애 환자에게 노출치료를 시행하는 데 엄청난 장벽으로 작용할 수 있다. 특히 치료자는 이미 불안으로 고통받고 있는 환자에게 의도적으로 불안을 증가시키는 치료 계획을 선택하는 걸 당연히 주저하게 된다. 결과적으로 치료자는 장기적으로 환자를 돕는 최선의 방법이라고 믿는 경우에만 노출치료를 선택할 것이다. 그러나 다른 치료도 동일하게 효과가 있는 것으로 보이고, 특히 예전에 시행해 본 적이 있는 경우라면 합리적인 치료자는 노출치료보다 거부감이 덜한 치료법을 선택할 것이다. 바로 여기서 방금 설명한 휴리스틱이 작동하게 된다. 우리 가운데 가장 현명하고 관찰력 있는 사람조차도 내재한 복잡성과 다양성으로 인해 치료의 성공을 객관적으로 평가하는 것이 거의 불가능하다. 따라서 자신의 전문적인 치료 경험을 이해하기 위해 잘못된 결과로 이끄는 인지적 지름길에 의지하게 된다.

얼핏 생각해보면 '임상 판단'이 뛰어난 *훈련된* 전문가에게는 이러한 휴리스틱이 일어나지 않을 것 같고, 실제로 많은 전문가는 자신이 그런 정신적 결함에 영향을 받지 않는다고 주장한다. 그러나 의학 및 심리학 문헌 모두에서 휴리스틱에 대한 많은 예가 확인된다(예: Friedman, Furbeg, & DeMets, 1998). 예를 들어 의사소통 촉진 기법facilitated communication과 위기상황 스트레스 해소 활동critical incident stress debriefing처럼 일시적으로 인기를 얻었던 많은 치료 방법이 이후에는 효과적이지 못하며 때로는 해롭다는 평을 받았다(Jacobson, Mulick, & Schwartz, 1996). 이러한 예는 치료 방법에 관한 결정을 내릴 때 자신의 판단에 주로 의존하면 문제가 될 수 있다는 점을 상기시켜 준다.

효과적인 치료법을 식별하기 위한 전략
STRATEGIES FOR IDENTIFYING EFFECTIVE TREATMENTS

그렇다면 임상의는 방금 설명한 휴리스틱의 간섭을 최소화하며 환자를 치료하기 위해서 어떤 근거로 결정을 내려야 할까? 비록 완벽하지는 않지만 과학적(실험적) 방법은 치료 방법의 효과를 평가하기 위한 엄격한 절차를 설정하고, 연구 결과가 다른 연구자에 의해 면밀히 조사되고 재현 가능하도록 요구함으로써 치료자에게 결정을 내릴 수 있는 근거를 제공한다. 실험 연구에서 연구 참여자를 선정하고 치료 조건에 배정하는 방법 그리고 자료를 수집하고 분석하는 방법들은 치료 효과에 대해 평가를 할 때 인지적 지름길이 방해하는 정도를 줄여준다.

환자에게 시행한 치료가 다른 치료나 아무런 치료를 받지 않은 경우보다 더 효과적인지를 규명하는 표준 연구 방법은 무작위 대조 연구randomized controlled trial, RCT이다. RCT는 치료를 시행한 집단과 치료를 받지 않은 대조군을 비교하는 전향 연구로서 모든 참가자는 무작위 배정에 따라 동일한 확률로 각 집단에 배정된다(Friedman 등, 1998). 치료를 제외한 각 집단의 경험은 평균적으로 동일할 것으로 예상되므로 호전의 정도가 차이를 보인다면, 이는 치료로 인한 결과이다. 이 패러다임은 평균으로의 회귀, 문제의 자연적 경과와 같은 영향을 통제하고, 위약placebo을 대조군으로 사용한 경우에는 따뜻함, 관심, 호전에 대한 기대 같은 치료에 영향을 미칠 수 있는 비특이적인 요인을 통제할 수 있다.

RCT는 많은 요인을 통제하지만 환자 모집단, 치료자 특성, 임의적 변수random variations와 같은 연구 간의 차이가 결과에 영향을 줄 수 있다. 일반적으로 임상 시험을 여러 번 완료한 후 결과를 비교해 보면 주어진 치료를 지지하는 정도가 다양하다. 때로는 어긋나기도 하는 여러 연구 결과를 이해하기 위해 메타 분석을 시행하여 결과를 정량적으로 통합하고 연구 분야에 걸쳐 존재하는 다양한 치료법의 효과에 대한 일반적인 결론을 도출해 낸다. 메타 분석의 결과는 일반적으로 *효과 크기*effect size, *ES*로 표현되는데 효과 크기는 치료군과 대조군 두 집단의 평균 점수 차이를 표준화한다. 두 번째 집단의 평균에서 첫 번째 집단의 평균을 뺀 후 이 차이를 두 집단의 합동표준편차pooled standard deviation로 나누어 통계적으로 계산되며 두 종류의 비교를 검토하는 데 사용될 수 있다. *집단 내*within-group 또는 *사전-사후*pre-post 효과 크기는 치료 전후의 평균 점수에서 계산한 차이를 말한다. *집단 간*between-group 효과 크기는 치료군과 대조군(또는 두 번째 치료군)에서 치료 후에 나타난 차이를 표준화한 것을 말한다. 일반적으로 집단 내 효과 크기는 집단 간 효과 크기보다 크다. 왜냐하면 집단 내 치료 효과는 치료 중 발생하는 특이적 요인과 비특이적 요인에 의한 변화를 모두 반영하기 때문이다. 코헨Cohen(1997)은 효과 크기가 0.2, 0.5, 0.8이면 각각 작은 효과, 중간 효과, 큰 효과를 나타낸다고 제안했다.

과학적 방법을 사용하면 임상 진료에 대한 유용한 정보를 얻을 수 있다는 잠재적인 이점이 있음에도 불구하고 일부 임상의는 RCT와 실제 임상 진료 사이의 관련성에 의문을 제기하며 회의적인 반응을 보인다(예: Levant, 2004; Lucock 등, 2006). 이들은 RCT에 참여한 환자가 전형적인 임상 환경에서보다 덜 심각하고 덜 복잡한 정신 병리가 있는 매우 선택적인 사람들이라고 주장한다. 또한, RCT가 치료 관계와 같은 다른 요인을 배제하기 위해 상대적으로 덜 중요한 치료의 기법적인 측면에만 초점을 맞춘다고 주장한다. 마지막으로 회의론자들은 비록 연구가 이루어지지 않았다는 사실이 효과가 없다는 의미가 아님에도 불구하고 RCT에 초점을 맞추게 되면 검증되지 않은 치료법은 결국 밀려나게 된다고 주장한다. 이러한 주장의 결론은 근거 기반 임상 진료 지침에서 적어도 임상적 판단을 연구 결과와 동등하게 취급해야 한다는 요구로 이어진다.

이러한 비판에 대해 연구자들은 흔히 RCT의 타당성을 조사하는 연구를 들어 다음과 같이 답변한다(즉, Baker, McFall, & Shoham, 2008). 우선 임상에서의 모집단과 연구에 참여한 환자를 비교하는 경험적 연구들은 일반적으로 연구 표본이 임상 진료 현장과 유사하며 종종 더 심각하고 복잡한 경향이 있음을 나타낸다. 또한, 치료 관계와 치료 기법은 비슷하게 중요한 것으로 보이며, 각각 치료 결과에서 나타나는 변이의 약 10%를 설명하므로 각각의 개선 방법을 모두 모색해야 한다. 더 나아가 치료의 가치는 상대적인 효과와 효율성에 기초한다. 환자의 증상을 더 짧은 시간에 성공적으로 치료하는 것은 개인의 시간과 자원을 존중하는 것일 뿐만 아니라 고도로 훈련된 치료자가 덜 훈련된 치료자와 약물치료 사이에서 경쟁하는 오늘날의 세계에 필수적이다. 따라서 근거 기반과 일치하는 방식으로 임상 진료를 진행하는 것은 환자뿐만 아니라 치료자에게도 최고의 이익이 될 수 있다. 안타깝지만 '임상 판단'이 충분하다고 생각하고 싶은 만큼이나 불완전한 정보, 인간의 정상 인지 과정 그리고 여러 가지 지표의 조합을 고려하다 보면 아무리 사려 깊고 신중한 임상 결정과 예측도 오류가 생기기 쉽다는 사실을 인정하는 것이 중요하다. 향후 발전이 필요하지만 현재는 RCT와 메타 분석이 어떤 치료가 가장 효과적인지를 결정하는 데 가장 유용한 증거이다.

불안의 노출치료 : 근거에 대한 고찰
EXPOSURE THERAPY FOR ANXIETY: A REVIEW OF THE EVIDENCE

불안과 공포의 문제를 치료하는 데 노출기반 치료를 적용하는 근거는 방대한 경험적 연구로 뒷받침되고 있다. 사실 행동치료와 인지치료는 불안 치료에 있어 가장 광범위하게 연구된 정신치료이다(Barlow, 2002). 수많은 RCT는 이러한 치료가 공포, 회피행동, 기타 불안과 관련된 현상을 줄일 뿐만 아니라 삶의 질을 향상시키는 데 매우 효과적임을 나타낸다. 방대한 양의 연구로 인해 주로 RCT의 메타 분석에 초점을 맞추어 검토하였으며, 각각의 불안장애 유형에 따른 연구의 임상적 측면에 중점을 두었다.

이번 장의 목적은 노출치료의 사용을 뒷받침하는 근거를 구체적으로 검토하는 것이지만, 대부분의 연구는 여러 치료 기법이 혼합된 치료 패키지를 시행했다. 특히 많은 연구는 불안을 유발하는 비합리적인 신념에 대해 언어로 문제를 제기하는 인지 접근과 노출을 결합한 인지행동치료cognitive behavioral therapy, CBT에 중점을 두고 있다. 나중에 살펴보겠지만 인지 및 노출기법의 적용이 종종 뒤섞여 있다는 것을 고려할 때 분리가 어려울 수 있다. 예를 들어 일부 '인지'치료에는 '행동 실험behavioral experiment'의 형태로 노출기법
이 포함된다(McLean 등, 2001). 따라서 이번 장의 문헌 고찰에서는 불안 유발 자극에 대
한 노출을 핵심 요소로 포함하고 있는 치료 프로그램에 초점을 맞추었다. 임상의 대부분
이 노출치료를 단독으로 사용하기보다는 다른 기법들과 함께 사용할 것이라 예상했다.
이 장의 나머지 부분에서는 다양한 임상 불안에 대한 노출기반 치료 방법의 사용을 지지
하는 경험적 근거를 검토할 것이다. 대부분 연구가 DSM에서 정의한 정신장애의 치료를
중심으로 시행되었기 때문에 DSM의 질환별로 검토하였다. 다양한 불안장애의 메타 분
석에서 도출된 노출기반 치료의 평균 효과 크기는 그림 2.1에 제시하였다.

특정공포증 *Specific Phobia*
수십 년 동안 특정공포증 치료에 기본적인 노출 패러다임이 사용됐으며 노출치료를 최
우선 순위로 선택하는 불안장애이기도 하다. 특정공포증 환자에게 인지 재구성이나 이
완전략을 추가로 훈련하지 않고 한 회기의 긴 노출치료만 적용한 경우에도 성공적으로
치료가 되어 노출치료의 효과, 효율성, 내약성tolerability을 보여 주었다(Zlomke & Davis,
2008). 지금까지 시행된 유일한 메타 분석에서 월리츠-테일러Wolitzky-Taylor, 호로위츠
Horowitz, 파워스Powers, 텔흐Telch(2008)은 1997년에서 2004년 사이에 성인을 대상으로 실
시된 33건의 연구를 조사했다. 메타 분석에서 노출기반 치료가 치료를 받지 않은 경우보
다 더 효과적이었고 집단 간 효과 크기는 1.05로 컸다. 또한, 노출기반 치료는 위약 및 비
노출기반 치료와 비교했을 때 치료 후(ES=0.48 및 0.44)와 추적 관찰(ES=0.80 및 0.35)
에서도 더 나은 결과를 보였다. 실제 상황 노출이 상상 노출과 같은 대안보다 치료 후 시
점에는 더 효과적이었지만 추적 관찰에서는 차이를 보이지 않았으며, 인지기법의 추가가
노출의 효과를 증가시키지 않았다.

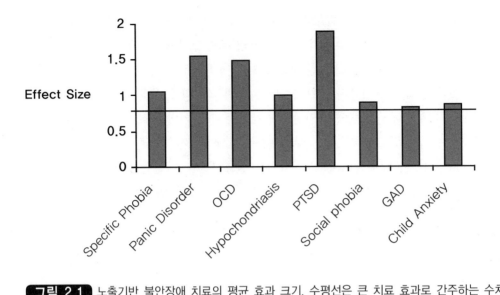

그림 2.1 노출기반 불안장애 치료의 평균 효과 크기. 수평선은 큰 치료 효과로 간주하는 수치인 0.80을 나타내고 있다. 노출 단독치료 또는 인지행동치료와 같은 다른 치료 방법과 결합한 노출치료를 조사하여 반영한 효과 크기이다. 치료 전후를 비교하거나, 치료군과 치료를 받지 않은 군 사이를 비교하였다. *참고자료: 특정공포증, Wolitzky-Taylor, Horowitz, Powers, and Telch(2008); 공황장애, Westen and Morrison(2001); 강박장애, van Balkom et al.(1994); 건강 염려증, Taylor, Asmundson, and Coons(2005); 외상후스트레스장애, van Etten and Taylor(1998); 사회공포증, Gould, Buckminster, Pollack, Otto, and Yap(1997); 범불안장애, Mitte(2005); 소아 불안장애, In-Albon and Schneider(2007).*

공황장애 *Panic Disorder*

공황장애의 치료 중에 가장 많이 연구되고 지지받는 치료 방법은 CBT이다. CBT 프로그램에서 상황 노출과 두려운 신체 감각에 해당하는 내적 감각에 대한 노출은 종종 (1) 불안과 공황의 특성과 생리에 대한 교육 (2) 신체 감각에 대한 재앙화 오류를 수정하기 위해 고안된 인지기법 (3) 신체 각성에 대처하는 기술과 함께 시행된다. 여러 메타 분석이 이러한 프로그램의 효과를 지지하고 있다. 예를 들어 챔블리스Chambless 와 길리스 Gillis(1993)는 인지행동치료를 받은 경우 공황으로부터 자유로워진 환자의 비율이 72%로 나온 것에 비해 대기집단(wait-list)과 위약 대조군에서는 25%에 그친다고 보고하였다. 최근의 메타 분석에서 웨스턴Westen과 모리슨Morrison(2001)은 노출기반 치료의 치료 후 효과 크기가 1.55로 큰 호전을 보였으며, 대조군에 비해 변화의 폭이 커 집단 간 효과 크기의 중앙값이 0.80을 보인다고 보고했다. 또한, 내적 감각 노출이 이완요법보다 공황에 대한 치료 효과가 더 강력하다는 증거를 보이는 연구도 있었다(ES=0.36; Siev & Chambless, 2007).

강박장애 *Obsessive-Compulsive Disorder*

1960년대까지는 강박장애(obsessive-compulsive disorder, OCD)는 정신치료에 반응하지 않는 것으로 간주하였는데, 당시에는 정신분석적 접근법과 지지적인 접근법만 시행되었다. 그러나 노출 및 반응방지(Meyer 1966)가 도입되면서 OCD의 예후가 상당히 나아졌다. 전 세계의 다양한 센터에서 실시된 수많은 연구는 소아와 성인 OCD 치료에 상황 및 상상 노출을 포함하는 노출 및 반응방지가 매우 효과적인 치료임을 보여 주고 있다. 올라툰지Olatunji, 데이비스Davis, 파워스Powers, 스미츠Smits(2013)는 노출 및 반응방지(때때로 인지치료 기법과 결합한)를 사용한 치료와 다른 치료를 시행한 대조군active control treatment을 비교한 RCT에 대해 검토를 하였다. 두 치료 간의 비교를 위해 집단 간 효과 크기를 계산하였다. 노출 및 반응방지와 대조군 치료를 비교하였을 때 노출 및 반응방지에 유리한 큰 효과 크기가 나왔다(효과 크기=0.92). 이러한 자료는 OCD 치료에 노출 및 반응방지 단독치료나 인지기법이 결합한 노출 및 반응방지 치료가 효과가 있다는 사실을 뒷받침하는 강력한 근거이다.

질병불안장애 *Illness Anxiety Disorder*

과거에 건강 염려증 또는 건강 관련 불안으로 알려진 질병불안장애(illness anxiety disorder, IAD)에 대해 노출기반 치료를 적용하기 시작한 것은 최근의 일이다. 질병불안장애는 신체 감각을 잘못 해석하여 자신이 심한 병에 걸렸다는 집착과 공포를 특징으로 하며(미국정신의학협회, 2013), 비록 DSM-5에서는 신체 증상 및 관련 장애로 분류하지만, 불안장애의 개념으로 보는 것이 좀 더 적절할 수 있다(Olatunji, Deacon, & Abramowitz, 2009a). 예를 들어 질병불안장애는 병에 걸렸다는 강박 사고와 병원 진료와 같은 방법으로 자신의 건강을 강박적으로 확인하는 행동을 통해 고통의 완화를 시도한다는 점에서 OCD와 유사하다(Abramowitz & Moore, 2007). 이러한 개념에 근거하여 질병불안장애는 노출 및 반응방지를 사용하여 치료할 수 있다. 따라서 심리교육psychoeducation, 자가 모니터링self-monitoring, 인지 재구성cognitive restructuring과 함께 노출 또한 CBT 패키지에 포함되었다(Taylor, Asmundson, & Coons, 2005).

쿠퍼Cooper, 그레고리Gregory, 워커Walker, 램브Lambe, 살코브스키Salkovskis(2017)에 의해 증명되었듯이, 상당수의 문헌이 건강 불안에 대한 노출기반 CBT 적용을 지지하고 있다. 사용된 노출기반 CBT는 상황, 상상, 내적 감각 노출뿐만 아니라 심리교육과 인지기법을 통합하였다. 14개의 RCT에 대한 메타 분석에서, 저자들은 노출기반 CBT가 다른 종류의 치료를 포함한 다양한 대조군 집단과 비교했을 때 치료 후 집단 간 효과 크기의 평균이

1.01이라고 보고했다. 또한, CBT의 긍정적인 효과는 6개월과 12개월 후의 추적 관찰에서도 뚜렷하게 나타났다.

외상후스트레스장애 Posttraumatic Stress Disorder

외상후스트레스장애posttraumatic stress disorder, PTSD에 대한 대부분의 정신치료 프로그램은 노출, 인지 재구성 및/또는 불안관리 기술의 조합을 포함한다. 노출기반 치료는 상상 노출과 같이 외상 사건과 관련된 공포를 유발하는 기억에 직면하기와 상황 노출처럼 회피하거나 불안을 촉발하는 자극이나 상황에 직면하기를 강조한다. 포아Foa, 스테케티Steketee, 로스바움Rothbaum(1989)은 노출치료의 목적이 외상 단서와 관련된 조건화된 공포 반응을 약화하고, 세상이 위험하고 개인의 안전이 위협받는다는 과장된 믿음을 수정하는 것이라고 주장했다. 스트레스 면역훈련stress innoculation training(Veronen & Kilpatrick, 1983)과 인지처리치료cognitive processing therapy(Calhoun & Resick, 1993)는 환자가 불안을 관리하고 부적응적인 신념에 도전하는 것을 돕기 위해 교육, 노출, 이완 및 인지치료의 조합을 포함한다.

PTSD에 대한 노출치료의 효과는 와츠Watts와 동료들(2013)이 1.08의 큰 집단 간 효과 크기를 보고한 것을 비롯하여 수많은 메타 분석 때문에 뒷받침된다. 초기 메타 분석에는 인지치료의 여부에 관계없이 노출치료의 효과를 조사한 15개의 연구가 포함되어 있다. 치료 후에 환자의 절반 이상이 PTSD 진단 기준에 해당하지 않았으며, 치료를 끝까지 완료한 환자만을 대상으로 하는 경우에 많게는 70%가 진단 기준에서 벗어났다(Bradley, Greene, Buss, Dutra, & Westen, 2005). 반면에 비특이적 지지치료를 받은 환자의 35-40%만이 치료 후에 진단 기준에서 벗어났다. 이러한 결과는 노출로 인한 치료 효과가 정신치료의 공통 요인에 의한 효과를 넘어선다는 것을 의미한다.

사회불안 Social Anxiety

사회불안에 대한 정신치료는 일반적으로 인지 재구성, 상황 노출, 사회기술 훈련, 또는 이러한 요소의 조합을 포함하고 있으며(예: Heiberg & Magee, 2014) 집단치료나 개인치료의 형식으로 이루어진다. 실제로 집단치료 형식은 그 자체로 노출의 한 형태이며 두려운 사회 상황에 직면할 충분한 기회를 제공한다(예: Heimberg 등, 1990).

101건의 연구에 대한 체계적인 문헌 고찰과 메타 분석을 통해 사회공포증에 사용될 수 있는 치료법의 상대적 효과를 조사했다(Mayo-Wilson 등, 2014). 개인 CBT(ES=1.19), 집단 CBT(ES=0.92), 사회기술을 포함한 노출(ES=0.86) 등 노출이 포함된 여러 치료가 치료 대기군과 비교하여 집단 간 큰 효과 크기를 보였다. 또한, 개인 CBT가 정신역동치료(ES=0.56)와 대인 관계, 마음챙김, 지지치료의 조합으로 구성된 치료(ES=0.82)보다 더 효과적이었다. 일부 초기 메타 분석에서는 인지 재구성을 추가하는 것이 노출의 효과를 증가시키지 않으며(Feske & Chambless, 1995), 단독 또는 인지 재구성과 결합한 노출치료가 인지 재구성 단독치료보다 조금 더 효과적이라고 제안했다 (Gould, Buckminster, Pollack, Otto, & Yap, 1997). 후자의 연구에서 전체 종속 변수에 대해 평균을 낸 치료 후 집단 내 효과 크기는 노출 단독의 경우 0.89, 노출과 인지 재구성을 결합한 경우 0.80, 인지 재구성 단독이 0.60이었다. 반면에 다른 메타 분석 연구들은 노출치료 단독보다 인지치료와 노출치료의 조합에서 더 큰 효과 크기를 보고하였다 (Mayo-Wilson 등, 2014; Tayloy, 1996).

범불안장애 Generalized Anxiety Disorder

노출기법은 오랫동안 특정 공포 유발 자극이 뚜렷한 불안장애에 효과적인 치료법으로 받아들여져 왔다. 그러나 범불안장애generalized anxiety disorder, GAD에서는 불안을 일으키는 외부 촉발자극이 널리 퍼져 있어 노출의 적용이 직관적으로 다가오지는 않는다 (Borkovec & Whisman, 1996). 결과적으로 GAD에 대한 정신치료는 점진적 근육 이완progressive muscle relaxation, 자가 모니터링과 조기 단서 감지early cue detection, 응용이완법applied relaxation, 자가조절 탈감작 self-control desensitization(Goldfried, 1971), 인지 재구성, 그리고 이들의 조합 등 다양한 기법으로 이루어졌다(예: Borkovec & Costello, 1993).

카위퍼르스Cuijpers와 동료들(2014)은 41개의 GAD 치료 연구에 대한 메타 분석을 했으며 연구의 대부분이 CBT를 포함했다. CBT는 대조군과 비교했을 때 큰 효과 크기를 보였다(집단 간 평균 ES=0.90). 몇몇 연구는 CBT를 이완요법과 비교했고, CBT가 이완요법에 비해 유의하지는 않지만 작은 효과 크기(ES=0.20)를 보인다고 했다. CBT는 6개월, 12개월, 24개월 추적 관찰에서 이완요법에 비해 약간의 우위를 유지했으며, 그중 12개월 시점에서는 통계적으로 유의한 차이를 보였다. 저자들은 연구 수가 적어서 명확한 결론을 내리기에는 한계가 있지만, CBT가 이완요법보다 바람직하다고 결론을 내렸다. CBT와 약물치료를 조사한 65개 연구에 대한 초기의 메타 분석 결과(Mitte, 2005), CBT는 치료를 받지 않은 군(ES=0.82)과 위약군(ES=0.57)보다 더 효과적인 것으로 나타났다. 또한 CBT 시행 시 환자의 평균 탈락률은 9%로, 환자 다수에서 CBT를 잘 받아들였으며, 이는 약물치료보다 유의하게 낮은 수준이다.

위에서 언급했듯이, GAD를 위한 CBT는 다른 불안장애보다 노출기법을 덜 사용하는 데(Siev & Chambless, 2007), 이는 노출치료의 효과에 대한 현재 논의에 두 가지 점을 시사한다. 첫째, 다른 불안장애에 비해 GAD에서 CBT 사용의 효과를 지지하는 증거는 노출과 관련성이 적다. 둘째, GAD에서 노출기법이 사용되지 않아 다른 불안장애에 비해 GAD에서의 CBT 효과 크기가 더 작게 나왔을 수 있다. 이런 이유로 인해 연구자들은 GAD의 만성적인 걱정에 대한 상상 노출의 치료 효과를 조사하기 시작했다. 예를 들어 골드만Goldman, 두가스Dugas, 섹스턴Sexton, 저베이스Gervais(2007)는 환자가 가지고 있는 최악의 공포를 글로 적는 노출 실습이 중립적인 내용의 글을 쓰는 것보다 GAD 증상을 줄인다는 것을 발견했다. 호이어Hoyer와 동료들(2009)은 걱정노출기법이 응용이완법과 치료 효과가 동등하다는 것을 증명함으로써 걱정노출기법에 대한 지지를 확대했다. 중요한 것은 다른 저자들이 지적한 대로 응용이완법 자체에도 걱정노출기법의 일부 요소 및 회피행동 줄이기가 포함된다는 점이다(Cuijper 등, 2014; Hoyer 등, 2009). 마지막으로, 걱정노출기법은 다양한 걱정에 노출하는 것보다는 최악의 상황에 대한 단일한 시나리오에 지속적으로 노출하는 것이 더 효과적임을 보여 주는 연구를 통해 이해가 좀 더 깊어졌다(Fracalanza, Koerner, & Anthony, 2014). 전반적으로 메타 분석 문헌은 GAD에 대한 CBT의 효과를 지지하고 있지만 노출의 역할을 설명하는 일련의 연구들은 이제 시작되고 있다.

소아기 불안장애 Childhood Anxiety Disorders

지금까지 요약된 연구는 주로 성인을 대상으로 진행되었다. 실제로 이 분야의 많은 영역에서 소아 치료에 관한 연구는 성인에 비해 많이 이뤄지지 않았다. 소아기 불안의 치료 결과에 관한 연구는 일반적으로 GAD, 사회공포증, 그리고 분리불안장애 환자가 섞여 있다. '코핑 캣coping cat' 매뉴얼 치료(Kendall, 2000)와 같은 CBT가 가장 광범위하게 연구된 소아기 불안장애 치료 방법이다(Ale 등, 2015). 이러한 프로토콜에서 대개 첫 6-8회기는 심리교육과 불안관리 계획을 만드는 데 전념한다. 나머지 6-8회기는 불안 촉발 상황 및 자극에 대한 점진적 노출로 구성된다.

OCD와 PTSD를 포함한 소아기 불안장애에서 진행된 48개의 연구를 대상으로 한 메타 분석에서 집단 간 효과 크기가 0.77로 나와 CBT의 효과가 뒷받침되었다(Reynolds, Wilson, Austin, & Hooper, 2012). 소아기 불안장애 CBT의 또 다른 메타 분석은 1,350명의 환아를 대상으로 한 26건의 연구가 포함되어 있으며 CBT를 받은 환자의 58.9%가 치료 후에 불안장애의 진단 기준에서 벗어나게 되었다고 보고했으며, 치료를 받지 않은 소아에서는 그 비율이 단지 16%에 불과하다고 보고했다(James, James, Cowdrey,

Soler, & Choke, 2015). 1,275명의 환자를 포함한 24개의 RCT에 대한 초기 메타 분석은 치료 전후를 비교한 치료군 집단 내 효과 크기가 0.86(추적 관찰에서 1.36)으로 치료 대기자 대조군 0.13과 위약 대조군 0.58에 비해 크게 나타나 CBT의 효능을 지지했다(In-Albon & Schneider, 2007). 마지막으로 13개의 연구에 대한 메타 분석은 CBT가 비특이적 치료보다 더 효과적이라는 초기 증거를 보고했다(Wang 등, 2017).

가장 흔한 세 가지 소아기 불안장애인 GAD, 사회불안, 분리불안의 치료 효과에 대한 근거 이외에도 소아 OCD 치료에 대한 메타 분석에서 노출 및 반응방지가 다른 치료 방법보다 더 효과적이라는 것을 밝혔다(Abramowitz, Whiteside, & Deacon, 2005). 이 메타 분석에서 노출 및 반응방지는 치료 전후 효과 크기가 1.98이었고, 약물치료는 1.13, 위약의 경우 0.48이었다. 더 최근의 메타 분석은 소아 OCD의 개인 CBT가 위약 대조군보다 더 효과적이라는 것을 보고했다(Skarphedinsson 등, 2015). 소아와 청소년의 PTSD에 대한 정신치료를 검토한 결과 CBT가 가장 강하게 지지를 받고 있었으며 치료 후 1년까지 증상이 개선되었다(Gillies, Taylor, Gray, O'Brien, & D'Abrew, 2012). 이와 비슷하게 특정공포증 치료에 대한 검토는 참여 모델링participant modeling과 실습의 강화reinforced practice가 강하게 지지받는 치료법이며, 상상 및 *실제* 상황 탈감작, 영상 및 실시간 모델링, CBT가 아마도 효과적일 것이라고 결론지었다(Ollendick & King, 1998). 마지막으로 학교 공포증과 같은 일부 불안 문제는 주로 소아에서 발생하여 참조할만한 성인 연구가 많지 않았다. 행동치료에 대한 질적 검토에서 비교군 없이 시행한 두 개의 연구는 학교 공포증에 대한 행동치료의 효과를 지지했다(Thyer & Sower-Hoag, 1988). 성인에서보다 더 제한된 연구를 기반으로 도출했지만, 메타 분석 결과는 소아기 불안장애에서 시행한 치료들의 효과를 뒷받침한다. 전반적으로 이 연구들은 노출기반 치료의 효능을 지지한다.

추가적인 연구 결과 Additional Support

위의 검토는 노출치료 또는 더 광범위하게 CBT가 불안장애 증상 호전에 효과가 있는가에 주로 초점을 맞추었다. 증상 호전이 중요하기 하지만 궁극적인 목표는 개인의 기능과 삶의 질을 향상시키는 것이다. 이를 위해 호프만Hofmann, 우Wu, 뵈트허Boettcher(2014)는 3,326명의 성인 환자를 포함한 59개의 연구에 대해 메타 분석을 시행해 불안장애 CBT가 삶의 질에 미치는 영향을 측정했다. GAD, 특정공포증, OCD, 공황장애, PTSD, 사회불안장애 등을 포함하여 위에서 논의된 대부분의 진단에 대한 CBT의 영향을 조사하였다. CBT는 삶의 질을 중등도의 정도로 유의하게 향상했고, 전체 효과 크기(집단 간, 집단 내)는 0.56으로 GAD의 경우 0.43에서 PTSD의 경우 0.98까지의 범위를 보였다. 또한 불안장애 CBT가 2차 우울증에 유익한 영향을 미친다는 연구도 다수 존재한다(예: Cuijpers 등, 2014; Ehring 등, 2014; Olatunji 등, 2013).

위의 많은 증거가 다양한 치료 전략을 포함하고 있는 CBT 패키지의 연구에 기초하고 있지만, 단독 치료로서 노출의 효과를 지지하는 문헌도 증가하고 있다. 예를 들어 일부 메타 분석은 사회공포증(Mayo-Wilson 등, 2014), PTSD(Bradley 등, 2005), 공황장애/광장공포증(예: Clum, Clum, & Surls, 1993), OCD, 소아기 불안장애(Higa-McMillan, Francis, Rith-Najarian, & Chorpita, 2016)에 대한 단독 노출치료가 큰 효과 크기를 보인다고 보고했다. 또한 아담스Adams, 브래디Brady, 로어Lohr와 제이콥스Jabobs(2015)가 실시한 메타 분석에서는 행동 요소에 인지 요소를 추가하는 치료가 결과를 유의하게 향상하지 않았다고 제시했다. 마지막으로 다수의 연구에서 다른 불안관리 전략을 추가하는 경우에 오히려 공황장애(Schmidt 등, 2000), PTSD(Foa, Hembree, 등, 2005), 소아기 불안장애(Whiteside 등, 2015)에 대한 노출치료의 효과가 때때로 낮아질 수 있다고 제안한다.

전문가 합의 지침
EXPERT CONSENSUS GUIDELINES

많은 기관이 불안장애 치료에 대한 문헌들을 검토하여 임상의를 위한 진료 지침을 개발했다. 예를 들어 미국 정신의학협회, 캐나다 불안치료지침계획그룹Canadian Anxiety Guidelines Initiative Group, 영국 약물정신협회는 모두 노출기반 CBT를 OCD, PTSD, 공황장애의 1차 정신치료로 고려할 것을 권고한다. 또한 후자의 두 기관은 특정공포증과 소아기 불안장애의 유일한 1차 치료로서 노출 또는 CBT를 권고하고, GAD 및 사회불안장애에 대해서도 CBT를 권고한다. 이에 더해 잉글랜드와 웨일스의 국민건강보험National Health Services에 치료 권고안을 제공하는 독립기구인 국립보건임상연구원National Institute for Health and Clinical Excellence(NICE)의 지침도 CBT를 권고하고 있다. 이 지침은 경험적 지지를 가장 많이 받는 치료로 노출기반 CBT를 선정하였으며, 노출기반 CBT를 OCD, 사회불안장애, PTSD, GAD에 가장 적합한 1차 치료로 권고한다. NICE는 공황장애의 1차 정신치료로도 CBT를 권고한다.

결론 CONCLUSIONS

많은 경험적 증거가 불안 관련 장애로 진단받은 환자에게 노출기반 치료가 효능이 있음을 지지하고 있다. 비록 CBT 내 서로 다른 구성요소의 영향을 비교하는 연구는 CBT 전체 패키지에 관한 연구보다 적지만 노출이 불안 관련 장애 치료에서 핵심 구성 요소라는 점이 강하게 시사되고 있다. 따라서 많은 노출기반 치료는 미국심리협회(2006)의 근거기반치료 검토에서 가장 높은 수준인 '강력한 연구 근거'가 있다고 선정되었다. 강력한 연구 근거의 자격을 가지려면 치료가 위약보다 우수하다는 것을 증명하는 별도의 연구자가 수행한 두 개 이상의 RCT가 있어야 한다(Chambless 등, 1998). 현재 노출기반 치료는 공황장애, GAD, OCD, PTSD, 사회불안장애, 특정공포증에 대해 '강력한 연구 근거' 수준을 얻었다. 소아기 장애에 대한 치료에서 사회불안장애, GAD, 분리불안장애와 PTSD에서도 CBT가 가장 높은 수준의 경험적 증거를 가지고 있으며, OCD의 CBT는 두 번째 단계 수준의 지지, 특정공포증 CBT는 세 번째 단계 수준의 지지를 받았다. 요약하면 노출기반 치료는 불안 및 관련 장애에 대한 모든 정신치료 중에서 가장 광범위한 경험적 지지를 받고 있다.

임상 불안의 특성과 치료
The Nature and Treatment of Clinical Anxiety

지금까지 정상적인 불안과 병적인 불안, 노출치료의 역사와 그 효과를 보여 주는 연구 결과에 대해 검토하였다. 지금부터는 임상 불안 문제를 이해하고 노출기법을 어떻게 사용해야 하는지를 알려주는 개념 틀conceptual framework에 초점을 두려고 한다. 임상의가 이 개념 틀에 대해 명확히 알고 있어야 진료 현장에서 접하는 다양한 양상의 불안에 노출치료를 적절하게 적용할 수 있으며, 또한 노출치료를 할 때 불안장애 환자에게 명확하고 설득력 있는 근거를 제시할 수 있다. 따라서 이번 장에서 임상 불안과 공포가 어떻게 생기며, 지속되는 원인이 무엇인지, 그리고 좋아지는 데 노출치료가 어떻게 도움이 되는지를 다룰 것이다.

임상 불안의 발생
THE DEVELOPMENT OF CLINICAL ANXIETY

과도한 공포가 발생하는 경로로 (1) 직접적인 외상 경험 (2) 모델링 (3) 잘못된 정보 전달 (4) 진화적으로 준비된 반응evolutionary preparedness 등의 네 가지가 제안되었다. 각각의 경로에 대한 논의로 시작하고자 한다.

외상 경험(고전적 조건화) Traumatic Experiences(Classical Conditioning)

공포를 가지게 되는 가장 확실한 방법은 아마 어떤 대상이나 상황에 대해서 직접적이고 부정적인 경험을 하는 경우일 것이다. *고전적 조건화*를 통해 지금까지는 중립적이었던 자극이 본능적인 혐오 자극과 연합되어 공포를 불러일으킬 수 있게 된다. 이 현상은 왓슨Watson과 레이너Rayner(1920)의 유명한 실험에 의해 증명되었다. 이 실험의 대상이 되었던 가엾은 '꼬마 앨버트Little Albert'는 처음에는 흰쥐에 대해 공포 반응을 보이지 않았다. 그러나 연구자들이 흰쥐를 반복적으로 굉음과 같은 혐오 자극과 연합시킴으로써 꼬마 앨버트의 쥐에 대한 호기심은 공포로 바뀌었고 털이 많은 마스크와 같이 쥐와 유사한 다른 대상에도 공포 반응을 보였다.

고전적 조건화 과정에서 자극과 결과 사이의 새로운 연합을 학습하게 된다. 혐오적인 조건화를 경험한 이후 이전에는 무해한 것으로 여겨졌던 대상이나 상황이 위험한 것으로 재평가될 수 있다. 예를 들어 자동차 사고를 겪은 후에 이전에는 위협적으로 느껴지지 않았던 출근길 운전이 신체 손상이 발생할 것 같은 활동으로 여겨지고 두려워진다. 따라서 조건화는 공포 자극에 대한 사람들의 예측과 신념이 만들어지는 인지 과정이다.

임상 불안을 지닌 사람은 대다수의 보통 사람들이 비교적 중립적인 정서 반응을 보이는 대상과 장소에 대해서 종종 두려움을 보인다. 개와 마주치는 상황, 운전, 엘리베이터, 화장실, 교실에 앉아 있는 상황 등이 그 예이다. 이런 대상이나 상황에 대한 공포 반응은 이와 관련한 외상 경험을 통해 발생하며, 이는 고전적 조건화로 설명할 수 있다. 예를 들어 사회불안증을 겪고 있는 많은 사람은 어린 시절에 심한 괴롭힘을 당한 적이 있다고 한다(McCabe, Antony, Summerfeldt, Liss, & Swinson, 2003). 마찬가지로 소아 및 초기 청소년기에 치아 건강이 좋지 않아 불쾌하고 고통스러운 치과 치료를 받을 일이 많았던 사람은 18세에 치과 공포증이 더 많이 생겼다(Poulton 등, 1997).

잠재적 억제 *Latent Inhibition*

공포 습득에 조건화가 중요한 역할을 맡고 있지만 많은 사람들이 외상을 경험한 후에도 과도한 공포를 느끼지 않는다(Ollendick, King, & Muris, 2002). 디 나르도Di Nardo와 동료들(1988)은 개 공포증이 없는 사람 중 약 3분의 2에서 개에게 심하게 물리는 조건화 사건을 경험한 적이 있다는 사실을 발견하였다. 흥미롭게도 이것은 개 공포증을 가지고 있는 사람들이 보고한 개에 대한 부정적 경험의 비율과 같았다. 이는 부정적이고 외상적인 경험이 반드시 공포증을 유발하는 건 아니라는 점을 시사한다.

그렇다면 외상을 경험하고도 과도한 공포 반응이 생기지 않은 이유는 무엇일까? 한 가지 가능성은 어떤 자극에 대해 위협적인 조건화 경험을 하더라도 이미 가지고 있는 긍정적인 경험이 공포 발생을 막을 수 있다는 점이다. '*잠재적 억제*latent inhibition'라고 알려진 이 현상으로 외상 경험을 하더라도 대부분의 사람에게서 임상적으로 문제가 되는 공포가 발생하지 않는 이유를 설명할 수 있다. 예를 들어 개를 키우는 사람처럼 이전에 개와 많은 상호 작용을 했던 사람은 개에게 물리더라도 개에 대한 경험이 적은 사람에 비해 개 공포증을 일으킬 가능성이 낮다(Doogan & Thomas, 1992). 개에 대한 이전의 경험은 개의 위협적인 행동과 장난을 구별하는 데 도움이 되며, 개에 대한 부정적인 경험을 흔히 있는 일보다는 예외적인 일로 간주할 가능성을 높인다. 잠재적 억제에 대한 연구는 대상이나 상황에 친숙하지 않은 경우에 외상 경험이 과도한 공포로 이어질 가능성이 높다는 점을 시사한다(Poulton & Menzies, 2002).

모델링(대리 조건화) Modeling(Vicarious Conditioning)
모델링이라고도 알려진 *대리 조건화*는 다른 사람을 관찰함으로써 발생하는 학습을 말한다. 즉 어떤 대상이나 상황에 대해 누군가가 보이는 공포 반응을 그저 보기만 해도 공포 자극으로 조건화될 수 있다. 많은 연구가 공포 발생에 대리 조건화가 미치는 강력한 효과를 증명하고 있으며(예: Mineka & Zinbarg, 2006), 임상 불안을 가진 사람들은 흔히 과도한 공포의 시작을 촉발한 것으로 보이는 대리 학습 경험에 대하여 이야기한다. 공황 발작을 경험한 스무 살 제니퍼가 그런 경우 중 하나다. 제니퍼는 고등학교 재학 중에 친구가 치명적인 천식 발작을 겪는 것을 목격했다. 그 친구는 구급차에 실려 가기 전까지 급박하게 숨을 몰아쉬고 있었다. 가벼운 천식을 앓고 있던 제니퍼는 자신도 그 친구처럼 비극적인 운명을 겪게 될지 모른다고 우려했다. 제니퍼는 숨이 가빠질 수 있는 활동이나 물질substance 사용을 피하기 시작했으며, 조금만 숨쉬기가 힘들다고 느끼면 공황발작을 겪게 되었다.

잘못된 정보 전달 Transmission of Misinformation
부모나 동료, 미디어나 기타 여러 출처에서 온 정보 또한 공포 연합 학습learned fear association에 기여할 수 있다. 예를 들어 세균은 어디에나 존재하고 위험하기에 꼼꼼한 청소가 필요하다는 메시지는 가족의 걱정, 식당과 병원 화장실에 있는 표지판, 항균 제품에 대한 텔레비전 광고, 뉴스 미디어의 선정적인 보도 등을 통해 자주 전달된다. 이런 메시지를 내면화한 사람은 오염물질에 대한 부정적인 직접 경험이나 대리 경험이 없는 경우에도 오염에 대한 공포가 생길 수 있다. 같은 방식으로, 만약 어떤 사람이 일부 종교에서 말하듯이 간음에 대해 생각하는 것은 간음을 저지르는 것과 같다처럼 부도덕한 생각을 떠올리는 것은 부도덕한 행동을 하는 것과 같다는 생각을 갖고 있다면 금기시되는 주제에 관한 생각 자체가 공포 자극으로 조건화될 수 있다(Abramowitz, Deacon, Woods, & Tolin, 2004). 10장에서 논의하는 바와 같이 강박장애를 가진 일부 사람들은 이런 맥락으로 신성 모독, 불경죄, 성적인 것에 대한 생각을 처음으로 두려워하게 되었다고 설명한다.

진화적으로 준비된 반응 Evolutionary Preparedness

마지막으로 오랫동안 관찰한 바에 의하면 우리는 위험한 모든 자극에 일률적으로 공포를 느끼지 않으며, 오늘날의 생존에 실제적인 위협이 될 가능성이 큰 대상이나 상황에 오히려 공포를 덜 느낀다. 사람들은 거미나 뱀보다 총이나 자동차에 의해 죽을 가능성이 더 커졌지만 후자에 대한 공포증은 전자에 비해 드물다. 인간은 진화 과정을 거치면서 생존에 위협이 되었던 자극에 대해 더 쉽게 공포 반응을 일으키는 소인predisposition을 가지고 있는 것 같다. 결과적으로 사람들은 자동차와 같이 진화와 무관했던 대상에 대해 공포를 느끼기보다는 높은 곳에 대해 공포를 더 느끼기 쉽다.

풀턴Poulton과 그 동료들은 일련의 연구를 통해 진화가 공포 획득에 기여한다는 점을 입증하였다(reviewed in Poulton & Menzies, 2002). 이 연구자들은 부정적인 조건화 경험이 있으면 치과 공포증 같은 진화와 *무관한* 공포증의 발생률은 높아지지만, 고소 공포증 같은 진화와 *연관된* 공포증의 발생률은 오히려 떨어진다는 점을 발견하였다(역주, 높은 곳에 대한 공포는 부정적 조건화 경험보다 진화를 통해 획득된 타고난 소인이 더 중요한 역할을 한다. 소인이 낮은 사람은 높은 곳에 대한 공포가 낮아 추락 경험이 많지만 오히려 고소 공포증 발생률은 낮다). 풀턴의 발견을 예견하듯 라흐만Rachman(1978)은 '인간이 흔히 느끼는 공포에 대한 소인은 선천적이고, 보편적이다. 우리가 배우는 것은 이미 가지고 있는 소인을 어떻게 극복하는가이며 대부분의 경우 우리는 이러한 소인 혹은 진화적으로 준비된 자극에 대한 공포반응을 멈추는 방법을 배운다(p.225).'라고 하였다. 다시 말해, 대부분의 사람은 뱀, 거미, 오염 물질, 높은 장소 같은 공포 대상들을 *두려워하지* 않는 법을 배우게 된다. 이런 대상에 대한 임상적 공포를 가진 많은 사람은 아마도 이와 관련된 적절한 경험이 부족하여 이런 대상이 일반적으로 사람에게 위험하지 않다는 것을 배우지 못했을 뿐이다.

요약하자면 과도한 공포와 불안의 발생은 단일 이론으로 설명되지 않는다. 과도한 공포의 획득에는 조건화 경험, 다른 형태의 학습, 진화의 일부분으로 취약성을 증가시키는 여러 일반적인 생물학적/유전적 과정과 같이 복합적인 요인이 관여할 수 있다(Ollendick 등, 2002). 다행인 점은 공포와 불안 문제를 치료하는 데 있어 문제가 발생하는 원인보다 시간이 지나도 문제가 *지속되는* 방식이 더 중요하다는 점이다. 아래에서는 이 점에 대해 논의할 것이다.

시간이 지나도 불안 문제가 지속되는 이유
WHY DO ANXIETY PROBLEMS PERSIST OVER TIME?

대부분의 사람은 삶의 어느 시점에 임상적으로 유의미한 공포를 일으킬 수 있는 외상 사건을 겪거나 목격하거나 듣게 된다. 예를 들어 우리 중 대다수는 어느 시점에 공개 망신을 당하거나, 사나운 개를 만나 무서워하거나, 설명할 수 없는 강렬한 신체 감각을 느끼거나, 교통사고를 겪게 된다. 심지어 몇몇은 끔찍한 폭행을 당하고 살아남을 수도 있다. 일반적으로는 이러한 경험들이 불안장애와 같은 임상적으로 심각한 불안 문제를 유발하지 않으며, 대부분 불안, 고통, 위험에 취약하다는 느낌을 일시적으로 증가시킬 뿐이다. 예를 들어 등산 중에 벌에 쏘인 등산객은 일시적으로 숲속을 걷는 동안 불안을 느끼게 되고, 벌 소리가 나는지 벌이 오는지 주의 깊게 살피게 되거나, 혹은 다른 곳으로 장소를 옮겨 등산한다. 이 등산객이 이후 더 이상 벌에 쏘이지 않고 등산을 계속한다면 앞에서 설명한 감정, 주의력과 행동 변화는 점차 사라져갈 것이다. 이런 방식으로 등산객의 불안은 저절로 자연스럽게 교정된다. 다른 말로 하면 등산객은 벌에 쏘이기 전처럼 숲을 안전하다고 느끼는 상태로 곧 회복하게 된다.

이제 벌에 쏘인 후 벌 공포증을 갖게 된 열여섯 살 제임스의 경우를 생각해보자. 앞에서 예를 든 등산객에게는 거의 영향을 미치지 않았던 똑같은 조건화 사건이 어떻게 제임스에게는 치료가 필요할 정도로 심각한 벌 공포증을 일으켰을까? 우선 제임스는 열두 살 때 벌에 쏘인 후 벌과 숲은 기본적으로 매우 위험하다고 생각하게 되었다. 그는 벌에 쏘인 일을 그저 운이 없어 겪은 우연한 사건이라고 보지 않았다. 대신 숲은 보이기만 하면 달려들어 쏘는 벌이 있어 안전하지 못하다고 믿었다. 당연하게도 제임스는 숲속을 거닐거나 벌과 마주칠 수 있는 어떤 상황도 회피하게 되었다. 그의 공포증은 야외에서 단 몇 분도 머물 수 없을 정도로 점차 악화되어 갔다.

인지행동이론에서는 역기능적인 사고와 행동으로 인해 심리 문제가 지속된다고 본다(예: Beck 등, 1985). 벌과 숲이 기본적으로 위험하다는 신념으로 인해 제임스는 벌에 쏘일 수 있다고 여겨지는 상황에 놓이게 되면 불안을 느꼈다. 제임스는 야외에서 벌을 만날 가능성과 벌에 쏘일 가능성을 과대평가하였으며, 벌에 쏘이면 견딜 수 없이 고통스러울 것이라는 재앙적 사고를 하였다. 제임스는 과거 벌에 쏘였던 일을 쉽게 떠올렸고, 주위에 벌이 있는지 경계하고, 날아다니는 곤충을 자신을 쏘려고 하는 벌로 잘못 인식하였다. 제임스는 불안을 줄이고 벌에 쏘이는 일을 막기 위해 야외 활동을 피하였고, 벌을 보게 되면 실내로 도망쳤으며, 심지어는 피부를 보호하기 위해 두꺼운 긴 소매 옷을 입었다. 이러한 역기능적 인지와 극단적이고 불필요한 행동의 맥락으로 인해 벌에 물린 적이 그 후 한 번도 없었음에도 불구하고 벌에 대한 공포가 4년 동안 지속되었다.

공포가 어떤 방식으로 발생하는가와 관계없이 조건화된 공포로부터 자연적으로 회복되는 공포 소거 과정을 방해하는 부적응적 사고와 행동으로 인해 공포가 지속되고 임상 불안 문제로 악화될 수 있다. 이제 표 3.1에 간략하게 기술된 병적 불안을 지속시키는 심리 과정에 대해 논의하고자 한다. 이 책에서 일관되게 이야기한 것처럼 증후군이나 '장애' 같은 DSM의 어떤 진단 영역에 속하는지는 고려하지 않고, 병적 불안과 공포의 지속에 관여하는 인지 왜곡과 부적응적 행동 패턴 같은 *초진단적* 과정에 초점을 맞추어 설명할 것이다(Harvey, Watkins, Watkins, Mansell, & Shafran, 2004).

부적응적 신념 Maladaptive Beliefs

임상 불안은 그 정의상 어느 정도 비논리적이다. 1장에서도 언급했듯 임상 불안은 위험에 대한 과도한 평가와 관련이 있다. 즉 평범한 일상의 사소한 위험을 넘어서지 않는 객관적으로 무해한 자극과 상황을 매우 위험하거나 위협적인 상황으로 잘못 해석한다. 그래서 병적인 불안을 지속시키는 여러 유형의 역기능적 신념을 검토함으로써 주요 심리 과정에 대한 논의를 시작하고자 한다.

확률 과대평가 Probability Overestimation

임상 불안을 가진 대부분의 사람은 공포 자극에 노출되었을 때 부정적인 결과를 맞이할 확률과 가능성을 과대평가하는 경향이 있다(Abramowitz & Blakey, press-b). 예를 들어 공황발작을 겪는 환자는 흔히 각성과 관련된 신체 감각을 심장 마비나 질식의 징조라고 믿어버린다(Clark, 1986). 마찬가지로 오염공포증을 겪는 사람은 변기와 같은 '더러운' 물체를 만지기만 해도 병에 걸리거나 병을 옮기게 될 거라고 위험을 과장해서 받아들인다. 임상 불안을 겪는 사람의 대다수는 전혀 *불가능한 건* 아니지만 객관적으로는 일어날 가능성이 거의 없는 부정적인 결과를 두려워하며, 위험에 대한 과장된 예상에는 거의 항상 피해 발생 확률에 대한 과대평가가 있다.

손해 과대평가 Cost Overestimation

때때로 몸이 아프거나, 연설 도중 말을 더듬거나, 저녁 식사 모임에서 실례를 하거나, 개에게 물리는 것과 같은 두려운 사건이 일어나기는 한다. 하지만 *만약 이러한 일이 정말로 생기는 경우에* 불안장애 환자는 다른 사람들에 비해 두려운 결과에 따르는 비용과 손해를 과대평가하는 경향이 있다(Gellatly & Beck, 2016). 특히 사회공포증을 겪는 사람은 자신의 말에 대해 다른 사람들이 짜증 내거나 거부감을 보이거나 어색한 웃음을 지으면 이를 끔찍한 일로 여긴다. 이런 과정은 오염과 같은 다른 공포증에서도 일어난다. 예를 들어 운 나쁘게 문손잡이를 만진 후 병이 나더라도 며칠에서 일주일 동안 지속되는 조금 성가신 감기일 가능성이 크다(역주, 하지만 오염공포증 환자들은 이에 대한 손해를 과대평가한다). 또한 객관적으로 심각한 결과가 예상되는 일에 대해서도 공포증 환자는 손해를 부풀려 평가함으로써 더 과도한 불안을 경험한다. 예를 들어 공황장애 환자들은 심장 마비가 일어나면 반드시 죽는다고 잘못 믿고 있는 경우가 많다(역주, 공황장애 환자들은 심장 마비가 일어날 가능성을 과대평가할 뿐만 아니라 심장 마비의 위험성에 대해서도 과도하게 여긴다). 건강 염려가 있는 사람 중에는 말기 질환으로 사망한 다음에도 의식은 남아 있어 영원히 무덤 속에 홀로 남겨져 두려움에 떨게 될 것이라고 믿는 사람도 있다(Furer, Walker, & Stein, 2007).

불확실성을 견디기 어려움 Intolerance of Uncertainty

어떤 환자들은 두려워하는 일이 발생할 가능성이 매우 낮다고 인식하고 있음에도 불구하고 극심한 불안을 느낀다. 예를 들어 비행공포증이 있는 많은 사람은 비행기 추락사고가 발생할 확률이 백만 분의 일도 안 된다는 사실을 알고 있음에도 불구하고 비행 중에 공황발작을 경험한다. 이는 마치 불확실성 자체가 공포 자극이 되고, 아주 희박하지만 무서운 재앙이 *일어날 수도 있다*는 일말의 가능성도 *견딜 수 없다*는 신념이 공포를 일으키는 것 같다. 이러한 경우를 *불확실성을 견디지 못함*이라고 한다(Dugas, Buhr, & Ladouceur, 2004). 이러한 현상은 불확실함과 모호함을 주된 특징으로 하는 임상 불안 문제에서 흔히 보인다(Shihata, McEvoy, Mullan, & Carleton, 2016). 예를 들어 난로를 껐는지, 현관문을 잠갔는지, 며칠 전에 보행자를 차로 치지는 않았는지와 같은 강박적 불안과 강박적 확인 행동을 보이는 사람은 이러한 재앙이 실제로 일어났는지, 비참한 결과를 초래할 건지를 *알지 못하는 데서* 오는 고통에 시달린다. 혹, 검은 반점, 두통 등의 신체 징후와 감각이 암이 아닐까 하는 걱정, 자신의 아이가 납치당하거나, 배우자가 치명적인 교통사고를 당하거나, 심지어 죽으면 지옥에 가게 되는 건 아닌지와 같이 미래의 재앙을 걱정하는 사람도 거의 비슷한 상황이다. 즉 이러한 불행의 가능성을 증폭시키고 용납할 수 없는 것으로 간주하는 것이다.

대처 능력에 대한 낮은 자기효능감 Low Coping Self-Efficacy

위험하다고 느껴져도 위험에 대처하는 능력이나 구출될 가능성에 확신이 있는 사람은 과도한 불안을 느끼지 않을 것이다. 알레르기가 있어 벌에 쏘이게 되면 치명적인 아나필락시스 반응이 일어날 수 있는 사람이 있다. 이런 사람이라면 당연히 벌이 나타날 수 있는 곳에서 극도로 불안해하고 무슨 수를 써서라도 그런 상황을 피하려 할 것이다. 그런데 실제로 그는 등산을 즐기고 벌이 나타나도 아주 편안하게 여긴다. 무슨 비결이 있는 걸까? 알고 봤더니 그는 치명적인 알레르기 반응을 가라앉힐 에피네프린 주사 키트를 항상 몸에 지니고 있었던 것이다.

자신의 대처 능력에 대한 믿음은 불안 경험에서 중요한 역할을 한다(Bandura, 1988; Beck 등, 1985). 임상 불안을 겪는 사람은 전형적으로 위험 그 자체뿐만 아니라 위험에 대한 공포 반응을 통제하거나 대처할 수 있는 자신의 능력을 과소평가한다. 예를 들어 외상후스트레스장애를 겪는 사람은 외상 경험을 회상할 때 나타나는 심한 불안에 대처할 수 없을 것이란 믿음으로 인해 외상 기억을 습관적으로 억누르는 경우가 많다. 공황장애 환자들이 응급실을 자주 방문하고, 신경 안정제에 과도하게 의존하는 것은 이들이 공황에 대처할 수 있다는 자기효능감이 매우 낮다는 사실을 보여주는 예이다.

불안 경험에 대한 부적응적 신념 Maladaptive Beliefs about Experiencing Anxiety

임상 불안을 겪는 사람은 개, 화장실, 사회적 상황과 같은 외부의 조건화된 공포 자극을 맞닥뜨렸을 때 얼마나 무서울지에 대해 과대평가하는 경향이 있을 뿐만 아니라 불안 자체를 두려워하는데, 이런 현상을 *불안 민감성*이라 부른다(Taylor, 1999). 예를 들어 놀이기구, 많은 사람, 밀폐된 공간, 대중 연설에 대한 공포가 있는 환자들은 종종 각성과 관련된 신체 감각이 너무 강렬해지면 심장 마비, 의식 상실, 뇌졸중, 질식으로 이어질 수 있다고 걱정한다. 어떤 사람들은 엘리베이터에 갇히는 것처럼 매우 고통스러운 자극에 장기간 노출되면 자제력을 잃거나 미쳐버리거나, 심지어는 영원히 정신병자가 되어 버릴 거라고 믿는다. 사회적 평가에 대한 두려움을 가진 환자는 종종 떨거나, 얼굴을 붉히거나, 식은땀을 흘리는 것과 같은 자신의 불안 반응을 다른 사람들이 알아차리고, 자신을 이상하다고 생각하거나, 멍청하게 여기거나, 정신병이 있다고 판단할까 봐 걱정한다. 이러한 예에서 보여 주는 것처럼 불안 반응이 위험할 수 있다는 신념에 근거하여 불안 경험 자체를 두려워하게 된다.

생각과 감정에 대한 부적응적 사고방식 *Maladaptive Mindsets toward Thoughts and Feelings*

연구에 따르면 임상 불안이 있는 사람들은 종종 부정적인 생각, 기억, 감정 등과 같은 사적 경험private experience을 위협적이고, 견딜 수 없으며 통제해야 할 필요가 있다고 여기는 부적응적 신념과 태도를 지니고 있다. 이와 관련하여 웰스Wells(2008)는 '내 생각을 통제할 수 없다'와 '내가 이것에 대한 생각을 멈추지 않으면 난 미칠 것이다'와 같은 인지에 관한 인지, 즉 메타인지metacognitive 신념이 원치 않는 생각과 다른 사적 경험에 대한 조건화된 공포 반응을 유지시키는 데 기여하는 역할에 주목하였다. 메타인지의 한 예로 *사고-행동 융합*은 (1) '소아를 성추행하는 생각은 소아성애자와 똑같이 나쁘다'와 같이 생각은 행동과 도덕적으로 동등하고, (2) '기형에 대한 생각을 많이 하면 아기에게 선천적 결함이 생길 수 있다'와 같이 어떤 사건에 관한 생각이 그 사건의 발생 가능성을 높인다는 믿음을 말한다(Shafran, Thordarson, & Rachman, 1996). *인지 융합*은 관계구성이론 Relational Frame Theory에서 유래한 개념으로 자신의 생각, 의심, 감정 및 기타 내적 경험을 무해한 사적 사건으로 단순하게 여기기보다 곧이곧대로 사실로 여기거나 엄격히 준수해야 할 규칙처럼 여기는 등 문자 그대로의 사실literal fact로 받아들이는 경향을 말한다(Hayes, Luoma, Bond, Masuda, & Lillis, 2006). 비록 영화를 보면서 내용에 푹 빠져들게 만드는 인지 융합처럼 몇몇 형태의 메타인지는 유익하지만, 앞에서 언급한 부적응적인 메타인지로 인해 환자는 고통스럽기는 해도 정상적이고 무해한 인지 및 정서적 경험을 회피하려 한다. 이러한 바람직하지 않은 반응은 결국 그런 경험에 대한 과도한 주의를 불러일으키고 경험을 통제하려는 시도를 하게 하며, 역설적으로 회피하고자 하는 경험의 빈도와 강도가 증가하게 된다(Wegner, 1994).

편향된 정보 처리 과정 *Biased Information Processing*

부적응적 신념에 더하여 주의와 기억 같은 정상적인 심리 과정도 공포와 불안을 지속시키는 방식으로 작동하는 경향이 있다. 더욱이 이러한 과정과 위에서 설명한 부적응적 신념은 서로를 강화하는 경향이 있다. 아래에서 이러한 과정을 검토하고 표 3.1에 요약하였다.

표 3.1 임상 불안 문제가 지속되는 심리 과정

지속 요인	설명
부적응적 신념	
확률 과대평가	두려운 결과가 일어날 가능성을 과장
손해 과대평가	두려운 결과가 발생했을 때의 유해성과 심각성을 과장
불확실성을 견디기 어려움	두려운 결과가 발생할 가능성이 희박해도 안심하지 못함
대처 능력에 대한 낮은 자기효능감	공포 자극과 공포 반응에 대해 견딜 수 없거나 대처할 수 없다는 신념
불안 경험에 대한 신념	공포 상황에서 느낄 두려움을 과장. 즉 불안 증상으로 인해 신체적 손상, 정신 조절 능력의 상실, 부정적인 평가가 일어날 것이라는 신념
생각과 감정에 대한 신념	생각, 기억, 의심, 느낌, 기타 사적 경험에 대한 통제의 필요성과 중요성을 과장
편향된 정보 처리	
선택적 주의	불안감과 관련된 자극에 더욱 주의를 기울임
선택적 기억 및 확증편향	부적응적 신념과 일치하는 정보를 선택적으로 회상하는 경향
행동	
안전행동	재앙을 막기 위한 행동이지만 의도치 않게 위험에 대한 부적응적 신념의 교정을 방해하는 행동
경험 회피	불쾌한 감정, 생각, 기억, 기타 사적 경험을 거부, 도피, 회피함으로써 불쾌한 사적 경험이 안전하고 견딜 만하다고 배우지 못하게 됨

선택적 주의 Selective Attention

사람은 불안해지면 자신의 걱정과 관련된 자극에 특히 주의를 기울이는 경향이 있는데 이런 현상을 *선택적 주의*라고 부른다. 이런 경향은 정상이고 적응적이다. 예를 들어 글레이셔 국립공원의 오지를 탐험하는 등산객은 회색곰을 안전한 거리에서 발견하느냐, 혹은 구부러진 오솔길에서 우연히 맞닥뜨리냐에 따라 생사가 달라진다는 점을 알고 있다. 그러므로 안전에 민감한 사람은 등산을 하면서 회색곰이 나타나는지 계속해서 주변을 살

핌으로써 위험을 빨리 감지하고 도망가 살아남을 가능성을 높인다.

그러나 불행하게도 선택적 주의는 위험을 과대평가해서 생기는 공포와 불안을 지속시키고 심지어 더 악화시키기도 한다. 예를 들어 어떤 사람들은 심장이 두근거리면 이러다가 심장이 멈추지 않을까 두려워 호흡 곤란, 발한, 홍조, 비현실감, 저림 같은 신체 증상을 자주 점검하고 확인한다. 이런 *신체 증상에 대한 경계*body vigilance는 일반적으로 무해하지만 두려워하는 신체 감각을 더 예민하게 느끼게 하고 심각한 문제가 생기지 않을까 하는 우려를 증폭시킨다(Schmidt, Lerew, & Trakowski, 1997). 강박 문제가 있는 사람도 유사한 딜레마를 가지고 있는데 의심, 이미지 같은 원치 않는 생각을 두려워하고 여기에 선택적 주의를 함으로써 오히려 침습적인 강박 사고를 과도하게 인식하게 된다. 이에 따라 강박 사고는 피할 수 없다고 느껴져 더욱 고통스러워진다(Abramowitz, 2006). 또한 선택적 주의는 '오염된' 대상과 접촉하면 병이 생길 것이라는 두려움을 증폭시킨다. 공포증 환자들은 질병을 예방하기 위해 자신이 처한 환경에서 잠재적으로 위협이 될 수 있는 대상에 주의를 기울이게 된다. 이렇게 위험 단서에 대한 인식이 증가된 사람은 스스로를 오염에 매우 취약한 사람으로 여기게 되고, 이러한 두려움과 관련된 부적응적 신념을 강화시키거나 악화시킬 수도 있다. 즉 위험 자극에 선택적 주의를 기울이면 위험과 관련된 정보가 우선적으로 처리되고, 안전 신호는 덜 고려되기에 세상은 더욱 위험한 것처럼 보인다.

선택적 기억 Selective Memory

또한 사람들은 불안할 때 두려움에 관련된 생각과 일치하는 정보를 선택적으로 기억하는 경향이 있다. 이러한 *선택적 기억*은 객관적으로 위험한 자극에 적용될 때는 적응적이다. 하지만 선택적 기억은 불안장애 환자들이 두려움 때문에 생긴 선입관을 뒷받침하는 기억은 떠올리는 반면 그에 반하는 정보는 피하게 만드는 *확증 편향*을 일으킨다. 따라서 두려움을 뒷받침하는 증거는 심각하게 생각하는 반면 두려움과 반대되는 증거는 크게 염두에 두지 않는다. 그 결과 두려워하는 부정적인 결과가 발생할 가능성이 더 크게 느껴진다.

불안장애 환자의 경우 드물게 일어난 실패와 외상 경험에 대한 기억을 중립적이고 평범한 기억이나 공포 자극에 동반된 긍정적인 경험의 기억보다 훨씬 더 잘 떠올릴 수 있다. 예를 들어 비행공포증 환자는 난기류를 만나 곧 추락할 것처럼 흔들렸던 비행에 대해 생생하게 떠올리고 묘사할 수 있다. 그러나 평범했던 다른 비행 기억을 떠올리기 위해서는 많은 노력이 필요할 수 있다. 비행공포증 환자는 비행의 '위험'에 관한 정보를 우선적으로 떠올리는 경향이 있으며, 이는 추락의 가능성을 과대평가하는 데 기여한다. 보다 일반적으로 말하자면 선택적 기억은 전체 기억에 완전하게 접근하는 것을 가로막아 (Harvey 등, 2004) 부적응적 신념을 지지하는 정보를 정확하게 평가하는 능력을 제약하게 된다. 선택적 주의와 선택적 기억은 공포 단서를 인식하고, 기억으로 저장하고, 추후에 회상될 가능성을 증가시키는 데 함께 작용하며 결국 위험에 대한 잘못된 인식을 강화하고 부적절한 공포를 지속시킨다.

안전행동 *Safety Behaviors*

안전행동은 부정적이거나 두려운 결과를 감지, 회피, 도피하기 위해 하는 행동이며 대개는 위험을 인지했을 때 나타나는 정상적이고 적응적인 반응이다. 일상의 예로는 안전벨트를 착용하거나, 심폐 소생술을 배우거나 야간에 문단속을 하는 행동 등이 있다. 실제 위협이 있을 때 현명하게 안전행동을 하는 것은 생존에 필수적이다. 그러나 안전행동을 과도하게 하거나 객관적인 위험이 없는 경우에도 하면 역설적으로 임상 불안을 지속시키고, 심지어 악화시킬 수 있다(Salkovskis, 1991).

1장에서 논의하고 표 3.2에 요약한 것처럼 안전행동은 여러 가지 기전으로 불안 문제를 지속시키고 심지어 악화시킬 수 있다. 안전행동을 하면 위험이 줄었다고 인식하게 되어 잠깐은 불안이 줄어든다. 다시 말해 안전행동은 적어도 일시적으로는 효과가 있는 것처럼 보인다. 그러나 불안 감소 안전행동을 부적 강화하고, 안전행동은 불안 유발 상황에 대처하는 패턴(습관)으로 발전한다. 안전행동에 대한 의존은 학습된 공포의 자연적 소거를 방해하고 보다 적응적인 대처전략의 개발을 저해한다.

표 3.2 안전행동이 불안 문제를 지속시키고 악화시키는 기전

기전	설명
부적 강화	안전행동이 일시적으로 불안을 감소시키기 때문에 안전행동은 습관적인 불안관리 전략으로 발전한다.
안전에 대한 귀인 오류	두려운 결과가 발생하지 않은 것은 그 상황이 위험하지 않았을 가능성보다는 안전행동 때문이라고 생각한다.
교정적 정보 획득을 방해	안전행동에 주의를 쏟다 보니 위험하다는 판단에 반하는 정보에 주의를 기울이지 못하게 된다.
적응적 대처전략 개발을 방해	안전행동에 지나치게 의존함으로써 원치 않는 생각, 기억, 감정, 기타 불쾌한 사적 경험에 대해 적응적 대처전략을 개발하고 실천할 기회를 가지지 못하게 된다.
공포 자극을 직접적으로 증가	일부 안전행동이나 경험 회피 전략은 공포 단서나 원치 않는 사적 경험의 강도를 더 증가시키고, 두려운 결과의 발생 가능성을 높인다.
공포 자극에 대한 인식 증가	일부 안전행동은 공포 단서에 대한 선택적 주의를 증가시켜 공포 단서를 더 잘 인식하도록 만든다.
위험 추론	안전행동 자체가 공포 자극이 위험하다는 의미를 암시한다. 즉 자신의 안전행동으로부터 위험의 존재를 추론하게 된다.

또한 안전행동은 역설적으로 안전에 대한 *귀인 오류*misattribution를 불러일으킨다 (Salkovskis, 1991). 즉 심장 마비와 같은 두려워하는 재앙이 발생하지 않는 것은 앉아서 쉬거나 응급실에 '제때에' 도달한 안전행동 덕분이라고 잘못 생각할 수 있다. 안전행동을 했기 때문에 '가까스로' 재앙을 피할 수 있었다고 결론짓는 사람은 오히려 위험에 대한 부정확한 신념이 공고해질 수 있다. 또한 사회공포증 환자가 의도적으로 다른 사람의 시선을 피하는 바람에 상대방의 호의적인 반응을 알아차리지 못하는 경우처럼 안전행동이 위험에 대한 부정확한 판단을 교정할 수 있는 정보에 주의를 기울이지 못하게 한다 (Sloan & Telch, 2002).

광장공포증을 지닌 사람 중 일부는 '안전한 사람'이 함께 할 때만 두려운 상황에 도전할 수 있는데 이런 경우 안전행동은 공포 자극에 대처할 수 없다거나 견뎌낼 힘이 없다는 신념을 더욱 강화할 수도 있다. 안전행동에 습관적으로 의존하다 보면 환자는 원치 않거나 괴로운 생각이 드는 경우, 그리고 심한 불안감과 그에 따른 생리적 각성을 경험하는 경우에도 자신이 예상보다 공포상황에 더 잘 대처할 수 있다는 사실을 배우지 못한다.

안전행동이 해결하려는 불안 문제를 오히려 지속시키거나 악화시키는 또 다른 기전은 공포 자극의 강도를 증폭시키는 것이다. 예를 들어 심각한 건강 염려증이 있는 사람은 피부암이 아닐까 걱정되어 아무렇지도 않은 검은색 점을 하루에도 몇 번씩 찔러보고 쑤셔본다. 그 결과 검은 점은 염증이 생겨 빨개지고, 암에 대한 걱정이 더 커져 더욱더 찔러보고 쑤셔보고 확인하게 된다. 이와 마찬가지로 사회불안을 지닌 사람은 타인의 부정적인 평가를 피하려고 눈맞춤과 대화를 최대한 피하지만, 이는 오히려 다른 사람에게 어색해 보이거나 우둔하게 보일 가능성을 높이게 된다. 앞서 논의한 바와 같이 오염물질 확인과 신체 증상 검색body scan 같은 몇몇 안전행동 또한 공포 자극에 대한 인식을 높일 수 있다.

마지막으로 안전행동을 하거나 안전 신호를 단순히 보기만 해도 위험의 존재를 유추하게 될 수 있다. 예를 들어 입마개를 하고 있는 개는 입마개를 하지 않은 개보다 더 위험해 보인다. 마찬가지로 손 소독제, 마스크, 위생 장갑을 보게 되면 해로운 세균의 존재를 떠올리게 된다(Blakey & Deacon, 2015). 불안한 사람이 특정 상황에서 안전행동을 하거나 안전 보조 장치를 휴대하는 것은 그 상황이 위험하고 감당하기 어렵다는 메시지를 무심코 강화할 수 있다. 예를 들어 식료품 가게에서 불안이 심해져 신경 안정제를 복용하는 환자는 다른 많은 공황발작과 광장공포증 환자들이 실제로 그러하듯이 이런 안전행동으로 인하여 오히려 식료품 가게는 위험하다고 결론 내릴 수 있다.

안전행동의 유형 Types of Safety Behaviors

안전행동은 다양한 형태로 나타나며 사람마다 다르다. 하지만 아무리 다양한 형태를 보인다고 하더라도 그 모두가 공포 자극을 회피하려는 시도라는 점은 분명하다. 불안한 사람은 위험이 있느냐 없느냐 혹은 얼마나 위험한가를 확인하기 위한 시도로 문단속, 배설물의 농도와 같은 공포와 연관된 자극을 지나치게 확인하려 들 수 있다. 이와 비슷하게 두려워하는 일이 일어날 가능성이나 그로 인한 손실에 대해 다른 사람으로부터 안심을 얻기 위해 '죽은 동물도 광견병이 있다고 생각해?'라고 확인하는 질문을 할 수도 있다. 또 공황발작으로 심장 마비가 올까 봐 두려워 항불안제를 복용하는 환자처럼 불안한 상황에서 두려워하는 결과를 즉시 없애거나 예방하기 위해 안전행동을 하기도 한다.

경우에 따라 안전행동은 강박 의식처럼 반복적, 상동적stereotyped, 의식적인ritualistic 특징을 지닌다. 많은 강박장애 환자들은 특정한 방식으로 숫자를 반복해서 세고, 씻고, 기도하고, 반복해서 단어를 말하는 안전행동을 한다. 이런 예에서 보듯이 어떤 안전행동은 정신적 사건mental events처럼 겉으로 드러나지 않아 다른 사람들이 관찰하기 어려울 수 있다.

마지막으로 환자들은 휴대폰, 물병, 행운의 부적, 항불안제, 안전한 사람 등과 같은 안전 신호 또는 보조 장치에 의존할 수도 있다. 환자들은 실제로 사용하지 않더라도 안전한 물건과 사람을 단순히 지니고 가까이하기만 해도 안심하는 경우가 많다. 형태에 상관없이 모든 안전행동은 재앙을 피하거나 예방하기 위한 것이며, 결과적으로 위험에 관한 부적응적인 신념이 교정되는 것을 방해하게 된다(Salkovskis, Clark, Hackmann, Wells, & Gelder, 1999). 보다 상세하고 다양한 형태의 안전행동과 임상 평가 전략에 관한 자세한 설명은 4장에서 다룰 것이다.

경험 회피 *Experiential Avoidance*

일반적으로 공포 자극이라고 하면 엘리베이터 타기나 벌과 같은 *외부* 상황과 대상을 떠올리지만, 앞서 논의했듯이 임상 불안을 지닌 사람은 침습사고나 외상 경험에 대한 기억, 신체 감각, 강렬한 부정적 정서 같은 내적인 사적 경험에 대한 공포도 가지고 있다. *경험 회피*는 '불안을 느끼는 것은 안 좋은 일이다'처럼 내적 경험을 기꺼이 받아들이지 못하고 사적 사건과 사건이 일어나는 맥락의 형태나 빈도를 바꾸려 들거나, 사적 사건으로부터 회피, 도피하는 것을 말하며 안전행동과 중복되는 개념이다(Hayes, Wilson, Gifford, Follette, & Strosahl, 1996). 그러나 원하지 않은 생각이나 감정을 의도적으로 억제하려고 할수록 그 생각과 감정이 더 의식되기 때문에 경험 회피는 오히려 역효과를 낳는다.

따라서 환자는 *원하지 않을수록 오히려 더 가지게 된다*는 곤경에 빠지고, 영속적인 악순환으로 이어진다. 또한 경험 회피는 원치 않고 고통스러운, 하지만 인간에게 보편적이며 궁극적으론 무해한 사적 경험에 대해 적응적으로 반응하는 방법을 배우지 못하게 가로막는다(Hayes, Strosahl, & Wilson, 2011).

안전행동에 대한 신념 *Beliefs about Safety Behaviors*

어떻게 천 번 이상 공황발작을 경험하고도 여전히 다음 공황발작이 오면 죽을 수 있다고 생각할까? 이는 아마 안전행동이 있었기 때문에 재앙이 발생하지 않았다고 잘못 생각하고 있기 때문일 것이다. 다시 말해서 공황발작 중에 항불안제 복용, 가만히 앉아 있기, 물 마시기, 심호흡 등을 했기 때문에 재앙이 일어나지 않았으며, 만약 그런 행동을 하지 않았으면 재앙이 확실히 발생했을 거라고 믿는다. 종종 이러한 신념이 안전행동이 어떻게 재앙을 예방하는지에 대한 자기 나름의 기전을 만들어 낸다. 예를 들면 공황발작을 겪고 있는 한 여성은 항불안제나 이완요법, 신뢰할만한 조력자가 있었기에 치명적인 심장 마비를 겪을 수 있는 수치보다 낮은 심박수를 유지할 수 있다고 믿었다. 그녀는 공황발작에 대처하기 위해 안전행동이 필수라고 믿었다. 결과적으로 '안전한 사람'이 없이 혼자 있을 때 최악의 공황발작을 경험하였고, 불안할 때마다 '안전한 사람'을 찾아 응급실을 자주 방문하였다. 이 사례는 (1) 안전행동이 도움이 될 뿐만 아니라 더 나아가 재앙 예방에 필수적이고, (2) 안전행동이 재앙을 성공적으로 예방하는 나름의 기전이 있으며, (3) 두려운 상황과 내적 자극에 대처하기 위해서 안전행동이 필수적이라는 신념에 의해 불안 문제가 어떻게 지속되는지 보여 준다.

임상 불안이 지속되는 과정에 대한 설명 모델
A MODEL OF THE MAINTENANCE OF CLINICAL ANXIETY

DSM에 따른 불안장애 및 관련 장애와 같이 임상적으로 심한 불안 문제를 가진 환자들에서 공포가 지속되는 데에는 다양한 인지행동 과정이 작용한다. 이번 단락에서는 이러한 과정을 이해하기 위한 개념 틀을 제시하고자 한다. 이 개념 틀은 불안 관련 문제에 일반적으로 적용하기 위한 것이고, 특정한 불안과 공포에 대한 적용은 2부에서 다룬다.

그림 3.1에서 볼 수 있듯이 이 설명 모델은 확률 및 손해 과대평가와 같은 부적응적 신념이 도표에 나오는 일련의 과정을 일으키는 핵심 지속 요인이라고 가정한다. 부적응적 신념은 두려운 결과와 관련된 자극, 즉 공포 단서나 '촉발인자'를 인식하거나 예측할 때 활성화된다. 단서나 촉발인자에는 외부 상황이나 자극, 내부 신체 징후나 감각, 침습 사고나 기억과 같은 원하지 않는 정신적 사건 등이 있다. 부적응적 신념에 근거하여 공포 단서를 위험하거나, 해롭거나, 재앙적이거나, 받아들일 수 없거나, 견딜 수 없다고 *평가*하면 대부분 공포와 불안을 경험하게 된다. 그림 3.1에서 보듯 이런 평가는 주로 빠르게 일어나고 스스로 의식하지 못하기 때문에 *자동사고*라고 부른다. 또한 그림에 있는 화살표는 특정 상황에 대한 자동사고가 좀 더 일반적인 부적응적 신념에 근거하고 있다는 점을 보여 준다.

앞에서 논의한 바와 같이 불안 반응에는 심장이 두근거리고, 숨이 가쁘고, 현기증이 나는 것과 같은 무해하지만 뚜렷한 신체 징후와 감각이 자연스럽게 동반된다. 불안 민감성이 높아 이러한 내적 경험을 위험하거나 견딜 수 없다고 여기는 사람에게는 불안 경험 그 자체가 공포 단서가 된다. 이 과정은 그림 3.1의 불안에서 공포 단서로 이어지는 점선으로 표시하였다. 이런 사람들이 각성된 신체 감각을 위험하다고 평가하는 자동사고를 하게 되면 더 강렬한 신체 감각이 일어나고, 점점 더 재앙적인 평가로 이어지는 악순환에 빠져들어 결국에는 공황발작을 일으키게 된다(Clark, 1986). 또한 불안을 겪게 되면 선택적 주의와 선택적 기억 같은 편향된 정보 처리가 자연스럽게 일어나게 된다. 이러한 인지적 편향은 안전과 관련된 정보는 걸러내고 인지된 위험만을 강조함으로써 부적응적 신념을 강화시키고 공포단서를 더 민감하게 알아차리게 만든다.

위험을 인지하고 불안해질 때 안전을 추구하는 것은 자연스러운 반응이다. 사람들은 안전행동을 통해 불안한 정서 상태를 단지 일시적이라도 즉각 경감시키거나 제거할 수 있으며, 안전행동이 두려운 재앙의 발생을 막은 것처럼 보인다. 따라서 안전행동은 부적 강화를 받고 습관적인 대처전략으로 굳어진다. 하지만 안타깝게도 안전행동은 부적응적 신념의 교정을 방해하고, 오히려 이런 신념을 지속 또는 견고하게 만드는 역설적인 영향을 미친다. 부적응적 신념의 지속은 결국 불안, 공포, 안전행동으로 이어지는 자기 영속적인 악순환으로 이어지게 된다.

그림 3.1의 인지행동 모델에서 심리적 과정을 *질병이나 기능장애*의 일부로 취급하지 않는 점에 주목할 필요가 있다. 더 나아가 불안 문제를 겪고 있는 사람이 '정신 질환' 그 자체에 의해 고통받고 있다고 생각하지는 않는다. 사실 이번 장에서 설명하고 있는 심리적 과정은 DSM에서 정의된 불안 관련 장애에서 또는 그 밖의 불안 문제에서도 발생할 수 있다. 매우 위험한 상황에서 안전을 위해 위협에 주의를 기울이고, 위험이 인지되면 공포를 느끼고, 불안에 따른 강렬한 신체 감각을 경험하고, 위험으로부터 안전을 추구하는 것은 사실 논리적이고 적응적인 반응이다. 이런 반응은 실제로 생존을 위협하는 맥락에서는 생명을 구하게 해줄 것이다. 임상 불안을 지닌 사람의 문제는 그들의 공포 자극이 객관적으로는 심각한 위험이 *아니라는 점*이다. 그들은 실제로는 별로 위험하지 않은 것을 심각한 위험으로 잘못 인지한다. 따라서 위에서 설명한 반응은 아무런 도움이 되지 않으며, 오히려 불행하게도 아주 자연스럽게 공포를 지속시켜 고통과 기능적 어려움을 가져온다.

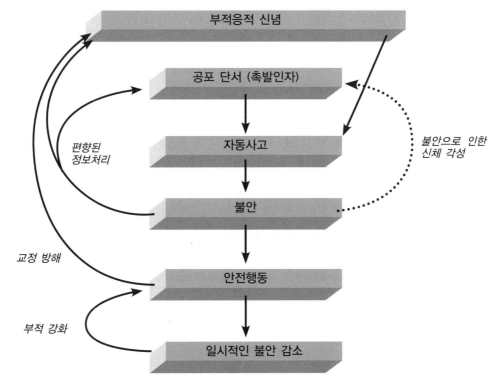

그림 3.1 임상 불안이 지속되는 과정을 설명하는 인지행동 모델

노출치료에 주는 함의
IMPLICATIONS FOR EXPOSURE THERAPY

그림 3.1은 임상 불안을 느끼는 사람이 불안에서 벗어나려고 최선의 노력을 했음에도 불구하고 자기 영속적인 순환 고리에 어떻게 '갇히게' 되는지를 보여 준다. 따라서 노출치료자의 임무는 환자가 이 악순환의 고리에서 벗어날 수 있도록 돕는 것이다. 이번 단락에서 노출치료가 효과를 나타내는 기전, 노출치료가 위에 설명한 인지행동 과정의 어느 부분을 목표로 하는 것뿐만 아니라 노출치료를 시행할 때 일반적으로 고려해야 하는 측면에 대해서 논의할 것이다. 보다 구체적인 임상적 제안은 다음 장에서 할 것이다.

노출치료는 어떻게 작동하는가? How Does Exposure Therapy Work?
정서 처리 관점 Emotional Processing Perspective
전통적으로 노출치료의 효능은 주로 *정서 처리 이론*의 관점으로 이해되어 왔다. 학계에서 영향력이 매우 큰 이 이론은 두려운 감정, 인지, 행동 사이의 연합된 기억이 '공포 구조fear structure'를 이루어 불안 문제를 지속시키는데, 반복적이고 지속적인 노출이 이러한 '공포 구조'를 활성화 시킨다고 설명한다. 노출은 활성화된 공포 구조와 양립할 수 없는 정보를 제공함으로써 연합된 기억을 수정한다. 다시 말해 노출은 부적응적인 확률 및 손해 과대평가, 대처 능력에 대한 낮은 자기효능감, 원치 않는 사적 경험에 대한 부적응적 신념과 태도, 두려운 재앙을 막으려면 안전행동이 필수적이라는 신념 같은 인지가 잘못 되었다는 점을 증명한다. 따라서 효과적인 노출치료의 핵심적인 기전은 부적응적 신념 을 교정하는 것이고, 이를 *정서 처리*라고 부른다. 이에 따라 노출치료자의 임무는 환자가 부적응적 신념을 가장 잘 교정할 수 있게 노출 작업을 신중하게 설계하고 구현하는 것이 다. 전통적으로 노출 회기 내 그리고 회기 사이의 습관화habituation로 불리는 공포 감소는 부적응적 신념의 교정, 즉 학습이 이루어지고 있다는 증거이며, 변화의 결정적인 지표로 간주한다. 습관화가 일어나게 되면 불안 관련 자극에 대한 위험 인지와 공포 반응이 지 속적으로 감소될 것으로 예상된다.

오랜 시간 동안 습관화는 학습과 장기 치료 변화의 지표라고 주목하였고, 이는 노출 치료의 수행에 광범위한 영향을 미쳤다. 전통적으로 노출치료자는 (1) 공포 자극에 직 면하면 노출 회기 내와 회기 사이에서 불안이 감소될 것이라는 치료적 근거를 제공하고, (2) 노출치료는 습관화가 일어나야 종결되므로 회기의 길이는 습관화에 이르는 시간에 따라 결정하며, (3) 노출은 적당한 공포 유발 자극에서 시작해서 위계를 사용하여 점진 적으로 더 강렬한 자극으로 진행하였다(예: Foa, Yadin, & Lichner, 2012). 또한, 임상의 는 치료 효과가 습관화와 밀접하게 관련되어 있다는 점을 신경 썼다.

그러나 비록 노출 회기 내와 노출 회기 사이에 습관화가 대체로 일어나기는 하지만 연구에 따르면 습관화를 단기 또는 장기 노출치료 결과의 예측인자로서 신뢰할 수는 없 다고 한다(Craske 등, 2008; Jacoby & Abramowitz, 2016 참조). 즉 노출 회기 동안 습 관화가 발생해도 장기적으로는 치료 결과가 성공적이지 않은 경우도 있고, 습관화가 발 생하지 않아도 성공적인 결과를 보이는 경우도 있다(예: Meuret, Seidel, Rosenfield, Hofmann, & Rosenfield, 2012). 이러한 연구 결과는 습관화가 인지 또는 행동 변화의 필수적인 임상 지표라는 생각에 이의를 제기한다. 오히려 습관화를 안전행동 없이 공 포 자극에 직면할 때 흔히 일어나는 과정이라고 보는 관점이 더 적절하다(예: Benito & Walther, 2015).

게다가 노출치료를 하는 동안 습관화를 호전의 지표로 삼으면 임상 측면에서는 의도 치 않게 부정적인 결과를 초래할 수 있다. 실제로 치료자가 노출치료에서 공포 감소가 중요하다고 완고하게 강조하면, 환자는 불안 자체가 본질적으로 나쁘고 감소*되어야만* 하며 불안이 가라앉을 때만 치료가 성공했다고 여기게 된다. 그러나 이러한 입장은 '공포에 대한 공포'를 느끼는 사고방식을 지속시키며, 환자로 하여금 노출회기 안팎에서 피할 수 없고, 예기치 못한 정상적인 두려움이 생겨도 치료가 실패했다고 여기도록 만들 수 있다. 게다가 불안한 환자는 '불안을 가라앉히기 *위해* 이 노출을 할 겁니다'와 같이 불안을 통*제*하기 위해 노출을 사용할 수도 있는데, 이는 불안과 공포를 정상적이고 위협적이지 않은 경험으로 받아들이게 한다는 학습과 *직면*의 목적과 상반된다. 따라서 수십 년 동안 노출치료는 정서 처리 관점에서 성공적으로 증명되었지만, 노출 회기 동안 공포 감소를 강조하면 장기적으로 치료 효과를 감소시킬 수 있다는 점을 인식하여야 한다. 실제로도 노출치료가 끝난 후 많은 환자들이 공포의 *부활*로 일컫는 공포의 재발을 겪게 된다.

억제 학습 관점 Inhibitory Learning Perspective
일반적 통념은 노출치료를 통해 과도한 두려움이 '탈학습unlearned' 된다고 여긴다. 그러나 1장에서 간단히 언급했듯이 오래된 공포 연합은 *약화되거나 사라지지* 않고 온전히 유지되며 노출 중에 발생하는 새로운 학습과 적극적으로 경쟁한다(Powers, Smits, Leyro, & Otto, 2007). 노출치료 중 공포 소거라는 학습이 일어나기 위해서는 공포에 기반한 위험 연합과 경쟁하는 새로운 안전에 기반한 연합을 획득하는 과정이 필요하고, 주어진 상황에서 승리하는 쪽에 의해 경험하는 불안의 양이 결정된다. 억제 학습 관점에서 노출치료의 목표는 장기간에 걸쳐 비–위험 관련 연합non-danger-related asociation이 위험 연합의 접근과 회상을 성공적으로 억제할 가능성을 최대화하여 공포의 재발을 막는 것이다.

억제 학습 접근은 실제 임상에서 많은 함의를 주고 있다. 6장에서 자세히 설명하겠지만 노출은 새로운 비–위험–유발non-danger-eliciting 학습, 즉 안전학습의 강도, 지속성, 일반화를 최대화할 수 있도록 신중하게 설계된다. 예를 들어 노출은 환자가 '만약 내가 수업시간에 틀린 대답을 하면 모든 사람이 나를 비웃을 거야'와 같은 특정한 공포 기반 가정과 과장된 예측을 검증하고 의심할 수 있도록 설계한다. 또한 임상 불안이 지속하는 데는 '내가 너무 불안해지면 자제력을 잃게 될 거야'와 같은 불안 그 자체에 대한 부적응적 신념이 일정 부분 역할을 하고 있다고 본다. 이런 관점에서 노출은 불안을 완전히 제거하려고 애쓰기보다는 '내가 불안을 느끼고 있더라도 중요한 활동을 계속할 수 있어'와 같이 불안*에 대한 내성*anxiety tolerance을 기르는 것을 목표로 한다. 이는 환자가 불안은 안전하고 견딜 수 있는 것이며, 불안과 그 외 원치 않는 사적 경험이 존재하더라도 의미 있는 활동에 참여할 수 있다는 사실을 배울 수 있도록 도와준다. 따라서 노출 회기 동안 공포 감소와 습관화는 강조하지 않는다.

또 다른 실질적인 함의는 안전학습이 가지고 있는 맥락 의존적 특성context-dependent nature을 고려해야 한다는 점이다. 공포학습은 다양한 맥락으로 쉽게 일반화되는 반면 안전학습은 상대적으로 맥락 의존적이다. 이러한 현상은 명백하게 생존에 유리하다(역주: 위험한 정보에 대해서는 일반화가 일어나야 더 잘 생존할 수 있고 안전하다고 느끼는 것은 맥락 단서를 잘 살펴 여러 조건에 들어맞은 다음 안전하다고 느껴야 생존에 유리하다). 구체적으로 모든 치료적 노출 작업에서 일어나는 안전 관련 학습의 정도는 치료자의 참석, 치료 환경, 안전행동의 실행, 휴대폰이나 제세동기와 같은 안전 신호에 대한 접근, 경험하는 각성 수준, 정신 활성 물질이나 처방약에 의해 만들어진 내적이나 심리적 맥락 같은 다양한 맥락에 영향을 받는다. 이러한 각각의 맥락은 '*선생님이 나를 안전하게 지켜주는 한* 밀폐된 공간에서도 미치지 않을 수 있어'와 같이 노출을 통한 안전학습에서 조건자극이 될 수 있다.

억제 학습을 최적화하려면 노출을 통해 '*어떤* 밀폐된 공간에서도 난 미치지 않을 거야'와 같은 무조건적인 안전학습을 폭넓게 가르쳐야 한다. 임상의는 노출로 *인해 환자가 무엇을 학습하고 있는지*를 주의 깊게 관찰함으로써 무조건적인 안전학습을 촉진시키고 노출치료의 효과를 극대화할 수 있다(Powers 등, 2007). 특히 치료자가 없는 설정, 불안이 자연스럽게 발생하는 설정 등 다양한 맥락에서 노출을 실행하고 비-위험 기반 연합을 학습하는 것이 반드시 필요하다. 이에 더해 임상의는 환자가 안전행동을 사용하는지 감시하고, 이를 사용하지 않도록 하는 것이 중요하다.

노출치료의 비특이 요인 Nonspecific Factors in Exposure Therapy

노출치료가 효과 있는 이유에 대해 정직하게 논의하려면 정신치료에서 *공통 또는 비특이적*이라고 불리는 요인의 효과도 인정해야 한다. 변화의 동기, 호전에 대한 기대, 따뜻한 치료 관계와 같은 변수들은 다른 정신치료와 마찬가지로 노출치료에도 의심할 여지없이 영향을 미친다(Frank, 1989). 노출의 효과는 아마도 치료의 비특이 요인과 공포 촉발인자에 직면하는 특정한 절차의 조합으로 일어나는 것 같다. 그러므로 치료자는 비특이 요인이 치료 효과의 일정 부분을 차지한다는 의견에 크게 위협을 느낄 필요는 없다. 우리는 이 책에서 기술한 과학적 근거를 가진 접근법이 강력한 치료 동맹과 같은 공통 요인과 특정 노출기법의 조합을 통해 환자의 삶을 향상시킬 수 있다고 믿는다.

결론 CONCLUSIONS

이번 장에서는 공포의 획득 기전과 공포가 심각한 임상 문제로 확장되는 과정, 그리고 이를 해결하는 노출치료의 작동 기전에 대한 개요를 제시하였다. 공통 개념은 부적응적이고 과장된 위험 관련 신념이 임상 불안의 생성과 지속에 중요한 역할을 한다는 것이다. 불안한 사람에게 관찰되는 편향된 정보 처리와 안전행동은 믿을 만한 근거가 없는 부적응적 신념을 지속시키는 효과가 있기에 문제가 된다. 노출치료는 새로 학습한 안전 연합이 이전의 조건화된 공포 연합과 경쟁하고 이를 억제하여 공포 소거가 일어나는 경험을 통해 작동한다.

임상 불안의 효과적인 치료는 철저한 평가로 시작되므로 다음 장에서는 불안 지속 요인 평가의 요점에 관해서 설명한다.

치료 계획 I
Treatment Planning I

기능 평가 *Functional Assessment*

노출치료는 단순히 매뉴얼대로 수행하는 과정이 아니다. 임상의는 먼저 환자의 문제에 대해 잘 이해한 후 이를 바탕으로 적절한 치료를 계획해야 한다. 불안에 노출기반 치료를 적용할 때 필요한 정보수집과 치료 계획의 구체적인 방법에 대해 4장과 5장에서 설명하고 예를 보여 주려고 한다. 먼저 4장에서는 치료를 계획하는 데 필요한 정보를 얻는 과정, 즉 *기능 평가*functional assessment를 다룬다. 그리고 5장에서는 이 정보를 이용하여 *공포 위계*fear hierarchy라고 부르는 노출 목록을 작성하는 방법과 환자에게 노출의 이론적 근거를 설명하는 방법에 대해 논의한다. 다양한 유형의 불안이나 공포 치료를 위해 임상의는 여러 형태의 노출을 시행하는데, 이 두 장에서 제시하는 기법은 모든 형태의 노출에 공통된 내용이다. 가능한 한 풍부한 설명을 위해 임상 불안의 다양한 사례를 포함하고, 환자에게 사용할 수 있는 양식과 유인물도 수록하였다. 2부에서는 4,5장에서 나온 기법을 특정한 임상 불안 상황에 적용하는 방법에 대해 서술하였다.

기능 평가(또는 *기능[행동] 분석*)는 과도한 불안에 영향을 미치는 요인에 대해 환자 개개인의 구체적인 정보를 수집하는 것을 말한다. 이러한 요인에는 불안을 촉발하는 상황과 자극(선행사건), 불안에 대한 반응(결과), 둘 사이의 연결이 포함된다. 기능 평가는 개인의 불안 경험을 이해하기 위해 이론을 바탕으로 개별적으로 접근한다는 점에서 *진단 평가*와 구별된다. 진단 평가는 개인의 경험을 대부분 DSM이라는 확립된 기준과 비교하는 법칙정립적nomothetic 접근이다. 비록 진단 평가와 분류도 중요하게 쓰이지만, 효과적인 노출치료를 계획하고 실행하기 위해서는 진단보다는 특정 상황, 자극, 인지, 반응 사이의 기능적 관계가 더 중요하다.

특정 두려움이나 불안에 대해 환자들이 사용하는 부적응적인 대처전략은 같은 DSM

진단에서조차 매우 이질적이다. 예를 들어 사회불안장애 진단을 받은 어떤 사람은 고백을 거절당할까 봐 무서워 *이성*에게 말을 거는 것을 두려워하는 반면, 동일한 진단을 가진 다른 사람은 동성의 윗사람에게 말하는 것을 두려워한다. 노출치료는 개인의 특정한 공포를 목표로 하기 때문에, 위의 예처럼 사회불안장애 진단을 받았다는 사실을 아는 것만으로는 충분하지 않다. 효과적인 노출치료의 계획을 위해서 치료자는 환자의 공포가 촉발되는 특정 상황과 자극, 이러한 촉발인자를 마주했을 때 나타날까 봐 두려워하는 구체적인 결과(예: '모두가 나를 패배자로 생각할 거야'), 이 공포를 다루기 위해 환자가 사용하는 구체적인 부적응적 전략을 알아야 한다. 기능 평가는 진단 평가에 비해 치료자가 위의 주요 임상 변수를 훨씬 더 풍부하게 분석하고 잘 이해할 수 있게 도와준다.

4장의 남은 부분에서는 기능 평가의 세부 사항을 자세히 살펴본다. 공포와 불안 문제에 대한 기능 평가의 구성 요소를 표 4.1에 요약하였다.

표 4.1 불안에 대한 기능 평가의 구성 요소

문제 목록
기능 평가 소개
배경과 내과 병력
문제의 역사적 과정 그리고 중요한 사건이나 상황
- 불안의 개인력과 가족력
- 현재 문제를 촉발했을 가능성이 있는 눈에 띄는 사건(예: 언론 보도, 질병 유행)

공포 단서
- 외부 상황과 자극
- 내부 단서: 신체 징후와 감각
- 침습사고, 관념, 의심, 이미지, 기억

공포 단서에 노출했을 때 나타나는 두려운 결과
- 위험의 가능성과 심각성을 과대평가함
- 불확실성을 견딜 수 없음
- 불안 경험에 대한 신념(예: 불안 민감성)

안전행동
- 수동적 회피
- 확인과 안심 추구
- 강박 의식과 은밀한 짧은 의식(또는 정신적 의식)
- 안전 신호
- 두려운 결과를 막아주는 안전행동의 힘에 대한 신념

자가 모니터링

문제 목록 THE PROBLEM LIST

아직 문제가 분명하지 않다면 임상의는 우선 환자의 불안과 관련한 주요 문제를 목록으로 정리하고 싶을 것이다. 작업이 가능한 목록이 되도록 핵심 문제부터 시작해서 최대 10개의 문제를 작성한다. 다음은 OCD 진단을 받은 35세 기혼 여성의 문제 목록이다.

1. 운전 중 사고로 보행자를 치는 반복적인 침습사고
2. 차로 누군가를 실제로 칠까 봐 두려움
3. 백미러를 반복해서 확인하고, 운전해서 온 길을 되돌아가고, 자동차 밑을 확인하고, 안도감을 얻기 위해 아무에게도 해를 끼치지 않았단 사실을 다른 사람에게 확인받으려 함
4. 특정 도로 회피와 야간 운전 회피
5. 의도치 않게 내 아이들에게 해를 끼쳤는지 반복적으로 의심
6. 사람을 찌를 수 있는 칼과 모든 날카로운 물건에 대한 공포와 회피
7. 내가 결코 아이들에게 해를 끼친 적이 없다고 남편에게 강박적으로 확인을 요구
8. 지속적인 우울한 기분(자살 충동이나 계획, 의도는 없음)

치료자가 노출치료를 이용해서 목록의 모든 문제를 해결하려고 시도할 필요는 없다. 앞에서도 언급했듯이 노출은 과도하고 부적절한 공포와 불안을 줄이기 위해 고안된 일련의 과정이다. 따라서 첫 번째 작업은 목록의 문제들 중에 3장에서 논의한 개념 모델에 가장 잘 맞는 문제가 무엇인지 결정하는 것이다. 이를 위해 목록에 있는 문제에 대한 가설을 세운다. 예를 들어 백미러 확인은 보행자를 치는 생각에 반응한 안전행동이라고 가설을 세울 수 있다. 그 뒤에 환자 문제의 특성을 더 조사하기 위해 다음에 기술할 구체적인 질문을 하게 된다.

환자에게 기능 평가 소개하기
INTRODUCING FUNCTIONAL ASSESSMENT TO THE PATIENT

기능 평가를 위해 주 문제를 둘러싼 환자 개인의 특수한 상황, 인지, 행동적 특징을 주의 깊게 파악한다. 그 뒤에 3장에서 제시한 개념틀을 사용하여 이들 요인 간 연관성을 이

해하고 치료를 위한 사례개념화를 한다. 문제의 복잡성에 따라 기능 평가와 사례개념화를 하는데 1시간 미만에서 최대 3시간까지 걸릴 수 있다. 즉 치료를 시작할 때 여러 번의 '정보수집' 회기를 따로 가질 수 있다는 것을 의미한다. 정보수집 회기는 치료자에게 중요한 정보를 제공할 뿐만 아니라 치료 관계를 강화하고 환자가 노출치료의 철학과 개념 모델을 더 잘 이해할 수 있도록 도와주므로 중요하다. 한편으로 기능 평가는 치료 초기뿐 아니라 치료 전반에 걸쳐 진행되는 과정이기도 하다. 그러므로 임상의는 지속적으로 정보를 수집해서 이 자료를 개념화와 치료 계획에 통합해야 한다.

우리는 기능 평가 과정을 환자와 치료자 간의 정보 교환으로 본다. 즉 환자는 자신의 불안 경험에 대한 정보를 제공하고 치료자는 이 정보를 인지행동 틀에 맞추기 위해 자신의 전문 지식을 활용한다. 치료자는 환자 경험의 구체적인 뉘앙스를 확인해야 하고, 환자는 최고의 치료 결과를 얻기 위해 새로운 관점으로 자신의 경험을 이해하는 방법을 배워야 한다. 환자에게 처음 몇 회기 동안에 서로를 알아가고 치료 계획을 세우게 될 것이라고 미리 알려주길 권한다. 치료 초반부에 일어날 일에 대해서 명확한 예상을 할 수 있게 해주면 예기 불안을 줄일 수 있다. 다음은 사회적 상황에서 창피한 일을 당할까 봐 두려워하는 환자에게 기능 평가를 소개하는 예시이다.

"오늘 할 일이 많습니다. 사회불안과 부정적인 평가를 받는 것에 대한 두려움을 줄이기 위해 어떻게 함께 작업을 해야 할지 알아보아야 해요. 처음 몇 회기 동안은 서로를 알아가고 중요한 정보를 교환하는 시간이 될 겁니다. 각자가 자신의 전문 지식을 여기로 가져오는 과정이라고 생각하면 좋겠어요. 저는 사회불안을 어떻게 이해하면 좋을지와 극복할 수 있는 방법에 대해 많이 알고 있어요. 하지만 사회불안을 가지고 있는 사람들은 개개인별로 조금씩 차이가 있습니다. 그래서 당신이 겪고 있는 특정한 어려움에 대해 잘 이해할 필요가 있어요. 여기서 당신의 전문지식이 필요합니다. 당신은 자신의 사회불안 경험에 대한 전문가입니다. 사회불안이 어떻게 촉발되고, 불안해지면 자신이 어떻게 반응하는지에 대해 가장 잘 알고 있는 사람이죠. 그래서 우리는 머리를 맞대고 서로의 전문 지식을 결합하여 당신에게 가장 도움이 되는 방법을 찾아야 합니다."

환자의 전형적인 하루 일과를 설명하도록 하거나 최근의 불안 삽화에 관해 물어보면서 시작하는 것이 도움이 될 수 있다. 이러한 '실황 중계play-by-play descriptions'는 임상의가 이해하기 어려운 특정 부분을 평가하는 경우에도 사용할 수 있다. 임상의는 주의 깊게 듣고 환자의 문제를 인지행동 틀 안에서 어떻게 사례 개념화할 수 있을지 생각해야 한다.

"우선 최근에 사회적 상황에서 불안을 경험했던 일에 대해서 자세히 이야기해줄 수 있을까요? 이야기를 들으면서, 당신의 생각, 느낌, 행동을 제가 제대로 이해하고 있는지 확인하기 위해 여러 번 멈추고 질문을 하게 될 거예요. 최대한 자세하게 이야기해 주세요. 그리고 어떤 문제는 거의 자동으로 일어나다 보니 중요하지 않다고 생각하는 세부 사항도 있을 거예요. 하지만 그런 정보를 알아야 당신의 어려움을 더 잘 이해할 수 있고, 이해를 바탕으로 당신을 도울 수 있을 것입니다. 아시겠죠?"

임상의는 환자가 정서, 인지, 행동 반응을 포함하여 최근의 공포 삽화를 하나 이상 검토할 수 있도록 도와야 한다. 필요한 정보를 이끌어 내는 데 도움이 되는 질문은 다음과 같다.

- "불안이나 두려움을 느끼기 시작할 때 어떤 상황이었나요?"
- "특정한 계기가 있었나요? 있었다면 계기가 무엇이었나요?"
- "불안이 얼마나 심했나요? 얼마나 오래 지속되었나요? 몸에서는 어떤 감각을 느꼈어요?"
- "무슨 일이 일어날까 봐 걱정했나요?"
- "불안을 줄이거나 통제하려고 했나요? 두려운 상황에서 피하거나 도망치려 했나요?"
- "위험으로부터 안전해지기 위해 무엇을 했나요?"
- "안전해지려고 한 행동이 위험과 불안을 줄이는 데 어떻게 도움이 됐나요?"
- "그 상황이 결국 어떻게 해결되었나요? 해결된 후에는 어떤 기분이 들었나요?"

임상의는 또한 다음과 같은 대화를 통해 불안 문제를 논의하고 이해하는 데 사용할 수 있는 공통 언어와 치료 모델을 만들어 나갈 수 있다. 이러한 과정은 치료자가 환자의 생각과 감정 사이의 관계뿐만 아니라 안전행동과 불안 감소 사이의 관계를 제시하면서 시작된다. 예를 들어

"사회불안은 당신에게 고통을 주고, 기능을 방해하며, 스스로는 없애기 어려운 일련의 사고 및 행동 패턴이라고 생각할 수 있어요. 구체적으로 말하면, 사회적 상황에서 나쁜 일이 생길 거라고 가정하는 사고 패턴을 말합니다. 예를 들어 다른 사람들이 당신을 지루해한다고 스스로 가정하는 경우를 생각해 봅시다. 만약 모임에 참석해서 다른 사람들과 이야기를 해야 한다면, 당연히 심한 불안을 느낄 거예요. 누구도 불안을 느끼는 상황에 있고 싶지는 않아요. 따라서 사회불안이 있는 사람들은 사회 교류를 피하려고 노력해요. 사회 교류를 피할 수 없을 때는 술 마

시기와 같은 방법으로 불안을 누그러뜨려요. 이런 행동 패턴은 일단 안전감을 주기 때문에 '안전행동'이라 불러요. 하지만 안전행동은 장기적으로는 별로 효과가 없어요. 비록 그 순간에는 더 편안하다고 느낄 수 있지만, 다음에 같은 상황을 만나게 되면 다시 불안을 느끼게 됩니다. 당신의 사회불안 경험에서 이러한 패턴이 어떻게 나타나는지 보이시나요? 모임에 참석한 사람들이 당신을 지루하게 여길 것이고 그저 망신만 당할 거라고 생각하기 시작하면 그 생각이 불안을 일으키고 결국에는 가지 않기로 결정하게 만드는 것 같습니다. 그리고 모임에 가지 않음으로써, 당신이 걱정하는 예측이 맞는지 아닌지 확인할 기회를 놓치게 되었어요. 결과적으로 보면 모임에 가는 경험은 끔찍할 거라고 계속 믿으면서 살게 되는 거죠."

환자의 최근 삽화로부터 얻은 정보는 불안을 유발하는 촉발인자와 불안을 지속시키는 생각과 행동 과정에 대한 단서를 제공한다. 그러므로 환자의 경험을 완전히 이해하기 위해 임상의는 상세하고 때로는 불편한 개인적인 질문을 할 준비가 되어 있어야 한다. 기능 평가는 환자의 두려움, 인지, 행동 반응을 철저히 이해하기 위해 성기능, 저속하거나 끔찍한 생각, 매우 고통스러운 상황 등에 대한 논의가 필요할 수도 있다. 예를 들어 "나는 사람들 앞에서 참지 못하고 대변을 볼 것 같은 두려움에 하루에도 열두 번 화장실을 간다"고 이야기하는 환자가 있을 수 있다. 심지어 위생, 건강 유지 행동, 식사, 수면과 같이 비교적 건강하게 보이는 측면까지도 안전행동의 가능성을 평가하기 위해 심층적으로 탐색해야 한다. 예를 들어 사회 교류를 하기 전에 과도하게 항문을 씻는 행동이 드러날 수도 있다. 나타나는 불안 문제에 따라 어떠한 상황, 촉발인자, 인지 요인과 행동을 구체적으로 조사해야 하는지에 대해서는 2부에서 논의할 것이다.

배경과 내과 병력
BACKGROUND AND MEDICAL HISTORY

불안에 대한 정신치료를 시작하기 전에 환자의 병력을 물어보고 불안과 유사한 상태를 보일 수 있는 갑상선 질환, 카페인이나 암페타민 중독, 약물 금단 증상, 부신의 문제(예: 갈색세포종, 부신 종양) 등을 배제하는 것이 중요하다. 또한 천식, 승모판 탈출증mitral valve prolapse, 알레르기, 다한증, 그리고 특히 저혈당과 같은 의학 상태는 많은 환자들이 두려워하는 과도한 땀, 가슴 두근거림, 숨 가쁨, 어지러움과 같은 신체 감각을 만들 수 있어 임상 불안, 그중에서도 특히 공황과 건강 불안을 악화시킬 수 있다. 끝으로 일부 의학 상태는 적절한 노출 유형을 결정하는 데 영향을 미친다. 예를 들어 뇌전증 환자에게 내적 감각 노출을 시행할 때 번쩍이는 불빛과 같이 경련을 유발할 수 있는 자극은 적합하지 않다. 임신 후기나 심장질환이 있는 환자는 강렬한 불안 반응을 일으킬 수 있는 노출은 피해야 할 것이다. 알레르기가 있는 경우에는 상황 노출을 할 때 주의가 필요하다. 예를 들어 알레르기 반응을 일으킬 수 있는 음식을 주의해야 한다.

문제의 역사적 과정
HISTORICAL COURSE OF THE PROBLEM

임상의는 환자가 갖고 있는 불안 문제의 병력도 평가해야 한다. 자극을 두려워하게 만든 삶의 경험은 무엇인가? 첫 번째 불안 삽화는 언제 일어났으며 그 당시 어떤 스트레스 사건이 있었는가? 문제의 경과는 어땠나? 개인력 조사는 노출치료에 꼭 필요한 것은 아니다. 그러나 역기능적 태도와 신념의 형성에 영향을 준 부모의 양육 태도나 발달 과정에 중요한 핵심사건 등과 같은 과거 요인을 간략하게 탐색하면서 치료자–환자의 라포rapport 형성을 강화할 수 있다. 물론 이러한 정보에 대한 기억은 회상 편향recall bias과 확증 편향의 영향을 받을 수 있으므로, 이 정보에 전적으로 의존해서 현재 문제의 원인에 대한 확고한 결론을 내려서는 안 된다. 그러나 불안의 원인에 대한 환자의 의견을 잘 알게 되면 노출 실습 때 도전해야 될 부적응적 신념에 대한 통찰이 생길 수 있다. 불안 경험에 대해 질문하는 일반적인 전략은 다음과 같다.

- "당신이 _____에 대해 두려움이나 불안을 처음 느낀 것은 언제인가요?"
- "그 무렵에 인생에서 어떤 일이 있었나요?"
- "성장하는 동안 신체 건강이 어땠는지 설명해 주세요."
- "당신 부모[또는 보호자]는 불안해졌을 때 어떻게 행동했나요?"
- "당신 삶에서 어떤 일이 _____에 대한 생각에 영향을 주었을까요?"

불안한 사람은 부적응적인 방식으로 생각하고 행동하기를 *배운다.* 따라서 과거가 현재 경험하는 어려움의 발판이 되었을 수 있다. 그러나 노출치료는 불안의 *원인*보다는 불안이 *지속*되는 요인을 반전시키는 것을 목표로 하므로 과거력의 영향을 정확히 파악하기 위해 너무 많은 시간을 할애할 필요는 없다. 더욱이 환자가 추측하는 인과관계는 단순히 '인과적인 설명을 찾고자 하는 환자 자신의 지속적인 노력effort after meaning'이 반영된 것일 수 있으며 진정한 불안의 원인과는 거의 관련이 없을 수도 있다. 또한, 불안의 원인으로 지목된 요인들이 실제로 어느 정도의 역할을 했는지 확실하게 알기 어렵기 때문에 특정 사람이나 상황에 책임을 묻지 않는 것이 중요하다. 임상 불안은 수많은 요인의 결과로 발생한다.

현재 불안 경험에 대한 정보수집
GATHERING INFORMATION ON CURRENT EXPERIENCES WITH ANXIETY

다음 예는 환자의 불안 경험에서 현재 중요한 역할을 하는 변수에 대한 정보수집을 어떻게 시작하는지 보여 준다.

> "공황발작을 겪는 게 어떤지에 대해 더 많이 알려 줄수록 더 효과적인 치료 계획을 만들 수 있을 것입니다. 무엇보다도 당신이 피하는 상황, 공황발작이 일어날 때 경험하는 신체 감각, 공황발작을 막기 위해 조심하는 일의 목록을 만들고자 합니다. 공황발작이 일어날까 봐 피하는 상황에 대해 먼저 이야기해 볼까요?"

기능 평가를 하는 동안 얻은 정보를 기록하기 위해 그림 4.1의 양식을 개발했다. 정보를 수집할 때 특정 순서를 따를 필요는 없다. 기능 평가를 하다 보면 평가의 여러 항목을 왔다 갔다 하는 경우가 많다. 가장 중요한 것은 치료자가 다음을 면밀히 이해하는 것이다.

- 두려움과 불안이 발생하는 상황은 무엇인가?
- 불안을 촉발하는 특정 자극은 무엇인가?
- 두려운 결과: 안전행동을 하지 않고 불안 촉발인자에 노출된다면 어떤 일이 일어날 것이라고 예상하고 있는가?
- 두려운 결과가 나타날까 봐 회피하고 있는 상황은 무엇인가?
- 불안을 통제하거나 두려운 결과를 예방하기 위해 사용하는 안전행동은 무엇인가?
- 다른 사람들(부모, 배우자, 친구, 동료)이 안심시켜주거나 회피를 도와주는 등 안전 도우미의 역할을 하거나 안전행동에 관여하고 있는가?
- 안전행동은 어떻게 두려운 결과가 일어나지 않게 막는가?

환자 이름: _____

나이: _____

증상의 지속 기간: _____

교육 수준: _____

직업: _____

결혼 상태: _____

현재 거주 형태 (예: 혼자, 누군가와 함께 등): _____

I. 공포 단서

A. 외부/환경적 상황과 자극

B. 내부 촉발인자: 신체 징후, 감각

C. 침습사고, 관념, 의심, 이미지, 기억

II. 공포 단서에 노출했을 때 나타나는 두려운 결과

III. 안전행동

A. 수동적 회피

B. 확인과 안심 추구

C. 강박 의식

D. 짧은/은밀한 의식(또는 정신적 의식)

E. 안전 신호

그림 4.1 불안과 두려움에 대한 기능 평가 양식

공포 단서: 무엇이 불안을 촉발하는가?
FEAR CUES: WHAT TRIGGERS ANXIETY?

불안이 발생하는 맥락, 즉 공포 단서 역할을 하는 특정한 상황과 자극에 대한 정보는 노출치료 계획에 중요하다. 치료자가 환자의 특정 공포와 일치하는 노출 자극을 선택할 수 있게 해주기 때문이다. 불안의 일반적인 촉발인자는 (1) 외부 상황과 자극, (2) 내부 신체 감각, (3) 원치 않는 생각이나 기억 같은 정신적 사건의 세 가지 영역으로 나뉜다. 대부분의 사람은 여러 영역에서 촉발인자를 가지고 있다.

외부 촉발인자 *External Triggers*
주변 환경에 있는 특정한 상황, 대상, 그 밖의 자극에 의해 불안과 두려움이 유발되는 경우가 많다. 환자는 가능한 한 이러한 자극을 피하려고 노력하게 된다. 그런데 때로는 특정 자극에 대한 두려움이 관련있는 다른 항목으로 일반화되어 불안을 유발하는 상황과 대상의 수가 증가한다. 예를 들어 특정한 개 한 마리에 대한 두려움이 모든 개에 대한 두려움으로 발전할 수 있다. 불안을 유발하는 상황과 자극의 증가로 인해 결과적으로 개인의 삶은 점점 더 제한된다. 일부 환자들은 공포 촉발인자와 회피나 안전행동 사이의 관계를 이해하고 있었지만, 다른 환자들은 이 관계를 이해하는 데 치료자의 도움이 필요했다. 상황적 불안 단서를 파악하는 가장 간단한 방법은 다음과 같은 질문을 사용해서 직접 물어보는 것이다.

- "당신은 구체적으로 무엇을 두려워합니까? 어떤 상황을 피합니까?"
- "어떤 상황에서 두려움이나 불안을 느끼기 시작하나요? 촉발시키는 게 뭔가요?"
- "어떤 상황에서 당신은 _____와 같은 안전행동을 합니까?"

내부 촉발인자: 신체 징후와 감각 *Internal Triggers: Bodily Signs and Sensations*
갑작스런 복통, 피로감과 같은 신체 감각과 어지러움, 심계항진과 같은 불안 각성과 연관된 생리 변화 등의 내부 자극에 의해서도 두려움은 촉발될 수 있다. 피부, 머리카락, 그리고 신체 분비물의 색깔, 냄새나 형태의 변화도 불안을 촉발시킬 수 있다. 의학적으로 설명이 가능한지와는 상관없이 환자들은 때때로 위와 같은 두려운 신체 자극이 심각한 의학 문제를 시사한다고 오해한다.
두려운 신체 자극에 대한 정보를 이끌어 내는 질문은 다음과 같다.

- "어떤 신체 감각에 대해 걱정하나요?"
- "몸에 어떤 일이 생길 때 두려움을 느끼나요?"
- "어떤 종류의 감각이나 증상** 이 건강에 대한 염려를 일으킵니까?"
- "홍조, 떨림, 땀이 나는 것, 목소리 떨림 등과 같이 당신이 불안해하는 징후를 다른 사람이 알아차릴까 봐 걱정합니까?"

　일부 환자는 두려움을 유발하는 자신의 내부 촉발인자를 쉽게 설명한다. 예를 들어 건강 불안이 있는 사람은 특정한 신체 징후(예: 혹)와 감각(예: 저림)을 자주 호소하면서 아주 심각한 병의 증거로 잘못 해석한다. 성적본능에 대한 강박 사고를 가진 OCD 환자는 성기 부위의 '찌릿함'을 원치 않는 강박 사고로 인한 성적 흥분(예: 아동에 대한)으로 해석하고 불안해한다. 그러나 항상 내부 단서를 쉽게 인식하는 것은 아니다. 예를 들어 집에서 소파에 앉아 있다가 예기치 못한 공황발작을 겪은 사람은 어떠한 공황 촉발인자도 없었다고 보고할 수 있다. 즉 공황이 '느닷없이' 시작되었다고 말한다. 그러나 주의 깊게 평가를 하면 공황 시작 직전에 심장이 마구 뛰거나 열감과 같은 내부 신호가 있었음을 밝힐 수 있다. 교육과 주의 깊은 자가 모니터링을 통해 미묘한 경우에도 환자 스스로 공포를 유발하는 내부 촉발인자를 파악하는 방법을 배울 수 있다. 이 내용은 이후 장에서 설명할 예정이다.

침습사고, 관념, 의심, 이미지, 기억
Intrusive Thoughts, Ideas, Doubts, Images, and Memories

두려움과 불안은 정신적 사건에 의해서도 촉발될 수 있다. 여기서 정신적 사건이란 원하지 않고, 받아들일 수 없고, 혐오스럽고, 당황스럽고, 속상하고, 해로우며, 위협적이거나 역겨운 것으로 경험하는 어떤 생각, 관념, 이미지, 의심, 걱정, 기억 등을 일컫는다. 불안에 대한 현대 개념 모델에서는 상황적 단서에 의해 흔히 촉발되는 이러한 '침습사고'를 정상인 무해한 인지 사건, 즉 '떠돌아다니는 의미 없는 정신적 사건mental driftwood'으로 여긴다. 어떤 불안한 사람들은 두려움을 유발하는 생각을 숨기거나 억제하려고 노력하는데, 자신이 생각을 하면 상응하는 부정적인 사건의 가능성이 증가한다고 믿기 때문이다. 예를 들어 성과 관련된 강박 사고를 가진 한 여성은 수업 중에 동성인 동료에게 키스를

**증상이란 용어는 의학적 질병이나 질환의 존재를 암시하기 때문에 가급적 피하는 것이 좋다. 반면 불안으로 인한 각성 상태는 보편적이고 위협적이지 않다는 점을 강조하기 위해 *감각*이란 단어가 더 적합하다.

하려는 원치 않는 충동에 대해 치료자에게 설명하길 거부했다. 왜냐하면 이 생각을 말로 표현하게 되면 행동으로 이어질 것 같았기 때문이다. 다른 사람들은 생각의 내용이 당황 스럽거나 부끄러워서 숨긴다. 예를 들어 PTSD로 진단된 남자는 자신이 공격자에게 제압 당한 것이 부끄러워서 공격당한 기억에 대해 논의하기를 피했다. 또 다른 사람들은 원치 않는 생각이 도덕적으로는 행동과 동등하다고 여긴다. 예를 들어 사랑하는 사람을 죽이 는 강박 *사고*를 가진 남자는 자신을 실제 살인자만큼 도덕적으로 타락했다고 느꼈다.

원치 않는 정신적 자극을 설명하는 것은 환자에게 쉽지 않은 과제다. 그러므로 환자 가 필요한 정보를 나눌 수 있도록 격려하기 위해 적극적으로 경청하고, 공감을 표시하며, 환자의 느낌을 정상화normalizing하는 치료자의 노력이 필요하다. 노출의 일환으로 창피하 거나 속상한 생각을 치료자에게 설명하게 하는 것은 치료 후반부에 중요하다. 하지만 정 보수집 단계에서는 그렇게 하기보다는 치료자가 환자의 특정 두려움에 대해 경험에 기 반한 추측을 함으로써 환자가 자신의 두려움을 알려주거나 부정할 수 있도록 하는 것이 유용할 수 있다. 환자는 원치 않는 생각과 기억의 내용과 빈도가 치료자에게 별다른 충 격이 되지 않는다는 것을 알게 될 때 대개 위로를 받는다. 예를 들어

치료자 당신을 속상하게 하는 침습적 생각을 저에게 말하는 게 어려워 보입니다. 우리가 이야 기한 것을 바탕으로, 매우 부끄럽고 이야기하기 싫은 성적인 생각이 있다고 추측해도 될 까요?

환자 네, 맞아요.

치료자 좋아요. 그렇게 얘기해줘서 고마워요. 이런 종류의 생각을 얘기하기가 어렵다는 것을 압 니다. 하지만 당신이 알아야 할 중요한 것은 모든 사람들이 때때로 당신과 같이 이상 한 생각을 한다는 겁니다. 사람들이 자신의 성적인 생각을 주변에 말하지 않기 때문에, 아마도 이런 사실을 알 수 없을 것입니다. 하지만 사실이에요. 아마도 우리가 함께 작 업을 하고 당신이 나를 더 편안하게 느끼게 된다면 원치 않는 생각에 대해 조금 더 말 해 줄 수 있게 될 겁니다. 당신의 생각이 이상하거나 더럽다고 스스로 생각할 수 있지 만, 생각은 단지 생각일 뿐이고 완전히 정상이라는 것을 알았으면 좋겠습니다.

임상의가 정신적 공포 단서의 특성과 강도를 이해하는 데 도움이 되는 질문은 다음과 같다.

- "어떤 괴로운 생각, 걱정, 기억이 불안을 촉발합니까?"
- "어떤 생각[걱정/기억]을 피하거나 저항하거나 밀어내려고 노력합니까?"
- "이런 생각[걱정/기억]을 촉발하는 것은 무엇입니까?"
- "생각[걱정/기억]의 형태에 대해 말해 주세요. 이미지인가요? 끔찍한 행동을 하는 생각인가요?"
- "이 생각[걱정/기억]이 어떤 점에서 무서운가요?"
- "생각하는 것이 나쁘다고 느끼는 이유가 무엇인가요?"
- "생각[걱정/기억]이 악몽을 꿀 때 나타나나요? 아니면 깨어 있을 때만 나타나나요?"
- "그 생각[걱정/기억]에 대해 더 말해 줄 수 있는 것이 있나요?"

불안 단서에 노출했을 때 나타나는 두려운 결과
FEARED CONSEQUENCES OF EXPOSURE TO ANXIETY CUES

3장에서 설명했듯이 임상 불안의 인지행동 모델은 두려운 자극과 이 자극이 환자에게 갖는 의미를 구분한다. 이에 더해서 실제로는 위험이 적은 상황과 자극에 대한 역기능적 믿음, 해석, 가정으로부터 환자의 불안과 두려움이 발생한다고 제안한다. 예를 들어 자신의 집이 벼락에 맞을 가능성을 과대평가하여 불안과 두려움이 생기는 것이다. 노출치료의 주요 목표는 위험 관련 인지가 과장되어 있다는 것을 배우는 것이기 때문에 임상의가 이러한 사고 패턴을 알고 있어야 환자가 새로운 정보를 배우도록 전략을 설계할 수 있다. 2부에서는 공포의 다양한 유형에서 보이는 특징적인 두려운 결과를 다룬다.

가장 기본적인 인지 평가는 회피나 안전행동을 하지 않고 공포 단서에 직면하게 되었을 때 무엇을 두려워하는지를 알아내는 것으로 시작한다. 대부분의 사람은 그런 상황에서 일어날 비참한 결과에 대해 아주 명확하게 설명할 수 있다. 예를 들어 공황발작과 광장공포증이 있는 환자는 자신이 운전을 하면 공황발작이 오고, 자동차를 통제하지 못하여 사고가 날 것을 두려워할 수 있다. 오염에 대한 강박 사고가 있는 여성은 자신이 심하게 아플까 봐 두려워할 수 있다. 그러나 공포 단서가 비슷하더라도 두려워하는 결과는 개인마다 다를 수 있다. 예를 들어 소변으로 인한 오염을 강박적으로 두려워하는 어떤 환자는 병에 걸리는 것을 두려워할 수 있다. 반면에 같은 강박적인 두려움을 가진 어떤 환자는 다른 사람에게 '소변 균'을 퍼트리는 책임을 지는 것에 대해 두려워할 수 있다. 따라서 임상의는 단지 공포 단서를 안다고 해서 두려운 결과에 대해 알고 있다고 가정해서는 안 된다. 같은 사회불안 환자라도 자신이 매우 불안함을 사람들이 알아차릴까 봐 일상적 만남을 피하는 경우와 할 말이 전혀 떠오르지 않을까 봐 두려워서 피하는 경우는 각기 다른 노출을 시행해야 할 것이다.

임상의가 두려운 결과를 평가하는 데 도움이 되는 질문의 예는 다음과 같다.

- "공중화장실을 사용하는 것이 어떤 점에서 그리 두려운가요?"
- "무서운 신체 감각을 경험할 때 스스로에게 뭐라고 말하나요?"
- "개가 있는 집에 방문하는 것이 왜 그렇게 싫은 일인가요?"
- "수업 시간에 자진해서 대답하면 무슨 일이 생길까 봐 걱정하나요?"
- "이 상황에서 발생할 수 있는 가장 최악의 시나리오는 무엇인가요?"
- "만약 당신이 어떤 안전행동도 하지 않고 [공포 자극]을 맞닥뜨리면 무슨 일이 일어날까 걱정이 되나요?"

환자의 모든 특정한 공포에 대해서 평가하고 각각의 두려운 결과가 잘 이해될 때까지 계속 질문하는 것이 중요하다. 우리는 치료자들이 환자에게 질문할 때 일반적인 수준에서 질문을 멈추는 실수를 관찰했다. 즉 '궁극적인' 특정 두려운 결과에 도달하기 전에 그저 일반적인 대답만을 얻는 실수를 한다. 예를 들어 질문을 계속했다면 "나는 사람들의 이름을 잊어버리고 어쩔 줄 몰라 할 거예요"라고 대답했을 수도 있는데 중간에 질문을 멈춤으로써 "나는 모임에 가기가 두려워요"라는 막연한 대답만을 얻을 수 있다. 번즈(1980)에 의해 기술된 *하향 화살표 기법*downward arrow technique은 근본적인 두려운 결과를 알아내는 데 도움이 된다. 다시 말해 공포 단서를 마주했을 때 생길 수 있는 가장 *최악*의 일에 대해 알게 된다. 이 기법은 "만약 그런 일이 일어난다면 당신에게 무슨 의미일까요?" 또는 "만약 그것이 사실이라면 당신에게 최악인 부분이 무엇인가요?"와 같은 질문을 반복적으로 해 본다. 다음의 대화는 성적 본능에 대한 강박 사고를 가진 남자에게 하향 화살표 기법을 어떻게 사용하는지 보여 준다. 치료자가 '궁극적인' 두려운 결과에 도달하기 위해 사용한 일련의 질문들을 주의 깊게 관찰하라.

치료자   텔레비전을 보는 것이 두렵다고 말했습니다. 정확하게 무엇이 두려운지 말해줄 수 있나요?

환자   화면에서 매력적인 여자를 볼까 봐 두려워요.

치료자   좋아요, 계속하죠. 만일 그런 일이 일어나면 당신에게 가장 나쁜 점이 무엇인가요?

환자   매력적인 여자에 대해 성적인 생각을 하고 공상을 하게 될 거예요.

치료자   알겠습니다. 당신이 TV에서 본 누군가에 대한 성적 생각이나 공상을 했다고 해봅시다. 그것이 당신에게 왜 문제가 되는지 정확하게 설명해 줄 수 있나요?

환자   아마도 성 중독자, 포르노 중독자가 될 거예요. 그다음에는 그러니까 자제력을 잃고 아내를 속이고 바람을 피우게 될지도 몰라요.

노출치료를 준비할 때 하향 화살표 기법의 사용은 근본적인 두려운 결과를 이해하고 노출을 통해 검증할 수 있게 해 준다. 환자의 근본적인 두려운 결과가 애완견을 쓰다듬다가 물리는 것처럼 단순한 경우도 있다. 그러나 때로는 TV에서 매력적인 여자를 볼까 봐 두려워하는 앞의 예처럼 예상되는 두려운 결과가 미래 지향적인 경우도 있다. 종교 또는 도덕적 강박을 가진 사람들은 *자신이 죽을 때* 지옥에 갈까 봐 두려워한다. 그런 두려움은 노출을 통해 어떻게 검증해야 할까? 이 부분은 10장에서 자세히 논의하였는데 환자가 장기 결과 혹은 정말 *알 수 없는* 결과에 대한 두려움을 가지고 있는 경우 임상의는 환자의 현재 불안이 *불확실성*과 관련된 의심과 느낌에 의해 촉발된다는 점을 고려해야 한다. 여기서 불확실성이란 두려운 재앙의 실현 가능성에 대해 '확실하게 알지 못한다'는 것이다(Jacoby, 출간 중). 또 다른 까다로운 상황은 환자가 구체적인 두려운 결과를 찾지 못하고 '단지 매우 불안'하다고 보고할 때이다. 이는 특히 소아에서 흔하다. 이런 경우에는 3장에서 논의했던 것처럼 불안이 무기한 지속되거나 '통제 불능'으로 고조되어 신체와 정신이 붕괴되는 결과를 두려워하는 것으로 생각해 볼 수 있다. 오염에 대한 강박 사고나 곤충공포증 같은 특정공포증을 가진 사람들의 일부는 두려운 느낌보다는 *혐오감에* 휩싸인다고 표현한다. 다행히 끝없이 지속되는 불안에 대한 공포나 혐오감도 불확실성에 대한 공포와 마찬가지로 노출치료에서 다룰 수 있으며 이는 2부에서 논의한다.

안전행동 SAFETY-SEEKING BEHAVIORS

기능 평가를 하는 동안에 치료자는 환자가 불안을 조절하거나 줄이기 위해 그리고 안전, 보호, 안도감을 위해 사용하는 전략인 안전행동에 대한 포괄적인 목록을 작성하는 것이 중요하다. 안전행동은 많은 경우 오래된 습관의 형태로 나타나며 3장에서 논의했듯이 이러한 안전행동이 임상 불안 지속에 어떤 역할을 하는지 이해하는 것이 중요하다. 또한,

안전행동은 치료에서 반응방지를 계획할 때 주된 목표가 된다. 표 4.2에 안전행동의 5가지 범주가 나열되어 있다.

안전행동을 평가할 때 행동의 형식이나 표면적 형태(예: 같은 행동을 26번 반복하기, 광범위한 회피, 일주일에 5번 응급실 방문하기)뿐만 아니라 행동의 *기능*이나 *목적*, 즉 개인이 그런 행동을 하는 *이유*와 상황을 이해하는 것이 중요하다. 다시 말해 안전행동이 어떤 두려운 결과를 예방하고, 환자들은 안전행동의 효과를 어떻게 또는 왜 믿는가에 대해 알아야 한다. 예를 들어 한 여성은 트럭 운전사인 남편이 운전 중 사고로 치명상을 입을 것이라는 불안을 꾸준히 느끼고 있었다. 이런 일이 일어나지 않도록 남편에게 반복적으로 전화를 해서 조심하라고 경고했다. 환자는 이 행동이 남편에게 위험한 운전자를 피하게 만들어 사고가 날 가능성을 줄였다고 믿었다. 치료자는 이 정보를 이용해서 환자가 남편에게 전화하는 것을 자제하는 노출 실습을 계획하였고, 이를 통해 환자는 자신의 행동이 피해를 예방하는 데 불필요하다는 것을 배울 수 있었다.

표 4.2 임상 공포와 불안을 갖고 있는 사람들에게서 관찰되는 안전행동의 유형

안전행동의 유형	설명과 예
수동적 회피	공포 단서와 관련된 활동에 의도적으로 참여하지 않음. 회피는 명백하거나 미묘할 수 있음 • 뱀 공포 때문에 숲속 산책을 피함 • 창피할까 두려워 공공장소에서 식사하지 않음 • 병에 걸릴까 봐 두려워 암 병동을 피함 • 운전 중 건설 현장을 지나갈 때는 숨을 참음 • 도로변 보행자들 가까이에서 운전하는 것을 피함
확인 및 안심 추구	공포 촉발인자나 두려운 결과에 대해 이미 알고 있는 것을 확인하거나 검증하려는 목적을 띤 행동으로 미묘하거나, 공공연하게 드러나는 행동일 수 있음. • 문단속을 했는지, 전등이 꺼졌는지를 확인하기 위해 몇 번씩 집으로 되돌아감 • 두려워하는 병의 징후에 대한 정보를 인터넷에서 검색 • 무고한 행동이 죄가 되지 않는지 종교 권위자에게 반복해서 묻기(예: 금식 기도 중 침을 자꾸 삼키는 행동) • 전기 콘센트를 눈으로 잠깐 살펴보기 • 실수로 인종 차별 발언을 하지 않았는지를 확인하기 위해 마음속으로 대화를 검토 • 부모에게 묻기, 잘못을 고백하기

강박 의식	불안 감소, '취소', 인지된 위험의 제거, 두려운 결과를 방지하기 위한 목적을 가진 반복 행동. 스스로 규정한 특정 규칙을 따르는 경우가 많음. 강박 의식은 관찰 가능한 행동이거나 정신적 행동일 수 있음
	• 화장실 사용 후 규칙에 따라 강박적으로 손 씻기 • 단순한 행동을 반복하기(예: 출입구를 반복해서 지나감) • 완벽해질 때까지 반복해서 기도하기 • 나쁜 결과가 생각나면 의식화된ritualized 방식으로 '좋은' 결과를 마음속으로 그려야 함
간단한, 은밀한(짧은) 의식	불안감을 줄이거나, 두려운 자극의 도피나 제거 또는 두려운 재앙을 방지하기 위한 의식화되지 않은nonritualistic 짧은 시도. 행동이거나 정신적 의식일 수 있고 일부 상황에서는 적응적일 수 있음. 하지만 병적 공포에 반응하여 이런 행동을 하는 것은 불필요하고 더 나아가 공포와 불안의 지속에 기여함.
	• '나쁜' 단어나 이미지를 '좋은' 단어나 이미지로 마음속으로 반복해서 대체 • 괴로운 생각, 이미지, 기억을 *억제*하려는 시도 • 공포 촉발인자로부터 주의를 *분산*시키려는 시도 • 불안감을 줄이기 위해 이완요법을 사용; 공황발작 동안 실신을 막기 위해 앉기; 원치 않는 충동에 따라 행동하는 것을 막기 위해 주머니에 손 넣기
안전 신호	두려운 결과의 가능성을 줄이거나 없앤다고 생각되는 자극. *사용하지 않고 단지 가지고만* 있어도 불안을 인위적으로 줄일 수 있고, 가지고 있지 않을 때보다 더 안전하다고 느낌. • 휴대폰, 병원, '안전한' 사람, 의료 장비, 신경 안정제, 물병

어떤 사람들은 치료자에게 안전행동을 보고하는 데 별다른 어려움이 없는 반면 이를 매우 어려워하는 사람들도 있다. 이런 차이를 보이는 이유 가운데 하나는 안전행동이 부끄러울 수 있기 때문이다. 예를 들어 화장실을 사용한 후 몸을 닦는 데 너무 많은 시간을 소비하는 사람이 있을 수 있다. 또 다른 이유는 안전행동이 문제로 인식되기에는 너무 일상적이거나 정신적 강박 의식처럼 미묘할 수 있기 때문이다. 일상적인 안전행동의 예로는 항불안제 복용하기, 다른 사람에게 안심시켜 달라고 요청하기, 치료 회기 동안에 작성한 메모 다시 읽기 등이 있다. 안전행동을 이끌어 내는 동력을 명확히 알기 위해서 환자에게 이런 행동을 *하지 않는다면* 어떤 일이 일어날지 물어볼 수 있다. 공황발작을 겪고 있는 다음 환자와의 대화처럼 *회피와 안전 추구*를 보호 반응으로 소개하면 안전행동에 대한 평가가 수월해질 수 있다.

치료자 나쁜 일이 생길까 봐 두려울 때, 자신 또는 다른 사람을 보호하고 불안을 없애기 위해 무언가를 하는 것이 이치에 맞습니다. 안전함을 느끼기 위해서 하는 이런 보호 전략을 '안전행동'이라고 부릅니다. 안전함을 느끼기 위해 취하는 몇 가지 조치는 상당히 합리적입니다. 예를 들어 차를 탔을 때 안전벨트를 하는 것은 만약 사고가 났을 경우 심각한 부상의 위험을 줄입니다. 이것은 정말로 안전을 도와주는 예입니다. 어떤 뜻인지 아시겠어요?

환자 그럼요.

치료자 공황발작을 경험한 사람들은 자신을 보호하지 않으면 심장 마비나 난처한 상황과 같이 끔찍한 뭔가가 일어난다고 느끼기 때문에 안전행동을 자주 사용합니다. 예를 들어 당신이 막 집을 나서려는데 불안을 느끼기 시작하면 '내가 너무 불안해서 쓰러졌는데 아무도 나를 도울 수 없다면 어떡하지?'라고 생각할 수 있습니다. 이 상황에서 안전행동은 외출을 피하거나 믿을 만한 사람과 함께 나가는 것입니다. 공황발작에 대한 두려움을 줄이기 위해 사용하는 당신의 전략에 대해 말해 줄 수 있나요? 당신의 안전행동은 무엇인가요?

환자 저는 항상 심장 마비에 대한 정보를 인터넷에서 검색합니다. 그러면 왠지 마음이 놓입니다. 또 운전할 때 물병을 사용해요. 기분이 나아지거든요. 물을 한 모금 마시면 아직은 조절할 수 있는 상태라고 판단할 수 있죠.

치료자 아주 좋은 예입니다. 논의 중에 몇 가지 다른 안전행동이 눈에 띄었어요. 하나는 아내에게 '단지 공황발작일 뿐이에요'라고 안심시켜 달라고 부탁하는 것이고, 다른 하나는 맥박을 확인하는 것입니다. 이 모두가 공황발작에 대한 두려움에 반응하는 행동임을 아시겠습니까?

환자 네, 그래요.

안전행동을 평가하기 위한 좋은 질문은 "공포를 촉발하는 인자가 예상되거나 실제로 마주했을 때 불안을 다스리기 위해 무엇을 합니까?"이다. 안전행동이 어떻게 그리고 왜 효과가 있다고 믿는지를 평가하는 것도 중요하다. 믿음은 흔히 잘못된 가정에 바탕을 두고 있으며 노출치료를 통해 다룰 수 있다. 다음으로 안전 추구의 다섯 가지 범주를 각각 검토할 것이다.

수동적 회피 *Passive Avoidance*

환자의 공포 단서와 두려운 결과를 바탕으로 회피하는 상황과 자극을 예측할 수도 있다. 예를 들어 죽음에 대한 공포는 장례식이나 공동묘지를, 오염에 대한 공포는 공중화장실을, 사회공포는 사람들 앞에서 하는 발표를 피하게 할 것이다. 그러나 일부 회피 전략은 복잡하게 얽혀 있어 분명하게 드러나지 않는다. 때로는 환자가 만들어 낸 특정 규칙이 포함되어 있을 수도 있다. 따라서 무엇을 회피하는가에 대해서 추측하기보다는 세부 사항을 주의 깊게 평가하는 것이 필요하다. 다음 질문은 치료자가 회피의 본질을 확인하는 데 도움이 된다.

- "_____에 대한 두려움 때문에 무엇을 피하나요?"
- "_____을 어떻게 피하나요?"
- "불안해서 피하는 상황은 무엇인가요?"

일부 환자는 특정 상황에서만 회피 전략을 사용한다. 예를 들어 어떤 남성은 업무 회의에서 *자신이 말하고자 하는 내용에 대한 '전문가'로 여겨지는 사람이 있는 경우에는* 발표를 피했다. 어떤 환자는 다른 사람도 같이 회피하길 요구한다. 예를 들어 한 강박증 남자 환자는 가족 모두에게 집에 있는 방 중에 '오염된' 특정한 방을 피하라고 요구했다. 이러한 예는 회피를 둘러싼 여러 변수에 대한 이해가 중요하다는 것을 강조한다.

확인 및 안심 추구 *Checking and Reassurance Seeking*

임상 불안을 가진 사람은 위험이 줄거나 제거되었다는 확신이 없을 때 흔히 모든 것이 안전한지를 반복 확인하고 부정적인 결과를 예방하려 한다. 이렇듯 확인은 예방하려는 행동이며, 확인의 강도와 기간은 환자가 느끼는 책임감, 위험 가능성에 대한 인식 정도, 예상되는 위험의 심각도에 따라 결정된다(Rachman, 2002). 구체적으로 말하면, 확인은 전등을 켜놓고 나가서 집에 화재가 발생하는 것과 같은 애매하거나 일어날 가능성이 낮은 재앙에 대해 안전을 보장하고 불확실성을 제거하고자 고안된 행동이다.

확인 행동은 겉으로 드러날 수도 있고 드러나지 않을 수도 있다. 겉으로 드러나는 확인 행동의 예로는 맥박 측정, 전등이 꺼진 것을 확인하기 위해 스위치를 켰다 다시 끄는 행동이 있으며, 겉으로 드러나지 않은 은밀한 확인 행동의 예로는 건강에 대해 질문하고 의사의 반응을 마음속으로 분석하기 등이 있다. 또한 "복통이 위암이 아닌 게 확실한가요?"와 같이 안심을 얻고자 쓸데없는 질문을 반복적으로 해서 다른 사람이 대신 확인해 줄 수도 있고, 파트너에게 자기 전에 문이 잠겼는지 확인해 달라고 부탁하는 것처럼 다른 사람에게 확인을 직접 요구함으로써 이루어질 수 있다. 안심 추구에는 다른 사람들에게 같거나 유사한 질문을 되풀이해서 물어보고, 검사와 자문을 받기 위해 반복적으로 의사를 방문하고, 의학 보고서와 같은 정보를 반복적으로 검토하며, 두려워하는 질병에 관한 가장 확실한 정보를 얻기 위해 교과서나 인터넷에서 참고 문헌을 검색하는 것 등이 있다. 또한 피부암이 있는지 신체를 지나치게 확인하고 대변 등 자신의 배설물을 꼼꼼하게 검사하는 확인 행동도 있다. 확인 행동은 대개 애매하거나 일어날 가능성이 없는 두려운 결과를 예방하려는 시도이기 때문에 자연적으로 끝나지 않고 장기화되며, 이로 인해 환자의 행동이 매우 느려져서 매사에 늦게 된다.

확인 행동과 불안의 관계, 그리고 확인이 두려운 결과를 어떻게 예방하는지에 대한 신념뿐만 아니라 확인과 안심 추구의 빈도, 지속시간, 정확한 방법에 대한 정보를 얻는 것이 중요하다. 다음과 같은 질문이 많은 경우에 도움이 된다.

- "[두려운 결과]가 앞으로 일어나지 않을지 [또는 일어나지 않았는지] 확인을 하나요?"
- "당신에게 나쁜 일이 일어나지 않을 거라는 확신을 다른 사람에게 구하나요?"
- "당신이 _____를 확인할 때 무엇을 하는지 정확하게 얘기해 줄 수 있나요?"(만약 할 수 있다면 환자에게 확인 행동을 시연해달라고 요청할 수도 있다.)
- "다른 사람에게 확인을 해 달라고 요구하나요? 그렇다면 누구에게 그러나요?"
- "어떨 때 확인을 해야 한다는 느낌이 드나요? 어떨 때 확인을 그만해도 되나요? 그 시점을 어떻게 아시나요?"
- "만약 확인을 하지 않으면 어떻게 될까요?"
- "확인을 한 후에 기분이 어떤가요? 어떻게 해서 그렇게 느끼나요?"
- "확인을 하면 어떻게 두려운 결과가 일어나는 것을 막을 수 있나요?"

강박 의식 *Compulsive Rituals*

*강박 의식*은 흔히 특정 규칙에 따라 행동해야 한다는 압박감 때문에 하는 의도적이고 반복적인 행동이다(Rachman & Shafran, 1998). 강박 의식은 특정한 방법으로 손을 씻거나 손가락으로 특정 숫자만큼 두드리는 행동과 같이 겉으로 드러나는 행동일 수 있다. 또한 '완벽'해질 때까지 되풀이해서 기도하거나, 받아들일 수 없거나 불안을 유발하는 이미지를 '좋은' 이미지를 떠올려 대체하는 것과 같은 정신적 행동일 수도 있다. 환자는 불안을 제거하거나 두려운 결과를 예방하려는 목적과 강박 의식은 '능동적 회피 전략'으로

본질적으로 수동적 회피와 확인과 같은 목적을 가진다.

뚜렛증후군과 자폐증에서 관찰되는 기계적이고 로봇 같은 반복 행동과 OCD와 같은 불안장애 환자에서 보이는 의도적인 강박 행동을 구별하는 것이 중요하다. 강박 의식은 머리카락을 반복해서 뽑기, 도박, 병적 도벽과 같은 충동 조절 장애에서 보이는 반복 행동과도 구별된다. 불안과 공포에 의해 유발되는 강박 의식은 근본적으로 두려운 결과가 일어날 가능성을 줄이고 주관적 고통을 줄이기 위한 전략이다. 따라서 강박 의식을 하고 나면 고통이 줄어들어 *부적* 강화가 된다. 대조적으로 충동적 행동은 적어도 어느 정도는 쾌감을 가져오기 때문에 *정적* 강화가 된다(예: Grant & Potenza, 2004). 강박 의식과 다른 형태의 반복 행동 사이의 차이점은 다른 책에서 자세히 다루고 있다(예: Abramowitz & Jacoby, 2015).

임상의는 치료하는 동안 강박 의식을 완전히 멈추게 하거나 줄이기 위해 강박 의식의 정확한 특성, 빈도, 지속 시간에 대한 정보를 얻어야 한다. 만약 가능하다면 환자가 강박 의식을 시연하도록 하는 것이 도움이 될 수 있다. 환자가 강박 의식에 관해 설명하는 것을 난처해하면 다음의 예와 같이 충분히 이해를 해주면서도 직접적으로 질문한다. "신체 분비물에 대한 두려움을 가진 많은 사람들이 완전히 깨끗해졌다는 확신이 들 때까지 화장실에서 많은 시간을 소모합니다. 당신도 이런 문제가 있나요? 이야기하는 것이 어렵다는 것을 이해합니다. 그렇지만 당신은 어떤지 설명해 줄 수 있을까요?"

강박 의식의 형태 외에도 그 기능에 대해 아는 것이 중요하다. 무엇이 강박 의식을 촉발하고, 환자는 왜 강박 의식을 할 필요를 느끼는가? 강박 의식이 두려운 결과를 예방한다고 믿는 이유는 무엇인가? 파악한 내용으로 강박 의식, 공포 촉발인자, 두려운 결과 사이의 관계를 평가해야 한다. 다음의 질문을 해볼 수 있다.

- "무엇이 강박 의식을 하고 싶게 만드나요? 왜 필요하다고 느끼나요?"
- "이 강박 의식을 하지 않으면 무슨 일이 일어날까 봐 두려운가요?"
- "어떻게 해서 두려운 결과가 일어나지 않게 되나요?"
- "강박 의식을 마치고 나면 기분이 어떤가요? 얼마나 효과가 있나요?"
- "강박 의식이 끝났을 때 [두려운 결과를 구체적으로 명시]의 가능성에 대해 어떻게 느끼나요?"

은밀한 강박 의식 Covert Rituals

어떤 강박 의식은 매우 짧고 미묘하거나 정신적인 형태로 은밀하게 이루어져서 정확하게 인지하는 것이 어렵다. 환자가 이러한 은밀한 강박 의식을 지속적으로 사용하면 노출치료의 효과가 감소하고 두려움이 다시 나타날 가능성이 높아질 수 있다(Craske 등, 2014). 따라서 이러한 종류의 강박 의식에 대해 교육하고 평가하는 것은 매우 중요하다. 다음의 대본은 OCD 환자에게 숨겨진 강박 의식의 개념을 소개하기 위해 사용할 수 있다.

> "때때로 사람들은 원치 않는 강박 사고를 극복하기 위해 매우 미묘한 전략을 사용합니다. 예를 들어 생각을 떨쳐버리려 애쓰고, 그 생각이 진짜인지 확인하기 위해 자신을 시험하고, 그 생각이 무엇을 의미하는지 분석하고, 기도하고, 다른 것을 생각하여 주의를 분산시킵니다. 이런 전략이 단기간은 도움이 될 수 있지만, 대개는 나중에 다시 강박 사고가 나타납니다. 방금 설명한 것과 같이 당신이 사용하는 미묘하거나 마음속으로 이뤄지는 전략에 대해 말해줄 수 있나요?"

미묘하거나 은밀한 강박 의식에 대한 정보를 얻기 위해 임상의가 물어볼 수 있는 후속 질문은 다음과 같다.

- "당신은 안전을 지키기 위해 어떤 종류의 짧고 미묘한 의식을 행하나요?"
- "원치 않는 생각을 분석하거나 이해하기 위해 깊이 생각하면서 시간을 보내나요?"
- "기분이 나아지기 위해 마음속으로 반복하는 기도나 구절이 있나요?"
- "불안할 때 주의를 분산하기 위해 어떤 활동에 몰두하나요?"
- "그 외에 다뤄지지 않은 다른 강박 의식이 있나요? 무엇을 하나요?"
- "이런 종류의 행동을 하지 않으면 무슨 일이 일어날까 봐 두려운가요?"
- "이러한 전략이 어떻게 해서 두려운 결과로부터 당신을 지킬 수 있다고 생각하나요?"
- "이런 의식들이 단기적으로나 장기적으로 불안에 어떤 영향을 미치나요?"

안전 신호 Safety Signals

지금까지 환자가 수행하는 행동에 초점을 두었지만 임상의는 또한 존재만으로도 환자가 안전하게 느끼는 단서나 '신호'에도 주의를 기울여야 한다. 일반적인 안전 신호로는 집처럼 특정 장소, 배우자/파트너 또는 부모 등의 사람, 휴대폰과 자신의 의료정보가 새겨진 팔찌와 같은 물건이 있다. 환자가 안전 신호를 적극적으로 *사용해야지만* 안전 신호가 불안을 지속시키는 역할을 하게 되는 것은 아니다. 예를 들어 예기치 못한 공황발작이 자주 재발하는 일부 환자들은 신경 안정제를 항상 가지고 있지만 꼭 복용하지는 않을 수 있다. 하지만 응급상황을 일으킬 거라고 믿는 공황발작이 '만약에 일어날 일에 대비해서'

근처에 약이 있어야 한다고 믿는다. 때때로 안전 신호가 이처럼 수동적인 방식으로 작동하므로 문제의 일부로 생각하지 않는 경우가 많다. 특히 안전 단서가 일상적인 일이거나 다른 방식으로 정당화되는 경우에는 더욱 그렇다.

예를 들어 건강 불안이 있는 남자는 목이 '막히기' 시작할 때 물이 필요하다고 믿기 때문에 물병을 항상 가지고 다닌다. 치료자가 물병이 어떻게 안전 단서로 작용하는지에 대해 설명했을 때, 그는 "물병을 가지고 다니는 건 나쁜 게 아니잖아요. 물은 선생님에게도 좋아요. 누구나 하루에 물 1.5리터는 마셔야 해요"라며 물 마시기가 건강에 이롭다는 점을 호소하면서 자신의 행동을 정당화했다. 유사하게 건강 불안이 있는 여자는 뇌졸중을 일으켰을 경우에 대비하여 연락할 수 있는 친척 10명의 이름과 전화번호가 적힌 선홍색 카드를 핸드백에 넣고 다녔다. 환자는 겨우 38세이며 건강검진 결과가 깨끗했음에도 불구하고(!) 자신이 나이가 들어가고 있기 때문에 "좋은 아이디어"라고 말하며 자신의 행동을 정당화했다. 이러한 합리화는 진실의 일면을 담고 있지만 환자들이 안전 신호를 사용하여 두려운 결과를 예방하고 있으며, 두려운 결과의 가능성을 크게 과대평가하고 있다는 요점을 놓치게 한다. 따라서 안전 신호는 환자들이 자신의 두려움이 무의미하다는 것을 인식하지 못하게 만든다. 안전신호를 파악하는 데 도움을 주는 질문들은 다음과 같다.

- "[두려운 결과를 구체적으로 명시]로부터 자신을 보호하기 위해 하는 다른 행동이 있나요?"
- "당신을 편안하게 하거나 불안을 줄여주는 물건이나 사람이 있나요?"
- "안전하게 느끼는 데에 도움이 되는 뭔가를 가지고 다니나요?"
- "[두려운 결과를 구체적으로 명시]와 같은 끔찍한 일이 발생하는 경우를 대비하기 위해 어떤 예방조치를 취하고 있나요?"
- "이 안전 단서들이 실제로 당신을 어떻게 안전하게 지키나요?"
- "만약 안전하도록 도와주는 물건이 없이 두려운 상황에 처한다면 어떤 느낌이 들까요? 무슨 일이 생길까 봐 두려울까요?"

자가 모니터링
SELF-MONITORING

기능 평가를 보완하기 위해 환자에게 불안 삽화를 실시간으로 기록하는 자가 모니터링을 권한다. 이런 지속적인 자가 평가는 기능 평가에서 얻지 못한 정보를 주는 경우가 자주 있으며, 이렇게 밝혀진 정보가 치료 계획을 세우는 데 오히려 더 중요할 수 있다. 또한 현재 불안의 빈도, 강도, 지속시간을 치료 전후로 평가하여 치료 결과를 측정하는 데 사용될 수 있다.

노출치료를 위해서 공포, 불안, 회피, 안전행동이 일어나는 즉시 기록하여 자가 모니터링을 해야 한다. 이러한 기록은 환자와 임상의 모두에게 문제의 상황적 단서, 빈도, 강도, 지속시간에 대한 정확한 정보를 제공하는 중요한 도구이다. 자가 모니터링 양식의 예시가 그림 4.2에 있다. 임상의는 자가 모니터링에서 불안 관련 경험에 대한 정확하고 즉각적인 기록을 강조하는 이론적 근거를 설명할 수 있다. 여기에는 이 과제를 하기 위해서는 상당한 노력이 필요하다는 점을 인정해주는 내용이 포함되어야 한다. 다음은 OCD와 강박적인 확인 의식을 가진 여성에게 자가 모니터링의 이론적 근거를 설명하는 사례이다.

"자가 모니터링 양식 작성이 힘든 일이라는 것을 알고 있습니다. 아마도 지금까지 자신의 문제를 이렇게 면밀하게 추적하려고 노력해본 적이 없을 겁니다. 제가 이번 주에 왜 불안에 대한 자가 모니터링을 요청하는지, 그리고 장기적으로 어떤 도움을 줄지에 대해 세 가지 이유를 설명하려 합니다. 첫 번째, 일상생활에서 나타나는 강박과 강박 의식에 대한 정확한 정보를 줄 것입니다. 당신이 확인 의식을 할 때마다 제가 클립보드를 들고 따라다니며 기록할 수는 없습니다. 그러므로 이러한 문제를 유발하는 다양한 요인이나 생각, 그리고 강박 의식을 하는 데 시간이 얼마나 걸리는지를 추적하는 것은 당신에게 달려 있습니다. 제가 당신의 경험을 더 잘 이해하는 데 도움이 될 것입니다. 두 번째, 자가 모니터링은 증상 호전을 평가하는 데 도움을 줍니다. 치료가 진행되면 과거 기록을 보면서 이 강박 의식이 얼마나 자주 일어나고 얼마나 많은 시간이 걸렸는지를 되돌아보고 변화를 확인할 수 있을 것입니다. 마지막으로 자가 모니터링은 확인 의식을 즉시 줄이는 데 실제 도움이 됩니다. 많은 사람들이 모니터링 일지를 적어야 한다는 것을 아는 것만으로도 확인하려는 충동을 억누르는 데 도움이 된다고 말하였습니다. 그래서 저는 당신이 확인 의식을 한 각각의 상황에 대해 가능한 빨리, 그리고 정확하게 기록지에 적는 것을 권장합니다. 다음 치료시간에 첫 번째로 기록한 내용을 함께 검토하게 될 것입니다."

다음 회기에서 완성된 양식을 검토하여 자가 모니터링의 가치를 강화하는 것이 중요하다. 필요하다면 몇 가지 대표적인 삽화에 대해 환자에게 더 자세한 정보와 설명을 요청할 수 있다. 다음 영역에 대한 구체적인 정보를 얻는 것이 가장 중요하다.

날짜	시간	무엇이 불안을 촉발했는가?	불안 수준(0-100)	두려운 결과	안전행동

그림 4.2 자가 모니터링 양식

- 공포와 불안이 어떻게 촉발되는가?(예, "운전할 때 불안해졌다고 적었습니다. 운전에 대해서 무엇이 걱정되었습니까?")
- 어떤 특정한 상황을 피하고 있는가?(예, "모든 형태의 대중교통을 피하나요? 아니면 기차만?")
- 환자는 왜 이 자극을 피하는가?("옆집 개를 쓰다듬으면 어떤 일이 생길 것 같은가요?")
- 환자가 공포와 불안에 어떻게 반응하는가?("몽정한 것 같을 때 속죄의 기도를 하고 손을 씻는 것 외에 또 무엇을 하나요?")
- 환자는 안전행동의 효과에 대해서 어떤 신념을 가지고 있는가?("남편과 같이 가게에 가는 것이 안전하다고 느끼는 이유는 무엇입니까?")
- 관련 상황에서 실제 결과는 무엇이었는가?("공황발작이 의식 소실이나 심장 마비를 일으켰나요? 왜 그렇게 되지 않았을까요?")

    자가 모니터링은 임상의가 환자의 공포, 회피, 안전행동 그리고 이들 사이의 연관성을 명확히 이해하는 데 도움이 되는 추가 정보를 제공한다. 치료자는 이런 연관성을 명확하게 이해해야 하며, 그렇지 않다면 설명이 될 때까지 추가 예를 검토해야 한다.

결론 CONCLUSIONS

성공적인 노출치료를 위해서는 철저한 기능 평가가 필수적이다. 환자의 공포 단서, 두려운 결과, 불안을 감소시키는 행동 그리고 이들 사이의 기능적 관계에 대한 철저하고 상세한 지식 없이는 효과적으로 노출치료를 시행할 수 없다. 기능 평가를 치료 계획 단계에만 한정하지 않는 게 중요하다. 치료자는 환자의 경험에 대해 의문이 들 때마다 치료 전반에 걸쳐 공포 단서, 두려운 결과, 안전행동과 이 경험들 간의 관련성에 관한 정보를 지속적으로 수집해야 한다. 이러한 정보는 치료가 진행됨에 따라 치료 계획을 업데이트하거나 수정하는 데 이용될 수 있다. 2부에서는 특정 종류의 공포에 기능 평가를 어떻게 적용하는지를 논의할 것이다.

치료 계획 II
Treatment Planning II

치료참여 및 노출 목록 작성
Treatment Engagement and Exposure List Development

4장에서 설명한 기능 평가를 완료하고 나면 치료자는 치료 계획을 수립할 수 있을 정도로 환자의 두려움에 대해 충분히 이해하게 되었을 것이다. 이 장에서는 평가 과정에서 수집한 정보를 이용하여 치료의 로드맵 역할을 하는 노출 목록(이전에 공포 *위계*라고 불리었던)을 고안하는 방법에 대해 자세히 설명할 것이다. 또한 환자가 치료의 개념과 방법을 이해하고 받아들일 수 있도록 돕는 과정에 대해 논의한다. 이 과정에서 환자의 불안을 지속시키는 요인에 대해 간단히 설명하고, 노출치료가 효과를 보이는 이론적 근거를 명료하게 제시하여야 한다. 이 장에서 소개할 임상 전략을 설명하기 위해, 고소공포증을 가지고 있는 다넬의 사례를 제시한다.

다넬은 어린 딸이 하나 있는 서른세 살의 기혼 남성이다. DSM 기준에 따르면 특정공포증의 자연환경형에 해당하지만 자세한 기능분석을 통해 그가 다음과 같은 상황을 회피한다는 것을 알 수 있었다. 즉 다넬은 거의 모든 건물에서 2층 이상으로 올라가기, 높은 창문에서 밖을 내다보기, 난간이 없는 계단을 올라가기, 발코니에 서 있기, 주차타워의 고층에서 운전하기 등을 피했다. 이러한 회피뿐만 아니라 이러한 상황을 예상하는 것만으로도 다넬은 가슴이 두근거리고, 어지럽고, 숨이 막히는 불안 반응을 보였다. 가끔 다넬은 심하게 불안해지면 자제력을 잃거나 기절하거나 구체적으로 딱 집어 말할 수 없지만 응급 상황을 겪게 되리라 생각했다. 이러한 극도의 회피 이외에도 다넬은 창문이나 난간 근처에 있을 때는 튼튼하게 고정된 물건을 붙잡고, '만에 하나' 불안해질 것을 대비해 처방받은 신경 안정제를 항상 소지하고 다니는 안전행동을 하였다.

다니엘은 자신이 늘 불안했다고 얘기했지만 고소공포증이 심각해진 것은 스물세 살 때 토론토의 CN 타워 전망대에서 공황발작을 겪은 뒤부터였다. 당시에 그는 어지러움과 울렁거림, 자제력을 잃고 창밖으로 뛰어내릴지도 모른다는 두려움을 느꼈다. 다니엘은 즉시 그 자리를 벗어나야만 했고, 결국 응급실로 옮겨졌다. 당당 의사는 다니엘이 내과적으로는 별다른 이상이 없고 공황 증상이 발생한 것으로 진단하고 인지행동치료를 받도록 의뢰하였다.

불안과 불안의 지속에 대한 개념 모델 설명하기
PRESENTING A CONCEPTUAL MODEL OF ANXIETY AND ITS MAINTENANCE

기능 평가를 완료한 후 치료자는 환자의 불안 문제를 인지행동 모델로 이해할 수 있도록 함께 작업을 시작한다. 이를 위해 평가 과정에서 수집한 정보를 종합하고, 서로 협력하는 과정을 통해 환자의 어려움을 3장에서 설명한 인지행동 개념 틀에 적용한다. 이 과정은 당장에는 어려워 보이는 노출치료가 궁극적으로 어떻게 도움이 될지를 환자가 이해하는 데 도움이 된다. 환자들이 노출치료를 어려워한다고 보고하는 치료자들을 보면 환자가 문제를 개념 틀 내에서 이해할 수 있도록 충분하게 설명하지 않았던 경우가 많았다.

먼저 공포와 불안이 어떻게 '작동하는지', 어떻게 악순환이 되는지, 그리고 노출이 악순환을 어떻게 중단시키고 약화시킬 수 있는지에 대해 잘 알려져 있다고 이야기한다. 그 다음에 치료자는 공포 자극의 맥락에서 어떤 유형의 사고 패턴이 불안감을 야기하는지 설명한다. 그리고 불안감이 어떻게 회피와 안전행동을 통해 불안을 줄이려는 충동을 일으키는지 설명한다. 이러한 불안 감소 전략은 단기적으로는 두려운 결과를 막는 것처럼 *보이지만* 장기적으로 보면 역효과를 낳는다.

다니엘의 치료자는 불안의 본질과 원인에 대해 어떻게 생각하느냐며 *그의* 생각을 물어보면서 이야기를 시작했다. 부모의 이혼이 원인이 되어 공포증이 생겼다는 다니엘의 가설을 들은 후, 치료자는 공포증의 정확한 원인을 확실하게 말하기는 어려운 일이라고 말하고 다음과 같은 고소공포증의 인지행동 개념 모델을 제시하였다.

치료자   당신도 알다시피 고소공포증은 특정공포증에 해당합니다. 특정공포증은 실제로는 매우 위험하지 않고 위협적이지도 않은 상황이나 사물에 대해 지나치게 불안해하고 공포를 느끼는 것을 말합니다. 당신은 실제로는 안전하지만 높은 곳이나 심지어는 높은 곳에 올라가는 상상만으로도 심한 불안을 느낍니다. 그러면 이러한 상황을 피하거나 난간을 꼭 붙잡는 것과 같은 전략을 사용하여 공포에서 벗어나려고 하죠. 공포증을 어떻게 이해하고 치료할 수 있는지에 대해 잠시 이야기해 볼 텐데 괜찮을까요?

다넬   네 좋아요.

치료자   비록 우리가 공포증의 원인을 정확히 알 수는 없지만 대부분 생물학적인 요인과 환경 요인의 조합에 의해 발생합니다. 많은 연구에서 스스로는 멈추기 어려운 두 가지 잘못된 패턴이 악순환을 이루어 공포증이 생긴다는 것을 보여 줍니다. 첫 번째 패턴은 불안감을 증폭시키는 특정한 유형의 자동사고입니다. 예를 들어 당신은 높은 빌딩 꼭대기에 올라가면 어지러움과 공황발작이 올 것이라고 확신하고, 아마 자제력을 잃고 뛰어내릴 거라고 말했어요. 이런 생각을 가지고 있으면 누구라도 높은 곳에 대해 불안을 느낄 것입니다. 따라서 당신이 불안을 느끼는 것은 아주 당연한 일입니다. 이런 식의 사고방식이 불안을 어떻게 증폭시키는지 이해하시겠어요?

다넬   네. 이해가 갑니다.

치료자   좋아요. 두 번째 패턴은 불안하거나 무서운 상황에 놓일 거라고 예상할 때 당신이 반응하는 방식과 관련이 있습니다. 원래 불안은 우리가 위험에서 벗어나도록 동기를 부여하는 역할을 하기 때문에 본질적으로 불편한 감정입니다. 따라서 불안해지면 최대한 빨리 불안감을 줄여 안심할 수 있게 뭐든지 하고자 하며, 이는 자연스러운 반응입니다. 그래서 당신이 높은 곳을 피하는 것은 안전을 유지하고 불안을 막기 위한 좋은 전략으로 보입니다. 그러나 두려워하는 것을 피하는 한 당신은 자신의 두려움이 타당한지 알 수 있는 기회가 없을 겁니다. 그 정도 높이가 사실은 그렇게 위험하지 않다면? 걱정하는 것처럼 불안해도 자제력을 잃지 않는다면? 만약 불안과의 싸움을 멈추고 시간을 조금 보내자 결국 진정된다면? 그럼 어떨까요? 만약 당신이 두려움을 자극하는 모든 것을 피하면 스스로 확인할 기회를 결코 가질 수가 없을 겁니다. 그러면 공포증의 악순환은 계속되고 계속 두려워하게 될 겁니다. 이해가 되나요?

다넬   네. 회피는 상황을 더 악화시킬 뿐이죠. 알고 있습니다.

치료자 불안해지면 붙잡을 만한 단단한 것을 찾는다고 했습니다. 이렇게 하면 언제 어디서나 안전하다고 느낄 수는 있지만 불안이 실제로는 생각만큼 위험하거나 못 참을 정도는 아니라는 것을 배우지 못하게 됩니다. 안타깝게도 항불안제도 마찬가지예요. 당신이 높은 곳에 올라갈 때마다 이 약을 복용하면 불안한 감정에 생각보다 잘 대처할 수 있다는 것을 알 수 있는 기회를 결코 얻지 못할 겁니다. 어쩌면 불안은 저절로 사라질 수도 있습니다. 이런 패턴이 공포증에 어떻게 영향을 미치는지 이해하시겠어요?

다넬 네. 이러한 저의 반응 때문에 높은 곳이나 불안한 감정을 그렇게 두려워할 필요가 없다는 사실을 알지 못하게 되는군요.

치료자 맞습니다. 우리가 당신을 돕기 위해 사용할 기법은 공포증을 이해하는 이런 방식에 기초를 두고 있습니다. 이를 노출 및 반응방지라고 합니다. 이는 자신의 공포를 시험하고, 높은 곳과 그곳에서 생기는 불안감이 사실은 그렇게 위험하지 않다는 것을 스스로 깨닫게 함으로써 공포증의 악순환을 끊는 것입니다. 노출은 당신이 그동안 피해왔던 상황에 직면하는 것을 뜻하고, 반응방지는 불안을 줄이기 위한 안전행동을 사용하지 않는다는 의미입니다. 불안과 높은 곳이 비교적 안전하기 때문에 당신이 잘 대처할 수 있다는 사실을 배우는 것이 이 기법의 목적입니다.

치료 시작 단계에 이러한 설명을 제시하는 것이 매우 중요하지만 실제로는 환자가 개념 틀 내에서 작업할 수 있도록 치료 전반에 걸쳐 이 내용을 반복해서 언급하게 될 것이다. 또한 치료자는 다넬의 기능 평가에서 나온 구체적인 예를 가지고 요점을 설명했다. 이러한 구체적인 설명은 환자가 자신의 특정 문제를 인지행동 모델에 어떻게 적용하는지 이해하는 데 도움을 준다.

노출치료의 이론적 근거에 관해 설명하기
PRESENTING THE RATIONALE FOR EXPOSURE

환자가 불안과 불안의 지속에 대한 개념 모델을 이해하게 되면 노출치료의 이론적 근거에 관해 설명할 수 있다. 환자는 안전망도 없이 무섭고 불확실한 상황에 반복적으로 직면하는 겉보기에는 상당히 큰 위험을 왜 감수해야 하는지에 대해서 이해하지 못할 수 있다. 노출치료에 대한 논리정연한 이론적 근거는 이를 이해시키는 데 도움이 되기 때문에 중요하다. 따라서 노출치료의 이론적 근거를 통해서 환자의 불안 문제, 치료 과정 그리고 예상되는 결과 사이의 논리적 연관성을 자세히 설명해야 한다.

노출에 대한 이전의 전통적인 접근 방식에서는 (1) 노출의 목적(예: "노출의 목적은 불안이 정점에 도달했다가 곧 줄어든다는 것을 배우는 것이다"), (2) 노출 회기의 종료 시기(예: "각 회기는 불안이 사라진 이후에 종료한다"), (3) 노출 자극의 우선순위(예: "심한 불안에 직면해야 하는 어려운 노출은 치료 후반에 시행한다")에 대한 설명을 통해 두려움 *감소*, 즉 습관화를 강조한다. 반세기 동안의 연구와 임상 자료들은 많은 환자들이 이러한 노출 접근 방식을 통해 큰 도움을 받았다고 보고한다. 하지만 두려움 감소를 지나치게 강조하는 것은 아래와 같은 의도치 않은 부정적인 결과를 가져와 일부 환자들의 치료에 방해가 될 수 있다(Jacoby & Abramowitz, 2016).

첫째, 노출 중 두려움 감소에 중점을 두면 불안과 공포는 오래 감내할 수 없는 *문제* 이므로, *교정fixing*이 필요하다는 부정적인 신념을 강화하게 된다. 하지만 이러한 감정 경험은 견딜 만하고, 안전하고, 불쾌하긴 하지만 정상이며, 인간의 생존에 꼭 필요한 것이다. 더욱이 공포 소거에 대한 연구는 습관화가 발생하여 노출치료가 성공적으로 이루어진 것 같았지만, 불안 경험 자체에 대해 부정적인 시각을 계속 가지고 있으면 공포의 재발 가능성이 높다는 것을 시사한다(예: Dirikx, Hermans, Vansteenwegen, Baeyens, & Eelen, 2007). 따라서 공포 자극이 안전하다는 것을 배우는 것 외에도 불안과 공포에 대한 믿음을 바꾸는 것이 노출의 중요한 목표이다. 즉 공포와 불안 경험이 불쾌하기는 하지만 아무리 강렬해도 해롭지 않고, 보편적이며, 분명히 견딜 수 있다고 생각하게 만드는 것이다.

둘째, 습관화를 노출의 목표로 강조하면 환자는 노출을 자신이 예상한 것보다 불안을 더 잘 받아들이고 *견딜 수 있다*는 증거를 모으는 기회가 아니라 불안을 통제하기 위한 수단으로 사용할 수 있다. 실제로 노출을 불안 감소 전략으로 사용하면 노출 자체가 안전행동이 될 수 있다(Craske, Liao, Brown, & Vervliet, 2012). 예를 들어 "*불안을 감소시킬 것이라고 생각하기 때문에 노출을 한다*"고 말하는 환자들을 볼 수 있다. 하지만 기능적인 관점에서 이러한 목적으로 노출을 하게 되면 불안은 위험하지 않고 감내할 만하다는 것을 배우지 못하게 한다. 습관화에 지나치게 의존하면 환자는 불가피하게 나타나는 불안의 증가를 실패의 징후로 해석할 수 있으며, 이는 노출치료의 포기나 재발로 이어질 수 있다(Abramowit & Arch, 2014; Craske 등, 2008).

이와 유사한 맥락으로 노출의 목적은 *절대적*으로 안전하다거나, 혹은 두려워하는 결과가 *전혀 문제가 되지 않는다*고 환자를 설득하거나 안심시키는 것이 *아니다.* 이러한 접근 방식은 3장에서 논의한 불안을 지속시키는 안심 추구 행동을 치료자가 오히려 도와주는 것이 되기 때문에 실패할 수 있다. 또한 치료자가 두려움을 가진 모든 환자를 완전히 안심시키는 것도 불가능하다. 왜냐하면 환자들은 위험이나 불확실성과 관련된 아주 작은 단서도 쉽게 파악하며, 이를 증폭시키고 자신의 회피 행동을 합리화하는 데 사용하기 때문이다. 따라서 노출의 목적이 공포 상황 및 공포 자극과 관련된 위험이 *받아들일 수 있을 정도로 낮으며, 불확실성도 안전하고 감당할 수 있다*고 배우는 것이라고 환자에게 설명하는 게 좋다.

노출의 이론적 근거에 관해 설명하면 불안, 공포, 불확실함을 오히려 배움의 기회로 여기는 '어디 한 번 덤벼 봐bring it on'하는 자세를 갖게 된다. 이러한 설명을 통해 (1) 불안과 불확실성에 관한 지나치게 부정적인 인식, (2) 불안을 통제하기 위해 노출을 사용하는 경향, (3) 불안의 증가를 실패로 여기는 믿음이 줄어들면 이후 두려움을 다시 느껴도 임상 불안의 악화를 예방할 수 있게 된다. 노출치료의 이론적 근거는 변증법적 행동치료의 고통 감내 모듈(예: Schmidt, Mitchell, Keough, 2011), 수용전념치료의 심리적 유연성(예: Twohig 등, 2015; 이 책의 22장 참조), 인지행동치료의 불확실성에 대한 인내(예: Carleton 등, 2012)와 중요한 목표나 가치를 추구하면서 원치 않는 감정을 기꺼이 경험하려는 자발성의 함양을 목표로 하는 여러 치료 접근 방식과 일치한다. 노출에서 두려움의 감내는 원치 않거나 두려운 감정 및 경험에 대해 저항하거나 조절하려고 하는 대신, 이러한 경험은 삶의 정상적인 부분이기 때문에 더 잘 용인하고, 받아들이며, 심지어는 환영하는 것을 말한다. 이런 식으로 노출을 소개하면 단기적으로 학습이 어려울수록 장기적인 효과가 극대화된다는 생각을 강화할 수 있다.

노출의 소개와 이론적 근거에 대한 예시를 위해 다넬의 고소공포증 사례로 돌아가 보자. 2부의 여러 장에서 다양한 유형의 불안 유발 자극에 대한 노출치료의 이론적 근거에 관한 사례와 개요가 제시되어 있다.

치료자 고소공포증과 같은 공포증을 극복하는 가장 효과적인 방법은 두려움을 유발하는 바로 그 상황에 직면하는 실습을 하는 것입니다. 이 말이 당신에게는 놀랍고, 심지어는 두려울 수도 있을 거라 생각됩니다. 그러니 개에 대한 두려움처럼 익숙한 사례부터 이야기해 보려 합니다. 제가 개를 무서워하고 물릴까 봐 개를 피한다고 이야기하면 이 두려움을 극복할 수 있도록 저에게 어떻게 조언하시겠습니까?

다니엘 글쎄요. 선생님이 저희 집 개와 놀아 보면 개들이 친구하고 물지 않는다는 것을 알 수 있을 거예요.

치료자 맞아요. 바로 그렇게 해야죠. 그렇게 하면 두려움에 맞서서 새로운 사실을, 즉 개들이 대개는 친구하다는 것을 배울 수 있을 거예요.

다니엘 그럼 제가 괜찮을 거라는 것을 배우기 위해 높은 곳에 올라가야 하겠네요. 하지만 불안하면 어쩌죠? 높은 곳에 올라가면 저는 공황 상태에 빠질 거예요. 제가 만약 자제력을 잃게 되면 어쩌죠?

치료자 좋은 지적입니다. 두려움에 맞선다는 것은 불안과 공황의 그 모든 불편한 감정에 직면하는 것이기도 합니다. 이것은 높은 곳이 안전하다는 것을 배우는 것뿐만 아니라 공황 상태의 불편한 감정들이 당신이 생각하는 것만큼 위험하지 않다는 것을 배우는 데도 도움을 줄거예요. 좀 더 설명하자면……

다음으로 치료자는 노출이 어떻게 고소공포증을 치료하는지 구체적으로 설명한다.

치료자 두려움에 직면함으로써 두려움을 극복하도록 하는 기법을 노출치료라고 합니다. 그리고 이미 이야기했듯이 노출의 주된 목표는 새로운 사실을 배우는 것입니다. 특히 두 가지 중요한 사실을 배우는 데, 첫째는 높은 곳은 일반적으로 안전하다는 것입니다. 둘째는 높은 곳에 올라갔을 때 느끼는 불안과 공황 상태의 감정을 견뎌낼 수 있다는 것입니다. 많은 사람이 때때로 사다리 꼭대기에 올라가거나, 고층 빌딩 안에 있거나, 높은 곳에서 밖을 내다보곤 합니다. 이런 상황을 반복적으로 직면하게 되면 그 상황이 대체로 안전하며, 뭔가를 붙잡거나 약을 먹을 필요 없이 감당할 수 있다는 걸 알게 될 것입니다. 결국 실습을 많이 하다 보면 그런 상황을 피할 필요가 없게 될 것입니다. 그래서 계단, 주차장, 높은 건물 등 그동안 피해왔던 상황에 직면하는 실습을 제가 도와드릴 겁니다. 노출을 통해 배우게 될 또 다른 중요한 사실은 당신이 경험하는 불안, 공포, 공황이 불편하고 무섭지만 실제로는 전혀 위험하지 않다는 겁니다. 혹시 투쟁-도피 반응에 대해 들어보셨나요?

다니엘 네. 두려움이 위험으로부터 우리를 보호하고 생존을 도와준다는 거죠.

치료자 네. 맞습니다. 그러니까 두려움, 공황, 그리고 그에 따른 신체적 반응이 우리를 해친다는 것은 말이 되지 않겠죠?

다넬 그런가요. 저는 그런 식으로 생각해 본 적이 없어요. 저는 항상 불안을 없애려고 노력해야 한다고만 생각했어요.

치료자 이해합니다. 하지만 불안은 없애려고 할수록 더 커집니다. 그래서 우리는 노출치료를 통해 불안에 다가가 도전하는 실습을 할 거예요. 이 실습으로 불안이 아무리 심해도 감당할 수 있고, 심한 불안으로 자제력을 잃거나 원치 않는 행동을 하게 되지는 않는다는 사실을 스스로 깨달을 수 있을 겁니다. 사실 불안과의 싸움을 멈추면 불안감은 저절로 줄어들기 시작할 겁니다. 하지만 불안이 줄어드는 것이 성공적인 치료에 필수적인 부분이 아니기 때문에 저는 불안을 줄이려고 노력하기보다는 당신이 불안에 대한 생각을 바꾸도록 돕고, 그 모든 신체 감각과 몰려오는 생각을 느껴도 괜찮다는 것을 배울 수 있도록 도울 겁니다. 그렇게 하면 고소공포증을 극복할 수 있을 거예요.

물론 당연히 뒤로 물러서거나 무언가를 붙잡는 것과 같은 불안 강도를 줄이기 위한 어떤 회피나 안전 전략도 사용하지 않아야 이 모든 것을 배울 수 있습니다. 어떤 끔찍한 일도 일어나지 않고 불안을 견딜 수 있다는 것을 깨달을 수 있도록 불안을 향해 다가가고 충분히 오래 머물러야 합니다. 제가 말하고 싶은 건 노출치료는 불안을 더 잘 조절하는 것이 아니라 불안을 더 잘 감당하게 만드는 것이라는 겁니다.

그 후 치료자는 치료 관계와 치료자의 역할에 관해 다넬이 정확히 알 수 있게 설명한다.

치료자 짐작한 대로 노출은 힘든 일이 될 것입니다. 하지만 저는 당신이 해낼 수 있다고 생각합니다. 저의 역할은 당신이 성공할 수 있도록 도와주는 거예요. 저는 회기안에서 일어나는 모든 노출 과정 동안 당신을 도우며 가르쳐드릴 겁니다. 저를 코치나 교사라고 생각하세요. 운동이나 악기 레슨을 받아본 적이 있나요?

다넬 네. 어릴 적에 드럼 레슨을 받아본 적 있어요.

치료자 오! 멋진데요. 드럼을 배울 때 아마 선생님과 함께 열심히 연습했을 것입니다. 드럼 선생님은 아마 당신이 연주하는 것을 보고 잘하고 있는 점과 고쳐야 할 점을 찾았을 겁니다. 선생님은 아마도 악보를 읽는 법, 박자를 유지하는 법 등을 배우는 데 도움이 되도록 개선할 점과 어떤 연습을 할지 제안해 주었을 거예요. 올바른 방법으로 실습하면 할수록 드럼 연주도 좋아졌을 거예요. 하지만 선생님께서 드럼을 연습하라고 강요하신 적은 없을 겁니다. 훌륭한 드러머가 되고 싶었기 때문에 연습하자고 스스로 결심했을 거예요.

고소공포증을 극복하는 것도 이와 비슷해요. 우리는 한 팀으로 일할 것입니다. 코치로서 가능한 최상의 결과를 얻기 위해 무엇을 해야 하는지 알아내고 우리가 개발한 치료 계획을 따르도록 도와주는 것이 저의 일입니다. 더 열심히 작업하고 올바른 방법으로 실습할수록 더 좋은 결과가 나올 겁니다. 저는 절대 당신에게 실습을 강요하지 않을 겁니다. 이건 당신의 치료이고, 결정은 당신의 몫입니다. 그러나 때로는 당신이 안전지대comfort zone로부터 나와 치료에서 최대한 많은 것을 얻어갈 수 있도록 격려할 겁니다. 저는 항상 당신을 지지하고 할 수 있다는 믿음을 드리겠습니다. 그러니 겁이 나거나 실습에 어려움이 있다면 제가 도와줄 수 있도록 알려주세요. 또 만약 당신이 힘들어 보이면 제가 개입하여 도와드릴 수도 있습니다. 혹시 질문이 있으신가요?

노출 목록 작성하기
DEVELOPING THE EXPOSURE LIST

노출을 계획할 때 두려움에 직면할 수 있는 기회를 마련하기 위해 치료자와 환자가 서로 협력한다. 환자는 두려워하는 부정적인 결과에 대한 자신의 과장된 예측이 얼마나 정확한지 시험하기 위해서 공포 단서와 마주할 필요가 있다. 이러한 경험을 통해 환자는 자신의 예측이 부정확하다는 것을 알게 된다. 즉 불안 경험 자체를 포함하여 공포 상황과 자극은 상대적으로 안전하고 견딜 수 있다는 사실을 배운다. 이러한 학습을 통해 불안 경험은 안전하고 견딜 수 있다는 새로운 예측이 만들어지고, 이전에 가지고 있던 위험하고 견디지 못한다는 예측과 경쟁하고 억제하게 된다. 노출치료 계획 또는 노출 목록은 두려운 상황과 자극의 목록이다. 환자가 안전행동을 전혀 사용하지 않으면서 모든 상황과 자극에 완벽하게 직면하게 될 때 이러한 억제학습이 극대화될 것이다. 6장에서 상세히 논의하겠지만, 환자가 더 이상 해당 항목 혹은 그것이 유발하는 감정적 또는 신체적 경험과 관련된 위험을 과대평가하지 않을 때까지 각 항목에 대한 노출을 안전행동 없이 체계적으로 시행한다.

이 장에서는 다넬의 공포증 사례를 통해 노출 목록을 만들어 나가는 기본 원칙에 대해 논의한다. 그리고 2부의 여러 장에서는 특정 유형의 공포 자극에 대한 치료에서 노출 목록 작성과 관련된 구체적인 문제를 다룬다.

일반적으로 노출 목록의 항목은 환자가 느끼는 공포의 특정한 *상황*, *인지*, *생리적* 요소와 가능한 한 밀접하게 일치해야 한다. 노출 항목을 고려할 때 임상의는 다음과 같은 질문을 스스로에게 해 볼 수 있다. 환자가 공포 자극이 안전하고, 불안 그 자체는 안전하고 감내할 수 있으며, 안전행동은 불필요하고, 불안할 때에도 일상에서 적절하게 기능하고 참여할 수 있다는 점을 가능한 한 최대한 학습하기 위해 무엇을 해야 할까? 이러한 내용을 다넬에게 적용하면 (1) 땅에서 높이 떨어진 곳에 있는 것, (2) 어지러움과 숨 가쁨 같은 생리적인 각성 경험, (3) 자제력을 잃거나, 건물 가장자리 너머로 몸을 내밀거나, 뛰어내리거나, 떨어질 수 있다고 믿는 상황에 직면하는 것이 필요하다. 높은 빌딩의 발코니가 이러한 경험을 유발한다면 낮은 빌딩보다는 높은 빌딩에서 노출 실습을 해야 한다. 만약 난간에 다가가서 아래를 내려다볼 때 각성이 최고조에 이른다면 이렇게 해야만 한다. 노출 도중에 난간에서 멀어지고 눈을 감는다면 장기적인 공포 소거를 일으키는 데 필요한 학습을 촉진시키지 못한다. 환자가 두려워 하는 것과 노출 항목을 최대한 정확하게 일치시키는 것은 아무리 강조해도 지나치지 않을 만큼 중요하다. 예를 들면 개를 무서워하는 사람은 자신이 두려워하는 특정한 종의 개와 직면해야 한다. '심한' 불안을 느끼게 되면 뇌졸중이 생길까 봐 두려워하는 사람에게는 그 정도의 불안을 정확히 유발시켜야 한다. 폭력과 관련된 원치 않는 생각을 '감당'하거나 '감내'할 수 없다고 두려워하는 사람은 일상의 다양한 상황에서 그런 생각을 경험할 수 있도록 해야 한다. 2부의 각 장에서는 다양한 유형의 공포 단서와 그에 맞는 노출 항목에 대해 논의할 것이다.

전통적으로 노출 목록 항목은 노출 시 발생할 것으로 예상되는 고통의 정도에 따라 순위를 매긴 다음 낮은 정도에서 높은 정도로 한 번에 하나씩 점진적으로 직면한다. 따라서 노출 요법에 익숙한 사람들은 왜 우리가 '노출 *위계*' 대신 '노출 목록'이라는 용어를 사용하는지에 대해 의문을 가질 수 있다. 공포 학습에 관한 연구는 위계에 따른 접근법이 습관화 및 단기적인 공포감소를 촉진시키지만, 불안 그 자체에 대한 두려움은 소거되지 않아 의도치 않게 장기적인 공포 소거를 방해하여 전반적인 치료 결과에 악영향을 미친다고 시사한다. 이러한 결과는 다음과 같은 이유로 일어난다. 첫째, 공포 위계를 만들어 사용하면 더 강한 노출에 직면하기 전에 '좀 더 쉬운' 노출에서 습관화가 일어나야 한다는 점을 암시함으로써 불안 감소 자체에 지나치게 매달리게 된다. 둘째, 덜 심한 불안은 더 심한 불안에 비해서 '더 안전하다', '더 잘 견딜 수 있다'라는 잘못된 암시를 주어 '공포에 대한 공포'를 강화한다. 따라서 치료 후에 불가피하게 불안이 증가할 때, 이를 위험 신호로 해석하여 결국 재발이 일어날 수 있다. 마지막으로, 치료 회기 밖에서는 공포 자극이 위계 순서대로 나타나기보다는 일정한 순서 없이 무작위로 나타난다. 따라서 점진적인 노출은 '실제 세상'과 잘 맞지 않는다.

따라서 위계에 따른 점진적 접근법을 사용하기보다는 공포 자극의 목록이나 '메뉴'를 만든 다음 공포 정도에 관계없이 노출을 시행하는 것이 더 유익할 수 있다. 예를 들어 어떤 노출이 가장 빨리 기능을 회복시킬 수 있는가와 같이 좀 더 생산적인 결과를 가져오는 순서로 노출을 진행할 수 있다. 그렇다고 해서 노출 목록이라는 용어가 점진적인 접근법을 배제한다는 의미는 아니다. 우리가 강조하는 바는 치료자와 환자가 노출을 계획할 때 공포의 위계에 너무 엄격하게 집착하지 않았으면 하는 것이다. 실제로 습관화를 일으키기 위한 점진적 노출은 노출 회기 동안 불안 감소를 촉진시키기 때문에 환자가 더 잘 받아들이는 것 같지만, 장기 결과를 극대화하지 못할 수 있다.

또한 노출을 위계적으로 시행할 필요가 없다는 것을 시사하는 경험적 연구가 증가하고 있다는 점도 고려해야 한다. 실제로 다양한 수준의 감정 강도에서 노출 실습이 이루어질 때 공포 소거가 증가하는 것으로 나타났다(Bjork & Bjork, 2006). 오염 물질과 대중 연설에 관한 노출 연구에서는 노출 중에 공포 수준의 변화가 클수록 치료 효과가 긍정적이라고 보고하였다(Culver, Stoyanova, & Craske, 2012; Kircanski, Mortazavi, 등, 2012). 이 연구를 바탕으로 일부 저자들은 노출 항목을 무작위로 선택할 것을 제안한다(예: Craske 등, 2014). '쉬운' 자극으로 노출을 시작하면 치료 거부를 방지하는 데 도움이 될 수 있다. 하지만 무작위적이고 다양한 접근법이 환자에게 악영향을 준다는 증거는 없다. 위에서 언급했듯이 논의의 요점은 위계적 접근법을 사용하지 말라고 설득하는 것이 아니라, 노출을 계획할 때 다른 접근법도 있다는 것이다.

노출 목록을 선택 한 후, 각 항목과 직면할 때 환자가 겪을 것으로 예상되는 고통 수준에 따라 점수를 매길 수 있다. 다넬의 경우에는 낮은 발코니가 높은 발코니보다 불안감이 덜했다. 다넬의 치료자는 노출 목록의 개념을 다음과 같이 소개했다.

"오늘 우리의 목표는 노출에 대한 계획을 세우는 거예요. 우선 불안해서 피하는 상황과 신체 감각 목록을 구체적으로 만들어야 합니다. 이 '노출 목록'을 만드는 데 당신의 도움이 필요합니다. 왜냐하면, 고소공포증을 촉발하는 것이 무엇인지는 당신 자신이 가장 잘 알고 있기 때문이죠. 일단 목록을 작성하면 상황과 신체 감각에 어떻게 직면할지 계획을 세울 겁니다. 노출 과정에 익숙해지기 위해 덜 불안한 상황에서 시작하고 싶다면, 그것도 괜찮아요. 하지만 꼭 그렇게 할 필요는 없습니다. 실제로는 목록에 있는 두려운 상황의 순서와 강도를 다양하게, 심지어는 무작위로 선택하는 것이 가장 큰 효과를 볼 수 있습니다. 이렇게 하면 어떤 강도의 불안도 모두 다룰 수 있다는 걸 배우게 되는데 이게 바로 고소공포증을 극복하는 핵심 기술입니다. 이를 배우면 앞으로 예기치 않게 불시에 고소공포증이 생기더라도 피하거나 안전행동을 사용하지 않고도 더 잘 견딜 수 있을 겁니다. 방법은 다음과 같습니다. 노출 목록의 각 항목에 번호를 붙인 다음, 어떻게 실습할지에 따라 순서를 매길 겁니다. 심지어 직면하는 순서를 정하기 위해 모자에 번호를 넣고 무작위로 숫자를 뽑을 수도 있습니다. 힘들 거라는 걸 알아요. 하지만 노출을 시도할 때마다 제가 옆에서 도와줄게요."

노출 목록의 일반적인 개념을 설명한 후, 치료자는 환자와 함께 직면할 항목을 정한다. 상황, 상상, 내적 감각 노출 목록 개발에 대한 고려 사항은 표 5.1에 요약되어 있으며 이 장의 나머지 부분에서 자세히 논의할 것이다.

표 5.1 노출 목록 작성 시 일반적인 고려 사항

상황 노출
- 각 항목은 부정적인 결과가 일어날 것이라는 공포 기반 예측을 목표로 한다.
- 진료실 밖에 있는 자극에 직면하기 위해 '현장 실습field trips'을 고려한다.
- 노출 항목은 노출 설정이 용이하도록 구체적이면서도, 유연하게 적용할 수 있도록 일반적이어야 한다.
- 받아들일 수 있을 만큼 위험한 수준의 항목을 선택한다.
- *점진적* 접근법도 도움이 되지만 노출 항목을 무작위로 선택하여 불안 정도를 다양하게 변화시키면 공포 내성과 장기적인 안전학습을 최적화할 수 있다.
- 노출 목록에 최악의 공포 상황을 포함한다.
- SUDS 점수를 사용하여 환자의 불안감을 측정한다.

상상 노출
- 상황 노출과 동일한 지침을 사용한다.
- 일차 상상 노출: 글 또는 녹음된 자료를 이용하여 공포 유발 생각 자체에 노출한다.
- 이차 상상 노출: 의식이나 안전행동을 하지 않았을 때 발생할 수 있는 두려운 결과를 시각화한다.

내적 감각 노출
- 무조건적으로 일어나는 공포 반응에 대한 내성과 안전학습을 최적화하기 위해 두려운 신체 감각의 종류, 빈도, 강도, 지속 시간을 다양하게 변화시키는 것을 고려한다.
- 일차 내적 감각 노출: 치료 회기에서 두려운 신체 감각을 의도적으로 자극하고 유지한다.
- 이차 내적 감각 노출: 회피하고 있는 촉발자극에 의도적으로 직면하여 두려운 감각을 유발한다.

상황(실제) 노출 목록
SITUATIONAL (IN VIVO) EXPOSURE LISTS

항목 선택 *Choosing Items*

사려 깊고 창의적인 계획은 효과적인 노출치료 프로그램의 초석이다. 따라서 상황 노출 목록을 작성하려면 세심한 조사가 필요하다. 4장에서 언급한 기능 평가에 의해 수집된 정보를 바탕으로 위해나 위험에 대한 두려움을 촉발하고, 새로운 학습의 기회가 되는 상황이나 자극의 목록을 작성한다. 새로운 학습이란 (1) 두려운 결과가 일어날 가능성과 심각성, (2) 부정적인 결과를 방지하기 위해 안전행동이 필요한지, (3) 고통을 감내할 수 있는지에 관해 배우는 것이다. 항목 중 상당수는 진료실 내에서는 가능하지 않으므로 치료자는 노출을 시행하기 위해 주차장, 쇼핑몰, 고층 건물 등 지역사회로 '현장 실습'을 준비를 해야 한다. 노출 목록의 항목 수는 환자가 두려워하는 자극의 범위에 따라 달라질 수밖에 없다. 회피하거나 안전행동을 유발하는 상황을 목록에 포함해야 한다. 그림 5.1의 노출 목록 양식에 노출 항목을 기록한다. 다양한 유형의 공포에 대한 구체적인 권고사항은 2부에 기술되어 있다.

두려운 결과를 목표로 하기 *Targeting Feared Consequences*

환자가 두려워하는 핵심 요소에 맞는 노출 항목을 선택하는 것이 중요하다. 노출치료가 성공하기 위해서는 (1) 두려운 결과의 가능성과 심각성, (2) 불안은 견딜 수 있다는 점, (3) 안전과 불안을 견디기 위해 안전행동은 필요하지 않다는 점, (4) 불안을 느끼면서도 일상의 활동에 참여하고 기능을 발휘할 수 있다는 점 등 환자가 '배워야 할 내용'을 담을 수 있도록 설계되어야 한다. 이러한 관점은 기존의 습관화 기반 노출이 노출 중 혹은 노출 회기 사이의 공포 감소나 '공포가 감소할 때까지 그 상황에 머무르기'에 중점을 두는 것과 대비된다. 따라서 노출 목록 항목은 두려워하는 결과를 자세히 염두에 두고 선택해야 한다. 예를 들어 다넬은 높은 곳을 두려워하는 이유가 부분적으로는 그런 상황에 처했을 때 생기는 느낌이 싫기 때문이라고 하였다. 그는 자신이 불안해지면 자제력을 잃고 뛰어내리거나 떨어지게 될 것이라고 믿었다. 따라서 노출은 이러한 예측이 틀렸음을 검증할 수 있게 설계되어야 한다. 노출을 환자의 공포 기반 신념과 예측을 검증하여 안전학습이 새롭게 일어나는 일종의 실험이라고 생각하는 것도 좋은 방법이다.

구체성 *Specificity*

노출 목록에 가능한 공포 단서나 노출의 변형을 모두 포함할 필요는 없다. 목록의 항목은 적당히 구체적이면 된다. 예를 들어 운전 중에 자신도 모르게 보행자를 다치게 할 수도 있다는 강박장애 환자를 생각해 보자. 이 경우 노출 목록에서 '운전'을 하나의 항목으로 작성하거나 다양한 난이도의 여러 가지 항목으로 나눠서 작성할 수 있다. 즉 '인적 없는 거리에서 운전', '보행자가 많은 주차장에서 운전', '보행자가 걷는 곳에서 야간운전' 등으로 나눌 수 있다. 노출 실습의 어려움때문에 노출 목록을 처음 만들 때 가능한 한 상세하게 작성하라고 앞에서 말했다. 하지만 환자가 두려워하는 특정한 결과에 맞춰 과제를 수정할 수 있도록 일반적이어야 한다. 이렇게 하면 노출 작업을 시행할 때 노출의 강도와 지속 시간을 필요에 따라 다양하게 변경할 수 있는 유연성이 생겨 다양한 공포 기반 예측을 검증하고 새로운 학습이 일어나게 된다. 일부 노출 과제는 특정 노출 회기를 시행하다가 원래 계획에 대해 수정이 필요하다고 판단될 때 새롭게 만들어지기도 한다.

이론적 근거 *Rationale*

노출 과제가 새로운 안전학습을 촉진하는 이론적 근거에 관해 환자와 치료자 모두 이해하고 있어야 한다. 노출은 치료자가 환자에게 *시키는 것*이 아니라 상호 합의한 작업이다. 각 항목이 노출 목록에 포함되는 이유에 대해서는 다음의 예와 같이 명확하게 설명해야 한다.

치료자 높은 곳에 있는 것이 그렇게 힘든 이유가 구체적으로 무엇인가요?

다넬 높은 곳에 가면 기분이 이상해져요. 어지럽고 숨이 차고 심장이 두근거리기 시작하고, 자제력을 잃고 떨어지거나 뛰어내릴 것 같은 느낌이 들어서 견딜 수가 없어요. 그리고 이게 더 심해질까 봐 아래를 내려다볼 수 없습니다.

치료자 그래서 높은 곳을 피하거나, 피할 수 없을 때에는 튼튼한 것을 붙잡고 아래를 내려다보지 않도록 노력하는 것이네요?

다넬 네. 맞아요.

치료자 좋아요. 그럼 발코니나 계단 꼭대기같이 높은 곳 가장자리에 서서 아래를 내려다보는 노출 실습이 도움이 될 것 같네요.

다넬 오 이런…… 제가 잘 할 수 있을지 모르겠어요. 불안해질 것 같아요. 미치지 않을까 걱정이네요.

치료자 생각만 해도 너무 무섭기 때문에 지금 당장은 그렇게 하는 것이 어렵다고 느껴지는 건 당연합니다. 그러나 노출의 목표는 새로운 걸 배우는 것이라는 점을 기억하길 바랍니다. 제가 방금 말씀드린 것을 시도해 보면 무엇을 배울 수 있을까요?

다넬 아마도 별 문제없다는 걸 배우게 되지 않을까요.

치료자 맞습니다. 노출은 나쁜 일이 발생할 확률이 생각보다 훨씬 낮다는 것을 배울 수 있게 해 줍니다. 또한 불안감도 생각만큼 위험하지 않다는 것을 알게 될 거예요. 하지만 실제로 그럴지 배울 수 있는 유일한 방법은 직접 시도해 보는 것입니다. 이해가 되나요?

한계를 넘기 : 한계점 설정하기 Pushing the Envelope: Where to Draw the Line?

일반적으로 노출 작업은 '받아들일 수 있을 만큼' 위험한 수준으로 해야 한다. 이는 완전히 안전하다고는 할 수 없지만, 일반적으로 심각한 결과를 초래하지 않을 것으로 간주되는 상황과 자극을 의미한다. 위험을 최소화하길 원하는 것은 이해할 수 있지만 안전학습을 극대화하고 탈맥락화하기 위해 위험과 안전 사이의 균형을 이루어야 한다. 따라서 노출을 할 때 '평범한' 혹은 '일상적'으로 보이는 행동만 할 것이 아니라 오히려 적극적으로 환자가 자신의 한계를 넘어설 수 있도록 도와주는 것이 중요하다. 2부에 많은 사례가 있으며 여기서는 '소변의 세균'에 대한 강박적 두려움을 가지고 있는 환자의 예를 제시한다. 소변은 일반적으로 무균상태이며, 대부분의 사람은 소변을 만지거나 묻을 일이 거의 없기 때문에 소변으로 위험해질 가능성은 실제로는 상당히 낮다. 따라서 소변이 일반적으로 위험한 물질이 아님을 알게 해주는 치료적 이득이 있다면 피부에 소변을 몇 방울 떨어뜨리는 노출을 시행할 수 있다.

만약 환자가 목록의 특정 항목이 노출하기에 너무 위험하다고 걱정하면 다음과 같이 질문해보라. "사람들이 일상에서 어쩌면 알아차리지도 못한 채 우연히 혹은 무심코 이러한 노출 항목에 맞닥뜨릴 수 있나요?" 일반적으로 "그렇다"라고 답하면 '충분히 안전'하다고 볼 수 있다. 예를 들어 질문에 틀린 대답을 하는 것, 다른 사람들 앞에서 매우 불안해지는 것, 엘리베이터 타는 것, 괴롭거나 외설적이거나 큰 정신적 충격을 주는 주제에 관해 생각하는 것, 자거나 외출할 때 가전제품을 켜 놓는 것, 손을 씻지 않고 돈을 만지는 것, 숫자 13과 마주치는 것, 쓰레기통을 만지는 것, 개똥을 밟는 것 등 일상에서 부딪치는 당황스러운 상황을 물어본다. 일상에서는 이러한 경험이 무작위 또는 우발적으로 발생하지만 노출치료에서는 새로운 학습을 촉진하기 위해 체계적으로 계획하고 신중하게 실행한다는 차이점이 있다.

'최악'의 두려움을 포함하기 Incorporating the "Worst" Fear

노출 목록에는 환자가 가장 두려워하는 결과, 즉 최악의 두려움이 예상되는 상황이나 자극을 포함하는 것이 중요하다. 그러한 항목을 포함하지 않거나 포함하더라도 노출하지 않으면 환자는 자신이 가지고 있는 공포의 일부분은 실제로 *타당*하며 피해야 한다고 믿게 되어 공포 재발의 여지가 될 수 있다. 최악의 상황에 직면하는 것이 얼마나 중요한지를 설명하기 위해 다음과 같은 은유를 사용한다. "우리는 부정확한 신념과 예측을 불도저로 밀어내려고 노력할 것입니다. 그렇지 않으면 정원의 잡초처럼 다시 자라날 겁니다." 처음에는 저항하기도 하지만 대부분의 환자는 치료자가 잘 격려하면 마음을 열고 받아들인다. 간혹 덜 무서운 노출에 성공하면 더 불안한 상황에 직면하는 것이 쉬워지는 경우가 있다. 따라서 어떤 경우에는 점진적인 노출법이 최선일 수 있다.

주관적 고통 지수 사용하기 Using the Subjective Units of Discomfort Scale (SUDS)

일단 노출 상황 및 자극 목록을 작성하면 주관적 고통 지수('SUDS')를 사용하여 각 항목에 점수를 매긴다. 전혀 불안하지 않은 0에서 극심한 불안인 100까지 점수를 매기면 각 항목이 얼마나 큰 고통을 유발하는지 명확히 전달할 수 있다.

위계를 이용한 점진적 노출을 적용하지 않는 경우에도 SUDS 평가가 중요한지 의문이 들 수 있다. 비록 우리는 SUDS 점수가 필수적이라고 생각하지는 않지만, 다음과 같은 유용한 점 때문에 사용하기를 권장한다. 첫째, SUDS 점수를 매기면서 환자의 두려움과 불안 경험에 대해 의사소통할 수 있다. 연구에 따르면 감정을 표현하는 의사소통이 소거 학습을 최적화하는 데 도움이 된다고 한다(Kircanski, Lieberman, & Craske, 2012). 둘째, 노출 강도를 적정할 때 SUDS가 도움이 되는 경우가 있다. 예를 들어 일부 환자는 특정한 정도의 불안까지만 감당할 수 있다고 생각하는데, SUDS 점수로 표시된 다양한 강도의 고통을 체계적으로 유발함으로써 그러한 믿음을 검증해 볼 수 있다. 마지막으로, 습관화는 노출치료 중에 통상적으로 나타나는 과정이다(Benito & Walter, 2015). 안전행동 없이 노출을 하는 동안 SUDS가 자연적으로 감소하면 환자들은 불안이 영원히 지속되지 않고 감당할만하다는 것을 알게 된다. 따라서 두려움과 불안을 견딜 수 있다는 안전학습을 방해하지만 않는다면, 노출 위계 사용과 마찬가지로 SUDS 사용에 대해 편하게 결정하면 된다. 치료자는 다음과 같이 SUDS 개념을 소개할 수 있다.

"이제 노출 상황 목록을 작성했으니, 다음 단계는 각 상황이 얼마나 불안을 유발하는지 점수를 매기는 것입니다. 이를 위해 주관적 고통지수를 의미하는 'SUDS'를 사용할 것입니다. SUDS는 0에서 100까지의 주관적인 척도로 현재의 불안이나 공포의 정도를 말해 주는 데 도움이 됩니다. 만약 SUDS 점수가 0이라면 편안한 침대에서 쉬고 있는 것처럼 전혀 불안하지 않은 상태를 말합니다. SUDS가 20 또는 30이면 약간의 불안이나 괴로움을 느낀다는 것을 의미합니다. 50점은 중간 정도의 괴로움을, 70-80점은 높은 수준의 고통을 의미합니다. 그리고 SUDS 100점은 생각할 수 있는 최악의 불안을 경험하는 것과 같습니다. 마치 철로에 묶여 있는데 기차가 다가오고 있는 상황처럼 말이죠. 보통 사람들은 SUDS 점수가 높을 때 두근거림, 근육 긴장, 땀을 흘리거나 위장장애와 같은 신체적인 반응을 경험합니다."

환자가 SUDS를 타당하고 신뢰할 수 있을 정도로 평가할 수 있게 되면 노출 목록의 각 항목에 점수를 매긴다(그림 5.1에는 각 항목에 대한 SUDS 점수를 표시하는 칸이 있다). SUDS 척도에 정답은 없지만 다른 변수와 너무 동떨어진 점수를 매기면 다음과 같이 보정할 필요가 있다. "천둥과 번개가 매우 무섭다고 하셨는데 폭풍우 칠 때 외출하기 항목은 45점으로 매기셨습니다. 혹시 SUDS 점수를 너무 낮게 매긴 것은 아닐까요?"

	노출 과제	SUDS
1		
2		
3		
4		
5		
6		
7		
8		
9		
10		
11		
12		
13		
14		
15		
16		
17		
18		
19		
20		

그림 5.1 노출 목록 양식

출처: Exposure Therapy for Anxiety: Principles and Practice, Second Edition, by Jonathan S. Abramowitz, Brett J. Deacon, and Stephen P. H. Whiteside. Copyright © 2019 The Guilford Press. 해당 그림은 본 책 구매자에 한해 복사하여 개인용도 또는 내담자와의 치료 작업에서 사용할 수 있음(세부 사항은 저작권 페이지 참조). 확대본이 필요할 경우, 목차 마지막에 있는 박스를 참고하시오.

상상 노출 IMAGINAL EXPOSURE

앞에서 설명했듯이 임상 불안을 가진 많은 사람에서 용납할 수 없는 침습적 생각, 의심, 자신의 도덕성에 반하는 이미지, 폭력 또는 성폭행 같은 외상 경험에 대한 기억, 사랑하는 사람을 해치는 것 같은 원치 않는 부적절한 행동에 대한 생각 등 정신 자극이 공포를 유발한다. 상상 노출의 목적은 환자들이 공포를 유발하는 정신 자극에 직면하도록 돕고, 일상 활동을 하는 동안에도 이러한 자극을 견딜 수 있다는 것을 배우고, 이런 정신적 사건들이 생각만큼 위험하거나 중요한 것이 아니라는 것을 배우는 것이다.

강박장애를 앓고 있는 45세 여성인 마사의 예를 들어보자. 그녀는 소아성애 행동을 한 적도 없고, 그럴 마음이 없음에도 불구하고 자신이 소아성애자라는 원치 않는 괴로운 강박 사고를 가지고 있다. 마사는 아이를 쳐다보다가 문득 자신이 '성적으로 끌려서' 보는 것은 아닌지 생각하기 시작했다. 이런 생각으로 그녀는 매우 불안해졌고, 아이들에 대해 생각하는 동안 자신이 성적으로 흥분하지 않았다는 것을 마음속으로 계속 확인하는 안전행동을 했다. 또한, 남편에게 자주 자신이 소아성애자가 아니라고 안심시켜달라고 부탁했다.

칼에 대한 상황 노출이 누군가를 찌르는 생각을 유발하는 것처럼 상황 노출도 때때로 공포를 촉발하는 생각을 은연중에 불러일으킨다. 하지만 상상 노출이 두려워하는 정신 자극에 직접 노출하게 하는 체계적인 방법이다. 10장에서는 상상 노출을 시행하는 방법에 대해 구체적으로 다룰 것이다. 일반적으로는 괴로운 생각과 이미지를 자세히 말하거나, 괴로워하는 내용을 글로 쓰고 읽거나, 불안을 유발하는 내용을 녹음하여 공포를 유발하는 정신 자극이 위험하지 않다는 것을 깨달을 때까지 반복해서 재생하는 방법 등이 있다. 특히 쓰거나 녹음하는 방법은 그렇지 않다면 은밀한 형태로 남아 있을 사건에 지속적으로 직면하게 할 수 있고, 필요하다면 자극의 내용을 인위적으로 변경할 수도 있다. 또한 불안을 유발하는 내용을 읽으면서 동시에 정신적 의식을 하기 어렵듯이 노출이 안전행동과 동시에 할 수 없는 행동이라면 반응방지에 도움이 될 수 있다. 한편 녹음한 자극을 사용하면 환자가 자가 실습을 할 때 정확한 자극에 노출할 수 있다.

상상 노출의 종류 Types of Imaginal Exposure
세 가지 종류의 상상 노출(일차, 이차, 예비)이 있으며, 선택은 환자가 두려워하는 정신 자극의 내용에 따라 결정한다.

일차 상상 노출 *Primary Imaginal Exposure*

일차 상상 노출에서는 원치 않는 두려움을 유발하는 생각, 기억, 이미지, 의심과 직면한다. 예를 들면 외상 사건에 대한 기억, 사랑하는 사람을 해치는 이미지, 앞서 다룬 마사의 사례처럼 성적 취향에 반하는 원치 않는 생각이나 이미지 등이 있다.

이차 상상 노출 *Secondary Imaginal Exposure*

이차 상상 노출은 두려워하는 결과를 실제 상황에서 직면할 수 없는 경우에 사용하며 상황 노출을 증강시키는 효과가 있다. 상황 노출 도중 또는 상황 노출 이후에 사용되며 두려운 결과를 시각화하도록 하거나 위험과 관련된 불확실성에 초점을 맞춘다. 예를 들어 사고에 대한 강박이 있는 환자에게 난로를 사용한 뒤 외출하는 상황 노출을 시행한 다음 불이 나서 전 재산이 타버리는 장면을 시각화하는 상상 노출을 할 수 있다. 마사에게는 수영복을 입은 아이들이 나오는 광고를 보는 상황 노출을 한 후에 '아동 성추행범이 되는' 상상 노출을 시행했다. 이차 상상 노출을 통해 환자는 불확실성, 의심, 원치 않는 생각들이 견딜 수 있는 경험이라는 것을 배우게 된다.

예비 상상 노출 *Preliminary Imaginal Exposure*

예비 상상 노출은 상황 노출을 준비하기 위한 예비 단계로서 두려운 자극에 직면하는 자신의 모습을 시각화하는 것이다. 예를 들어 거미 공포증이 있는 사람이 실제로 상황 노출을 하기 전에 거미와 마주치는 것을 생생하게 *상상*할 수 있다. 쓰레기통에 두려움이 있는 사람은 쓰레기통을 만지기 전에 먼저 마음속으로 그려볼 수 있다.

상상 노출을 시행하기 위해 치료자는 아래와 같이 설명할 수 있다. 다음 예는 폭행을 당한 뒤에 외상에 관한 침습사고를 보이는 경우이다.

"상황 노출 실습과 별도로 당신의 상상력을 이용하여 그 사건과 관련된 기억에 대해 노출을 시행할 것입니다. 상황 노출과 마찬가지로 상상 노출의 목표는 새로운 것을 배우는 겁니다. 상상 노출을 하면서 폭행당한 기억에 직면하고, 그 기억을 밀어내는 대신 함께 머물러 있으면 그 기억이 고통스럽지만 안전하고, 그 기억이 유발하는 괴로움을 감당할 수 있다는 것을 배울 수 있을 겁니다. 더 궁금한 것이 있나요?"

상상 노출 목록 *Imaginal Exposure Lists*

상상 노출을 위한 장면과 시나리오는 노출 시 예상되는 두려운 결과뿐만 아니라 기능 평가 중에 알게 된 원치 않는 침습사고, 관념, 이미지, 기억의 목록에서도 선택한다. 상황 노출과 마찬가지로 상상 노출은 공포와 불안을 촉발하는 정신 자극과 정확하게 직면해야 한다. 자신의 장례식 장면이 떠오르면 불안해지는 사람은 치료 시간에 그 이미지가 머리를 파고들어 괴로울 때처럼 세세한 부분까지 동일하게 시각화해야 한다. 자신도 모르게 지나가는 사람을 도로로 밀쳐버릴지도 모른다는 불안을 가진 사람은 그런 의심에 가능한 한 생생하게 직면하도록 해야 한다. 외상 후 스트레스를 경험하고 있는 강력 범죄의 희생자는 반드시 그 사건에 대해 구체적인 세부 사항까지 상상으로 재현하여야 한다.

일차 상상 노출 *Primary Imaginal Exposure*

일차 상상 노출 목록에는 도저히 받아들일 수 없는 성적 접촉에 대한 노골적인 서술, 끔찍한 사고에 대한 묘사, '사탄이 주님이시다'와 같은 불쾌한 문구의 반복과 같은 고통스러운 생각을 표현하는 항목이 포함될 수 있다. 이런 생각들을 스마트폰과 같은 기록 장치를 이용하여 글로 쓰거나 말로 또렷하게 표현한다. 이러한 노출의 목적은 일반적으로 환자에게 정신 자극이 안전하다는 것을 가르치는 것이다. 즉, 이런 자극이 인격을 바꾸지 않고, 원치 않는 방식으로 행동하거나, 통제 불능의 불안을 초래하지 않는다는 것을 가르치는 것이다. 환자는 그러한 생각이 삶의 정상적인 부분이며, 그러한 생각이 떠오르더라도 계속해서 기능을 발휘할 수 있다는 것을 배운다.

때때로 외견상 끔찍해 보이거나, 부도덕하거나, 외설적인 침습사고와 이미지에 대해 직면해야 한다는 걱정이 상상 노출을 논의하고 계획하는 데 방해가 될 수 있다. 어떤 사람들은 두려움이나 당혹감 때문에 치료자에게 자기 생각을 언급하는 것조차 꺼린다. 만일 이런 문제가 생기면 치료자는 환자가 감추려고 하는 그런 생각을 스스로 어떻게 *해석*하는지에 대해 알아본다. 그 후 심리교육 및 인지치료 기법(예: Wilhelm & Steketee, 2006)을 통해 괴로운 생각이 드는 것은 누구에게나 있는 정상적인 현상이라고 설명하고, 그 생각이 중요하고 위험하다는 잘못된 신념을 수정한다. 문제가 되는 생각을 구체적으로 드러내지는 않지만 환자가 더 편안해질 때까지 그 생각을 상기시키는 역할을 하는 대체 단어를 노출 목록에 일시적으로 포함시킬 수 있다.

환자가 불쾌하고 침습적인 생각을 극도로 생생하게 묘사하여 치료자를 역겹고 불안하게 만들 수 있다. 우리는 성적(예: 동물과의 섹스), 신성 모독적 이미지(예: 십자가에 못박힌 채 발기된 예수), 폭력적이고 끔찍한 행위에 대한 기억(예: 살해 협박을 받으면서 당한 성폭행)을 가진 사람들과 함께 노출치료를 해왔다. 임상의는 그러한 생각을 들을 때 자신의 반응을 조절할 준비가 되어 있어야 한다. 왜냐하면 임상의가 놀라거나, 공포스러워하거나, 혐오스러워하는 기색을 조금만 보여도 이런 생각이 중요하고 위험하다는 환자의 부적응적 신념이 강화될 수 있기 때문이다. 치료자가 고통스러운 침습적 생각과 기억에 적절히 반응하면 환자는 비록 힘들지만 매우 고통스러운 생각조차 '그저 생각에 불과한 것' 혹은 '정신적 소음'으로 여기는 법을 자신도 배울 수 있다고 생각하게 된다. 더욱이 일부 반대 의견도 있지만 생각과 기억에 대한 반복 노출이 환자나 치료자에게 정신적 외상을 일으킨다는 근거는 없다(예: Stamm, 1999).

이차 상상 노출 *Secondary Imaginal Exposure*

이차 상상 노출은 상황 노출과 함께 시행한다. 노출의 목적은 불확실성과 의심은 감당할 수 있으며, 안전행동은 전혀 필요하지 않다는 것을 배우는 것이다. 노출 자료로는 상황 노출로 일어날 두려운 결과를 서술한 대본을 사용하는 것이 가장 실용적이다. 대본에는 가장 두려운 결과나 그러한 결과가 *발생할 수 있다는* 생각이 담겨 있어야 하며, 완성된 대본을 환자나 치료자가 읽는다. 예를 들어 위험을 방지하고 불안을 줄이는 기도 의식을 하지 않고 좋아하는 TV 쇼에 '빠져'있으면 가족에게 나쁜 일이 일어날 것이라는 강박적인 두려움을 가진 환자를 생각해 보자. 이 환자는 TV 쇼를 시청한 후 스마트폰으로 녹음된 내용을 반복하여 듣는 상상 노출을 통해 다음과 같은 생각에 직면할 수 있다.

> "나는 내가 가장 좋아하는 드라마 사인펠드 두 편을 보기로 했다. 이런 내 행동 때문에 내 딸 알리사에게 끔찍한 일이 생길까 봐 두렵다. 나는 알리사를 안전하게 지키기 위해서 신에게 나의 방종에 대해서 사과하고 기도를 해야 할 것 같다. 하지만 이번에는 그렇게 하지 않을 것이다. 아마 딸은 질식해서 죽을지도 모른다. 어쩌면 잠결에 죽을지도 모른다. 아마도 딸은 심각한 병에 걸릴 것이다. 나쁜 일이 오랜 시간이 흘러 나중에라도 생길 수 있다. 내 행동이 알리사를 위험에 빠뜨릴 수도 있고 그러지 않을 수도 있어 나는 반신반의하면서 불안하게 살아야 할 것이다."

예비 상상 노출 *Preliminary Imaginal Exposure*

우리는 노출 목록에 예비 상상 노출을 포함시키는 것을 권장하지 않는다. 이 노출은 환자가 두려운 자극을 실제로 직면하는 것을 어려워하는 경우에만 사용하는 것이 좋다. 예를 들어 구토를 두려워하는 사람이 특정 음식을 먹을 계획이지만 자신 없어 하는 경우에 실제 실습의 전 단계로서 음식을 먹는 *상상*을 할 수 있다. 여러 연구는 모든 조건이 동일하다면 공포를 줄이는 데 예비 상상 노출보다 상황 노출이 훨씬 더 강력하다고 보고한다(예: Rabavilas, Boulougouris, & Stefanis, 1976). 따라서 예비 상상 노출은 실제 노출을 향한 디딤돌이라고 생각하고 시행하여야 한다.

내적 감각 노출
INTEROCEPTIVE EXPOSURE

불안과 공포는 두근거림이나 어지러움 같은 투쟁-도피 반응과 관련된 신체 감각을 일으키고, 이런 신체 감각은 그 자체로 공포 촉발인자가 될 가능성이 있다(Barlow, 2002). 게다가 어떤 사람은 머리가 아프면 뇌종양이라며 예기치 않은 신체 감각의 의미를 재앙적으로 해석한다. 일부 사람은 다른 이유로 신체 감각을 두려워하는데, 예를 들어 사회불안증 환자들은 공포로 인해 떨리고 식은땀이 나는 생리적 현상을 다른 사람들이 알아채고 자신을 부정적으로 평가할까 봐 우려한다.

공황발작을 경험한 사람은 위험하지 않은 신체 감각을 재앙적으로 해석하고, 이는 또다시 공황으로 이어지게 된다. 바로우[Barlow], 크라스케[Craske], 서니[Cerny], 클로스코[Klosko](1989)는 이러한 신체 감각에 체계적으로 직면하는 것을 돕기 위해 *내적 감각 노출*을 개발하였다. 내적 감각 노출에서는 두려운 신체 감각을 이 장과 2부에서 설명하는 다양한 방법(예: 심박수를 증가시키기 위해 제자리 달리기, 어지럼증을 일으키기 위한 과호흡)을 사용하여 의도적으로 유발한다. 내적 감각 노출의 목적은 신체 감각이 견딜 만하고, 일시적이며, 위험하지 않다는 것을 배우는 것이다.

치료의 이론적 근거 설명하기 *Providing a Rationale*
많은 불안장애 환자들은 *외부* 공포 촉발인자에 주로 초점을 맞추며, 공포 촉발인자가 *내부*인자일 수도 있다는 사실을 인식하지 못한다. 따라서 환자가 자신의 신체 감각이 *불편*할 수는 있지만 *위험*하지는 않다는 것을 인식하도록 돕기 위해 신체 잡음[body noise] 개념과 투쟁-도피 반응의 성격과 목적에 대해 논의하는 시간을 가지는 것이 유용하다. 그러고 나서 새로운 학습을 촉진하고 환자가 가지고 있는 재앙적 신념을 반박하기 위해 이런 신체 감각에 직면하는 것이 중요하다는 점에 대해 논의한다. 상황이나 생각에 노출하는 것과 마찬가지로, 불안을 촉발하는 그 감각을 의도적으로 유발하는 것이 처음에는 납득이 잘 안 될 수 있다. 이런 이유로 다넬의 치료자처럼 내적 감각 노출을 시행하는 이론적 근거에 관해 명확하고 설득력 있는 설명이 중요하다.

"높은 곳을 피할 수 없을 때 심장 박동이 빨라지고, 핑 돌고 어지러워지며, 숨쉬기 힘든 것처럼 느낀다고 하셨습니다. 또한, 자제력을 잃거나 끔찍한 일이 일어나지 않을까 무섭다고 말했습니다. 고소공포증이 있는 사람들이 높은 곳에 있을 때 자신의 느낌을 두려워하는 것은 당연합니다. 그래서 높은 곳이 일반적으로는 안전하다는 것을 배우기 위해 두려움에 동반되는 신체 감각 또한 해롭지 않다는 사실을 배우는 것이 중요합니다. 이를 배울 수 있도록 우리는 체계적인 방법으로 이러한 감각에 직면하는 실습을 할 겁니다. 그런 경험을 통해 이러한 느낌을 두려워할 필요가 없으며 당신이 생각했던 것보다 더 잘 감당할 수 있다는 것을 알게 될 겁니다."

계획하기 *Planning*
내적 감각 노출을 계획하려면 두려운 감각을 어떻게 유발할지 결정해야 한다. 2부의 여러 장에서 불안과 관련된 흔한 신체 징후와 감각을 만들어 내는 과정을 제시한다.

내적 감각 노출기법 *Interoceptive Exposure Techniques*
내적 감각 노출 시에 치료자는 진료실에서 환자가 두려워하는 신체 감각을 의도적으로 유발하도록 돕는다. 예를 들어 빨대를 통해 빠르게 호흡하여 호흡 곤란을 일으키는 등 다양한 기술과 기법을 사용한다(더 많은 예는 11장에 기술되어 있다). 무서운 결과가 일어날 것이라는 위험 기반 예측(예: '난 몇 초 내로 기절할 거야')과 가능한 한 최대로 모순되는 상황이 일어날 때까지(예: 10분이 지나도 기절할 조짐이 전혀 없음) 이러한 신체 감각을 회기 중에 유지하고 반복한다. 노출하는 동안 환자에게 감각의 강도를 줄이거나, 위험 기반 예측의 검증을 방해하는 어떠한 안전행동이나 다른 활동을 하지 않도록 지시한다(예: 실신을 방지하기 위해 무언가를 붙잡고 있는 것). 대신 환자에게 가능한 한 강렬한 감각을 만들고 자신의 예측을 검증하도록 격려한다.

상황 노출 및 상상 노출과 마찬가지로, 먼저 회기 내에서 내적 감각 노출을 시행하여 올바른 절차를 준수하는지 치료자가 지도하고 확인하는 것이 좋다. 치료자가 환자와 함께 내적 감각 노출을 시행하여 각자의 신체 경험을 비교할 수도 있다. 이 경우 신체 감각에 대한 치료자의 차분한 반응은 환자에게 모델링이 될 수 있다. 그 후 환자에게 회기 내에서 혹은 회기 밖에서 반복적으로 실습하도록 지시한다.

내적 감각 노출은 또한 *두려운 신체 감각이 나타나기 때문에* 회피했던 활동에 참여하면서 시행할 수도 있다. 다넬의 경우에는 어지러움, 호흡 곤란 같은 각성되는 신체 감각을 위험으로 해석하여 높은 곳을 피했다. 다른 흔한 예로는 속이 불편하면 구토할까 봐 두려워 맵거나 섬유질이 많은 음식을 피하는 것, 그리고 심장이 두근거리거나 얼굴이 붉어지고 힘이 빠지는 감각이 두려워 운동이나 성행위 같은 격렬한 활동을 회피하는 것이 있다.

다른 연구자들이 지적한 바와 같이(예: Abramowitz & Braddock, 2008) 비록 현실적으로 이러한 형태의 내적 감각 노출과 상황 노출을 분명하게 구별하기는 어렵지만, 두 가지 노출의 구별은 임상적으로 그리고 개념적으로 중요하다. 우리는 그 차이가 노출 과제의 의도와 주안점에 있다고 생각한다. *내적 감각* 노출은 강렬한 신체 감각에 초점을 두는 반면, *상황* 노출은 강렬한 신체 감각 여부와 관계없이 두려운 상황에 직면하는 것에 초점을 맞춘다.

반응방지 : 안전행동 멈추기
RESPONSE PREVENTION: ENDING SAFETY BEHAVIORS

반응방지는 강박 의식을 하지 않고 참는 것을 말하며, '노출과 *반응방지*'는 강박장애의 고유한 치료법으로 흔히 간주되고 있다. 하지만 앞서 논의한 바와 같이 강박 의식은 임상 불안과 공포 전반에 걸쳐 여러 가지 형태로 존재하는 넓은 의미의 안전행동 중 하나이다. 안전행동은 겉으로 드러나는 의식, 미묘한 정신적 의식 혹은 행동, 안심 추구, 안전 신호 등 다양한 형태로 나타난다. 이러한 안전행동에 의해 임상 불안 문제가 지속되기 때문에 반응방지는 노출치료에서 중요한 구성요소 중 하나다. 안전행동을 계속하면 불안을 감당할 수 있고 예상하는 두려운 결과가 실제로는 발생할 가능성이 적다는 것을 배우기보다는, 괴로운 결과가 발생하지 않은 것은 안전행동 때문이며 고통을 극복하고 재앙을 예방하기 위해서는 안전행동이 꼭 필요하다고 생각할 수 있다.

따라서 노출치료 중에는 환자가 자발적으로 안전행동을 자제할 수 있도록 도와주어야 한다. 노출치료에 사용하는 구체적인 전략, 즉 규칙과 지침은 환자가 가지고 있는 공포 유형, 신념, 안전행동에 따라 매우 가변적이다. 반응방지에 대한 계획은 서로 협력해서 결정해야 하고 철저한 기능 평가를 시행한 후에 이루어져야 한다. 일부 환자들은 치료를 시작할 때 모든 안전행동을 즉시 중단할 수 있는 반면, 어떤 환자들은 점진적 접근이 필요하다.

최근 일부 저자들은 노출 중에 보이는 안전행동이 무조건 해롭다는 생각에 이의를 제기한다. 그들은 치료 초기 또는 가장 어려운 단계에서 안전행동을 신중하고 전략적으로 구현하면 노출치료를 전반적으로 더 잘 받아들이고 견디며, 노출 자극에 더 잘 다가가고, 자기 효능감도 높아진다고 제안했다(Rachman, Radomsky, & Shafran, 2008). 실제로 일부 연구에서는 노출 중의 안전행동이 치료 결과에 그리 영향을 주지 않을 수 있다고 보고한다. 하지만 추적 관찰 결과가 일관되지는 않지만, 훨씬 더 많은 연구에서 안전행동이 노출의 효과를 방해한다고 보고하고 있다(for a review, see Blakey & Abramowitz, 2016). 따라서 점진적인 반응방지가 노출 자극에 처음 다가가는데 일시적으로 유용할 수 있지만 노출을 시행하다가 환자가 의지를 보이면 최대한 빠르게 안전행동을 제거하도록 권고한다.

2부의 각 장은 특정한 유형의 공포를 가진 환자들에게 반응방지를 적용하기 위한 구체적인 내용을 제공한다. 여기서는 반응방지 계획을 수립할 때 일반적으로 고려해야 할 몇 가지 사항에 대해 논의하고자 한다. 노출과 마찬가지로, 반응방지는 고통을 견디는 능력에 확신을 심어주는 과정이라고 명확하게 설명하는 것이 중요하다. 또한, 안전행동을 하지 않는 것이 어려운 선택임을 강조한다. 왜냐하면 환자가 즉각적인 안전 대신 단기적으로는 불안이 계속 유지되는 상황을 선택해야 하기 때문이다. 만약 친척이나 친구들이 환자의 안전행동에 관여되어 있다면, 그러한 도움을 자제하도록 요청한다. 마지막으로 환자에게 모든 안전행동을 기록하도록 요청한다. 그림 5.2는 환자가 안전행동과 안전행동을 유발하는 촉발인자를 기록하는 데 사용할 수 있는 자가 모니터링 양식이다.

다넬과 치료자는 노출 실습 동안 매번 반응방지 계획을 세웠다. 예를 들면 다넬은 자제력을 잃을 것 같은 느낌을 피하려고 단단한 물체를 붙잡았는데, 노출 시 이러한 행동을 자제하였다. 또한 치료자는 다넬의 주치의와 상의하여 반응방지를 위해 치료 기간에 신경 안정제 복용을 자제하는 것에 대해 동의를 얻었다.

결론 CONCLUSIONS

상당수의 초보 치료자가 환자들이 노출을 시행할 때가 되면 핑계를 대며 미루고, 공포에 직면하는 것을 무조건 거부하고, 더 심하게는 노출 회기가 시작되면 치료를 중단한다고 말한다. 그러나 치료 과정을 면밀하게 평가해 보면 환자에게 노출치료의 이론적 근거와 진행 과정에 대해 명확하고 충분하게 설명하지 못한 경우가 많았다. 따라서 치료를 진행하기 전에 신중하게 계획하고 노출에 대한 환자의 동의를 얻는 것이 매우 중요하다. 물론 모든 환자가 두려움에 직면하는 것에 대해 쉽게 동의하지 않으며 망설임과 논쟁은 드문 일이 아니다(6장 참고). 하지만 이런 문제들은 설득력 있는 사례를 보여줌으로써 피할 수 있다. 환자가 노출 실습의 핵심은 공포 기반 신념을 최대한 반박하는 새로운 정보를 배울 수 있는 기회이자, 불안에 대해 보다 건강하게 반응할 준비를 하는 과정이라는 사실을 이해한다면 노출치료에 더 적극적으로 참여할 것이다.

날짜	시간	안전행동을 유발하는 상황(간략하게 기술)	안전행동 양상

그림 5.2 안전행동 모니터링 양식

출처: Exposure Therapy for Anxiety: Principles and Practice, Second Edition, by Jonathan S. Abramowitz, Brett J. Deacon, and Stephen P. H. Whiteside. Copyright © 2019 The Guilford Press. 해당 그림은 본 책 구매자에 한해 복사하여 개인용도 또는 내담자와의 치료 작업에서 사용할 수 있음(세부 사항은 저작권 페이지 참조). 확대본이 필요할 경우, 목차 마지막에 있는 박스를 참고하시오.

노출치료의 실행
Implementing Exposure Therapy

1부의 마지막으로 임상 불안에 노출치료를 적용하는 실행 전략을 제시한다. 환자에게 노출치료의 기법을 적용할 때 가장 중요한 목적은 다음과 같은 새로운 지식을 학습하는 것이다. 구체적으로 (1) 두려운 결과는 예상보다 일어날 가능성이 낮거나 피해가 심각하지 않다. (2) 불안 자체는 안전하고 견딜 만하다. (3) 안전행동은 안전을 위해서나 불안을 견디기 위해서 필요치 않다. (4) 불안을 경험하면서도 일상생활에서 기능할 수 있다. 더 나아가 노출치료는 이러한 새롭게 학습한(안전학습) 정보가 실제 상황에서 이전의 공포 기반 연합과 예측을 억제할 가능성을 최대로 높여야 한다. 이 장이 끝날 무렵 성공적인 노출을 막는 몇 가지 흔한 장애물을 설명하고, 장애물을 넘는 방법 몇 가지를 권고하려고 한다. 노출치료의 실행을 설명하기 위해 5장에서처럼 다넬의 예를 이용할 것이다. 이 장에서는 노출 회기 수행의 기초를 *일반적*으로 논할 것이고, 특정 유형의 공포를 다루기 위해 노출을 어떻게 계획하고 실행할지에 대한 구체적인 정보는 2부에서 다룰 것이다.

현대 노출치료의 근본적인 주제 중 하나는 노출의 목표가 불안 또는 공포를 줄이거나 '해결'하는 게 아니라, 공포에 대한 내성fear tolerance을 기르는 데 있다는 것이다. 여기서 내성이란 불안, 공포 그리고 다른 강렬하고 불쾌한 감정을 열린 마음으로 경험하는 것을 말한다. 왜 *내성tolerance*일까? 실제로 공포, 불안, 역겨움 등은 비록 원치 않은 강렬하고 고통스러운 감정이지만 보편적이고, 적응적이며, 불가피하지만 안전하다. 따라서 임상 불안을 극복하는 과정의 일부는 이러한 감정 자체는 나쁘지 않으며 감당할 수 있다는 점을 배우는 것이다. 또한, 연구에 따르면 임상 불안의 장기적 호전, 즉, 공포 소거가 장기간 지속되는 것은 두려운 *자극*뿐만 아니라 두려운 자극으로 촉발된 *감정 반응* 또한 안전하다는 것을 배우는 것에 달려 있다(예: Craske, 2008).

관련된 또 하나의 주제는 노출 시도에 바람직한 어려움을 도입하는 것이다. 바람직한 어려움이란 학습한 기억이 더 오래 유지되고 더 잘 떠오르도록 하기 위해 노출 동안 환자에게 추가적인 도전을 주어 단기학습을 좀 더 어렵게 만드는 전략이다(Craske 등, 2008, 2014; Jacoby & Abramowitz, 2016). 이 장의 후반부에 논의하겠지만, 예를 들면 노출 회기 동안 하나의 단서에 직면하는 대신 여러 공포 단서를 결합할 수 있다. 바람직한 어려움의 도입은 학습할 때 더 많은 노력을 기울일수록 학습한 기억이 장기간 유지된다는 연구에 따른 것이다(Bjork, 1994). 따라서 바람직한 어려움의 도입은 안전학습과 공포 내성에 대한 학습을 최대한 유지시켜 공포의 재발 가능성을 줄여 준다.

마지막으로 현대 노출치료에서는 노출 도중 일어난 *실제* 결과가 환자가 *예측한* 결과와 최대한 차이가 나게 만들기를 강조한다. 이러한 차이는 (1) 환자가 생각하기에 두려워하는 결과의 가능성이나 심각성이 큰 상황을 노출 회기 중에 포함시키고, (2) 안전행동이나 안전 신호를 제거하여 심한 공포 단서에 노출하여도 두려운 결과가 일어나지 않은 현상을 다른 방식으로 설명할 여지를 제거함으로써 만들어 낼 수 있다. 이러한 차이의 최대화는 노출 동안 두려운 결과가 일어나지 않은 것에 대해 '그래, 하지만……'과 같이 다른 방식으로 설명할 수 없게 만들고, 안전학습과 불안 내성을 키우는 가장 확실한 자료를 제공해 준다. 예를 들면 '나는 칼을 들었지만 아이를 찌르지 않았어. *하지만 그건 내가 자제력을 잃지 않도록 옆에 남편을 있게 했기 때문이야.*'라고 설명하는 대신에 '나는 칼을 든 채로 아이와 둘만 있었고, 매우 불안하고 자제력을 잃을까 겁이 나긴 했지만, 아이를 찌르지 않았어.'라고 안전학습을 할 수 있게 한다.

개요: 노출 회기의 구조
Overview: The Structure Of Exposure Sessions

거의 모든 유형의 노출 실습에 전통적인 치료 회기의 50분 또는 60분이 충분하기는 하지만, 때로는 더 많은 시간을 할당할 필요가 있다. 특히 노출을 위해 진료실 밖으로 나가는 계획을 잡았다면 시간이 더 많이 필요하다. 매 치료 방문 시 5분에서 10분 정도 체크인check-in, 자가 모니터링 양식이나 노출 워크시트 등 지난 회기에 할당된 과제 검토로 시작한다. 과제에 대해서는 이 장의 후반부에서 다시 논할 것이다. 다음으로 노출 작업exposure task을 상의하고 시도한다. 노출을 계획할 때 중요한 부분은 노출 실습을 통해 검증하고자 하는 예상되는 두려운 결과가 무엇인지 확인하는 것이다. 실제 노출 시간은 여러 요인에 의해 결정된다. 전통적으로는 SUDS가 어느 정도 감소하여 습관화가 일어날 때 노출을 종료하였다. 하지만 이 장에서 논의한 대로 최적의 공포 소거를 위해서는 습관화여부와 무관하게 두려운 결과에 대한 환자의 예측이 빗나갈violated 때까지 노출을 지속해야 한다. 각 회기 마지막 10분 정도는 디브리핑, 과제 할당, 다음 노출 작업을 상의하는데 사용한다.

노출 실습을 위한 준비
Preparing for Exposure Practices

치료의 이론적 근거 검토 Reviewing the Rationale

처음 몇 번의 노출 회기는 노출을 사용하는 이론적 근거를 검토하면서 시작하는 것이 좋다. 그림 6.1의 '효과적인 노출치료를 위한 방법'이라는 유인물을 이용하면 노출 회기가어떻게 진행되는지 명확하게 알 수 있으므로, 회기를 시작하기 전에 함께 검토해 볼 수있다. 다넬은 첫 노출로 쇼핑몰 2층으로 가서 난간에 선 채 1층을 내려다보기로 하였다. 치료자는 회기가 어떻게 진행될 것인지 말해 주고, 간단한 은유를 통해 억제 학습 개념을 포함한 노출의 이론적 근거를 설명하였다.

치료자 시작하기 전에 노출에 관해 몇 가지를 얘기해 봅시다. 첫째, 운전석에 앉는 건 당신입니다. 스스로 위험을 감수하고 불안을 불러일으킬수록 경험으로부터 더 많은 것을 배우겠지만, 제가 절대 어떤 것을 강요하지는 않을 것입니다. 저는 그저 당신이 노출 실습을 통해 최고의 효과를 얻을 수 있게 도울 뿐입니다. 그러면 2층으로 올라가서 1층을 내려다볼수 있는 난간까지 걸어가면 좋겠습니다. 저는 함께 가서 당신을 격려하고 당신이 중심을 잡으려고 뭔가를 잡거나, 가장자리에서 한발 물러나려는 모든 충동에 저항하도록 도울 것입니다. 당연히 불편함을 느낄 것이지만 그게 바로 우리가 원하는 바입니다. 당신이 느끼는 불안 또는 불확실함이 변화의 원료가 된다고 생각해 보세요. 이 실습은 당신이스스로 공포를 마주하는 능력에 대해 뭔가 새로운 것을 배울 수 있는 기회가 될 것입니다. 실습을 끝내고 당신이 배운 경험에 관해 얘기하고, 다음 회기 전까지 스스로 실습해 볼수 있는 몇 가지 상황을 떠올려 볼 겁니다. 어떠세요?

다넬 어려울 것 같지만 제가 이걸 내려면 해봐야겠죠.

치료자 제가 듣고 싶었던 말입니다! 여기서 마음이 작동하는 방식에 대해 알아야 할 중요한 사실은 공포가 노출치료를 통해 실제로 탈학습되거나 지워지는 게 아니라는 점입니다. 노출은 새로운 정보를 배울 수 있게 도울 것입니다. 즉, 당신이 두려워하는 상황은 사실 안전하고, 불안과 공포를 다룰 수 있다는 사실 말입니다. 하지만 새로운 학습이 예전의 공포를 대체하는 건 아닙니다. 오히려 새로운 학습과 예전의 두려운 기억은 서로 경쟁하고, 예전의 기억은 계속해서 호시탐탐 마음이 후퇴하는 순간을 노립니다. 이것이 왜 중요할까요? 왜냐하면 치료가 장기적으로 성공하기 위해서는 향후 공포를 유발하는 인자와 마주할 때 새로운 안전학습이 예전의 두려운 기억을 막을 만큼 충분히 강해질 수 있게 노출을 해야 한다는 말이기 때문입니다. 지금 좀 더 도전적으로 노출할수록 이러한 효과가 장기적으로 더 강해질 테고요.

이 과정을 쉽게 이해하기 위해 공포를 물이 흘러갈 수 있는 길 또는 궤도라고 상상해 봅시다. 시간이 흐르면서 물은 길을 상당히 깊게 팔 것입니다. 우리가 노출을 할 때 안전학습은 물이 흐를 수 있는 새로운 길을 트는 것과 같습니다. 하지만 흐르는 물을 새로운 방향으로 틀기 위해서는 이 새로운 물길을 예전의 길보다 더 깊게 팔 필요가 있습니다. 우리가 할 노출과 실습할 때 사용할 기법은 새로운 물길을 그랜드 캐니언처럼 가능한 한 깊게 파는 것을 돕도록 고안되었습니다. 말했던 것처럼 위험하고 어려워 보일 수 있지만, 힘든 일을 미리 해버리면 미래에 보답이 있음을 기억하십시오. 여기에 대해 질문이 있으신가요?

1. **노출 중 불안을 느낄 마음의 준비를 하십시오.** 노출치료를 할 때 불편한 것은 정상입니다. 불안을 느낀다는 것은 노출을 제대로 하고 있다는 신호입니다. 우리가 할 일은 불안한 느낌이 있더라도 상황에 머무는 것입니다. 이를 통해 불안은 안전하고 견딜 만하다는 것을 배울 수 있습니다.

2. **불안이나 공포와 싸우지 말고 받아들이십시오.** 불안한 느낌을 변화의 원동력으로 삼으십시오. 싸우거나 저항하는 대신, 이러한 느낌과 신체 감각을 알아차리고 그냥 그대로 내버려 두십시오. 더 나아가 불안한 느낌이 들도록 *스스로를 떠미는* 것이 좋습니다. 위협을 느꼈을 때 불안은 자연스러운 반응이라는 점을 기억하십시오.

3. **노출 전, 노출 중, 노출 후에 안전행동이나 불안 감소 전략을 사용하지 마십시오.** 노출이 제대로 작동하기 위해서는 불안감을 줄여주고 더 안전한 느낌을 주는 안전행동, 안심 추구, 주의 분산, 약물 사용과 음주, 그 외 불안 감소 전략 없이 해야 합니다. 아무리 사소하고 간단한 안전행동도 노출의 효과를 차단할 수 있습니다. 노출의 중요한 목표는 안전행동이나 불안 감소 전략이 필요없다는 것을 배우는 것입니다.

4. **새로운 사실을 배우기 위해 노출을 활용하십시오.** 매번 노출하기 전에 안전행동 없이 이 상황에 직면하면 어떤 일이 일어날까봐 두려워하는지 생각해보십시오. 노출을 이러한 예측을 검증하는 기회로 생각하십시오. 새로운 사실을 배울 때까지 그 상황에 머무르거나 노출을 반복하십시오. 그 후에 경험을 통해 무엇을 배웠는지 생각해 보십시오. 두려워하던 결과가 일어났나요? 예상만큼 끔찍했나요? 공포나 불안이 견딜 만했나요? 상황에 대한 당신의 생각이 바뀌었나요?

5. **깜짝 놀랄 경험을 하십시오.** 노출 실습 도중에 예상 밖의 일을 겪고 깜짝 놀랄수록 그 경험이 더욱 두드러지고 기억에 잘 새겨질 수 있습니다. 그런 놀라운 경험이 공포를 사라지게 만들 수 있습니다. 그러므로 모든 것이 다 잘 될 거라고 안심시켜 주는 정보를 찾지 마십시오. 스스로 깜짝 놀랄 경험을 하십시오.

6. **노출 강도에 변화를 주십시오.** 비록 처음에는 쉬운 항목으로 노출을 시작하더라도 노출을 할 때마다 노출 강도에 변화를 주면 심한 불안과 공포도 스스로 다룰 수 있다는 것을 배울 수 있습니다. 도전하는 것을 겁내지 마십시오.

7. **다양한 조건에서 실습하십시오.** 새롭고 다양한 조건에서 노출을 실습하면 더욱더 확실하게 발전할 수 있습니다. 가능하다면 치료자, 친구, 가족과 함께 아니면 혼자서, 그리고 공포를 자극하는 장소도 이리저리 바꿔가며 실습하십시오.

8. **매일 실습하십시오.** 더 자주 실습할수록 두려워하는 상황이 생각보다 안전하며, 불안한 느낌을 다룰 수 있다는 점을 더 빨리 배우게 될 것입니다. 불안에 휘둘리지 않도록 미리 시간과 노력을 투자하십시오.

그림 6.1 효과적인 노출치료를 위한 방법

출처: Exposure Therapy for Anxiety: Principles and Practice, Second Edition, by Jonathan S. Abramowitz, Brett J. Deacon, and Stephen P. H. Whiteside. Copyright © 2019 The Guilford Press. 해당 그림은 본 책 구매자에 한해 복사하여 개인용도 또는 환자와의 치료 작업에서 사용할 수 있다(세부 사항은 저작권 페이지 참조). 다운로드가 필요할 경우, 목차 마지막에 있는 박스를 참고하시오.

환자의 예상과 모순되도록 노출 설정하기
Setting Up Exposure to Contradict Fear Predictions

이 대목에서 독자들이 분명히 알아두기를 바라는 점은 안전학습이 오래 지속되려면 노출 실습이 환자의 과장된 예측과 최대한 모순된 결과를 낳거나 환자의 예측을 약화시켜야 한다는 점이다. 환자는 두려운 결과 또는 자신이 불안을 견디지 못할 가능성과 심각성을 높게 생각한다. 따라서 노출 목록에 있는 각 항목에 대해 치료자가 고려해야 할 두 가지 질문이 있다. (1) '공포 단서에 노출할 때 환자가 예측하는 결과는 무엇인가?' (2) '환자가 배워야 할 것은 무엇인가?' 노출 작업은 공포에 기반한(두려움 속에 담긴) 환자의 예측이 틀렸음을 가능한 한 확실하게 알 수 있도록 기획해야 한다. 이러한 오류를 입증하기 위해 환자가 '안전'하고 '참을 만하다'고 믿는 정도보다 *더 오래, 더 강렬한 수준으로, 더 높은 빈도로* 두려운 자극에 노출해야 한다. 정해진 노출을 하는 동안 환자의 공포에 기반한 예상이 더 많이 빗나갈수록 새로운 학습은 강력하게 일어난다. 환자가 미래에 불가피하게 공포 촉발인자를 마주할 때 위험하고 견딜 수 없다는 기존 예상과 경쟁할 것은 바로 이러한 안전하고 견딜 수 있다는 새로운 학습이다.

그림 6.2의 노출 실습 워크시트 양식은 노출 상황에 대한 묘사, 노출 작업 도중 제거해야 할 안전행동 혹은 불안 감소 전략, 노출 시 환자가 예상하는 두려운 결과를 기록하는 데 사용할 수 있다. 두려운 결과에는 공포, 역겨움, 불확실함, 의심, 당황과 같이 노출 동안 유발된 특정 경험이나 느낌을 견디지 못하는 상황도 포함될 수 있다는 점에 유의하라. 따라서, 노출 목록에 있는 각 항목에 대한 노출은 (1) 예상한 두려운 결과가 일어났는지, (2) 그 결과가 예상대로 '끔찍한' 또는 '견디지 못할' 것이었는지 여부를 확인하는 데 초점을 맞춘다. 2부의 각 장에서 다양한 영역의 두려운 자극과 이에 노출하였을 때 예상되는 두려운 결과를 각각 다룰 것이다.

날짜: _____ 시간: _____ 장소: _____ ☐ 혼자 ☐ 동반자와 같이

(둘 중 하나에 체크하시오)

시작하기 전

1. 노출할 상황을 적으시오.

2. 하지 말아야 할 안전행동은 무엇입니까?

3. 노출할 때 예상되는 가장 두려운 일은 무엇인가요? 혹은 노출할 때 도저히 못 견딜 것 같은 느낌이나 경험은 무엇인가요?

4. 이 노출 실습을 하고 당신의 예상이 맞는지, 틀렸는지를 구체적으로 어떻게 확인할 수 있을까요? 당신의 예상이 맞다면 노출 실습 결과가 어떻게 나올까요? 반면에 당신의 예상이 틀렸다면 어떤 결과가 나올까요?

5. 매 _____ 분마다 SUDS를 0에서 100까지의 점수로 매겨보세요.

노출 시작 시 SUDS(0 – 100): _____

SUDS	SUDS	SUDS	SUDS	SUDS
1	7	13	19	25
2	8	14	20	26
3	9	15	21	27
4	10	16	22	28
5	11	17	23	29
6	12	18	24	30

노출 이후

6. 노출 동안 무슨 일이 일어났나요? 두려워하던 일이 정말 일어났나요? 괴로움을 견딜 수 있었나요?

7. 이 결과는 처음 예상과 어떻게 다릅니까? 뜻밖이어서 놀란 점은 무엇입니까?

8. 이번 경험에서 무엇을 배웠나요?

9. 이 노출에 변화를 주려면 무엇을 할 수 있을까요? 조건과 상황을 어떻게 다양하게 바꿔볼 수 있을까요?

그림 6.2 노출 실습 워크시트 양식

노출 실습 워크시트에는 노출 실습에서 얻은 증거를 통해 어떻게 환자의 예상을 검증할지를 기술할 공간이 있다. 더운 여름날 15분 이상 계속 정원에 앉아 있으면 벌에 쏘일 거라고 생각하는 벌공포증 환자의 경우에는 예상하는 두려운 결과를 명쾌하게 검증할 수 있다. 하지만 숫자 13을 '불길'하다고 두려워하는 환자처럼 명쾌하게 검증할 수 없는 경우도 있다. 불행한 일이 일어났는지 여부를 검증하기는 벌에 쏘였는지를 밝히는 것보다 더 애매하다. 이 경우 치료자와 환자가 불행한 일의 발생을 어떻게 규정하는지가 매우 중요하다. 또한 만약 불행한 일이 일어났다면, 그 일이 노출 과제와 정말로 관련이 있는지를 어떻게 알 수 있는지도 정해야 한다. 다넬은 높은 곳에 올라가면 불안해져서 '자제력을 잃을 것'에 대해 걱정했다. '자제력을 잃는 것'은 다소 애매하기 때문에, 기절이나 뛰어내리는 것과 같은 구체적인 행동 지표를 규정하고 노출 실습 워크시트 질문 3에 기록해야 한다.

명확히 정의하지 못한 두려운 결과의 또 다른 예는 노출 목록에 있는 항목과 관련된 공포나 역겨움 같은 괴로움을 환자가 '견디지' 못할 것 같다고 말하는 경우다. 이런 경우에는 괴로움을 견디지 못하는 것이 무엇인지 분명히 정의하는 것이 중요하다. 예를 들어 '천벌 받을 생각'에 대한 노출 실습을 하는 사람이 자신이 죄를 지었을지도 모른다는 스트레스로 '종일 아무것도 할 수 없을 거'라고 예측할 수 있다. 이러한 두려운 결과가 일어났는지 검증하기 위해서는 치료자와 환자가 우선 '아무것도 할 수 없다'를 조작적으로 정의할 필요가 있다. 환자가 무기력해져서 출근을 하지 못 한다는 의미인가? 운전, 양치, 독서 같은 일상 활동을 수행할 수 없다는 뜻인가? 입원해야 한다는 의미인가? 일단 환자의 예상이 구체적으로 명료해지면 노출 작업을 통해 그 예측을 시험해 보고 반증할 수 있다.

환자가 노출에 머무는 시간과 두려운 자극의 강도 역시 공포에 기반한 부정적인 예측을 반증하는 데 이용할 수 있다. 즉, 두려운 결과가 일어날 거라고 예상했던 시간을 지나 두려운 결과에 대한 예상이 틀렸음을 최대한 확실하게 알 수 있을 때까지 노출을 지속할 수 있다. 심장 발작에 대한 공포로 운동과 같은 격렬한 신체 활동을 피하는 공황장애 환자를 생각해 보자. 얼마 동안 노출 실습을 할지 정하기 위해 치료자는 아무 문제없이 얼마나 오랫동안 격렬한 신체활동을 해야 심장 발작이 일어나지 않을 거라고 확신할 수 있는지 그리고 어떤 종류의 활동을 해야 하는지 환자에게 물어볼 수 있다. 환자가 5분만 조깅을 해도 심장 마비가 일어난다고 믿거나 심박수가 얼마 이상으로 올라갔을 때 심장 발작이 일어날 거라 믿는다면, 이 예측을 반증하기 위해 5분 이상 조깅하거나 또는 심박수를 측정하게 할 수 있다. 예를 들어 10분 혹은 20분 이상 조깅을 하는 등 환자가 심장 발작의 가능성을 더 이상 지나치게 걱정하지 않을 때까지 이 과정을 반복할 수 있다. 다넬과 치료자는 첫 번째 노출을 계획할 때 다음과 같은 대화를 나눴다.

치료자 노출하는 동안 당신의 공포를 검증해 볼 것입니다. 시작하기 전에 먼저 난간으로 다가가서 1층을 내려다본다면 구체적으로 무슨 일이 일어날 거라고 두려워하는 건가요?

다넬 매우 불안하고 자제력을 잃을 것 같아요.

치료자 좀 더 구체적으로 표현할 수 있을까요? 자제력을 잃는다면 어떻게 알 수 있을까요? 소리를 지를 것 같으세요? 바지에 실례를 하게 될까요? 자제력을 잃는다는 것이 당신에게 무슨 의미입니까?

다넬 이제까지 그런 식으로는 전혀 생각해 보지 못했어요. 글쎄요. 어쩔하게 현기증이 나면서 기절하거나 미쳐서 2층에서 뛰어내릴 수도 있을 것 같아요.

치료자 알겠습니다. 그러면 이런 일이 일어나는 데 시간이 얼마나 걸릴 것 같은가요? 불안한 느낌으로 기절하거나 뛰어내리는 데까지 어느 정도 걸릴까요?

다넬 그것 역시 한 번도 생각해 보지 못했어요. 하지만 나쁜 느낌이 점점 커질까 봐 무섭습니다. 아마 3분 정도 지나면 자제력을 잃을 것 같습니다.

치료자 좋습니다. 그러니까 한 번도 실제로 무슨 일이 일어날지 생각하거나 들여다볼 기회를 가지지 못한 겁니다. 그래서 노출 실습을 할 때는 이 모든 것을 시험해 보려 합니다. 마치 과학자가 가설을 검증하듯이 말이죠. 2층에 갔을 때 불안한 느낌이 자제가 안 될 정도로 커지는지, 기절하거나 뛰어내린다는 예측이 사실일지 관찰해 보려 합니다. 그러기 위해서는 매우 용감해져야 하고, 뭔가를 잡거나 물러나지 않고 공포를 마주하면서 난간 바로 옆에 서서 아래를 보아야 합니다. 저는 당신을 믿습니다! 당신은 해낼 수 있어요!

안전행동과 불안에 대한 저항 제거
Eliminating Safety Behaviors and Resistance to Anxiety

논의한 바와 같이 안전행동은 노출 동안 안전학습과 공포 내성 학습을 방해한다. 따라서 두려운 결과에 대한 예측을 최대한 빗나가게 하기 위해서 노출 시도 동안에 안전행동을 가능한 빨리 내려놓아야 한다. 즉, 반응방지가 필요하다. 환자의 저항을 줄이기 위해 필요하다면 안전행동이나 안전 신호를 서서히 줄여나갈 수도 있지만, 즉시 제거하는 것이 더 좋다. 불안한 느낌에 저항하는 것과 반대로 '오히려 더 다가가자'라는 태도를 강화하는 것이 도움이 된다. 이와 관련하여 치료자는 노출 실습 동안 안전하다고 안심시키지 말아야 한다. 환자 스스로 경험을 통해 이 사실을 배워야 한다. 보호 장치로 생각한 반응 방지와 불안에 대한 저항을 멈추면 노출 시도가 더 힘들어지기 때문에 이는 바람직한 어려움이다. 동시에 두려운 결과가 일어나지 않은 것에 대해 '그래요, 하지만……'과 같은 대안 설명을 제거하기 때문에 장기적으로는 공포 내성과 안전학습을 촉진한다.

가끔 노출 회기를 시작하고 난 이후에 새로운 혹은 회기 시작 전에 드러나지 않은 안전행동이 출현한다. 따라서 치료자는 미묘하거나 미묘하지 않은 안전행동 또는 다른 기발한 술책에 대해 항상 경계해야 한다. 이는 비슷한 상황에서 대부분의 사람들은 하지 않을 행동으로, 불안을 조절하거나 감소시키고, 인지하는 두려운 결과의 가능성을 줄여주는 기능이 있다. 노출 도중 '멍하게' 보이는 환자에게 기도, 주의 분산, 분석과 같은 정신 전략을 구사하고 있는지 물어볼 수 있다. 이러한 행동은 습관이 되어 환자가 알아차리지 못한 채 일어날 수 있다. 따라서 관찰될 때마다 하지 않도록 환자의 주의를 환기시킨다. 환자가 안전행동을 즉시 그만두는 것을 강하게 거부하면, 노출 회기 도중 또는 전체 치료 기간 안에 서서히 줄여나갈 수 있다고 협상할 수도 있다. 하지만 이때도 역시 할 수만 있다면 즉시 그리고 완전히 그만두는 것이 중요하다는 것을 염두에 두어야 한다. 종종 환자가 습관적으로 안전행동을 사용하기 때문에 치료 초기에 반응방지의 이론적 근거를 재차 강조하는 것이 유용하였다.

인지치료 사용에 대한 의견 Implications for Using Cognitive Therapy

노출치료를 하면서 공포에 기반한 신념과 예측의 확고함이 깨지고 최대한 믿지 않게 되는 것이 중요하다고 강조하고 있다. 이런 관점에서 인지치료의 사용에 대해 생각해보아야 한다. 많은 치료자가 두려운 결과에 대한 환자의 예측을 교정하기 위해 노출 실습 전과 실습 도중 언어적 인지기법을 사용한다. 하지만 우리의 관점에서는 노출이 곧 인지치료이다. 노출 자체의 목적이 위험하고 견딜 수 없다는 믿음을 교정하는 것이기 때문이다. 주요한 차이점은 인지치료는 교정 정보를 언어로 제공하지만, 노출은 생생한 경험을 통해 직접 제공한다는 것이다.

일부 저자는 노출 과제를 환자의 구미에 맞게 만들고, 공포를 마주할 동기를 부여하기 위해 인지치료가 필요하다고 주장한다(예: Vogel, Stiles, & Götestam, 2004). 하지만 최적의 억제 학습과 공포 소거는 환자가 *예상*한 일이 실제 *일어난* 일과 최대한 일치하지 않을 때 일어난다. 따라서 노출 전이나 노출 도중에 인지치료를 하면 실제로는 노출치료의 효과를 방해할 수 있다. 인지치료의 목적은 부정적 예측을 약화시키는 것이므로 예상과 결과 사이의 불일치를 줄이기 때문이다. 다시 한번 말하자면, 환자가 강하게 붙잡고 있는 공포에 기반한 신념을 '부드럽게 만들어' 주기 위해 노출 전에 인지치료를 사용하면 환자가 노출 실습을 하기가 더 쉬울 수는 있지만 치료의 장기 결과를 약화시킬 수 있다. 노출 도중 왜곡된 인지에 대한 논의를 피해야 한다는 의미는 아니다. 단지 노출치료시에 소크라테스 대화법과 같은 인지기법을 (1) 노출 전 두려운 결과를 찾기 위해, (2) 노출 도중 환자의 공포에 기반한 예측을 상기시키기 위해, (3) 노출 후 신념, 기대 이외 다른 왜곡된 인지의 변화를 처리하고 배운 것을 공고화하기 위해 사용하도록 제안한다.

노출 실습의 수행
Carrying Out Exposure Practices

시작하기 Getting started
꼭 그래야 하는 것은 아니지만 환자가 어떻게 반응하는지 관찰하기 위해 첫 노출은 점진적으로 시작한다. 만약 환자가 열정적으로 '단계를 뛰어넘고' 싶다고 하면 주도적으로 참여한 것을 칭찬하고 환자가 이끄는 대로 따른다. 환자의 진행 속도가 느리면 약간의 격려가 필요할 수 있다. 필요하다면 환자의 시작을 돕기 위해 치료자가 두려운 자극에 대한 노출 시범을 보일 수 있다. 하지만 매 노출마다 시범을 보이는 것은 안전 단서가 될 수 있으므로 환자에게 그렇게는 하지 않을 것임을 상기시켜라. 노출 초반의 성공은 분위기를 조성하고 자신감을 높여 이후에도 노출을 지속하고 더 큰 괴로움을 일으키는 자극에 대한 노출을 해 나갈 수 있는 동기를 부여한다. 노출 회기가 진행되면서 힘들어서 환자가 치료를 그만두려 한다면 역시 시범을 보이면서 천천히 접근하는 것이 권장된다. 물론 다소 과감한 방식이 최적의 접근이다.

SUDS을 사용하여 작업하기 Working with SUDS
노출 실습 워크시트 양식에는 환자가 자가로 보고한 감정 경험의 강도를 추적하기 위하여 노출 시도 중 다양한 시간 간격(예: 5분마다)을 두고 SUDS 점수를 기록하는 란이 있다. 하지만 5장에서 논의한 대로 치료자는 SUDS 점수를 활용해야 한다고 부담을 느낄 필요는 없다. SUDS 측정의 이점은 환자가 자신의 느낌을 말로 표현할 수 있는 방법을 제공해 준다는 점이다. 이는 공포 소거를 향상시킬 수 있다. 또한 어떤 지점부터 두려움, 역겨움 등을 '견딜 수 없다고' 인식하는지 조작적으로 정의하는 데 이용할 수 있다. 즉, 공황장애 환자가 SUDS가 75점을 넘어서면 응급실을 가야 할 거라고 믿고 있다면 SUDS가 80점인 노출을 시도하여 이러한 예상을 반증 할 수 있다. 마지막으로 노출 시도를 하는 동안에 불안 수준을 추적하면서 환자는 불안은 일시적이며 습관화가 일어날 때까지 이러한 경험을 견딜 수 있다는 것을 배운다.***

하지만 이러한 이점과 함께 일부 환자에게는 잠재적인 단점도 있을 수 있다는 점을 고려해야 한다. SUDS를 사용하면 불안을 관찰하고 조절할 필요가 강화될 수 있다. 또 노출 회기가 끝나갈 때쯤이면 불안이 '해결되고' 줄어들어야 한다는 신념이 강화될 수 있다. 이는 노출을 이용하여 *어떤* 수준의 불안이든 *견딜* 수 있는 능력을 키우도록 강조하는 방향과 반대다. 따라서 환자가 불안에 대해 어떻게 생각하는지, SUDS 측정이 노출을 통한 학습 자체에 어떤 영향을 주는지에 따라 SUDS 사용 여부를 정하도록 한다.

다넬과 치료자는 2층으로 올라가는 엘리베이터를 타고 1층을 내려다볼 수 있는 곳으로 걸어갔다. 환자가 회피와 안전행동 없이 두려운 상황에 *완전히* 직면하고 노출 자극에 계속 집중하는 것이 중요하다. 따라서 치료자가 환자에게 "지금 어떠세요?", "무슨 생각이 드나요?", "SUDS는 몇 점인가요?" 같은 질문을 규칙적으로 하는 것이 노출 자극에 대한 주의를 유지하고, 노출 중에 드는 생각과 느낌을 계속해서 평가할 수 있는 좋은 방법이다. 노출 자극에 대한 집중은 이 장의 후반부에 논의할 예정이다.

치료자　할 수 있는 한 최대한 가장자리로 가까이 가서 난간에 서 보세요.

다넬　(주저하면서)…… 좋습니다. (가장자리로 걸어간다) 자! 하고 있어요.

치료자　치료자: (15초 정도 있다가)…… 아주 좋아요…… 지금 어때요?

다넬　머리가 좀 핑핑 돌아요. 자제력을 잃지 않을까 걱정입니다.

***우리가 쓴 습관화라는 용어는 노출 회기 도중 불안이 감소하는 과정을 뜻하며, 소거는 노출치료가 원하는 *결과로* 이전의 두려운 자극에 대한 공포와 회피가 줄어드는 것이다. 습관화와 공포 소거가 반드시 상관관계를 보이는 것은 아니다.

치료자　아주 잘하고 계십니다. 당연히 지금 불안할 겁니다. 너무 오랫동안 이런 상황을 피해 왔습니다. 하지만 당신이 생각했던 것보다 이 상황이 안전하다는 것을 지금 배우고 있는 중입니다. 힘든 일이지만 지금 하고 있습니다! SUDS는 몇 점일까요?

다넬　70점 정도입니다.

치료자　좋습니다. 불안을 그대로 두세요. 싸우지 말고요. 불안을 마주 보세요. 정말 멋지게 잘하고 있어요.

다넬이 머리가 핑 돈다고 했을 때 치료자가 안심시켜 주지 않으면서 어떻게 반응했는지에 주목하라. 위의 대화는 다넬과의 첫 노출이지만 환자와의 라포에 따라 심지어 "어쩌면 당신이 정말로 자제력을 잃을 수도 있죠. 한번 확인해 봅시다. 진짜 그런 일이 일어나는지 확인하기 위해 무엇을 할 수 있을까요?"라고도 이야기할 수 있다. 이러한 접근은 환자가 두려운 자극, 불확실성, 위험 감수에 대해 새롭고 건강한 사고방식을 공고히 할 수 있게 돕는다. 실제로 지각한 위험이 클수록 안전학습의 기회는 늘어난다. 또한 노출 과제를 끝까지 수행하는 것에 대해 칭찬해 주는 게 중요하다. 칭찬은 치료 탈락을 줄이는 중요한 전략이다.

환자의 기대 추적하기 Tracking Expectancies

SUDS 추적하기 대신, 또는 이에 추가하여 부정적 결과에 대한 환자의 예상이 노출 실습 동안 어떻게 변하는지 추적하는 것도 중요하다. 기대 추적expectancy tracking의 목적은 안전학습을 돕기 위해 공포에 기반한 신념 또는 가정에 반복적으로 도전하여 틀렸음을 보여 주는 것이다. 기대 추적은 반복적인 과정으로 환자가 공포 자극에 노출되었을 때 두려운 결과가 생기거나 공포 자극을 더 이상 견디지 못할 것으로 예측하는 특정 지점을 정하면서 시작한다. 특정 지점은 "손을 씻지 않으면 '바닥에 있는 세균'을 묻힌 채 3분 이상 견디지 못해"처럼 특정한 시간 단위가 될 수도 있고, 'SUDS가 80점을 넘으면 의식을 잃을 거야.'와 같이 특정 수준의 강도로 정할 수도 있다. 또는 '2미터 이내로 다가가면 개가 나를 물 거야.', '낯선 사람 한두 명에게 겨우 말을 걸 수는 있지만 그 이상은 힘들거야.'와 같이 그 외의 변수로도 특정 지점을 정할 수 있다.

　그 다음, 두려운 결과가 예상된다고 확인한 지점을 달성하거나 넘어서도록 노출 실습을 기획한다. 즉, 바닥을 만진 후 최소 4분 이상 씻지 않기, SUDS가 최소 85점에 도달할 때까지 내적 감각에 노출하기, 개에게 1.5미터 이내로 다가가기, 최소 3명 이상의 처음 보는 사람과 얘기하기와 같은 노출을 계획할 수 있다. 두려운 결과가 일어나지 않거나, 환자가 안전행동을 사용하지 않고 견딜 수 있다고 예측한 최대 지점 또는 그 이상을 견딜 수 있었을 때 안전학습을 돕기 위해 이를 강조한다. 예를 들어 "오 이것 봐요. 생각했던 것보다 더 오랫동안 병균이 묻은 손을 견딜 수 있네요."라고 말한다. 두려운 결과가 예상되는 지점을 더 멀리 넘어설수록 안전학습은 더 강력해진다. 이후 노출은 새롭게 바뀐 예측 혹은 기대를 대상으로 반복하거나, '어쩌면 10분 이상 손을 안 씻을 수도 있을 것 같아.'라고 강도를 높여서 지속할 수 있다. 이러한 과정은 두려운 결과에 대한 환자의 예측이 변할 때까지 계속 반복한다. 노출 마지막에 환자의 예측, 위험에 대한 예상, 고통 내성에 대한 신념이 어떻게 변했는지에 대해 논의할 수 있다.

기대 추적에 가장 적합한 예측 유형은 한 회기 안에서 그 예측을 반복적으로 시험하고 검증할 수 있는 형태이다. 그러고 나면 환자는 안전학습을 강화하기 위해 노출 회기 사이에 스스로 이 과정을 반복하게 될 것이다. 이 책의 2부에서 환자가 먼 미래가 되어야 일어날 결과를 두려워하는 상황 등 다양한 공포 상황에서 이러한 기법을 사용하는 방법을 설명할 것이다. 아래의 대화는 다넬의 치료자가 쇼핑몰에서 노출 회기를 진행하는 동안에 기대 추적을 사용하여 어떻게 공포에 기반한 다넬의 예측에 반복해서 도전하는지 보여 주고 있다.

치료자 지금 노출을 한 지 5분 정도 지났어요. 기분이 어떠세요?

다넬 정말 불안해요. 지금 SUDS가 80점까지 올라갔어요.

치료자 알겠습니다. 당신이 얼마 동안 견딜 수 있을 거라고 예상하는지 지난번에 물었었죠. 어떻게 대답했는지 기억하세요?

다넬 예, 3분이라고 말했었죠.

치료자 맞습니다! 자, SUDS 점수가 올라갔지만, 당신은 아무것도 잡지 않았고, 기절하지도 않았고, 뛰어내리지도 않았습니다. 그리고 5분이 지났습니다. 여기에 대해 어떻게 생각하세요?

다넬 네, 무섭기는 하지만 생각했던 것만큼 끔찍하지는 않은 것 같네요. 불안이 조절되지 않으면서 걷잡을 수 없을 거라고 생각했는데 그렇지는 않네요.

치료자 뭔가 새로운 것을 배우고 있는 것으로 보입니다. 그럼 이제 불안을 얼마나 견딜 수 있을지에 대한 예측을 바꾸고 싶은지 궁금합니다. 처음에는 3분이라고 하셨는데 지금은 얼마 동안 버틸 수 있을 것 같으신가요?

다넬 아마 10분은 갈 수 있을 것 같아요.

10분 후에 치료자는 불안을 견딜 수 있다고 예상한 시간을 다시 넘겼다고 강조하고 새로 예측하도록 요청한 뒤 노출 과정을 반복한다. 또한 반복할 때마다 공포를 더 부추기는 행동을 추가하는 바람직한 어려움을 도입함으로써 노출을 더욱 도전적으로 만들고, 환자의 예상을 더 크게 빗나가게 할 수도 있다. 예를 들어 난간에 더 가까이 다가가기, 난간 위로 몸을 내밀기, "나는 뛰어내릴 거야!"라고 말하기 등을 할 수 있다. 이 장의 후반부에 여러 가지 두려운 자극을 결합하는 노출 방법에 대해 논의할 것이다. 결국 다넬이 자신의 예상을 넘어설 수 있음을 스스로 발견하도록 다양한 방법으로 반복해서 도와주면, 상황과 불안 자체가 안전하고 견딜 수 있다는 학습을 최대한 확실하게 할 수 있다.

노출 자극의 다양화 *Varying the Exposure Stimulus*

개를 두려워하는 환자가 작은 푸들을 노출 자극으로 사용하여 겉보기에는 효과적인 노출 회기를 진행했다고 생각해 보자. 환자가 이제 개나 개를 만날 수 있는 상황을 더 이상 두려워하거나 피하지 않는다고 하여 치료를 종결하기로 했다. 하지만 수개월 후 친구의 독일산 셰퍼드가 환자를 향해 심하게 짖었을 때 개에 대한 공포와 회피가 다시 찾아왔다.

　이 경우 독일산 셰퍼드가 심하게 짖는 상황에 직면했을 때 수개월 전 푸들로 노출하는 동안 확립되었던 안전학습이 공포 기반 연합을 억제하는 데 실패했기 때문에 환자의 공포가 *다시* 돌아온 것이다. 억제 학습이 실패한 이유 중 하나는 환자의 안전학습이 일반적인 개로 확장되기보다는 특정 개에만 국한되었기 때문이다. 예를 들어 '푸들은 안전해.'라고 학습한 것이다. 만약 크기, 색깔, 흥분을 잘하는 정도 등 다양한 특성을 보이는 여러 종류의 개를 사용하여 쓰다듬고, 손으로 먹이를 주고, 짖는 것을 보는 등 여러 가지 다양한 방식으로 상호 작용을 하면서 노출 실습을 했다면, 환자에게 '*개*는 안전해.'와 같이 개와 관련된 일반적인 '억제 규칙' 뿐만 아니라 안전학습을 강화할 수 있는 여러 개의 기억 인출 단서가 형성되어 이전의 공포 기반 연합을 억제하는 안전학습이 최적화될 수 있다. 실제로 노출을 다양하게 했을 때 공포의 재발이 줄어든다는 연구가 있다(예: Kircanski, Mortazavi, 등, 2012).

따라서 가능한 노출 자극의 변수를 다양하게 하는 방법을 찾아보기를 제안한다. 이러한 변형은 노출을 더 어렵게 만들어 더 많은 기억 인출 단서를 형성한다. 이로 인해 안전학습에 대한 기억의 공고화consolidation와 유지retention가 최적으로 이루어져 향후 다양한 공포 유발 상황에 안전학습이 먼저 적용될 수 있다. 이런 점에서 노출 자극의 변형은 바람직한 어려움으로 간주할 수 있다(Bjork & Bjork, 1990). 위의 예에서는 여러 가지 다른 유형의 개와 다양한 활동을 하면서 노출의 난이도를 올릴 수 있다. 노출 자극 자체뿐만 아니라 노출 시도의 지속 시간이나 감정 강도의 수준도 다양하게 만들 수 있다. 다넬이 높은 장소가 안전하다는 일반적인 규칙을 개발하고 새로운 상황에서 이 규칙이 떠오를 수 있도록 하기 위해, 다넬의 치료자는 커피를 마신 뒤 신체적으로 각성된 상태에서 에스컬레이터를 타고 올라가 쇼핑몰의 여러 장소에서 높은 곳에 대한 노출 실습을 하게 하였다.

노출 실습 맥락의 다양화 Varying the Context of Exposure Practices

앞선 내용의 연장선에서 맥락이 변하면 소거되었던 공포가 재발할 수 있다. 이를 *맥락 변화로 인한 부활*context renewal이라고 한다(Bouton, 2002). 그러므로 두려운 자극을 직면하는 맥락에 변화를 주는 것이 매우 중요하다. 예를 들어 다른 사람을 충동적으로 찌르지 않을까 하는 강박적 공포를 가진 환자가 진료실에서 여러 번 칼을 만지는 노출 후 공포가 소거된 것처럼 보였다. 하지만 수년 후 새로 태어난 아기와 같이 있을 때 칼을 사용하면서 공포가 되살아났다. 많은 연구에서 공포 학습은 여러 맥락으로 쉽게 일반화되는 반면, *안전학습은* 그렇지 않은 것으로 나타났다(Bouton, 1993). 따라서 한 가지 상황에서 노출 실습을 했는데 이후 더 위험해 보이는 상황에서 자극을 만나면 공포 재발이 일어날 수 있다. 이는 많은 맥락에서 노출 실습을 하는 것이 중요하다는 점을 시사한다.

다양한 조건에서 노출 실습을 하는 것이 비록 단기적으로는 더 힘든 일이지만 하나의 맥락에서만 노출하는 것에 비해 장기적인 이점이 있다. 그 이유는 다음과 같다. 첫째, 노출 자극을 다양하게 하는 것처럼 여러 가지 다른 맥락에서 실습을 반복하면 안전학습의 기회가 늘어나 안전학습에 대한 기억이 장기간 유지된다. 둘째, 학습이 일어나는 조건이 다양할수록 기억 인출 단서가 많아진다. 이러한 단서는 노출 중에 일어났던 안전학습 기억을 작동시켜 안전학습이 일반화된다. 셋째, 단순히 기억만 하는 것이 아닌 맥락을 넘나들며 공포 단서를 다루는 공통 전략을 개발하기 위해 지금 배우고 있는 것을 분석, 평가, 종합할 때 학습이 최대로 일어난다. 마지막으로 다른 맥락에서 노출 실습을 하는 것은 예측된 결과와 실제 결과 사이의 불일치를 최대화할 가능성을 높인다.

어떠한 자극이든 안전학습의 맥락이 될 수 있기 때문에 치료자는 가능한 학습 맥락을 넓게 생각해야 한다. 관련된 네 가지 맥락 영역으로는 (1) 노출 자극 자체: 이전 단락에서 논의한 대로 다양한 높이에서 노출하는 것과 같은 환자가 직면하는 특정한 상황 또는 자극, (2) 외부 환경: 노출이 일어나는 주변 환경. 예를 들어 건물 고층에서 혼자 밖을 보는 상황과 *치료자와 같이* 보는 상황, 하루 중 다른 시간대, 다른 장소와 날씨, (3) 생리적 상태: 예를 들어 노출 도중 감정 강도의 수준, 긴장한 상태 또는 좀 더 이완된 상태로 높은 층에 올라가기, (4) 안전 단서와 안전행동의 존재 여부가 있다. 학습이 일어나는 맥락이 중요하기 때문에 노출 실습을 할 때 임상적으로 의미 있는 여러 가지 자극에 대해, 다양한 환경에서, 다양한 생리적 각성 상태로, 안전 단서나 안전행동이 없는 상태에서 하기를 권한다.

노출 동안 집중 유지하기 Maintaining Focus during Exposure

앞에서도 언급했지만, 노출 동안 불안을 줄이거나 대처하기 위한 전략으로 주의 분산을 사용하는 것은 결국 회피와 안전행동으로 작용하여 치료에는 역효과를 준다. 공포 자극을 직면하는 동안 비디오게임을 하면서 주의 분산을 하는 노출 회기와 공포 상황에 대한 생각과 느낌을 치료자와 이야기하면서 공포 자극에 주의를 집중한 노출 회기를 직접 비교한 연구에서, 주의를 공포 자극에 집중한 경우가 더욱 효과적이었다(예: Grayson, Foa, & Steketee, 1982; Sartoriy, Rachman, & Grey, 1982). 따라서 치료자는 환자가 불안을 줄이거나 대처하기 위해 습관적으로 노출 자극으로부터 주의를 흩트리지 않고, 불안한 느낌을 온전히 경험하도록 격려해야 한다.

한편, 노출 시 자극과 관계없는 간단한 대화나 활동을 하면 *공포 자극이 있고 불안해도 정상적인 대화나 다른 일을 해낼 수 있다*는 실제 예가 되어 안전학습을 강화할 수 있다. 이런 전략은 불안 내성과 노출의 장기 효과를 촉진시킨다(예: Johnstone & Page, 2004). 치료자는 환자가 여전히 공포 상황을 직면하고 있고, 불안 또는 다른 형태의 불편감을 경험하면서도 다른 일을 해낼 수 있다는 점을 지적함으로써 이를 강화할 수 있는 기회를 놓쳐서는 안 된다. 주의 분산으로 환자의 초점이 완전히 노출 과제 밖으로 멀어지면 치료에 역효과를 낳는다는 것을 명심해야 한다. 예를 들어 다넬이 쇼핑몰에서 1층을 내려다보는 대신 편안한 해변을 상상하면서 주의를 다른 곳으로 돌렸다면, 치료가 제대로 이루어지지 않을 것이다.

환자가 주의를 유지하도록 돕는 한 가지 방법은 자신의 감정에 이름을 붙이고 "느낌을 말로 옮겨 보라"는 지침을 주는 것이다(Lieberman, 2011, p. 188). 이는 소거 학습에도 유용하다. 한 연구에서 독거미에 노출하는 동안 "나는 혐오스러운 거미가 나에게 달려들까 봐 겁이 난다."와 같이 거미와 거미에 대한 감정 반응을 문장으로 만들어 말로 표현했던 환자가 인지 재구성이나 주의 분산을 사용했던 환자와 비교하여, 1주 후 추적 검사에서 교감 신경계 활동을 측정하는 피부 전도가 낮았고 회피 행동은 적었다(Kircanski, Lieberman, 등, 2012). 따라서 주의를 유지하고 공포 소거를 최대화하는 방법으로 "난간을 통해 아래를 내려다보니 너무 불안해서 조절을 잃고 뛰어내리지 않을까 하는 끔찍한 느낌이 든다."와 같이 이따금 자신의 느낌을 말로 표현하라는 지침을 다넬에게 줄 수 있다.

여러 가지 공포 자극 결합하기 Combining Multiple Fear Stimuli

노출 회기 중에 여러 가지 공포 자극을 함께 제시하면 불안이 더욱 커져 소거 학습을 촉진시킬 기회가 늘어난다. 이러한 접근을 소거의 *심화*deepened extinction라 한다(Rescorla, 2006). 따라서 바람직한 어려움의 또 다른 예로, 일부 노출 실습에서는 두 개 이상의 노출 목록 항목 또는 공포 단서를 함께 제시하기를 권한다. 꼭 그래야 하는 것은 아니지만 치료자는 하나의 자극에 노출을 시행한 후 또는 두 개의 자극에 각각 노출한 후, 두 자극을 결합하여 노출할 수 있다. 하지만 여기서 중요한 점은 이렇게 결합한 두 가지 공포 자극으로 예상되는 두려운 결과가 같아야 한다. 예를 들어 사회불안장애 환자는 가게 점원에게 도움을 청하는 상황과 공공장소에서 땀을 뻘뻘 흘리는 걸 다른 사람이 보는 상황은 모두 사회적 거절이라는 동일한 결과를 낳는다고 믿었다. 노출을 위해 처음에는 가게 점원에게 도움을 요청하는 실습을 했다. 그리고 나서 공포 단서를 결합하고 소거를 심화하기 위해 땀을 흘리는 것처럼 보이려고 몸에 스프레이로 물을 뿌린 후 같은 노출을 시행했다. 다넬이 2층 쇼핑몰에서 아래를 내려다보았지만 기절하거나 뛰어내리지 않을 거라는 확신이 조금 생겼을 때, 치료자는 그대로 머물면서 다넬이 자제력을 잃을 거라고 두려워했던 생리적 각성을 유발하기 위해 90초 동안 과호흡을 해 보라고 요청했다.

주의 깊은 관찰과 계속적인 평가 Careful Observation and Ongoing Assessment

앞서 환자가 노출 동안 행할 수 있는 미묘한 안전행동을 알아차리는 것이 중요하다고 언급했다. 또한 노출 목록에 포함하거나 실습 과제의 목표로 삼을 필요가 있는 추가적인 상황이나 맥락도 고려해야 한다. 환자들이 가끔 공포 자극을 특히 더 두렵거나 고통스럽게 만드는 상황에 대해 무심코 말할 때가 있다. 예를 들어 다넬은 높은 곳에 대한 노출 실습을 하는 동안 우연히 방광이 꽉 차 있다면 더 불안할 것 같다는 말을 했다. 이런 유형의 언급은 대개 재앙적 신념을 반영한다. 따라서 치료자는 환자의 공포 예측을 가능한 구체적으로 검증할 수 있도록 노출 실습을 고안하기 위해 위와 같은 언급을 격려해야 한다. 다넬의 경우, 매우 불안해지면 소변 실수할 수 있다고 믿었다. 따라서 치료자는 다넬이 화장실을 가야 할 것 같은 느낌을 받도록 물을 한 병 마시게 하고 노출을 재개했다.

노출 실습 끝내기
Ending An Exposure Practice

각 노출 실습은 공포가 줄어들지 않더라도 처음의 신념 또는 예상이 반증되는 상황을 봐가면서 끝을 낸다. 따라서 노출은 환자의 공포에 기반한 예측을 가장 효과적으로 반증하는 데 필요한 시간 동안 지속하거나 반복한다. (1) 노출 시 예상했던 두려운 결과가 일어났는지 여부, 또는 (2) 노출 경험이 예상했던 만큼 견딜 수 없었는지를 중심으로 학습이 이뤄진다. 각각의 노출에 이어 치료자는 노출 실습 워크시트 하단에 있는 항목에 대해 질문하고 논의하면서 환자의 안전학습이 더 강화될 수 있게 돕는다. 놀라는 요소가 학습을 촉진하는 데 매우 중요하기 때문에(Rescorla, 1988), 워크시트에 있는 질문을 통해 공포에 기반한 예상과 실제 결과 사이의 차이를 환자가 더욱 깊이 학습할 수 있게 한다.

노출 실습 과제
Exposure Homework Practice

각 노출 회기 이후 매일 실습할 과제를 할당한다. 과제를 하는데 얼마나 많은 시간을 들여야 하는지에 대한 규칙은 없지만, 시간을 많이 가질수록 좋다. 대부분의 경우 하루 1-2시간의 노출 실습이면 충분하다고 생각한다. 할당하는 과제는 회기 중 노출을 반복하는 것일 수도 있고, 새로운 상황이나 자극에 직면하는 것일 수도 있다. 실습을 보충해준다는 점 이외에 노출 과제가 가지고 있는 중요한 이점은, 노출 과제가 반드시 회기와는 다른 맥락에서 행해진다는 점이다. 치료자도 없고 장소도 다를 것이다. 억제 학습에서는 맥락의 변화가 중요하기 때문에, 치료자는 회기 중 노출과 비교하여 어떤 식으로든 다른 맥락에서 노출 과제를 하도록 강조해야 한다. 이는 노출 실습 워크시트의 마지막 질문이기도 하다. 앞에서 말한 것처럼 노출 자극 자체에 변화를 줄 수도 있고, 공포 자극을 직면하는 맥락을 변화시킬 수도 있다. 환자는 노출 실습을 할 때마다 워크시트를 작성하고, 완성한 양식을 회기에 가져와서 치료자와 검토를 해야 한다.

　각 노출 과제에 대해 언제, 어디서, 어떻게 그리고 얼마 동안 행할지 분명하게 지시해야 한다. 노출 실습 워크시트에 이러한 정보를 기록해 두면 과제 완수를 높일 수 있다. 과제가 여러 개 주어질 경우에는 워크시트가 여러 장 필요하다. 환자가 노출 방법에 점점 익숙해질수록 노출 과제를 더 적극적으로 기획하도록 격려할 수 있다. 다음 회기를 시작할 때마다 치료자가 그전에 해 온 과제 양식을 검토하는 것 또한 중요하다. 이렇게 일정하게 검토를 하면 과제의 중요성이 강화되며, 회기 사이에 노출 실습을 하고 정확하게 기록하는 것을 치료자가 진지하게 여긴다는 메시지를 전달할 수 있다. 환자가 노출을 통해 새로운 정보를 공고히 할 수 있었는지 확실히 확인하는데 주의를 기울여야 한다. 성공적으로 완수한 과제에 대해서는 칭찬과 같은 언어적 강화를 아낌없이 해줘야 한다. 노출이 시도되었지만 성공적이지 않은 경우, 이는 오래된 공포를 다루려 할 때 흔히 나타나는 일시적인 결과라고 환자를 지지해준다. 노출 과제가 실패한 경우 환자가 실제로 느낀 공포와 과제로 제시한 공포 자극 사이의 조합이 잘 이루어졌는지와 실습을 제대로 했는지 여부를 상세하게 분석해야 한다. 만약 환자가 주어진 실습을 시도하지 않았다면, 치료자는 환자와 함께 그 이유를 문제해결 과정을 통해 찾아보아야 한다.

반응방지 과제
Response Prevention Homework

노출 실습 동안 안전행동을 자제하는 것 외에 회기 사이에 환자가 반응방지를 실습하는 것도 중요하다. 실제로 회기 바깥에서 안전행동을 하면 치료자가 감독하는 노출 도중에 한 것과 비슷한 부정적인 효과가 일어난다. 제일 좋은 것은 모든 안전행동을 한 번에 내려놓는 것이나 이렇게 하도록 하면 때때로 환자가 압도되기도 한다. 실제로 노출 실습에서 종종 아직 다룬 적이 없는 공포 자극을 예상치 못하게 만날 수 있으며, 이런 경우 환자는 안전행동을 하고 싶은 충동을 강하게 느낀다. 따라서 첫 회기부터 '완전한' 반응방지를 도입하지 않고, 노출이 진전됨에 따라 안전행동도 병행해서 없애나가는 점진적 방법을 대안적으로 고려해 볼 수 있다. 즉, 노출 목록 항목 중 하나를 직면했다면 이 항목이 촉발하는 안전행동도 내려놓도록 한다.

도전적인 노출의 수행
Conducting Challenging Exposures

많은 환자가 쉬운 노출을 성공하게 되면 좀 더 큰 공포와 고통을 유발하는 노출을 할 수 있는 준비가 된다. 하지만 누군가에게 이는 힘든 과정이다. 공포 자극을 직면했을 때 환자가 했던 노력에 대해 매우 큰 격려와 칭찬이 필요할 수 있다. 실제로도 어려운 노출은 안전학습과 내성 학습을 최대화하는 데 필수적이므로, 치료자는 이런 노출이 치료에 필요한 부분이라는 확고한 입장을 견지하는 한편 동시에 이러한 작업이 매우 큰 고통을 야기할 수 있다는 점을 민감하게 이해하고 있음을 보여 주어야 한다. 불안이 아무리 심해도 그 경험 자체는 안전하고 일시적이라는 점을 상기시키기 위해 불안의 속성을 함께 이야기해 볼 수 있다. 어떤 경우에는 어려운 노출을 시도하기 전에 치료자가 시범을 보이는 것이 유용할 수 있다. 받아들일 수 있는 정도의 위험을 감수하고 불확실함을 견디는 것의 중요성에 대해 함께 논의한다. 이와 더불어 이전 노출 실습에서 얻은 증거를 같이 이야기해 본다. 하지만 그저 "모든 것이 잘 될 겁니다."라는 식으로 환자를 안심시키는 것은 추천하지 않는다. 이것이 하나의 안전행동이 될 수 있고, 실제로 확실하게 약속할 수 있는 부분도 아니기 때문이다.

오래 지속될 최적의 공포 소거를 달성하기 위해 다양한 조건에서 노출을 실습해야 공포 소거가 최적으로 이루어지고 오래 지속된다는 점을 고려할 때, 다양한 맥락에서 환자가 가장 두려워하는 자극에 노출하는 것이 중요하다. 예를 들어 신성 모독에 대한 강박 사고가 있는 환자가 노출을 통해 이제 진료실에서는 이런 생각에 직면하기가 비교적 편해졌다고 해 보자. 그다음에는 예배당이나 묘지처럼 그동안 피해왔던 상황에서 이러한 강박 사고를 유도하는 실습을 할 수 있다. 이성에게 거절당할까 봐 두려워하는 사회불안 장애 환자는 학교 교실, 구내식당, 상점, 병원 대기실과 같이 다른 조건에서 이성에게 말을 거는 실습을 할 수 있다. 어떤 맥락에서 노출 실습을 해야 할지 정하기 위해 환자의 개별적인 공포 촉발인자와 회피 패턴을 평가하는 것이 매우 중요하다.

노출치료의 방식에 대한 추가 고려사항
Additional Stylistic Considerations

노출치료를 수행하는 것은 과학인 동시에 예술이다. 치료 절차는 과학적으로 잘 알려진 인간 학습 원리에 확고한 기반을 두고 있다. 뿐만 아니라, 2장에서 검토했던 것처럼 치료적 노출은 병리적 공포의 유의한 감소를 가져온다는 상당한 연구 근거가 있다. 상대적으로 많이 연구되지는 않았지만, 치료 기법을 실행하는 '예술' 영역도 역시 중요하다. 이 단락에서는 환자가 노출치료를 십분 활용하도록 임상가가 도와줄 수 있는 몇 가지 추가 전략을 기술한다.

초기 성공을 발판으로 삼기 Building on Early Successes

환자는 더 도전적인 노출을 앞두고 심한 예기 불안을 경험할 수 있다. 환자가 좀 더 불안을 유발하는 상황을 직면하도록 격려하기 위해 치료자는 환자의 고통을 무시하지 않고 경청하면서도 이러한 실습을 지속하기로 *선택*하는 것이 중요하다고 확실히 말해야 한다. 예를 들어 어려운 노출을 준비할 때 치료자는 다넬에게 직전에 시도했던 노출 실습의 결과를 상기시켜 주었다. 구체적으로 불안은 안전하고 보편적인 경험이라는 속성이 있고, 좀 더 높은 수준의 노출 또한 이전의 더 쉬운 노출과 마찬가지로 성공적인 결과를 가져올 것이란 점을 논의하였다.

진료실 바깥에서의 노출 수행 Conducting Exposures Outside of the Office

불안한 환자의 공포와 회피는 개별적인 패턴이 있고 억제 학습을 최적화하기 위해서 다양한 맥락에서 노출 실습을 하는 것이 중요하므로, 때로는 치료실 바깥에서 노출을 수행해야 할 수도 있다. 오염 강박이 있는 사람과 공중화장실이나 생활용품 상점의 살충제 코너를 방문하고, 공황발작과 광장공포증이 있는 사람과 함께 대중교통을 타고, 외상후스트레스장애 환자와 외상 사건이 일어난 장소를 가며, 사회불안장애 환자를 위해 레스토랑 직원과 대화 나누기 등 많은 예가 있을 수 있겠다. 매번 깨끗이 닦거나 샤워 의식을 치르지 않고서는 침실에 들어가지 못하는 여자 환자의 경우와 같이 집에서 노출을 수행해야 하는 경우도 있다. 따라서 진료실을 벗어나 환자와 함께 '현장 실습'을 떠날 수 있도록 치료 작업의 유연성을 가지는 것이 중요하다.

대체로 공공장소에서의 노출은 익명으로 은밀하게 수행할 수 있지만, 먼저 환자의 허락을 받는 것이 필수적이다. 사회불안장애의 경우처럼 노출의 한 부분이 아니라면 잠재적으로 당황스럽거나 주변의 시선을 끄는 일은 최소화하거나 피하고, 환자가 비밀유지에 대해 편안함을 느낄 수 있도록 실습을 계획해야 한다. 익명성이 잘 지켜지지 않을 수도 있는 상황에서는 우연히 노출에 관계될 수 있는 사람에게 허락을 구하고 미리 알리는 것을 권한다. 가끔 상대방이 치료 활동에 대한 설명을 원할 때가 있는데 환자가 동의하는 한 대체로 정직하고 투명하게 이야기하는 것이 좋다. 예를 들어 저자 중 한 사람에게 치료받았던 환자는 죽음에 대한 강박 사고를 가지고 있었고 장례식장에서의 노출이 필요했다. 실습을 계획할 때 치료자는 약속을 잡기 위해 지역에 있는 장례식장에 전화를 걸었다. 장례식 문의 때문에 전화한 것이라고 생각한 관리자는 방문의 목적이 무엇인지 물었다. 다행히 환자는 방문의 실제 목적을 공개하기로 동의를 한 상태였다. 노출치료의 목적과 절차에 대해 간단히 설명했을 때 관리자는 흔쾌히 치료자와 환자가 장례식장을 둘러보도록 해주었다.

굳건한 치료 관계가 생기고 진료실 밖 노출의 중요성을 이해하게 되면 많은 환자가 치료자와 함께 기꺼이 바깥으로 나가려 한다는 사실을 보았다. 하지만 공공장소에 있는 동안 친구, 친척, 그 외 다른 사람을 우연히 어쩌면 어색하게 만났을 때 상황을 수습할 수 있는 변명거리나 대비책을 이야기하고 계획하는 시간을 갖기를 조언한다. 요즘 세상에는 법적 문제에 대해서도 치료자가 주의를 기울여야 한다. 예를 들면 우리 클리닉에서는 치료자가 노출 목적지까지 환자를 태워주는 것은 일반적으로 금한다. 따라서 특정 목적지에서 만나는 계획을 미리 세운다. 마지막으로 진료실 바깥에서 노출을 시작하기 전에 충분한 설명을 한 뒤 환자로부터 동의를 받는 것은 매우 중요하다. 23장에서 노출치료를 위한 충분한 설명에 따른 동의를 받는 과정을 자세하게 논할 것이다.

스스로 치료자가 되도록 환자 훈련하기
Training the Patient to Become His or Her Own Therapist

연구에 따르면 모든 노출 작업을 치료자의 감독을 받으며 완료한 환자가 치료자가 안내하는 노출을 하고 난 뒤 스스로 진행하는 노출을 연습한 환자에 비해 상대적으로 재발에 취약했다(예: Emmelkamp & Kraanen, 1977). 노출 실습의 맥락을 넓히는 것에 더하여 스스로 진행하는 노출은 자율성을 촉진시키고 치료자의 존재 여부와는 관계없이 환자가 자신의 공포를 견딜 수 있다는 자신감을 얻도록 돕는다. 따라서 정식 치료가 끝난 후 이러한 기술을 스스로 적용해보는 실습을 했던 환자가 그렇지 않은 환자에 비해 더 잘 지낼 가능성이 크다. 이러한 결과는 노출 과제의 중요성을 강조한다. 또한, 치료 회기를 진행하면서 *용암법*fading procedure(역주: 도움이나 촉진prompt을 점차 줄여나가서 스스로 문제를 해결하도록 하는 행동 중재 방법의 하나)의 사용도 치료적일 수 있다. 즉 노출 실습 초반부에는 세심한 관리가 반드시 필요하지만, 환자가 치료 기법을 효과적으로 적용하는 방법을 확실하게 배웠을 때는 치료자가 한발 물러서서 환자가 '스스로의 치료자'가 되도록 격려해 볼 수 있다. 이는 환자가 노출 작업을 점점 더 독립적으로 선택하고, 기획하고, 실행할 수 있게 하는 것을 포함한다. 물론 치료자는 코치의 역할을 유지하면서 각 실습 동안 전문적인 안내를 제공한다.

'사전에 계획된' 노출과 '일상생활에서의' 노출 촉진하기
Promoting "Programmed" and "Lifestyle" Exposure

치료 시작부터 환자에게 노출을 불안, 공포, 불확실함에 저항하고, 조절하고, 도망가려는 대신 '오히려 더 다가가는leaning in' 새로운 생활방식으로 생각하도록 가르쳐야 한다. 이러한 새로운 습관을 촉진하기 위해 *사전에 계획된programmed* 노출과 *일상생활에서의 lifestyle* 노출을 구분하는 것이 유용하다. 사전에 계획된 노출이란 회기 중 또는 회기 사이에 구체적인 조건, 미리 정한 시간과 특정 장소에서 수행하기로 환자가 동의하고 세심하게 정한 실습을 말한다. 반면 일상생활에서의 노출이란 공포 단서를 만나면 이를 피하기보다 차라리 불안해지자라는 생각을 갖고 노출 실습의 새로운 기회로 이용하는 것을 말한다. 예상치 않게 공포가 촉발된 상황을 피해야 하거나 '불안에 떨며' 안전행동을 하면서 지나가길 기다리는 것이 아니라 노출기법을 실습하고 자신의 문제를 작업할 수 있는 '행운'이자 기회로 여기라고 환자를 격려한다. 공포 단서를 직면할지 피할지 결정하는 모든 선택이 중요하다는 점을 종종 상기시켜 줄 수 있다. 회피나 안전행동을 하지 않고 두려움을 불러일으키는 상황을 직면하기로 선택할 때마다 결국에는 스스로가 덜 두려워지도록 돕고 있는 것이다. 반면에 직면하지 않고 회피하기로 결정할 때마다 스스로 공포를 더 키우게 된다.

유머의 사용 *Using Humor*

어색하거나 힘든 노출 동안 분위기를 누그러뜨릴 수 있는 재미있는 언급이나 적당한 웃음을 사용하는 것은 종종 도움이 될 수도 있다. 물론 환자가 매우 고통스러워 보일 때는 권장하지 않는다. 이런 경우 치료자는 노출이 얼마나 어려울 수 있는지 이해하며 시간과 인내를 가지면 결국 좀 더 할 만해진다는 점을 전달해야 한다. 치료자는 언제 유머가 어울리는지에 대해 예리하게 판단해야 한다. 우리의 경험상 대체로 환자가 시작하는 유머에 맞장구치는 것이 좋은데 이때 치료자가 자신과 함께 웃는 것이지 자신을 비웃는 게 아니라는 점을 환자가 이해하는지 확실히 확인해야 한다. 치료자의 말은 노출 상황과 관련된 것이어야 하며, 노출 작업에서 환자의 주의를 분산시키는 내용이어서는 안 된다.

회기 빈도 결정 Determining Session Frequency

개별 환자에게 필요한 노출 회기의 수는 다음과 같은 요인에 달려 있다. 노출 목록의 길이, 환자의 공포가 국한된 정도, 환자 스스로 노출을 성공적으로 실습할 수 있는 정도 등을 고려해야 한다. 예컨대 풍선에 대한 공포와 같이 특정공포증 노출은 한 번에서 세 번 정도의 노출이면 될 것이다. 반면에 다양한 유형의 공포 촉발인자를 가진 강박장애 환자는 12번에서 16번 또는 그 이상의 노출 회기가 필요할 수 있다.

치료자가 감독하는 노출 회기의 비율이 어느 정도가 적절한지는 불분명하다. 이에 대한 연구로는 광장공포증과 특정공포증(예: Chambless, 1990), 강박장애 환자를 대상으로 한 연구가 있다(Abramowitz, Foa, & Franklin, 2003). 연구에 의하면 회기 사이에 시간 간격을 둔다고 해서 한 번에 여러 회기를 몰아서 진행하는 '집중' 치료를 한 경우에 비해 단기 효과가 크게 줄어들지는 않는 것으로 나타났다. 또한 두 가지 치료 방법을 추적 관찰한 결과 특정공포증 환자에서 재발률의 차이가 관찰되지 않았고, 강박장애 환자에서는 증상 심각도의 차이가 없었다. 하지만 덜 집중적인 치료를 한 환자가 회기 사이에 더 많은 실습 과제를 하여 집중 치료를 한 환자와 호전되는 비율이 비슷했을 가능성이 있다.

노출 시도를 몰아서 한 경우massed trial와 간격을 둔 경우spaced learning trial 사이의 장단기 효과에 대해 일련의 재미있는 연구가 있다. 연구에 따르면 노출 시도 사이의 간격이 길고 일정하지 않은 경우 습득acquisition 단계인 단기 학습은 저해되지만 장기 학습은 향상되었다. 이는 치료 간격이 길고 다양한 경우 학습한 것을 다양한 맥락에서 되풀이하여 연습할 기회가 더 많아 기억의 장기 보유가 향상되기 때문이다(Schmidt & Bjork, 1992). 반면 회기 사이의 시간 간격을 매우 짧게 잡고 몰아서 실습한 경우 즉각적인 수행은 극대화되었지만, 실습이 끝나자마자 배운 정보의 일부분을 잃어버렸다. 이러한 발견은 '점차 간격을 넓히는expanding spaced' 스케줄을 사용할 것을 지지한다. 즉 초반 회기는 빠른 학습을 고취시키기 위해 몰아서 하다가, 이후 공포의 재발을 막기 위해 점차 회기 간격을 넓혀나간다. 이러한 치료 스케줄로 시행한 공포증 환자 연구 결과는 상당히 고무적이었다(예: Rowe & Craske, 1998).

노출의 흔한 장애물
Common Obstacles to Using Exposure

이 단락에서 노출치료의 성공적인 실행을 가로막는 몇 가지 흔한 장애물을 설명하고, 임상의가 효과적으로 극복할 수 있는 유용한 방안을 제시한다. 복잡한 임상 양상과 관련된 장애물은 16장에서 논할 것이다.

불이행 Nonadherence

성공적인 노출의 가장 흔한 장애물은 환자가 회기 중이든 집에서 해야 하는 과제든, 자신이 두려워하는 자극에 직면하는 것을 거부하거나 안전행동을 자제하지 않는 것이다. 다행히 사전 작업을 열심히 하면 이행과 관련한 많은 문제를 피할 수 있다. 첫째, 3장에 나온 임상 불안과 유지에 관한 개념 모델을 환자가 이해하는 게 매우 중요하다. 둘째, 힘들고 무서운 치료 실습에 참여할수록 결국에는 도움이 된다는 점을 환자가 이해하도록 노출의 이론적 근거를 분명히 해야 한다. 이 두 가지가 치료의 중요한 교육 요소이다. 앞에서 언급했듯이 많은 임상의가 이 부분을 대충 얼버무리고 넘어가서 환자가 노출 실습을 최대한 활용할 수 있도록 제대로 준비시키지 못하고 있다. 이행 문제를 피하는 세 번째 전략은 환자가 노출 실습의 선택과 계획에 참여하고 있다고 확실히 느낄 수 있게 하는 것이다.

환자가 노출 작업을 잘 따라가지 못할 때 첫 번째 단계로 그 이유를 물어본다. 때때로 문제 해결 접근을 통해 불이행을 다룰 수 있다. 예를 들어 집에서 노출 과제를 하기 위해 시간을 어떻게 확보할지 환자가 생각해내도록 돕는다. 또한 환자가 노출 작업이 자신의 공포와 역기능적 신념을 다루는 것과 관련이 있음을 인지하고 있는지 확인해 볼 수 있다. 환자가 실습의 목적과 실습이 어떻게 작동하는지 이해할 때, 치료자는 환자가 '보다 평온한 미래를 위해 지금의 불안에 투자하도록' 성공적으로 격려할 수 있는 유리한 위치에 있게 된다.

환자가 이전 노출 시도에서 두려운 자극에 직면했다가 실패한 경험 때문에 노출에 대해 회의적이라면, 치료자는 *전형적 노출*typical exposure과 *치료적 노출*therapeutic exposure의 차이점을 설명해 줄 필요가 있다. 다시 말하면 의도적이든 우발적이든 대부분의 환자는 어느 시점에 자신이 두려워하는 상황에 직면하게 된다. 하지만 대부분의 경우, 불안한 느낌에 저항하고 줄이거나, 두려운 결과를 '막기' 위해 안전행동이나 회피 전략을 사용한다. 이러한 유형의 직면과 반응은 환자가 공포 촉발인자를 직면할 때 평소에 보이는 반응이기 때문에 '전형적' 노출이라 한다. 반대로 *치료적* 노출은 주의 깊게 (1) 공포에 기반한 예측에 의도적으로 도전하도록 계획하고, (2) 효과를 일반화하기 위해 다양한 맥락에서 반복하며, (3) 공포 내성을 촉진하기 위해 회피나 안전행동 없이 수행하는 것이다. 환자가 노출이 *종결되어야만* 안도감을 경험한다면 이는 치료적이지 않을 확률이 높다.

때때로 환자가 매우 불안해할 때 치료자가 예정된 노출을 중단하거나 연기하는 경우도 있다. 하지만 중단하거나 미루기보다 환자가 기꺼이 직면할 수 있는 자극을 찾을 수 있도록 노출 목록 또는 개별 실습을 *다듬기*refining를 권한다. 실제로 노출 미루기는 회피 패턴을 강화시키고, 노출 작업이 너무 위험하거나 어렵다는 메시지를 줄 수 있다. 차라리 치료자가 노출에 대한 통제권은 환자에게 있다고 강조하기를 권한다. 즉 노출 작업을 수행하는 것은 궁극적으로 환자의 선택이라는 것이다. 하지만 이러한 선택은 중요한 결과를 가져온다. 실습을 하지 않겠다는 선택은 근본적으로 두려운 상태로 남아 있겠다는 결정이다. 치료자는 환자의 관점에서 치료 불이행과 그가 가진 더 큰 가치와 목표 사이의 불일치discrepancy를 만들고 증폭시키기 위해 동기 면담 기법을 사용할 수 있다(예: Miller & Rollnick, 2013). 불이행을 자기 이미지의 개선, 행복, 성공과 같은 중요한 개인 목표와 충돌하는 것으로 인식할 때 변화가 더 잘 일어날 수 있다(Miller & Rollnick, 2013).

노출의 위험에 관한 논란 *Arguments over the Risks of Exposure*

환자들은 때때로 치료자가 제안한 노출 실습이 너무 위험하다고 항변한다. 이런 경우 노출 상황이 '위험하지 않다'고 환자를 안심시키는 것은 가급적 피해야 한다. 이는 환자 스스로 경험하여 발견할 일이다. 위험 수준에 대해서도 '전혀 없다'보다는 '받아들일 수 있을 정도로 낮다'로 표현하기를 권한다. 일부 환자들은 안전하다는 치료자의 *보장*guarantee 을 받을 때까지 드러내놓고 혹은 미묘하게 안심 추구를 할 수 있다. 이런 경우 주어진 상황에서 위험에 관한 질문에 한 번만 답해 주기를 권한다. 그 이후에는 치료자가 상황에 대해 이전에 말했던 내용을 스스로 회상해 보라고 말할 수 있다.

이러한 논의가 논쟁으로 변해가면, 치료자는 위험에 대해 서로 의견이 다른 부분을 요약하고 환자의 주장이 맞을 수 *있다*고 결론을 내리기도 한다. 하지만 어떤 것이든 당연하게 여길 게 아니라 사실인지 조사하고 검증해 보는 것이 중요하다고 말한다. 예를 들어 사회불안장애 환자가 당황스러운 느낌을 '참을 수 없다'고 강력히 주장하면 환자의 입장을 진지하게 고려해야 한다. 하지만 과거 경험에 대한 소크라테스식 질문으로 대화를 이어나갈 수 있다. 예컨대 환자가 이전에 당황스러웠던 적이 있었는지, 있었다면 그 결과는 어땠는지? 일시적으로 매우 불편했는지, 아니면 환자의 현재와 미래의 생활에 영향을 줄 만큼 끔찍했는지? 정말 말 그대로 *당황스러워 죽을 것 같았는지?* 당황스러움을 겪어본 다른 사람을 아는지? 그 사람에게는 그게 어떠했는지? 사회적 상황을 모두 피하는 것 이외에 앞으로 당황스러움을 절대 겪지 않을 확실한 방법이 있는지? 많은 희생을 치르면서까지 상황을 피하려 하기보다는 불편한 상황을 다루는 방법을 배우는 것이 낫지 않을지? 이러한 소크라테스식 질문과 대화를 위해서는 협력적인 치료 관계가 매우 중요하다.

노출 실습과 관련한 잠재적 위험이나 안전행동 그만두기에 대해 환자와 논쟁하지 않기를 권한다. 이런 논쟁은 무익할 뿐만 아니라, 위험과 불확실함을 분석하고 걱정하느라 너무 많은 시간을 보내는 환자의 패턴을 강화한다. 더구나 치료자가 좌절하고 화가 났거나, 자신을 강압적으로 따르게 하려 한다고 느낀 환자들은 치료 동기를 잃는다. 예를 들어 '당신은 내가 노출치료를 하도록 *강제로 시킬* 수는 없어.'라고 생각할 수 있다. 주저하는 환자가 위험에 관한 논쟁을 하고자 할 때, 치료자가 취할 수 있는 최선의 방법은 한발 물러서서 치료에 참여하는 결정이 결코 쉬운 일이 아님을 인정하는 것이다. 다음과 같은 동기 부여가 종종 설득력을 가진다. "당신은 나를 위해서가 아니라 당신 자신을 위해 치료하고 있는 것입니다. 그러니 저는 당신과 싸우거나 논쟁하지 않겠습니다. 이것은 온전히 당신의 선택입니다. 하지만 저는 당신이 이런 실습을 시도하고 잠깐의 불안을 견딤으로써 두려움에서 벗어날 수 있을 거라는 말을 하고 싶습니다. 그렇지만 치료를 하지 않겠다고 선택한다면, 당신은 불안을 안고 살아가야 합니다."

노출 보류 또는 중단 Suspending or Terminating Exposure
노출 작업에 관한 논쟁이나 의견 차이를 해소하려는 많은 노력에도 불구하고 환자가 계속 협조하기를 거부한다면 노출을 보류하는 것이 나을 수 있다. 어떤 임상의는 치료의 초점을 환자의 다른 문제로 옮기거나 불안/공포 작업에 대한 동기를 높이는 작업을 할 수 있다. 다른 경우에는 치료가 완전히 종결될 수도 있다. 치료 종결이 불가피할 때에는 처벌적이지 않도록 세심하게 이루어져야 한다. 다음 대화에 나온 대로 불이행을 '시기가 좋지 않아서'라고 표현하는 것이 도움이 되는 경우가 많다.

"이유야 어찌 되었든 노출치료가 별다른 진전을 보이고 있지는 못한 것 같습니다. 이러한 실습이 도전적이라는 것을 잘 알고 있습니다. 하지만 지금과 같은 경우처럼 치료가 충분히 효과적이지 않을 수도 있습니다. 제가 생각하기엔 지금은 이러한 종류의 치료를 할 만한 적당한 때가 아닌 듯합니다. 따라서 이 시점에서 중단하는 것이 좋겠습니다. 나중에 언제라도 더 나은 때가 올 것이고, 그때는 당신에게 도움이 되는 실습을 할 수 있을 것입니다. 그때 당신과 함께 작업할 수 있다면 기쁘겠습니다."

노출을 사용하는 것에 관한 치료자의 불편감
Therapist Discomfort with Using Exposure

23장에서 자세하게 논의하겠지만 치료자가 특히 초심자일 경우, 겁에 질린 환자에게 일부러 공포 촉발자극에 직면하라고 요청할 때 약간의 동요를 느끼는 것은 당연하다. 어쩌면 치료자에게도 노출 실습이 불필요하게 고통스러운 것으로 보일 수 있다. 만약 글을 읽고 있는 당신이 여기에 해당된다면 몇 가지 명심해야 할 점이 있다. 첫째, 노출치료가 임상 불안과 공포의 장단기 치료 중 가장 효과적인 치료이며, 노출 기법 없이는 호전이 지속되지 않는다는 사실이 연구를 통해 확고하게 입증되었다. 둘째, 노출 중에 불안, 공포, 역겨움 등 여러 종류의 감정 경험을 유발하는 것이 해롭다는 증거는 없다. 비록 괴롭긴 하지만 이러한 감정은 보편적이고 적응적인 경험이다. 두려운 자극에 직면했을 때 이러한 느낌을 감당할 수 있다는 경험은 환자에게 큰 도움이 된다. 원치 않는 감정 경험에 저항하고 피하려는 노력이 오히려 문제를 일으킨다는 강력한 증거가 있다(예: Hayes 등, 2011). 셋째, 널리 알려진 미신과는 달리 노출로 공포가 줄어도 공포를 대신할 다른 증상이 일어나지 않는다. 마지막으로, 비록 노출이 일부러 환자가 불안해지도록 하는 것이지만 이러한 '바람직한 어려움'이 가지는 이론적 근거를 분명히 하고 치료 계획을 환자와 함께 확립해 나갈 때, 환자의 용기와 진전을 뒷받침할 따뜻하고 지지적인 치료자-환자 관계가 생길 수 있다.

결론 Conclusions

지금까지 1부에서는 (1) 임상 불안에서 노출치료가 최선의 치료인 이유와 (2) 노출치료를 적용하는 일반적인 틀을 확립하기 위해 기초를 단단히 다졌다. 이 장에서는 노출치료를 실행하는 일반적인 단계에 대한 개요를 제시했다. 2부에서는 다양한 범주의 불안 양상에 노출치료를 적용하는 방법을 설명할 것이다.

특정 유형의 공포를 위한 노출치료

Implementing Exposure Therapy for Specific Types of Fears

이 책의 1부에서는 노출치료의 이론과 실제에 대한 일반적인 개요를 다루었다. 2부의 각 장에서는 임상 불안을 가진 환자를 치료하는 치료자가 자주 마주하게 될 다양한 유형의 공포 자극에 노출기법을 실제로 어떻게 적용하는지에 중점을 두었다. 여기서 독자들은 임상 실제에서 얻은 사례, 삽화, 교훈을 통해 다양한 유형의 공포를 가진 환자들을 위해 노출치료를 효과적으로 설계하고 적용하는 법을 배우게 될 것이다.

우리는 2부의 각 장을 다음과 같은 방식으로 구성하였다. 첫째, 특정 유형의 공포에 관한 개괄적인 설명과 임상 양상을 제시하였다. 둘째, 노출의 이론적 배경과 함의 등 노출기법 사용의 근거에 대해 논의하였다. 셋째, 특정 유형의 공포를 유발하는 단서, 두려워하는 결과, 그리고 안전행동으로 이어지는 기능 평가에 대한 단계별 지침을 제공하였다. 다음으로는 환자에게 노출의 근거를 설명하고, 노출 목록을 맞추고, 해당 공포와 안전행동에 대한 노출과 반응방지를 안내하고 실행하는 방법에 대해 제안하였다. 또한 특정 공포 자극에 노출을 적용한 다양한 임상 경험을 수록하였다. 각 장에서는 실제 노출치료에서 중요한 조언과 빠질 수 있는 함정에 대해 논의하고, 특정 공포의 대표적인 문제에 노출기반 치료 프로그램을 적용한 사례에 대해 상세히 설명할 것이다. 또한, 특정 문제의 치료 방법으로 더 많은 경험적 지지를 받고 있는 인지행동치료 체계에 노출 전략을 어떻게 통합시킬지에 대한 심층적인 참고문헌 목록을 제공할 것이다.

동물 공포
Animal-Related Fears

임상 양상
CLINICAL PRESENTATION

이 장에서는 일반적으로 특정공포증으로 분류되는 개와 같은 동물 공포에 대한 노출기법을 설명한다. 동물 공포는 비교적 명확하기 때문에 노출을 적용하기 수월하다. 어떤 사람은 등산과 캠핑을 좀 더 편안하게 하기 위해 뱀 공포증을 없애고 싶다는 분명하고 제한된 증상을 호소한다. 하지만 벌에 쏘일까 봐 밖에 나가 놀지 않는 아이처럼 좀 더 심한 장애를 가진 환자들도 있다. 동물 공포는 아동과 성인 모두에게서 흔하지만 치료를 찾는 사람은 주로 아동이다. 표 7.1은 동물 공포에 관한 몇 가지 기본적인 사실을 간략하게 보여 준다.

표 7.1 간략한 개요: 동물 공포

공포유발 자극
- 공격할 가능성이 있는 동물
- 혐오를 유발하는 동물

전형적 예
- 개
- 뱀
- 거미
- 벌레(바퀴벌레)
- 벌
- 쥐

공포 기반 신념
- 위해나 공격의 가능성을 과대평가
- 위해나 공격의 심각성을 과대평가
- 동물에 노출되면 불안이 걷잡을 수 없이 커져 통제 불능 상태가 되거나, 불안으로 인해 신체적 또는 정서적으로 피해를 입을 것이라는 믿음
- 혐오감에 압도되어 견딜 수 없을까 봐 두려움
- 동물에 의해 오염될까 봐 두려움

안전행동
- 동물이나 동물을 마주칠 것 같은 상황 회피
- 가족이나 동료 찾기
- 안전한지 계속 확인하기

DSM-5 진단 범주
- 특정공포증

치료 개요
- 전형적인 치료 기간: 4-6회기, 3시간의 단독 회기로 진행할 수도 있음
- 평가와 심리교육으로 시작함
- 2회기부터 노출을 시작함

장애물
- 일반화하기
- 노출 자극 찾기
- 실제로 발생할 수 있는 위험 관리
- 아동과 가족이 함께 작업하기

동물 공포는 비교적 명확한 불안유발 자극이지만 구체적인 임상 양상은 상당히 다양하다. 어떤 환자는 청소하다가 의도치 않게 거미를 건드리는 것처럼 동물을 맞닥뜨릴 때 극심한 공포를 경험한다. 다른 환자는 야외에 있을 때 벌레에 대한 경계심이 높아지는 것처럼 두려운 대상을 만날까 봐 계속 걱정이 된다고 말한다. 또 친구 집에 갈 때 개를 지하실에 가두어달라고 부탁해야만 하는 것처럼 다른 사람에게는 평범한 상황을 회피하는 데서 오는 좌절과 당혹스러움을 주로 호소하는 사람도 있다. 한편 환자들은 공포 자극에 대해 다양한 감정 반응을 이야기할 수 있다. 상어나 곰 같은 포식 동물에 대한 불안은 공격당할 수 있다는 공포와 관련이 있고, 거미나 벌레, 곤충에 대한 공포는 주로 혐오와 오염의 공포(Matchett & Davey, 1991) 또는 두려움을 느끼는 것에 대한 공포(즉, 불

안 민감성)와 관련이 있는 것으로 보인다. 뱀과 거미 같은 몇몇 동물들은 공포와 혐오 양쪽 모두와 관련이 있을 수 있다. 특정 공포의 예를 표 7.2.에 제시하였다.

표 7.2 동물 공포의 예

범주	예
공포스러운 동물	• 개 • 상어 • 곰 • 말 • 새
혐오스러운 동물	• 거미 • 곤충과 그 외 벌레들 • 뱀 • 죽은 동물 • 쥐 • 박쥐

노출치료의 기초
BASIS FOR EXPOSURE THERAPY

개념화 Conceptualization

개나 뱀과 같이 두려움의 대상이 되는 동물이 실제로 위험할 수 있다. 사람들은 가끔 개에게 공격당하고 독사에게 물린다. 물론 이 장에서 다룰 대상들이 모두 그런 것은 아니다. 예를 들어 무당벌레는 심각한 해를 끼치기는 어렵다. 그러나 본질적인 위험의 유무와 관계없이 문제는 실제 위험 가능성 그 자체가 아니라 위험 가능성에 대한 *잘못된 평가*misappraisal에 있다. 현실적으로 이웃집 개가 당신을 물지 않는다거나 숲속에서 마주치는 뱀이 독사가 아니라는 보장이 없다. 그러나 공포증 환자가 보이는 공포와 회피는 그 대상의 실질적인 위험을 훨씬 능가한다.

동물 공포증을 가진 사람 중에는 대상이 위험하지 않을 거라고 알고 있지만 머리카락 사이로 거미가 기어 다니는 상상처럼 두려워하는 동물을 맞닥뜨리는 *생각*만 해도 압도되는 경우가 있다. 이런 사람에게는 공포보다 혐오가 더 큰 문제일 수 있고, 동물로 인한 신체 손상의 위협보다 불안과 혐오 경험에 대한 두려움, 그리고 그런 감정으로 인해 아무것도 할 수 없다는 믿음을 가지고 있을 수 있다. 어떤 경우이든 공포 대상과 마주했을 때 일어날 두려운 결과에 대한 잘못된 믿음은 문제를 지속시키는 중요한 요인이므로 노출 실습의 중요한 목표가 된다.

강렬한 감정에 대한 반응으로 환자는 두려워하는 동물과 접촉하는 것뿐만 아니라 마주칠 기회가 높다고 여겨지는 상황도 회피한다. 그러나 이러한 회피 행동은 조건화된 공포의 자연적인 소멸을 막고, 공포를 유지하는 잘못된 신념이 틀렸음을 확인할 수 없게 만든다. 예를 들어 만약 어떤 아이가 친구의 개와 같은 방에 있는 상황을 항상 피한다면, 개가 자신을 물기보다는 냄새를 맡을 가능성이 높고 개가 있어도 두려움을 조절할 수 있다는 점을 배울 기회를 가질 수 없을 것이다. 회피를 완벽하게 할 수 없다면 환자는 '보호'받기 위해 부모와 같은 타인에게 의존할 수 있다. 이러한 안전행동은 성공적으로, 그리고 즉시 불안을 없애주지만 다음번에 두려운 대상과 대면하게 될 때도 같은 방식으로 반응하게 되어 악순환을 영원히 반복하게 한다.

노출치료 동안 학습해야 할 사항 *What Must Be Learned during Exposure Therapy*

개념적 모델에 의하면 동물 공포증이 줄어들기 위해서는 (1) 공포 자극이 일반적으로 안전하고, (2) 관련된 감정 반응도 안전하고, 일시적이며, 감당할 수 있으며, (3) 안전행동은 불필요하다는 점을 학습해야 한다. 이러한 안전학습을 통해 오랫동안 지속된 공포 기반 신념을 억제할 수 있는데, 이를 학습하는 가장 강력한 방법은 다양한 맥락에서 두려워하는 동물과 직접 접촉하거나 상호 작용하는 경험을 반복하고 지속하는 것이다. 무서워하는 동물과 같이 시간을 보냈으나 두려워하는 결과(예: 물리거나 쏘이는 것)가 일어나지 않는다면 그 동물이 위험하고 그런 상황을 참을 수 없을 것이라는 공포 기반 예측이 반증될 수 있다. 즉 환자는 그 동물이 예상했던 것만큼 위험하지 않으며, 공포와 관련된 감정도 안전하고 감당할 수 있다는 점을 배우기 시작한다. 혐오와 관련된 공포증(예: 쥐 또는 바퀴벌레)을 가진 경우에도 이러한 불쾌한 경험이 일시적이고 참을 수 있다는 것을 배워야만 한다. 다른 유형의 공포 자극과 마찬가지로 노출은 환자가 가지고 있는 위험하고 참을 수 없다는 예상을 깨뜨릴 만큼 충분히 지속해야 하고, 최대한 일반화하기 위해 맥락에 변화를 주면서 다양한(그러나 비슷한) 자극으로 반복해야 한다.

기능 평가
FUNCTIONAL ASSESSMENT

이 장에서는 동물 공포의 기능분석에 대해 논의한다. 표 7.3에 중요한 점을 요약하였다.

표 7.3 한 눈에 보는 동물 공포의 기능 평가

매개변수Parameter	흔한 예
공포 단서	
외부 상황과 자극	두려운 동물/곤충/파충류, 사진 또는 비디오, 동물에 관해 이야기하기, 동물을 발견할 수 있는 상황
내부 단서	동물/곤충/파충류를 보고 일어난 생리적 반응(예: 불안 각성)
두려운 결과	동물이 물거나, 쏘거나, 그 외 다른 방법으로 다치게 할 거라는 두려움, 동물/곤충/파충류에 오염될 거라는 두려움, 두려움에 압도되어 창피한 일을 당할 거라는 두려움
안전행동	
회피 패턴	특정 동물/곤충/파충류나 그것이 나타날 수 있는 상황(예: 야외, 호수, 친구 집)을 피하기
상황 내 안전행동	다른 사람에게 동물/곤충/파충류를 치워달라고 부탁하기, 괜찮은지 물어보기, 확인하기
안전행동에 대한 신념	회피와 상황 내 안전행동으로 두려워하는 동물/곤충/파충류에 의한 피해를 막고, 견딜 수 없을 정도의 공포나 혐오를 예방하여 정신적 혹은 신체적 손상을 막을 수 있다.

공포 단서 *Fear Cues*
외부 상황과 자극 *External Situations and Stimuli*

특정 동물과 관련된 공포는 대부분 동물 그 자체, 동물과 마주칠 것 같은 상황, 그리고 동물을 상기시키는 것과 같은 유형의 자극에 의해 유발된다. 예를 들어 개를 무서워하는 아이는 이웃 사람이 개를 데리고 다가오면 불안해져서 길을 건너 반대편으로 갈 수도 있다(회피). 또 거의 마주칠 일이 없는 동물이지만 상어를 무서워하는 사람은 해변에 있는 동안 매우 긴장하고 있을 수 있다. 고양이를 매우 무서워하는 사람은 심지어 고양이 장

난감이나 고양이 모양의 장식용 조형물 주변에서도 긴장할 수 있다. 시각 단서 외에 언어적 자극도 불안을 유도할 수 있다. 실제로 어떤 사람은 생쥐, 쥐 또는 바퀴벌레라는 말을 듣기만해도 두려움에 몸서리치고, 훌쩍이고, 역겨워서 신음 소리를 낼 수 있으며, 당장 입 닥치고 조용히 하라고 노골적으로 쏘아붙이는 것 같은 안전행동을 할 수 있다.

내부 단서 *Internal Cues*

앞서 언급했듯이 동물 공포는 그 사람이 동물과 마주쳤을 때 어떻게 느끼는지와 관련이 있다(예: 투쟁-도피 반응, McNally & Steketee, 1985). 따라서 기능 평가에는 각성과 관련한 신체 감각과 메스꺼움, 혐오감과 같은 내부 공포 촉발인자를 평가하는 질문을 포함하여야 한다.

두려운 결과 *Feared Consequences*

우리가 주목한 바와 같이 일반적으로 동물 공포에서 동물을 두려워하는 이유는 신체적 손상과 정서적 불편이라는 두 가지 범주가 있다. 신체적 손상은 개가 물거나 해파리가 쏘거나 말이 발로 차는 등의 사고로 인한 고통이나 부상을 말한다. 어떤 사람은 벌침 알레르기로 질식해 죽는 것과 같이 그 동물과 마주쳤을 때 생길 수 있는 이차적인 결과를 두려워한다. 정서적 불편에는 불안이나 혐오감이 견딜 수 없이 심해져 통제 불능에 빠지거나, 혐오감으로 구토를 하거나, '불안이 너무 심해서' 뇌졸중과 같은 심각한 건강 문제를 초래할 것이라는 우려가 포함된다.

때때로 환자들은, 특히 어린이의 경우에는 두려운 결과를 정확하게 표현하는 데 어려움을 겪는다. 혐오를 수반하는 공포증에 대해 환자는 공포 자극(예: 바퀴벌레)을 '역겹다'거나 '끈적거린다'라고 표현할 수 있다. 그러한 경우 두려워하는 결과에는 역겨움과 구역질과 같은 정서적, 육체적 반응이 끝없이 지속되거나 견딜 수 없을 정도로 심해질 것이라는 우려뿐만 아니라 오염 가능성에 대한 두려움도 암묵적으로 포함되어 있다. 이와 비슷하게 동물 공포증에는 불안 각성과 그로 인한 결과에 대한 공포도 중요한 부분을 차지하고 있다. 예를 들어 어떤 여성은 쥐가 나타나면 불안해져서 의식을 잃거나, 지나친 불안으로 다른 사람에게 부정적인 평가를 받을까 봐 두려워하였다.

안전행동 *Safety Behaviors*

회피 패턴 *Avoidance Patterns*

앞에서 설명한 두려운 결과를 방지하기 위해 공포증 환자들은 자극을 회피하기 위해 최선을 다한다. 벌에 대한 두려움이 있는 사람은 벌이 출몰하는 계절에는 밖에 나가는 것을 피한다. 개를 무서워하는 사람은 개를 기르는 친구 집에 초대받으면 거절할 수 있다. 이와 함께 동물 공포증 때문에 캠핑, 수영, 하이킹, 또는 다른 야외 활동을 회피할 수도 있다.

상황 내 안전행동 *In-Situation Safety Behaviors*

공포 자극을 완벽하게 회피하는 것이 불가능할 때 부모와 같은 다른 사람에게 도움을 받는 형태의 안전행동을 할 수 있다. 예를 들어 메뚜기를 무서워하는 어떤 소녀는 언니를 앞장세워 작은 녹색 곤충을 없애 달라고 부탁하고 그 뒤를 따라 걸어 갈 수 있다. 또 다른 일반적인 안전행동에는 숲속에 곰이 있는지 반복해서 묻는 아이나 아래층으로 내려가기 전에 지하실에 거미가 있는지 확인해 달라고 남편에게 부탁하는 여성처럼 반복해서 확인하는 안심 추구reassurance seeking가 있다. 구토나 '너무' 불안해지는 것을 피하기 위해 추가적인 예방 조치를 취하는 것과 같이 감정 경험에 대한 두려움에 대응하여 안전행동을 사용할 수도 있다.

안전행동에 대한 신념 *Beliefs about Safety Behaviors*

동물을 두려워하는 사람들은 종종 안전행동이 그들이 두려워하는 재앙을 직접 막을 수 있는 힘을 가지고 있다고 믿는다. 예를 들어 개를 무서워하는 아이는 자신이 개를 철저히 피했기 때문에 물리지 않았다고 생각할 수 있다. 불행하게도 그러한 회피로 인해 두려운 자극에 노출하는 것이 무해하고 견딜 만하다는 사실을 배우지 못하게 된다. 심한 공포감이나 혐오감으로부터 벗어나려는 의도로 안전행동을 할 수도 있다. 이러한 경우 환자는 안전행동이 부정적인 정서가 참을 수 없을 정도로 심각해져 신경쇠약과 같은 정신적 혹은 심장 마비와 같은 신체적으로 해로운 결과가 일어나는 것을 막을 수 있다고 생각할 수 있다.

노출치료의 근거 제시
PRESENTING THE RATIONALE FOR EXPOSURE THERAPY

동물 공포증을 가진 환자에게 노출치료의 근거를 제시할 때 다루어야 할 주요 사항은 다음과 같다.

- 실제 위험 수준을 훨씬 넘어선 병적 공포를 경험하는 사람의 비율, 즉 공포증의 평생 유병률이 50% 가까이 된다는 사실을 설명하면 특정공포증 환자라는 수치심을 줄일 수 있다(Curtis, Magee, Eaton, Wittchen, 1998).
- 공포가 회피 패턴으로 인해 다음 두 가지 사실을 배우지 못해 일어난 결과라는 점을 강조하여 경험을 더욱 정상화normalization시킨다. (1) 공포스러운 동물이 실제로 생각하는 것보다 안전하며, (2) 불안, 공포, 혐오감은 비록 원치 않고 불쾌할지라도 저항하는 대신 그냥 받아들이면 저절로 가라앉는 안전하고 견딜 수 있는 경험이다.
- 불안 반응은 위험을 감지하고, 방어 행동을 시작하기 위해 필요한 효과적이고 중요한 시스템이라고 설명한다.
- 해롭거나 재앙적인 결과의 가능성과 심각성을 과대평가하고, 공포나 혐오감을 견딜 수 있는 능력을 과소평가하고 있다는 사실을 *환자 자신의 경험을 통해* 배워야 한다는 점을 강조한다. 나아가 위험으로부터 자신을 보호하기 위해 안전행동이 필요하지 않다는 사실을 배울 필요가 있다.
- 치료자는 두려워하는 대상에 노출하는 실습을 통해 환자가 이러한 사실들을 배울 수 있도록 환자와 한 팀이 되어 함께 작업할 것이라고 명확하게 말한다.
- 비록 노출 시 위험이 사람들이 일상생활에서 만날 수 있는 정도의 낮은 수준이지만 두려운 결과가 발생하지 않으리라는 *보장은 없다*는 사실을 환자에게 상기시킨다. 따라서 노출에서 환자가 배워야 할 중요한 점은 두려워하는 동물로 인해 발생할 수 있는 일상적인 수준의 불확실성과 예측 불가능성을 자신이 견딜 수 있다는 사실이다.

노출 실습 계획
PLANNING EXPOSURE PRACTICES

동물 공포증에 대한 노출 실습을 설계할 때, 일반적으로 고려해야 할 두 가지 측면은 근접성proximity과 현저성salience 혹은 대표성representativeness이다. 근접성에 기반한 노출은 치료를 시작하기 전에 먼저 환자가 두려워하는 동물에게 얼마나 가까이 접근할 수 있을지 결정한 뒤 시작한다. 그런 다음 환자와 두려운 자극 사이의 거리를 환자가 감당할 수 있는 작은 단계로 나누는 방식으로 노출 목록 항목을 작성한다. 예를 들어 개에게 점점 더 가까이 다가가거나, 손을 벌레에 점점 더 가깝게 움직이는 것이다. 일부 공포는 근접성보다 노출 목표물이 갖는 공포의 강도를 증가시키는 방식으로 노출 목록을 구성하는 것이 더 적합하다. 상어 공포증을 위한 노출은 상어 사진과 동영상으로 진행하기 전에 상어 그림을 마주하는 것으로 시작할 수 있다. 물론, 가터뱀(역주: 독이 없는 줄무늬 뱀의 일종)에게 서서히 다가가는 노출을 한 다음에 동물원이나 애완동물 가게에서 더 크고 '무서운' 뱀에게 다가가는 과정을 반복하는 것과 같이 단일 노출 목록 내에서도 근접성과 현저성을 모두 다룰 수 있다. 심지어 하나의 자극에 대해 두 변수를 모두 조정할 수도 있는데, 예를 들어 개의 얼굴을 보면서 머리를 쓰다듬기 전에 아이에게 개가 다른 방향을 보고 있을 때 등을 쓰다듬게 할 수 있다.

만약 환자가 두려운 자극에 실제로 접근할 수 없다면 공포 자극의 근접성과 상관없이 사진, 이야기, 정신적 이미지, 심지어 단어로 노출을 시작할 수 있다. 당연히 이러한 자극은 공격이나 위해에 대한 두려움보다는 부정적인 감정 반응에 대한 두려움과 예상을 자극하는 데 더 효과적일 것이다. 두려운 결과와 실제 노출에서 경험한 결과 사이의 불일치를 극대화하여 안전학습을 최적화하려면 노출 목록에는 항상 환자가 가장 위험하다고 인식하는 공포 자극의 가장 두려운 측면을 포함해야 한다. 물론 이 경우에 객관적인 안전을 염두에 두어야 한다. 예를 들어 환자는 동물원에서 독이 없는 거미가 자신의 손으로 기어오르게 내버려 두거나, 지하실에서 혼자 *아라크네의 비밀*이라는 영화를 볼 수 있다(역주: 독거미가 나오는 공포영화). 표 7.4에는 노출 항목에 대한 다양한 예가 수록되어 있다.

표 7.4 다양한 유형의 동물 공포에 대한 노출 실습의 예

동물 유형	노출자극
벌레(또는 벌)	벌레 사진 보기; 플라스틱 벌레 만지기; 봉투 안에 있는 죽은 벌레 보기; 죽은 벌레 만지기; 벌레가 손에서부터 얼굴까지 기어오르게 놔두기; 벌레가 치료실 안을 날아다니게 놔두기; 외부로 나가서 노출하기
상어	상어가 헤엄치는 그림이나 상어 이빨이 보이는 그림 보기; 처음 보는 상어 그림이 실려 있는 책 훑어보기; 상어가 물 밖으로 뛰어오르는 동영상 보기; 아쿠아리움에서 상어 관찰하기; 수영장, 호수, 바다로 수영하러 가기
거미	거미 사진 보기; 항아리 속 집거미 보기; 항아리 속에 손 넣고 거미가 손 위로 기어 다니도록 놔두기; 동물원 또는 과학박물관에 가서 유리장 안에 있는 크고 흉측한 거미에 다가가기; 거미가 들어있는 상자에 손 넣기; 머리카락 속으로 거미가 기어 다니도록 놔두기

노출 실습 진행하기
CONDUCTING EXPOSURE PRACTICES

노출의 목표는 환자의 예상에 대한 도전이라고 생각하는 것이 도움이 된다. 따라서 치료자는 노출 중 SUDS를 추적하는 것 외에도 환자의 위험 기반 기대가 최대한 반증될 때까지 노출을 지속한다는 목표를 가지고 두려운 결과가 일어날 것이라는 환자의 예상이 계속 변화해 가는 것을 추적할 수 있다. 개에게 물릴 수 있다는 두려움으로 개를 무서워하는 환자를 생각해 보자. 6장에서 기술한 기대 추적을 통해 치료자는 환자가 개와 같은 방에 있으면 얼마 만에 물릴 거라고 생각하는지 물어본다. 처음에는 개가 당장 자신을 물어뜯을 거라고 생각했지만, 몇 분이 지나도 물리지 않으면 환자는 10분 동안은 괜찮을 거라고 자신의 예상을 수정할 수 있다. 그런 다음 이러한 예상에 도전하기 위해 20분 동안 개와 함께 방안에 머물기와 같은 새로운 노출을 시도해 볼 수 있다. 목표는 치료 회기 안팎의 다양한 맥락에서 다양한 활동(예: 쓰다듬기, 먹이 주기)을 하는 동안 개에게 물릴 것이라는 환자의 예상을 가능한 최대한 반증하는 것이다. 또, 환자가 자신의 예상과 비교하여 두려운 자극에 얼마나 가까이 다가갈 수 있는지를 추적함으로써 처음 예상을 깨뜨릴 수 있다. 예를 들어 바퀴벌레 공포증 환자에게 '바퀴벌레로부터 2미터 이내로는 다가갈 수 없다고 예상했지만, 지금 실제로는 그보다 훨씬 더 가까이 있네요'라고 말할 수 있다.

공포 자극에 대한 노출을 시행할 때 강력한 치료 관계는 매우 중요하다. 환자들은 치료자로부터 많은 힘과 동기를 얻을 수 있다. 치료자는 환자의 불안을 수인하는 동시에 환자가 두려움에 맞서도록 격려해야 한다. 모델링은 이 두 가지 목적을 달성하는 데 효과적인 기술이며, 아래의 뱀 공포증을 가진 환자의 예에서 이를 잘 보여 준다.

치료자 레이첼, 오늘은 손을 상자 안에 넣고 뱀을 만져보기로 했었죠. 시작할까요?

환자 아 모르겠어요. 너무 어려울 것 같아요. 오늘은 아마 그냥 상자에 손대는 것만 할 수 있을 것 같아요.

치료자 뱀을 만지는 건 큰 발전이에요. 지난주에 상자에 다가가서 뱀의 머리맡에 있는 유리잔을 만진 것 기억하나요? 쉽지 않은 일이었지만 정말 큰 성공이었죠. 오늘 뱀을 만지면 무슨 일이 일어날까 봐 두려운지 말해보세요.

환자 음, 우선 뱀이 날 물 수도 있고... 잘 모르겠어요. 그냥 너무 징그럽고 끈적거릴 것 같아요. 정말 역겨워요.

치료자 물릴 것 같은 공포와 혐오감 중 어느 쪽이 더 나쁜가요?

환자 역겹다고 느껴지는 거요. 음… 전 그게 너무 싫어요.

치료자 알겠습니다. 그럼 제가 먼저 한 단계씩 끝내고 나면 레이첼이 따라오는 건 어때요? 그렇게 하면 우리 둘 다 혐오스러운 '징그러운 느낌'을 손으로 느끼고 가만히 버티는 시도를 해 볼 수 있을 것 같아요.

환자 좋아요. 그거 공평한 것 같네요.

레이첼이 노출을 완료할 수 있을지 의심하자 치료자가 레이첼의 감정을 수인하면서 어떻게 반응했는지 주목하자. 치료자는 레이첼이 이전에 노출에 성공했다는 것을 상기시키고 난 뒤 그녀가 두려워하는 결과를 평가했다. 이 노출의 목적은 레이첼이 뱀을 만지면서 느껴지는 혐오감을 견딜 수 있다는 것을 배우는 것이다. 마지막으로 레이첼이 계획에 동의하도록 격려하기 위해 모델링을 사용한 것에 주목하라. 모델링은 유용한 방법이지만, 앞서 언급했듯이 환자가 치료자를 통해 안심을 얻는 안전행동이 되지 않도록 치료가 진행됨에 따라 서서히 사용을 줄여야 한다.

환자가 노출에 대해 두려워하고 주저할 때 치료자는 협력적 치료 관계를 이용하여 환자가 앞으로 나아갈 수 있도록 돕는다. 노출 자극과 실제 마주하며 모델링 하는 것 외에도 치료자는 공포와 혐오와 같은 부정적인 감정을 관리하는 방법을 모델링 할 수 있다. 노출이 어렵고, 무섭고, 역겹고, 불쾌할 수 있다는 것을 인정하면서도 치료자들은 이러한 실습이 동물에 대한 두려움을 극복하는 데 있어서 위험성이 낮고, 참을 만하며, 궁극적으로는 매우 가치 있다는 점을 전달할 수 있다.

반응방지 시행
IMPLEMENTING RESPONSE PREVENTION

동물 공포에서 보이는 안전행동은 대부분 회피이기 때문에 일반적으로 정교한 반응방지 계획은 필요하지 않다. 그러나 앞서 논의한 바와 같이 어떤 환자들은 '안전한 사람'과 같이 있으려고 하는 안전행동을 한다. 공포 자극이 안전하고 참을 수 있다는 사실을 최대한 학습하기 위해서는 치료자가 보는 앞에서 노출을 한 뒤 환자 혼자 노출을 수행하는 것이 중요하다. 또한, 치료자는 환자를 안심시키는 언어적 표현을 자제하고 환자에게 자극이 위험한지 스스로 되새겨보도록 촉구해야 한다. 마지막으로, 일부 환자들은 나중에 닦거나 씻으면 된다고 생각하면서 혐오감을 유발하는 대상에 대한 노출을 잠깐 참아낼 수 있다. 이러한 패턴은 오염공포증과 유사하며 12장에서 자세히 다룬다. 이런 경우에는 6장에서 논의한 바와 같이 감정을 말로 표현하게 하면 환자들이 집중을 유지하고, 혐오나 불안의 감정을 견딜 수 있다는 점을 배우는 데 유용할 수 있다.

힌트, 팁, 잠재적 함정
HINTS, TIPS, AND POTENTIAL PITFALLS

불안 또는 혐오에 관해 교육하기 Education about Anxiety or Disgust

불안이나 혐오감에 압도될 것이라는 두려움 때문에 노출을 결심하는 데 어려움을 겪는 환자에게는 이러한 감정과 그 구성 요소, 그리고 감정의 기능에 대해 교육하는 것이 도움이 될 수 있다. 교육의 목적은 이런 감정을 위협적이지 않은 정상적이고 감당할 수 있는 경험으로 여길 수 있도록 근거를 제공하는 것이다. 실제로 불안과 혐오는 불편하지만 인간을 보호하는 기능이 있다. 따라서 치료 초기에 불안과 혐오가 유기체를 보호하기 위해 어떻게 작동하는지 설명하면서 이러한 감정을 정상화하고, 이러한 감정을 회피하지 않고 견디는 법을 배우기 위해 노출이 중요하다고 강조하면 치료가 앞으로 나아가는 기초가 될 수 있다.

안전에 주의하기 Managing Safety

실제로 사람들이 뱀, 개, 거미에게 때때로 물릴 수 있듯이 동물 공포는 현실에서 어느 정도 이유가 있기 때문에 노출 시 객관적 위험을 고려해야 할 필요가 있다. 대부분의 경우 안전한 정도의 노출 범위는 직관적으로 알 수 있다. 따라서 투견, 독사, 독거미 등에 노출을 시행하라고 권하지는 않는다. 그러나 때로는 주의해야 할 경계가 어디까지인지, 문제가 되는 불안이 어디쯤에서 시작되는지 판단하기 어려울 수 있다. 예를 들어 벌침 알레르기가 있는 벌 공포증 환자가 물론 벌에 쏘이면 매우 위험하겠지만 그렇다 하더라도 자기집 앞마당에도 나가지 못하는 것은 너무 지나치다고 할 수 있다. 이런 상황에서는 불필요한 위험을 피하기 위해 노출 목록을 설계할 때 전문가(예: 알레르기 전문의)와 미리 상담할 수도 있다. 아이와 작업하는 경우에는 부모가 지나치게 불안해서 아이에게 불안을 모델링할 수 있으므로 아이 주변에서 생길 수 있는 불확실성에 대해 미리 말해두는 것이 좋다.

일반화하기 *Generalization*

치료 효과를 일반화하기 위해 환자는 공포 자극을 반복적으로, 그리고 다양한 맥락에서 대면해야 한다. 예를 들어 거미 공포를 확실하게 없애기 위해서는 집, 휴양지, 직장 등 다양한 상황에서 거미와 마주칠 수 있어야 한다. 나아가 모든 노출에 똑같은 동물을 사용하는 것은 소거를 방해할 수 있으므로 두려운 동물의 품종, 크기, 색상을 다양하게 사용해야 한다. 1부에서 논의한 바와 같이 임상가는 이러한 개념을 치료 초기에 설명하고, 환자 스스로 노출을 계획하고 실습하는 것이 매우 중요하다고 강조해야 한다. 초기에는 환자에게 치료 시간에 완료한 노출만 집에서 반복해서 실습하도록 제한을 둘 수 있다. 그러나 치료가 진행되면서 집에서 치료자의 감독 없이 새로운 단계를 시도해야 하며, 이를 통해 환자는 공포를 혼자 감당할 수 있다는 점을 배우게 된다.

노출 자극 찾기 *Locating Exposure Stimuli*

도서관은 두려워하는 동물이 등장하는 책과 영화를 쉽게 구할 수 있는 곳이다. 또한 인터넷을 통해서도 도움이 되는 사진과 비디오를 쉽게 구할 수 있다. 그러나 노출치료의 효과를 극대화하기 위해서는 살아 있는 동물에 접근하는 것이 필요한 경우가 많다. 개, 고양이, 새와 같은 많은 동물들은 보통 애완동물로 기르며 노출에 필요할 경우 비교적 쉽게 구할 수 있다. 병원이나 애완동물을 데리고 올 수 없는 환경에서 일하는 치료자는 노출 실습에 치료견을 활용할 수 있다. 애완동물 가게, 동물 보호소, 동물원 등 외부로 나가서 노출 실습하는 것도 유용하다. 가정에서의 실습을 위해 노출에 필요한 애완동물을 키우는 친구, 가족 또는 이웃들과 함께 작업하도록 격려한다. 개를 무서워하는 사람들은 근처의 강아지 카페에 갈 수도 있다. 도마뱀, 뱀, 상어, 거미와 같은 흔하지 않은 동물은 애완동물 가게, 동물원, 수족관에서 찾을 수 있다. 이러한 동물의 경우에는 진료실 밖에서 치료를 진행하는 과정이 필요하다. 심지어 이러한 동물들을 다루기 위해 동물원 직원에게 치료 작업에 함께 참여해 줄 것을 요청할 수도 있다. 곤충, 메뚜기, 바퀴벌레, 기타 벌레, 애벌레 등은 지하실, 현관, 차고에서 모을 수 있으며, 미끼 가게나 애완동물 가게에서 다른 동물의 먹이로 팔기도 한다.

가능하지 않은 대상 다루기 *Addressing Unavailable Targets*

때로는 실제 공포 자극에 노출할 수 없는 경우도 있다. 곰, 상어, 방울뱀처럼 잠재적인 위험이 현실적으로 매우 큰 경우가 그러하다. 괴물과 같이 존재하지 않은 동물인 경우에는 노출이 불가능할 수 있다. 이러한 대상에 대한 공포를 다루기 위해서는 철저한 기능분석이 중요하다. 일부 위험한 동물(예: 상어와 곰)에 대한 공포는 두려운 동물을 만날 *가능성이 있기는 하지만* 대개는 마주치지 않는 환경(예: 해변, 숲)에서 촉발된다. 이러한 사례에서는 이런 환경 자체에 노출하는 실습을 할 수 있다. 좀비나 괴물처럼 존재하지 않는 자극의 경우, 임상적으로 다룰 수 있는 것은 고통스러운 이미지에 의해 유발되는 두려움이다. 따라서 두려운 대상에 관한 사진, 영화, 또는 이야기를 통해 노출을 시행할 수 있다.

사례 소개
CASE ILLUSTRATION

존은 7살짜리 소년으로 옆집의 큰 개가 주인과 함께 걷고 있던 작은 테리어를 공격하는 장면을 목격하고 개에 대한 극심한 공포를 갖게 되었다. 예전에 존은 테리어를 잠깐 쓰다듬을 수 있었다. 그러나 이 사건 이후로 점차 모든 개를 피하게 되었다. 초기 평가 과정에서 존은 치료자에게 '개가 달려와 얼굴을 물어뜯는 것'이 가장 무섭다고 말했다. 개에 대한 회피는 점점 심해져서 존은 개를 키우는 친구 집에는 불러도 가지 않게 되었다. 심지어 옆집 개 때문에 자기 집 앞마당에서도 놀지 못하게 되었고, 개를 피할 수 없는 상황에서는 무서워서 부모님 뒤에 숨곤 했다. 기능분석을 마친 후 치료자는 증상을 인지행동 용어로 설명하기 위해 그림 3.1과 유사한 불안의 개념 모델에 관한 간단한 도표를 만들었다.

　치료를 시작할 때 치료자는 존과 그의 아버지와 함께 노출 목록을 만들고 치료 목표 달성에 대한 보상을 포함한 계획을 세웠다. 처음에 존은 개가 있으면 진료실에 들어올 수 없을 거라고 말했지만 주인이 개를 꼭 붙잡고 있으면 시도해 보기로 동의했다. 이것이 존의 노출 목록의 첫 단계였다. 존은 바닥에 누운 채 이마 위에 놓인 간식을 개가 먹는 것이 상상할 수 있는 가장 무서운 일이라고 말했다. 존은 이 단계를 너무 무서워서 처음에는 목록에 넣지 않으려 했지만 치료자가 나중에 시도할 수 있을 경우를 대비해서 목록에 포함시키자고 설득하여 허락하였다.

　존의 노출 목록은 다음과 같았다.

노출 과제	SUDS
주인이 개를 꼭 잡고 있을 때 진료실에 들어오기	45
주인이 잡고 있는 개 옆에 서기	50
개의 등과 머리 쓰다듬기	60
줄에 묶인 개가 주변을 걸어 다니게 두기	75
목줄에 묶이지 않는 개와 함께 있기	85
개에게 먹이 주기	90
개가 뛰어 올라 가슴에 발을 얹게 하기	95
바닥에 누워서 개가 이마에 있는 간식을 먹게 하기	100

치료자는 존과 그의 가족에게 노출 회기마다 임상심리 대학원생이 키우는 레오라는 이름의 골든 리트리버를 데려오는 것에 대한 동의를 얻었다. 첫 회기에서는 존이 개의 머리를 쓰다듬는 것을 목표로 삼았다. 만약 존이 성공한다면 보상으로 그날 친구를 초대해서 저녁을 먹기로 했다. 주인이 레오의 줄을 잡고 있는 동안 존이 천천히 방으로 들어왔다. 레오가 자세를 바꾸기만 하면 존이 방을 뛰쳐나가서 이 작업은 5분 정도 걸렸다. 존이 처음으로 방에 들어왔을 때 그는 아버지 뒤에 있는 소파 위에 서 있었다. 시간이 흐르면서 스스로 바닥으로 내려와 조심스럽게 개에게 다가갈 수 있었다. 다시 5분 동안 여러 번의 시도 끝에 존은 레오의 등을 쓰다듬을 수 있었다. 그 과정 동안 치료자는 존에게 불안 수준(SUDS)을 물어봤고, 레오와 더 많은 시간을 보낼수록 두려움과 걱정이 줄어든다는 것을 알아차릴 수 있게 정말 레오가 물 것이라고 확신하는지 물어봤다. 존은 점점 손을 개의 등 위로 올렸고 서서히 머리를 쓰다듬었다. 치료자와 아버지는 존의 성공을 축하하고 친구를 저녁 식사에 초대할 계획을 세웠다. 치료자는 존과 아버지에게 회기에서 시행한 실습을 집에서도 계속하라고 요청했다. 그들은 이웃의 비글이 실습하기에 좋을 것이라고 말했다.

다음 회기를 시작하기 전에 치료자는 존과 그의 아버지에게 집에서의 실습이 어땠는지 물어보았다. 존은 빨리 치료를 시작하길 원했고, 이번 회기가 끝날 때쯤에는 레오가 진료실을 돌아다녀도 괜찮을 거라고 예상했다. 그러나 레오를 방으로 데려왔을 때 존의 공포는 되살아났고 그는 지난주에 성취한 단계를 반복해야 했다. 그러나 치료자는 존이 이전 회기보다 훨씬 짧은 시간 내에 레오를 쓰다듬을 수 있었다고 지적했다. 레오가 방안을 돌아다니자 존은 비명을 지르며 소파로 뛰어오르곤 했다. 치료자는 이런 반응은 무시하고, 존이 방안에 남아 있는 것을 칭찬하고, 존에게 자신의 감정을 말로 표현해 달라고 했다(예: '레오가 얼굴을 물어뜯을까 봐 너무 무서워요.'). 회기가 끝날 무렵 존은 레오가 목줄을 풀고 진료실을 돌아다니는 것을 견딜 수 있었다. 치료자는 존에게 실습을 하면서 개와 함께 있는 것이 점점 더 쉬워지고 있다는 사실을 배웠는지 물어보면서 회기를 끝냈다. 또한 레오와 두 회기를 함께 했지만 물릴 것이라고 두려워했는데 아무런 일도 일어나지 않은 것에 대해서도 논의했다.

세 번째 회기가 시작될 때, 치료자는 존이 레오에게 먹이를 주도록 격려했다. 존은 개 공포증을 가진 많은 사람들과 마찬가지로 개의 입을 가장 무서워했기 때문에 이 과제를 개의 코를 만지고, 입을 만지고, 개가 그의 손을 핥게 하고, 개에게 먹이를 주는 등의 작은 단계로 나누었다. 존은 각 단계를 여러 번 시도한 끝에야 성공할 수 있었다. 이 시간 동안 치료자는 인내심을 가지고 존이 계속 노력할 수 있도록 꾸준히 밀어붙였다. 또한, 치료자는 존이 목표에 가까워질 때마다 칭찬했다. 존이 무섭다고 말하자 치료자는 '괜찮아, 실습하면 더 쉬워질 거야.'라고 대답했다. 세 번째 회기에 레오에게 먹이 주기 과제를 완수하지는 못했지만, 존은 네 번째 회기 동안 '레오는 물지 않는 좋은 개'라고 말하면서 레오에게 먹이를 주고 함께 걸었다. 치료자는 존의 안전학습을 일반화하기 위해 집에서 다른 개들과 노출 실습을 하는 것이 매우 중요하다고 강조하였다.

다섯 번째 회기가 되자 존은 레오와 상당히 편안해졌고, 노출 목록을 완수하여 가장 원했던 보상인 두 명의 친구와의 밤샘 파티를 할 수 있었다. 마지막 두 개의 노출 목록 항목은 존이 가지고 있는 최악의 공포를 다루기 위해 고안되었다. 레오가 가슴 위까지 뛰어오르게 함으로써 그는 친구의 개를 만날 때 일어날 수 있는 가장 주된 공포를 마주할 수 있었다. 마지막으로 존은 안전행동을 모두 포기하고 자기 자신을 개에게 완전히 내맡긴 채 바닥에 누워 레오가 자신의 이마에 놓인 먹이를 먹게 하였다. 치료자는 존과 존의 부모님과 함께 다음 2주 동안 레오와 함께 한 모든 노출 과제를 존이 혼자 가능한 한 많은 개들과 실습할 기회를 갖도록 계획하였다. 존이 이 작업을 마친 뒤 마지막으로 한 번 더 치료자와 만나 점검하고 치료를 마무리했다.

추가 참고 문헌ADDITIONAL RESOURCES

Antony, M. M., Craske, M. G., & Barlow, D. H. (2006). *Mastering your fears and phobias: Workbook* (2nd ed.). New York: Oxford University Press.

Craske, M. G., Antony, M. M., & Barlow, D. H. (2006). *Mastering your fears and phobias: Therapist guide* (2nd ed.). New York: Oxford University Press.

Olatunji, B. O., & McKay, D. (2009). *Disgust and its disorders: Theory, assessment, and treatment implications.* Washington, DC: American Psychological Association.

환경 공포
Environmental Fears

임상 양상
CLINICAL PRESENTATION

이 장에서는 자연환경에 대한 특정공포증 진단에 해당하는 공포를 제시하고 있다 (American Psychiatric Association, 2013). 여기에는 흔히 밀폐된 장소나 붐비는 곳에 있기, 발코니에 서 있기, 운전하기, 물에 들어가거나 물 위에 떠 있기, 또는 폭풍우와 같이 위해를 입을 수 있는 상황에 대한 불안이 있다. 이러한 환경에서 오는 외부 위험에 대한 공포뿐만 아니라 불안 경험과 관련된 내부의 위험을 걱정하는 사람도 있다. 예를 들면 쇼핑몰, 탁 트인 공간, 군중 속, 또는 운동장에서 공황발작을 겪거나 탈출을 못하거나 도움을 받을 수 없을까 봐 두려워할 수 있다. 하지만 많은 경우에 환경 자체의 위험과 내부 반응으로 인한 위험 모두를 두려워한다. 예를 들어 5장과 6장에서 언급한 다넬의 경우는 높은 곳에서 떨어질지도 모른다는 공포뿐만 아니라 불안에 잠식되어 통제를 잃을 수 있다는 공포도 있다. 갇혔다는 느낌, 공기가 부족해 질식할 것이라는 믿음으로 닫힌 장소에 대해 공포를 느끼는 경우도 있다. 표 8.1은 환경 공포의 개요이다.

어떤 경우에는 공포보다 이로 인한 행동의 제약을 주로 호소한다. 예를 들면 공황발작에 대한 공포로 극장 또는 붐비는 식당에 가지 못하거나, 집에 틀어박혀 지내는 환자가 있다. 엘리베이터를 이용하지 못하고, MRI 같은 중요한 의료 시술을 받지 못하는 경우도 있다.

표 8.1 간략한 개요: 환경 공포

공포유발 자극
- 장소
- 자연 현상(예: 천둥)
- 상황

전형적 예
- 폭풍
- 비행기
- 운전
- 많은 군중
- 영화관
- 닫힌 장소(예: 엘리베이터)
- 높은 곳

공포 기반 신념
- '공황발작이 일어나서 심각한 의학적 또는 심리적 후유증을 겪을 거야.'
- '불안이나 공황이 너무 심해지면 탈출하거나 도움을 요청할 수 없을 거야.'
- '벼락에 맞을 거야, 물에 빠져 죽을 거야, 떨어질 거야.' 와 같이 상황 자체로 인한 위해를 겪을 것임
- '공기가 바닥나서 숨막혀 죽을거야.'

안전행동
- 상황 회피
- 동반자에 의지하기

DSM-5 진단 범주
- 특정공포증
- 광장공포증을 동반한 공황장애
- 외상후스트레스장애

치료 개요
- 전형적인 치료 기간은 다양함(1-12회기)
- 평가와 심리교육으로 시작함
- 2 내지 3회기에 노출을 도입함

장애물
- 노출치료를 위해 외부로 나가야 함
- 안전행동 파악하기

노출치료의 기초
BASIS FOR EXPOSURE THERAPY

개념화 *Conceptualization*

특정 환경에 대한 공포는 대체로 부정적 사건의 가능성과 심각도에 대한 과대평가로 일어난다. *가능성*에 대한 과대평가는 비행기 추락사고, 엘리베이터 사고, 익사, 벼락 맞기와 같은 일어날 수는 있지만, 매우 드문 사건의 확률을 과대평가하는 경우를 말한다. *심각도*의 과대평가는 보통 공포 상황에서 불안해지면 일어날 거라 믿는 결과에 관한 것이다. 예를 들어 에스컬레이터 타기를 피하는 남성은 에스컬레이터에서 너무 불안해지면 통제를 잃고 탈출하기 위해 다른 사람들을 거칠게 밀칠 거라 믿었다. 공포에 빠진 사람은 회피하기, 항불안제 가지고 다니기, 또는 금방 탈출할 수 있을지 반복해서 확인하기 등 다양한 방법으로 걱정을 줄이려 한다. 안전행동을 하면 단기간에는 불안이 줄어들지만, 불행히도 불안은 안전하고 견딜 만하며 두려운 결과는 거의 일어나지 않는다는 학습이 이뤄지지 않는다. 따라서 안전행동은 공포를 유지하는 습관적인 반응이 되어버린다.

노출치료 동안 학습해야 할 사항 *What Must Be Learned during Exposure Therapy*

위의 환경 공포에 대한 이해를 바탕으로 노출은 두려운 환경이나 상황에서 위험의 가능성과 심각도, 그리고 위험을 막기 위해 안전행동이 필요하다는 환자의 믿음을 최대한 반증할 수 있는 기회를 제공해야 한다. 예를 들면 환자가 가지고 있는 위험 기반 기대와 경쟁하기 위해서는 다리가 무너지거나, 엘리베이터가 고장 나거나, 비행기가 추락하는 것 같은 환자가 두려워하는 일이 실제로 일어날 가능성은 매우 낮고 *대체로 안전하다는* 사실을 학습해야 한다. 또, 비록 불안 경험이 강렬하고 유쾌하지는 않지만 통제를 잃고 겁에 질려 위태롭게 행동하거나 창피한 일을 벌일 가능성은 매우 낮고, 오히려 불편감이 지나갈 때까지 견디고 기능할 수 있다는 점을 학습해야 한다. 특정 환경 공포에 대한 노출의 핵심 목표는 이러한 환경에서 경험하는 불안은 안전하고 감당할 만하다고 배우는 것이다. 이러한 안전학습이 더 오래된 공포 기반 신념을 최대한 억제할 때 두려운 환경이 불안 단서로서 갖는 현저성^{salience}이 감소하며 안전행동의 필요도 줄어든다.

기능 평가
FUNCTIONAL ASSESSMENT

표 8.2는 환경 공포에 관여하는 인지행동적 변수의 개요이다. 다음 단락에서 각각을 상세히 기술하였다.

표 8.2 한눈에 보는 환경 공포의 기능 평가

매개변수	흔한 예
공포 단서	
외부 상황과 자극	특정 상황, 위치, 장소
내부 단서	불안과 연관된 생리적 감각(호흡의 변화, 빈맥, 근긴장, 떨림)
두려운 결과	매우 심한 불안으로 부상을 당함, 통제를 잃음, 응급 상황이 발생함, 다른 사람이 알아챌 정도로 불안해져서 창피를 당하고 부정적 평가를 받음
안전행동	
회피 패턴	집 밖에 나가지 않음, 운전 대신 대중교통 이용, 다리를 피해 운전, 비행기 대신 운전, 고층 빌딩에서 계단 이용, 헐렁한 옷 입기
상황 내 안전행동	탈출 경로 계획하기, 안전한 사람 옆에 바짝 붙어 있기, 주의 분산, 안심 추구
안전행동에 대한 신념	통제를 유지하고 위험을 피하기 위해 필수적이다.

공포 단서 *Fear Cues*
외부 상황과 자극 *External Situations and Stimuli*

공포상황에 처했거나, 예기 불안의 경우처럼 가까운 미래에 공포 상황을 마주치게 될 것을 인식하는 경우에 전형적으로 불안이 유발된다. 예를 들면 사람들은 MRI 기기, 지하실, 엘리베이터 타기; 고층 빌딩, 사다리, 비상계단 오르기; 고속도로, 다리 위, 터널 내로 운전하기; 버스, 비행기, 기차 타기; 물속, 들판, 쇼핑몰에 있기 등의 상황을 두려워한다. 어떤 공포는 특정 *장소*라기보다는 어디에서나 일어날 수 있는 *상황*일 수 있다. 예를 들면 곧 일어날 폭풍은 장소와 관계없이 천둥, 번개, 토네이도에 대한 공포를 갖고 있는 사람의 불안을 야기할지도 모른다. 게다가 이 공포는 토네이도 경보, 먹구름 또는 불길한 일기예보를 포함하는 다양한 외부 자극에 의해 촉발될 수도 있다. 유사하게 어떤 사람은 붐비지만 않으면 쇼핑몰 그 자체를 무서워하지 않는다. 마지막으로 공포를 유발하는 것은 작은 방 자체가 아니라 방에 *갇혀서* 불안이 발생하면 탈출하기 어려운 상황에 처하는 것일 수 있다.

내부 단서 Internal Cues

언급했듯이 각성의 생리적 징후 또한 공포를 촉발할 수 있다. 특히, 신체 감각이 신체적, 정신적 위험 신호로 해석될 때 그러하다. 예를 들면 한 여성은 발코니에서 아래를 내다볼 때 배에서 느껴지는 '이상한 느낌' 외에는 무서울 일이 없었다고 주장했다. 어떤 사람은 근육 긴장으로 인한 팔의 흔들림이나 어지러움, 집중력 저하와 같은 각성과 관련된 감각을 차에 대한 통제를 잃고 높은 다리에서 떨어지거나 해서 사고가 일어날 신호로 해석한다. 유사하게 심박수 증가, 호흡 곤란, 위장장애가 실제로 위협에 처했거나 공황발작, 통제력 상실을 알려주는 신호로 해석될 수도 있다.

두려운 결과 Feared Consequences

상황 자체나 그에 대한 반응으로 통제를 잃어버릴 것이라는 공포는 많은 환경 공포의 핵심이다. 다리 붕괴, 비행기 기계 결함, 작은 방에 갇혀서 질식당함, 교통사고, 번개로 집에 불이 나는 것 같은 통제할 수 없거나 중지시킬 수 없는 사건에 의해 피해를 볼 것이라고 걱정할지도 모른다. 비슷하게, 어떤 공포는 운전 중 보행자를 치는 것처럼 다른 사람의 안전에 초점을 맞추기도 한다. 내부 단서는 위험의 신호로도 해석될 수 있다. 예를 들어 작은 방이나 MRI 기기 안에 들어가 있을 때 호흡 곤란, 가슴 답답함을 산소 결핍으로 인한 질식으로 해석하기도 한다. 어떤 경우, 죽음이나 위해보다 신체 반응 자체가 두려움의 대상이 된다. 예를 들면 쇼핑몰에서 공황발작이 일어나 창피한 상황에 처하거나 엘리베이터에 갇혀 평정을 잃는 것을 걱정하기도 한다.

같은 상황이 환자마다 다양한 결과로 나타날 수 있다는 점이 중요하다. 이는 공포 증상에 대한 철저한 기능분석의 필요성을 강조한다. 비행공포증의 예를 들어 보자. 비행을 두려워하는 어떤 사람은 추락사고로 이어질 기기결함의 가능성을 과대평가한다. 공황발작의 병력이 있는 사람은 공황발작이 일어났을 때 비행기에서 탈출할 수 없다는 두려운 결과에 중점을 둔다. 또, 어떤 사람은 응급 상황이 발생하여도 필요한 도움을 받지 못하는 것을 두려워한다. 다른 사람은 단지 낯선 승객들 앞에서 공황발작으로 창피당하지 않을까 두려워한다. 노출은 환자 고유의 공포 기반 신념을 반증하기 위해 적용되므로 특정 상황에서 환자가 두려워하는 구체적인 결과를 이해하는 것이 중요하다.

안전행동 Safety Behaviors

회피 패턴 Avoidance Patterns

비록 회피는 많은 경우 특정한 두려운 장소나 상황에 국한되지만, 가장 심한 경우 환자를 스스로 집에 가둘 수 있다. 치료자는 회피의 *이유*뿐만 아니라 회피하는 모든 상황과 자극을 이해하는 것이 중요하다. 앞서 언급한 대로 일부는 비행기 추락, 엘리베이터 사고 또는 벼락과 같은 외부 환경의 위해에 대한 공포로 상황을 피한다. 그러나 회피는 불안 각성과 관련된 내부 결과의 공포로 인한 것일 수도 있다. 그 예로 닫힌 장소에서 공기가 부족해져 질식할 것 같은 폐소공포가 있다. 많은 사람이 특정 환경을 피한다. 왜냐하면 그런 환경에서 느낄 공포가 두렵거나, 당황하거나 긴급한 상황에서 도움을 청하거나 쉽게 탈출할 수 없을 것에 대한 두려움이 있기 때문이다.

상황 내 안전행동 In-Situation Safety Behaviors

환경 공포에 대한 반응은 대부분 통제력을 높이기 위한 목적이다. 이를테면 쇼핑몰, 극장, 식당 같은 공포 상황에 들어가기 전에 극장의 출구나 화장실의 위치를 조사하거나 갑자기 장소를 떠날 경우를 대비하여 변명을 준비하는 등 탈출 계획을 확실히 해둔다. 탈출이 쉽지 않은 상황에서 항불안제를 항상 소지하는 것과 같이 불안 자체를 관리하기 위해 안전행동을 한다. 위험징후를 확인하는 것도 안전행동으로서 기능할 수 있다. 이를테면, 토네이도 공포가 있는 사람이 안심하기 위해 폭풍이 일어날 조짐이 없는지 계속 일기예보를 확인한다. 마지막으로, 어떤 사람은 믿을 만한 동료와 휴대폰을 안전 신호로 삼고 동료와 함께 있거나 핸드폰을 소지할 때에만 두려운 상황을 무릅쓴다.

안전행동에 대한 신념 Beliefs about Safety Behaviors

환경 공포 환자는 전형적으로 안전행동이 인지한 위협을 제거하거나 불안이 해로울 정도로 고조될 염려를 줄여줌으로써 위해를 입지 않게 지켜줄 거라 믿는다. 폭풍 속에서 자동차에 남아 있는 것이 번개에 죽지 않는 유일한 방법이라 믿는 환자가 전자의 예이고, 공황발작에 대한 두려움 때문에 비행 중 항불안제를 지니고 다니는 환자는 후자의 예이다.

노출치료의 근거 제시
PRESENTING THE RATIONALE FOR EXPOSURE THERAPY

환자가 노출치료 동안 (1) 불편한 상황에 처하기, (2) 자신을 편하게 만드는 행동과 정확히 반대로 행동함으로써 안전행동 내려놓기, 즉 반응방지의 필요를 이해하는 것이 중요하다. 노출의 목적은 공포 상황이 일반적으로 위험도가 낮고 안전할 뿐만 아니라, 불안 경험 또한 통제를 잃거나 의학적 재앙으로 이어지지 않으며 안전하다는 점을 분명히 하는 것이다. 그러므로 공포 기반 신념이 많은 맥락에서 반증될 때까지 내부와 외부 단서 모두에 반복적으로 노출하는 것이 필수다. 환자와 다음과 같이 대화를 진행하면서 근거를 제시할 수 있다.

치료자 극장에 갔을 때 크게 불안했다고 말씀하셨죠.

환자 네, 맞아요. 극장에 너무 가고 싶어요. 하지만 우선 이 불안을 없애야만 해요.

치료자 우리의 작업이 당신이 다시 극장에서 편하게 느끼도록 도움이 되리라 확신합니다. 그러나 불안이 안전하고 이런 느낌을 겁낼 필요가 없다는 것을 확인하기 위해 극장에 들어갈 필요가 있습니다. 노출치료에 관한 대화를 기억하시나요?

환자 네, 하지만 노출치료가 저한테 어떻게 효과가 있을지 확신이 없어요. 전 정말로 무엇이 두려운지조차 모르겠어요. 그저 긴장되고 도망가야 했어요.

치료자 이전의 대화를 돌이켜보면 당신은 극장에 갇혀 있다는 느낌이 들까 봐 두렵고, 너무 불안해서 탈출하고 싶어도 할 수가 없거나 너무 당황할까 봐 무섭다고 느끼는 것 같아요. 제 말이 맞을까요?

환자 네, 그렇게 이야기할 수 있을 것 같아요.

치료자 좋아요. 우리는 당신이 강렬한 불안을 경험한다 하더라도 극장에 가는 것이 예상한 것보다 안전하다는 것을 배우기 위해서는 노출이 필요하다는 걸 잘 알고 있어요. 그래서 극장에 그냥 가기만 하는 게 아니라 당신이 불안하고 갇힌 느낌을 반드시 경험할 수 있게 계획을 해야 합니다. 만약 불안하고 갇힌 느낌이 드는 상황에서 충분히 오래 극장에 앉아 있다면, 당신은 그런 느낌이 생각했던 것만큼 위험하지 않고 견딜 수 있음을 알게 될 것입니다. 사실 감정과 투쟁하는 것을 멈추었을 때 긴장이 아마 완화될 가능성이 많아요. 반복해서 실습한 후에 스스로의 경험을 통해 안전하다는 것을 학습하면서 당신의 공포도 나아질 겁니다.

이러한 대화를 통해 치료자는 노출치료의 도전 중 하나가 불안함에도 불구하고 두려운 상황 속에 들어가는 것임을 명확히 한다. 치료자의 설명은 또한 환자의 경험을 3장에서 제시한 불안의 개념 모델에 나오는 공포 단서, 신념, 회피라는 변수로 개념화하고 있다. 이러한 과정을 통하여 환자의 주 문제와 연결이 되도록 노출 실습을 설계할 수 있게 된다.

노출 실습 계획
PLANNING EXPOSURE PRACTICES

두려운 환경 자극에 대해 안전학습을 촉진하는 노출 실습은 계획하기가 쉽다. 비록 반드시 점진적 접근을 해야 하는 것은 아니지만, 일부 공포는 점진적 강도로 수행하는 것이 적합하다. 예를 들어 고소공포증의 경우 건물에서 점차 더 높은 층으로 올라가는 방법으로 공포 강도를 쉽게 조절할 수 있다. 폐소공포증은 점점 더 작은 방에 들어가는 방법으로 서서히 다룰 수 있다. 교량에 대한 공포는 환자의 구체적인 공포에 따라 점차 더 길거나 높은 다리에 가는 방법으로 단계적으로 진행한다. 벼락에 맞을까 봐 두려워하는 사람은 폭풍이 불 때 지하실, 집의 안쪽 방, 창문이 있는 방, 현관 등의 순서로 노출을 진행할 수 있다. 높은 곳이나 밀폐된 공간과 같이 어떤 공포 자극은 노출 설계가 비교적 쉽기 때문에 많은 경우 단일 회기로 효과적으로 치료할 수 있다(Ollendick 등, 2009). 공공장소에서 군중의 수, 폭풍의 심한 정도와 같은 날씨 관련 자극, 비행기 탑승처럼 통제하기 어려운 공포 자극도 있다.

치료자는 안전행동 사용의 정도를 조작할 수도 있다. 예를 들어 번잡한 장소에 대한 공포가 있는 환자가 초기에는 '안전한 사람'과 같이 쇼핑몰로 들어가게 한다. '안전한 사람'이 환자의 뒤에서 걷거나, 문 옆에 머무르거나, 완전히 사라지는 단계로 안전 단서를 점차적으로 줄일 수 있다. 마지막으로 11장에서 다룰 내적 감각 노출을 해야 할 필요가 있는 노출 목록도 있다. 이를테면, 고소공포증 환자가 과호흡으로 불안 각성을 유도한 후에 공공장소의 발코니에 서는 노출을 진행함으로써 불안으로 인해 실신하거나 통제를 잃어버릴 가능성이 낮다고 배울 수 있다. 표 8.3은 흔한 환경 공포에 대해 가능한 노출 목록 항목의 예이다.

표 8.3 흔한 환경 공포에 대한 노출 실습의 예

환경 유형	노출 자극
폭풍	폭풍에 대한 책 보기, 비디오 보기; 폭풍이 불 때 창문 옆에 서 있기, 폭풍 주변 운전하기, 폭풍이 불 때 밖에 서 있기
비행	비행기에 관한 책 읽기; 비행기 이착륙 관찰; 최악의 비행 시나리오에 대한 상상 노출(상상 노출에 관한 더 많은 정보는 10장을 참조); 공항에서 시간 보내기; 기내에 앉아보기; 단거리 비행; 장거리 비행
운전	텅 빈 골목길이나 주차장에서 천천히 운전, 친숙한 동네, 도심, 출퇴근 시간, 고속도로에서 운전; 날씨가 안 좋을 때, 야간에 운전하기
밀폐된 장소	작은 욕실, 옷장, 엘리베이터, 차 뒷좌석, 극장 가운데 자리, 침낭에 들어가기; 터틀넥 스웨터, 스카프, 마스크 착용; 수갑 차기 또는 무거운 이불 덮기; 빨대로 숨쉬기, 빨리 반복해서 삼키기, 숨 참기, 과호흡하기
높은 곳	발코니에 서 있기; 난간 붙들기; 난간 잡지 않고 아래 내다보기; 손을 등 뒤로하고 난간으로 달려가기; 난간을 향해 뒤로 달리기

노출 실습 진행하기
CONDUCTING EXPOSURE PRACTICES

공포 환경에의 노출은 일반적으로 기대 추적을 사용하기에 적합하다. 6장에서 다넬의 예를 들어 기술한 대로, 환자의 최대 기대치를 초과할 때까지 노출을 진행하여 상황 자체나 강렬한 공포로 인해 위험을 겪을 것이라는 신념과 기대를 체계적이고 반복적으로 깨뜨린다. 다른 예로 치료자는 폐소공포증 환자에게 작은 옷장 안에 얼마나 오래 있으면 '공황발작으로 심장 마비가 일어날지' 물어본다. 처음에 환자는 3분 내로 심장 마비가 발생할 것이라고 가정했다. 그러나 노출 회기를 진행하면서 시간이 흐르자 환자의 기대는 옷장은 생각보다 안전하며 10분은 견딜 수 있다로 바뀌었다. 10분 후에 환자는 다시 신념을 바꿀 수 있으며 이런 방식으로 환자가 작은 옷장 안에 *아무리 오래* 머물러도, 불안이나 공황의 느낌이 *아무리 강하더라도*, 심지어 *안전 단서와 행동을 사용하지 않고도* 무조건적으로 안전하다고 믿을 때까지 노출은 계속된다. 그리고 난 후 다른 크기의 옷장, 친숙하거나 친숙하지 않은 장소, 혼자 또는 아는 사람과 함께 등 다양한 옷장과 조건에서 위와 같은 노출을 되풀이하는 것이 중요하다.

언급한 바와 같이, 치료자는 노출 상황이 두려운 결과가 일어날 것이라는 환자의 기대를 불러일으키는지 확인하기 위해 환자와 지속적으로 의사소통하는 것이 중요하다. 어떤 경우에는 안전학습을 최적화하기 위해 바람직한 어려움의 일종으로 상황 노출과 내적 감각 노출을 결합하는 것이 유용할 수 있다. 또한 치료자는 고통을 줄이거나 안전함을 느끼려는 미묘한 안전행동 사용을 면밀히 관찰해야 한다. 5장과 6장에 나온 다넬의 예는 고소공포증에 대한 노출 실습을 보여 주고 있다. 여기에서는 다리 위로 운전하기를 두려워하고 강렬한 불안이 통제를 잃고 사고를 내게 할 것이라 믿는 환자를 어떻게 치료할 수 있는지 살펴보자.

치료자 좋아요. 이 다리는 꽤 깁니다. 어떻게 느껴지세요?

환자 아주 나쁘진 않아요. 꽤 긴장되지만 잘 견디고 있어요.

치료자 핸들을 아주 꽉 잡고 있는데 알고 있나요?

환자 차가 탈선하지 않도록 하는 겁니다. 통제를 잃고 다리 난간을 넘어갈까 봐 겁이 납니다.

치료자 너무 불안해지면 통제를 잃고 다리 밑으로 떨어질까 봐 겁이 나는군요?

환자 네. 저는 지금 상당히 불안합니다.

치료자 알겠습니다. 핸들을 움켜잡는 것이 좀 편안하게 만드는 거군요. 불안의 속성과 모든 신체 감각의 목적에 대해 의논했던 내용에 대해 생각해 보세요. 핸들을 움켜잡고 있기 때문에 추락하지 않는 걸까요?

환자 알겠어요. 움켜잡는 것은 안전행동이죠. 왜냐면 불안은 실제로 위험하지 않으니까요. 제가 핸들을 느슨하게 잡아봐도 괜찮다고 생각하나요?

치료자 어떻게 생각하세요?

환자 아마도 괜찮을 것 같아요. 하지만 직접 해보고 알아낼 필요가 있어요.

치료자 그리고 잘 되면 다음에 불안이 정말로 위험하지 않음을 증명하기 위해 핸들을 한 손으로 잡고 운전해보는 시도를 할 수 있을 겁니다.

이와 같은 환자에게 내적 감각 노출 과제를 제안할 수도 있다. 과호흡이나 빨대 호흡(11장 참조)을 이용하여 불안하면 통제력을 상실할 것이라는 예측을 추가로 깨뜨릴 수 있다. 내적 감각 노출은 처음에는 별도로 시행해 보고, 그다음에는 다리 위로 운전하는 동안에 동시에 진행함으로써 소거를 심화시켜 안전학습을 최적화한다.

반응방지 시행
IMPLEMENTING RESPONSE PREVENTION

회피가 주된 안전행동일 때, 반응방지에 대한 정교한 계획이 필요치 않을 수도 있다. 그러나 위에서 논의한 바와 같이 일부 환자들은 두려운 환경에서 안전감을 느끼기 위해 다소 미묘한 상황 내 안전 단서와 안전행동에 의존한다. 이 경우 이러한 교묘한 수단과 안전 단서 없이 노출을 수행해야 한다. 또한, 이전의 예에서 기술한 대로 치료자는 말로 안심시켜주지 않고 환자가 위험한지 스스로 되새겨보도록 촉구해야 한다.

힌트, 팁, 잠재적 함정
HINTS, TIPS, AND POTENTIAL PITFALLS

치료실을 떠나 맥락을 다양화하기 *Leaving the Office and Varying the Context*

환경 공포의 치료는 보통 노출 실습의 맥락을 다양하게 하기 위해 진료실 밖으로 나갈 것을 요구한다. 즉, 노출을 다양한 다리, 에스컬레이터, 고층 빌딩, 넓은 들판, 터널, 옷장, 영화관 같은 여러 장소에서 실행할 필요가 있다. 비록 처음에는 치료자가 보조하는 노출이 필요하지만, 치료가 진행되고 환자가 노출 시도를 만족스럽게 실행하는 방법을 배우고 나면 다양한 환경에서 스스로 실습할 수 있다.

심한 경우 환자는 집에 갇혀 치료 회기에 참석할 수 없을 수도 있다. 이런 경우 치료는 환자의 집에서 시작해야 할 수도 있다. 그러나 집이라는 맥락에서만 안전학습이 일어나는 것을 방지하기 위해 처음에는 안전 단서나 안전행동을 허용하더라도 가능한 한 빨리 진료실을 포함한 다른 조건에서 노출 실습을 진행하도록 한다. 집에서 멀리 떨어져 있을 수 있는 시간 또는 집으로부터 얼마나 멀리 벗어날 수 있는지에 대한 환자의 예상을 반복적이고 체계적으로 반증하기 위해 기대 추적을 사용할 수 있다.

최종적으로 진료실 밖에서의 작업은 법, 비용, 안전과 관련된 문제를 유발할 수 있다. 특히 운전 노출처럼 환자와 동승해 운전하는 상황일 경우 이런 문제가 발생할 수 있다.

치료자는 지역의 법규, 비용 청구와 관련된 법규, 협회 규정 및 스스로의 보험 정책 등과 친숙해져야 한다. 예를 들어 치료자가 환자를 책임지고 차에 태워서 진료실 밖으로 이동하기보다는, 진료실 밖 노출할 장소에서 환자를 만나기를 권한다.

상황 노출 실행이 가능하지 않을 때 When Situational Exposure is Impractical

환경 공포에 대한 상황 노출은 때때로 치료자가 시간적, 공간적인 이유로 참여할 수 없는 어려운 점이 있다. 예컨대, 노출을 하기 위해서 환자가 집 밖에서 하룻밤을 보내야 한다면, 치료자가 전체 과정을 감독할 수 없을 것이다. 대신에, 호텔에 들어가기를 돕는 것처럼 노출의 시작을 돕거나 전화, 문자, 또는 다른 매체로 환자와 연락이 가능한 상태로 노출을 진행할 수 있다. 환자가 비행을 두려워하는 경우 노출을 구현하기가 특히 어려울 수 있다. 실제in vivo 노출의 가능한 방법으로는 개인 비행사, 비행학교와 비행 약속 잡기, 비싸지 않은 비행기 표 구입하기, 계획한 휴가를 최대한 활용하기가 있겠다. 하지만, 비행에 대한 잘못된 인식에 대한 논의, 비행공포증 환자를 위한 자조 서적self-help book(Brwon, 1996), 비행기에서의 공황발작을 두려워하는 사람들을 위한 내부 공포 단서에 대한 내적 감각 노출이 실제 비행에 대한 반복적인 노출의 필요성을 줄이는 데 큰 도움이 된다는 것을 발견하였다.

천둥과 번개에 대한 공포를 가진 환자와의 작업처럼 때로는 노출 상황을 통제하는 것이 불가능할 수도 있다. 이런 경우 천둥과 번개가 칠 때 즉석에서 회기를 진행하거나 환자와 가족에게 다음에 폭풍이 올 때 어떻게 노출을 할지에 대한 분명한 지침을 주어야 한다. 일반적으로 치료자가 노출에 참석하지 않는다면, 환자가 실습을 주도할 수 있도록 철저히 준비시켜야 한다. 구체적으로 치료자는 노출을 수행하는 방법이 적힌 지침을 주고, 환자와 사전에 상상 혹은 관련된 노출을 하고, 계획된 노출에 대해 진료실에서 역할극을 해 볼 수 있다. 전화나 다른 연락 가능한 수단 또한 노출 이행에 도움이 될 수 있다.

사례 소개
CASE ILLUSTRATION

빌은 25세 회계사로 엘리베이터 공포에 대한 치료를 원했다. 그는 시작 시기는 모르지만, 고층빌딩이 많이 있는 큰 도시로 이사하고 나서 문제가 발생했다고 한다. 집은 1층 아파트로 이사할 수 있었지만, 직장에서는 두려움을 겨우 참고 엘리베이터를 타거나 안

되면 계단을 이용하였다. 치료자가 기능분석을 해보니, 작은 회의실과 욕실을 포함하여 여러 가지 밀폐된 상황이 빌의 불안을 촉발하는 것으로 밝혀졌다. 일반적으로 빌은 밀폐된 공간에 있으면 불안을 느끼기 시작하고, 과도하게 호흡하고, 산소가 부족해져 의식을 잃거나 죽기 전에 탈출할 수 없을 거라 두려워했다. 엘리베이터에 대한 공포는 갇히고 추락하는 것도 포함되었다. 그의 공포가 진료실 안에서는 해결할 수 없다는 사실을 고려해서, 빌과 치료자는 4시간의 단일 치료 회기 동안에 노출치료를 완료할 계획을 세웠다.

처음 진료에서 치료자는 빌에게 노출치료의 요점은 엘리베이터를 비롯한 다른 밀폐된 장소와 그로 인한 불안 경험 둘 다 안전하고 견딜 만하므로 피할 필요가 없다는 점을 학습하는 데에 있다고 말했다. 불안의 근본적인 특성으로 투쟁-도피 반응, 신체 내에 있는 생명 보호 기전 등 교육적 정보에 대해서도 논하였으며, 그 뒤 다음의 노출 목록을 작성하였다.

노출 과제	SUDS
작은방의 안쪽 구석에 앉아 있기	25
작고 어두운 옷장에 머무르기	40
3층까지 엘리베이터 타기	65
사무실 건물의 최고층까지 엘리베이터 타기	75
공황이 올 것 같은 느낌을 촉발시키기	85
오래된 엘리베이터 타기	87
엘리베이터 고장 내려고 시도해 보기	90

진료실에서는 노출할 필요가 없었기 때문에 치료 회기를 위해 빌과 치료자는 시내 도서관에서 만났다. 도서관 열람실의 뒤쪽 구석에 앉아서 노출을 시작했다. 노출이 빌에게 그다지 힘들지 않다는 것이 명확해졌을 때, 치료자는 과호흡을 이용한 내적 감각 노출을 통해 엘리베이터나 다른 작은 공간에서 경험한 불안과 매우 유사한 각성으로 인한 신체 감각을 불러일으켰다. 치료자는 기대 추적 기법을 사용하여 각성을 감당할 수 있는 능력에 대한 빌의 기대가 바뀌는 것을 도왔다. 심지어 빌은 감각을 강화하기 위해 과호흡을 계속했는데 이는 그가 처음에 할 수 있을 거라 기대했던 것 이상이었다. 빌이 불안으로 인한 각성을 견딜 수 있다고 확신했을 때, 스스로 작은 일인용 화장실에 들어가서 불을

끄고 갇혀 있어 보기로 했다. 또다시 기대했던 것보다 오래 그 상황에 머무를 수 있었고, SUDS 수치는 공포가 습관화되고 있음을 나타냈다. 더 중요한 것은 작은 방에서 약 한 시간 실습한 후, 빌은 불안에 대한 그의 믿음이 바뀌었다고 말했다. 그는 이 느낌을 견딜수 있고, 실제로 어떤 위협도 없다는 것을 알아차렸으며 엘리베이터를 직접 탈 준비가됐다고 말했다.

첫 노출은 엘리베이터로 3층까지만 가면 되고, 붐비지 않았기 때문에 도서관에서 시행했다. 빌과 치료자는 1층에서 3층으로 올라가기 시작했다. 짧은 탑승이었기 때문에, 빌은 할 만하다고 생각했다. 따라서 다음 단계로 빌과 치료자는 빌의 불안이 감소할 때까지 내리지 않고 엘리베이터를 타고 위아래로 왕복했다. 빌은 처음에 세 번까지만 견딜수 있을 것이라고 예측했다. 하지만 기대치를 뛰어넘었고, 일곱 번 왕복을 한 후엔 이완되기 시작하면서 엘리베이터에 '갇히는 것'에 대한 불안이 습관화되었다(앞서 논의한 대로 습관화는 공포에 직면하다 보면 일어나는 좋은 '부수 효과'이지만 노출 자체의 성공을 의미하지는 않는다). 노출이 끝날 무렵, 빌은 처음에는 엘리베이터 안을 이리저리 걸어보고, 그다음에는 펄쩍 뛸 만큼 자신 있게 엘리베이터 추락에 대한 공포를 시험해보았다. 엘리베이터 안에서 걸어 다니거나 뛰기는 이전에는 사고를 일으킬 거라고 예상했던 행동이었다. 이 공포를 반증한 후에, 빌과 치료자는 그가 피해온 20층 사무실 건물에서도 유사한 단계를 되풀이했다. 마침내 그가 특별히 안전하지 않다고 의심했던 오래된 엘리베이터가 있는 빌딩에서도 노출을 진행했다. 이 빌딩의 엘리베이터는 사람들이 항시이용하고 상대적으로 붐벼서 빌이 갇힌 느낌을 받게 하는 곳이었다. 초기에는 노출 실습 동안 엘리베이터에서 내리지 않는 것에 대해 다른 사람들이 이상하게 볼까 봐 걱정했지만, 사람들은 자기 일에만 신경 쓰고 거의 의식하지 않는다는 걸 빨리 알아차릴 수 있었다. 하지만, 엘리베이터에서 뛰는 것은 혼자 있는 상황으로 제한했다.

4시간의 회기 끝에 빌은 엘리베이터를 훨씬 더 자신 있게 탈 수 있었고, 산소가 고갈될 것이라는 공포에는 근거가 없다는 것을 깨달았다. 치료자는 그에게 매일 실습하고 필요한 것보다 더 높은 층까지 엘리베이터를 타고 가 보도록 격려했다. 치료 회기가 끝나고 약석 달 후에 빌은 경과 관찰을 위해 방문했다. 그는 정기적으로 엘리베이터를 타고 다녔고, 심지어 아파트 10층에 사는 여자와 사귀기도 했다.

추가 참고 문헌 ADDITIONAL RESOURCES

Craske, M. G., Antony, M. M., & Barlow, D. H. (2006). *Mastering your fears and phobias: Therapist guide* (2nd ed.). New York: Oxford University Press.

사회적 상황
Social Situations

임상 양상
CLINICAL PRESENTATION

사회불안이 있는 사람 중에는 대중 연설이나 공중화장실에서 소변을 보는 것과 같은 한두 가지 국한된 상황을 두려워하는 경우도 있지만, 대개는 다른 사람이 주목하고 사회적 비판이나 창피를 당할 수 있는 *다양한* 사회적 상황을 두려워한다. 사회불안으로 인한 고통과 장애의 범위는 대중 연설 공포가 있음에도 기능 수준이 높은 사람에서부터 광범위한 사회불안으로 업무, 친구 사귀기, 데이트가 근본적으로 불가능할 뿐 아니라 집을 나설수조차 없는 사람에까지 이른다. 표 9.1은 사회불안의 간략한 개요이다.

노출치료의 기초
BASIS FOR EXPOSURE THERAPY

개념화 Conceptualization

인지행동 모델에서는 부적응적 신념과 안전행동으로 인해 사회불안이 지속된다고 강조한다(Clark & Wells, 1995; Rapee & Heimberg, 1997). 사회불안을 가진 사람은 *자기 자신*은 사회기술이 매우 부족하고, *다른 사람*들은 매우 비판적이고 판단적이라고 보는 경향이 있다. 그들은 다른 사람이 자신을 특별히 주목하고 있고, 떨림과 발한과 같은 불안의 증후, 외모의 결함, 심지어 말이나 행동에서 보이는 사소한 결점을 알아차리고 판단할 확률이 높다고 믿는 경향이 있다. 따라서 사회불안이 있는 사람은 다른 사람들이 자신의 실수나 단점을 감지하고, 그것으로 자신을 부정적으로 평가하지 않을까 걱정한다.

표 9.1 간략한 개요: 사회적 상황에 대한 공포

공포유발 자극
- 대인 관계
- 동년배와 같이 환자가 두려워하는 특정 유형의 사람
- 공공장소
- 수행performance 상황
- 타인의 평가
- 당황할 가능성
- 공공연하게 드러나는 불안 관련 증상

전형적 예
- 모임, 수업, 전화로 타인과 상호 작용하기
- 상사, 경찰, 교사와 같은 권위적 인물 또는 매력을 느끼는 사람을 대하기
- 레스토랑, 바와 같은 장소에서 사교 모임
- 다른 사람들 앞에서 연설, 건배사, 운동 경기하기

공포 기반 신념
- '모든 사람들이 날 비판하고 판단하며, 그저 내가 망치기만을 기다리고 있어.'
- '다른 사람들은 내가 멍청하고, 덜 떨어지고, 따분하다고 생각하고 있어.'
- '다른 사람들 앞에서 긴장하면, 나를 무능하다고 생각할 거야.'
- '다른 사람 앞에서 실수하면 나는 도무지 견딜 수 없을 거야.'
- '나는 당황하고, 사람들이 날 오해하고, 싫어하는 느낌을 견딜 수 없어.'
- '불안 때문에 사람들 앞에서 웃음거리가 될 거야.'

안전행동
- 두려워하는 대인 관계 및 수행 상황을 회피
- 눈맞춤 같은 상호 작용을 최소화
- 불안 증상을 숨기기 위해 주머니에 손 넣기; 외모 '결함'을 숨기기 위해 옷 껴입기; 수염 기르기, 모자 쓰기, 선글라스 쓰기 등
- 술이나 약물(예: 마리화나) 사용하기

DSM-5 진단 범주
- 사회불안장애
- 회피성 인격 장애

치료 개요
- 전형적인 치료 기간 : 12회기 개인 치료
- 평가와 심리교육으로 시작함
- 3 내지 4회기에 상황 노출을 시작함

- 이후 회기에 사회적 실수 노출을 사용함
- 내부자극 노출과 상황 노출의 결합을 고려함
- 일단 노출 실습이 시작되면 안전행동을 줄임
- 객관적으로 사회적 관계를 저해할 가능성이 있는 결핍이 있을 때 사회기술 훈련을 고려함

장애물
- 동반된 우울
- 사회기술의 부족
- 치료자의 사회불안

비난이나 거절이 생명을 위협할 일은 거의 없지만 사회불안 환자는 '당황스러워 죽을 것 같다'라며 부정적 평가를 마치 심각한 부상이나 죽음과 같은 수준의 재앙으로 인식한다.

부정적 평가가 일어날 가능성이 매우 높고 그 대가는 심각할 것이라는 믿음은 공포를 유발하고 여러 가지 인지, 행동, 생리적 징후를 가져오는데, 이는 역설적이게도 부정적인 평가를 받게 만들까봐 환자가 두려워하는 홍조, 떨림, 말더듬, 배뇨 곤란 증상을 더 악화시킬 수 있다. 다른 사람들에게 주목받거나, 멍청해 보이거나, 부정적으로 평가받을 가능성을 줄이기 위해 회피와 상황 내 안전행동을 사용한다. 이러한 행동을 하면 환자가 스스로 실수나 불완전하다고 생각하는 부분에 대해 다른 사람들은 대개 관심이 없다는 사실을 배우지 못해 과도한 사회불안이 지속된다. 또한 사회적 실수로 인한 불안과 그로 인한 부정적 평가는 일시적이고 감당할 수 있다는 점도 배우지 못한다.

더불어 사회불안 환자는 당황하고 거부당할까 봐 두려워서 다른 사람이 비판할 만한 사항이 있는지 살피기 위해 자신의 행동, 외모, 신체 감각에 각별히 주의를 기울인다. 이를 비판적인 타인의 관점으로 자신을 보는 '관찰자 관점observer perspective'이라고 한다(Wells, Clark, & Ahmad, 1998). 관찰자 관점의 부작용으로 인해 사회불안 환자는 자신이 관심의 중심에 있고, 다른 사람들이 자신의 사적인 인지, 감정, 신체 경험을 들여다보는 것처럼 생각한다. 또한, 이러한 자기초점적 주의self-focused attention로 인해 환자는 다른 사람들이 부정적으로 반응하고 있지 *않다*는 것, 그리고 많은 경우 *무관심*하거나 심지어는 문제가 될 만한 것이 있어도 전혀 눈치채지 못한다는 사실을 종종 알아차릴 수 없게 된다.

노출치료 동안 학습해야 할 사항 What Must Be Learned during Exposure Therapy
사회불안을 이해하는 이러한 틀은 명확한 치료 방법을 제시하고 있다. 노출치료는 환자

가 두려워하는 사회적 상황에 다가가서 안전행동을 사용하지 않고, 기존의 공포 기반 신념과 가정을 반증하는 새로운 정보를 얻는 안전학습을 도와야 한다. 노출을 통해 새롭게 배우는 첫 번째 유형의 정보는 일반적으로 다른 사람들이 사회적 상황에서 환자를 별로 주목하지 않으며, 드러내고 비난하거나 비웃는 경우는 드물다는 것이다. 노출로 배우는 안전학습의 두 번째 유형은 이보다 중요할 수 있다. 그것은 다른 사람들에게 부정적으로 평가받는 것이 비록 일시적으로 불편하다 할지라도 실제로는 견딜 수 있다는 점이다. 이는 일부러 바보 같은 질문을 하거나 단어를 틀리게 발음하는 등 사회적 실수로 여겨지는 활동을 의도적으로 하는 노출 실습을 통해 배울 수 있다. 마지막으로 사회적 노출에 자주 참여하는 기회를 통해 눈맞춤과 대화를 시작하고 끝맺는 방법 등 자신의 사회기술을 만들고 자신감을 얻을 수 있으며, 사회적 상황에 불안을 느끼고 있을 때에도 자신의 행동이 처음에 생각했던 것만큼 형편없지는 않다는 점을 배운다. 하지만 일부 환자에게는 치료의 일환으로 별도의 사회기술 훈련이 필요할 수도 있다. 안전행동이 환자가 두려워하는 결과를 막는 데 필요하지 않다는 점을 학습하기 위해 의식을 제한하는 것은 노출치료에서 필수적이다. 이는 또한 불안과 공포를 경험하는 동안에도 *충분히 적절하게* 기능할 수 있음을 알게 하고, 환자가 상황에 더 적절한 사회기술을 개발하도록 돕는다.

기능 평가
FUNCTIONAL ASSESSMENT

표 9.2에 사회불안의 기능 평가 시 개별 변수에 대한 전형적 예가 있다. 다음 절에 이 변수들을 자세히 설명한다.

공포 단서 *Fear Cues*
외부 상황과 자극 *External Situations and Stimuli*
사회불안 환자는 다른 사람들과의 관계 또는 자신의 수행을 평가받는 상황을 두려워한다. 수행에는 공공장소에서 운동하기, 우편물에 사인하기, 밥 먹기, 밖에서 걷기 등 보는 사람이 있을 때 행하는 모든 행위를 포함한다. 이 중 특히 더 불안한 상황에는 연설하기, 구직 면접하기, 다른 사람이 있는 곳에서 화장실 사용하기, 연애 상대에게 데이트 요청하기, 파티 참석하기 등이 있다. 또한, 수업 중에 손들고 대답하거나 모임에서 발언하는 등 다른 사람들의 주목을 받는 상황에서 불안이 촉발된다. 가게에서 물건을 환불하는 것처럼 남을 불편하게 하거나 갈등을 경험할 수 있는 상황에서도 불안해진다. 집에 혼자 있어도 불안할 수 있다. 예를 들면 25세 여성 환자는 자기 목소리가 어색하고 전화 건 사람에게 부정적 평가를 받을까 봐 전화 받기를 두려워했다.

내부 단서 *Internal Cues*

사회불안 환자들은 흔히 불안을 경험하게 되면 수행 능력이 떨어지거나 다른 사람이 알게 되어 창피당하고 부정적 판단을 받을까 봐 걱정한다. 흔한 내부 공포 촉발인자는 심장 두근거림, 숨 가쁨, 식은땀 등이다. 불안은 떨림, 홍조, 배뇨 곤란, 목소리가 떨리거나 더듬고, 환자들이 '얼어붙었다'고 표현하는 말문이 막히는 형태로 드러난다. 따라서 사회불안의 이러한 측면을 평가하는 것이 중요하다.

표 9.2 한눈에 보는 사회불안의 기능 평가

매개변수	흔한 예
공포 단서	
외부 상황과 자극	대인 관계, 수행 상황, 다른 사람이 있는 모든 장소 특정 유형의 사람 (예: 좋아하는 이성, 권위적 인물)
내부 단서	다른 사람이 관찰할 수 있는 불안 관련 신체 감각 또는 반응
두려운 결과	부정적으로 평가받고, 당황하고, 비난받거나 거절당하는 것; 남들에게 불안하고, 바보 같고, 약하고, 재미없고, 무식해 보이는 것
안전행동	
회피 패턴	다른 사람이 볼 수 있거나, 다른 사람들 앞에서 상호 작용하거나 수행해야 하는 상황이나 장소
상황 내 안전행동	대인 관계를 하지 않거나 최소화하려는 시도; 불안 반응이 겉으로 드러나지 않도록 숨김; 주변에 사람이 거의 없을 때에 두려운 상황에 들어감; 술이나 약물 사용; 무슨 말을 할지 과도하게 예행연습
안전행동에 대한 신념	주목받거나 다른 사람들이 부정적으로 평가하는 일을 막을 수 있다.

두려운 결과 *Feared Consequences*

사회불안 환자 대부분의 근본적인 공포는 다른 사람들이 자신을 가혹하게 평가하고 비웃고 거부하지 않을까이다. 이 두려운 일은 여러 원인과 형태가 있다. 어떤 사람은 자신이 불안하고, 정신적으로 문제가 있고, 무식하고, 재미없고, 무례하고, 이상하고, 매력 없거나 비정상적인 사람으로 보일까 봐 걱정한다. 다른 사람은 불안으로 인해 사회 상황에서 미숙하게 행동하게 될까 봐 걱정한다. 자신에 대한 부정적 평가가 다른 사람들의 못마땅해하는 생각이나 기분, 어쩌면 노골적인 비웃음이나 차별을 통해 나타날까 두려워하기도 한다. 어떤 환자는 데이트 상대가 자신의 불안 문제를 알게 되면 거부할 거라고 걱정했다. 다른 환자는 불안해하는 모습을 보고 사장이 자신을 '이상하고' 능력이 부족하다고 생각해서 해고하지 않을까 두려워했다. 또 다른 환자는 교수가 화를 낼까 봐 걱정했다. 남성성을 강하게 내면화한 남자 환자들은 자신이 떨거나, 땀 흘리고, 얼굴을 붉히는 등 불안하게 보인다면 자기 감정을 조절하지 못하는 '약한 사람'으로 인식될까 봐 걱정된다는 말을 자주 했다.

안전행동 Safety Behaviors

회피 패턴 Avoidance Patterns

사회적 상황을 전반적으로 회피하는 것은 사회불안의 가장 분명한 징후이다. 환자들은 자신이 가장 신뢰하는 가족 구성원이나 친구를 제외한 어떤 사람에게도 말하는 것을 피할 수 있다. 마트나 쇼핑몰을 피하거나, 한밤중처럼 사람이 별로 없을 때만 밖에 나간다. 심한 경우 집을 나서지 못할 수 있는데 공황발작이 올까 봐 두려워서 못 나가는 광장공포증과 달리 다른 사람들의 부정적 평가가 두려워 나가지 못한다. 회피가 좀 더 한정적인 경우도 있다. 예를 들어 발표를 하지 않으면 졸업을 할 수 없음에도 불구하고 발표가 있는 수업을 미룬다. 남들 앞에서 소변보기가 두려운 남자 환자는 집 밖에 있을 때 혼자서 문을 잠그고 사용할 수 있는 화장실만 사용할 수 있으며, 다른 사람들이 있는 공공 화장실을 사용해야 하는 콘서트나 스포츠 경기는 가지 않는다.

상황 내 안전행동 In-Situation Safety Behaviors

회피가 여의치 않을 때, 사회불안장애 환자는 다른 사람에게 부정적으로 평가될 가능성을 줄일 수 있는 여러 가지 전략을 사용한다. 흔한 전략 중 하나는 발견되지 않기 위해 최대한 눈에 띄지 않는 것이다. 예를 들어 교실에서 뒷줄에 앉거나 쥐죽은 듯 있기, 첫 번째로 나서는 상황은 피하기, 눈맞춤 피하기, 질문을 받았을 때 가능한 말을 적게 하기, 작은 소리로 말하기, 화제를 자신이 아닌 다른 곳으로 돌리기 등이 있다. 동시에 비난을 피하려고 대인 관계에서 다른 사람에게 지나치게 정중하게 맞춰주려 한다. 눈에 보이는 불안 증상을 줄이기 위한 노력을 하기도 한다. 예를 들어 떨리는 손을 주머니 속에 넣거나, 얼굴이 붉어지는 것을 감추기 위해 화장을 하거나 수염을 기르며, 땀을 숨기기 위해 헐렁한 옷을 입는다. 무식한 말을 할 가능성을 줄이기 위해 연설이나 대화의 예행연습을 지나치게 많이 한다. 불안을 줄이고 편하게 대화하기 위해 술이나 약물(예: 마리화나)을 사용할 수 있다. 어떤 경우 이러한 물질 사용은 그 자체로 임상적 문제가 된다.

안전행동에 대한 신념 Beliefs about Safety Behaviors

사회불안장애 환자는 흔히 회피와 상황 내 안전행동이 다른 사람들의 눈에 띄거나 부정적인 평가 또는 당황스러워질 가능성을 줄여줄 것이라 믿는다. 실제로 이를 통해 다른 사람들의 주목을 피할 수 있는 환자에게는 어느 정도 맞는 말일 수 있다. 하지만 역설적으로 일부 안전행동은 부정적으로 평가받을 가능성을 오히려 높인다. 예를 들어 환자가 대화하는 내내 눈맞춤을 피하고, 조심스럽게 말하고, 거의 말을 하지 않는다면 다른 사람들은 그를 이상하고, 사회적으로 미숙하고, 무식하고 비호감으로 볼 것이다.

노출치료의 근거 제시
PRESENTING THE RATIONALE FOR EXPOSURE THERAPY

노출치료의 근거는 기능 평가 동안 모은 정보로 만든 환자의 사례 개념화를 얘기하면서 시작한다. 치료자는 사회불안의 발생에 대해 (1) 자신이 사회적으로 무능하다는 비적응적 신념, (2) 사람들이 누군가의 결함을 세심하게 살피고 비난할 것이라는 과도한 예측, (3) 사회적 상황에서 끔찍한 불안과 당황스러움을 경험하면 감당하지 못할 것이라는 과대평가로 설명한다. 치료자는 이러한 환자의 신념에 대해 열린 마음으로 중립적 자세를 취하고, 노출이 사회적 상황이 실제로 그렇게 위협적인지를 정확하게 가늠할 수 있게 도울 수 있다고 강조한다. 그리고 안전행동으로 인해 (1) 다른 사람들이 자신의 사소한 사회적 실수를 알아차리고 판단하는지, (2) 간헐적으로 사회적 실수를 하게 될 때 겪는 불편감이 상상한 만큼 끔찍한지를 제대로 배우지 못하게 된다고 설명한다.

두려워하는 사회적 상황을 안전행동없이 마주함으로써 환자는 앞서 언급한 신념과 가정을 반증하고 사회적 접촉을 할 수 있는 경험과 자신감을 얻을 수 있다. 따라서 노출과 반응방지를 잘 수행하면 전형적으로 다음과 같은 사실을 깨달을 수 있다. (1) 나는 대체로 사회적 상황에서 충분히 적절하게 행동할 수 있다. (2) 사람들은 일반적으로 주변 사람들의 미묘한 행동에 무심하다. (3) 사람들은 일반적으로 다른 사람이 사회적 실수를 할 때 동정을 느낀다. (4) 간혹 사회적 실수를 하고 부정적 평가를 받는 것은 잠시 불편하지만 견딜 수 있다. (5) 사회적 상황에서의 불안은 일시적이고 감당할 수 있다.

음료수를 쏟거나 지인의 이름을 잊어버리는 등의 당황스러운 실례를 가끔 범하는 것은 피할 수 없음을 강조한다. 사회불안 환자들이 두려워하는 일은 가끔 실제로 일어난다. 따라서 노출을 통해 환자가 스스로 걱정한 것보다 유능하게 행동하고 부정적 평가를 받지 않기 *때문에* 사회적 상황이 '안전'하다고 배우는 것으로는 충분하지 않다. 이것으로는 불가피하게 일어나는 실제 사회적 실수를 대비할 수 없다. 그보다는 사회적 상황에서 미숙하고 바보처럼 행동하고, 당황스러움과 부정적 평가를 경험하더라도 감당할 수 있음을 배워야 한다. 노출치료는 환자가 다른 사람에게 바보같이 보임으로써 생기는 잠깐 동안의 불편감을 감당할 수 있다는 사실을 배우도록 도울 수 있다. 환자들이 사회적 상황에서 자신이 어떻게 행동했는지, 다른 사람들이 어떻게 반응했는지와 *상관없이* 공포 소거를 경험한 경우 장기적으로 가장 좋은 치료 결과를 보였다.

노출 실습 계획
PLANNING EXPOSURE PRACTICES

노출 목록 항목은 전형적으로 이전에 피했던 사회적 상황뿐만 아니라 자연적인 혹은 계획된 사회적 상황으로 구성하며, 환자의 공포 기반 신념과 예상을 반증하는 데 얼마나 도움이 되는지에 따라 선택한다. 두려운 결과가 무엇이냐에 따라 낯선 사람에게 시간을 내어 달라고 요청한다거나, 다른 사람 앞에서 글을 쓰는 것, 공공장소를 걸으며 다른 사람들과 눈을 맞추는 것 등을 과제로 선택할 수 있다. 또 다른 예로는 사람들의 주목 끌기, 특별히 불안을 유발하는 사람(예: 권위의 대상 또는 잠재적인 연애 대상)과 상호 작용, 상점에서 환불하기, 연설과 같은 수행 상황 등이 있다. 때때로 환자가 가장 두려워하는 상황은 구직 면접이나 데이트 신청과 같은 진지한 평가를 요하는 상황이다. 사회불안 환자는 당황스러움과 부정적 평가가 일어날 *가능성*과 그 결과의 *심각성* 모두를 과대평가하고 있다. 따라서 노출은 환자에게 이 두 가지 염려에 대한 안전학습의 기회를 제공할 필요가 있다. 환자가 유능하게 행동할 수 있음을 보여 주는 노출 작업은 환자가 어리석게 행동할 *가능성이 적다*는 것을 증명하는 데 유용하다. 하지만 사회불안 환자가 실제로 실수를 하거나 불안해 보이는 것에 대한 사회적 *대가*가 (1) 예상보다 적고, (2) 감당할 수 있다는 것을 배우는 것 또한 중요하다. 환자가 의도적으로 사회적 실수를 감행하는 노출은 사회불안 치료에서 단일 전략으로는 가장 효과적일 수 있다(Hofmann & Otto, 2008). 따라서 우리는 실제로 실수를 하고, 어리석게 보이고, 다른 사람들 앞에서 불안해하는 모습을 반복적으로 노출하기를 권한다. 표 9.3에는 다른 사람 앞에서 실제로 어리석게 보이는 상황을 포함하여 다양한 종류의 사회 공포에 대한 실습 목록이 제시되어 있다.

다른 사람 앞에서 불안해 보이면 부정적인 사회적 결과가 생길 것이라고 두려워하는 환자에게는 내적 감각 노출 또한 도움이 된다. 공포 소거를 촉진하기 위해 사회적 상황에 마주하기 전에 과호흡, 달리기, 숨 참기, 카페인 음료 마시기와 같은 작업을 해 볼 수 있다. 예를 들어 낯선 사람과 대화를 시작하기 전에 과호흡을 하거나, 사람들로 붐비는 체육관에서 러닝머신을 타볼 수 있다. 이외에도 상황 노출을 하면서 손떨림이나 말더듬과 같은 두려워하던 불안 관련 반응을 일부러 흉내 낼 수도 있다. 내적 감각 노출에 관한 자세한 정보는 11장을 참조하라.

노출 실습 진행하기
CONDUCTING EXPOSURE PRACTICES

일부 사회적 상황 노출은 기대 추적을 사용하여 두려워하던 결과에 대한 환자의 예상이 반증될 때까지 노출을 지속적으로 유지하는 방식으로 진행한다. 예를 들어 환자가 두려운 결과가 (예: 비웃음을 당함, 불안을 견디지 못함, '죽을 것 같이 당황스러움') 일어날 거라고 예상하는 시점을 넘어설 때까지 레스토랑에서 혼자 식사하고, 혼잡한 곳을 걷고, 공공 화장실에서 일부러 소변을 못 보는 척하면서 노출을 지속한다. 하지만 많은 상황 노출은 다른 사람들과 상대적으로 간단한 상호 작용을 하면 된다. 예를 들어 낯선 사람에게 몇 시인지 물어보거나, 신청서를 작성하거나, 붐비는 로비에서 동전 떨어뜨리기 등이다. 이 경우 매 시도마다 환자의 공포 기반 예측을 평가할 수 있고, 예측이 변하고 안전학습이 일어날 때까지 여러 가지 다른 상황에서 노출 실습을 반복할 수 있다. 즉 서로 다른 노출을 통해 환자의 신념과 예측을 검증하고, 예측이 깨짐에 따라 원래의 신념과 예측이 어떻게 변했는지 추적하고 논의할 수 있다.

표 9.3 사회불안에 대한 노출 실습의 예

걱정 유형	노출자극
공공장소로 나가기	혼잡한 가게에서 쇼핑, 콘서트나 스포츠 행사 참석, 공공장소에서 책 읽기, 체육관에서 운동, 공공장소를 다니면서 다른 사람들과 눈 맞추기
주목받기	수업 중 질문에 답하기, 다른 사람 앞에서 동전 떨어뜨리기, 큰 소리로 말하기, 장소에 맞지 않고 눈에 띄는 옷 입기(예: 챙이 넓은 모자, 어울리지 않는 복장)
다른 사람과 상호 작용	낯선 사람에게 말 걸기, 다른 사람에게 시간 물어보기, 가게 점원에게 말 걸기, 행사 참석, 집에 친구들 초대하기, 친구들과 전화하기, 모임이나 단체에 가입
다른 사람 앞에서 수행	사람이 많은 체육관에서 운동, 연설 하기, 건배 제의, 붐비는 레스토랑에서 혼자 식사, 다른 사람이 보는 앞에서 서명하거나 신청서 양식 기입, 모임에서 발언 하기, 구직 면접
다른 사람 앞에서 불안을 드러내기	(1) 말더듬, 잠시 침묵, 중얼거리기를 하면서; (2) 격렬한 운동 직후에; (3) 땀이 난 것처럼 보이기 위해 셔츠 겨드랑이 부위에 물을 뿌린 채로; (4) 남들이 알아차릴 정도로 손을 떨거나 흔들면서 다른 사람들과 만나거나 공공장소에 가기
갈등	환불하기, 레스토랑에서 음식이 마음에 들지 않는다며 돌려 보내기, 1차선에서 천천히 차 몰기, 물건을 사면서 돈을 가져오지 않은 척하기, 사람들이 뒤에 기다리는 상황에서 ATM 기기 천천히 사용하기
멍청하게 보이기	뻔한 장소를 두고 길 묻기, 레스토랑에서 없는 것이 분명한 메뉴 시키기, 수업 중 질문에 틀린 답하기, 대화 중 일부러 단어를 틀리게 발음하기, 복잡한 곳을 걸어가다 일부러 미끄러지거나 넘어지기, 쇼핑몰 바닥에 동전 한 움큼 떨어뜨리기, 돈이 부족한데 물건 구매하려고 시도하기, 낯선 사람과 얘기하면서 가능한 한 지루하게 또는 바보 같은 말하기, 공중 화장실 소변기에 서서 소변을 볼 수 없는 척하기(남성 환자에서), 복잡한 엘리베이터를 타고 지나가는 층수를 큰 소리로 외치기

실제로는 치료자의 도움을 받으며 사회적 상황 노출을 수행하는 것이 불가능할 수 있다. 환자는 혼자 힘으로 업무 미팅에서 발언하고, 수업 중 대답하고, 회식에서 동료와 이야기하는 노출을 수행해야 한다. 창조적인 치료자는 외부에서 과제로 내줄 수밖에 없는 사회적 상황을 회기 내에서 흡사하게 만들어 낼 수 있다. 이를 위해 동료나 진료실 직원처럼 같이 일하는 사람에게 대화 상대 또는 관객이 되어 주도록 협조를 구한다. 이러한

방식으로 환자는 호감 가는 사람에게 질문하거나, 구직 면접을 하는 것과 같은 노출 실습을 '실제 세계'에서 하기 전에 회기 내에서 미리 해 볼 수 있다. 회기 내 연습을 하는 동안 당황스러운 결과를 시뮬레이션하기 위해 치료에 협조하는 사람이 거절과 같은 부정적 반응을 적정 수준의 강도로 조절해서 반응하게 할 수 있다. 회기 내 실습에서 주변 사람들을 이용하면 환자가 원하는 경우 자신의 수행에 대해 객관적이고 도움이 될 수 있는 피드백을 받을 수 있다는 이점도 있다.

사회불안에서 집단 치료는 개인 치료와 비교하여 집단 구성원을 동원하여 *실제* 노출을 도입할 수 있고, 환자가 다른 구성원들의 지지와 피드백을 받을 기회를 가질 수 있으며, 치료 회기에 참석하는 것만으로도 노출의 효과를 볼 수 있다는 이점을 갖는다. 반대로 집단 치료는 어쩔 수 없이 치료자가 개별 환자에게 많은 관심을 가질 수 없다는 단점도 있다. 연구에 따르면 집단 치료와 개인 치료 모두 효과가 있다. 따라서 어떤 양식을 선택할지는 집단 치료를 도입할 만큼 충분한 수의 환자를 모집할 수 있는지와 같은 현실적인 요인에 달려 있다고 할 수 있다(예: Fedoroff & Taylor, 2001).

사회불안 환자는 사회적 상황에서 주변 사람보다 자기 자신의 반응에 신경을 쓰는 경향이 있는데 이로 인해 노출 중 학습을 방해할 가능성이 있다. 환자가 자신의 말이나 불안한 각성에만 주의를 집중하다 보면 복잡한 로비를 통과해서 걸어갈 때 남들이 자신에게 관심을 두지 않는다는 점이나 음료수를 쏟았을 때 사람들이 비판적이기보다는 동정적이라는 점 등을 관찰하지 못할 수 있다. 아래의 대화는 34세 환자에게 노출을 준비시키는 과정이다.

치료자 얘기했듯이 우리는 지금 진료실과 병원을 잇는 통로로 나갈 겁니다. 거기에는 모임이나 약속 때문에 바쁘게 움직이는 사람들이 많습니다. 당신이 할 일은 그중 몇 명에게 다가가서 "잠깐만요. 지금 몇 시죠?"라고 묻는 것입니다. 당신은 시계를 차고 있고, 당신이 서 있는 곳 바로 옆에 커다란 시계가 있습니다. 어떨 것 같으세요?

환자 꿈 무섭네요. 그런 멍청한 질문으로 자신들의 시간을 허비했으니 나한테 아주 화가 날 수 있겠죠.

치료자 글쎄요. 어떻게 될지 한번 알아보죠. 노출의 요점은 새로운 것을 배우는 것임을 기억하십시오. 정확히 어떤 일이 일어날 것이라 예측하시나요?

환자 자신들의 시간을 허비하게 만든 저에게 화를 낼 것 같습니다. 나를 바보라고 생각할 거고요. 저는 너무 당황스러워서 어쩔 줄 모르게 될 것 같아요.

치료자 그렇다면 이 노출로 당신은 두 가지 사실을 배우게 될 겁니다. 첫째는 시간을 물었을 때 실제로 다른 사람이 당신을 멍청하게 생각하며 화를 낼지 안 낼지, 둘째는 만약 진짜 다른 사람이 화를 낸다면, 그때의 당황스러움이 실제 얼마나 끔찍할지에 대한 것입니다. 이해되시나요?

환자 네, 지난번 노출 때 로비에서 아무에게나 "안녕하세요?"라고 말했던 것과 비슷하네요.

치료자 바로 그겁니다. 그런데 우리에게 독심술이 있는 것이 아니잖아요. 사람들이 당신에게 부정적으로 반응한다는 것을 어떻게 알 수 있을까요? 무엇을 보아야 할까요?

환자 멍청한 놈이라고 생각하고 대답하지 않고 지나칠 수 있겠죠. 만약 가던 길을 멈춘다면 화가 난 것일 수 있고요.

치료자 화가 났다면 어떻게 보일까요? 화가 났는지 어떻게 알 수 있을까요?

환자 소리치거나 눈을 부라릴 수 있겠지요. 성난 표정 말이죠. 어쩌면 시계를 가리키면서 나더러 저것도 안 보이냐고 말할 것 같아요.

치료자 네 아주 좋아요! 그런 것들을 눈여겨봅시다. 사람들의 얼굴과 몸짓을 보고, 당신에게 어떤 말을 하는지 들어봅시다. 그들이 어떻게 느낄지에 대한 우리의 생각은 무시하고, 대신 당신에게 어떻게 행동하는지에 초점을 둘 것입니다. 마지막으로 사회적 상황에서 불안을 느낄 때 자신에게 집중하는 경향이 있다는 얘기를 한 적이 있죠. 당신은 본인의 목소리가 어색하거나 바보처럼 말하고 있지는 않는지 걱정하고, 손이 떨리는지 살피려고 손에만 신경을 씁니다. 노출 중에 자신에게만 신경을 쓴다면 어떤 문제가 생길까요?

환자 좋습니다. 나 자신에게 너무 빠져 있으면 다른 사람이 어떻게 반응하는지 알아차리기가 쉽지 않죠.

치료자 맞습니다. 노출치료를 하며 무언가를 배울 수 있는 유일한 방법은 다른 사람들이 당신에게 어떻게 반응하는지를 알아차리는 것입니다. 이는 당신이 말을 할 때 다른 사람과 눈을 맞추고, 상대방이 하는 말을 듣고, 상대방의 표정과 몸짓에 관심을 기울여야 한다는 뜻입니다. 그렇게 해야 그들이 당신에게 화가 났는지, 멍청하다고 생각하는지 알 수 있을 것입니다. 시작할 준비가 되셨나요?

반응방지 시행
IMPLEMENTING RESPONSE PREVENTION

불안한 환자의 삶은 종종 회피로 점철되어 있다. 노출 치료는 환자들이 노출 회기 동안 배운 인지행동 기술을 일상생활에서도 실행하는 만큼만 효과가 있다. 이를 위해 회피 행동과 더불어 사회적 맥락에서 사용하던 수많은 상황 내 안전행동과 불안 대처전략을 멀리할 필요가 있다. 눈맞춤을 피하는 것과 같은 일부 안전행동은 흔히 모든 사회적 맥락에서 사용된다. 계속 눈맞춤을 피하면 노출 과제 동안 안전학습을 방해함으로써 개선을 막는다.

사회불안 환자의 안전행동은 은밀해서 치료자가 알아차리지 못할 수도 있고, 심지어 환자 자신도 모를 수 있다. 예를 들면 눈맞춤 피하기, 작게 말하기, 헐렁한 옷 입기, 말할 내용 예행연습하기, 주제를 본인에게서 다른 쪽으로 돌리기 등과 같은 것이 있다. 무조건 사과하고, 치료 회기에 일찍 도착하며, 남을 칭찬하거나, 아무리 작은 것이라 하더라도 자기주장을 하지 않는 등 다른 사람들의 눈에는 분명 양심적이고 친절한 행동일지라도 부정적 평가를 막으려는 시도일 수 있다. 치료자는 은밀한 안전행동을 살펴 이를 환자와 얘기해야 한다. 많은 안전행동에는 대인 관계 속성이 있음을 고려했을 때 환자가 치료자-환자 관계에서도 이를 사용할 수 있음을 알고 있어야 한다. 이런 행동이 보이면 치료자는 안전행동으로 의심된다고 강조하고, 안전행동을 줄이는 데 성공하면 강화해준다. 무책임하게 보일까 봐 습관적으로 치료 시간 30분 전에 도착하는 44세 환자의 경우, 이것이 안전행동으로 보인다고 치료자와 얘기를 나눈 후 다음 회기에 5분 늦게 도착한다면 치료자가 칭찬해 줄 수 있다.

힌트, 팁, 잠재적 함정
HINTS, TIPS, AND POTENTIAL PITFALLS

동반된 우울 Co-occurring Depression
우울감은 사회불안과 종종 동반되고, 노출치료의 동기를 떨어뜨리며, 사회적 거부에 관한 걱정을 키우고, 노출 동안 학습을 저해한다(Wilson & Rapee, 2005). 환자에게 사회불안과 우울감이 모두 있을 때 치료자는 둘 중 어느 것을 먼저 다룰지 잘 생각해 봐야 한다. 환자가 사회불안 때문에 우울감이 생겼다면 사회 공포를 먼저 다루기를 권한다. 호프만Hofmann과 오토Otto(2008)는 두 가지 문제를 모두 가지고 있는 환자에게 노출치료를 시행할 때 다음과 같은 몇 가지 전략을 권했다. 예를 들어 친구와 같이 영화 보기처럼 즐거움을 줘 행동을 활성화할 수 있는 노출 과제를 제시할 수 있다. 또, 신체 운동과 같은 건강하고 즐거운 느낌을 줄 수 있는 비사회적 활동을 처방하는 것도 고려해야 한다. 노출 과제의 성과를 평가하고 진전을 인정하는 데 어려움이 있는 환자를 돕기 위해 추가적인 인지 재구조화가 필요할 수 있다. 반대로 우울한 기분이 주된 문제이거나 우울감으로 노출 실습을 진행하기 어렵다면 사회불안에 대한 노출을 시도하기 전에 동기 저하, 자신과 세상 그리고 미래에 대한 과도하고 일반화된 부정적 믿음과 같은 증상을 행동 활성화나 인지치료를 통해 다루는 것이 필요할 수 있다.

사회기술 결핍 Social Skills Deficits

사회불안 환자들은 자신의 사회기술을 지나치게 부정적으로 평가하는 경향이 있으며 때로는 자신이 좋은 인상을 줄 수 있을지, 다른 사람의 기대에 부응할 수 있을지 의심한다. 하지만 사회불안 환자들의 대부분이 실제로 사회기술의 결함이 있다는 증거는 부족하며(Stravynski & Amado, 2001), 가끔씩 나타나는 미숙한 사회 행동은 부정적 인지, 신체 각성, 사회불안과 관련된 안전행동의 산물일 가능성이 있다. 따라서 노출치료에서 직접적인 사회기술 훈련 기법을 넣는 것은 필수적이지 않다. 노출 과제를 하면서 사회기술을 자주 실습하게 되고, 치료 후반부에는 대부분의 환자가 스스로 대인 관계나 수행 기술이 늘어났다고 하는 것을 고려해 볼 때 사회기술 훈련 기법이 통상 필요한 것은 아니다.

하지만 일부 환자에서는 의사소통 기술의 결함이 분명히 있다. 대인 관계를 습관적으로 회피하고 상황 내 안전행동을 사용하다 보면 환자들은 눈을 맞추고 대화를 이어가고, 적절한 신체 언어를 보여 주는 기본적인 사회기술을 실습할 기회를 갖지 못하게 될 수도 있다. 기본적으로 이런 경우에는 환자가 적절한 사회 행동을 보여 줄 능력이 있지만, 사회불안 때문에 이를 실습하고 적용하지 못하고 있다고 가정한다. 따라서 이런 사람에게 노출 과제는 공포 예상을 깨는 수단이자, 사회기술을 실습하는 수단으로 사용할 수 있다. 노출 과제를 수행하기 전에 대화를 시작하고, 눈맞춤을 하고, 적당한 크기의 목소리로 말하고, 웃음 등 신체 언어를 쓰고, 타협하고, 자기주장을 어떻게 하는지와 같은 사회기술을 예행연습 함으로써 도움을 받을 수 있다.

치료자의 사회불안 Therapist Social Anxiety

노출 과제를 하기 전에 치료자에게 시범을 보여 달라고 하는 경우가 흔히 있다. 이런 요구는 대개 노출 수행에 대한 공포나 주저함에서 비롯된다. 또 다른 경우에는 사회적 상호 작용에서 어떻게 행동하는지 실제로 보고 도움을 받기 위해 시범을 요구하기도 한다. 우리는 많은 사회불안 환자를 치료하면서 낯선 사람과 대화하면서 이해할 수 없는 말을 중얼거리고, 음료수를 쏟고, 복잡한 가게에서 동전을 떨어뜨리거나, 아이스크림 가게에서 피자를 시키는 것 같은 황당한 주문을 하는 등 의도적인 사회적 실수를 시범으로 보였다. 이러한 노출은 치료자로서도 다소 당황스럽고 때로는 불안해 지지만 기꺼이 그리고 침착하게 수행하는 모습을 보이면 치료를 촉진시킬 수 있다. 그러나 치료자가 사회불안을 가지고 있는 경우도 흔해서 어떤 치료자는 이러한 행동에 준비되어 있지 않을 수있다. 따라서 사회불안 환자와 작업을 하기 전 치료자는 노출을 통해 자기 자신의 사회적 염려를 일부 다루어 보는 것이 도움이 될 수 있다. 이렇게 함으로써 치료자가 자기 자신도 하기 싫은 행동을 환자에게 할 필요가 있다고 설명할 때 오는 어색함을 미연에 방지할 수 있다.

사례 소개
CASE ILLUSTRATION

마리아는 어릴 적 내내 심한 사회불안으로 고통받고 놀림당했던 24세 의대생이다. 그녀는 인원이 많아 자신이 눈에 띄지 않을 수 있는 학부 수업만 골라 듣는 등 대인 관계를 회피하고 스스로를 사회적으로 고립시키며 살아왔다. 뛰어난 학생이었던 마리아는 의과대학에 입학하였는데 학생 수가 너무 작아 이제 더 이상 자신을 드러내지 않고 지낼 수 없음을 알게 되었다. 교수님은 자주 질문을 던졌고, 친구들은 자꾸 인사하면서 친하게 지내자고 다가왔다. 1학기가 끝날 무렵 그녀는 휴학계를 내고 사회불안을 치료하기 위해 찾아왔다.

기능 평가를 통해 특히 다른 사람이 자신의 불안 증상, 그 중에 주로 땀 흘리는 모습을 보면 어떡하나 두려워한다는 것을 알게 되었다. 다른 사람이 그녀에게 관심을 쏟다 보면 이러한 '결점'을 쉽게 알아차릴 것이며, 조롱하고 비웃거나 의대생으로 부적합하다고 생각할 것이라고 믿었다. 마리아는 여러 다양한 안전행동을 보였는데 땀 흘리는 것을 숨기기 위해 헐렁한 옷을 입는다거나, 발표 예행연습을 과도하게 하고, 눈맞춤을 피하고, 대인 관계 상황을 가능한 한 피하려 하였다. 다행히 그녀는 첫 회기 말미에 치료자가 제시한 사회불안의 인지행동 모델을 이해했다. 그녀는 치료에 매우 적극적이었고 가능한

한 빨리 학교로 돌아가고 싶어 했다.

첫 번째와 두 번째 회기를 통해 마리아는 자신의 과장된 신념, 신체 감각, 불안한 느낌과 안전행동 간의 연관을 이해할 수 있도록 자기 검토 기록지를 작성해 왔다. 여기에서 불안 관련 신체 감각에 주의를 기울이면서 부정적 평가에 대한 걱정이 생기고, 이로 인해 불안이 증가하고 안전행동을 사용하게 되며 궁극적으로 안전행동을 했기 때문에 겨우 남들의 비웃음을 피할 수 있었다는 확신에 이르기까지 분명한 패턴이 드러났다. 정식 인지치료를 사용하지는 않았지만 치료자는 그녀가 두려워하는 일을 실제로 경험하였는지 물었고, 그녀는 고등학교 이후로는 사람들이 실제로 대놓고 자신을 조롱하거나 놀리는 일은 *없었다*고 보고했다. 물론 이에 대해 자신이 회피하고 안전행동을 했기 때문이라고 말했다. 마리아에게 노출치료는 그녀가 어릴 적 경험을 바탕으로 예상한 다른 사람들의 반응이 현재 상황에서도 일어나는지, 그리고 다른 사람들의 부정적 평가의 징후를 견딜 수 있을지 배울 수 있는 기회가 될 것이라고 설명했다.

세 번째 회기의 후반부에는 노출 목록을 작성했다. 목록은 기능 평가와 치료자의 제안을 기초로 사회적 상황에서 바보처럼 보일 수 있는 과제로 만들었다. 동시에 제거해야 할 안전행동 목록을 만들고 일상생활에서 서서히 줄여나가도록 권유했고, 일단 노출이 시작되면 최대한 제거하려고 노력하는 것이 필요하다고 말했다. 최종 노출 목록은 다음과 같다.

노출 과제	SUDS
낯선 사람과 눈맞춤	50
복잡한 레스토랑에서 혼자 점심 먹기	60
낯선 사람에게 시간 묻기	70
낯선 사람에게 말을 붙이고는 먼저 자리 뜨기	80
공공장소에서 동전 한 움큼 떨어뜨리기	90
낯선 사람에게 바보 같은 말하기	95
겨드랑이가 땀에 젖은 모습을 사람들에게 보이기	100

첫 노출은 네 번째 회기에서 이루어졌다. 마리아와 치료자는 병원 로비 주변을 천천히 걸으면서 사람들이 자신을 자세히 관찰하고 비웃을 거라는 마리아의 예측을 검증해

봤다. 고개를 들고 다른 사람과 눈을 맞추도록 했고 30분의 실습 동안 다른 사람들이 그녀에게 거의 관심을 두지 않는다는 것과 눈이 마주친 사람들은 보통 웃음을 짓는다는 것에 놀랐다. 실제로 아무도 마리아를 비웃지 않았고 그녀를 부정적으로 판단하는 것으로 보이는 어떤 행동도 하지 않았다. 다가오는 주까지 과제로 매일 쇼핑몰이나 복잡한 가게에서 다른 사람과 눈을 마주치면서 걷기로 했다.

다음 회기 때 치료자는 마리아와 동네 쇼핑센터에 있는 푸드코트를 갔다. 마리아는 점심을 시키고 치료자 옆에 앉아 수십 명이 있는 곳에서 식사를 했다. 다시 한번 그녀의 예상과 달리 아무도 자신에게 관심을 두지 않는다는 것을 알았다. 이에 더하여 25분 정도 지나자 불안 수준이 떨어진 것을 발견했다.

여섯 번째 회기에서 붐비는 병원 복도에서 사람들에게 시간을 묻는 노출을 했다. 네 명의 낯선 사람에게 성공적으로 접근한 후 마리아는 불안이 거의 줄었다고 말했다. 하지만 치료자는 마리아가 바빠 보이지 않는 등 비교적 '안전해 보이는' 사람들에게 선택적으로 접근하는 것을 보았다. 그래서 바빠 보이고 붙잡고 질문을 하면 짜증 낼 것 같은 사람(예: 수술복 입은 의사)에게 접근하면서 노출을 계속하도록 지도했다. 다음 회기에 치료자는 마리아와 세 군데 병원의 대기실을 찾아갔다. 거기서 혼자 앉아 있는 사람에게 다가가서 날씨에 관한 대화를 시작하도록 요청했다. 그녀의 예상과 달리 사람들은 일반적으로 그녀가 말을 걸어서 좋아했고, 몇 번 말이 꼬이기는 했지만 핀잔을 주거나 거절하는 사람은 없었다.

마리아와 치료자는 다음 회기에 복잡한 병원 로비에서 한 움큼의 동전을 떨어뜨리기로 했다. 마리아는 아주 불안해하며 처음에는 하지 않으려 해서 치료자가 시범을 보이겠다고 했다. 치료자가 떨어뜨린 동전을 다른 사람들이 주워주는 것을 보고 나서 마리아는 자기도 해 보겠다고 동의했다. 다음 한 시간 동안 마리아는 각기 다른 장소에서 여섯 번에 걸쳐 동전을 떨어뜨렸다. 매번 사람들은 동전을 줍는 것을 도왔고 단 한 명도 그녀를 조롱하거나 비웃지 않았다. 물론 어떤 사람은 빤히 쳐다본 경우가 있었지만, 이를 통해 바보처럼 보이고 다른 사람의 관심이 집중되는 것이 생각만큼 끔찍한 것이 아니라는 것을 배우게 됐다. 그녀는 이 사실에 아주 놀랐다. 마지막으로 동전을 떨어뜨렸을 때는 그녀는 과제를 즐기고 있었고 웃음을 참아야 했다고 말했다.

마지막 두 번의 회기에서 마리아는 사회적 관계에서 의도적으로 바보 같은 행동을 하기로 했다. 9회기 때 마리아는 다섯 군데의 푸드코트 직원에게 이런 곳에서는 주문할 수 없는 바클라바(역주: 디저트의 일종)가 얼마냐고 물어보는 노출을 수행했다. 마지막 노출 회기에서 마리아는 꽉 끼는 회색 티셔츠를 입고 화장실 세면대에서 물로 겨드랑이를 적셨다. 그 상태에서 마리아와 치료자는 병원 로비로 가서 처음에는 마리아 혼자 10분을 걷고 나서, 낯선 사람에게 시간을 묻고 약간의 대화를 시도했다. 50분간의 노출 후 SUDS 가 90에서 10으로 떨어졌을 뿐만 아니라 일반적으로 다른 사람들이 그녀에게 별 관심이 없어서 겨드랑이가 땀에 젖은 것을 알아차리지 못했고, 자신의 사회적 행동에 크게 신경 쓰지 않는 것 같다고 자신있게 말했다. 또한 바보처럼 행동하는 것은 그렇게 나쁜 것이 아니고 심지어 '약간 재미있다'고 말했다. 치료는 그 다음 주 회기로 마무리되었고 마리 아는 의과대학에 성공적으로 복귀했다.

 추가 참고 문헌 ADDITIONAL RESOURCES

Heimberg, R., Liebowitz, M., Hope, D., & Schneier, F. (Eds.). (1995). *Social phobia: Diagnosis, assessment, and treatment.* New York: Guilford Press.

Hofmann, S. G., & Otto, M. W. (2008). *Cognitive behavioral therapy for social anxiety disorder.* New York: Routledge.

Hope, D., Heimberg, R., & Turk, C. (2008). *Managing social anxiety: A cognitive- behavioral therapy approach* (therapist guide). New York: Oxford University Press.

Kearny, C. (2004). *Social anxiety and social phobia in youth: Characteristics, assessment, and psychological treatment.* New York: Springer.

원치 않는 침습사고
Unwanted Intrusive Thoughts

임상 양상
CLINICAL PRESENTATION

어떤 이들에게는 원치 않는 침습사고unwanted intrusive thoughts에 의해 불안과 공포가 발생할 수 있다. 원치 않는 침습사고의 주제는 대개 의미 없고, 기괴하고, 금기시되고, 역겹거나 부정적이다. 이 정신 경험은 관념, 이미지, 의심, 충동의 형태를 띠며, 피하고 통제하거나 중화시키려는 노력에도 불구하고 지속된다(표 10.1 참조). 명백한 예로는 OCD의 DSM 진단 기준에서 정의한 강박 사고가 있다. 다 그런 것은 아니지만 강박 사고는 주로 폭력, 섹스, 종교, 실수, 해를 가하거나 예방하지 못한 책임을 질 가능성과 관련되어 있다. 표 10.2는 다양한 종류의 강박 사고의 예를 제시한다. 원치 않는 침습사고의 또 다른 예는 범불안장애에서 종종 관찰되는 발생할 가능성이 낮은 재앙에 대한 통제할 수 없는 걱정과 의심이다. 표 10.2 하단에 걱정의 흔한 예를 열거하였다. 외상 사건 기억은 불안을 유발하는 원치 않는 침습사고의 다른 형태이며 13장에서 다룰 예정이다.

걱정은 보통 직장 해고, 관계 문제, 재정 문제와 같이 실생활에 바탕을 둔 일어날 확률이 낮은 사건에 관한 재앙적 사고인 반면, 강박 사고의 내용은 대개 개인의 일반적인 성향과는 관계가 없으며, 그 사람의 윤리와 도덕과는 완전히 반대일 수 있다. 예를 들어 독실한 종교인이 신성 모독에 대한 생각을 경험할 수 있다. 강박 사고가 있는 사람은 침습사고의 존재, 의미 또는 침습사고를 함으로써 발생할 결과를 두려워한다. 예를 들어 '생각한 대로 행동할지도 몰라.', '이런 생각을 하니 난 부도덕한 사람이야.', '내 생각 때문에 미치고 말 거야.'라고 걱정하면서 생각을 조절하거나 없애기 위해서, 그리고 일어날 수 있는 두려운 결과를 막기 위해 조치를 취해야 한다는 결론을 내린다(Rachman, 1997,1998; Salkovskis, 1996).

두려운 결과를 예방하거나, 원치 않는 침습사고와 그에 따른 불편감을 줄이기 위해 나쁜 생각을 좋은 생각으로 대치하는 것과 같은 정신적 의식mental ritual, 기도, 확인, 생각 고백하기, 안심 추구하기를 포함한 다양한 종류의 안전행동을 한다. 또한, 침습사고 없이 어떤 행위를 완성할 수 있을 때까지 출입구 통과, 전등 켜기 등의 단순한 행동을 반복하며 생각을 떨쳐내려 한다. 끊임없는 의심과 걱정이 있는 사람들은 고통을 줄이기 위해 주의 분산 또는 안심 추구 전략을 사용하기도 한다. 그러나 범불안장애 환자는 걱정에 대처하기 위해 걱정을 사용한다. 즉, 환자가 걱정하는 문제를 분석하거나 해결하려는 도구로 걱정을 이용한다(Borkovec & Roemer, 1995; Davey, Tallis, & Capuzzo, 1996). 환자는 걱정이 부정적 결과를 예방하고, 최악의 시나리오를 준비하는 데에 도움이 된다고 믿기도 한다(Freeston, Rheaume, Letartte, Dugas, & Ladouceur, 1994).

원치 않는 침습사고는 칼이나 특정 TV 쇼와 같은 환경 자극에 의해 촉발될 수 있으며, 그와 같은 단서를 흔히 회피하게 된다. 예를 들어 어떤 사람이 예수에 관한 원치 않는 성적인 생각이 들었다. 그는 이 불경스러운 생각으로 죄를 지었고, 처벌받을 것이라고 믿었다. 그리하여 큰 십자가를 마음속으로 그려보기 등 긍정적인 영적인 생각을 대신함으로써 불경스러운 생각을 조절하거나 중단하고자 노력했고, 원치 않는 생각을 유발하는 종교적인 상징을 피하고 용서에 대한 기도를 되풀이했다. 또한 다른 사람에게 이단으로 몰릴 것 같은 두려움에 아무에게도 침습사고에 대해 말하지 못했다.

원치 않는 침습사고에 대응하여, 어떤 사람들은 수동 회피, 정신적 의식 및 생각 억제와 같은 은밀한 안전행동을 행한다. 겉으로 드러나는 전략과 의식이 없기 때문에 어떤 임상가는 강박장애의 이러한 양상을 '순수한 강박 사고'라고 언급하였다(Barer, 1994). 그러나 이것은 잘못된 명칭이다. 안전행동이 거의 항상 동반됨에도 불구하고, 이 명칭은 그저 강박 사고*만* 존재한다고 의미하기 때문이다. 침습사고에 반응한 안전행동이 마음속에서만 일어나거나 미묘하기 때문에 감지하기가 어려울 뿐이다. 따라서 이 장의 뒷부분에서 설명할 것처럼 환자에게 은밀한 안전행동이 있는지 여부를 주의 깊게 평가하는 게 중요하다. 경험 많은 임상가조차도 때로는 불안을 *유발*하는 침습사고와 걱정과 불안을 *감소시키는* 정신적 의식을 감별하는 것을 어려워한다.

표 10.1 간략한 개요: 불안을 유발하는 침습사고, 이미지, 걱정, 의심

공포유발 자극
- 강박 사고, 이미지, 의심
- 통제할 수 없는 걱정, 의심

전형적 예
- 연인을 찌르는 생각
- 신성 모독적인 생각
- 원치 않거나 부적절한 성행위에 대한 생각
- 실직, 가족의 건강 문제, 또는 재정 손실에 대한 걱정

공포 기반 신념
- 나쁜 *생각*은 나쁜 *행위*를 하는 것과 도덕적으로 똑같이 나쁘다.
- 나는 원치 않는 생각을 통제할 수 있고 통제해야 한다.
- 원치 않는 생각이 뭔가 끔찍한 일을 의미하는 건 아닌지 알아내야 하고 알아낼 수 있다.
- '나쁜 생각'은 나에게 뭔가 잘못되었다는 것을 의미한다.
- 내가 나쁜 생각을 하면 나쁜 일이 일어나기를 원한다는 뜻이다.

안전행동
- 정신적 중화mental neutralizing 또는 취소
- 사고 억제
- 확인, 안심 추구, 침습사고의 목적을 분석
- 문제해결 전략으로 걱정하기

DSM-5 진단 범주
- 강박장애
- 범불안장애

치료 개요
- 전형적인 치료 기간: 14-20회기
- 평가와 심리교육으로 시작함
- 3 내지 4회기에 노출치료를 시작함
- 노출치료를 할 때 반응방지를 함께 실행함

장애물
- 교묘한 정신적 의식
- 치료자와 함께하는 노출이 안심을 줄 수 있음
- 노출할 상황이 짧다는 속성
- 종교적 믿음과의 갈등
- 알 수 없는 부정적 결과에 대한 공포

표 10.2 강박 사고, 이미지, 의심, 걱정, 충동의 예

주제	예
위해와 폭력	• 욕조에서 아기를 익사시키는 생각 • 무고한 행인을 도로로 밀어버리는 생각 • 사랑하는 사람이 끔찍한 사고를 당하는 이미지 • 누군가를 술병으로 때리는 충동 • 뺑소니 사고에 대한 의심 • 사랑하는 사람이 죽는 생각 • 비행기 비상구를 여는 생각 • 사랑하는 사람을 괴롭히고 살해하는 생각 • 실수로 누군가를 독살했다는 의심 • 가족이나 반려동물이 자고 있을 때 공격하는 생각
성	• 친척과 성관계를 갖는 생각 • 여성의 가슴을 응시하는 충동 • 아기의 성기를 만지는 충동 • 자신의 진정한 성 선호도에 대한 의심('내가 게이인가?') • 모르는 사람과 성관계를 갖는 원치 않는 이미지
종교	• 예배 장소를 훼손하는 생각 • 신을 저주하는 충동 • 자신의 종교 믿음이 충분히 강한가 하는 의심 • 지옥에서 불타고 신에게 처벌받는 이미지 • 신이 자신에게 매우 분노하고 있다는 생각 • 죄를 저질렀다는 의심 • 불경스러운 생각(예: 신은 죽었다) • 신성 모독의 이미지(예: 자위행위를 하는 예수) • 자신이 부도덕하게 행동했는지에 대한 의심
실수	• 중요한 서류 작업을 적절히 완수했는지 의심 • 전등이나 전자제품을 켜둔 채로 나와 집에 불이 나는 생각 • 문을 잠그지 않고 나와 도둑이 들지 않을까 의심 • 사람들에게 위험을 충분히 경고했는지 의심 • 실수로 누군가의 기분 상하게 했다는 의심
기타 걱정	• 사랑하는 사람이 다치거나 사고를 당함 • 직업을 잃고 매우 가난해짐 • 건강을 잃음 • '만약 애인이 헤어지자고 하면 어쩌지?'

노출치료의 기초
BASIS FOR EXPOSURE THERAPY

개념화 Conceptualization

강박 사고에 대한 현재의 개념 모델은 잘못된 믿음이 부정적인 감정 경험을 발생시킨다는 감정의 인지 모델에서 파생되었다(Rachman, 1997, 1998; Salkovskis, 1996). 이 모델에서 침습사고는 정상적으로 발생하는 무의미한 자극이지만 환자가 매우 의미 있고 위협적인 자극으로 잘못 해석하고 평가한다고 보았다. 생각은 아주 흔한 자극이기 때문에 그러한 잘못된 평가와 추후에 이어지는 생각에 대한 주관적 저항이 역설적인 영향을 미친다. 결국 원치 않는 생각에 대한 집착과 임상적인 강박 사고를 초래하는 악순환으로 이어진다. 실제로 많은 연구에 의하면, 일반 인구의 대부분이 부정적인 원치 않는 사고, 생각, 의심, 이미지를 경험한다고 한다(Rachman & de Silva, 1997; Salkovskis & Harrison, 1984). 게다가 불안하지 않은 사람들도 임상적인 강박 사고와 걱정을 가진 사람들과 같은 주제의 생각을 경험한다.

예를 들어 자고 있는 연인을 칼로 찌르는 내용의 원치 않는 상상을 생각해 보자. 그런 침습사고를 경험한 사람의 대부분은 불쾌하기는 하나 의미 없는 인지 사건이나 정신적 소음mental noise으로 간주할 것이다. 그러나 '이런 생각은 내가 다른 사람을 해치지 않도록 특별히 조심해야 하는 위험한 사람이라는 의미야'와 같이 심각한 결과를 초래할 수 있다고 평가할 경우 임상적 강박 사고로 발전할 수 있다. 또한 좋은 생각으로 대치하는 등의 방식으로 환자가 원치 않는 생각을 억제하거나 없애도록 저항하게 만들 수 있으며, 연인과 다른 방에서 자거나 칼을 숨기는 것과 같이 침습사고와 연관된 해로운 사건을 예방하려고 노력하게 된다. 따라서 '문제'는 원치 않는 침습사고 자체가 아니라, 개인이 그와 같은 생각에 *과도한 중요성*을 두는 것이다. 표 10.3은 임상적 강박 사고와 관련된 다양한 유형의 역기능적 '핵심 믿음'과 잘못된 평가를 보여 주고 있다.

표 10.3 강박 사고와 관련된 역기능적인 핵심 믿음과 평가의 유형

믿음/평가의 유형	설명
과도한 책임	부정적 결과를 일으킬 특별한 힘을 갖고 있다는 믿음 그리고 부정적 결과를 예방할 의무가 있다는 믿음
생각에 과도한 중요성을 부여(생각-행동 융합)	어쩌다 드는 생각도 매우 중요하다는 믿음(예: 생각에 윤리적, 도덕적 파급효과가 있다고 생각하거나 생각을 하면 해당 행동이나 사건의 가능성이 높아진다는 믿음)
생각 통제의 필요성	자신의 생각에 대한 완벽한 통제가 필요하고 가능하다는 믿음
위협의 과대평가	부정적인 사건이 발생할 가능성이 매우 높고, 그 결과는 매우 끔찍할 것이라는 믿음
완벽주의	실수와 불완전을 견딜 수 없다는 믿음
불확실성을 견딜 수 없음	부정적 결과는 절대로 발생하지 않을 것이라는 전적인 확신이 필요하고 그런 확신이 가능할 것이라는 믿음

앞서 언급한 바와 같이 침습사고를 재앙적으로 잘못 평가하면 주관적 고통과 그 고통에 저항하려는 노력이 이어진다. 생각을 유발하는 요인의 회피, 사고 억제와 같은 인지적 회피, 정신적 의식, 확인, 생각의 의미 분석, 안심 추구와 같은 안전행동은 불안을 줄이고 두려운 결과를 예방하거나, 침습사고 자체를 통제하거나 중화시키려는 노력으로 개념화할 수 있다. 이러한 안전행동은 때때로 불안을 즉각적으로 감소시키고, 침습사고를 일시적으로 줄여주기 때문에 습관이 된다. 불행히도 이런 행동은 역설적으로 (1) 침습사고를 '정신적 소음'으로 평가하고, (2) 안전행동이 두려운 재앙적 결과를 예방하는 데 필요하지 않다는 사실을 학습하지 못하게 방해하기도 한다.

또한 안전행동 자체가 침습사고를 상기시킴으로써 침습사고의 빈도를 더 증가시킨다. 예를 들면 원치 않는 침습사고로부터 주의를 분산하려는 시도는 역설적으로 침습사고의 빈도를 증가시킨다. 안심 추구하기, 이런 생각을 하고 있다고 고백하기, 침습사고에 대한 진위, 기원, 함의를 분석하기 또한 침습사고에 더 사로잡히게 만들어서 부정적 결과를 낳을 수 있다. 이리하여 침습사고에 대항하여 사용한 바로 그 전략이 여러 방식으로 역효과를 일으켜 악순환이 발생한다.

노출치료 동안 학습해야 할 사항 *What Must Be Learned during Exposure Therapy*

노출치료를 할 때 앞서 설명한 개념이 중요한 의미를 지닌다. 구체적으로 환자는 안전행동을 사용하지 않으면서 동시에 원치 않는 침습사고와 이를 촉발하는 상황, 대상, 신체감각과 같은 내외부 자극을 마주해야 한다. 이 과정은 결국 환자에게 새로운 정보를 노출하고 안전을 학습하게끔 한다. 안전학습은 공포 기반 신념과 침습사고에 대한 평가를 반증하고 환자가 침습사고를 그저 '정신적 소음'으로 볼 수 있는 능력을 활성화한다. 다음으로 노출을 통해 학습해야 할 구체적인 정보를 기술하겠다.

노출을 통해 배우는 새로운 정보의 첫 번째 유형은 침습사고가 임박한 위해나 위험을 예고하지 않는다는 것이다. 즉, 침습사고는 *그저* 정신 경험일 뿐이다. 안전학습의 두 번째 유형은 침습사고와 관련된 불확실성은 감당할 만하다는 사실을 발견하는 것이다. 다시 말해서, 환자는 노출을 통해 '알 수 없는 상태'가 실제로는 견딜 만하다는 사실을 배운다. 예를 들어 일부 생각은 진정한 본질을 분명히 알 수 없거나, 폭력이나 신성 모독에 대한 원치 않는 생각이 먼 미래의 어떤 시점에 심각한 결과를 초래할 것인지 여부를 알지 못해도 실은 견딜 만하다.

셋째로 노출에 반복적으로 참여함으로써 환자는 침습사고와 그로 인한 두려움이 괴롭기는 하지만 견딜 만하다고 배운다. 침습사고는 억압, 통제, 중화 또는 저항할 필요가 없다. 사람은 침습사고, 강박으로 인한 고통, 불확실성을 가지고도 기능할 수 있다.

방금 논의된 내용의 한 가지 중요한 의미는 노출치료의 목표가 침습사고 또는 관련된 불안 자체를 제거하는 것이 아니라, 환자가 이러한 사적 경험을 *대하는* 방식을 바꾸도록 돕는 것이다. 따라서 반응방지는 환자가 안전행동을 그만둠으로써 (1) 두려운 결과를 방지하고, (2) 원치 않는 사고, 불안, 불확실성 같은 사적 경험을 견디며, (3) 침습사고와 더불어 일상생활에서 기능하는 데 안전행동이 필요하지 않다는 학습을 가능하게 한다.

기능 평가
FUNCTIONAL ASSESSMENT

표 10.4에서 원치 않는 침습사고의 기능 평가로부터 얻을 수 있는 정보를 요약하였다. 다음으로 각 변수에 대한 평가를 상세히 논할 것이다.

표 10.4 한눈에 보는 침습사고의 기능 평가

매개변수	흔한 예
공포 단서	
외부 상황과 자극	침습사고와 걱정을 떠오르게 만드는 주변의 대상, 상황, 사람 (예: 잠재적인 무기, 종교 상징물)
내부 단서	불안 또는 성적 각성과 관련된 신체 감각, 행동하려는 신체적 '충동'
침습사고	폭력, 섹스, 부도덕함, 신성 모독, 실수, 사고, 건강, 자신이나 타인에게 해를 끼침, 또는 환자가 혐오하는 어떤 주제에 대한 사고, 이미지, 충동, 의심, 걱정
두려운 결과	침습사고의 내용대로 행동하는 공포 생각이 든다는 것은 그 생각이 사실임을 의미한다는 공포 생각하면 실제로 그렇게 될 것이라는 공포 나쁜 생각은 자신의 깊은 내면의 기질이 부정적임을 나타낸다는 공포 만약 다른 사람이 생각의 내용이나 빈도를 알게 되면, 충격받고 끔찍해 하리라는 두려움 불확실성을 견딜 수 없다는 공포 원치 않는 생각이나 불안을 갖고는 기능할 수 없다는 공포
안전행동	
회피 패턴	침습사고나 걱정을 유발하는 상황과 자극을 회피 (예: 공포 영화, 묘지, 특정 단어와 소리)
상황 내 안전행동	'취소', '상쇄'하거나 사고 억제 즉, 중화를 시도함, 겉으로 드러나거나 은밀한 강박 의식, 안심 추구, 분석, 주의 분산, 다른 사람에게 생각을 고백, 걱정을 대처 방법으로 사용
안전행동에 대한 신념	안전행동은 두려운 결과를 예방하기 위해 필요하다; 불안을 유발하는 생각은 중화하거나 완전히 소거해야 한다; 걱정은 두려운 결과를 대비하고, 예방하고, 대처하는 데 유용하다

공포 단서 Fear Cues

외부 상황과 자극 External Situations and Stimuli

침습사고는 흔히 주변의 자극으로 촉발된다. 예를 들면 경찰관의 총을 보면 폭력에 관한 생각이 자극될 수 있다. 눈보라가 다가온다는 사실은 교통사고에 관한 걱정을 촉발할 수 있다. 다른 흔한 외부 촉발인자로는 공포 영화, 장례식, 성적 암시 또는 자극, 특정한 사람들, 단어(예: *살인*), 숫자(예: *13*), 종교적 상징이 있다. 어떤 강박장애 환자는 악마에 대한 강박 사고가 있었는데, 듀크 대학교의 운동부 별명이 *파란 악마*여서 듀크 대학교와 연관된 모든 것이 환자의 강박 사고를 촉발하였다. 따라서 그는 듀크 대학교와 연관된 모든 것을 피했다. 레즈비언이 되어가고 있다는 원치 않는 강박적 의심이 있는 어떤 여성은 여성의 몸매를 떠올리게 될까 봐 속옷 가게를 피했다. 아이를 안거나 욕조에서 목욕시킬 때 갓 태어난 자신의 딸을 해치는 원치 않는 생각이 떠오르는 경우도 있다.

위험이나 실수와 연관된 침습사고는 집을 떠나거나 전등 스위치를 켜는 것과 같은 일상적인 행동으로 촉발될 수 있다. 예를 들어 '가스불을 켜둔 채 나와서 불이 나면 어쩌지?' 또는 '전등을 실제로 끈 게 아니라 단지 껐다고 *상상*한 거면 어쩌지?'하는 침습사고가 촉발될 수도 있다. 다른 가능한 단서로 운전이 행인을 치는 공포를, 직장 상사를 만나는 것이 '해고되면 어쩌지?'하는 걱정을, 쓸모없는 우편물을 버리는 것이 중요한 걸 버릴지도 모른다는 두려움을, 출근이 '실수해서 곤란에 빠지지 않을까?'하는 생각을, 깨진 유리가 다른 사람이 다쳐서 책임져야 하는 상황에 대한 걱정을, 서류 작업의 완료가 실수에 관한 생각을 떠오르게 할 수 있다. 교사로 근무하는 한 환자의 경우, 학생의 시험지를 채점하는 상황이 실수로 나쁜 성적을 매겨 '학생의 인생을 망가뜨릴지도' 모른다는 걱정을 촉발하였다. 대부분의 환자들은 침습사고를 촉발하는 외부 인자를 잘 인지하고 있다.

내부 단서 *Internal Cues*

침습사고에 불쾌한 신체 반응이 동반되기도 한다. 예를 들면 폭력적인 침습사고대로 행동하려는 충동*urges* 같은 신체 반응을 경험할 수 있다. 아버지를 목 졸라 죽이는 침습사고가 있는 한 남성은 나이 든 남자의 목으로 손이 끌려가는 느낌을 보고했다. 불안으로 인해 각성이 증가하는 느낌을 차를 몰고 인도로 뛰어드는 원치 않는 충동대로 행동하려 하는 조짐으로 해석하는 사람도 있었다. 성적 흥분은 원치 않는 성적인 침습사고와 흔히 동반되는 내부 단서이다. '사타구니'에서 느껴지는 감각, 성적으로 흥분되는 신체 감각, 남성의 경우 발기가 되는 느낌 등의 원치 않는 감각이 원하지 않는 성적인 생각과 동반하는 경우도 있으며, 이 느낌을 침습사고에 의해 성적으로 흥분했다고 해석하기도 한다. 즉 침습사고를 *거부해야 하는데* 그러지 않고 흥분했다고 해석하는 것이다.

치료자의 관점에서 보면, 이러한 신체 감각에 대해 불안해할 이유는 없다. 신체 감각 그 자체는 성적 욕망과 관련된 어떤 행동을 하기를 원한다고 가리키는 징후가 아니며 성적 욕망을 드러내는 것도 아니다. 오히려 원치 않는 생각 때문에 환자가 지나치게 예민해져서 일어나는 무해한 반응으로 설명하는 것이 옳다. 그러나 환자는 이러한 감각에 흔히 놀라고, 이를 침습사고가 중요하고, 의미심장하며, 위험하다는 확증으로 받아들인다. 이러한 경험을 정상화하고, 차분하게 직접적으로 물어보는 것이 가장 좋다. 예를 들면

> "사람들은 성적인 생각이 들 때, 비록 원치 않는 생각이더라도 성적인 느낌이나 신체 감각을 경험하기도 합니다. 예를 들면 자녀를 성추행하는 원치 않는 이미지가 떠오를 때, 성기에 느낌이 들기도 합니다. 이런 경험은 매우 소름 끼칠지도 모릅니다. 당신도 이런 종류의 느낌을 경험하나요? 이런 느낌이 들 때 어떤가요?"

이러한 질문을 하고 문제에 관한 이해를 보여 주는 것은 환자의 경험을 정상화할 뿐만 아니라, 신뢰와 라포를 형성하는 데도 도움이 된다.

두려운 결과 Feared Consequences

언급한 것처럼, 환자는 종종 원치 않는 침습사고를 자신의 중요한 일면으로, 혹은 자신의 내면 깊은 곳에 도덕적인 결함이 존재한다는 징후로 잘못 평가한다. 따라서 폭력, 섹스, 신성 모독의 침습사고를 가지고 있는 사람은 본래의 자신과는 다른, 자신이 되고 싶지 않은 사람이 되었거나 *되어가고 있다고* 두려워할 수 있다. 예를 들어 잔인하고, 비정상적이며, 변태적이고, 타락하고, 사악하거나, 부도덕한 사람이 되었다고 생각할 수 있다. '부도덕한' 생각을 해서 신에게 벌을 받을지도 모른다는 걱정을 하거나, '만약 근친상간에 관한 생각을 조절하지 못하면, 통제를 잃고 동생을 성폭행할 수 있다.'와 같이 섹스나 폭력에 관한 생각을 충동적으로 행동으로 옮길까 봐 걱정하기도 한다. 다른 사람들은 불쾌한 침습사고가 자신의 내면 깊은 곳에서는 실제로 끔찍한 일이 일어나길 *원한다는* 의미일까 봐 두려워한다. 예를 들어 어린이를 성추행하는 생각이 드는 것은 자신이 어린이를 성추행하길 원한다는 의미라고 생각하고 두려워할 수 있다.

어떤 사람들은 침습사고로 인해 *다른 사람에게* 나쁜 일이 발생하지 않을까 두려워한다. 예를 들면 교통사고로 손자가 죽는 것과 같은 끔찍한 일을 *생각하는* 것만으로도 그 사건이 발생할 수 있다는 두려움을 느낀다. 종종 사람들은 자신이 어찌할 수 없는 재앙조차도 예방해야 한다는 책임감을 느낀다. 예를 들면 어떤 남자는 1986년 우주 왕복선 챌린저호 폭발에 자신의 책임이 있다고 생각했다. 왜냐하면 폭발에 대해 원치 않는 예감이 든 후에 특정한 숫자를 세는 의식을 행하지 못했기 때문이다.

흔히 부정적인 침습사고의 의미, 중요성, 결과를 확실하게 알 수 없는 *불확실성* 자체가 불안을 유발한다. 예를 들면 악마를 숭배하는 침습사고가 영원한 저주를 일으킬지 여부를 몰라서 불안할 수 있다. 자신이 '*완전한* 이성애자'인지 또는 배우자나 애인과 '의심할 여지없이 *확실한* 사랑에 빠진 것'인지에 대한 의심은 완벽하게 확인할 수 없고 불확실하기 때문에 고통을 불러일으킨다. 불확실한 느낌을 불러일으키는 대부분의 침습사고는 '알 수 없는' 상황과 관련이 있다. 즉, 천국에 가느냐 지옥에 가느냐처럼 쉽게 단정 지을 수 없는 상황이다. 이러한 경우 장담할 수 없다는 것 자체가 두려운 결과가 되기도 한다. 마지막으로, 어떤 사람들은 침습사고와 관련된 불안과 투쟁-도피 반응은 일단 한번 촉발되면 영원히 지속되거나 견딜 수 없을 거라고 두려워한다. 침습사고에 대한 해석 척도Interpretations of Intrusions Inventory(Obsessive-Compulsive Cogntions Working Group, 2005)와 사고 행동 융합 척도Thought-Action Fusion Scale(Shfran 등, 1996)는 원치 않는 침습사고와 관련된 공포와 신념을 평가하기 위해 개발된 자가보고식 설문지다.

안전행동 *Safety Behaviors*

회피 패턴 *Avoidance Patterns*

불안을 유발하는 침습사고를 가진 사람은 두려운 결과를 예방하기 위해 침습사고를 상기시키는 단서와 자극을 피할 수 있다. 예를 들면 칼, 특정한 사람, 예배 장소, 종교적 상징, 공동묘지, 성적인 단서, 단서가 되는 단어, 영화, TV 프로그램 등이다. 원치 않는 충동을 행동으로 옮길까 봐 두려운 사람은 붐비는 거리에서 운전하기, 아이 목욕시키기, 사랑하는 사람 옆에서 칼 사용하기와 같은 상황을 피한다.

위해나 실수에 관한 의심이 있는 사람은 해를 가하거나 피해를 방지할 책임의 *여지*가 있는 상황과 활동을 피한다. 임상의는 상황적 촉발요인과 침습사고를 통해 회피를 평가할 수 있는데, 흔히 회피는 바로 이해할 수 있다. 예를 들어 운전, 오븐 사용, 수표 작성, 마지막으로 잠들거나 집을 마지막으로 나가서 문단속의 책임을 지는 상황에 대한 회피가 있을 수 있겠다. 아이를 칠까 봐 학교 버스 가까이로는 운전을 하지 않는 것과 같이 어떤 회피는 더 미묘하다. 한 환자는 주의가 분산되면 실수로 외설스러운 내용을 쓸까 봐 글을 쓰거나 컴퓨터 자판을 두드리는 동안 음악 감상이나 TV 시청을 피했다. 다른 환자는 부적절하게 사용할지 모른다는 두려움 때문에 모든 외설적인 단어, 몸짓, 인종 비방에 대한 노출을 피하려 했다.

상황 내 안전행동 *In-Situation Safety Behaviors*

침습사고를 '취소'하려는 시도로 정의되는 '중화제neutralizing'의 존재 여부를 평가하는 것도 중요하다. 종종 미묘하고 은밀한 형태를 띠는 중화 행동의 목적은 '문제를 바로 잡는' 것이다. 즉, 침습사고와 관련된 도덕적 불편감을 줄이거나 두려운 결과의 가능성이나 심각성을 줄이는 것이다(Rachman & Shafran, 1998). 중화 행동의 예로 생각을 억제하거나 무시하려고 시도하기, 기도하기, 안전한 구절이나 숫자 반복하기, '용납할 수 없는' 생각을 더 '받아들일 만한' 생각으로 '취소하기' 등이 있다. 중화 전략이 과도하게 되풀이되면, 정신적 의식이 된다.

정신적 의식은 다음과 같은 질문에 의해 평가할 수 있다. "때때로 강박 사고를 가진 사람들은 특별한 '안전'한 단어, 문구, 기도, 또는 이미지를 되풀이해서 강박 사고를 '취소'하는 정신 전략을 사용합니다. 이런 종류의 전략을 사용한 경험이 있으면 이야기해 주시겠어요?" 일부 환자는 침습사고가 근거가 없음을 확인하기 위해 마음속으로 자신의 행동을 검토하거나 특정 사건을 반복해서 분석한다. 한 가지 변형된 형태로 *검증하기 testing*'가 있는데 침습사고의 가능성이 희박하다는 증거를 수집하려 노력하는 것이다. 예컨대 자신이 소아성애자일 수 있다는 침습사고가 있는 한 남성은 소아와 성인 여성을 바라볼 때 소아에 대한 '성적 끌림'은 비록 있다고 하더라도 약하고, 성인 여성에 대한 '성적 끌림'은 강하다는 것을 확인하기 위해 끊임없이 비교하려 했다. 물론 그와 같은 '검증'은 대개 주관적이어서 역효과를 낸다.

또한, 침습사고가 있는 환자는 일상 활동을 똑같이 되풀이하는 것 같은 명백한 의식을 하기도 한다. 예컨대 한 남성은 '옳은 방법'으로 옷을 입어야 했다. 그렇게 하지 않으면 가족이 죽는다는 자신의 생각이 실현될까 봐 두려웠다. 그는 종종 의식이 제대로 수행되었다고 느껴지지 않으면 옷을 입었다 벗기를 여러 번 반복하곤 했다. 의식을 되풀이하고 재앙을 두려워하는 것 사이의 연관성은 항상 직관적인 것은 아니며, 마술적이거나 미신적인 것처럼 보일 수 있다. 다른 예는 침습사고가 없어질 때까지 복도를 앞뒤로 왔다 갔다 하거나, 스위치를 켰다 껐다 하는 것이다. 어떤 예에서는 짝수나 5의 배수처럼 긍정적이든 부정적이든 특수한 의미가 있는 숫자만큼 의식을 행하거나, 피한다. 또한 침습사고로 인해 마치 도덕적으로 오염된 것처럼 느껴서 '침습사고를 씻어낼 때까지' 씻는 의식을 수행하는 환자도 있었다. 따라서 "당신은 원치 않는 생각이 떠오를 때 어떤 행동을 하나요?", "당신은 이 생각들을 어떻게 다루나요?"와 같은 질문을 통해 안전행동의 범위를 평가하는 것이 중요하다.

강박적 확인과 안심 추구 의식은 많은 경우 침습적 의심에 대한 불안과 불확실성을 완화하는 방법이다. 확인은 대개 두려워하는 결과와 연관이 있고, 집(자물쇠, 전기기구 확인)이나 그 밖의 장소(운전 중, 일터에서)에서 발생할 수 있다. 확인 의식의 빈도와 기간을 명확하게 하고, 눈으로 살펴보거나 확인하고자 하는 물건 만지면서(예: 전기 스위치가 꺼져 있는지 만져보고 확인) 확인하는지와 확인을 하기 위해 다른 사람을 연루시키는지 물어보라. 다른 예로는 누군가가 다치지 않았는지 확인하기(예: 뉴스 보기), 실수한 것에 대해 확인하기(예: 서류 작업이나 종교 의식), 끔찍하거나 터무니없는 일을 하지 않았나 확인하기(예: '내가 실수로 저속한 농담을 했나?') 등이 있다.

'상호 확인'으로 볼 수 있는 안심 추구는 특히 의심과 불확실성을 유발하는 침습사고의 고통을 줄이는 흔한 방법이다. 환자는 "너는 내가 충분히 좋은 기독교인이라고 생각해?"와 같은 질문을 다른 사람에게 되풀이해서 묻는다. 또는 강박장애를 가진 사람들이 침습사고대로 행동한 적이 있는지를 인터넷에서 검색하고, 두려운 결과의 가능성에 대해 다른 '전문가'들에게 반복적으로 조언을 구하려 한다. 어떤 이들은 의식의 일환으로 다른 사람의 반응을 측정하거나 자신이 이러한 침습사고를 가지고 있다는 사실을 경고하기 위해 강박 사고를 고백하기도 한다. 안심 추구 행동은 미묘하거나 명백할 수 있으며, 많은 사람은 이를 침습사고와 관련이 있는 행동이라고 인지하지 못한다.

어떤 환자는 안전행동으로 걱정하기worrying를 한다. '최악의 시나리오'의 가능성을 알아내거나, 최악의 결과가 발생할 경우 해결책을 찾기 위해 상황을 추가 분석하는 걱정하기를 통해 두려운 결과로부터 주의가 분산된다.

안전행동에 대한 신념 Beliefs about Safety Behaviors

안전행동은 종종 침습사고, 불확실성, 불안을 일시적으로 중단시킨다. 그러나 한편 안전행동은 두려운 결과가 실현되지 않도록 하고, 불안이나 불확실성을 견디게 하는 *유일한 이유*로 간주될 수도 있다. 따라서 침습사고가 들 때 안전행동을 중단하는 것은 매우 어려울 수 있다. 안전행동에 대한 또 다른 신념 중에는 걱정을 분석적 사고의 필수적인 형태, 최악의 시나리오를 준비하는 중요한 부분으로 간주하거나, 부정적 사건의 영향을 최소화하는 데 필수라고 보는 것이다(Freeston, Rheaume, Letarte, Dugas, & Ladouceur, 1994).

운전할 때 행인을 칠 것이라는 침습적 의심을 예방하기 위해 운전을 아예 회피하는 사람의 경우에는 안전행동과 예방하려는 두려운 결과 사이의 관계가 분명하다. 그러나 안전행동이 재앙을 예방하는 방법에 대해 매우 기이하고 마술적인 믿음을 갖는 환자의 경우도 있다. 이를테면 한 여성은 열여덟까지 되풀이해서 세는 행동이 아들이 치명적인 교통사고를 당하지 않도록 하리라 믿었다. 환자가 생각하는 안전행동이 *어떻게* 피해를 방지하는지를 포함하여 안전행동에 대한 신념을 제대로 평가해야 이 장 후반부에서 논의할 노출과 반응방지를 성공적으로 실행할 수 있으며, 안전학습을 촉진할 수 있다.

노출치료의 근거 제시
PRESENTING THE RATIONALE FOR EXPOSURE THERAPY

비록 1부에서 제시한 임상 불안과 치료의 일반적인 개념 모델이 원치 않는 침습사고에도 적용되지만, 공포 유발 자극이 외부 요인이 아니라 사적 사건이기 때문에 침습사고를 일반적인 개념 모델의 맥락으로 이해하는 것은 환자에게, 심지어 치료자에게도 어려울 수 있다. 그러므로 환자에게 침습사고 문제를 이해시킬 때, 치료자는 이 장 전반부의 개념적 토의로부터 도움을 받을 수 있다. 특히 다음 접근 방법을 추천한다.

• 원치 않는 침습사고의 경험을 정상화하는 것으로 시작하라. 인구의 90% 이상이 환자와 마찬가지로 원치 않는 불쾌한 침습사고, 의심, 이미지를 경험하고 비슷한 걱정을 한다는 연구 결과를 설명하라. 때때로 특정 상황으로 촉발될 수 있지만, 갑자기 불쑥 나타나기도 한다. 침습사고는 흔히 환자가 개인적으로 가장 중요하게 느끼는 주제와 관련이 있다.

• 또한 강박장애나 범불안장애 같은 임상적으로 심각한 문제가 *없는* 사람들이 보고한 침습사고 목록을 읽고 토론할 수 있다(그림 10.1 참조). 이를 통해 환자 자신의 침습사고와 임상 불안이 없는 사람이 보고하는 침습사고가 서로 비슷하다는 것을 깨닫도록 돕는다. 치료자는 자신의 침습사고 중 일부를 공개하여 이러한 경험을 정상화하고 보편적이라는 점을 강화할 수 있다.

• 침습사고가 정상이라는 의미를 명확하게 한다. 침습사고를 가지고 있는 사람도, 원치 않는 침습사고 자체도 전혀 이상하거나, 비도덕적이거나 *나쁘지* 않다. 또한 침습사고의 발생이 뇌질환, 화학적 불균형, 도덕적/영적 결함을 의미하지도 않는다.

• 강박과 걱정이 있는 사람들이 자신의 생각을 지나치게 중요하게 평가하고, 생각을 없애기 위해 이길 수 없는 *싸움*을 시도하기 때문에 오히려 침습사고와 의심을 더 *자주, 강하게* 경험한다고 명확하게 설명하라.

• 보다 구체적으로, 정상적인 침습사고와 의심의 의미와 중요성을 잘못 해석하여 불

안해지는 악순환이 일어나는 과정을 설명하라. 불안을 줄이기 위해 사람들은 생각을 통제하거나 없애려 하고, 안심을 추구하거나 생각과 연관된 모든 두려운 결과를 예방하려 노력한다. 시간이 지남에 따라 삶의 많은 부분이 침습사고를 주시하거나 걱정하거나 이것을 막는 데에 집중된다. 그런데 이 모든 변화는 침습사고에 더욱더 몰두하는 결과로 이어진다.

- 그림 10.2에 제시한 개념 모델을 검토하라. 그러고 나서 환자의 사고, 해석 및 안전행동의 목록에 있는 예를 들어 악순환을 그려보라.

- 침습사고를 통제하려는 노력이 무용하다는 것을 더 잘 보여 주기 위해, 환자에게 하얀 곰을 생각하지 *않는* 시도를 하게 하라. "시도를 하면서 최초로 떠오르는 생각은 무엇인가?"라고 물어본다. 하얀 곰에 관한 생각을 억제할 수 없는 것처럼, 침습사고를 통제하기 어려운 것은 보편적인 현상이라고 설명하라.

- 악순환을 끊기 위해 침습사고에 관한 새로운 정보를 학습하는 방법으로 노출치료에 대해 논의하라. 침습사고와 불안으로부터 도망가는 대신, 환자는 *직면*하며 다음과 같은 내용을 배울 것이다. (1) 침습사고는 안전하고 견딜 만하며, (2) 연관된 불안과 불확실성은 감당할 만하고 일시적이며 이런 경험을 하면서도 기능을 유지할 수 있고, (3) 의식이나 다른 안전행동이 위험을 피하기 위해서나 불안과 불확실성을 경험하면서도 정상기능을 하기 위해서 필요하지 않다. 목표는 침습사고 자체를 줄이는 것이 아니라, 안전하고 견딜 만하다고 여길 수 있게 돕는 것이라고 반복해서 말하라. 침습사고가 더 이상 공포를 야기하지 않게 되면 침습사고 자체가 줄어들 수는 있다.

- 침습사고를 중화하거나 취소하려고 노력하는 대신 침습사고를 '향해 다가가는' 연습을 하게 될 것이다. 그럼으로써 원치 않는 사고와 정서적 고통이 안전하고 견딜 만하기 때문에 안전행동이 불필요함을 배우게 된다.

- 환자의 노출과 반응방지 목록에 있는 예를 들어 각 노출이 앞서 소개한 학습을 어떻게 촉진할지를 논의하라.

- 다리에서 고속도로로 뛰어내리는 생각
- 운전 중 길 밖으로 이탈하거나 달려오는 차로 돌진하는 생각
- 자신의 눈을 찌르는 생각
- 역으로 기차가 들어올 때 기찻길로 뛰어드는 생각
- 사랑하는 사람을 해치거나 죽이는 이미지
- 노인이나 아기에게 비열한 행위를 하는 생각
- 어떤 사람이 죽기를 바라는 생각
- 너무 천천히 걷는 행인을 차로 치는 생각
- 너무 수다스러운 사람을 찰싹 때리는 생각
- 내 실수로 일이 심각하게 잘못되는 일이 생기는 생각
- 아이를 태우고 운전하다 사고가 나는 생각
- 실수로 차로 누군가를 치어버리는 생각
- 연인이 부상당하거나 살해당하는 이미지
- 가까운 친척의 부고를 받는 생각
- 다른 사람들이 내가 물건을 훔쳤다고 여기는 생각
- 우산으로 눈이 찔리는 생각
- 물속에서 차에 갇히는 생각
- 화장실같이 더러운 곳에서 병에 걸리는 생각
- 내 손은 항상 더럽다는 생각
- 다른 사람과 접촉해서 병이 전염되는 생각
- 뚜렷한 이유 없이 친구를 비하하는 충동
- 친척에게 소리를 지르는 이미지
- 누군가에게 못된 또는 부적절한 말을 하는 충동
- 창피하고 끔찍한 일을 하는 충동
- 현관문을 잠그지 않고 나왔다는 생각
- 집에 없는 동안 도둑이 드는 생각
- 전기제품을 켜두고 나와 불이 날 것이라는 생각
- 어린이를 성적으로 희롱하는 생각
- 아기의 부드러운 신체 부위를 찌르는 생각
- 집에 불이 나서 내가 가진 모든 것을 잃는다는 생각
- 차 문을 잠그지 않았다는 생각
- 도덕적, 종교적 믿음에 반하는 생각
- 누군가가 실패했으면 하는 생각
- 유리 공예품이 가득 있는 탁자를 박살 내는 생각
- 성행위 중 폭력적인 행위를 하는 생각
- 매력적인 여성에 대한 성적 충동
- '비정상적인' 성행위에 관한 생각
- 남성 성기의 이미지
- 조부모와 성행위를 하는 이미지
- 완벽하게 정리되지 않은 물건에 관한 생각
- 신이 나에게 화가 났다는 생각

그림 10.1 임상 불안이 없는 사람들에게서 보고되는 침습사고

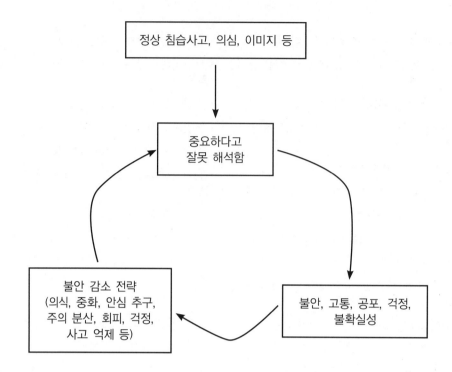

그림 10.2 강박과 걱정을 지속시키는 악순환의 인지행동 개념 모델

노출 실습 계획
PLANNING EXPOSURE PRACTICES

원치 않는 침습사고에 대한 노출은 환자가 예상하는 침습사고로 인한 두려운 결과를 얼마나 잘 반증할 수 있는지를 기반으로 선택해야 한다. 환자가 예상하는 침습사고의 결과로는 다음과 같은 유형이 있다. 먼저 '생각대로 행동하게 될 거야'와 같은 재앙적 결과와 '내가 동성애자인지 이성애자인지 확실히 모르는 이런 상태를 견딜 수 없어'와 같은 불확실성이나 불안을 견디지 못함, 그리고 '위험하다는 생각이 들면 수업에 집중할 수 없어'처럼 침습사고가 존재하면 기능을 할 수 없다는 두려움이다. 따라서 노출 목록은 (1) 다른 활동을 수행하는 동안 두려움을 유발하는 침습사고를 반복하게 하는 일차 상상 노출과 (2) 침습사고를 유발하는 상황 및 자극에 대한 *실제* 노출로 구성할 수 있다. 예컨대, 만약 도서관처럼 조용해야 하는 장소에서 큰소리로 욕을 하는 원치 않는 생각이 든다면, 노출 계획에 도서관에 가서 어떤 회피나 안전행동도 하지 않고 욕설을 생각하는

과제를 포함해야 한다. '나는 불경한 생각 때문에 죽어서 지옥에 갈 거야.'와 같이 두려운 결과를 반증할 수 없는 경우에는 이렇게 미래가 불확실한 상태를 견딜 수 없다는 환자의 예측을 깨뜨리기 위해 상상 노출을 도입할 수 있다. 예를 들어 위의 경우 구원을 절대적으로 *보장*받을 수는 없다는 사실에 초점을 맞추어 상상 노출을 진행한다. 노출의 목적은 침습사고로부터 탈감작하는 것이 아니라 그러한 생각과 연관된 공포 기반 예측을 반증하는 것이다. 환자가 가지고 있는 침습사고와 두려운 결과가 다양함에 따라 노출 목록도 개별적이고 독특할 것이다. 표 10.5는 다양한 유형의 일반적인 침습사고에 대한 상상 및 상황 노출에 대한 예다.

표 10.5 침습사고와 의문의 유형에 따른 노출 실습의 예

침습 유형	상황 노출 자극	상상 노출
사랑하는 사람을 해치거나 살해	칼, 총, 다른 가능한 무기, 잠재적인 피해자, 살인 계획 세우기; 살인에 관한 이야기를 쓰기, 묘지, 장례식장, 영안실	사랑하는 사람을 살해하는 생생한 이미지; 생각이 행동으로 이어질 것이라는 의문을 떠올리기; 폭력적인 사람이 되는 방법 떠올리기
차로 사람을 치는 생각	쉬운 상황에서 점점 어려운 상황으로(예: 울퉁불퉁한 길, 행인으로 붐비는 길) 바꿔가며 운전하기, 운전 중 산만하게 만들기(예: 라디오 켜기, 동승자가 말걸기)	누군가를 차로 치는 이미지나 의혹, 차에 치인 사람이 다쳐서 길에 누워 있는 상황, 차로 사람을 치어 죽인 후 뺑소니를 쳐 경찰에 붙잡힌 상황
신성 모독	종교 상징, 예배 장소, 종교적 권위자, 죄를 짓거나 신성 모독을 저지를 수 있는 상황	신성 모독적 생각, 신이 화났을지 모른다는 의심, 죄나 신성 모독을 저질렀을지 모른다는 의심
동성애	동성애 소설, 동성애자, 성기 사진이 있는 교과서, 동성애자들이 자주 가는 장소, 모델 사진(예: 잡지), 단어(게이, 성기 등), 같은 성의 사람을 관찰할 기회(예: 체육관, 수영장)	동성애 행위를 하는 이미지, 성적 선호에 대한 의심, 가족에게 동성애 성향을 '커밍아웃'하는 생각(예: 동성애를 밝히는 편지 쓰기)
성희롱과 근친상간	생각의 대상이 되는 사람들(예: 어린이, 가족), 대상자의 사진, 학교 교정	가족이나 어린이와의 성적 접촉에 대한 생각, 이야기, 이미지
업무 실수	의도적으로 사소한 업무 실수하기, 크게 음악을 틀어놓고 작업하기	실수의 결과에 대한 생각, 의심
가족이 교통사고를 당함	차를 타고 나간 가족이 예정된 시간에 귀가하지 않음	사고에 대한 걱정스러운 생각과 의심, 응급실 방문, 죽음 등

성적인 침습사고 *Sexual Unwanted Intrusive Thoughts*

성적인 주제의 침습사고에 대한 노출의 목적은 주로 '비도덕적'이거나 '변태적'으로 느껴지는 생각과 이미지를 경험함에도 불구하고 정상 기능을 할 수 있다는 것을 배우는 것이다. 또 다른 목적으로는 '어린아이와 성관계를 하는 생각을 한다는 건 내가 소아성애자란 뜻인가? 이런 생각 때문에 신의 노여움을 사진 않을까?'와 같이 침습사고가 일으키는 불확실성과 모호함을 견딜 수 있다고 학습하는 것이다. 또한 성적인 생각을 한다고 해서 원하지 않는 행동을 충동적으로 하게 되지는 않는다는 걸 배울 필요가 있는 사람도 있다. 성적인 침습사고의 상황 노출 자극은 환자에게 특정한 생각을 야기하는 성적 자극(예: 동성애 문학, 포르노, 다른 사람의 가랑이를 힐끗 보기)이나 일반적으로는 성적이지 않지만, 환자에게는 성과 관련이 있어 피하는 자극(예: 어린이, 가족, 동물, 게이바)이 있다. 상상 노출로는 아동과 성행위 하는 글을 쓰는 것처럼 원치 않는 성적 행동을 의도적으로 생각하기, 공포를 일으키는 생각이나 느낌과 마주하기(예: '사촌을 보면 성적으로 끌려.'), 성적 선호에 관한 불확실한 느낌을 불러일으키기(예: '절친에 대해 성적인 생각이 드는 걸 보면 어쩌면 내가 정말로 동성애자일지도 몰라.') 등을 할 수 있다.

종교적 침습사고 *Religious Unwanted Intrusive Thoughts*

종교적 주제의 침습사고를 하는 환자는 많은 경우 침습사고가 도덕적으로나 영적으로 중요하며 신의 처벌을 암시한다고 믿는다. 따라서 당연히 그런 생각을 없애는 치료를 받기를 원한다. 그러나 노출의 목적은 침습사고와 의심이 비록 매우 불쾌하고 두렵지만 침습사고와 관련된 고통과 불확실성을 견딜 수 있다는 사실을 배우는 데 있다. 노출치료에서 어려운 점은 종교 교리와 일반적인 사회 관습에서는 그런 생각을 금기시하고 반드시 통제해야 한다고 강조한다는 것이다. 따라서 환자들은 이런 생각과 안전행동이 역설적으로 문제를 *일으킨다*는 것을 이해하기 어려워할 수 있다. 환자가 노출치료를 종교 믿음에 대한 공격으로 받아들이지 않게 하려면, 노출 항목을 고를 때 환자가 충분히 납득할 수 있게 명료한 근거를 제공하는 것이 무척 중요하다.

예를 들어 종교적으로 독실한 환자에게는 노출이 불경한 행위로 보일 수 있지만, 노출의 의도는 비록 명확히 보여 줄 수 없고 때때로 반대로 보일 수도 있지만 신은 환자의 마음을 이해할 것이라는 종교적 *믿음faith*을 *굳건하게* 만들기 위한 것이라고 이야기해 볼 수 있다. 많은 경우 불확실함보다는 *믿음faith*이란 용어를 사용한다. 왜냐하면 종교적인 환자는 강한 믿음을 갖고 살아가는 것이 얼마나 중요한지 쉽게 공감할 수 있기 때문이다. 강한 믿음을 갖고 살아가기는 사실 불확실함을 안고 살아가는 방법을 배우는 것과 비슷하다. 그리고 대부분 종교인은 초자연적 현상이나 사후세계와 같은 불확실함을 믿음으로 잘 관리한다. 많은 경우 노출을 통해 자신의 종교적 믿음을 강화할 수 있다고 설명해주면 치료 기법의 목적을 잘 이해할 수 있고, 종교와 상반되는 것처럼 보이더라도 치료에 참여하는 데 도움을 준다.

노출 항목에는 신성 모독이나 부도덕하다고 인식/되는 침습사고를 촉발하는 상황을 포함한다. 예컨대 성경을 읽는 도중 신성 모독적인 생각을 경험할까 봐 두려운 사람은 성경을 읽으면서 의도적으로 '신은 없다'와 같은 원치 않는 생각을 해본다. 다른 예로는 무신론이나 사탄과 관련된 문학을 읽거나 환자에게 원치 않는 침습사고를 불러일으키는 종교적 상징(예: 성모 마리아상)을 바라보는 것이 있다. 우리는 십자가에서 자위하는 예수, 예배당을 훼손하는 침습사고에 대한 노출 작업을 하기도 했다. 다시 말하자면, 노출의 목적을 환자가 종교에 더 충실하고 신실하도록 돕는 데 있다고 설정하면, 치료 순응도가 크게 향상될 수 있다.

침습적 의심과 걱정 Intrusive Doubts and Worries

위해를 가하지 않았을까 혹은 실수하지 않았을까 그리고 이런 문제로 책임을 져야 하지 않을까 하는 의심과 걱정을 가지고 있는 환자에게 시행하는 노출의 주된 목적은 불안을 줄이기 위한 확인이나 다른 안심 추구 행동을 하지 않아도, 이러한 의심과 걱정에 내재된 불확실성을 견딜 수 있다고 배우는 것이다. 주된 목적과 밀접한 관련이 있는 또 다른 목적은 침습사고로 인한 두려운 결과가 생각나도 견딜 만하고, 특히 기능에 방해되지 않는다는 점을 배우는 것이다. 즉, 불행이 닥쳐올 수도 있다는 불확실함 속에서도 일상적인 활동이나 심지어 중요한 일과를 수행할 수 있다는 것이다. 따라서 노출치료에서는 흔히 어떤 확인이나 안심 추구 행동도 하지 않으면서 환자가 타인에게 피해를 입혀 책임져야할까 봐 두려워하는 상황에 직면하게 하는데, 이때 두려워하는 일이 이미 일어났는지 앞으로 일어날지를 알 수 없는 불확실성을 포함하여 두려운 결과를 상상하게 한다.

예컨대 만약 누군가가 화재를 두려워한다면 노출은 조명과 전기기구를 켜둔 채 집을 떠나거나, 스위치를 끄고 다시 확인하지 않은 채 재빨리 나가게 한다. 불운을 일으킬 것이라는 공포는 불운을 초래할까 봐 걱정하는 모든 것을 행하게 함으로써 다룰 수 있다. 예컨대 '엄마가 암에 걸렸으면 좋겠다'와 같은 글을 쓰게 한다. 만약 환자가 운전 중 행인을 칠까 봐 두려워한다면 사람들로 붐비는 장소에서 백미러를 확인하지 않고 운전하게 할 수 있다. 서류 작업을 하면서 실수하지 않을까 걱정하는 강박은 산만한 환경에서 정확히 했는지 다시 검토하지 않고 매우 빠르게 작업하게 한다. 이러한 상황 노출은 두려운 결과를 책임져야 하거나 두려운 결과가 발생할지 불확실하다는 생각과 의심에 대한 상상 노출을 같이 하면서 시행할 수 있는데 이를 통해 이러한 생각과 불확실함을 감당할 수 있다는 안전학습을 촉진할 수 있다.

노출 실습 진행하기
CONDUCTING EXPOSURE PRACTICES

불안을 야기하는 강박 사고와 걱정을 치료하는 핵심 기법은 녹음기, 스마트폰 어플 또는 글로 쓰인 대본을 이용하여 고통스러운 내용에 대한 상상 노출이다. 특정한 외부 자극에 의해 침습사고가 촉발되는 경우에는 자극에 대한 상황 노출도 함께 시행해야 한다. 예를 들어 태어난 지 얼마 안 된 아기를 죽이는 생각이 들어 칼을 피하는 환자의 경우에는 상황 노출로 칼을 잡거나 사용하는 실습을 하고 상상 노출로는 의도적으로 영아살해에 대해 생각하게 한다. 이런 실습에 대해 치료자는 다음과 같이 소개할 수 있다.

치료자 아기를 찌르는 침습적이고 괴로운 이미지에 관해 이야기했습니다. 칼이나 날카로운 물체를 볼 때마다 이런 이미지가 떠오르고, 특히 아기와 가까이 있을 때 떠오르면 굉장히 불편하다고 했습니다. 그리고 이 생각을 없애거나 누르려고 해보았지만 그럴수록 더 자주 떠올라서 괴롭다고 했습니다. 전에 이야기했던 것처럼 오늘 우리는 노출 실습을 통해 이런 종류의 원치 않는 생각에 관한 몇 가지 새로운 사실을 배우게 될 겁니다. 우리가 무슨 이야기를 했는지 기억나세요?

환자 네. 선생님께서 이번 시간엔 나쁜 생각을 밀어내지 말고 일부러 마주하라고 하셨죠.

치료자 맞습니다. 그 말을 듣고 처음에는 상당히 당황스러웠을 거예요. 하지만 이 실습의 목표는 무엇이라고 했죠? 무엇을 배울 수 있을까요?

환자 글쎄요. 이런 생각이 의미 없고 아기를 안고 있더라도 괜찮다는 사실을 깨닫는 데 도움이 될 것 같아요. 제가 통제를 잃거나 어떤 끔찍한 일도 저지르지 않을 거란 걸 아마 알게 되겠죠.

치료자 네 바로 그거예요. 이런 생각이 충분히 견딜 만하며, 그 생각을 꼭 없애야만 괜찮아져서 아기와 함께 재미있게 지낼 수 있는 건 아니라는 사실을 알게 될 거예요. 그런 생각이 덜 들면 괴로움이 줄어들긴 하겠지만 노출치료의 목적이 걱정이나 생각을 사라지게 하려는 게 아니라는 점을 기억하세요. 생각이 들든 들지 않든 생각은 그저 원치 않는 경험일 뿐이며, 생각에 휘둘릴 필요도 없고 생각이 든다고 아기와 떨어져 있을 필요도 없다는 걸 배우는 게 중요합니다. 무슨 말인지 아시겠어요?

환자 예. 제가 생각하는 것과 정반대라서 이상한 기분이 들 것 같아요. 하지만 지금까지 제가 해 왔던 어떤 방법도 효과가 없었으니 한번 시도해 볼게요.

그러고 나서 치료자와 환자는 치료 초기에 평가한 침습사고를 바탕으로 대본을 작성하였다. 환자는 대본을 소리 내어 읽고 되풀이해서 재생할 수 있도록 휴대폰에 녹음했다.

"민서는 2개월밖에 안 된 아기야. 난 우리 아이를 정말 정말 사랑해. 너무 사랑스럽고 천진난만해. 작고 귀여워. 난 민서에게 어떤 일도 일어나지 않도록 항상 신경을 쓰고 있어. 민서는 정말 아름다운 아이야. 하지만 아이를 사랑하는 만큼 그 애를 죽이는 생각을 뿌리칠 수가 없어. 내가 칼을 볼 때마다 항상 떠오르는 것 같아. 자제력을 잃고, 서랍에서 칼을 꺼내. 젖을 줄 것처럼 민서를 안고는 칼을 집어 들어 갑자기 목을 베기 시작해. 처음에는 아이가 소리를 지르고 고통에 발을 차지만 나중에는 더 이상 소리가 들리지 않아. 피가 온 사방에 흩어져 있어……, 나는 죽은 아이를 무릎에 안고 그 자리에 그대로 앉아 있어……, 피를 흠뻑 뒤집어쓴 채로……, 내가 무슨 짓을 한 거지? 우리 소중한 아기-내가 그 애를 죽였어! 시간을 되돌리고 싶지만 그럴 수가 없어. 내가 무슨 짓을 한 거야! 내가 무슨 짓을 한 거야! 남편은 한 시간이면 집에 올 텐데. 남편이 뭐라고 할까? 친구와 가족들에게 내가 아이를 죽였다고 어떻게 말하지?"

치료자 좋아요. 잘했어요. 무척 힘들었죠? 지금 어때요?

환자 아, 지금 정말이지 너무 불쾌해요. SUDS로는 95점이에요.

치료자 좋아요. 어렵다는 걸 알아요. 지금부터 이 생각을 계속 해 볼 거예요. 생각을 바꾸려고 하지 마세요. 덜 불안해지려고 하지 마세요. 생각과 불안을 없애려고 하지 말고 그저 '경험'으로 보려 하세요.

그 다음, 치료자는 아래와 같이 기대 추적을 소개했다.

치료자 정말 잘하고 있어요. 대본을 녹음해서 듣는다면 몇 번 정도 들을 수 있을까요?

환자 아, 잘 모르겠어요. 아마 서너 번 정도. 이 생각은 정말 불쾌하네요. 그 이상은 더 못할 것 같아요.

치료자 좋아요. 그럼 우리 한번 대본을 네 번 들은 뒤에 어떤 일이 일어나는지 보기로 해요.

환자는 침습사고의 대본을 네 번 연속해서 핸드폰으로 들었다. 생각을 피하거나 주의를 분산시키는 대신 생각에 몰입하고, 마음속으로 이미지를 생생하게 떠올리면서 올라오는 불안을 온전히 경험했다. 치료자는 환자의 SUDS를 추적할 뿐 불안을 줄이려는 어떤 시도도 하지 않았다. 그럼에도 불구하고 반복해서 대본을 네 번 청취한 후에 환자는 SUDS가 60점으로 감소했다고 언급했다.

치료자 와, 60점이요? 놀랍네요! 왜 불안이 줄어들었을까요?

환자 저도 놀랐어요! 잘 모르겠어요. 그냥 익숙해졌나 봐요.

치료자 사실 이게 더 중요한 건데, 이 생각에 대해 무엇을 배웠나요?

환자 끔찍한 내용이지만 그냥 생각나게 놔둘 수 있었다는 거요.

치료자 그런 일이 실제로 발생했다면 끔찍했겠죠. 하지만 그냥 생각하는 것은 처음 예상했던 것만큼 끔찍하진 않군요. 그리고 서너 번만 들을 수 있을 것 같다고 했는데 그건 어때요?

환자 예, 제가 너무 낮게 잡았던 것 같아요. 계속 할 수 있어요. 견딜 수 있을 것 같아요.

환자에게 상상 노출이란 공포 영화를 보는 것과 비슷하다고 비유를 들어 설명하면 도움이 된다. 공포 영화를 처음 볼 때는 누구나 매우 무서움을 느낀다. 그러나 같은 공포 영화를 100번 본다면 처음보다 덜 놀라고 아마 지루해지기까지 할 것이다. 상상 노출 동안 발생하는 자연스러운 습관화는 이와 거의 같은 방식으로 작동한다.

목표로 삼은 원치 않는 생각이나 이미지에 대한 대본은 환자가 만들 수도 있고 치료자가 할 수도 있다. 누가 대본을 만들지 선택할 때 고려해야 할 장단점이 있다. 환자가 주도할 때는 자신의 침습사고나 이미지를 가장 잘 알기 때문에 자신의 경험과 가장 잘 들어맞는 대본을 만들 수 있다는 이점이 있다. 또, 스스로 만든 대본은 특히 환자가 자신의 목소리로 녹음을 한다면 훨씬 더 '생각하고 있는 것'처럼 느껴진다. 반면 단점으로는 가장 괴로운 내용을 노출에 포함하지 않을 수 있다. 따라서 치료자는 가장 괴로운 장면이 대본에 들어갔는지를 분명히 해야 한다. 노출 대본을 스스로 만드는 게 환자에게 너무 두렵다면, 치료자가 초기 대본을 써줄 수도 있다. 물론 궁극적으로는 환자가 스스로 작성하는 것을 목표로 해야 한다.

침습사고의 내용에 따라서 어떤 노출은 치료실 안에서도 완전하게 시행할 수 있다. 예를 들어 칼을 마주하기, '불길한' 숫자 쓰기, 산만한 상황에서 서류 작업 끝마치기 등이 있다.

다른 경우에는 치료실 *밖*에서 상황 노출을 수행하는 것이 필요하다. 예컨대 환자의 집에 함께 가서 침습사고를 하면서 아이를 목욕시키는 실습을 하거나, 행인을 치는 공포에 직면하기 위해 운전을 하고, 죽음과 임종에 관한 생각을 마주하기 위해 환자와 같이 장례식장에 가는 경우가 있겠다.

반응방지 시행
IMPLEMENTING RESPONSE PREVENTION

겉으로 드러나든 은밀하든 침습사고에 반응해서 행해지는 모든 안전행동은 반응방지의 대상이 되어야 한다. 특히 주의를 기울여야 하는 안전행동은 겉으로 드러나지 않는 정신적 의식이다. 불경스럽거나 폭력적인 이미지에 대한 반응으로 특별한 기도를 하면 이를 중단하게 해야 한다. 성적이거나 공격적인 강박 사고가 있는 환자는 자신의 행동을 반복해서 되돌아보고, 이런 생각이 갖는 잠재적인 의미를 분석하는 것을 멈추어야만 한다. 안전행동으로 걱정하기를 하는 사람들은 인지 회피나 '문제 해결' 전략을 사용하는 대신 침습사고에 몰입하도록 도와야 한다.

겉으로 드러나는 안전행동 또한 목표로 삼아야 한다. 이런 행동은 불확실성이나 두려운 결과의 가능성을 줄이려는 목적을 갖고 있다. 예를 들면 확인하기, 괜찮은지 물어보기, 위협이 되는 물건 치우기, 다른 사람에게 잠재적인 위험을 알리기, 걸어온 길을 되짚어가기, 숫자 세기, 목록 만들기, 고백하기 등이 있다. 확인 행동이 단순히 *바라보기*(예: 전등 스위치를 응시하거나 문을 잠갔는지 확실히 하기 위해 잠금장치를 쳐다보기)라면 자주 확인하는 대상을 보이지 않게 종이 같은 걸로 덮거나 가릴 수 있다. 실수를 두려워하는 환자의 경우 서류 작업을 할 때 철자나 문법 확인 프로그램을 사용하지는 않고 간단하게 한 번만 확인하게 한다. 정보나 조언을 구하는 행동 또한 중단해야 한다.

의식적인 기도, 걱정, 주의 분산, 기타 정신적 중화 전략을 한 번에 중단하기 어려울 때는 예비 단계로 안전행동을 일부러 *부정확하게* 수행하거나, 두려운 결과에 대한 불확실한 느낌이 더 들도록 행동하게 한다. 예를 들면 '부정확하게' 기도하거나 다른 종교의 신에게 기도하기, 숫자를 틀리게 세거나 원하지 않는 숫자까지 세기, 일부러 행동을 틀리게 '기억하기'가 있다. 가족과 친구에게는 확인을 요구하는 환자의 요청에 응답하지 말라고 지시해야 한다. 대신 환자가 불안 감소 전략 없이 고통을 감당할 수 있도록 도와야 한다. 이를 위해 예를 들어 "네가 얼마나 힘든지 알아. 하지만 해낼 수 있어. 불안을 견딜 수 있다는 걸 명심해. 위협적으로 느끼는 건 그저 마음이 그렇게 이야기하는 것뿐이야. 끝까지 해낼 수 있도록 어떻게 도와줄까?"라고 말할 수 있다. 가족이 안전행동을 대리로 수행하는 것 또한 금지해야 한다. 노출치료에서 가족의 역할에 관한 내용은 18장에서 더 자세히 다룰 것이다.

힌트, 팁, 잠재적 함정
HINTS, TIPS, AND POTENTIAL PITFALLS

상상 노출에 대한 확신을 보여 주기 Model Confidence with Imaginal Exposure
원치 않는 침습사고에 대해 논의하고 노출 작업을 제안할 때, 침착하고 차분한 가운데 자신감 있는 태도를 보이는 것이 중요하다. 침습사고가 평범하고 무해하며 노출이 도움이 된다는 확신을 보이면 환자가 치료 근거를 받아들이고 노출에 참여할 가능성이 커진다. 또, 치료자도 간혹 침습사고가 있다고 자기 노출을 하면 도움이 된다. 그러나 환자가 느끼기에 치료자가 환자의 침습사고를 듣고 싫은 내색을 보이거나, 불쾌해하거나 충격받은 것으로 보인다면 노출에 완전히 몰입하는 것을 주저할 수 있다.

정신적 의식에 주의하기 Pay close attention to mental rituals
정신적 의식은 침습사고와 함께 일어나는 경향이 있다. 침습사고(예: 강박 사고)와 정신적 의식(즉, 강박 행동)은 둘 다 인지적인 속성만 있기 때문에 겉으로 드러나지 않아 *환자와 치료자 모두 흔히 혼동한다.* 따라서 침습사고는 불안을 *야기하는 비자발적* 사고이며, 정신적 의식은 불안을 *감소시키려는 의도적인* 사고라는 점을 확실히 이해하는 것이 중요하다.

이렇게 정확하게 규정할 수 없는 특성 때문에 어떤 정신적 의식은 저항하기 어려울 수 있다. 정신적 의식은 침습사고와 공포에 대한 안전학습을 방해하고 치료 효과를 감소시키므로, 치료자는 환자가 반응방지를 잘하고 있는지 꾸준히 평가해야 한다. 원치 않는 침습사고와 이를 중화하는 정신적 의식은 서로 양립할 수 없기 때문에, 정신적 의식에 대한 최선의 반응방지법은 침습사고에 더 많이 노출하는 것이다. 예로, "정신적 의식 대신 불쾌한 침습사고에 더 집중해보세요."라고 지시할 수 있다. 따라서 상상 노출은 노출과 반응방지에 모두 사용할 수 있다. 저항할 수 없는 정신적 의식의 경우 보완책으로 의식을 일부러 부정확하게 수행하는 방법도 있다.

책임 소재에 대한 환자의 인식에 주목하기
Pay Attention to the Perception of Responsibility

다른 유형의 공포 노출과 마찬가지로 침습사고 노출을 수행하는 동안 치료자나 다른 사람이 함께 있으면, 환자는 '선생님이 내가 아기를 죽이게 내버려 두진 않을 거야'처럼 두려워하는 부정적 결과를 치료자가 예방하거나 책임져 줄 거라고 생각하게 되어 노출 실습의 효과가 반감될 수 있다. 따라서 환자에게 치료자가 있으면 노출이 '더 쉬워'지는지, 치료자의 감독이 없는 노출 수행이 더 '실감이 날지'를 직접적으로 물어보는 것이 좋다. 예컨대, 고양이를 해치는 강박 사고가 있는 환자는 자신이 자제력을 잃고 생각한 대로 행동할까 봐 두려워했다. 이 환자는 치료자와 함께 고양이에게 칼을 겨누는 노출 실습을 할 때는 치료자가 고양이를 살해하도록 놔두지 않을 거라고 믿었기 때문에 전혀 두렵지 않았다고 보고했다. 그래서 치료자는 환자가 두려운 결과에 대한 책임은 온전히 자신에게 있다고 느끼면서 노출을 시행할 수 있도록 자리를 비켜주었다.

짧은 상황 노출을 길게 늘리기 위해 상상 노출 사용하기
Use Imaginal Exposure to Prolong Naturally Brief Situational Exposures

침습사고와 의심에 대한 상황 노출 중에는 어쩔 수 없이 노출 시간이 짧고, 단일 회기에서 같은 과제를 반복할 수 없는 경우도 있다. 예컨대 문을 제대로 잠그지 않았다는 강박 사고를 가진 환자에서 문을 잠근 뒤 확인하지 않고 집을 나서는 행동은 몇 초밖에 걸리지 않는다. 노출 실습을 위해 이 행동을 되풀이하면 사실상 문이 잠겼는지 확인하는 안전행동과 같게 된다. 그러므로 단일 노출 회기에서 같은 실습을 여러 차례 반복하는 대신, 상황 노출 후에 침습사고와 확인하지 않아서 일어날 수 있는 불확실성에 직면하는 실습할 수 있다. 이를 위해 할 수 있는 최선의 방법이 두려운 결과에 대한 상상 노출이다. 즉 집을 떠나는 상황 노출을 하고 난 후 문을 *잠그지 않아서* 도둑이 드는 상상 노출을 한다. 노출을 하는 동안 안전행동이 강박적 의심과 불확실성을 견디고 정상적으로 기능하는 데 필수적이지 않다는 점도 배우기 위해 안전행동을 멈추어야 한다.

알 수 없는 부정적 결과에 대한 공포가 있을 때
When Fears concern negative consequences that cannot be known

죽어서 지옥에 가는 두려움처럼 앞으로도 오랫동안 닥칠 것 같지 않은 재앙적 결과에 대한 침습사고를 겪는 사람들이 있다. 결코 알 수 없는 문제에 관한 강박적 의심이 있는 사람들도 있다. 예를 들어 '만약 누군가가 내가 내뱉은 추잡한 농담을 듣고 아이에게 똑같이 해서 아이가 타락하면 어쩌지? 아이의 타락을 내 탓이라고 하면 어쩌지?'나 '그동안 세척제나 소독제에 접촉한 게 쌓여서 서서히 뇌손상이 생기는 게 아닐까?' 같은 의문이다. 이런 예에서는 환자가 상황에 내재된 *불확실성*이 참을 만하고, 확실하게 안심할 수 있어야만 의미 있게 살 수 있는 건 아니라는 사실을 배울 수 있게 노출을 계획한다. 어떤 상황에서도 100% 완벽하게 안전하다고 보장할 수는 없다. 따라서 불확실성을 인식하든 못하든 간에 모든 사람은 어느 정도의 불확실성을 지닌 채 잘 살아간다. 불확실한 느낌을 불러일으키는 상황과 자극에 상황 노출 실습을 하고, 두려운 결과가 발생할지 *확실치 않다*는 점에 초점을 맞추어 상상 노출을 한다. 이러한 실습을 통해 불확실성에 대한 내성을 기르고, 안전에 대한 보장이 없어도 효과적으로 기능하며 살 수 있다는 사실을 배우게 된다.

신앙심이 깊은 환자의 노출과 반응방지
Exposure and Response Prevention with Religious Patients

종교적으로 독실한 환자에게 노출과 반응방지를 실시하는 것은 특별한 도전이다. 건강한 종교 행위와 불안해서 하는 종교 행위의 차이를 분명히 하고, 노출치료의 목적은 종교적 *믿음*을 다시 건강하게 회복하는 것임을 환자에게 이해시켜야 한다. 종교적 강박을 지닌 사람들은 종교의 교리와 모순되게 종종 신을 까다롭고, 쉽게 분노하고, 복수심에 불타는 존재로 본다. 그러나 대부분의 종교에서는 (1) 살인과 같은 사악한 행동을 의도적으로 행하고, (2) 이를 뉘우치지 않는 경우를 제외하면 죄를 지었다고 보지 않는다. 그러므로 *원치* 않는 생각, 사고, 이미지는 죄로 간주하지 않는다. 치료자는 또한 신이 인간 정신을 창조했다면, 인간에게 때때로 자신의 진실한 믿음에 반하는 생각이 떠오를 수 있다는 사실을 이해할 것이라고 말해줄 수 있다. 노출치료를 통해 신이 침습사고를 이해한다고 *믿게 되면* 환자는 자신의 종교에 더 신실한 사람이 될 것이다. 신은 항상 사람들의 이러한 생각이 진심이 아닌 것을 이해한다고 믿는다면, 노출 실습으로 불경스럽거나 '부도덕한' 침습사고를 마주하는 것은 종교적으로 보면 신을 믿는 행동이 된다. 환자의 도전은 신이 이것을 이해한다는 믿음에 *충실해지는* 법을 배우는 것이다. 믿음에 충실하다는 것은 불*확실함을 견디는 것*과 같은 뜻이라고 하면 환자가 더 쉽게 받아들일 수 있다. 이런 의미에서 노출치료는 '신앙 회복'을 실습하는 수단이라고 할 수 있다. 여기에는 진정한 믿음이란 전지전능한 신은 이러한 침습사고에 대해 어떤 사과나 용서도 요구하지 않는다는 믿음을 포함하고 있기 때문에, 안심 추구하기, 반복해서 기도하기, 용서 구하기 같은 안전행동은 필요하지 않다는 뜻도 함축되어 있다.

우리는 이러한 메시지를 전달하고, 이런 맥락에서 신앙심을 갖는다는 것이 어떤 의미인지 토의하기 위해 종종 다음과 같은 은유를 사용한다.

"이웃 사람이 자신이 키우는 애완견을 당신에게 잠시 부탁했다고 상상해봅시다. 애완견을 맡기면서 개를 돌보는 자세한 지침을 주었어요. 오전 8시에 아침밥 주기, 오전 10시에 산책, 정오에 다시 밥 주기, 오후 2시에 놀아 주기, 오후 5시에 저녁밥 주기. 만약 이웃 사람이 휴가를 가서도 매일 하루에도 여러 번 전화해서 일과를 상기시키고 개가 괜찮은지 확인한다고 생각해봅시다. 어떤 느낌이 들까요? 거슬리지 않을까요? 이런 식으로 계속 전화를 한다면, 이웃 사람이 당신을 정말로 신뢰하는 걸까요? 그런 행동을 보면 이웃 사람이 당신을 어느 정도로 신뢰한다고 말할 수 있을까요? 자 이제 당신이 신이고, 이웃 사람이 당신이라고 상상해 보세요. 비슷한 점이 보이세요? 신이 이미 알고 있는 것을 여러 번 상기시켜줘야 할까요? 신도 거슬리지 않을까요? 그런 행동은 당신의 믿음이 어떻다는 거죠?"

수백 년 동안 신학자들이 종교적 강박이 있는 환자에게 노출과 반응방지와 유사한 처방을 했다는 정보를 주면, 침습사고가 있는 종교인이 불확실성에 직면하는 노출을 수행하는 데 도움이 된다. 실제로, 목회 상담자들을 위한 수련 안내서에는 종교적으로 지나치게 양심적인 사람들에게 의도적으로 양심의 가책에 *반해서* 행동할 것을 추천한다(Ciarrocchi, 1995). 구체적인 지침은 (1) 설사 종교적 규칙을 위반하더라도 양심적으로 보이는 사람들을 모방하고, (2) '타락한' 생각을 의도적으로 하며, (3) 반복적인 고해성사와 장황한 기도를 거부하라는 것이다(Jones & Adleman, 1959). 시아로치 Ciarrocchi(1995)가 쓴 '*의심병: 지나친 양심과 종교적 강박에 대한 도움*'은 이 주제에 관한 뛰어난 논의를 담고 있으며, 노출치료에 참여하는 것에 매우 양가적 감정을 가진 종교적인 환자를 돕는 데 유용한 자료이다.

종교적인 환자들은 특정 노출치료를 해도 될지 신부, 목사, 랍비, 이맘 같은 종교적 권위자들에게 허락을 구할지도 모른다. 우리는 절대적으로 필요한 경우와 그 이상의 조언이나 제안을 구하지 않겠다고 동의한 경우에 한해서 단 한 번의 상담만 허용할 것을 제안한다. 그 이상의 충고나 제안을 구하는 행동은 안심 추구에 해당된다. 종교적 권위자가 노출에 대해 *예전에* 언급한 내용을 바탕으로 노출치료를 수행하는 경우가 이상적이다.

노출 실습을 할 상황을 결정하는 것 또한 민감한 문제이다. 종교적 규칙을 명백히 위반하는 노출은 신성 모독적인 침습사고를 다루는 데 있어 적절하지도, 필요하지도 않다. 노출은 죄에 대한 의심과 불확실성을 유발하는 상황을 포함하면서도 노골적인 위반은 아니어야 한다. 유사한 상황으로 음식이 소변으로 오염되었을 것 같다는 강박 사고를 가진 환자를 생각해 보라. 이 환자가 두려워하는 것은 음식에 소변이 *묻었을* 때 어떻게 할까가 아니라 음식이 오염되었는지 아닌지를 모르는 *불확실함*이다. 그러므로 음식에 소변을 넣는 대신 위험을 무릅쓰고 화장실에서 음식을 먹는 노출을 해 볼 수 있다. 따라서 지나친 양심에 대해서는 종교적으로 명백하게 어긋나는 행동을 하지 않는 선에서 *불확실함*을 야기할 수 있는 노출을 해야 한다.

또한 일부 종교적인 환자는 건강한 종교 행위와 종교의식으로 가장한 안전행동을 구별하는 데 도움이 필요할 수도 있다. 건강한 종교 행위는 반응방지가 필요 없지만, 종교의식으로 가장한 안전행동이 지속되면 치료가 효과적으로 이루어질 수 없다. 치료자가 환자의 종교적 믿음을 공유할 수 없다 하더라도 환자의 종교적 믿음에 대한 존중과 이해를 보여야 한다. 그러나 환자가 '종교' 행위의 일부가 실제로는 침습사고를 지속하는 요소라는 것을 깨닫도록 도와줄 수는 있다. 환자가 종교의식으로 중요하게 여기는 행동을 무조건 멈추도록 지시하면 종교에 대한 공격으로 인식할 수 있다. *환자가* 이해할 수 있도록 다음과 같이 대화해보는 것이 좋다.

치료자 당신은 종종 강박 사고를 다루기 위해서, 다른 말로 하면 원치 않는 성적인 생각을 없애기 위해서 기도하는 것 같습니다.

환자 네. 신은 모든 부도덕한 생각에서 저를 구원하고 이를 없애줄 수 있는 유일한 분입니다. 전 기도를 통해 이런 생각을 없애고 구원받을 수 있을지 확신을 갖고 싶습니다.

치료자 그럼 기도가 강박 사고에는 어떤 효과가 있었습니까? 기도하면 생각이 사라지나요?

환자 글쎄요. 만약 그랬다면 제가 여기 오지 않았겠지요.

치료자 무슨 말씀이신지 더 자세히 설명해 주시겠어요?

환자 생각을 멈추기 위해 항상 기도하고 있지만 여전히 생각들이 떠오릅니다. 오히려 최근에는 더 악화된 것 같습니다.

치료자 흥미롭네요. 당신 말에 의하면 기도를 했음에도 불구하고 강박 사고가 더 심해졌군요. 그럼 기도가 강박 사고를 다루는 좋은 방법이라고 생각하세요?

환자 음. (혼자 생각에 잠김) 이제까지 그런 식으로 생각해 본 적은 없었네요.

치료자 기도가 당신에게 중요하다는 걸 알고 있습니다. 신과 더 가까이 있는 느낌도 들고요. 하지만 당신이 강박에 관해 기도하는 것이 그다지 효과가 없었다고 하니 이런 생각을 다루는 다른 방법을 배워보는 것은 어떨까요?

환자 글쎄요. 목사님이 제가 잘못한 것에 대해 지나치게 많이 기도한다고 하기 했어요. 그분 말씀이 맞았나 봐요.

또한 환자에게 종교 행위를 안전행동과 건강한 종교 행위로 분류할 것을 제안한다. 강박 사고와 공포를 없애기 위한 종교 행위는 엄밀히 말하면 '종교적'이지 않다. 그런 행위는 '믿음에 기초했다'기보다는 '공포에 기초한' 것이다. 그러므로 효과적으로 치료를 받으면 환자가 자신의 종교를 보다 건강하고 종교의 목적에 맞게 실천하는 데 도움이 된다. 종교적인 환자에게 반응방지를 시행하기 위해서는 건강한 종교 행위와 건강하지 않은 종교 행위를 구별하는 데 가족과 종교 권위자의 도움이 필요할 수 있다.

사례 소개
CASE ILLUSTRATION

매트는 강박장애가 있는 45세 남자로 독실한 가톨릭 신자이다. 그는 헤어진 여자친구 샐리를 임신시켰을*지도 모르며*, 자기 몰래 낙태했을*지도 모른다*는 말도 안 되는 의심에 시달렸다. 가톨릭 신앙에서 낙태를 엄격하게 금지하고 있기 때문에 매트는 그가 상상하는 낙태를 예방하기 위해 충분히 노력하지 않았으므로 '지옥에 떨어질 것'이라는 강박이 있었다. 중요한 것은 매트와 샐리는 실제로 성관계를 가진 적이 전혀 없었다. 샐리가 옷을 다 입고 있는 상태에서 서로 안고 키스를 하는 동안 매트가 한 번 발기한 적이 있었는데, 이후 강박적 의심이 시작되었다.

매트는 그의 강박 사고가 말이 안 된다는 것을 인지할 수 있었고, 가톨릭 신자였던 샐리도 낙태한 적이 없다고 부인했다. 그럼에도 불구하고, 그는 침습사고와 연관된 고통을 줄이기 위해 안심할 수 있는 행동에 강박적으로 몰두했다. 매트의 강박 의식으로는 반복적으로 샐리에게 낙태하지 않았는지 묻고, 낙태가 의심되는 기간 동안 샐리의 출근 기록을 확인하려 하고, 주변 지인들에게 샐리가 임신했거나 낙태한 적이 있는지를 묻고 다녔다. 만약을 대비해서 혹시 실제로 낙태한 경우에 대해 신에게 용서를 구하는 기도를 했다. 기능분석을 통해 매트의 강박 사고가 아기를 보거나, *섹스나 낙태*와 같은 단어를 읽거나, 샐리를 상기시키는 모든 것으로부터 촉발됨을 알 수 있었다. 그는 가능한 한 이러한 촉발인자를 피하고 있었다.

매트의 노출 목록은 다음과 같다.

노출 과제	SUDS
아기 사진	55
단어 : *낙태, 섹스, 샐리*	65
샐리의 사진	70
샐리가 매트의 아기를 임신한 이미지	75
샐리가 낙태하는 이미지	75
신이 매트에게 매우 화났다는 생각	80
낙태를 막지 않아 지옥에 가는 생각	90

매트의 반응방지 계획은 다음과 같다.
- 확인하기 위한 질문하지 않기
- 샐리의 출근 기록 보지 않기
- 혹시 모를 낙태에 대한 용서를 구하는 기도하지 않기

첫 노출 회기 동안 치료자는 매트에게 샐리가 낙태를 했을지도 모른다는 걱정스러운 의심을 유발하는 아기 사진을 보도록 했다. 매트는 인지적 회피 전략을 사용하지 않고

마음속에 의심이 자리를 잡도록 놔두었다. 노출을 계속할 수 있도록 집과 사무실에 아기 사진을 두었고, 강박적 의심과 불안이 마음속에 떠올라도 일상생활과 일을 할 수 있는 방법을 배울 수 있었다.

두 번째 회기에서 매트는 *낙태, 섹스, 샐리* 라는 단어에 노출했다. 단어를 말하고, 종이에 여러 번 써서 지갑 안에 넣어두었다. 비록 이런 단어들을 직면해야 하는 것이 고통스러웠지만, 매트는 단어가 불러일으키는 잠깐의 불안을 견딜 수 있었다. 집에서 매일 노출 실습을 반복하는 과제를 주었다. 4일 동안 노출을 계속한 후 이 상황에 내재된 불확실성을 받아들이는 것이 그가 얻고자 노력해왔던 빈틈없이 완벽한 확신을 추구하는 것보다 유용하다는 것을 깨달았다.

세 번째 회기에서 매트는 샐리의 사진을 보았고, 아기를 임신했는지 의심이 들었지만, 그냥 내버려 두었다. 여기서 더 나아가 의심과 이미지를 증폭하는 상상 노출을 시행했다. 매트는 노출의 이론적 근거를 이해했기 때문에 불안이 늘어났음에도 불구하고 기꺼이 자극을 직면하기로 했다. 여기에는 초기 노출의 성공이 도움이 되었다.

네 번째 회기에는 매트가 쓴 이야기에 대한 상상 노출이 있었다. 샐리가 매트의 아기를 가졌고, 매트는 개입하려는 어떤 노력도 하지 않았으며, 결국 샐리가 낙태했다는 내용이었다. 4회기와 5회기 사이에 이 이야기를 직면하는 실습을 하였다. 5회기에서 신이 샐리의 낙태를 막기 위해 충분히 노력하지 않은 그에게 매우 화가 났다는 생각에 직면하였다. 이 생각은 처음에 큰 고통을 불러일으켰다. 그러나 매트는 작업을 지속하기로 했고, 한 주 동안 이 생각을 실습한 뒤에 이 '정신적 소음'을 감당할 수 있다는 확신이 들었다.

다음으로 매트는 낙태를 막지 못해 '지옥에 떨어진다'는 생각과 이미지에 대한 상상 노출로 넘어갔다. 이 노출은 천당과 지옥, 영원한 저주, 심판과 관련된 불확실성에 초점을 맞췄다. 이 노출 또한 강렬한 의심과 고통을 불러일으켰으나 매트는 이전의 노출 실습을 떠올리면서 이번 실습도 다르지 않다는 것을 인식할 수 있었다. 노출을 통해 매트는 비록 사후에 무슨 일이 일어날지 확신할 수 없더라도 불확실성을 견딜 수 있다는 것을 배웠다.

Abramowitz, J. S. (2006). *Understanding and treating obsessive–compulsive disorder: A cognitive-behavioral approach*. Mahwah, NJ: Erlbaum.

Abramowitz, J. S., & Jacoby, R. J. (2014). Scrupulosity: A cognitive-behavioral analysis and implications for treatment. *Journal of Obsessive–Compulsive and Related Disorders, 3,* 140–149.

Abramowitz, J. S., & Nelson, C. A. (2007). Doubting and checking concerns. In M. M. Antony, C. Purdon, & L. Summerfeldt (Eds.), *Psychological treatment of obsessive–compulsive disorder: Fundamentals and beyond* (pp. 169–186). Washington, DC: American Psychological Association.

Clark, D. A., & Hilchey, C. A. (2017). Repugnant obsessions: Phenomenology, etiology, and treatment. In J. Abramowitz, D. McKay, & E. Storch (Eds.), *Wiley handbook of obsessive–compulsive disorder* (Vol. 1, pp. 421–440). Chichester, UK: Wiley.

Freeston, M. H., & Ladouceur, R. (1999). Exposure and response prevention for obsessive thoughts. *Cognitive and Behavioral Practice, 6,* 362–383.

Neal, R., Alcolado, G., & Radomsky, A. (2017). Responsibility, checking, and reassurance-seeking in OCD. In J. Abramowitz, D. McKay, & E. Storch (Eds.), *Wiley handbook of obsessive–compulsive disorder* (Vol. 1, pp. 361– 376). Chichester, UK: Wiley.

Rachman, S. (2003). *The treatment of obsessions*. Oxford, UK: Oxford University Press.

Siev, J., Huppert, J. D., & Zuckerman, S. (2017). Understanding and reating scrupulosity. In J. Abramowitz, D. McKay, & E. Storch (Eds.), *Wiley handbook of obsessive–compulsive disorder* (Vol. 1, pp. 527–546). Chichester, UK: Wiley.

신체 단서와 건강 염려
Bodily Cues and Health Concerns

임상 양상
CLINICAL PRESENTATION

불안한 사람들 중에는 특이한 신체 변화나 감각*뿐 아니라 전반적인 건강과 질병을 염려하는 경우가 흔하다. 어떤 환자는 발진처럼 일반적으로 해롭지 않은 신체 단서를 피부암 같은 끔찍한 질병의 징후로 잘못 해석하고, 또 어떤 환자는 복통이나 설사를 하면 대장암에 걸렸다고 생각한다. 또 다른 환자는 교감신경 활성으로 숨이 가쁘고 가슴이 뛰는 불안 각성을 심장 마비나 질식사와 같은 재앙의 조짐으로 오인한다. 건강에 대한 병적인 불안은 대부분의 사람이 실제로 건강이 위험할 때 겪는 '정상적인' 건강 염려에 비해 과도해 더 강하고, 빈번하며, 오래 지속된다.

건강에 대한 염려는 공황장애, 질병불안장애, 신체 증상장애, 일부 강박장애, 특정공포증의 하나인 질병 공포증처럼 여러 가지 DSM 진단 범주의 핵심 증상이다. 이러한 진단 범주들은 기본적으로 다음 세 가지 차원에서 서로 구별된다. 먼저 당장 어떻게 될까 두려워하는지 장기적인 건강을 두려워하는지, 두 번째는 불안 각성과 관련한 신체 단서에 몰두하는지 비각성 신체 단서에 몰두하는지, 마지막으로 치명적인 질환을 '현재' 앓고 있다고 믿는지 아니면 '결국' 앓게 될 것이라고 믿는지다. 일반적으로 질병불안장애 및 신체 증상장애에서는 예를 들어 복통 같은 비각성 신체 단서를 맹장염의 악화처럼 질병이 모르는 사이에 진행되고 있는 상태를 나타낸다고 오인한다. 그에 반해 공황장애를 겪는 사람은 공황발작 즉, 각성으로 인한 강렬한 신체 감각 자체를 뇌졸중 같은 의학적으로 위급한 상태로 여기고 걱정한다. 특정공포증의 하나인 질병 공포증은 결국 죽음에 이

---

*이 맥락에서 '증상'이란 용어를 쓰면 실제 질병의 존재를 암시하기에 의도적으로 피했다.

르게 되는 질병을 앓게 될 것이라는 염려가 주된 특징이다. 12장에서 다룰 오염에 대한 두려움처럼 건강 염려는 강박장애의 주된 증상으로 나타날 수도 있다. DSM에서 이렇게 진단을 구별하고 있음에도 불구하고, 환자들은 종종 진단 범주를 넘나드는 불편을 호소한다. 예를 들어 어지러움을 당장 의식 소실이 일어날 조짐이자 뇌종양의 증상으로 오인하고, 암에 걸리면 어쩌나 하는 걱정과 이미 암에 걸렸다는 믿음 사이를 오가는 환자도 있다.

건강에 관해 불안해하는 환자는 자주 신체적 불편을 호소하고 처음에는 치료를 위해 내과를 주로 방문한다. 반복해서 의사들을 찾아다니고, 또 다른 의견을 구하거나 추가적인 검사를 받아보고, 건강 관련 웹 사이트 및 의료 문헌을 검색해보고, 이미 적절한 평가를 거쳐 문제없다고 판정받은 신체 단서에 대해서도 다른 사람들에게 괜찮은지 확인한다(Olatunji 등, 2009a). 정신 건강 전문가에게 의뢰될 때까지 이들은 신체적 불편의 기질적 원인을 의사들이 명확히 밝혀내는 데 계속 실패한다고 생각해 좌절감을 느낄 수도 있다. 당연히 심리적 개입에 회의적인 태도를 보일 수도 있다. 시간이 지날수록 심한 고통과 기능 장애를 겪는 경우가 많다(예: Katon & Walker, 1998; Leon, Portera, & Weissman, 1995). 표 11.1은 건강 관련 불안의 사례 개념화와 치료에 관한 간략한 개요를 담고 있다.

표 11.1 간략한 개요: 신체 단서와 건강 염려

공포유발 자극
- (불안 각성과 연관된) 신체 징후와 감각들
- 도피하기 힘들거나 곤란한 공공장소
- 잠재적인 질병의 원인
- 질병에 대한 정보

전형적 예
- 심계 항진, 발한, 어지러움, 호흡 곤란, 두통, 피로감, 감각마비
- 점, 피부 잡티, 혹, 급성 혹은 막연한 통증
- 질병에 관한 언론 보도

공포 기반 신념
- '이 신체 감각은 나에게 뭔가 끔찍한 문제가 있다는 거야.'
- '불안과 공황은 건강에 해로워.'
- '항상 건강 상태를 확인해야 해.'

- '건강을 위협하는 건 모두 제거해야만 해.'
- '몸 어디가 아프다면 병이 있는 거야.'

안전행동
- 공황발작이 발생할 수 있는 신체 활동이나 상황 회피
- 이완전략, 주의 전환, 약물 처방
- 과도하게 몸에 대해 확인하고 의학 정보를 찾아봄
- 가족이나 친구, 의사에게 괜찮은지 확인함
- 핸드폰, 물병, 약물과 같은 안전 장비를 지참함

DSM-5 진단 범주
- 공황장애 및 광장공포증
- 질병불안장애
- 신체 증상장애
- 강박장애
- 특정공포증, 기타 유형(예: '질병 공포증')

치료 개요
- 전형적인 치료 기간 : 12회기 개인 치료
- 평가와 심리교육으로 시작함
- 3 내지 4회기에 내적 감각 노출을 시작함
- 6 내지 7회기에 상황 노출을 시작함
- 상상 노출과 상황 노출을 결합함
- 노출에 맞추어 반응방지를 실행함

장애물
- 환자가 이 문제를 의학적 문제가 아닌 심리적 문제로 인식해야만 함
- 신체 증상의 사회적 결과를 두려워함
- 맥락의 영향에 민감함

노출치료의 기초
BASIS FOR EXPOSURE THERAPY

개념화 *Conceptualization*

건강에 대한 과도한 불안에 대한 인지행동적인 설명은 환자가 두려워하는 어지러움, 호흡 곤란, 통증, 피로감 등의 신체 징후와 감각이 아주 흔하고 대개는 아무 문제가 없다는

관찰에서 시작된다. 달리 말하면, 사람은 누구나 '소란스러운 몸'을 지니고 있는데 대부분의 사람은 이런 신체 '소음'에 별 관심을 보이지 않는 반면, 건강에 대한 과도한 불안을 가진 환자들은 신체 징후가 건강에 심각한 문제가 있다는 의미로 받아들인다. 예를 들어 두통은 곧 뇌졸중이 생긴다는 의미이고, 흉통은 심장 마비가 시작된다는 의미이며, 구역감은 심각한 질병이 있다는 의미로 받아들인다(Deacon & Abramowitz, 2008).

그런 믿음을 지닌 사람은 신체 단서를 빨리 찾아 건강에 재앙이 닥치는 걸 막기 위해 신체에 세심한 주의를 기울인다(Schmidt 등, 1997). 하지만 이런 '신체 경계body vigilance'로 말미암아 환자는 두려운 신체 징후를 더 잘 인식하게 되고, 사실 아무 문제없는 신체 징후에 극도로 예민해지는 악순환에 빠진다. 신체 감각에 대한 잘못된 믿음으로 인해 건강 불안을 가진 사람은 두려운 건강상의 재앙을 막기 위해 안전행동으로 반응한다. 이러한 안전행동에는 의사에게 확인받기, 인터넷에서 건강 관련 정보 검색하기, 이완 훈련 연습하기, '안전한 사람' 찾기, 불안 유발 상황을 회피하거나 도피하기, 처방약(예: 항불안제)이나 처방전 없이 구입할 수 있는 건강기능식품(예: 허브) 복용하기와 같은 여러 형태가 있다. 또한 환자는 질병을 일으킬 수 있는 잠재적인 원인을 회피하고, 각성 유발 활동(예: 운동)을 자제하며, 위험 징후를 찾기 위해 신체를 과도하게 점검한다(예: 대변의 혈액).

회피는 환자가 불안이나 공황이 일어날 수도 있다고 두려워하는 장소나 군중 속이나 시골 지역같이 즉각적인 도움을 받을 수 없는 장소로 확대될 수 있다. 가장 심각한 경우에는 광장공포증처럼 공황발작에 대한 두려움으로 집에서 전혀 벗어나지 못할 수도 있다. 3장에서 논의한 바와 같이 불안에 대처하기 위한 이러한 부적응적 시도로 인해 두려운 신체 단서가 위험을 나타내는 것이 아니라는 사실을 알 수 없어 역설적으로 문제가 지속되고 심지어 악화되는 공포의 악순환이 일어난다.

노출치료 동안 학습해야 할 사항 What Must Be Learned during Exposure Therapy

위의 틀에 근거하여, 노출치료의 주요 목표는 두려운 신체 단서와 그와 연관된 불안이 (1) 참을 만하고, (2) 치명적으로 심각한 건강 상태로 이어질 가능성이 거의 없다는 것을 학습하도록 돕는 것이다. 치료는 안전행동을 자제하면서 의도적으로 두려운 신체 단서를 경험하게 하면서 진행한다. 그 과정을 통해 신체 안전을 위해서나, 불안을 견디는 데 안전행동이 필요하지 않다는 점도 배우게 된다. 사실 두려운 신체 감각이 지속된다 하더라도 건강에 재앙이 닥칠 가능성은 거의 없다. 또 노출치료를 통해 건강과 관련된 불확실성을 견디고, 신체 감각의 원인을 설명할 수 없어 모호한 상태임에도 불구하고 기능하는 법을 배운다. 마지막으로, 환자는 불편한 느낌의 존재를 받아들이는 것을 배운다. 신체 감각은 아주 흔하고 언제라도 경험할 수 있다는 사실에 비추어 이러한 수용이 필수적이다. 이러한 경험을 완전히 없애려고 노력하거나, 모든 신체 변화에 대해 설명을 요구하는 사람은 패배할 수밖에 없는 싸움을 벌이는 것이다.

환자가 가지고 있는 공포의 양상에 따라 신체 감각, 외적 자극, 예상했던 건강 문제 각각에 대한 공포 기반 예측을 반증하기 위해 내적 감각, 상황, 상상 노출을 조합한다. 각성으로 인한 강렬한 신체 감각이 곧 건강에 심각한 재앙으로 이어질 것이라는 두려움을 가진 사람은 노출치료를 통해 이러한 부적응적 신념을 반증할 수 있을 것이다. 근위축성 측삭경화증Amyotrophic Lateral Sclerosis, ALS이나 알츠하이머병과 같이 만성적이거나 점진적으로 악화되는 질병을 두려워하는 사람에게 노출치료는 두려운 결과가 정말 일어날지 *확실하게 알 수 없다*는 불확실성을 견디고, 일상생활의 기능을 유지할 수 있다는 사실을 배울 수 있게 도와준다. 이러한 질병은 사실 누구나 걸릴 수 있으므로 대부분 사람들은 병에 걸릴 가능성을 안고 살아가는 법을 자연스럽게 배우게 된다. 물론 이상의 논의는 환자가 의학적으로 적절한 검사를 받고 현재 건강한 상태라는 전제가 있다.

기능 평가 FUNCTIONAL ASSESSMENT

표 11.2에는 건강 관련 불안에 대한 기능 평가에서 얻을 수 있는 정보를 요약해두었다. 그다음 각 매개 변수에 대해 자세히 논의할 것이다. 환자에 대한 기능 평가를 시작하기 전에 먼저 기질적인 질환을 배제하기 위해 의학적 병력 검토를 권한다.

표 11.2 한눈에 보는 신체 단서 및 건강 염려의 기능 평가

매개변수	흔한 예
공포 단서	
외부 상황과 자극	두려운 신체 감각, 질병에 걸릴 것 같거나 이미 걸린 것 같다는 염려를 유발하는 상황, 환경, 대상 및 기타 자극
내부 단서	각성 관련 신체 감각(예: 빠른 심박수), 비각성 감각(예: 근육 당김)
침습사고	자신의 고통이나 죽음에 관한 반복적인 생각과 이미지
두려운 결과	임박한 신체나 정신 건강의 재앙, 심각한 질병에 걸림, 치명적인 질환으로 인한 사망
안전행동	
회피 패턴	두려운 신체 감각을 유발하는 상황과 자극, 두려워하는 질환을 연상시키거나 질환의 발병과 관련한 상황이나 자극
상황 내 안전행동	각성 감소 전략들, '안전한 사람'에게 의지하기, 안전 보조 장치 지참하기, 신체 점검하기, 건강 관련 정보 검색하기, 과도하고 불필요한 의료서비스 이용
안전행동에 대한 신념	신체 감각이 악화되어 치명적인 결과로 이어지는 것을 예방하기 위해 안전행동이 필요하다; 신체 점검은 심각한 질환을 발견하는 데 유용하다.

공포 단서 Fear Cues

외부 상황과 자극 External Situations and Stimuli

매우 다양한 외부 상황과 자극이 건강 염려를 유발할 수 있다. 각성과 관련된 신체 감각을 두려워하는 공황장애 환자에게는 과거 공황발작이 발생했던 상황뿐만 아니라 두려운 신체 감각을 일으킬 수 있는 모든 상황이 불안을 유발할 수 있다. 예를 들어 격렬한 신체 활동, 매운 음식, 무서운 영화, 놀이 기구 타기, 카페인, 불안 증상이 생길 경우 엘리베이터처럼 탈출이 어렵거나 식당 같은 당황스러운 장소 등이 있다. 다른 종류의 건강 염려는 의사나 병원뿐만 아니라 특정 질병을 다룬 언론 보도나 TV 프로그램, 책이나 영화를 통해서도 유발될 수 있다. 또한 나쁜 소식을 들을까 두려워하는 사람에게는 진료 예약 또한 큰 불안의 원인이 될 수 있다.

내부 단서 *Internal Cues*

공황발작을 겪는 환자가 일반적으로 가장 두려워하는 각성 관련 감각에는 심장 두근거림, 흉통이나 압박감, 호흡 곤란, 현기증, 발한, 질식, 오한이나 열감, 떨림, 메스꺼움, 마비나 따끔거림, 자신이나 주변 환경에서 분리된 느낌이 있다. 이러한 감각들은 불안을 느끼거나, 스트레스를 받거나, 카페인과 같은 자극제를 섭취했을 때 더 악화될 수 있다. 일반적으로 투쟁–도피 반응 때문에 악화되지 않는 신체 징후 및 변화에는 근골격 통증이나 피로감, 피부 이상(혹, 발진, 점)이 있다. 내과 검진 상 이상이 없음에도 불구하고 삼키기 힘든 느낌이 들면 목이 막혀 질식하게 될 것이라고 염려하는 42세 남성의 예처럼, 어떤 환자는 특정 감각에 국한된 두려움을 보이기도 한다.

침습사고 *Intrusive Thoughts*

치명적인 질병의 결과를 걱정하는 환자들이 보이는 증상 중 하나로 침습사고가 있다. 이런 환자의 침습사고나 심상은 의학적 증상으로 쇠약해지고, 죽거나, 죽고 난 뒤에도 의식은 남아 영원토록 홀로 남겨지게 된다는 내용을 담고 있다.

두려운 결과 *Feared Consequences*

건강에 과도한 염려를 가진 사람은 일반적으로 신체나 정신적 재앙이 발생하는 것을 두려워하며 그런 부정적 결과의 가능성과 심각성을 과대평가한다. 그러한 재앙은 즉각적인 결과일 수도 있고, 장기적인 결과일 수도 있다. 공황발작을 겪고 있는 환자는 심장 마비, 질식, 뇌졸중, 구토, 통제력 상실이나 의식 상실같이 *임박한* 건강 문제를 걱정하고, 늘 그런 건 아니지만 흔히 죽을 것 같은 궁극적인 두려움을 겪게 된다. 또, 영원히 미쳐버리게 되거나, 현실과 영원히 단절되거나, 공개석상에서 불안을 드러냄으로써 타인에게 부정적인 평가를 받게 되지 않을까 걱정한다. 근위축성 측삭경화증, 알츠하이머병, 암에 대한 건강 불안처럼 종종 *진행성*이거나 *장기적*인 문제로 인한 심각한 손상이나 사망을 염려하는 경우도 있다. 완벽한 건강이 가능하며 필수적이라 느끼는 건강 불안 환자에게는 건강 상태가 불확실하다는 것 또한 두려울 수 있다.

안전행동 *Safety Behaviors*

회피 패턴 *Avoidance Patterns*

건강과 안전에 관해 예상할 수 있는 모든 위협을 제거하는 것이 가능하고 필수적이라는 믿음에 따라 건강 불안 환자는 두려운 신체 감각을 유발하는 상황과 자극을 회피한다.

이러한 회피는 놀이기구를 타지 않는 것에서 집 밖에 나가지 않는 것까지 다양하다. 공황발작을 반복해서 겪는 사람은 어떤 대가를 치르더라도 공황발작을 유발할 수 있는 활동(예: 성행위, 운동, 강한 감정 반응, 카페인)을 피함으로써 생리적인 각성을 회피하려할 수 있다. 특정 질환을 두려워하는 사람은 그 병을 앓는 환자나 그 병을 다루는 TV 프로그램처럼 병을 상기시키는 자극을 회피하려 한다. 어떤 환자는 두려워하는 결과를 실제로 듣게 될까 봐 진료와 건강 검진을 피한다. 40대 중반에 유방암을 진단받아 성공적으로 치료한 병력이 있는 68세 여성은 암 재발 소식을 들을지도 모른다는 두려움으로 10년 이상 의사를 만나지 않기도 하였다. 건강 불안 환자들이 보이는 회피 패턴이 환자마다 독특하고 다양하기 때문에 기능 평가를 통해 회피 패턴과 그들이 막고자 하는 두려운 결과 사이의 연관성을 주의 깊게 이해할 필요가 있다.

상황 내 안전행동 In-Situation Safety Behaviors

신체 감각에 뒤따르는 결과를 걱정하는 사람은 불안을 통제하고, 건강에 대한 불확실성을 줄이고, 원치 않는 신체 경험을 가라앉히기 위해 다양한 전략을 사용한다. 자주 신체를 확인하고 대변을 헤집어 혈변이 있는지 살피는 등 신체 분비물을 자세히 관찰한다. 또, 건강 상태를 점검하거나 빈맥, 피부 혹, 목의 따가움 같은 신체 단서가 위험한 병이 아닌지 탐색하기 위해 두려워하는 증상과 질환에 대한 정보를 찾아본다. 점점 심해지는 신체 감각과 불안감을 줄이기 위해 흔히 이완 기법과 주의 분산을 시도하고, 믿을 수 있는 사람에게 괜찮은지 계속 물어보고, 병원을 찾아가거나 불안을 유발하는 상황에서 도피한다. 환자는 불안한 경우에 사용할 항불안제, 혈압계, 휴대폰, 물병, 간식거리 등의 안전 보조 장치를 늘 지니고 다닌다.

안전행동에 대한 신념 Beliefs about Safety Behaviors

건강이 심각하게 나빠지는 것을 두려워하는 환자는 안전행동이 그런 재앙적 사태를 막아준다고 믿는다. 어떤 경우에는 자신이 지금까지 살아 있는 것은 바로 안전행동 때문이라고 믿는데, 예를 들어 어떤 남자는 공황발작 중에 앉아서 심호흡을 한 덕분에 여러 차례 심장 마비의 위기를 넘겼다고 믿었다. 두려워하는 결과를 예방하는 데 안전행동이 어떤 영향을 준다고 믿고 있는지 정확하게 평가할 필요가 있다. 예를 들어 공황발작으로 의식을 잃을까 두려워하는 사람은 이완 기법이 의식 소실을 막는 데 효과적이라고 말할수 있다. 반복적으로 신체검사를 받고 건강 관련 정보를 찾아보는 사람은 이런 행동이 잠재적인 건강 관련 문제를 발견하는 데 도움이 된다고 믿을 수 있다. 이러한 믿음은 환자의 병력과 의료이용 패턴을 검토하면서 점검해볼 수 있다.

노출치료의 근거 제시
PRESENTING THE RATIONALE FOR EXPOSURE THERAPY

치료자는 노출치료를 시작하기에 앞서 환자가 생각, 느낌, 안전행동 사이의 관계, 특히 건강과 질병에 관한 위협을 과대평가하여 건강 불안이 지속되고, 안전행동을 일으켜 두려움이 더 지속된다는 점을 확실하게 이해하고 있는지 확인해야 한다. 위협에 대한 과도한 지각과 안전행동의 강박적 사용이 신체 단서에 과도하게 주목하는 신체 경계라는 자연스러운 결과를 낳는다고 소개할 수 있다. 하지만 신체 경계는 대부분은 해롭지 않은 모든 종류의 신체 감각을 지나치게 인식하게 하며, 신체 감각에 대한 재앙적 해석은 병에 걸렸다는 지각을 강화한다.

문제를 이러한 모델의 관점에서 이해하면 노출에 대한 이론적 근거가 명백해진다. 노출치료는 신체 감각, 불확실성, 불안을 재앙적으로 생각하지 않고 안전행동 없이도 다룰 수 있다는 점을 배우게 하여 악순환의 고리에서 벗어날 수 있게 한다. 좀 더 구체적으로 노출을 통해 두려운 결과의 발생 가능성이 예상했던 것보다 낮고, 공황발작같이 다소 심각한 경우도 감당할 수 있고 오래 지속되지 않는다는 점을 배운다. 또한, 건강이 불확실하고 설명할 수 없는 신체 감각이 있더라도 이는 일상의 일부이며 충분히 감당할 수 있다는 점도 배운다. 마지막으로 노출은 불안 경험 그 자체는 감당할 만하며 기능을 방해하지 않는다는 점을 알려준다. 노출을 통해 불안을 유발하는 생각, 상황, 기타 공포 관련 자극을 탐색하고, 설명할 수 없는 신체 감각에도 불구하고 기능하는 등 불안을 성공적으로 다룰 수 있는 환자의 내적 자원이 드러나면 불안에 대처하는 자기 효능감이 높아질 수 있다. 그 결과 생리적 각성과 그 외 여러 가지 신체 소음이 있어도 삶의 질과 기능이 향상된다.

이러한 이론적 근거 외에도 불안 생리와 신체 안팎의 '소음'이 정상이라는 교육적 정보를 제공하는 것도 도움이 된다. 아브레모위츠Abramowitz와 브래독Braddock(2008)의 책에 이런 목적으로 만든 유인물이 실려 있다. 여기에는 (1) 신체 감각에 대한 재앙적 해석을 대신할 대안적 설명과 (2) 노출치료의 근거를 담고 있다. 하지만 치료자는 이러한 정보가 환자의 안심 추구로 바뀌지 않도록 주의해야 한다.

상황 노출 *Situational Exposure*

예를 들어 광장공포증 환자의 경우 휴대폰도 없이 혼자 시골 지역을 걷게 하거나, 붐비는 경기장이나 영화관, 쇼핑몰을 방문하게 한다. 환자는 이러한 노출을 통해 강렬한 불안이나 공황에도 불구하고 예상보다 집에서 더 멀리 벗어날 수 있고, 혼자 있는 것을 더 잘 견딜 수 있으며, 많은 군중 속에서 더 오래 머물 수 있다는 점을 배우게 된다. 또, 두려운 상황에 부딪혀도 공황발작이나 의학적 재앙이 일어나기보다는 대체로 안전하다는 점을 배운다.

질병 불안 환자의 경우에는 질병 단서에 대한 상황 노출은 (1) 병원, 아픈 사람, 그 외 질병을 상기시키는 공포 단서로 유발된 불안이 일시적이며 견딜 만함을 증명하고, (2) 장기적으로 질병에 걸리지 않을 것이란 절대적인 보장 없이도 견뎌 낼 수 있다는 점을 배우는 데 도움을 준다.

내적 감각 노출 *Interceptive Exposure*

공황발작 같은 각성 관련 신체 감각을 두려워하는 환자에게 가장 강력한 개입은 내적 감각 노출이다. 현기증, 호흡 곤란, 심계 항진 같은 감각을 피하거나 최소화하려는 습관적 시도는 이런 느낌을 억누르지 않으면 감당할 수 없고 위험하다는 잘못된 생각을 불러일으킨다. 환자가 이런 느낌을 최소화하거나 도피하려는 시도 없이 내적 감각 노출을 통하여 진지하고 체계적이며 지속적인 방식으로 경험하게 도와주면, 강렬한 자율신경계 각성이나 타인에게 부정적 평가를 받는 것 같은 두려운 재앙이 잘 일어나지도 않거니와 설사 일어난다고 해도 일시적이며 감당할 수 있다는 점을 배울 수 있는 기회를 갖게 된다. 또한, 이를 통해 강렬한 공포조차도 안전하고 감당할 수 있으며, 이에 맞서거나 통제하려 들지 않으면 결국 자연스럽게 줄어들게 된다는 점을 배우게 된다. 이전에 두려워했던 감각이 일시적이고 해롭지 않다는 깨달음은 그 느낌이 나중에 다시 일어날 때 이전보다 잘 견디고 받아들일 수 있게 해준다. 다음 대화에서 치료자는 환자에게 내적 감각 노출에 대한 이론적 근거를 제시하고 있다.

치료자 자, 지금까지 우리는 생각보다 해롭지 않은 신체 감각에 대해 당신이 두려워하고 있다는 점을 확인했습니다. 이제는 이러한 느낌과 감각이 실제로 안전하고, 심각한 의학적 문제의 전조증상도 아니라는 점을 배우는 데 초점을 맞출 겁니다.

환자 좋습니다. 하지만 어떻게 그렇게 할 수 있을지 상상이 안 되네요.

치료자 물론입니다. 이렇게 한번 생각해보면 어떨까요. 아마 당신은 어지럽고, 숨 가쁘고, 심장이 미친 듯이 뛰는 느낌이 두렵기 때문에 이런 감각을 피하려고 항상 애써왔을 겁니다. 하지만 회피가 당장에는 안전한 느낌을 주겠지만 불편한 신체 감각을 피하지 않고 그냥 내버려 두었을 때 어떻게 되는지 알 수 있는 기회는 사라지게 됩니다. 즉, 그 느낌이 일시적이고 해롭지 않다는 것을 배울 기회를 얻지 못하게 되는 겁니다. 제 말의 의미를 아시겠어요?

환자 네. 알 거 같아요.

치료자 따라서 만약 우리가 의도적으로 이런 느낌을 유발시키고 당신이 그 느낌과 싸우거나 없어지게 만들거나 더 안전하게 느낄만한 행동을 전혀 하지 않는다면, 이런 느낌이 일시적이며 그리 위험하지 않고 충분히 감당할 수 있다는 점을 발견하게 될 겁니다. 이런 종류의 연습을 반복하면 할수록 이런 감각을 더 잘 견딜 수 있게 되고, 훨씬 덜 불편해질 겁니다. 무슨 말인지 아시겠어요?

환자 네 이해했어요.

상상 노출 *Imaginal Exposure*

심각한 질병으로 고통스러운 결과를 겪는다는 침습사고로 불안해하는 환자에게는 공포를 유발하는 생각이나 이미지를 직면하는 이야기를 적어보거나 녹음해보는 상상 노출이 도움 된다. 건강 불안을 가진 환자에게 예를 들어 고통스러운 항암요법으로 괴로워하다 결국 죽는 장면을 생생하게 떠올리는 과정은 처음에는 상당히 무섭게 느껴질 수 있다. 그러나 그 이미지에 오랜 시간 반복적으로 상상 노출을 하는 과정에서 환자는 괴로운 만큼 이미지를 견디는 방법을 터득하게 된다. 공포 영화를 반복해서 보는 것과 상상 노출 과정을 비교하는 것이 도움이 된다. 불안을 유발하는 상상 노출의 시나리오와 마찬가지로 정말 무서운 공포 영화조차도 반복해서 보다 보면 결국에는 '그 강렬함을 잃게' 된다. 환자는 건강이 확실하지 않을 수도 있다는 두려움을 증폭시킬 여러 다른 시나리오에 상상 노출하면서 이런 생각과 이미지가 있음에도 불구하고 삶을 지속할 수 있다는 점을 배운다.

노출 실습 계획
PLANNING EXPOSURE PRACTICES

환자의 공포 기반 신념 즉, 두려워하는 결과와 외부 그리고 내부 공포 단서를 알아야 노출 목록의 세부 항목을 정할 수 있다. 노출 목록의 세부 항목은 (1) 두려워하는 신체 감각의 위험성과 (2) 건강 관련 불안과 불확실성을 감당할 수 없다는 환자의 기대를 반증하기 위한 목적에 맞춰 정해진다. 환자의 공포 기반 예측과 실제 노출에 따른 결과 사이의 불일치가 크면 클수록 더 효과적이다. 노출 목록에 들어갈 후보 항목에는 환자의 공포 기반 예측을 유발하는 상황과 신체 감각, 그 외 질병 관련 자극들이 포함된다. 건강 불안이 있는 대다수의 환자들은 두려운 신체 감각이나 질병과 연관된 장소, 대상, 활동 같은 자극을 두려워한다. 그들은 그러한 자극은 도저히 '견딜 수 없고', 질병과 관련된 '참을 수 없는' 이미지를 생각나게 할 거라고 믿는다. 따라서 노출 목록에는 그런 자극을 감당할 수 있다는 걸 배울 수 있게 도와줄 상황 노출 과제를 포함한다. 상상 노출은 끔찍한 질병에 걸려 고통받는 생각이 들면 견딜 수 없다고 믿는 환자에게 사용할 수 있다.

내적 감각 노출은 주로 공황발작처럼 각성 관련 신체 감각을 두려워하는 환자에게 사용할 수 있다. 먼저 내적 감각 노출 평가를 한 다음 노출 목록에서 항목을 선택한다. 내적 감각 노출 평가는 여러 가지 간단한 운동을 통해 이뤄지는데, 각 운동은 독특한 각성 관련 신체 감각을 유발한다. 환자가 위험할 것이라고 예상하는 내적 감각을 성공적으로 재현할 수 있는 운동을 찾아내는 게 이 평가의 목적이다. 내적 감각 노출 평가에 사용하는 운동을 표 11.3에 정리하였다. 스톱워치나 시계, 칵테일용처럼 가는 빨대, 회전의자와 같은 쉽게 구할 수 있는 몇 가지 물품이 필요하다. 평가가 이루어지는 방은 환자가 제자리 뛰기를 할 수 있고, 선 채로 돌거나, 회전의자에 앉아서 돌 수 있고, 팔굽혀펴기를 하기에 충분한 공간이 있어야 한다.

환자에게 내적 감각 노출 평가의 목표는 두려워하는 신체 감각을 재현시킬 수 있는 운동을 찾아내는 것이라고 설명하고, 느껴지는 감각을 최소화하려는 시도 없이 온전히 강렬하게 운동에 임하도록 격려해야 한다. 치료자가 표 11.3에 나온 각 운동에 대해 어떻게 수행하는지 설명하고 시범을 보여 주면서 시작한다. 각 운동 후에 환자에게 (1) 그들이 경험했던 신체 감각의 강도와 (2) 전반적인 불안 수준, 그리고 (3) 일상에서 경험했던 두려운 감각과 운동으로 유발되는 감각의 유사성을 평가해보게 한다. 내적 감각 노출 평가는 특정 신체 감각이 일어나면 어떤 일이 벌어질까 두려워하는지 확인할 수 있는 기회를 주기도 한다.

어떤 신체 감각이 공포 반응을 촉발하는지 안다면, 치료자는 어떤 내적 감각 훈련이 위험 기반 예측을 일으킬지 예상할 수 있다. 예를 들어 심장이 두근거리는 것이 무섭게 느껴진다면 제자리 뛰기나 숨 참기를 통해 유발할 수 있다. 제자리에서 회전하거나 머리 흔들기는 어지러움을 유발한다. 호흡 곤란과 질식감은 빨대로 호흡하기나 숨 참기, 빠르게 숨 들이쉬기로 유발된다. 비현실감, 흔들리는 느낌, 마비감, 따끔거림, 현기증 같은 느낌들은 대개는 과호흡을 하는 동안 생긴다. 표 11.4에서 다양한 유형의 건강 염려에서 공포 기반 예측을 촉발시킬 수 있는 노출 실습 예시가 있다.

표 11.3 내적 감각 노출 평가를 위한 실습

실습	설명과 기간	전형적으로 유도되는 신체 감각
고개를 양옆으로 젓기	초당 2회 이상 양쪽 어깨를 번갈아 보며 고개 돌리기: 30초	어지러움, 현기증
머리를 숙여서 다리 사이에 집어넣기	의자에 앉은 채로 두 다리 사이에 머리를 집어넣기: 30초	머리에 피 쏠리는 느낌, 어지러움, 현기증
제자리 뛰기	무릎을 높이 들고 빠른 속도로 제자리에서 뛰기: 60초	심계 항진, 가슴 통증, 호흡 곤란, 발한
숨 참기	코를 잡고 최대한 숨을 참았다가 빠르게 호흡한 후 다시 반복하기: 최소 60초 이상, 최소 2번 이상	호흡 곤란, 심계 항진, 흉통, 숨 막힘
빠르게 삼키기	물을 마시지 않는 상태에서 10회 연속 가능한 빨리 삼키기	목의 답답함, 숨 막힘
제자리 돌기	앉거나 선 상태에서 2초당 1회 이상의 속도로 회전하기: 60초	어지러움, 현기증, 오심, 이인증/비현실감
팔굽혀펴기	각자의 근력에 따라 팔굽혀펴기 자세로 가만히 있거나, 팔굽혀펴기를 반복하기: 60초	근 긴장, 가슴 통증/가슴 압박감, 발한, 심계 항진,
빨대로 호흡하기	코를 막고 가능한 오랫동안 가는 칵테일 빨대로 빠르게 숨쉬기를 반복하기: 한 번에 최소 60초 이상, 최소 2번 이상	호흡 곤란, 심계 항진, 숨 막힘
과호흡하기	2초마다 1회 이상 빠르고 깊게 호흡하기: 60초	어지러움, 현기증, 심계 항진, 발한, 이인증/비현실감, 무감각, 저림

표 11.4 건강 염려 유형에 따른 노출 실습의 예

건강 염려 유형	노출 자극
심장 마비	격렬한 운동(예: 달리기, 계단 오르기), 팔굽혀펴기, 체온을 높이는 활동(운동, 사우나, 더운 차에 앉아 있기, 매운 음식 먹기), 숨 참기, 과량의 카페인 섭취하기
실신/의식 소실	제자리 돌기, 과호흡하기, 양옆으로 고개 젓기, 체온을 높이는 활동
질식	빨대로 숨쉬기, 숨 참기, 빨리 삼키기, 목티 입거나 목도리 하기, 격렬한 운동하기, 체온을 높이는 활동, 붐비는 엘리베이터 타기
통제력 상실, 정신 이상, 이인화/비현 실감에 관한 염려	과호흡 지속하기, 거울에 비친 자신의 모습 응시하기, 벽의 한 점 응시하기, 현란한 점멸등을 켜고 어두운 방에 앉아 있기, 움직이는 나선 응시하기, 감각 박탈(방음 헤드폰 착용하고, 눈가리개하고, 어두운 방에 서 있기), 형광등 응시하기
구토	제자리 돌기(의자에 앉거나 서서), 설압자로 혀를 눌러 구역 반사 유발하기, 과식하기, 과식 후 운동하기, 술 마시기
당혹감, 부정적 평가	다른 사람 앞에서 손을 떨며 불안한 척하기, 마치 흉통이 있는 것처럼 가슴 움켜쥐기, 불안하다거나 공황발작이 일어나고 있다고 말해 보기, 말 더듬기, 식은땀 흘리기, 사회적 실수 저질러 보기
특정 질병에 걸림	(의료 관련 웹사이트, 서적, 팜플렛을 통해) 두려워하는 질병에 관해 읽기, 질병을 잘 표현한 영화 보기, 병원 내에 그 질병과 관련된 장소 방문하기(예: 암 병동), (실제 위험을 감수할 만하다면) 발병과 관련 있는 자극에 노출하기, 질병과 유사한 감각을 유발하는 신체 활동하기, 질병에 걸려 죽음을 포함한 최악의 시나리오에 상상 노출하기

노출 실습 진행하기
CONDUCTING EXPOSURE PRACTICES

이번 장에서는 내적 감각 노출에 초점을 두고 있지만, 내적 감각 노출에 상황 노출과 상상 노출을 결합하여 소거를 심화하면 장기적인 안전학습을 극대화할 수 있다. 안전학습을 일반화하기 위해 다양한 맥락에서 노출을 계획하는 것이 중요하다. 진료실에서 내적 감각 노출 작업을 완료한 후 환자가 두려워하는 상황에서 실습할 수 있도록 과제를 준다. 예를 들어 극장에 가기 전에 카페인 마시기, 집에 혼자 있을 때 제자리 뛰기, 붐비는 버스에 목티와 두꺼운 코트 입고 탑승하기 같은 과제를 줄 수 있다. 앞에서 논의한 바와

같이, 하나의 공포 단서에 노출할 때에 비해 *여러 가지* 공포 단서에도 불구하고 예상했던 부정적 사건(예: 의학적 재앙 상태, 불확실성으로 인해 아무런 기능을 할 수 없음)이 발생하지 않을 때 더 강력한 안전학습이 일어난다.

불안과 관련된 신체 감각이 안전하며 견딜 수 있다는 점을 배우게 되면 이후의 노출 과제에 더 잘 접근할 수 있다. 따라서 상황이나 상상 노출 또는 두 노출의 조합을 적용하기에 앞서 먼저 내적 감각 노출을 단독으로 수행하는 것이 좋다. 앞서 언급한 바와 같이 다양한 상황과 맥락에서 두려운 감각을 마주하는 게 중요하지만, 불안과 관련된 느낌 자체를 주로 두려워하는 경우 내적 감각 노출만으로도 충분할 수 있다. 표 11.3에 있는 대부분의 실습이 비슷한 신체 감각과 공포를 유발하기 때문에 대여섯 개 정도의 실습만 선택해도 충분하다. 내적 감각 노출을 하는 동안 두려운 신체 감각이 유발되어도 불편하긴 하지만 예상했던 재앙적 결과가 일어나지 않는다는 사실이 금방 명확해지기 때문에 종종 급속도로 학습이 이루어진다.

이를 위해 훈련에 들어가기에 앞서 환자가 예측하고 있는 노출의 부정적 결과(예: '기절하게 될 거예요')를 명료하게 구체화하고, 기대 추적을 통해 이런 예측을 체계적으로 반증해나간다. 제자리 돌기 같은 몇몇 훈련 중에 비록 가능성은 매우 낮지만 어지럼증, 메스꺼움, 당혹감 같은 다소 혐오스럽지만 해롭지 않은 부정적 결과가 발생할 가능성이 있다는 점을 미리 알려주는 것이 좋다. 그렇게 함으로써 노출치료를 통해 두려워하는 결과의 *대가*뿐만 아니라 *발생 가능성*도 시험해 볼 수 있고, 낮은 가능성이지만 환자가 대비할 수 있게 준비시킬 수 있다.

내적 감각 노출 훈련을 실행할 때 다음 두 가지 방법을 흔히 사용한다. 한 가지 방법은 과제를 쪼개서 간단한 시도로 만들어 연속적으로 하게 만드는 것이다. 예를 들어 일 분간 과호흡을 한 뒤 이완하면서 신체 감각이 원상태로 돌아갈 수 있게 짧은 휴식 시간을 갖는 시도를 세 번 연속적으로 한다(예: Barlow & Craske, 2007). 두 번째 방법은 훈련을 지속하면서 중간중간 일정한 간격으로 짧게 끊고 충분한 강도로 신체 감각을 느끼고 있는지 확인하거나, SUDS 점수를 물어보는 것이다. 디컨Deacon과 켐프Kemp 등(2013)은 호흡에 대하여 불안 민감성이 높은 대학생들을 대상으로 두 접근법을 직접 비교하였는데, 지속적이고 집중적인 과호흡 노출이 짧고 간헐적인 노출에 비하여 불안과 관련된 신체 감각을 견뎌낼 수 있다는 자기효능감을 증가시키고 두려움을 감소시키는 데 훨씬 더 효과적이었다. 따라서 우리는 내적 감각 노출을 할 때 지속적이고 집중적인 접근을 선호한다. 노출을 지속하면 환자의 예측과 결과 사이의 모순이 극대화되고, 환자는 강렬한 신체 감각이 지속되어도 두려워하는 결과가 발생하지 않는다는 점을 배울 수 있게 된다.

앞서 논의한 바대로 내적 감각 노출을 통해 환자의 예측을 반복적으로 깨뜨리고 수정한 다음에는 내적 감각 노출을 상황이나 상상 노출과 결합할 수 있다. 예를 들어 사람들로 붐비는 곳, 대형 백화점, 병원 대기실, 운전 중에 과호흡을 시도해 볼 수 있다. 노출을 결합하는 목적은 환자가 배운 것을 다른 맥락에서도 일반화할 수 있도록 돕는 것이다. 과제에 상관없이 환자가 예상했던 것보다도 더 오래 또는 더 강한 수준의 노출을 지속할 수 있다는 점을 배우기 위해 기대 추적을 사용할 수 있다. 위험하고 견딜 수 없다는 환자의 예측이 틀렸음을 여러 차례 경험하고 안전학습이 일어날 때까지 기대 추적을 반복한다.

사회적 상황에서 공황발작으로 끔찍한 일을 겪을까 봐 두려워하는 환자에게는 9장에서 언급한 사회불안 환자에게 적용하는 상황 노출을 사용한다. 상황 노출을 통해 이러한 사회적 공포를 적절히 다루지 않고 내적 감각 노출에만 그치면 치료가 완전하게 이루어지지 않아 각성 관련 신체 감각을 지속적으로 위험하다고 평가할 수 있다(Hicks 등, 2005).

건강 불안에 대한 상상 노출에서는 일반적으로 환자가 두려워하는 질환에 걸려 고통스러워하고 있거나 끔찍하게 죽어가는 시나리오를 이용한다. 현재 그 질병에 걸렸을지도 혹은 걸리게 될지도 모른다는 불확실성을 더 증폭시키는 시나리오 또한 유용할 수 있다. 다음은 46세의 질병불안장애 환자에게 시행한 상상 노출의 예이다.

"잠들려고 침대에 누워 있어요. 침대에 누워 있는데 목구멍에서 약간의 통증이 느껴지기 시작합니다. 그게 별일 아닌지 아니면 식도암이 자라고 있어서 생긴 통증인지 확실히 알 수가 없어요. 호흡이 얕아진 건 아닌지 걱정되고, 그러고 나면 약간 숨이 가쁜 것 같이 느껴져요. 나의 죽음에 대해 생각해요. 딸의 대학교 졸업식을 떠올리고, 죽으면 딸 인생에 가장 멋진 순간을 함께 할 수 없다는 생각을 합니다. 그러면 당장 의사에게 전화해서 심각한 문제가 아니라는 확인을 받아야겠다는 생각이 듭니다. 통증은 점점 더 심해지고 뭔가 자라서 목을 누르는 느낌이 들어요. 만약 이것이 진짜라면 어쩌지? 자꾸 의심이 들어요"

건강 불안을 가진 사람에게 병의 진행에 대해 생생하게 떠올려 보는 과정은 처음에는 상당히 두렵게 여겨질 수 있다. 그러나 그런 장면에 환자가 '감당'할 수 있다고 예상했던 것보다 더 오래 상상 노출을 반복하다 보면 이미지, 불확실성, 불안과 같은 경험은 일시적이며 감당할 수 있다는 사실을 배우게 된다. 집이나 직장, 혼자 있거나 타인과 함께 있을 때 등 여러 다양한 맥락에서 이러한 노출을 실행하면 질병에 걸릴 수 있다는 불안을 어떤 상황에서도 견딜 수 있고, 일상적인 기능에도 영향이 없다는 점을 추가로 학습하게 된다.

반응방지 시행
IMPLEMENTING RESPONSE PREVENTION

일단 노출을 시작하면 안전행동과 안전 신호를 제거해야 한다. 건강 불안을 가진 사람은 특정 안전행동에 자신의 목숨이 달려 있다고 여기는 경우가 종종 있는데, 이런 안전행동 중 몇 가지(예: 항불안제 지니고 다니기)는 특히 제거하기 힘들 수 있다. 따라서 안전행동을 줄여나가는 과정은 서서히 진행하고 가장 제거하기 어려운 안전행동은 회기 내 노출에서 다룬다. 노출과 마찬가지로 반응방지의 목표는 위험 기반 예측을 반증하는 것이다.

예를 들어 광장공포증으로 진단된 한 여성은 밖에서 심한 불안감을 계속 느끼다 보면 건강에 심각한 문제가 생길 수 있다는 두려움으로 혼자 외출하는 것을 피했다. 그녀는 진료실이 있는 건물에서 점점 더 멀리 혼자 걸어가는 노출을 통해 혼자 있으면 위험하다는 예측을 깨뜨리는 실습을 했다. 노출 실습을 하는 동안 반응방지를 위해 항불안제는 진료실에 남겨두었다. 노출 과제를 수행하는 동안 약물, 의료 기기, 음식이나 음료 같은 안전 단서를 *단지 지니고* 있는 것만으로도 실제로 안전행동을 하는 것과 거의 같은 기능을 가진다. 연구에서도 안전 보조 장치의 실제 사용 여부와 관계없이 안전 보조 장치에 접근할 수 있다는 가능성만으로도 노출치료의 효과가 감소하는 것으로 나타났다 (Powers, Smits, & Telch, 2004). 노출 과제 수행 중에 안전 보조 장치에 접근할 수 있다는 가능성을 환자가 염두에 두었다면 노출이 성공해도 만약 필요하다면 안전 보조 장치를 사용할 수 있기 때문에 성공했다고 생각하게 된다. 따라서 치료자는 노출 과제를 수행하는 동안 치료자의 존재 자체를 포함하여 안전 보조 장치에의 접근 가능성을 점진적으로 제거해 나가야 한다.

힌트, 팁, 잠재적 함정
HINTS, TIPS, AND POTENTIAL PITFALLS

내적 감각 노출에 대한 치료자의 의구심
Therapist Reservations about Interoceptive Exposure

효과가 입증되었음에도 불구하고 내적 감각 노출은 임상에서 자주 사용되지 않는다 (Freiheit, Vye, Swan, & Cady, 2004). 물론 수련 부족이 중요한 이유겠지만 우리는 많은 치료자들이 이 기술을 사용하는 데 의구심을 품고 있다고 생각한다. 예를 들어 심장 마비가 올까 염려하는 환자에게 제자리 뛰기를 하면서 의도적으로 심박수를 상승시켜보라고 요청하는 실습은 전형적인 치료 회기 모습과는 매우 동떨어지게 느껴질 수 있다. 수련을 받지 않은 치료자들은 그러한 연습을 어색해하고 당혹감을 느끼며 치료 경계를 넘어선 것으로 여길 수 있다. 게다가 과호흡 지속하기 같은 내적 감각 노출 훈련은 왠지 위험하고 실신 같은 매우 부정적 결과를 일으킬지도 모른다고 걱정할 수 있다. 환자가 내적 감각 노출을 어떻게 경험할지 알 수 있는 가장 좋은 방법은 치료자가 직접 경험해 보는 것이다. 따라서 초보 노출치료자는 환자에게 적용하기에 앞서 스스로 내적 감각 노출 훈련을 시행해 보는 것이 좋다. 치료자가 여러 불편감에도 불구하고 내적 감각 노출 훈련이 실제로 안전하고 견딜 수 있으며 도움 된다는 것을 스스로 경험하면 이 기법을 성공적으로 사용할 가능성이 커진다.

환자가 심리적 문제가 아닌 의학적 문제로 보는 점
The Patient Views the Problem as Medical, Not Psychological

건강 불안이 심한 환자 중 일부는 자신의 문제를 주로 *의학적* 문제로 믿고 *정신*치료의 가치에 대해 회의적이다. 노출치료자들은 이런 관점을 세심하게 다루어야 하고, 무조건 '모든 것은 마음에 달려 있다.'라고 말하는 것은 피해야 한다. 물론 자기 문제의 일정 부분에는 심리적인 측면이 있다는 점을 기꺼이 받아들일 수 있는 자세는 노출치료에 성공적으로 참여하기 위한 확실한 전제 조건이다. 이를 위해 아브레모위츠와 브레독(2008), 그리고 테일러Taylor와 아스문손Asmundson(2004)이 저술한 건강 불안 치료에 관한 책에 나와 있는 동기 면담 전략이 필요할 수도 있다. 동기 면담은 환자가 자신의 양가적 마음을 탐색하고 해결하는 걸 도움으로써 행동 변화를 촉진하는 치료 방식이다(Miller & Rollnick, 2002).

사례 소개
CASE ILLUSTRATION

28세 종업원인 리사는 3개월 전부터 매일 예기치 않은 공황발작을 경험해왔다. 공황발작이 올 때마다 극심한 고통을 겪었고 응급실도 다섯 번이나 방문하였다. 누군가와 함께 있어야만 살 수 있다고 생각해 집 밖에 나갈 때는 꼭 어머니와 동행해야만 했다. 의사는 걱정할 것 없다고 안심시켜주었지만 리사는 심박수나 호흡이 빨라지면 '방에 공기가 부족'한 건 아닌지, 질식하지는 않을지 계속 염려하였다. 그 결과 리사는 앉아 있기, 심호흡하기, 물 마시기, 어머니와 전문가에게 괜찮은지 계속 물어보기, 항불안제 복용하기 등 두려운 결과를 예방하기 위한 상황 내 안전행동 레퍼토리를 만들었다. 또 격렬한 신체 활동과 의료 지원을 즉시 받을 수 없는 상황(예: 혼자 운전하기, 병원과 멀리 떨어진 곳으로 여행 가기)을 피했다.

첫 번째 치료 회기에서 치료자는 기능 평가를 수행하고 리사의 공황발작에 대한 인지행동 모델을 논의하였다. 또한 리사에게 불안의 신체적, 정신적, 행동적 영향을 설명하는 유인물을 주고(예: Barlow & Craske, 2007), 회기와 회기 사이에 자료를 읽어보라고 지시하였다. 두 번째 회기에서 치료자는 투쟁-도피 반응의 특성을 검토하고 동반되는 신체 감각은 불편하긴 해도 적응적이고 무해하다고 강조하였다. 치료자는 리사가 경험과 행동 사이의 연관성을 이해할 수 있도록 공황발작을 겪는 동안 일어나는 신체 감각, 부정적 자동사고, 안전행동을 스스로 모니터링해 보는 과제를 내주었다.

세 번째 회기에서는 리사가 작성한 자가 모니터링을 검토하고, 안전행동이 불안에 대한 두려움을 지속시키는 방식에 대해 논의하고, 노출치료에 관한 이론적 근거를 제시하였다. 이론적 근거를 설명하면서 안전행동이나 약물치료에 의존하지 않고 불안에 직면함으로써 불안에 대해 새로운 학습을 하는 것이 중요하다고 강조하였다. 리사의 주치의는 이전부터 리사에게 항불안제를 줄여보라고 말했었다. 공황발작이 다시 오지 않을까 걱정됨에도 불구하고 리사는 기꺼이 노출치료를 받아보겠다고 하였다.

네 번째 회기는 내적 감각 노출 평가로 구성하였다. 리사는 표 11.3에 나와 있는 아홉 가지 운동을 해 보았고, 그중 네 개의 운동을 하는 동안 중등도 이상의 불안을 경험하였다. 아래와 같이 이들을 노출 목록의 내적 감각 노출 항목에 힘든 정도에 따라 순위를 매겨 포함시켰다.

노출 과제	SUDS
내적 감각 노출	
제자리 뛰기	50
의자에 앉아 제자리 돌기	55
빠르게 삼키기	70
과호흡하기	80

다섯 번째 회기는 제자리 뛰기로 시작하였다. 시작하기 전에 리사는 불안과 신체 감각에 '압도'되어 2분밖에 못 뛸 것이라고 예측하였다. 이 예상을 깨뜨리기 위해 치료자는 리사에게 진료실에서 몇 분간 제자리 뛰기를 하게 하고 중간에 짧게 끊고 SUDS를 측정하고 다시 뛰는 시도를 연속적으로 여러 차례 시행하게 하였다. 강렬하고 다양한 신체 감각을 경험했음에도 불구하고 리사는 처음 예상했던 2분을 뛰어넘어 5분간 계속 뛰었고 재앙적인 결과는 고사하고 약간의 부정적인 일도 일어나지 않는다는 걸 알게 되었다. 뜻밖의 결과에 놀라면서 리사의 주관적인 공포감은 서서히 옅어져 갔다. 다음으로 리사는 회전의자에 앉아 돌기를 하였다. 치료자가 1분 동안 의자를 돌리고 SUDS를 측정하고 다시 돌리는 시도를 모두 열 번 하였다. 처음에는 1분도 참을 수 없을 것이라 예상했으나, 이전과 마찬가지로 일시적인 현기증 외에는 부정적 결과가 나타나지 않았다. 치료자는 리사에게 노출 결과에 대해 놀란 점을 물어보고 불편하게 *느끼는* 것과 *실제로* 위험한 것의 차이를 강조하였다. 그리고 회기 중에 연습했던 것처럼 매일 일정한 시간을 내서 각각의 내적 감각 노출을 실행하는 과제를 주었다. 또한 가능한 한 회피와 안전행동을 없애보라고 권유하였다.

한 주 동안 공황발작을 경험하지 않은 덕분에 여섯 번째 회기에 리사는 좋은 상태로 방문하였다. 회기의 첫 번째 내적 감각 노출인 빠르게 삼키기는 리사가 네 번의 시도 만에 더 이상 두렵지 않으니 다음 목록으로 넘어가 달라고 요청할 정도였다. 회기의 나머지 시간은 과호흡 노출을 시행하였다. 이전과 마찬가지로 1분간 노출하고 15초간 쉬면서 무엇을 느꼈고 무슨 생각이 들었는지를 간단히 보고하고, 다시 1분간 노출하고 쉬는 식으로 연속적으로 노출을 시도하였다. 연속적인 시도를 세 번 하고 난 뒤 질식할 것 같은 두려움이 들었지만 치료자는 훈련을 계속하도록 권유하였다. 세 번 더 시도하고 난 후 리사는 두려움이 줄어들기 시작한다며 놀라워하였다. 치료자는 리사에게 아무것도 붙잡을 게 없는 진료실 한 가운데에서 보다 더 강렬하게 과호흡을 해 보라고 권했다. 리사가 두려움이 점점 더 줄어든다고 하자 치료자는 그녀에게 일부러 신체 감각을 더 유발하여 질식할 것 같이 만들어보라고 제안하였다. 리사가 강렬하고 불편한 신체 감각이 더 이상 위험하지 않고, 질식 가능성도 전혀 없다고 보고하였을 때 노출을 종료하였다. 치료자는 리사에게 다음 한 주 동안에도 진료실에서처럼 집에서 매일 과호흡 노출을 하라고 지시하였다.

일곱 번째 회기는 리사의 증상에 대한 기능 분석을 업데이트하면서 시작하였다. 그녀는 공황 증상 없이 2주 이상을 지내 왔고 신체에 대한 경계심과 이전에는 두려워했던 신체 감각에 대한 걱정도 상당히 감소했다고 보고하였다. 그러나 여전히 어머니와 함께 있기를 원했고 집에서 수 킬로미터 이상 벗어나는 것을 피했다. 리사는 혼자 있거나 즉각적인 의료 지원을 받을 수 없는 곳에서도 불안을 감당할 수 있을지, 건강상의 재앙이 발생하지 않을지를 계속 걱정하고 있었다. 따라서 운전하기와 동네를 벗어날 때까지 혼자 걸어가기를 포함한 몇 가지 상황 노출을 시행해 보기로 하였다.

노출 과제	SUDS
상황 노출	
운전하기	90
동네를 벗어나서 혼자 걷기	95

다음 여덟 번째 회기는 치료자를 태우고 운전하는 상황 노출을 진행하였다. 리사는 불안에 압도되어 겨우 몇 킬로미터밖에 운전할 수 없을 것이라 예상했지만 상당한 불안을 겪으면서도 25킬로미터를 운전하고는 놀라워했다. 여기서 치료자는 리사에게 이전에 성공적으로 수행했던 과호흡을 다시 시도하여 불편한 신체 감각을 불러일으킨 후에 25킬로미터를 더 운전해 보자고 제안하였다. 그리고 치료자는 차에서 내리고 리사에게 1분간 과호흡을 한 다음 혼자서 운전해 보도록 하였다. 또다시 리사는 이 과제를 몇 분 이상 못 할 것이라고 예상했지만 혼자 15킬로미터를 운전한 뒤 돌아와 치료자를 태우고 진료실로 돌아왔다. 치료자는 리사에게 다음 회기에 올 때까지 매일 혼자 운전하면서 불편한 신체 감각을 유발시키는 내적 감각 노출을 수행하라고 지시하였다. 리사는 처음에는 동네 안에서 운전하면서 내적 감각 노출을 하다가 점차 동네를 벗어나 교외로 차를 몰고 나가서 내적 감각 노출을 시도해보겠다고 말하였다. 더 나아가 치료자는 두 가지 상황 노출을 결합해보자고 하였다. 즉, 리사가 사는 동네에서 25킬로미터 떨어진 산책로까지 운전한 다음, 혼자 하이킹을 시도하면서 내적 감각 신호에 직면해 보도록 하였다. 리사는 불안한 신체 감각에도 불구하고 재앙적인 일은 일어나지 않는다는 점을 그동안의 운전을 통해 배웠기에 치료자의 제안에 동의하였다.

아홉 번째 회기에 방문한 리사는 이전 회기에 논의했던 노출을 완료하였고, 병원이 없는 곳에 혼자 있어도 공황발작에 대한 걱정은 전혀 없다고 보고하였다. 4주 동안 공황발작을 경험하지 않았으며 삶의 질이 극적으로 향상되었다. 치료자는 주기적으로 노출을 시도하고, 안전행동을 제거하고, 정기적인 운동과 여행을 자주 가는 등 생활 방식을 활동적으로 개선하여 자연스럽게 노출하는 등 재발 방지 전략을 함께 검토하였다. 리사와 치료자는 치료 종결에 합의하였고, 한 달 후 추적 회기를 잡았다. 한 달 후에도 리사는 공황 증상 없이 잘 지내고 있었다.

추가 참고 문헌ADDITIONAL RESOURCES

Abramowitz, J. S., & Braddock, A. E. (2008). *Psychological treatment of health anxiety and hypochondriasis: A biopsychosocial approach*. New York: Hogrefe.

Barlow, D., & Craske, M. G. (2007). *Mastery of your anxiety and panic* (4th ed.). New York: Oxford University Press.

Taylor, S. (2000). *Understanding and treating panic disorder: Cognitive behavioural approaches*. New York: Wiley.

Taylor, S., & Asmundson, G. J. G. (2004). *Treating health anxiety: A cognitive-behavioral approach*. New York: Guilford Press.

오염
Contamination

임상 양상
CLINICAL PRESENTATION

오염 공포는 강박장애의 임상 양상 중에 가장 흔히 볼 수 있고 가장 잘 알려져 있기도 하다. 이런 두려움을 가진 사람은 공중화장실 사용으로 병에 걸리거나, 지하실 석면으로 암이 생기거나, 실수로 다른 사람을 임신시키거나 성병에 감염시키거나, 또는 심지어 비만한 동료의 '병균'을 접촉해 체중이 느는 것을 포함한 다양한 걱정을 보고한다. 육안으로볼 수는 없지만 세균은 어디에나 존재하고, 오염은 쉽게 '전파될' 가능성이 있다는 점을고려할 때 오염 공포는 일단 생기면 끊임없이 파고들 수 있다. 예를 들어 병원에 코트를입고 간 한 남자는 코트가 '병원 세균'에 오염되었다고 두려워할 수 있다. 다음 차례로 코트가 걸린 옷장이 오염되고 그 옆에 걸려 있는 아내의 코트가 오염되면 이어서 그 코트를 입은 *아내*마저도 오염되었다며 두려워할 것이다. 오염의 느낌과 병이 걸리는 것에 대한 두려움을 줄이기 위해 사람들은 흔히 두려운 오염 물질의 근원을 회피하고, 만약 오염 물질과 접촉했거나 회피가 실패했을 때에는 강박 의식의 일종으로 씻기, 청소하기 그리고 다른 형태의 '정화작업'을 한다. 표 12.1은 오염 공포의 개념화와 노출치료의 개요를, 표 12.2는 오염 공포의 다양한 예를 보여 준다.

표 12.1 간략한 개요: 오염 공포

공포유발 자극
- '더러운' 물건
- '불결한' 장소
- '꺼림칙한' 사람

전형적 예
- 화장실 문손잡이를 만져 병에 걸림
- 화학물질 접촉으로 뇌 손상을 입음
- 다른 누군가를 감염시키거나 아프게 함
- 더러운 옷에 묻은 세균에 대한 혐오

공포 기반 신념
- '오염물질 때문에 생명이 위험할 정도로 아플 수 있어.'
- '세균과 오염은 쉽게 퍼져서 사람들이 오염되고 심한 병에 걸릴 거야.'
- '나중에 병에 걸릴지 여부를 알 수 없다는 사실을 도저히 견딜 수 없어.'
- '세균에 감염되었거나 온몸에 세균이 묻은 느낌을 도저히 참을 수 없어.'
- '참을 수 없는 혐오감이 영원히 지속될 거야.'

안전행동
- 과도한 손 씻기
- 과도한 물건 청소(예: 물건 표면, 화장실, 빨래)
- 오염된 물건 회피
- 오염되지 않은 '안전지대'를 유지(예: 침실)

DSM-5 진단 범주
- 강박장애
- 특정공포증

치료 개요
- 전형적인 치료 기간: 14-20회기
- 평가와 심리교육으로 시작함
- 3 내지 4회기에 노출치료를 시작함
- 노출치료를 할 때 반응방지를 함께 실행함

장애물
- 노출이 치료자도 불편하게 만들 수 있음
- 나중에 씻으면 된다는 생각으로 불안해지지 않음
- 노출치료 중 실제로 병에 걸림

표 12.2 오염 공포의 예

범주	예
세균	• 공기 중 침방울로 독감에 걸림 • 돈을 만져서 입술 발진이 생김 • 화장실 수도꼭지를 만져 성병에 걸림 • 전등 스위치를 만져 병에 걸림 • 쓰레기를 버리다가 역겨움이 멈추지 않거나 병에 걸림 • 목욕 수건 재사용으로 세균에 오염됨 • 승강기 버튼을 만져서 병에 걸림 • 특정 식당에서 식중독에 걸림 • 소변, 대변, 침 또는 혈액과 접촉해서 심각한 병에 걸림
화학약품	• 비료 냄새를 맡아서 뇌 손상이 생김 • 세정제 주변에서 숨을 쉬어서 지능이 저하됨 • 음식에 스며들어 식중독을 일으키는 화학제품 • 살충제 사용으로 암이 발생함 • 비타민 복용으로 병에 걸림
다른 사람들	• 다른 사람과 접촉한 후 그 사람의 성격을 갖게 됨 • 게이바 옆을 지나가서 AIDS에 걸림 • 암환자 주변에 있다가 암이 생김 • 다른 사람의 세균이 묻어 그 사람의 결점을 갖게 된다는 생각
다른 사람에게 해를 끼침	• 더러운 손으로 장난감을 만져서 아이를 아프게 만듦 • 문손잡이를 만져서 다른 사람에게 성병을 전염시킴 • 집으로 질병을 가져오고 가족들을 감염시킴 • 부모님을 만져서 암을 전파시킴
기타	• 항문을 만지거나 바지 주머니에 손을 넣어서 더러워짐 • 지방이 많은 음식 주변에 있다가 달리기 속도가 느려짐 • 냄새나는 손으로 타자를 쳐서 컴퓨터 키보드를 망가뜨림 • 화장실 사용 후 제대로 씻지 않거나, 옷 세탁이 충분하지 않아서 더럽다고 느낌 • 음식 묻은 손으로 만진 모든 것이 훼손될 것이라는 두려움

노출치료의 기초
BASIS FOR EXPOSURE THERAPY

개념화 *Conceptualization*

오염 공포에서 불안이 유지되는 이유를 3장에서 제시한 인지행동 틀로 잘 설명할 수 있다. 오염되었다고 믿는 화장실, 문손잡이, 옷 같은 물체나 상황에 직면할 때 세균이 퍼져서 질병을 일으킬 거라고 생각하면서 악순환이 시작된다. 어떤 경우에는 질병에 대한 두려움이 아닌 *혐오감* 또는 '온몸에 세균이 잔뜩 묻은' 감각을 경험한다. 어느 경우든 질병에 대한 걱정이나 혐오감은 괴로움을 유발한다. 괴로움을 제어하기 위해서 공중화장실, 다른 사람과의 접촉, 문손잡이와 같은 오염의 근원이라고 생각하는 것을 회피하려고 시도한다. 피하기가 불가능할 때는 장갑, 종이 타월 또는 셔츠 소매를 이용하여 문을 열고 수도꼭지를 잠근다. 오염되었다고 여기는 물질과의 접촉을 예방할 수 없는 상황에서는 의식적인 손 씻기, 과도한 샤워, 화장실 사용 후 정교한 정화 의식cleansing ritual 또는 부엌 조리대를 박박 문질러서 닦음으로써 자신이나 주변 환경을 깨끗하게 만들어야만 한다는 압박감을 느낄 것이다. 또한, 오염으로부터 안전하다고 다른 사람이 장담해 주길 요구하고 자신이 오염되었다고 느껴지면 침실이나 특정 장소에 들어가는 것을 회피할 수도 있다. 적극적이든 수동적이든 회피 전략은 불안 감소라는 동일한 기능을 하므로 모두 안전 행동으로 간주한다.

3장에서 설명한 인지행동 틀은 두려운 오염 물질이 생각만큼 크게 위험하지 않다는 사실에도 불구하고 오염 공포와 관련 행동이 어떻게 유지되고 심지어 시간이 지남에 따라 더 강해지는지를 이해하는 데 적용할 수 있다. 특히 지각한 오염을 피하거나 정화작업을 통해 오염을 제거할 때마다 오염 물질은 의미 있는 위협이 되지 않으며, 두려움이나 혐오감으로 인한 괴로움은 감당할 수 있고 시간이 지나면 결국 저절로 줄어든다는 사실을 배울 기회를 놓친다. 따라서 두려움을 교정할 수 있는 학습이 일어나지 않아 위험에 대한 과장된 믿음은 의심의 여지가 없는 채로 남아있다. 회피와 정화 의식은 감염된 느낌과 불안을 즉각적으로 줄이는 데 상당히 효과적이기 때문에 부적 강화가 되어 더 빈번한 정화작업으로 이어지는 자가 영속적인 순환이 이루어진다.

노출치료 동안 학습해야 할 사항 *What Must Be Learned during Exposure Therapy*

노출기반 치료는 기존과 모순된 새로운 정보를 학습할 기회를 제공함으로써 위협에 기반한 신념과 연합을 억제하는 것이 목적이다. 노출치료 동안 다음 사항을 학습해야 한다. 첫 번째, 환자는 두려운 질병의 가능성과 심각성이 예상보다 훨씬 적다는 것을 배워야 한다. 두 번째, 환자는 불안, 불확실성, 혐오감 같은 느낌 자체는 안전하고 견딜 만하다는 것을 배워야 한다. 세 번째, 두려운 질병으로부터 보호하기 위해서나 불안이나 혐오감으로부터 도망가기 위해 오염제거 의식이 필요하지 않음을 배워야 한다. 네 번째, 오염된 느낌, 혐오감 또는 불확실함을 가진 채로도 삶에서 충분히 기능할 수 있다는 점을 배워야 한다. 수많은 연구에서 노출과 반응방지가 오염 공포를 줄이는데 전반적으로 효과가 있다는 결과를 보고하고 있다(Abramowitz, Franklin, Schwartz, & Furr, 2003; Foa, Steketee, & Milby, 1980).

기능 평가
FUNCTIONAL ASSESSMENT

오염 공포의 기능 평가를 위한 핵심 변수를 표 12.3에 요약하였다. 다음 단락에서 각 변수를 상세하게 논의한다. 오염 공포를 유발하는 자극은 매우 개별적이고 때로는 개인의 다른 행동과 모순될 수 있다. 예를 들어 우리가 평가했던 한 어린이는 침실은 매우 더러웠지만 음식에 묻어 있는 기름에 오염되는 것을 두려워했다. 그런 명백한 모순은 오염의 근원, 두려운 결과, 오염이 퍼지는 방법과 대처법에 대한 기능 분석을 통해 이해할 수 있다.

공포 단서 *Fear Cues*
외부 상황과 자극 *External Situations and Stimuli*
오염 공포의 가장 흔한 단서로는 화장실, 신체 배설물과 분비물, 바다, 쓰레기통, 동물(예: 곤충), 음식 찌꺼기, 식료품 가게 카트 그리고 화학제품이나 물질(예: 살충제, 세제, 비료) 같이 보통 더럽거나 위험하다고 알려진 상황과 자극이 있다. 바늘이나 혈액(AIDS), 죽은 동물(광견병), 식료품 가게에서 나온 찌그러진 음식 캔(보툴리즘) 그리고 '오래된' 건물(석면)같이 질병과 *연관된* 항목도 촉발인자가 될 수 있다. 일부 자극은 두려운 오염물질과 *접촉했기* 때문에 촉발인자가 된다. 예를 들어 헤르페스에 대한 두려움을 가진 사람은 예전에 입술 발진이 걸렸던 삼촌이 만졌기 때문에 거실 소파나 특정 TV 리모컨을 두려워할 수 있다. 한편 AIDS에 걸리는 것을 두려워하는 환자는 붉은색이 혈액과 같은 색이고 AIDS가 혈액 접촉을 통해 전염될 수 있다는 이유로 모든 붉은 사물을 피할 수 있다.

표 12.3 한 눈에 보는 오염 공포의 기능 평가

매개변수	흔한 예
공포 단서	
외부 상황과 자극	세균이나 다른 해로운 특성으로 오염되었을 것 같아 두려운 사물, 물질 또는 장소
내부 단서	세균 이미지; 더럽고 기름지고 냄새나고 감염되었다는 의심이나 느낌
침습사고	세균, 질환이나 다른 해로운 특성에 대한 생각과 이미지
두려운 결과	인생을 망치거나 장애, 죽음으로 이끄는 질병이 생기는 두려움; 더러운 기분이나 혐오감에 대한 두려움; 다른 사람에게 질병을 퍼트리는 두려움; 물건을 더럽혀서 망가뜨릴 것 같은 두려움
안전행동	
회피 패턴	더러운 물건은 만지지 않거나 차단물을 사용하여 만짐; 두려운 오염 물질과 관련된 환경을 회피; '안전한 피난처'로 오염이 확산되는 것을 방지하기 위해 회피
상황 내 안전행동	손 씻기, 옷 갈아입기; 식기, 옷 등 물건을 지나치게 씻고 닦고 문지르기
안전행동에 대한 신념	안전행동은 질병을 예방하기 위해서 또는 더러운 느낌이나 혐오감을 줄이기 위해서 필요하다.

전부 그런 건 아니지만 오염 공포를 가진 많은 사람들은 오염 물질이 근처 사물이나 주변으로 쉽게 퍼진다고 가정한다. 예를 들어 소변이 바닥에 닿아서 퍼진다고 생각할 수 있다. 따라서 기능 평가를 하는 동안 오염 공포의 2, 3차 촉발인자 또한 파악해야 한다. 예를 들어 신체 배설물과 분비물에 대한 두려움을 가진 한 여성은 자신의 성기와 항문이 오염되어 있다고 믿었고, 속옷, 더러운 빨래 그리고 빨래 바구니나 세탁기와 같이 오염된 물건과 접촉한 모든 물건도 똑같이 오염되었다고 믿었다. 다른 환자는 AIDS에 대한 두려움 때문에 동성애자가 운영하는 동네 음식점을 회피했다. 그의 회피는 동네 전체, 식당 주인이 한때 살았던 다른 지역 그리고 그가 이 커플을 한 번이라도 봤던 다른 가게로 확장되었다. 이와 비슷하게 '더러운' 물건으로 인해 방과 옷장과 같은 집의 일부가 '오염'될 수도 있다. 또한 아픈 환자가 있는 병원, 독성 건축 자재가 있는 작업장 또는 청소용 화학제품이나 살충제를 보관 중인 상점의 통로처럼 장소 자체의 특성 때문에 오염되었다고 믿기도 한다.

내부 단서 *Internal Cues*

오염 공포 환자들은 앞서 설명한 외부 단서와의 접촉으로 생긴 세균과 질병에 관한 지속적인 이미지와 의심을 종종 호소한다. 의심은 주로 다른 사람들을 오염시켜서 해를 끼치지 않을까 하는 염려다. 라흐만^Rachman(1994)은 구체적인 근원을 추적할 수는 없지만 외상 사건의 기억, 소아 성추행과 같이 원치 않는 수용할 수 없는 생각 또는 굴욕적인 경험에 의해 야기되었을 것으로 생각되는 내부의 더러운 느낌에 대해 기술하고, 이러한 현상을 *정신적 오염*^mental pollution이라 불렀다.

두려운 결과 *Feared Consequences*

오염 물질과의 접촉으로 흔히 두려워하는 결과는 병에 걸리는 것이다. 많은 환자들이 어떤 질병이나 장기 결과를 두려워하는지 특정하지 않고 병에 걸리는 것에 대한 막연한 두려움을 표현한다. 다른 이들은 질병이 어떻게 자신의 일상을 파괴할 것인지에 초점을 둔다. 예를 들어 어떤 환자는 세균이 기침이나 감기를 일으켜 합창단에서 노래를 부르지 못할 것을 두려워했다. 다른 환자들은 성병에 걸리거나, 대장균에 감염되거나, 심각한 만성병이나 광견병과 같이 치명적인 질병의 발생 또는 신경독소에 노출되어 뇌 손상을 입는 것과 같은 특정 결과를 두려워한다.

위에 언급한 대로 일부 환자들은 무고한 사람이나 사랑하는 사람에게 오염을 퍼뜨려서 아프거나 심지어 죽게 만들까 봐 두려워한다. 예를 들어 우체국 직원은 자신이 건넨 우편물을 집 안으로 들고 들어간 뒤 모든 가족이 만질 것이므로 만약 자신의 손이 '소변 세균'으로 오염된다면 마을 사람 모두를 위험하게 만들 것이라고 두려워했다. 한 소녀는 가족들을 오염시키는 두려움 때문에 화장실을 사용한 후 3시간 동안 부모나 형제를 만지는 것을 두려워했다.

두려운 결과 중 다른 사람의 '세균'에 오염되어 그 사람의 바람직하지 않은 특성을 갖게 되는 것은 상대적으로 드문 종류에 속한다. 예를 들어 뚱뚱한 사람과 악수를 하거나 그가 소유하는 물건을 사용하면 자신도 체중이 늘어날 거라고 두려워하는 경우가 있다. 한 환자는 숙련되지 않은 선수들 주변의 공기를 들이마시면 자신의 뛰어난 농구 실력을 잃게 될 것을 두려워했다. 다른 남자는 시각 장애가 있는 동료의 물건을 만지면 시력을 잃어버리게 될 것이라는 두려움을 가지고 있었다.

끝으로 소수지만 꽤 많은 오염 공포 환자들이 오염의 두려운 결과를 분명하게 특정해서 말하지 못한다. 이런 경우는 혐오감과 연관된 감정을 느끼는 것과 어쩌면 결과적으로 구토를 할지 모른다는 두려움이 주된 양상일 수 있다. 또 다른 일부 환자의 경우는 자신의 소유물에 오염물이 퍼져서 소유물이 '상하는 것'을 두려워한다. 예를 들어 한 젊은 남자 환자가 자신이 가장 아끼는 책, 전자 제품 그리고 액세서리(예: 머리빗)를 오염원으로부터 지키려고 열심히 노력하였는데, 이런 노력은 아프지 않기 위해서라기보다는 단지이 물건들이 '더럽혀지지 않고' 또는 '상하지 않게' 지키기 위해서였다.

안전행동 Safety Behaviors
회피 패턴 Avoidance Patterns
오염 걱정을 가진 사람들은 금방 씻거나 청소할 수 있는 경우가 아니라면 보통 두려운 오염원과 접촉하는 걸 회피하려고 시도한다. 가장 일반적인 회피 패턴에는 개인 또는 공중화장실, 바닥, 입가에 발진이 있는 사람과 같이 감염되었다고 인지한 사람들, 세탁물, 신체의 특정 부위, 집의 '출입 금지' 구역, 화학 약품, 그리고 식료품점 카트나 문손잡이, 돈과 같이 다른 사람들이 많이 만지는 물건 등이 있다. 화장실 문을 열어야 하는 경우처럼 만약 그런 항목들을 피할 수 없다면 종이 타월과 같은 차단물을 사용할 수 있다. 또한 부모, 배우자, 친구와 같이 환자 주변에 있는 사람들은 환자의 요구에 따라 두려운 상황을 회피함으로써 오염 공포에 동조할 수도 있다.

상황 내 안전행동 In-Situation Safety Behaviors
세균 접촉에 가장 흔한 반응은 씻기, 특히 손 씻기이다. 손 씻기 의식은 물로 빨리 자주 씻거나 손 소독제를 사용하는 것에서부터 한 번에 몇 시간씩 걸리는 의식적인 샤워나 철저하고 오래 걸리는 의식적인 손, 손목, 팔뚝 문지르기에 이르기까지 다양할 수 있다. 가능성 있는 모든 오염물질을 제거하기 위해 필요하다고 믿는 '강력한' 세척 약품을 사용할 수 있다. 과도한 양치질, 몸치장, 의식적인 화장실 사용 방식 등을 포함한 그 외 일상적인 자기 관리 행동도 안전행동이 될 수 있다. 예를 들어 신체 배설물에 대한 오염 공포가 있는 환자는 변기가 막힐 정도로 화장지 한 통을 전부 사용하거나 생식기나 항문 부위를 아프도록 문지를 수 있다. 환자들은 또한 화장실을 사용한 이후나 공공장소에서 집으로 돌아온 후에 자주 옷을 갈아입기도 한다. 역설적으로 의식 행동의 부담이 너무 커지면 관련 활동을 완전히 피하기도 한다. 예를 들어 한 남자는 양치질을 '충분히' 하기 위해서는 30분 이상 걸리기 때문에 양치질을 하지 않게 되었다.

자신을 깨끗하게 하는 것에 더해 환자들은 부엌 조리대와 화장실을 과도하게 청소하고, 오염된 옷과 '깨끗한' 옷을 분리해서 각각 세탁한 후 세탁기를 청소하는 등 세탁에 많은 시간을 쓰고, 우편물과 식료품같이 집안으로 가져온 물건을 닦고 신발을 청소할 수도 있다. 여기에는 핸드폰, 운전대, TV 리모컨이나 비디오 게임 조정기를 물티슈나 다른 세정제로 소독하는 행동도 포함될 수 있다.

더 미묘하거나 '창의적'인 안전행동이 수없이 많이 있을 것이다. 예를 들어 씻기가 불가능하다면 세균을 입으로 불거나 문질러서 제거할 수 있다. 또 다른 환자는 입, 폐 또는 몸에서 오염을 제거하기 위해 침을 뱉거나 숨을 강하게 내쉴 수 있다. 또한 불쾌한 사람과의 연관을 제거하기 위해 '깨끗한 사람'의 이름 말하기나 질병과 관련된 오염을 제거하기 위해 'AIDS 없어져라'와 같은 문구를 반복하는 정신적 의식을 할 수도 있다. 이런 정신적 의식은 치료자가 감지하기 어려울 수 있으므로 "더러운 느낌을 멈추기 위해 하는 또 *다른* 행동이 있나요?" 또는 "세균을 없애기 위해 손으로 하거나 머릿속으로 말하는 것이 있나요?"와 같은 개방형 질문을 통해 평가하는 것이 중요하다.

안전행동에 대한 신념 *Beliefs about Safety Behaviors*

일반적으로 환자들은 안전행동이 병이 걸리거나 병을 퍼뜨리는 기회를 줄인다고 믿는다. 질병에 대한 두려움이 없는 환자라면 안전행동이 불안이나 혐오감으로부터 도망가기 위한 유일한 방법이라고 믿을 수도 있다. 안전행동이 단기적으로는 공포나 혐오감을 줄이는 데 기술적으로 '효과적'이기 때문에 위와 같은 신념이 유지되고 강화된다. 게다가 아무런 질병이 발생하지 않거나 혐오감이나 불안이 억제되어 두려움이 사라지면 환자는 이를 두려운 질병이나 위험, 감정 통제력 상실의 가능성이 낮아서가 아니라 안전행동 덕분이라고 여긴다.

노출치료의 근거 제시
PRESENTING THE RATIONALE FOR EXPOSURE THERAPY

노출치료 준비 단계에서 환자가 오염 공포가 어떻게 유지되는지를 분명히 이해하게 만드는 것이 중요하다. 즉, 오염 물질의 위험성과 같은 두려운 결과에 대한 신념과 부적 강화가 되는 회피와 안전행동의 사용이 오염 공포를 유지하는 방식을 이해하는 게 중요하다. 그 뒤에 이 악순환을 끊는 논리적 기법으로 노출과 반응방지가 뒤따른다. 치료자는 다음처럼 이 악순환을 설명할 수 있다.

치료자 병원에 입고 간 옷을 만질 때마다 AIDS에 노출되었을 수도 있는 경로에 대해 생각합니다. 그러면 두려워지고 손을 씻고 싶은 충동이 일어납니다. 손을 씻은 후에는 AIDS의 위험을 없앤 것 같아서 덜 불안해지죠. 제가 한 설명이 맞나요?

환자 맞아요.

치료자 좋아요. 그러나 불행히도 손 씻기는 그 순간에만 기분을 나아지게 하는 속임수입니다. 점점 더 씻게 합니다. 이것이 손 씻기가 강박 행동이 된 이유입니다. 씻기가 불안을 극복하기 위한 방법처럼 보입니다. 일시적으로 도움이 되는 것처럼 보이지만 불안해도 안전하고 심지어 씻지 않고도 불안을 제어할 수 있다는 것을 진정으로 배우지 못하게 합니다. 강박적 씻기의 또 다른 문제는 AIDS 균이 처음부터 옷에 묻어 있지 않았어도 손을 씻고 나면 정말로 AIDS 균을 제거한 것처럼 느끼도록 속인다는 점입니다. 따라서 씻지 않더라도 AIDS에 대한 불안을 견딜 수 있고, 당신도 괜찮을 거라는 사실을 알 수 있는 기회를 결코 가질 수 없게 되는 거죠. 무슨 말을 하려는지 아시겠어요?

환자 네…… 그렇게 생각해요. 모두가 그렇게 얘기해요. 하지만 믿기가 어려워요.

치료자 물론이죠. 당신이 어떻게 느끼는지 이해할 수 있습니다. 무엇이 일어나는지 볼 기회를 가진 적이 전혀 없었습니다. 따라서 배우기 위한 최선의 방법은 '위험'을 감수하고 옷을 만지고 그 후에 손을 씻지 않는 것입니다.

환자 그런데 나중에 후회하는 것보다 조심하는 것이 낫지 않을까요? 만약 옷에 AIDS 균이 있다면요? 위험을 감수할 만한 가치가 있을까요?

치료자 딜레마처럼 난해하다는 것을 저도 압니다. 하지만 씻는다고 당신이 보낸 모든 시간을 생각해 보세요. 이 강박 의식이 지금 당장 삶을 얼마나 많이 방해하는지 생각해 보세요. 만약 더 나은 방법이 있다면요? 제가 보증해 드릴 수는 없습니다. 스스로 알아낼 필요가 있습니다. 그러나 더 나은 삶을 위해 위험을 감수할 만한 가치가 있다면 어떻게 하시겠어요?

치료자는 또한 환자 스스로 개념 모델을 설명하게 해서 오염 단서, 불안과 정화 의식 사이의 관계를 잘 이해했는지를 확인해야 한다. 덧붙여 세균은 아마도 모든 곳에 있으므로 노출치료의 목적이 세균이 *없다*는 것을 명확하게 입증하려는 게 *아님*을 분명히 한다. 그보다는 환자가 (1) '오염된' 상황과 자극은 일반적으로 안전하고, (2) 오염, 불안 그리고 혐오의 느낌은 일시적이고 감당할 수 있으며, (3) 회피와 오염 제거 의식은 두려운 결과를 예방하기 위해 필요하지 않다는 것을 자신의 경험을 통해 배우도록 돕는 것이 목적이다. 노출치료을 적용하는 다른 경우와 마찬가지로 세균과 오염에 대한 두려움을 줄이기 위해서는 어느 정도의 불확실성을 가지고 사는 방법을 배울 필요가 있다. 두려운 오염 물질의 안전한 또는 위험한 정도에 대해 절대적인 확신을 얻는 것은 궁극적으로 불가능하다.

노출 실습 계획
PLANNING EXPOSURE PRACTICES

(1) 기능 평가와 (2) 노출 실습을 통해 환자가 배워야 하는 내용에 따라 노출 목록 항목과 그 항목에 대한 특정 행동을 선택한다. 오염 공포에 관한 노출 목록은 전형적으로 (1) 더러운 물건 만지기와 (2) 깨끗한 장소로 세균 퍼트리기라는 두 요소의 조합으로 구성된다. 자기 자신이 오염될까 걱정하는지, 다른 사람을 오염시킬까 봐 걱정하는지와 상관없이 노출은 '오염된' 물건과 실제로 접촉해야 한다. 예를 들어 다른 사람들이 자주 손대는 물건을 만져서 아플까 두려워하는 한 여성의 노출 항목에는 대기실에 있는 잡지와 문손잡이 만지기, 식수대 사용하기 그리고 심지어 공중화장실 사용하기를 포함할 수 있다. 오염이 퍼지는 것에 대한 두려움을 가진 이들의 노출 목록에는 오염되지 않은 환경으로 세균을 퍼트리는 것뿐만 아니라 다른 사람 또는 다른 사람의 소유물 만지기를 포함할 필요가 있다. 예를 들어 화장실 세균으로 다른 사람을 감염시키는 것을 두려워하는 남자는 화장실에서 물 내리는 버튼 같은 것을 만지고 그 뒤에 치료자의 진료실, 대기실에 있는 물건과 가족들 접시, 은그릇을 손으로 만져서 '오염'시킨다. 이러한 상황 노출과 자신이 질병을 퍼트리는 상상 노출을 결합하면 보다 유용한 작업이 될 것이다.

　다른 사람을 해치는 것에 대한 두려움을 가진 사람 이외에도 오염 확산을 표적으로 삼을 필요가 있는 경우가 있다. 걱정을 해소하려고 일부 환자들은 '깨끗하게' 유지하려 애쓰는 침실이나 특정 물건 같은 '안전지대'를 만든다. 이 환자들은 노출이 자신을 괴롭히진 않지만 안전지대로 들어가기 전이나 특정 물건을 만지기 전에 손을 씻어야 한다는 강한 느낌을 보고할 수 있다. 그런 경우에는 자신을 '오염시키기', 자신의 안전지대 오염시키기 그리고 자신이 보호하는 물건 오염시키기를 점진적으로 배치하는 노출 목록을 만들어야 할 것이다. 표 12.4는 오염 노출에 대한 아이디어와 항목을 추가로 제시한다.

표 12.4 오염 공포를 위한 노출 실습의 예

오염의 근원	노출 자극
화장실	문손잡이, 수도꼭지, 변기 의자, 소변기, 바닥 만지기 바닥에 떨어진 음식 먹기 환자가 실제로 만질 준비가 될 때까지 첫 단계로 화장실 세균으로 오염된 종이 수건을 만지는 연습을 할 수 있다.
소변, 대변, 기타 체액	화장실을 다녀온 후 손 씻지 않고 생식기 만지기 변기 뚫는 막대, 물 내리는 버튼, 더러운 속옷 만지기 약간의 소변, 대변, 혈액, 정액 등이 묻어 있는 휴지 조각 만지기
화학제품	용기를 손으로 잡기, 열린 용기를 손으로 잡기, 용기의 지시대로 화학제품을 사용하기, 화학제품을 조금 묻힌 화장지 만지기
물건을 지저분하게 만드는 기름	문손잡이, 더러운 은그릇, 사과, 감자 칩, 피자 만진 손으로 지갑, 벨트, 새 신발, 연필, 라디오, 전화기, TV 리모컨, 컴퓨터 키보드를 만지기
다른 사람을 아프게 하기	오염된 물질을 만지고 공공장소에 퍼트리기 저녁 요리할 때 오염된 물질을 그릴 위에 놓기

노출 실습 진행하기
CONDUCTING EXPOSURE PRACTICES

소거(안전) 학습이 일어나기 위해서 환자는 불안, 혐오 그리고 불확실성을 견디는 자신의 능력과 질병에 관한 위험 기반 예측을 최대한 반증할 필요가 있다. 따라서 노출은 '가장 더러운' 대상으로 가능한 한 최대한 자신을 오염시켜야 하고, 온몸에 세균 '퍼트리기'와 같이 불안과 오염된 느낌에 '다가가야' 한다. 예를 들어 손가락 끝으로 변기 뚫는 마개를 만지는 것으로 시작할 수 있지만, 이 경험만으로는 변기 뚫는 마개와 변기 뚫는 행위가 일반적으로 안전하다는 것을 배우기에는 부족하다. 그 대신 환자는 두 손으로 변기 뚫는 마개를 잡고 그 손으로 옷, 머리, 얼굴을 문지르고, 씻지 않은 손가락으로 입을 만지거나 음식을 집어 먹어야 한다. 치료자는 때때로 진료실로 쉽게 가져올 수 없는 노출 항목과 마주하기 위해 공중화장실, 철물점과 같은 장소로 환자와 동행하여 '현장 실습'을 할 필요가 있다. 만약 환자가 철물점에서 방충제 용기에 닿은 옷이나 두려운 식당에서 냅킨과 같은 오염된 물건을 회기에 가져온다면 현장 실습의 필요는 줄어들 것이다.

일부는 유독한 가정용 화학용품, 체액 또는 신체 배설물과 같이 실제로 잠재적 위험을 갖는 오염 물질에 두려움을 보인다. 그런 환자들은 전형적으로 실제로는 안전한 일상적 활동과 행동을 하는 동안 오염 물질에 노출되었을 수도 *있다는* 두려움을 갖는다. 예를 들어 형광등에서 강력한 신경독인 수은이 새어 나와 돌이킬 수 없는 신경 손상을 일으키는 걸 두려워한 한 여성은 형광등이 있는 모든 건물을 회피했다. 물론 노출 실습 동안 이 환자가 수은을 몸에 적실 필요는 없다. 단지 불확실성을 견딜 수 있다는 것을 가르치기 위해 그런 화학제품과 연관된 불확실한 느낌을 유발하기만 하면 된다. 예를 들어 형광등 조명이 있는 건물을 방문하고 그런 전등을 판매하는 철물점에 방문할 수 있다. 또, 안전하게 형광등을 손으로 다루고 전등 하나를 집에 두는 걸 시도해볼 수도 있다. 기대 추적은 이러한 노출을 오랫동안 지속할 수 없고 불확실성을 견딜 수 없다는 환자의 위험 기반 예측을 반증하는 데 사용할 수 있다. 살충제와 같은 해로운 화학제품에 관한 두려움을 다루는 노출로 회피나 과도한 안전행동 없이 손으로 화학제품이 든 병을 들고 설명서에 쓰인 대로 사용해 볼 수 있다.

대부분의 사람들이 인식하든 그렇지 않든 일상적으로 접촉하고 있는 체액과 배설물에 대한 노출도 위의 경우와 유사하게 다룰 수 있다. 화장실 사용하기와 체액과 배설물이 발견될 수 있는 변기나 세탁물 만지기에 더해 실제 소변, 대변, 혈액, 정액, 땀, 점액 등의 해롭지 않은 얼룩을 종이 타월에 묻히고 만져보거나 주머니에 넣고 돌아다니거나 다른 '안전한' 영역을 오염시키는 데 사용할 수 있다. 바닥에 묻어 있는 세균을 걱정하는 환자들을 위해서 전체 노출 회기를 진료실이나 화장실 바닥에 앉아서 수행할 수 있다. 오염을 퍼트리는 것에 대한 두려움을 가진 사람은 '무고한 희생자'와 악수하기나 물건을 만져서 '오염시키기'와 같은 노출을 할 수 있다. '위험'을 무릅쓰고 실습을 반복하는 목적은 위생 습관을 영구히 바꾸려는 것이 아니라 두려운 결과의 가능성과 불안과 불확실함을 견딜 수 없다는 환자의 믿음을 깨뜨리려는 것이다.

많은 경우에서 두려운 결과에 대한 상상 노출이 공포 소거를 심화하여 상황 노출의 효과적인 보조 치료로 활용된다. 두려운 결과가 앞으로 발생할지 또는 '전혀 모르는 상태에서 누군가를 중독시켰을지도 몰라'와 같이 이미 두려운 결과가 발생했는지 알 수 없는 불확실한 상태를 환자가 견딜 수 없다고 하면, 상상 노출은 결과를 모른다는 *불확실성*에 초점을 맞추어야 한다. '화장실 세균'으로 다른 사람을 오염시켜 아프게 만드는 것에 대한 두려움을 가진 사람의 예를 살펴보겠다. 환자는 상황 노출에 참여한 뒤 두려움을 견딜 수 있다는 것을 배울 때까지 반복적으로 상상 노출 장면에 의해 유발되는 불확실성을 직면하였다.

"당신은 공중화장실로 들어가서 세면대, 화장실, 문 그리고 화장지 통을 만졌습니다. 실제로 보거나 느낄 수는 없지만, 물건들에 있던 세균이 옮겨왔을 게 매우 걱정입니다. 그 뒤에 화장실을 나가서 가게 점원, 자동차 정비공 그리고 이웃 등 아무것도 눈치채지 못한 무고한 사람들과 악수를 했습니다. 이제 그들을 심각하게 아프게 할 수 있는 화장실 세균으로 감염시킨 건 아닌지 의심합니다. 이 불쌍한 사람들이 당신이 한 행동으로 영문도 모른 채 괜한 병에 걸리는 것을 상상해봅니다. 그러나 확실하게 알지는 못합니다. 아플 수도 있고 아프지 않을 수도 있습니다. 확실하지는 않습니다……."

반응방지 시행
IMPLEMENTING RESPONSE PREVENTION

오염 공포에 관한 반응방지의 목적은 환자가 오염제거 의식이 불안과 불확실성을 제어하거나 안전을 위해 필요하지 않음을 배우도록 돕는 것이다. 따라서 두려운 오염물에 대한 노출이 중단되지 않도록 오염제거 의식에 저항하고 대신 오염되었다는 느낌을 그대로 받아들이는 것이 중요하다. 노출 작업을 점진적으로 해야 할 필요가 있을 수도 있다는 점을 염두에 두면서 환자에게 다음과 같은 지침을 준다.

- 손, 얼굴 그리고 신체 그 외 부위를 씻는 횟수를 하루에 한 번으로 제한한다. 한 번 씻고 나면 화장실 사용, 쓰레기 버리기와 같은 상황이나 음식을 먹거나 만지기 전에도 씻지 않는다. 양치질은 더 자주 할 수 있다. 예외적으로 만약 가솔린과 같이 해롭고 잠재적으로 위험한 물질이 손에 묻거나 냄새가 난다면 *자세히 살펴보지는 말고* 씻을 수 있다. 치료 기간에는 수영장도 가서는 안 된다.
- 장갑, 셔츠 소매, 손수건이나 종이 휴지와 같이 오염을 제거하거나 예방하기 위한 어떤 방법도 자제한다. 옷이나 다른 물건에 손을 닦는 것도 피한다. 또한, 손 세정 젤이나 물티슈로 손 씻기를 대신하지 않는다. 만약 환자가 소변이나 대변에 대한 극심한 공포가 있다면 노출을 체계적으로 시행하여 직면할 때까지 화장실을 사용할 때 장갑을 낄 수 있다.
- 가구나 기구 같은 물건을 닦거나 청소하지 않고 세탁이나 설거지는 한 번만 하고 추가로 하지 않는다.
- 타이머를 사용하여 샤워는 매일 10분만 허용한다. 샤워는 단지 위생을 위해서만 해

야 하고 의식으로 변해서는 안 된다. 반응방지 동안 샤워의 목적은 *완벽하게 깨끗해지는* 것이 아니라 *샤워 전보다 더 깨끗해지는* 것이다. 보통 강도의 비누를 사용해야 하고 각 신체 부위는 딱 한 번만 씻어야 한다. 샤워가 완료된 즉시 노출 목록의 항목으로 다시 자신을 오염시켜야 한다.

- 친구와 가족은 씻거나 청소하는 환자의 행동에 동조하지 않고 환자같이 이 지침을 따르도록 한다.
- 다른 사람들에게 어떤 것이 안전하거나 *깨끗한지* 물어보거나 확인해달라고 요구해서는 안 된다.
- 자신이 오염되었다는 느낌 때문에 '깨끗한' 대상이나 환경을 피하지 않아야 한다.

비록 점진적인 접근이 필요할 때도 있지만 치료 초기에 철저한 반응방지를 시작하는 것이 중요하다. 만약 모든 오염 제거 의식을 중단할 수 있다면 안전학습이 가장 완벽하고 견고해지겠지만, 가장 최근 노출 항목과 연관된 오염 제거 의식을 중단하는 것이 가장 결정적이다. 예를 들어 이전에 입술 발진이 생겼던 동료와 접촉하기를 두려워하는 한 여성이 그 동료가 작성한 메모를 손으로 만지는 노출을 성공적으로 완료하였다. 이후 이 동료의 다른 물건들에 연이은 노출을 하고 오염 제거 의식을 더 이상 하지 않도록 하였다. 만약 오염을 제거하고 싶은 충동에 저항할 수 없어 오염 제거 의식을 했다면 고통스러운 느낌을 복원하기 위해 다시 해당 노출 항목을 만짐으로써 '재오염'을 시도할 수 있다.

힌트, 팁, 잠재적 함정
HINTS, TIPS, AND POTENTIAL PITFALLS

현실에 기반한 노출 Ground Exposures in Reality

노출의 중요한 목표는 환자가 두려워하는 오염물질이 일반적으로는 안전함을 배우도록 돕는 것이다. 따라서 노출은 때때로 사람들이 *의도적으로* 또는 *정기적으로는* 하지 않는 활동을 포함하기도 한다. 예를 들어 우리는 환자들에게 변기를 만진 직후 초콜릿이나 프렌치프라이와 같은 핑거푸드를 먹으라고 요구한 적이 있다. 사실 변기를 내리고 화장실을 사용하고 손을 씻지 않고 이어서 손을 사용해서 음식을 먹거나 심지어 손톱을 깨무는 사람이 드물지 않다. 따라서 노출 실습과 일상 경험의 차이는 단지 *의도*intent뿐이다. 보통 사람들은 때때로 아무렇지 않게 하지만 환자들은 매우 위험하고 불안을 유발한다고 인지하는 행동을 기반으로 노출을 수행하면 기대 위반 효과가 최대화된다. 즉, 환자의 공포 기반 예측과 노출 결과(예: 병에 걸리지 않음, 불안을 견딜 수 있음) 사이의 불일치가 매우 커 억제 학습이 최적화된다.

이번 장에서 제시한 노출과 반응방지의 몇 가지 예시에 대해 독자들은 놀랄 수도 있다. 예를 들어 '화장실을 사용한 후에 씻지 않는 것이 위험하지 않나?'라고 생각할 수 있다. 그러나 위에서 언급한 대로 많은 사람들이 오염 공포가 있는 사람들이 피하는 행동을 하면서도 건강을 유지한다. 먹기 전에 손을 씻지 않는 경우는 아주 흔하다. 스포츠 경기장과 영화관에서 사람들이 스낵을 살 때 어떠한지 생각해 보라. 사람들 특히 어린이들은 쓰레기통, 바닥 그리고 기타 '더러운' 대상을 만지고 자주 손을 씻지 않는다. 심지어 가장 높은 수준의 청결이 요구되는 의사, 간호사조차도 아무 생각 없이 청결 규칙을 어길 때가 종종 있다. 일상생활에서 발생하는 상황과 노출치료 동안 발생하는 상황의 유일한 차이는 치료에서는 환자들이 *의도적으로* 두려운 오염 물질을 직면하고 *고의로* 씻지 않는 것이다. 우리가 제시한 반응방지 지침을 따르는 것이 어떤 면에서는 아플 가능성을 증가시킬 수 있을까? 그럴지도 모른다. 하지만 오염 공포가 있는 사람들이 가지고 있는 위험과 심각성에 대한 과도한 예측과 같지는 않을 것이다. 우리 중 누구도 오염에 대한 노출치료를 하면서 치료자나 환자에게 심각한 병이 생긴 것을 경험한 적이 없다. 한편, 이 치료법의 장기적인 이점은 어떠한 단기 위험보다 우세할 가능성이 높다.

치료자가 편안한 수준으로 노출하기 Manage Your Comfort Level

오염 공포에 대한 노출치료는 많은 사람을 움츠러들게 만드는 자극에 치료자도 함께 노출하는 것을 요구한다. 사례 회의를 하다 보면 치료자들조차도 '어떻게 환자에게 그런 걸 시키지?'라는 반응을 보이는 경우가 흔히 있다. 그러므로 치료자는 자신의 반응이 치료를 방해하지 않도록 오염과 관련하여 스스로가 어느 정도까지 편안하게 느낄 수 있을지 파악할 필요가 있다. 노출 동안 *혐오감 내성뿐만 아니라* 적절한 수준의 혐오감을 모델링하는 것이 도움이 될 수 있다. 하지만 치료자가 눈에 띄게 불편해하면 환자의 불편함도 증가하고 안전학습을 방해할 것이다.

나중에 씻기 방지 Prevent Delayed Washing

일부 환자들은 평소 오염에 직면해도 바로 씻지 않았었기 때문에 처음에는 노출치료에 관해서 회의적일 수 있다. 이 환자들은 대체로 어느 정도의 시간 동안에는 더러움을 견딜 수 있는데, *그 이유는 나중에 씻으면 된다고 생각하기 때문이다.* 하지만 이런 생각을 가지고 노출을 한다면 고통 내성은 배울 수 없고 개입은 효과가 없을 것이다. 따라서 만약 환자들이 노출 동안 불안해 하지 않거나 회피 행동이 줄어들지 않는다면, 치료자는 시간이 지난 뒤에 씻지 않는지를 재평가하고 환자로 하여금 나중에 씻는 행동을 멈추는 것이 얼마나 중요한지 이해하도록 돕는다.

실제로 병이 생기는 경우 Contracting Illnesses

여러 가지 다양한 세균에 노출하다 보면 환자나 치료자 모두 감기나 기타 소소한 질병이 발생할 기회가 항상 있다. 노출이 원인이든 아니든 부정적 결과의 발생 가능성이 *전혀 없는 것*이 아니라 *매우 낮다*는 관점을 만들고, 부정적 결과가 얼마나 심각한지 논의해보는 것이 중요하다. 예를 들어 강박장애로 고통받는 것보다 가끔 감기에 걸리는 편이 더 낫다고 하면 대부분의 환자들이 동의할 것이다.

사례 소개
CASE ILLUSTRATION

수잔은 강박장애로 진단된 44세 환자로 두 아이의 엄마다. 오염과 관련된 강박 사고와 행동을 보였는데 더러운 옷, 공공장소, 화장실, 쓰레기통에 접촉하여 병에 걸리는 것을 특히 두려워하여 이를 피하고자 많은 노력을 했다. 예를 들어 빨래를 더 이상 할 수 없게 되었고, 쓰레기통 만지는 것을 피하고자 쓰레기를 조리대 상판에 그냥 내버려 두었다. '세균'과 접촉했기 때문에 하루에 열 번에서 스무 번 정도 철저하게 손을 씻었고, 때로는 옷을 갈아입거나 샤워를 했다. 아이들이 학교에서 돌아온 후 옷을 갈아입고 손을 씻으라고 하는 그녀의 잔소리에 대해 불평을 하기 시작했을 때 치료를 받기로 결심했다.

첫 회기 동안 수잔의 치료자는 포괄적인 면담을 완료하고 노출치료의 이론적 근거에 관해 논의했다. 다음 회기에서 수잔과 치료자는 아래의 노출 목록을 만들었다.

노출 과제	SUDS
문손잡이	40
더러운 옷	50
집에 있는 쓰레기통	60
공공장소에 있는 책과 잡지	70
공공장소에 있는 쓰레기통	90
인도와 도로에 있는 세균	90
공중화장실	100

세 번째 회기에서 수잔과 치료자는 치료실 문손잡이를 만졌다. '문손잡이 세균'을 손에 잔뜩 묻히기 위해 꼼꼼하게 손잡이를 문질렀다. 다음으로 오염을 퍼트리기 위해 손을 바지, 셔츠, 팔, 얼굴, 머리카락에 문질렀고, 그 뒤에 손가락을 핥았다. 이 연습을 하는 동안 수잔은 아프게 될 거라 예상하고 중등도 수준(SUDS=45)의 불안을 보고했다. 또한 오염을 제거하기 위해 손과 얼굴을 씻지 않고는 15분 이상을 견딜 수 없을 것이고 회기가 끝나고 바로 집으로 가서 옷을 갈아입고 싶은 충동을 이기지 못할 것이라고 예견했다. 그러나 손을 씻지 않고 20분이 지난 후에 수잔은 이 경험이 자신이 생각했던 것만큼 나쁘지 않았고 예상과 달랐다고 했다. 나아가 노출이 자신이 생각보다 오염 공포를 더 잘 제어할 수 있다는 것을 알 수 있게 도와줄 거라고 긍정적인 반응을 보이기도 하였다. 수잔은 회기 이후에 옷을 갈아입기 위해 바로 집으로 가지 않기로 동의했고, 다음 회기 전까지 문손잡이에 대한 비슷한 노출을 계속하기로 동의했다. 또한 치료자는 수잔에게 '문손잡이 세균'으로 집의 다른 영역을 오염시키도록 지시하였다.

네 번째 회기에서 수잔은 사무실로 더러운 옷이 담긴 바구니를 가져왔다. 처음에는 무릎 위에 빈 바구니를 놓고 바깥 면을 손으로 쓰다듬었다. 더 편안해졌을 때 바구니 안의 옆면과 바닥을 손으로 문질렀다. 그 뒤에 문손잡이에서 했던 것처럼 세균을 온몸에 문질렀다. 이를 마치고 난 뒤 더러운 옷을 자신의 무릎 위에 올려놓았고 옷을 몸, 얼굴 그리고 혀에 문질렀다. 이 노출을 하는 동안 꽤 불안해졌지만(SUDS=70) 작업을 계속했고, 손을 씻지 않았음에도 불구하고 30분이 지나면서 고통이 상당히 줄어드는 것을 발견했다. 치료자는 방금 일어난 새로운 학습을 강화했다. 불안은 견딜 수 있고 일시적이다. 그리고 씻기 의식은 오염 느낌을 없애기 위해 꼭 필요하지 않다. 수잔은 다음 한 주 동안 더러운 옷과 문손잡이로 비슷한 노출과 반응방지 작업을 하기로 동의했다. 또한 더러운 옷을 집의 '깨끗한' 영역에 놔둬 보기로 했다.

다섯 번째 회기를 시작할 때 수잔은 문손잡이는 더 이상 문제가 되지 않는다고 보고했고 더러운 옷에 더 많이 편안해졌다고 보고했다. 회기 동안 집에서 가져온 쓰레기통에 대한 노출을 수행했고 세탁 바구니로 했던 것과 동일한 단계를 진행했다. 수잔은 손에 쓰레기통 세균이 묻은 상태로는 저녁 식사를 하기가 너무 힘들 것이라고 말했다. 이에 대하여 치료자는 수잔에게 진료실에서 감자 칩을 먹어보도록 요구했다. 수잔은 감자 칩을 먹을 수 있었고, 심지어 의도적으로 감자 칩을 빈 쓰레기통에 떨어뜨린 후에 일부를 먹기도 했다. 이를 수행한 후에 집에서 쓰레기통 세균을 씻어내지 않고 먹는 것에 대해 더 자신감이 생겼으며, 회기 사이에 매일 과제로 정해 하기로 했다. 수잔과 치료자는 반응방지에 대한 다음의 계획에 동의했다. 회기에서 노출한 항목에 대해 집에 가서 다시 노출 한 뒤 회피와 씻기를 중단한다. 만약 참지 못하고 씻게 된다면 씻기 의식 이후에 그 항목으로 자신을 다시 오염시켜야 한다.

여섯 번째 회기에서 수잔은 육아와 남편과의 불화 등 스트레스를 겪으면서 오염 공포에 다소 압도당하는 것을 느꼈다. 그녀와 치료자는 집에서 가져온 쓰레기통과 더러운 옷에 대한 이전 노출을 반복함으로써 그동안의 진전을 재검토하고 공고히 했다. 두 가지 항목 모두 처음 노출할 때 보다 훨씬 더 쉽게 만졌다. 여덟 번째 회기부터 열한 번째 회기까지 많은 사람이 만진 도서관 책과 대기실 잡지와 같은 물건뿐 아니라 진료실 쓰레기통에서, 대기실과 길거리 구석에 있는 쓰레기통까지 점점 더 더러운 쓰레기통에 대한 노출을 완료하면서 안정적인 진전을 보였다. 또한 공중화장실에 있는 수도꼭지와 물 내리는 버튼을 만지는 작업을 했다. 열두 번째 회기 이후 수잔은 병원에 있는 친구를 방문할 계획을 세우면서 세균에 대해 걱정이 커졌다. 준비를 돕기 위해 수잔과 치료자는 병원을 방문했고 복도, 쓰레기통 그리고 휠체어를 직면했다.

이 시점에서 수잔은 일상에서 느끼는 강박적 두려움의 수준과 손을 씻고 싶은 충동이 두드러지게 줄었음을 경험했다. 공공 수영장에서 수영을 하고 아이들의 학교에서 자원봉사를 한 후 샤워를 하지 않는 것과 같은 새로운 도전을 스스로 계획하고 혼자 직면할 수 있었다. 그녀와 치료자는 일상의 오염 경험을 훨씬 능가하는 최종 노출을 완료할 시기라고 결론을 내렸다. 수잔은 만약 자신이 공중화장실 바닥에 떨어진 크래커를 먹을 수 있다면 일상에서 만날 수 있는 어떠한 것도 만질 수 있다고 결심했다. 처음에는 중등도의 불안을 느꼈지만 이 노출을 성공적으로 완료했다.

종합적으로 수잔은 거의 3개월 동안 치료자를 17번 만났다. 초기 회기는 빠른 진전을 돕기 위해 일주일에 2번씩 이루어졌다. 그녀가 집에서 노출과 반응방지를 할 수 있게 된 이후에는 회기 빈도를 일주일에 한 번으로 줄이기로 동의했다. 치료가 끝날 무렵에는 회기 사이의 간격을 2주로 늘렸고, 그 뒤에는 한 달이 되었다. 수잔은 업무 관련 스트레스를 논의하기 위해 다음 해 가을에 치료자를 다시 만났다. 당시 수잔은 강박 사고나 의식으로 삶을 방해받지 않고 잘 기능하며 지내고 있었다.

추가 참고 문헌ADDITIONAL RESOURCES

Abramowitz, J. S. (2006). *Understanding and treating obsessive–compulsive disorder: A cognitive-behavioral approach.* Mahwah, NJ: Erlbaum.

Abramowitz, J. S., & Jacoby, R. J. (2015). *Obsessive–compulsive disorder in adults: Advances in psychotherapy–evidence-basedpractice.* Boston: Hogrefe.

Jacoby, R. J., & Abramowitz, J. S. (2016). Inhibitory learning approaches to exposure therapy: A critical review and translation to obsessive–compulsive disorder. *Clinical Psychology Review, 49,* 28–40.

McKay, D., & Carp, S. (2017). Contamination fear and avoidance in adults. In J. Abramowitz, D. McKay, & E. Storch (Eds.), *Wiley handbook of obsessive–compulsive disorders* (Vol. 1, pp. 341–351). Hoboken, NJ: Wiley.

Riggs, D. S., & Foa, E. B. (2007). Treating contamination concerns and compulsive washing. In M. M. Antony, C. Purdon, & L. Summerfeldt (Eds.), *Psychological treatment of obsessive–compulsive disorder: Fundamentals and beyond* (pp. 149–168). Washington, DC: American Psychological Association.

Seles, R. R., Arnold, E. A., & Storch, E. A. (2017). Contamination concerns in children and adolescents. In J. Abramowitz, D. McKay, & E. Storch(Eds.), *Wiley handbook of obsessive–compulsive disorders* (Vol. 1, pp.352–360). Hoboken, NJ: Wiley.

외상 공포
Trauma-Focused Fear

임상 양상
CLINICAL PRESENTATION

외상 사건을 목격하거나 살아남은 사람들 중 대부분은 장기적인 심리적 후유증을 겪지 않는다. 하지만 그러한 경험을 한 뒤 상당수의 사람이 외상후스트레스장애(이하 PTSD) 증상을 경험한다(예: Rothbaum, Foa, Riggs, Murdock, & Walsh, 1992). DSM-5(American Psychiatric Association, 2013)에 따르면, *외상 사건*이란 실제적이거나 위협적인 죽음, 심각한 손상, 혹은 성폭력에 노출되는 것을 말한다. 이러한 노출은 직접 경험하거나, 사건을 목격하거나, 친척이나 친한 친구에게 그런 사건이 일어난 것을 알게 되거나, 의료인이나 구급대원처럼 업무 수행 중에 간접 노출을 통해서 일어난다. 외상 사건의 가장 흔한 예로는 신체적 폭력, 성폭행, 치명적인 무기로 위협받는 것, 화재나 토네이도 같은 자연재해, 자동차 사고, 가까운 친구나 사랑하는 사람이 중상을 입거나 살해당하는 것을 목격하는 것 등이 있다.

표 13.1에는 외상 후 스트레스 증상의 인지 행동적 변수와 치료를 개괄적으로 제시하고 있다. 급성 스트레스 장애나 PTSD가 발병한 사람들의 경우 외상의 후유증은 (1) 사건의 재경험(예: 외상 관련 침습적인 생각, 악몽), (2) 회피(예: 외상을 상기시키는 자극), (3) 인지와 감정의 부정적 변화(예: 자책, 세상에 대한 부정적 생각), (4) 과각성(예: 불안과 공포, 과장된 놀람 반응, 이자극성)의 4가지 영역으로 나타난다(American Psychiatric Association, 2013). 세상에 대한 불안감이 고조되면 사람들은 흔히 위협을 견디고 불안을 통제하기 위해 안전행동을 한다. 안전행동의 예로는 위험 징후를 과도하게 확인하고, 무기를 들고 잠을 자고, 매우 천천히 운전하며, '안전한 사람'과 동행하는 것 등이 있다. 이러한 불안 양상을 보이는 사람들은 외상에 대한 침습적 기억이 떠오를

때 간헐적인 회피에서부터 만성 불안, 플래시백, 사건을 상기시키는 모든 것의 회피와 심각한 사회적 고립에 이르기까지 다양한 정도의 기능 손상을 보인다.

표 13.1 간략한 개요: 외상 관련 불안과 공포

공포유발 자극
- 외상에 대한 생각과 외상을 상기시키는 것
- 외상과 유사한 상황

전형적 예
- 가해자의 사진
- 외상 사건이 일어났던 날짜
- 외상 사건이 일어났던 장소를 지나치는 것
- 사건과 관련된 사람들
- 실제 사건이나 이와 유사한 사건과 관련된 뉴스

공포 기반 신념
- '세상은 위험하고 예측할 수 없는 곳이야.'
- '외상 사건에 관한 생각이 떠오르면 견딜 수 없을 거야.'
- '위험이 계속되고 있어.'
- '외상 사건에 이렇게 반응하는 걸 보면 내가 뭔가 이상해진 것 같아.'

안전행동
- 외상을 상기시키는 것 회피
- 외상 경험에 관한 생각 회피
- 안전에 대해 과도하게 확인
- 안전하지 못하다고 생각되는 장소에는 동반자를 대동

DSM-5 진단 범주
- 외상후스트레스장애
- 급성스트레스장애

치료 개요
- 전형적인 치료 기간: 12회기 개인 치료
- 평가와 심리교육으로 시작함
- 우울, 죄책감, 수치심에 깔려 있는 잘못된 믿음을 다루기 위해 인지치료를 추가
- 3 내지 4회기에서 상황 노출을 시작함
- 4 내지 5회기에서 상상 노출을 시작함

장애물
- 지속적인 회피
- 또다시 외상을 겪을 수도 있는 실질적인 위협
- 노출 시 극심한 불안

노출치료의 기초
BASIS FOR EXPOSURE THERAPY

개념화 *Conceptualization*

외상과 관련된 불안의 최근 모델(예: Foa, Hembree, & Rothbaum, 2007; Foa & Riggs, 1993)에 따르면 인간이 외상에 노출되면 불안, 공포, 과각성, 침습적 기억, 악몽과 플래시백, 죄책감 및 절망감, 회피 행동과 같은 부정적인 인지, 정서, 행동을 복합적으로 경험하는데 이는 정상적인 반응이라고 한다. 전형적으로 이러한 반응은 사건에 관해 생각을 하면서 *처리process*되고, 시간이 지남에 따라 자연스럽게 사라진다. 이러한 변화는 외상이 처리되고 정상적인 일상을 재개하면서 건강한 자기감이 회복되어 세상은 대체로 안전한 곳이라는 적응적인 관점을 유지할 수 있기 때문이다. 결과적으로 외상과 외상이 유발한 초기의 공포와 충격의 연결고리가 약해진다.

외상에 노출된 대부분의 사람들이 그 경험에서 자연적으로, 그리고 비교적 빠르게 회복한다는 사실로 보아 외상후스트레스장애와 같은 임상적으로 심각한 외상 관련 불안은 이러한 자연 회복 과정의 실패를 의미한다. 이러한 실패는 외상을 상기시키는 자극을 지속적으로 회피하고, 사건에 관해 생각하지 않으려 하고, 객관적으로 안전한 상황에서 안전을 위해 과도한 예방 조치를 취하는 안전행동을 하면서 외상의 적응적인 처리 과정을 방해하는 경우에 일어난다. 이렇게 반응하는 사람들은 세상이 매우 위험하고 자신이 무능하다는 믿음을 키워나가기 시작하는데, 이런 믿음은 회피와 안전행동 때문에 적절하게 교정되기가 어렵다. 그 결과 객관적으로 안전한 생각, 기억, 이미지, 그리고 상황이나 자극이 지속적으로 외상을 상기시키고 공포 반응을 유발한다. 게다가, 회피와 안전행동은 불안과 다른 형태의 심리적 고통을 일시적으로 줄이기 때문에 부적 강화된다.

일부 학자(예: Ehlers & Clark, 2000)는 정상적인 외상 후 반응을 위협이 지속되고 있다는 지표로 재앙적으로 오해하는 것이 중요하다고 강조한다. '악몽을 꾸는 것은 내가 미쳐가고 있다는 걸 말해 주는 거야.'와 같은 잘못된 해석은 정상적인 외상 반응을 더욱 고통스럽게 만들고, 외상 사건에 관한 생각을 억제하고 과도한 주의, 즉 안전행동에 집착하게 만든다. 하지만 이러한 억제는 역설적으로 외상에 관한 생각을 더 *증가시키고*, 위협을 더 느끼게 만들며, 안전행동을 더 증가시키는 자기 영속적인 악순환을 초래하기에 결국 실패한다.

노출치료 동안 학습해야 할 사항 What Must Be Learned during Exposure Therapy

외상 생존자를 위한 노출치료는 사건에 관해 생각할 때 일어나는 두려움이나 악몽뿐만 아니라 외상 사건에 대한 기억과 기억을 상기시키는 것들이 비록 고통스럽지만 안전하고 견딜 만하다는 점을 배울 수 있게 돕는다. 이러한 변화는 (1) 세상은 *항상* 위험하고 자신은 *항상* 무력하다는 환자의 예측이 반증 되고, (2) 새로운 안전학습으로 이러한 위험 기반 예측이 억제될 때 일어난다. 이를 위해 상황 노출과 상상 노출을 모두 사용한다. *상황* 노출에서는 안전하거나 위험이 적은 장소, 상황, 활동 및 대상과의 반복적이고 지속적인 직면을 통해 위험 기반 예측을 반증하고 실제 위험 가능성에 대해 학습한다. *상상* 노출은 외상 사건에 관해 생각하게 하고 그러한 과정에서 일어나는 생각과 느낌을 재경험하게 한다. 이를 통해 사적 경험이 위험하다는 잘못된 예측과 강렬한 감정 반응을 대처할 수 없다는 믿음을 반증한다. *반응방지*는 위험 기반 예측을 지속시키고 안전학습을 방해하는 회피와 안전행동을 끝내는 것이다.

기능 평가 FUNCTIONAL ASSESSMENT

표 13.2는 외상 관련 불안의 기능 평가에 포함된 여러 가지 변수의 흔한 예를 보여 준다. 이어지는 단락에서는 각 변수에 대해 자세히 논의할 것이다.

외상 사건의 평가 Assessment of Traumatic Events

기능 평가는 불안을 유발하는 특정 사건에 초점을 맞추면서 환자가 경험한 외상에 대한 정보를 수집하는 것으로 시작한다. 일부 외상 생존자는 외상 이력을 자발적으로 기꺼이 말해주지만 그렇지 않은 사람도 있다. 따라서 이런 경우에는 "누군가가 당신에게 원치 않는 성적 접촉을 강요하고 협박한 적이 있습니까?"와 같은 질문을 던지면서 조사하는 것이 도움이 될 수 있다. 외상을 더 자세히 평가하기 위해 다양한 구조화된 면담 방식이 개발되었다. 그중 임상가를 위한 외상후스트레스장애 척도(CAPS, Blake 등, 1995)는 자가보고식 선별도구(생활사건점검표, Life Events Checklist)와 면담식 질문을 모두 포함한다. 평가에는 사건에 대한 즉각적인 반응과 장기적인 반응, 무력감, 공포감과 두려움 등 환자의 감정에 대한 질문이 포함되어야 한다. 이때 감정에 대해 특정한 대답을 유도하는 닫힌 질문(예: "생명의 위협을 느꼈습니까?")보다는 개방적인 질문(예: "당신에게 일어난 일이 어떠했는지 말해 보세요.")이 더 낫다.

표 13.2 한 눈에 보는 외상 후유증과 외상 관련 불안의 기능 평가

매개변수	흔한 예
외상 사건	외상의 종류, 날짜, 초기 반응, 부상 정도
공포 단서	
외부 상황과 자극	외상 사건과 관련된 상황, 장소, 사람, 사물, 옷, 활동, 시간
내부 단서	과각성, 과잉경계와 같은 외상 후 스트레스 증상
침습사고	플래시백이나 악몽으로 나타나는 외상에 대한 반복적인 생각, 이미지, 기억
두려운 결과	다시 피해를 당함(재외상), 강렬한 불안이 오랫동안 지속됨, 외상이 다시 떠오름
안전행동	
회피 패턴	외상 사건에 대한 생각, 사건을 상기시키는 것들, 사건과 무관하지만 위험하다고 지각되는 활동(예: 밤에 혼자 외출), 외상과는 무관한 사회 활동
상황 내 안전행동	안전에 대한 과도한 확인, 항상 무기를 소지, '안전한 사람'을 늘 곁에 두기
안전행동에 대한 신념	회피와 안전행동이 외상에 대한 침습사고를 막아주고, 더 안전하게 해주고, 불안이 오래 지속되면 생길 위해를 막아줄 것이다

공포 단서 *Fear Cues*
외부 상황과 자극 *External Situations and Stimuli*
조건화된 자극으로 작용하여 외상 사건에 대한 불안과 괴로운 기억을 유발하고, 결국 이를 회피하게 만드는 특정 상황, 대상, 장소의 목록을 작성하는 것이 필요하다. 노출 목

록에 기록되는 공포 단서로는 흔히 외상 사건이 일어났던 장소, 관련된 사람, 사건에 대한 언급, 뉴스 기사 또는 그 외 입고 있었던 옷이나 사진과 같이 사건을 상기시킬 수 있는 것들이 있다. 하지만 공포 단서는 환자의 외상에 따라 매우 특이적일 수 있다. 자동차 사고를 경험한 사람에게는 사고가 발생했던 것과 비슷한 조건에서 운전하는 것이 공포 단서로 작용할 수 있다. 신체적 폭력 또는 성폭력 생존자는 군중 속에 있을 때, 낯선 사람과 같이 있을 때, 밤에 혼자 외출할 때, 다른 사람과 신체적 또는 성적인 접촉을 할 때, 가해자의 이름을 볼 때, 그리고 대중교통을 이용할 때 불안을 경험할 수 있다. 전투 중 외상에 노출된 사람은 전쟁, 군대, 무기를 상기시키는 것들을 두려워할 수 있다. 면담 이 외에, 일상에서 마주치는 촉발요인을 자가 모니터링하는 것이 외부 공포 단서에 관한 정보를 얻는 훌륭한 방법이다.

침습사고 *Intrusive Thoughts*

외상 사건에 대한 원치 않는 생각, 이미지, 기억이 반복적으로 떠오르는 것은 외상 생존자가 가지고 있는 주요 임상 증상이다. 이러한 침습은 악몽이나 플래시백의 형태로 나타날 수도 있으며, 그 형태와 관계없이 공포와 침습사고를 견딜 수 없다는 공포 기반 예측을 불러일으킨다. 다음은 교통사고로 가장 친한 친구의 죽음을 목격한 젊은 여성의 사례다.

> "밤만 되면 불안해져요. 잠을 자려고 눈을 감으면 사고 장면만 떠올라요. 공포 영화 같아요. 눈을 감으면 친구가 피투성이가 되어 운전대에 엎드려 있는 장면이 보여요. 머리에는 피가 흐르고 머리카락은 온통 피투성이에요. (울음) 그게 가장 끔찍한 장면이에요. 그 이미지를 머릿속에서 지울 수가 없어요. 나의 가장 친한 친구였지만, 지금 그녀에 대해 떠올릴 수 있는 유일한 장면은 차 안에서 죽어 있는 모습이에요. 이런 생각들을 견딜 수가 없어요. 미칠 것 같아요. 생각을 마음속에서 떨쳐버리려고 온갖 노력을 다하고 있어요."

두려운 결과 *Feared Consequences*

임상의는 환자가 두려워하는 결과를 두 가지 영역에서 평가해야 한다. 첫 번째는 재외상 retraumatized에 대한 두려움이다. 많은 환자들이 외상을 겪은 후 세상은 예측할 수 없고 안전하지 않다고 보기 때문에 외상 사건과 연관된 상황에서는 특히 더 취약하게 느낄 수 있다. 두 번째 영역은 외상 후 반응 자체에 대한 두려움이다. 앞서 언급한 바와 같이 환자는 침습적인 생각과 악몽을 외상 후에 보이는 정상적인 반응이 아닌 반대로 '미쳐가는' 징조라고 두려워할 수 있다. 또한, 과각성과 관련된 신체 감각을 두려워할 수 있는데 이런 경우에는 상황 및 상상 노출과 함께 내적 감각 노출을 시행하여 각성과 관련된 신체 감각에 대한 위험 기반 가정을 반증하도록 돕는다(11장 참조).

안전행동 Safety Behaviors

회피 패턴 Avoidance Patterns

앞서 설명했듯이 환자는 외상 경험 때 같이 있었던 사람들, 외상이 일어난 장소, 뉴스 기사, TV 방송, 자신이 겪은 외상 사건 혹은 그와 유사한 사진과 같이 외상 경험을 상기시키는 것들을 종종 회피한다. 심지어 가해자가 썼던 향수 냄새도 피하려고 할 수 있다. 환자는 이러한 자극이 외상 사건에 대한 괴로운 생각, 이미지, 기억을 유발하여 도저히 감당할 수 없는 두려움에 압도될까 봐 피한다. 다른 한편으로, 밤에 외출하면 매우 위험하다고 위험을 과대평가하는 것처럼 자극 자체를 위험한 것으로 지각하여 회피할 수도 있다. 결국 외상 생존자는 우울감, 절망감, 죄책감, 앞날이 막막한 느낌으로 인해 친구와의 모임, 취미활동, 운동, 성행위, 종교활동 등의 다양한 활동을 피하게 된다.

상황 내 안전행동 In-Situation Safety Behaviors

외상 생존자는 위협을 완화시킨다고 믿는 안전행동을 은밀하게 또는 공공연하게 할 수 있다(Ehlers & Clark, 2000). 흔히 볼 수 있는 예로 극심한 불안을 통제하거나 감소시키기 위한 물질 사용, 부정적인 생각이나 상황으로부터 마음을 돌리기 위한 주의 분산, 불필요하게 잠금장치를 추가로 설치하고 해를 당하지 않으려고 흉기를 들고 자는 것, 사고를 막기 위해 지나치게 조심해서 운전하는 것, 그리고 악몽을 꾸지 않으려고 밤늦게까지 자지 않는 것 등이 있다. 또한 가해자가 다른 지역 혹은 감옥에 있는지 확인하거나 다른 사람에게 상황을 물어보는 등 외출이 안전한지를 자세히 확인하거나 안심 추구 행동을 할 수 있다. 앞서 논의한 바와 같이 반응방지를 위해서는 이러한 안전행동을 모두 확인하여 목록으로 만들어야 한다.

안전행동에 대한 신념 Beliefs about Safety Behaviors

일반적으로 외상 생존자는 (1) 위해 가능성을 줄이기 위해, (2) 외상 사건에 대한 견딜 수 없는 생각과 기억이 떠오를 가능성을 낮추기 위해, (3) 위험하고 압도적인 고통과 불안의 강도를 조절하기 위해 회피와 상황 내 안전행동을 한다. 구체적인 안전행동은 환자가 가지고 있는 특정한 위험 기반 예측에 근거한다. 예를 들어 전 남자친구에게 폭행을 당한 여성은 그 남자가 다른 지역에 있다는 것을 확인해야 안심할 수 있다고 믿었다. 따라서 그녀는 집을 떠나기 전에 항상 그 남자를 아는 다른 친구들에게 전화를 걸어 그의 행방을 확인하였다. 또 악몽을 '미쳐가고 있는 징조'라고 생각하는 어떤 환자는 악몽을 꾸지 않으려면 강도당한 장소를 피해야만 한다고 믿었다. 이 환자는 자지 않고 밤늦게까지 깨어 있는 날이 많았으며, 잘 때는 마음을 가라앉히는 차분한 음악을 들었는데 이러한 행동들이 악몽을 막아준다고 믿었다.

노출치료의 근거 제시
PRESENTING THE RATIONALE FOR EXPOSURE THERAPY

외상 생존자에게 노출치료의 근거를 제시할 때, 다음과 같은 노출의 목표를 강조해야 한다. 노출의 목표는 (1) 외상과 관련된 상황, 생각, 기억을 회피할 필요성을 감소시키고, (2) 두려운 상황, 상기시키는 것들, 외상 기억에 의해 촉발되는 극심한 불안을 감소시키며, (3) 촉발된 불안이 영원히 지속될 것이라는 믿음을 반증하고, (4) 외상 경험을 통제할 수 있다는 느낌을 향상시키는 것이다. 상황 노출과 상상 노출의 근거는 각각 제시해야 하므로, 여기서는 따로 논의한다.

상황 노출 Situational Exposure
외상과 관련된 상황과 자극에 직면하는 근거를 제시할 때 회피는 해로운 영향을 미치고, 노출을 해야 안전학습이 일어난다는 설명을 포함한다. 노출을 통해 외상과 관련된 상황이 두렵고 위험하다는 예측이 반증 되면 환자들은 자신을 둘러싼 환경이 대체로 안전하다고 보게 될 것이다. 또한 노출은 불안감에 대해 보다 건강한 관점을 만들어 불안을 느끼더라도 일상생활을 재개할 수 있고 기능을 향상시킬 수 있도록 도와준다. 마지막으로 상황 노출은 외상을 상기시키는 것에 직면할 수 있다는 점을 깨우치게 하여 자신감을 향상시킨다. 상황 노출의 설계와 구현은 환자와 협력해서 진행하며, 이때 환자가 일반적인 위험 수준 이상의 노출을 해야 하거나 현실적으로 처리할 수 없는 상황에 직면하지는 않을 것이라는 점을 강조하는 것이 중요하다.

노출 과정을 환자에게 설명할 때, 대부분의 사람들이 외상을 경험하면 자연스럽게 이전보다 세상을 더 위험하고, 자신을 더 취약하게 보기 시작하여 큰 두려움과 불안을 겪게 된다고 설명한다. 이러한 두려움으로 외상과 관련된 상황과 자극을 회피하면 순간적으로는 안전하게 느낄 수 있지만 장기적으로 보면 두려움을 극복하지 못하게 된다. 노출치료를 하는 동안 치료자는 외상을 겪은 이후 안전함에도 불구하고 회피해 온 상황과 자극을 환자가 점진적으로 직면할 수 있도록 돕는다. 이 과정을 통해 환자는 불안을 다룰 수 있고, 불안이 무한정 지속되거나 걷잡을 수 없는 소용돌이로 변하지 않는다는 것을 알게 된다.

상상 노출 Imaginal Exposure

어떤 환자들은 치료 중 외상 경험을 상상으로 다시 떠올리는 것을 처음에는 주저한다. 따라서 환자와의 신뢰 관계를 구축하고 치료참여를 촉진하기 위해 상상 노출에 대한 설득력 있는 근거를 제시하는 것이 매우 중요하다. 환자에게 제시해야 할 근거 중 핵심 사항은 상상 노출을 통해 기억을 되살리는 것이 비록 *불쾌*하기는 하지만 외상 사건에 대해 떠올리는 것이 *안전*하다는 사실을 배우도록 돕는다는 것이다. 이를 위해서 공포나 분노와 같은 강렬한 감정이 감당할 수 없거나, 통제 불능이 되거나, 그 외 다른 부정적인 영향을 미칠 것이라는 환자의 예측에 도전해야 한다. 환자의 예측이 반증 되면서 얻게 되는 새로운 정보로 환자는 외상 사건을 건강한 방법으로 처리하게 되고, 결과적으로 자신감이 증가할 것이다.

노출 실습 계획
PLANNING EXPOSURE PRACTICES

다른 종류의 불안과 마찬가지로, 외상 생존자에게 노출을 고려할 때 명심해야 할 중요한 점은 위험 기반 예측을 어떻게 최대한 반증하는가이다. 치료자와 환자는 기능 평가를 통해 표 13.3에 제시된 것처럼 두려운 결과를 예상하게 만드는 외부 공포 단서의 목록을 작성한다.

표13.3 다양한 유형의 외상 생존자를 위한 노출 목록 예

외상 유형	노출 목록 예
신체적/성적 폭행	• 혼자 외출하기(낮, 밤) • 집에 혼자 있기(낮, 밤) • 낯선 사람과 대화하기(동성 혹은 이성) • 사람들이 붐비는 곳(쇼핑몰, 경기장, 버스정류장) • 연인과 신체적 또는 성적 접촉 • 낯선 사람과 신체적 접촉(악수, 하이파이브) • 가해자와 비슷한 특징을 가진 낯선 사람(예: 성별, 키, 몸무게, 인종) • 야간에 친구들과 외출하기 • 야외에 머물기 • 낯선 사람 곁에 서 있기
폭행 또는 자동차사고	• 대중교통 이용 • 외상 상황과 유사한 활동(예: 운전)
모든 종류의 외상	• 외상 사건이 발생한 곳에 가기 • 유사한 사건에 대한 기사 혹은 영상을 보기 • 외상을 상기시키는 것들(예: 단어, 이름, 그림, 옷, 냄새, 소리)

항목은 상당히 구체적이어야 하며 반복적인 노출을 위해 쉽게 접근할 수 있어야 한다. 예를 들어 단순히 '시내'에 가는 것만으로는 충분히 구체적이지 않다. 치료자는 환자가 어떤 거리와 하루 중 언제가 위협적이라고 생각하는지를 확인하고, 이를 이용하여 공포 기반 예측을 반증할 수 있도록 노출 작업을 구체화해야 한다.

노출 목록 항목은 '확실하게 안전을 *보장할 수 있는 것*'은 없다는 점을 이해한 가운데 객관적으로 안전한지, 환자의 일상적 기능과 관련이 있는지 확인하기 위해 환자와 협력하여 결정할 것을 권고한다. 실제로 안전할지 의심스러우면 목록에 있는 지역이 젊은 여성이 혼자 걸어 다닐 수 있는 거리인지 확인해보는 것처럼 그 상황에서 보통 일반인들은 어떻게 행동하는지 알아보는 것이 도움이 될 수 있다. 실제로 위험한 상황은 노출 목록에 포함하지 않을 수 있다. 그렇지만 다른 사람을 동반한 경우에 더 안전해질 수 있다면 고려해 볼 수 있다. 범죄율이 높은 지역의 쇼핑몰에서 일하던 한 여성이 퇴근 후 주차장으로 걸어가다 강도를 당했다. 치료자는 그녀의 복직을 돕기 위해 상황 노출을 할 때 쇼핑몰 경비원이 주차장까지 그녀를 보호하도록 하였다. 이는 쇼핑몰이 실제로 범죄율이

높은 지역에 있기 때문에 치료 종료 후에도 환자가 사용할 수 있는 현명한 전략이었다. 노출 항목이 실제로 안전한지 의심스럽다면 목록에 포함시키지 말고 보다 안전한 대안을 찾는 것이 최선이다.

노출 실습 진행하기
CONDUCTING EXPOSURE PRACTICES

상황 노출 *Situational Exposure*

비록 점진적 접근이 필수는 아니지만, 강한 두려움을 유발하는 상황 노출로 진행하기 전에 중간 정도의 두려운 상황과 자극에 직면하는 것부터 시작할 수 있다. 기대 추적 기법을 사용하여 위험에 대한 기대가 반증 될 때까지 상황을 유지하거나 노출을 반복해야 한다. 이러한 반증은 SUDS나 환자가 생각하는 위험의 가능성과 심각도를 물어보면서 평가할 수 있다. 하루 중 언제, 어떤 사람들이 있는 상황인지 등 상황 노출의 세부 사항을 환자의 위험 기반 예측에 잘 일치하게 수정하여 안전 혹은 억제 학습이 최적화될 수 있도록 한다. 노출의 다양성을 극대화하면 안전학습을 일반화하고 학습이 오래 지속되는 데 도움이 된다. 밤에 폭행을 당한 환자의 경우 *낮 시간에* 폭행이 발생한 길모퉁이를 운전하는 것은 중간 정도의 불쾌감을 불러일으킨 반면(SUDS = 55), 밤에 그곳을 운전할 때는 매우 고통스러웠다(SUDS = 95). 표 13.4는 지하철에서 폭행을 당한 후 지하철을 타는 것에 두려움을 가진 환자에 대한 점진적 노출의 예를 보여 준다.

표13.4 지하철에서 폭행을 당한 환자의 상황 노출 목록

1. 치료자가 환자를 데리고 지하철역에 가서 함께 걸어 다닌다.
2. 치료자가 환자를 데리고 지하철역에 가서 치료자는 한곳에 머물러 있고, 환자 혼자 걸어 다닌다.
3. 치료자와 환자가 함께 지하철을 탄다.
4. 치료자는 역에서 기다리고 있고, 환자는 다른 역으로 지하철을 타고 갔다가 돌아온다.
5. 환자가 역 주변을 돌아 혼자 지하철을 타는 동안 치료자는 주차장에 머무른다.
6. 환자 혼자 역에 가서 지하철을 타고, 진료실에서 기다리고 있는 치료자에게 전화를 건다.
7. 환자 혼자 지하철역에 가고, 치료자에게 전화하지 않는다.

몇몇 상황 노출은 상담실, 진료실 또는 병원 환경에서 진행할 수 있다. 예를 들어 뉴스 기사 읽기, 사진 보기 또는 병원 구내식당처럼 많은 사람 속에 혼자 있기를 해볼 수 있다. 회기 내에서 상황 노출 항목을 직면할 수 없는 경우에는 실제 상황 노출이나 과제 연습과 같은 노출을 토의하고 계획해야 한다. 가능하다면 치료자가 치료 시간 동안 상황 노출을 돕고 감독할 것을 권한다. 이를 위해서는 우리가 이전에 논의한 바와 같이 환자와 같이 실제 상황으로 나가야 할 수도 있다.

상상 노출 *Imaginal Exposure*

상상 노출은 환자가 노출치료의 이론적 근거를 명확히 이해하고 있는지 확인하면서 시작한다. 노출 과정을 자세히 설명하고 눈을 감고 편안하게 앉은 상태로 외상 기억을 떠올리도록 한다. 가장 고통스럽고 두려운 이미지와 기억, 생각까지도 생생하게 떠올리며 처음부터 끝까지 경험을 *되살리려고* 노력해야 한다. 경험을 묘사할 때에는 *1인칭 시점*으로 *현재형*을 사용한다(예: "나는 지금 다가오는 차를 피하기 위해 방향을 틀고 있어요"). 환자는 상대방이 입고 있던 옷, 얼굴 표정, 그리고 배경에서 눈에 띄는 물체 등 외견상 사소해 보이는 것까지도 기술하도록 한다. 다음은 집에 도둑이 들어 놀란 환자가 기술한 장면이다.

> "거실로 들어서니 창문이 깨져 있는 것이 눈에 보여요. 그다음 그림자가 보이고, 한 남자가 야구 방망이를 들고 내게 달려와요. 남색 셔츠와 청바지를 입고 있어요. 심장이 두근거리기 시작하고, 겁이 나요. 그는 '여기서 꺼져!'라고 소리치며 내게 걸어와 방망이를 휘두르기 시작해요. 밖으로 뛰어내리려고 하다가 옆구리를 얻어맞아요. 그가 나를 향해 달려오고 나는 아파서 바닥에 엎드려 뒹굽니다. 나는 그가 총을 가지고 있는 건 아닌지 생각해요. 머리에 둔탁한 통증을 느끼고 방망이로 다시 머리를 맞았다는 것을 알게 돼요. 오직 머릿속에는 우리 집에서 내가 살해당할 것 같다는 생각뿐입니다."

환자는 외상을 기억해내는 과정이 통제하에 진행되고 있다고 느껴야 한다. 따라서 치료자는 환자의 허락을 받고 천천히 기억에 접근해야 한다. 환자가 상상 노출에 완전히 몰입하는 것을 꺼려 하는 경우, 노출치료의 근거에 관해 이야기를 나누고 두려운 기억을 점진적으로 직면할 수도 있음을 상기시킨다. 예를 들어 첫 번째 상상 노출에서는 개략적으로 서술하고, 이어지는 회기에서 점점 더 자세히 서술하면서 외상에 동반된 생각과 감정 반응을 더욱 깊이 탐색할 수 있다.

각 상상 노출 장면은 최소 15분에서 30분 동안 노출을 지속하고 두 번 반복한다. 동시에 환자가 회기 사이에 다양한 세팅이나 조건에서 그 장면을 들을 수 있게 디지털 녹음기나 휴대폰을 이용하여 녹음한다. 훈련 중 매 5분 혹은 10분마다 환자의 고통 수준(SUDS)에 대해 질문하고 이미지가 생생히 떠오르고 있는지 확인한다. 다른 형태의 노출과 마찬가지로 처음에는 대체로 고통 수준이 증가하지만 그렇다고 반드시 노출 실습을 중단할 필요는 없다. 오히려 환자가 이 괴로움을 감당할 수 있고, 고통이 무한히 지속되거나 걷잡을 수 없이 커지지 않는다는 것을 배우는 것이 중요하다. 기대 추적 기법을 사용하면 외상 기억을 떠올리는 괴로움을 환자 스스로 예상한 것보다 더 잘, 그리고 더 오래 감당할 수 있다는 사실을 배우는 데 도움이 된다.

환자가 위험 기반 예측이 반증 되기도 전에 노출을 중단하길 원하면 불안을 그대로 내버려 두고 기억을 밀어내지 말고 노출을 지속하도록 격려한다. 초기 회기 동안에는 진료실은 안전하다는 사실을 상기시켜주는 것도 도움이 될 수 있다. 세심함과 이해심도 큰 도움이 된다(예: "이 작업이 당신에게 얼마나 힘든 일인지 알고 있어요. 당신은 정말 잘 해내고 있습니다."; "계속 머물러 보세요. 이것을 극복하면 얼마나 자신감이 생길지 생각해 보세요.").

환자가 장면에 감정적으로 몰입하는 정도를 조절하기 위해 치료자는 세부 사항에 대해 더 자세히 물어보거나 기분이 어떤지 물어볼 수 있다. 또한 다음과 같이 안전학습을 강화하는 것도 중요하다. "우리가 치료를 시작할 때 불안을 견딜 수 있을지에 대해 얼마나 걱정했는지 기억하세요. 폭행에 대한 기억을 직면할 수 있으리라고는 생각지도 못했지요. 하지만 노출을 하면서 무엇을 배웠죠? 당신은 정말 잘 해 냈어요. 정말 자랑스럽습니다. 그 작업이 당신에게 얼마나 힘들었는지 잘 알고 있어요."

상상 노출을 안전한 과정으로 여기게 되면 치료자는 환자가 그 장면에서 가장 생각하고 싶지 않은 부분들에 집중하도록 돕는다. 그런 다음 압도당할 것이라는 예측이 거듭 반증 될 때까지 이러한 부분에 대한 노출을 반복한다. 회기를 종료하기 전에 노출에 관해 검토하고 학습한 내용을 논의할 시간을 충분하게 남겨 두어야 한다. 그런 다음 녹음된 장면을 가지고 집에서 매일 한 번씩 상상 노출 실습을 하도록 지시한다. 치료 초기에는 악몽의 위험을 증가시킬 수 있기 때문에 잠자리에 들기 직전에는 상상 노출 실습을 하지 않도록 한다.

일반적으로 환자가 치료 관계를 편안하게 신뢰하고, 노출의 장기적 이익이 일시적인 고통과 잠재적 위험보다 크다고 믿는 것이 매우 중요하다. 치료자는 환자가 믿을 수 있는 치료 관계를 확립하기 위해서 비판단적인 태도를 취해야 하며, 노출 동안 편안한 태도를 보이고, 외상 후 불안과 치료에 대한 지식, 전문성 및 자신감을 보여 주어야 한다. 그리고 치료를 시작할 수 있도록 환자가 가지고 있는 개인적 자원과 용기를 강조하고, 외상에 대한 환자의 반응이 정상이라고 반복적으로 알려주어야 한다.

반응방지 시행
IMPLEMENTING RESPONSE PREVENTION

가급적이면 안전행동을 한번에 그만두는 것이 좋지만, 일부 환자의 경우 노출 항목에 맞춰 점진적으로 반응방지가 시행되어야 한다. 교차로에서 신호 위반 차량에 부딪혔던 환자가 운전 노출을 하였다. 처음에는 제한 속도보다 훨씬 낮은 속도로 운전을 하였고, 교통신호가 녹색일 때에도 모든 교차로에서 일단 멈추었다. 노출하는 동안 환자는 제한 속도까지 점진적으로 속도를 높여 운전하고, 정지 신호나 빨간불이 켜지지 않는 한 멈추지 않는 연습을 했다. 환자가 안전행동은 (1) 처음부터 필요하지 않았고, (2) 오히려 최적의 안전학습을 방해하기 때문에 반응방지를 통해 줄여야 한다고 이해하는 것이 중요하다.

힌트, 팁, 잠재적 함정
HINTS, TIPS, AND POTENTIAL PITFALLS

지속적인 회피 *Persistent Avoidance*
환자들은 극심한 고통이 예상되기 때문에 노출치료를 꺼릴 수도 있다. 치료자는 고통스러운 기억을 마주하고 싶어 하지 않는 것을 세심하게 이해하고, 지지하고, 공감함으로써 이러한 망설임을 해결할 수 있다. 노출 이론과 근거에 관해 정교하게 설명하고, 치료 회기에 참여하도록 격려하고, 치료 지침을 준수하며, 새로운 기술을 배우고, 치료 회기 밖에서 연습하도록 지시해야 한다. 하지만 저자를 포함한 많은 치료자들이 치료 기법을 적용할 때 다른 유형의 불안 문제를 가진 환자들보다 외상 생존자들에게 더 많은 여지를 허용한다.

상황 노출에서 실제 위협의 가능성이 있을 때
Realistic Threats with Situational Exposure

외상 사건을 경험한 사람들의 두려움이 실제로 일어날 수도 있기 때문에 상황 노출 목록을 만들고 노출 과제를 부여할 때 환자의 두려움이 어느 정도 현실적인지 신중하게 평가하는 것이 중요하다. 여기에는 환자들이 실제로 위험할 수 있는 상황은 포함하지 않아야 한다. 따라서 치료자는 단지 위험하다고 *지각되*는 상황과 실제로 위험할 수 있는 상황을 반드시 구별해야 한다. 면식범에 의해 고의로, 혹은 범죄율이 높은 지역처럼 현실적으로 위험한 상황에서 일어난 성적 또는 신체적 폭행의 경우에 특히 그렇다. 환자들이 접근 금지 명령, 경찰 조사, 법정에서 가해자와 대면하는 등 가해자에 대한 법적 조치를 취할 때 위험을 더 크게 느끼고 공포와 회피가 더 심해져 재외상retraumatization의 우려가 특히 커진다.

상상 노출 중 극도의 불안과 고통 Extreme Anxiety/Distress during Imaginal Exposure
환자는 외상을 다시 떠올리는 상상 노출 동안 극도의 감정적 반응을 경험한다. 이들은 그 이미지가 영원히 마음속에 남아 있거나, 돌이킬 수 없는 피해를 입힐 것을 두려워한다. 노출 중 환자가 우는 것은 흔히 있는 일이다. 특히 처음 이 기법을 시도할 때는 대부분 그렇다. 노출 중 극도의 불안이 느껴지면 아무 말도 하지 않거나, 가장 고통스러운 이미지를 말하지 않는 것과 같은 미묘한 회피 기법을 사용할 수 있다. 충돌 직전 차가 다가오는 모습, 가해자의 얼굴이나 가해자가 팔을 뻗는 모습, 자신을 겨누는 총구 등 매우 불쾌한 생각과 이미지를 피하기 위해 고개를 돌려 버리는 환자들이 있다. 이때 치료자는 환자의 상상 속에서 무슨 일이 일어나고 있는지 자세히 물어보고, 괴롭지만 고통스러운 이미지를 *밀어내기*보다는 더 *다가가*도록 격려하여 두려움을 견뎌낼 수 있다는 사실을 배울 수 있게 도와준다. 컴퓨터로 동영상을 보듯이 장면을 '정지'하거나 느린 속도로 '재생'하면 환자가 이미지에 집중하고 자신의 생각, 감정, 신체 반응을 자세히 표현할 수 있다. 분노, 슬픔, 죄책감, 수치심 또는 두려움 등 어느 것이든 상관없이 모든 감정을 표현할 수 있도록 한다.

　어떤 환자들은 상상 노출 이미지에 지나치게 몰입하여 압도되거나 '통제'할 수 없다고 느낀다. 이때는 진료실이라는 안전한 환경에 있고, 떠올리고 있는 것은 단지 고통스러운 *기억*일 뿐 지금 실제로 경험하고 있는 것은 아니라고 알려주는 것이 도움이 된다. 우리는 종종 상상 노출 동안 '과거에(즉, 외상 기억 속에) 한 발, 현재에 다른 한 발을 두는 것이 중요하다'고 설명한다. 환자의 착지grounding, 그라운딩를 돕는 또 다른 방법은 외상 기억을 되살리는 동안 눈을 뜨고 바닥이나 벽에 걸린 잔잔한 그림을 보게 하는 것이다. 치료자가 환자의 팔이나 손을 가볍게 잡는 것도 도움이 될 수 있지만 이때는 미리 신체 접촉에 대한 허락을 구해야 한다.

사례 소개
CASE ILLUSTRATION

에반은 교도관으로 근무하던 중 중상을 입어 PTSD로 의뢰된 38세 남성이다. 그는 2년 전 교도소 폭동 당시 심한 구타로 머리, 목, 가슴, 팔에 상처를 입었다. 폭행을 당하면서 에반은 죽음의 공포를 느꼈다. 그는 폭동 중에 의식을 잃고 감옥에서 400미터 떨어진 도랑에서 깨어났다. 병원으로 옮겨진 그는 여러 번의 수술을 받았고 며칠 동안 중환자실에 있었다. 몇 달간의 회복 끝에 복직을 시도한 날, 에반은 교도소 근처에 다다라서 심한 불안감과 공황발작을 겪었고 결국 다시 집으로 되돌아가야 했다. 회복하는 동안 에반은 집 지하실에 틀어박혀 나오지 않았고, 점점 아내와 자녀들로부터 멀어졌다. 그는 자신이 마흔 살이 되기 전에 죽을 거라고 생각하였다. 폭동에 대한 악몽이 반복되고, 낮에는 때때로 플래시백을 경험했다. 초기 평가에서 에반은 PTSD와 주요 우울증의 진단 기준을 모두 충족하고 있었다. 그는 항우울제를 복용하고 있었지만 별 도움이 되지 않았다.

상상 노출을 할 수 있을지에 대해 우려했지만 에반은 노출치료를 받아보라는 치료자의 권고를 받아들였다. 그는 이전 치료자가 외상에 대해 물어보았을 때 말하려고 노력했지만 정서적으로 매우 혼란스러웠다고 했다. 1회기와 2회기 동안 치료자는 외상 사건에 대한 정상 반응에 관한 정보를 제공하고 상황 노출 및 상상 노출의 근거를 검토하면서, 고통스러운 기억을 회피하는 것은 비록 이해할 수는 있지만 잃어버린 삶을 되찾는 것을 막고 있다고 강조했다. 자신의 역할에 대한 역기능적 신념(예: '내가 그때 폭동을 막았어야 했다.')과 이어지는 불안, 우울, 회피, 그리고 그 외 PTSD와 관련된 경험들을(예: '나는 외상을 극복하지 못한 나약한 존재다.') 외상에 대한 정상 반응이라는 관점에서 논의하였다. 에반의 상황 노출 목록은 다음과 같다.

노출 목록 항목	SUDS
교도소가 나오는 TV 프로그램이나 영화 보기	55
인터넷으로 교도소 폭동에 관한 뉴스 영상 보기	65
폭동 당시에 입었던 교도관 유니폼	70
에반이 겪은 교도소 폭동에 관한 기사 읽기	77
가족이나 함께 일했던 친구와 폭동에 관한 대화 나누기	85
폭동이 일어났던 교도소에 서서히 다가가 보기	90

세 번째 회기 동안 에반과 치료자는 폭력적인 내용이 전혀 없는 교도소의 일상에 관한 텔레비전 프로그램을 보았다. 기대 추적 기법을 통해 에반은 어떤 부정적인 반응도 없이 예상보다 훨씬 오랫동안 프로그램을 시청할 수 있다는 것을 알게 되었다. 그는 진료실에서 본 프로그램이 담긴 DVD를 집으로 가지고 가 혼자 보고, 영화 쇼생크 탈출도 다운받아 보았다. 놀랍게도 에반은 쇼와 영화를 끝까지 볼 수 있었을 뿐만 아니라 영화에 몰두하여 재미있게 보았다고 하였다.

네 번째 회기에서 치료자는 과제를 검토하고 교도소 폭동을 상기시키는 것에 노출하면 견딜 수 없을 거라는 에반의 예측이 점점 바뀌어 가고 있다고 강화했다. 회기에서 에반은 인터넷으로 실제 교도소 폭동에 관한 뉴스 영상을 보았다. 또다시 그는 뉴스를 보면 견딜 수 없이 강한 불안이 끊임없이 일어날 것이라고 예상했지만, 노출한 지 얼마 안 되어 불안이 가라앉고 안정이 되어 한 시간 동안 뉴스를 보면서 아주 약간의 괴로움만 느꼈다. 에반은 집에서도 비슷한 노출을 반복했다. 다섯 번째 회기에서 에반은 피투성이가 되어 찢어진 교도관복을 가지고 들어왔다. 감정에 압도당할 거라는 예측에도 불구하고 에반은 처음 얼마간의 심한 괴로움을 이겨내고 유니폼을 쳐다보고 입어 보기까지 했다. 남은 시간에는 에반이 집에서 혼자 또는 치료에 매우 지지적이고 열성적인 아내의 도움을 받으면서 직면해 볼 상황 노출 실습을 계획하였다.

여섯 번째 회기부터 폭동 기억에 관한 상상 노출을 수행했다. 시작하기 전에 치료자는 이 기법의 이론적 근거를 반복해서 설명하였고, 에반은 기법을 잘 이해하고 있고 기꺼이 해 보겠다고 하였다. 그러고 나서 에반은 외상에 대해 기억하고 있는 것을 이야기했다. 치료자는 실제 벌어진 상황과 폭동 중에 있었던 생각과 감정을 가능한 자세히 말해보라고 격려했다. 휴대폰을 이용해 회기를 마치고 집에서 다시 들어볼 수 있게 녹음했다. 상상 노출은 매우 고통스러웠지만 결국 수행할 수 있었고, 강렬한 감정 경험을 견딜 수 있다는 사실을 배울 수 있었다. 다음 회기까지 그는 매일 녹음된 내용을 들었고, 주어진 상황 노출 실습도 수행하였다. 이후 회기에서 에반은 상상 노출을 더 쉽게 해냈고, 노출을 할 때마다 외상 사건에 관해 점점 더 상세한 장면을 떠올릴 수 있었다. 압도될 것이라는 그의 예측은 회기가 진행됨에 따라 줄어들었다.

치료가 진행되어 외상 사건과 관련된 사람들과 장소에 직면하면서 악몽과 플래시백이 줄어들었다. 자기 자신에 대해, 주변 사람들과의 관계에 대해, 그리고 미래에 대해 긍정적인 느낌이 들기 시작했고, 지하실에서 나와 아내와 자녀들에게 돌아갔다. 열여섯 번의 회기와 노출 과제가 끝난 후, 에반의 회피와 과각성 증상은 거의 완전히 가라앉았고 PTSD의 진단 기준에서 벗어나게 되었다. 에반은 교도관직으로 돌아가지는 않았지만 지방대학 경비일을 하면서 매우 만족해했다. 증상이 거의 사라지고 긍정적인 기분을 회복한 에반은 20회기로 치료를 종결하였다.

추가 참고 문헌ADDITIONAL RESOURCES

Foa, E. B., Hembree, E., & Rothbaum, B. O. (2007). *Prolonged exposure therapy for PTSD: Emotional processing of traumatic experiences.* New York: Oxford University Press.

Foa, E. B., & Rothbaum, B. O. (1998). *Treating the trauma of rape: Cognitive-behavioral therapy for PTSD.* New York: Guilford Press.

Green, J. D., Marx, B. P., & Keane, T. M. (2017). Empirically supported conceptualizations and treatments of post-traumatic stress disorder. In D. McKay, J. Abramowitz, & E. Storch (Eds.), *Treatments for psychological problems and syndromes* (pp. 115–135). New York: Wiley.

Zoellner, L. A., Jerud, A. B., Marks, E. H., & Garcia, N. M. (2017). Post-traumatic stress disorder treatment effects and underlying mechanisms of change. In D. McKay, J. Abramowitz, & E. Storch (Eds.), *Treatments for psychological problems and syndromes* (pp. 136– 152). New York: Wiley.

혈액, 주사, 손상 공포
Blood, Injection, and Injury-Related Stimuli

임상 양상
CLINICAL PRESENTATION

이 장에서 기술할 공포 유형은 특정공포증으로 흔히 분류되는 혈액-주사-손상(Blood-Injection-Injury, 이하 BII) 공포다(American Psychiatric Association, 2013). 이 유형의 불안을 보이는 사람은 혈액을 보거나, 주사를 맞거나, 치과나 의료 시술을 받는 상황 등 다양한 종류의 자극을 무서워한다. 전형적인 BII 공포는 아동기에 발생하고(Antony, Brown, & Barlow, 1997), 아프고 무서운 외상 경험 후에 생길 수 있다(Öst, 1991). BII 공포증 환자가 호소하는 불편과 그로 인한 기능 손상의 가능성은 굉장히 다양하다. 어떤 사람은 피를 보면 약간의 스트레스를 받는 반면 BII 공포증으로 의학 분야의 경력을 쌓거나, 임신을 하거나, 중요한 의료 시술 받기를 포기하는 사람도 있다(Marks, 1988). 극단적인 경우에 이런 회피는 글자 그대로 삶과 죽음의 문제가 될 수 있다.

BII 공포증은 환자가 공포 단서에 노출될 때 때때로 실신할 수도 있다는 점에서 다른 임상 불안에 비해 독특하다. 주삿바늘 공포증의 56%가 주사를 맞을 때 실신한 적이 있고, 혈액 공포증의 약 70%에서 피를 본 뒤 실제로 실신한 적이 있다고 보고하였다(Öst, 1992). 대부분의 임상 불안이나 공포증과는 달리 BII 공포는 BII 자극에 대해 '이상성 diphasic 二相性' 반응을 보이는 경우가 흔하다. 이 반응의 특징은 처음에는 각성도가 증가하다가 이어서 각성도가 기저치 이하로 급격히 감소하여 그 상황에서 벗어나지 못하면 실신으로 이어질 수 있다는 점이다(Page, 1994). 실신한 병력이 있는 사람은 실신에 대한 조건화된 공포가 생길 수 있고, 이것은 이후 혈액, 주사, 기타 의학적 자극에 노출되었을 때 불안을 악화시킨다. 혐오감을 경험하는 경향 역시 BII 공포증과 강한 연관성이 있다(Olatunji & McKay, 2009). 혐오 반응은 부교감 신경을 활성화하여 생리적 각성도를 저하시키기 때문에 BII 자극에 노출되었을 때 실신할 위험성이 증가한다(Page, 2003). 표 14.1은 BII 공포의 개념화와 치료 개요를 제시하고 있다.

표 14.1 간략한 개요: 혈액, 주사, 손상 공포

공포유발 자극
- 주삿바늘
- 혈액, 개방성 손상
- 의료 시술 또는 치과 시술

전형적 예
- 주사, 채혈
- 수술
- 스케일링 또는 충치 치료
- TV 쇼나 영화에서 사실적인 의료 시술을 시청함
- 피가 나는 상처를 관찰함

공포 기반 신념
- '피부를 뚫어 구멍을 낸다는 건 생각만 해도 도저히 견딜 수 없어.'
- '주삿바늘을 보면 토할 정도로 구역질이 날 거야.'
- '치과 진료는 너무 아파서 도저히 감당할 수 없어.'
- '주사 맞는 건 너무 아플 거야.'
- '피를 보면 제대로 서 있을 수조차 없을 거야.'

안전행동
- 혈액, 주사, 손상 자극에 노출될 수 있는 치과 또는 의료 시술이나 상황을 회피함
- 치과 또는 의료 시술 중 안전한 사람에게 의지함
- 주의 분산(예: 주사 맞는 동안 다른 곳을 쳐다봄)

DSM-5 진단 범주
- 특정공포증, 혈액-주사-손상 유형

치료 개요
- 전형적인 치료 기간: 1-6회기 개인 치료, 3-4시간짜리 단독 회기로 수행될 수도 있음
- 평가와 심리교육으로 시작함
- 공포 단서에 노출할 때 실신하는 경우, 응용 긴장법을 가르침
- 2회기에 상황 노출을 시작함

장애물
- 노출 도중 외상 경험을 함
- 높은 통증 민감성

노출치료의 기초
BASIS FOR EXPOSURE THERAPY

개념화 *Conceptualization*

BII 자극에 대한 공포는 다양한 위험 기반 인지와 관련이 있다. 어떤 환자는 자극에 의해 직접적으로 손상당할 가능성을 과대평가한다. 예를 들어 혈액이나 주삿바늘에 의해 오염되거나 의료 시술 도중 상처를 입거나 죽을 수 있다고 생각한다. 다른 경우에는 치과 혹은 의료 시술 도중 발생하는 통증이 너무 심해서 견딜 수 없고, 심지어 행동이나 정신을 통제하지 못하는 상태에 이를 수 있다고 생각한다. 즉, 참지 못하고 계속 비명을 지르거나, 정신병 환자처럼 미쳐버리는 상황 등을 예측하는 것이다. BII 공포증 환자는 주삿바늘, 혈액, 개방성 상처 등의 자극에 노출되면 견딜 수 없이 강한 혐오감을 느껴 구토나 다른 부정적 결과가 일어날 가능성이 크다고 생각한다. 실신한 적이 있는 사람은 BII 자극이 실신이나 실신할 것 같은 신체 감각을 유발하고, 실신하게 되면 부상이나 의학적 재앙 같은 부정적 결과가 일어날 수 있다고 생각해 두려워한다. 저자들의 연구에서는 통증, 혐오감, 실신 공포 등의 경험이 주삿바늘 공포에 크게 기여하는 것으로 나타났다 (Deacon & Abramowitz, 2006b).BII 자극 노출은 대부분 드물게 발생하는 일이므로 이 책에 제시한 다른 불안이나 공포증에서 관찰되는 광범위한 일상적인 의식 행동과 상황 내 안전행동이 나타나지 않는 경향이 있다. BII 공포와 연관된 가장 두드러진 안전행동은 회피다. 환자는 두려운 BII 자극에 노출되는 것을 가능한 한 피하려는 경향이 있다. 필수 예방 접종과 같이 공포 상황을 강제로 직면해야 할 때면 많은 경우 공포 자극을 보지 않으려고 주의를 딴 데로 돌릴 것이다. 회피 성향을 가진 사람은 몇 년 또는 심지어 몇십 년을 주사를 맞지 않고 치과나 의료 시술도 받지 않은 채 살아간다. 불행히도 그러한 회피로 인해 건강과 삶의 질에서 문제가 생기는 경우가 많다. 예를 들어 치과 시술을 피한 대가로 치주 질환이 생길 수 있다. 또한 안전행동은 다음과 같은 부적응적인 공포 기반 신념을 유지시킨다. (1) 공포 자극 자체는 위험하다. (2) 그 자극이 유발하는 감정 반응은 위험하다. (3) 나는 그러한 반응을 견딜 수 없다.

노출치료 동안 학습해야 할 사항 *What Must Be Learned during Exposure Therapy*

이런 식으로 BII 공포를 이해하게 되면, 노출치료를 통해 BII 관련 자극과 그로 인해 생기는 감정 반응이 위험하고 견디기 어렵다는 부적응적인 공포 기반 신념을 깨뜨리고 억제하는 새로운 학습이 일어나게 해야 한다는 점이 분명해진다. 구체적으로 말하면 상황 내 안전행동을 하지 않은 채 공포 상황에 반복해서 지속적으로 노출함으로써 BII 자극이 해를 끼치지 않는다는 사실과 자신이 예상했던 강한 불안감이나 혐오감이 감당할 만한 정도라는 것을 배우게 된다. 나아가 많은 환자들의 예상과는 달리 안전행동을 사용하지 않더라도 감정 반응이 시간이 경과함에 따라 서서히 가라앉는 경향이 있어 이러한 반응을 경험하면서도 제대로 기능을 하며 살아갈 수 있다는 점도 배운다. 통증을 두려워하는 환자의 경우 의료 시술 도중 경험하는 통증이 예상보다 훨씬 덜 아프고, 감당할 만하다는 사실을 발견할 수 있다. 끝으로, BII 자극 노출에 실신하는 경향을 보이는 사람은 공포 자극 노출 도중에 응용긴장법을 사용하면 효과적으로 실신을 예방할 수 있다는 점을 배울 수 있다. 응용긴장법에 대해서는 이 장 후반부에 있는 힌트, 팁, 잠재적 함정 단락에서 자세히 설명하였다.

BII 공포증 환자가 흔히 갖고 있는 위험 기반 신념이 종종 어느 정도는 진실일 수 있다는 점에 유의할 필요가 있다. 예를 들어 치과나 의료 시술이 실제로 아플 수 있다. 일부 환자는 심지어 다른 사람이 의료 시술에 대해 이야기하는 것을 우연히 듣는 정도의 무해한 노출에도 실제로 실신한다. 심한 BII 공포증 환자는 의료 시술을 시작하기 전에 실제로 '통제를 상실하고' 비명을 지르거나, 신체 강박을 당하거나, 해리 삽화를 경험하는 등의 일이 생길 수도 있다. 이런 결과가 영구적인 손상을 초래하지는 않고 일시적이고 감당할 수 있는 정도라 하더라도, 치료자는 환자의 안전행동이 정말로 적응적일 가능성을 명심해야 한다.

한 가지 예를 들면 어떤 사람들은 채혈할 때 주삿바늘로부터 시선을 피함으로써 실제로 실신을 예방할 수 있다. 신중하게 기능 분석을 해 보면 환자의 안전행동과 두려운 결과의 예방 사이에 존재하는 논리적 연관성의 정도를 밝힐 수 있다. 노출치료를 할 때 응용긴장법 같은 두려운 결과의 발생을 예방하기 위해 고안된 전략을 포함한다는 점에서 BII 공포는 이 책에서 설명하는 공포 유형 중에서도 꽤 독특하다. 이에 대해서는 이 장 후반부에서 다루었다.

기능 평가
FUNCTIONAL ASSESSMENT

표 14.2에 BII 공포의 기능 평가에 포함되는 다양한 변수의 예를 제시하였다. 각 변수에 대해서는 이어지는 여러 단락에서 자세히 논의한다.

표 14.2 한눈에 보는 혈액, 주사, 손상 공포의 기능 평가

매개변수	흔한 예
공포 단서	
외부 상황과 자극	치과 또는 의료 시술; 주삿바늘, 혈액, 손상 노출을 포함한 상황이나 활동
내부 단서	불안이나 실신과 관련된 신체 감각(예: 가슴 두근거림, 어지러움, 메스꺼움, 힘이 빠짐, 식은땀)
두려운 결과	통증, 공포, 역겨움 등 혐오스럽고 견디기 힘든 느낌; 통제를 상실할 것 같거나 미칠 것 같음; 실신; 오염되거나 질병에 걸림; 손상이나 죽음
안전행동	
회피 패턴	혈액, 주사, 손상 자극에 노출되는 상황이나 활동을 회피; 향후에 혈액, 주사, 손상 자극에 노출될 위험성을 포함한 활동에 참여하는 것을 회피
상황 내 안전행동	주의를 다른 데로 돌림, 호흡과 이완 기법, 안심 추구 행동, 안전한 사람에게 의지함, 의학적 치료를 회피하기 위해 증상과 관련된 정보를 밝히지 않음
안전행동에 대한 신념	신체 혹은 정신적 재앙을 예방함, 견딜 수 없는 느낌을 예방함. 실신을 예방함

공포 단서 Fear Cues

외부 상황과 자극 External Situations and Stimuli

병원을 방문하고 시술을 받는 경우를 포함한 다양한 외부 자극이 BII 공포의 단서로 작용할 수 있다. 다른 촉발요인으로는 채혈이나 주사 맞는 일, 피를 보는 것, 상처나 손상 또는 신체 훼손(예: 로드킬)의 목격 등이 있다. 끝으로, 다른 사람이 BII 외부 자극에 노출되는 상황을 보는 것(예: 가족이 주사를 맞는 것을 지켜봄)도 공포 단서로 작용할 수 있다. *다른 사람들의* 피를 보는 것은 두려워하면서 정작 자신의 피에는 별로 관심이 없는 경우도 드물지 않다. 어떤 경우에는 단순히 BII 자극에 대해서 이야기하거나 다른 사람이 이런 자극에 대해 이야기하는 것, 혹은 그런 주제를 생각하는 것(예: 수술 절차를 상상함)만으로도 원치 않는 감정 반응을 유발할 수 있고 심지어는 실신하기도 한다.

내부 단서 *Internal Cues*

실신과 연관된 생리적 감각, 예를 들어 심장 두근거림, 어지러움, 메스꺼움, 힘이 빠짐, 식은땀, 홍조, 오한 등의 증상은 실신 경험이 있는 환자들에게 불안을 촉발할 수 있다. 통증 감각 역시 많은 사람에게 걱정거리가 될 수 있다.

두려운 결과 *Feared Consequences*

BII 자극 노출 때문에 생길까 봐 두려워하는 결과는 이질적이고 사람마다 다르다. 심한 신체 통증과 그로 인해 발생할 수 있는 결과(예: 통제력 상실, 미쳐 버림)가 치과 혹은 의료 시술을 겁내는 환자들의 주된 걱정이다. 일부 사람들은 혈액, 주삿바늘과 접촉하면 감염이나 심각한 질병이 생길 것이라 믿는다. BII 공포증을 가진 사람들은 앞서 논의하였듯이 실신에 대한 공포가 흔한데, 이러한 집단에서 실제로 실신 발생이 높다는 점을 감안하면 현실적인 우려라고 할 수 있다. 끝으로 많은 사람이 혈액, 상처, 주삿바늘과 같은 BII 자극에 노출되면 역겨움과 같은 현저한 혐오감을 보고한다. 역겨움이 심하다고 해서 반드시 특정 자극을 위협적이라고 평가하는 것은 아니지만, 환자들은 이런 느낌이 존재하는 한 정상적으로 기능할 수 없다고 믿는다. 예를 들어 어떤 혈액 공포증 환자는 혈액 그 자체의 위험성에 대해서는 별로 걱정하지 않지만 '피가 그저 역겹고 참을 수 없다'는 생각으로 인해 괴롭고 회피하게 된다고 보고하였다.

안전행동 *Safety Behaviors*

회피 패턴 *Avoidance Patterns*

BII 공포증 환자는 현재든 미래든 공포 자극에 노출될 것 같은 상황을 회피한다. 주사 맞기, 넘어진 아이의 무릎에 나는 피 닦기, 의료 시술받기, 치과 진료 등과 같이 BII 자극에 직접 노출될 것이 *확실한* 상황을 회피하는 경우가 흔하다. BII 자극을 마주칠지도 모르는 상황도 역시 회피할 수 있다. 예를 들면 병원, 혈액이나 다른 손상을 보여 주는 영화나 쇼 관람, 복싱과 같은 격렬한 스포츠 구경이나 참여, 스키 활강처럼 다칠 위험성이 큰 활동에 참여를 피하는 경우를 말한다. 끝으로, 환자들은 *언젠가*는 BII 자극에 노출될 가능성이 있는 상황이나 활동을 회피할 수 있다. 우리는 주사 맞는 것을 회피하기 위해 임신하지 않기로 한 환자들을 보았다. 피를 보면 실신할 것 같거나, 상처나 신체 훼손을 보고 강한 혐오 반응이 생기는 경향 때문에 의료 분야의 경력을 포기해야 하는 고통스러운 결정을 하는 경우도 있다.

상황 내 안전행동 *In-Situation Safety Behaviors*

BII 공포증 환자는 공포 상황을 마주치는 경우 전형적으로 상황 내 안전행동을 사용한다. 흔한 전략은 호흡 조절, 정신적 상상, 주의 분산(예: 주삿바늘을 쳐다보지 않음, 치아 스케일링 중 음악을 들음)과 같이 불안 각성 감소를 위한 의도적 행위를 하는 것이다. 환자들은 그러한 행위가 불안을 최소화하고 행동이나 정신에 대한 통제력 상실을 예방해 준다고 보는 경우가 많다. 각성 감소 전략은 실신 예방을 위해서도 사용될 수 있지만 아이러니하게도 혈압을 저하시켜 실신 가능성을 *증가시킬* 수 있다('응용 긴장법으로 실신 예방하기' 단락 참조). 또한, 환자는 가족이나 의료 전문가로부터 치과나 의료 시술이 안전하고 참을 만하다는 안심을 과도하게 요구할 수도 있다. 끝으로 두려움에 질린 사람들은 원치 않는 시술을 피하고자 의료진에게 증상을 제대로 얘기하지 않으려고 할 수 있다.

안전행동에 대한 신념 *Beliefs about Safety Behaviors*

안전행동이 통증, 불안, 역겨움 등의 경험과 이로 인한 통제력 상실 같은 이차 결과를 최소화함으로써 해로운 결과나 다른 두려운 결과를 방지할 수 있다고 믿는다. 또 환자들은 잠재적으로 위험할 수 있는 치과 혹은 의료 시술을 회피함으로써 직접 손상을 입을 확률을 감소시킨다고 믿는다. 끝으로, BII 자극 노출로 실신한 사람은 흔히 안전행동이 실신 예방에 도움이 된다고 믿는다.

노출치료의 근거 제시
PRESENTING THE RATIONALE FOR EXPOSURE THERAPY

기능 평가 도중에 수집된 정보를 바탕으로 노출치료의 근거를 제시한다. 환자는 BII 자극에 관한 자신의 부적응적인 평가가 어떤 식으로 공포를 유지하는지 이해할 필요가 있다. 마찬가지로 회피와 안전행동은 혈액, 주사, 치과 시술, 의료 시술 등에 대한 노출이 실제 어느 정도 위험한지, 또 얼마나 견디기 힘든지 평가할 수 없게 가로막고 있다는 메시지를 확실하게 전달할 필요가 있다. 환자가 안전행동을 사용하지 않고 공포 상황을 직면하면, 위해 수준과 감정 반응을 견디기 힘든 정도를 과대평가하는 오래된 위험 기반 예측에 반한 새로운 정보를 획득할 수 있다. 노출을 통해 환자는 BII 자극이 위험한 경우가 드물고, 그 자극이 유발하는 통증, 역겨움, 불안이 일시적이고 감당할 수 있는 정도라는 사실을 학습할 수 있다. 적용이 가능한 경우라면, 응용 긴장법을 사용하여 BII 단서로 인한 실신을 효과적으로 예방할 수 있음을 학습하는 데에도 노출이 도움을 줄 수 있다. 응용 긴장법은 이 장의 후반부에 설명한다.

노출 실습 계획
PLANNING EXPOSURE PRACTICES

BII 공포증 환자를 위한 노출 과제는 위험 기반 예측을 최대한 깨뜨리는 경험을 만든다는 목표로 선택해야 한다. 즉, (1) 노출 도중 발생할 것으로 환자가 *예측하는*바(예: 위해 혹은 강한 감정 반응을 견딜 수 없음)와 (2) 노출의 *실제* 결과(예: 안전하고 견딜 수 있음) 사이의 불일치가 최대가 되도록 항목을 선택하여 노출 목록에 포함해야 한다. 따라서 두려운 자극과 접촉하는 상황 노출을 다양한 공포 수준으로 계획한다. 주삿바늘을 무서워하는 환자에게 전형적인 노출 계획은 주삿바늘과 주사 맞는 장면을 사진이나 동영상으로 보기, 주삿바늘 손에 들고 있기, 팔에 주삿바늘 대기, 다른 사람이 주사 맞는 것을 지켜보기, 직접 주사 맞기 등으로 구성할 수 있다. 피를 보는 게 두려운 환자에게는 노출 과제로 혈액을 보여 주는 그림이나 동영상 바라보기, 혈액이 들어 있는 병을 쥐고 있기, 다른 사람이 란셋으로 손가락을 찔러 피가 나는 것을 관찰하기, 채혈, 헌혈 등이 포함될 수 있다. 일부 환자는 노출 목록이 5-6개 항목 정도로 상대적으로 간결하여 몇 회기 이내 혹은 3-4시간짜리 단일 회기로 노출치료를 완료할 수도 있다. 표 14.3은 공포의 범주에 따른 노출 실습의 예시를 목록으로 보여 주고 있다.

표 14.3 혈액, 주사, 손상 공포에 대한 노출 실습의 예

공포 자극	노출 자극
혈액	혈액이나 상처 사진을 본다, 혈액이나 의료 시술을 묘사하는 동영상이나 영화를 시청한다, 혈액이 담긴 병을 든다, 피가 묻어 있는 물건(예: 생고기)을 만진다. 몸에 가짜 피를 바르고 진짜인 척한다, 란셋으로 손가락 끝을 찌른다, 다른 사람이 채혈하는 모습을 관찰한다, 직접 채혈한다, 헌혈한다.
주삿바늘	주삿바늘 사진을 본다, 주삿바늘과 주사를 묘사하는 동영상이나 영화를 시청한다, 주삿바늘을 보고 손으로 만져본다, 주삿바늘로 피부를 눌러본다. 란셋으로 손가락을 찌른다, 다른 사람이 주사를 맞거나 채혈하는 모습을 관찰한다, 주사를 맞거나(예: 예방 접종 주사) 피를 뽑는다, 침놓는 것을 관찰하거나 침을 맞는다, 헌혈한다.
치과 시술	치과 시술 사진을 본다, 치과 시술에 관한 동영상이나 영화를 시청한다, 치과 시술 도중 발생하는 소리를 녹음한 오디오 클립을 듣는다, 치과 기구를 보고 손으로 만져본다. 치과 대기실에 앉는다, 치과 의자에 앉는다, 다른 사람이 치과 시술받는 모습을 관찰한다, 치과 의사에게 치아 스케일링을 받는다, 필요한 치과 시술을 받는다.
의료 시술	의료 시술 사진을 본다, 의료 시술에 관한 동영상이나 영화를 시청한다, 의료 기구를 보고 만져본다, 병원 안을 걸어 다녀본다, 진료 대기실에 앉는다, 진찰대에 앉는다, 다른 사람이 의료 시술을 받는 모습을 관찰한다, 신체 검진 없이 경미한 증상에 대해 진료를 본다, 간호사가 혈압을 재게 한다, 신체 검진을 받는다, 필요한 의료 시술을 받는다.

노출 실습 진행하기
CONDUCTING EXPOSURE PRACTICES

기대 추적 기법에서는 환자가 공포 자극을 점점 더 길게 혹은 점점 더 강하게 직면하게 되는데, 이 기법은 상처를 입거나 견디기 힘든 통증이나 역겨움을 경험하거나 혹은 실신하는 등의 부정적 결과가 일어날 거라는 예상을 깨뜨리는 데 매우 유용한 기법이다. 노출 과제가 특정한 위해를 일으키기보다는 '단지 혐오스러울 뿐이다'라고 이야기하는 환자의 경우 치료자는 혐오 경험에 대한, 그리고 부정적 감정을 견딜 수 없다는, 또 이러한 불쾌한 내적 경험으로 제대로 기능할 수 없다는 환자의 재앙적 신념에 도전하는 방식으로 노출을 구성할 수 있다. 혐오감을 두드러지게 경험하는 사람은 불안을 주로 경험하는

사람보다 노출을 더 길게, 더 자주 수행하여야 한다(Olatunji, Smits, Connolly, Willems, & Lohr, 2007) 란셋으로 손가락을 찌르거나 주사를 맞는 것처럼 일부 노출 과제는 필연적으로 짧을 수밖에 없다. 이런 경우에는 안전학습이 일어날 때까지 과제를 다양한 맥락에서 여러 번 반복할 수 있다. 끝으로, BII 자극에 노출했을 때 실신한 적이 있는 환자는 노출 과제 시작 전에 응용 긴장법을 배우는 게 도움이 된다. 실신의 위험성이 받아들이기 어려울 정도로 높은 경우는 노출 도중 일어날 수 있는 손상의 위험을 최소화하기 위해 주의를 기울여야 한다(예: 쓰러져 머리를 바닥에 찧음). 드물지만 실신이 건강상의 문제를 일으킬 수 있으므로 치료자는 실신하는 환자에 대해서는 의학적 평가를 위한 의뢰를 고려할 수 있다.

반응방지 시행
IMPLEMENTING RESPONSE PREVENTION

치료가 시작될 때부터 회피와 상황 내 안전행동을 서서히 줄여나가고, 일단 노출 회기가 시작되면 그러한 행동을 완전히 제거하도록 환자를 격려해야 한다. 대부분의 BII 공포증 환자에게 주된 안전행동은 수동적 회피이므로 노출치료를 시작하는 행위 자체가 일종의 반응방지가 된다. 실신한 적이 있는 사람은 실신을 예방하기 위해 다양한 안전행동을 한다. 예를 들어 실신할 것 같은 느낌이 들면 단백질 보충제를 먹고, 설탕이 든 음료를 마시고, 복식 호흡을 하고, 주의를 분산시키기 위해 음악을 듣는 환자가 있었다. 장기적인 안전학습을 최적화하기 위해서는 노출 중 안전행동을 제거하고 다음 단락에서 논의할 응용 긴장법과 같은 보다 적응적인 대처전략으로 바꾸어야 한다.

힌트, 팁, 잠재적 함정
HINTS, TIPS, AND POTENTIAL PITFALLS

응용 긴장법으로 실신 예방하기 *Preventing Fainting with Applied Tension*
BII 자극 노출에 실신하는 환자들과의 작업은 특별한 도전으로 노출치료의 표준적인 방식에 수정이 요구된다. 먼저 환자에게 *응용 긴장법*을 가르쳐야 한다. 이 방법은 실신 반응에 동반되는 갑작스러운 혈압 하강에 대응하기 위해 신체의 주요 근육을 긴장시키는 것이다. 근육 긴장은 제2차 세계대전 당시 전투기 조종사가 비행 중 높은 원심력으로 의식을 잃는 것을 예방하기 위한 방법으로 처음 시도되었다. 1980년대 이후부터, 심리학자들은 이 기법을 노출 도중 실신했던 BII 공포증 환자에 적용하기 시작하였다. 이후 연구들은 응용 긴장법 교육을 동반한 단일 회기 노출치료가 매우 효과적임을 증명하였다 (Hellstrom, Fellenius, & st, 1996).

응용 긴장법은 실신할 것 같은 조짐이 보이면 바로 사용하도록 고안되었다. 환자에게 BII 자극에 대한 생리적 반응에 주의를 기울이고 필요할 때 응용 긴장법을 사용하라고 격려한다. 방법은 마치 보디빌더가 멋진 자세를 취하듯이 다리, 팔, 몸통 근육을 동시에 팽팽하게 긴장시키는 것으로 간단명료하다. 따뜻한 감각이나 머리에 '피가 몰리는' 느낌이 들 때까지 약 15-20초 정도 긴장을 유지한다. 이후 30초 정도 이완기를 갖는다(Antony & Watling, 2006). 주사를 맞을 때 이 방법을 사용하려는 사람은 주삿바늘로 찌르는 팔은 이완하고 다른 근육들만 긴장시키는 방법을 연습해야 한다. 근육을 긴장시키는 동안 정상적으로 호흡해야 한다는 점을 기억해야 한다. 안토니Antony와 와트링Watling(2006)은 실신을 방지하기 위해 응용 긴장법을 다섯 차례 수행할 것을 권고했다. 하지만 저자들의 경험에 의하면 노출 도중 응용 긴장법을 다섯 차례 이상 사용해야 할 경우가 종종 있었다. 안토니와 와트링은 BII 자극 노출 도중 응용 긴장법을 더 효과적으로 사용할 수 있도록 기술적으로 익숙해지기 위해서는 초기에 BII 자극이 없는 상황에서도 매일 여러 번 실습할 것을 추가로 제안하였다. 일단 환자가 능숙해지면 노출 과제와 함께 응용 긴장법을 사용할 수 있다. 실신이 발생하지 않을 거라고 확신할 때까지 응용 긴장법을 계속 시도하도록 환자에게 권고한다. 응용 긴장법은 환자가 실제로 의식을 잃었을 때 더 빨리 회복하기 위해서도 사용할 수 있다.

통증 민감성이 매우 높은 경우 Managing Extreme Pain Sensitivity

주삿바늘 공포증 환자는 종종 주사를 맞는 동안 경험할 통증이 견딜 수 없을 정도로 심할 거라고 걱정한다. 일부 사람들에게는 이런 걱정이 과장된 것으로 치료자는 주사가 유발하는 통증이 심하지 않고 일시적일 뿐이라는 걸 학습하는 데 도움을 주려고 노출을 사용할 수 있다. 하지만 어떤 사람들은 주삿바늘에 찔리는 불편감에 극도로 민감하여 실제로 극심한 통증을 경험한다. 심한 주삿바늘 공포증이 있는 한 26세 여성은 출산 도중 경막하 마취 주사를 맞으면서 극도로 예민해지고 심한 통증을 느끼면서 정신병 삽화가 발생하여 이틀간 입원했었다. 그런 사람들에게는 심한 통증에도 불구하고 기꺼이 주사를 맞겠다고 만드는 정도가 가장 현실적인 성과일 수 있다. 이런 사례에서는 치료자가 주삿바늘 통증에 관한 환자의 재앙적 신념을 반증하려고 시도하는 대신, 주삿바늘에 의한 통증을 감소시킬 수 있는 방법을 고려해 볼 수 있다. 이 전략은 주삿바늘 공포가 있는 아동의 치료에도 유용하다. 리도카인-프릴로카인(엠라크림 EMLA), 아메토카인 등의 국소 마취제를 포함하여 주사 통증을 감소시키기 위해 개발된 매우 효과적인 근거 기반 치료법이 몇 가지 있다(Lander, Weltman, & So, 2006). 치료자는 주사 통증을 감소시키기 위해 고안된 여러 전략에 익숙한 치과의사나 의사와 함께 작업할 수 있다(Meit, Yasek, Shannon, Hickman, & Williams, 2004)

사례 소개
CASE ILLUSTRATION

케이트는 28세 기혼 여성으로, 첫 아이를 임신한 지 6개월이 지났을 때 주사 공포증으로 응급 치료를 요청하였다. 케이트는 10년 넘도록 주삿바늘을 피하는 데 성공해 왔는데 3주 후 병원에서 꼭 주사를 맞아야 하는 상황에 직면했다. 그녀는 도저히 견디지 못할 것 같아 걱정되어 가능한 한 빨리 주삿바늘 공포를 극복해야겠다며 치료 동기가 매우 강한 상태였다. 치료자는 다음 주에 단일 회기로 노출기반의 치료를 하는 것에 대해 논의하였다. 단일 회기 동안 케이트는 주사 맞는 것을 포함한 노출 과제 목록을 빠르게 수행하기로 했다. 집중적인 노출 회기 이전에 기능 분석과 치료 근거, 노출 목록 작성 등 치료 계획을 위한 회기를 가지기로 했다. 환자는 다가올 의료 시술을 준비하기 위한 노력의 일환으로 이러한 시도에 동의하였다.

　기능 평가 결과 케이트는 주삿바늘에 의한 감염으로 큰 병에 걸릴까 걱정하고 있었다. 또 주삿바늘로 찌를 때 통증이 참기 어려울 것 같고 정신을 잃을까 봐 걱정된다고 말했다. 케이트는 청소년 시절에 주사를 맞고 의식을 잃었던 적이 여러 차례 있었다고 회상했다. 그녀의 가장 주된 안전행동은 회피였고 거의 10년 동안 주사를 맞지 않고 살아왔다. 기능 평가 후 치료자와 케이트는 노출 목록을 구성하였다. 노출 회기 시간이 4시간으로 짧다는 점을 감안하여, 이 시간 내에 완수할 수 있는 실행 가능성을 고려하여 항목을 선택하였다. 케이트는 다가오는 의료 시술에 대비하기 위해 실제로 주사를 맞아 보는 것이 중요하다고 여겼다. 다음으로 치료자는 노출 과제 중 경험할 수 있는 실신을 방지할 수 있도록 응용 긴장법을 가르쳤다. 케이트는 회기 도중 몇 분 동안 근육을 긴장시키는 연습을 했다. 치료자는 노출 회기 도중 실신할 것 같은 느낌이 들면 이 기술을 능숙하게 사용할 수 있도록 회기에 오기 전에 집에서 매일 5번씩 연습하도록 격려하였다. 케이트의 노출 목록은 다음과 같았다.

노출 목록 항목	SUDS
채혈하는 사람으로부터 주삿바늘에 대해 배운다.	40
란셋으로 손가락을 따끔하게 찌른다.	80
치료자가 주사를 맞고 채혈하는 과정을 자세히 관찰한다.	85
채혈을 한다.	95
주사를 맞는다.	100

케이트는 며칠 뒤 노출치료 회기를 위해 다시 방문했다. 회기는 치료의 근거와 방법을 복습하는 것으로 시작했다. 첫 번째 노출 과제는 병원 채혈 부서 소속의 공감 능력이 좋은 숙련된 직원인 매리를 만나는 것이었다. 치료자가 미팅 일정을 미리 준비하였다. 매리는 케이트에게 시술 도구를 보여 주면서 사용법을 설명했다. 케이트는 주삿바늘 소독 절차에 대해 배웠고 감염에 대한 걱정이 크게 줄었다고 보고하였다. 매리는 인형을 이용하여 채혈하는 시범을 보였고, 케이트는 처음에는 심한 불안을 느꼈지만 이후 불편한 느낌에도 불구하고 인형에 다가가서 채혈 절차를 자세히 관찰할 수 있었다.

다음으로 치료실로 돌아와서 병원 약국에서 구매해 두었던 당뇨 환자 채혈용 란셋으로 손가락 끝을 따끔하게 찌르는 노출을 수행했다. 이 노출의 목적은 케이트에게 바늘로 찔러서 생기는 통증이 극심하다는 생각을 교정하는 것이었다. 처음에는 견디기 힘든 통증을 경험할 것으로 예상하였으므로 케이트는 과제를 앞두고 매우 불안해했다. 하지만 치료자가 노출하는 본보기를 보여 주면서 과제를 함께 완성해 보자고 권유하자 그녀는 노출 진행에 동의하였다. 첫 시도 이후 케이트는 손가락을 찌르는 느낌이 불쾌하긴 했지만 감당할 만했고, 예상했던 정도보다 훨씬 덜 아프다는 사실에 놀랐다고 보고하였다. 이어 손가락을 추가로 다섯 번 찔렀고, SUDS 점수는 90에서 20으로 감소하였다.

다음 노출을 위해 채혈 부서의 매리를 재방문했다. 치료자가 의자에 앉았고 매리가 천천히 팔에 토니켓을 두르고 팔꿈치 안쪽을 알코올 솜으로 소독하였다. 각 과정을 케이트가 잘 알 수 있게 자세히 설명하였다. 이윽고 치료자를 채혈하였고 두 개의 병을 혈액으로 채웠다. 케이트로 하여금 치료자 옆에 앉아서 그 절차를 자세히 관찰하도록 하였고 마음에 떠오르는 어떤 의문점이라도 질문하도록 권유하였다. 치료자의 피를 뽑는 절차가 끝나고 이제는 케이트를 채혈할 차례가 되었다. 매리가 필요한 절차를 수행하는 동안 케이트는 눈에 띄게 불안해 보였고, 토니켓을 감고 알코올 솜으로 닦은 후 주삿바늘을 준비하는 동안 극심한 통증이 일어날 것이라는 그녀의 걱정은 점점 커져 갔다. 그럼에도 불구하고 케이트는 매리가 채혈을 진행하는 것에 동의하였고 절차가 완료될 때까지 계속 자리에 앉아 있었다. 치료자는 노출을 하는 동안 언어적 지지와 칭찬을 했고, 채혈을 받는 과정이 조금 아플 뿐 해를 끼치지 않는다는 점을 관찰하도록 격려하였다.

마지막 노출 과제는 주사를 맞는 것인데 케이트는 채혈하는 것보다 뭔가 더 나쁠 것 같다고 여겼다. 이 과제를 위해 다시 매리의 도움을 받았다. 이번에는 독감 예방주사를 맞기로 하였다. 케이트의 어깨를 알코올 솜으로 문지르고 주삿바늘을 어깨 근육에 찔렀다. 케이트는 채혈할 때보다 눈에 띄게 덜 불안해 보였고, 다시 한번 통증이 예상했던 것보다 훨씬 덜 했다고 보고하였다. 치료자는 기회가 있을 때마다 주사를 잘 맞았고 주사와 연관된 불편을 잘 견뎠다고 칭찬하면서 케이트의 자기 효능감을 강화하였다. 또, 예측한 결과(예: 극심해서 견딜 수 없을 정도의 통증)가 실제 결과(예: 경미하거나 중간 정도의, 하지만 견딜 수 있을 정도의 통증)와 일치하지 않았다는 것을 강조하였다. 회기를 시작할 때 응용 긴장법을 준비해 두었음에도 불구하고 케이트는 노출 회기 내내 실신할 것 같은 느낌을 전혀 보고하지 않았고 응용 긴장법도 사용하지 않았다. 이런 결과 또한 그녀를 매우 놀라게 했다.

케이트는 마지막 노출 후 편안한 기분이 들었고, 주사에 관한 생각이 근본적으로 변했다고 말했다. 주사로 인해 발생할 수 있다고 생각한 부정적 결과의 확률과 심각성이 줄어들었고, 부정적 결과를 견딜 수 있다는 자신감이 더 커졌다. 임신과 관련해서 주사를 맞아야 할 시간이 얼마 남지 않아서 노출치료를 시작하기 전에 치료 목표를 (1) 기꺼이 주사를 맞고, (2) 주사를 맞는 동안 불안과 통증을 감당할 수 있다로 정했다. 마지막 노출 후 케이트는 치료 목표가 달성되었다며 자신감을 보였다. 케이트가 원할 때 추가 회기를 갖도록 하고 치료를 잠정적으로 종료하였다. 2주 뒤 치료자와 만났을 때 그녀는 주사를 잘 맞았으며, 필요한 시술을 받는 동안 중간 정도의 불안을 경험하였으나 잘 견딜 수 있었다고 행복하게 말했다.

추가 참고 문헌ADDITIONAL RESOURCES

Antony, M. M., & Watling, M. A. (2006). *Overcoming medical phobias: How to conquer fear of blood, needles, doctors, and dentists.* Oakland, CA: New Harbinger.

Meit, S. S., Yasek, V., Shannon, K., Hickman, D., & Williams, D. (2004). Techniques for reducing anesthetic injection pain: An interdisciplinary survey of knowledge and application. *Journal of the American Dental Association,* 135, 1243–12530.

불완전, 비대칭, '딱 맞지 않는' 느낌
Incompleteness, Asymmetry, and 'Not-Just-Right' Feelings

임상 양상
CLINICAL PRESENTATION

의미 없고 비생산적으로 보이는 정리정돈을 반복하거나 똑같은 행동을 반복하는 것은 강박장애에서 흔히 관찰되는 '전형적인' 강박 의식 중 하나다(Abramowitz 등, 2010). 이런 의식은 대개 불안이나 고통에 대한 반응이며, 불안을 순간적으로 줄이는 데 도움이 된다. 이 장에서는 불완전, 비대칭 및 '딱 맞지 않는^{not-just-right}' 고통스러운 느낌으로 인해 정리정돈 의식을 하게 되는 경우에 어떻게 노출치료를 적용하는지 설명한다. 표 15.1은 이러한 임상 양상에 관한 개념화와 노출기반 치료의 개요를 보여 준다.

임상 관찰과 연구에 따르면, 비대칭과 관련된 고통은 비대칭이 (1) 부정적인 사건을 유발하거나, (2) 끝없이 지속되는 불완전한 느낌을 일으키지 않을까 하는 두려움에서 비롯된다. 두 가지 모두 비대칭으로 인한 불완전한 느낌을 포함하고 있지만 기능적 특성은 상당히 다르다(Summerfeldt, 2004, 2008; Taylor, 2017). 첫 번째 경우에는 비대칭과 재앙적 사건을 연결하고 정리정돈만이 재앙을 피할 수 있다는 마술적 사고가 존재한다. 예를 들면 '선반 위에 있는 책이 완벽하게 정리되어 있지 않다면 나쁜 일이 생길 것이다.' 또는 '책상 배치에 균형이 맞지 않는다면 어머니가 탄 비행기가 추락할 것이다.'와 같은 생각을 한다. 기능적으로 이러한 '위험 회피' 양상은 10장에서 설명한 불안을 유발하는 침습사고와 비슷하다. 이들은 부정적 사건에 관한 이미지와 생각을 중화시키기 위해 특히 정리정돈 의식을 사용한다고 볼 수 있다.

두 번째 경우는 비대칭을 인식하면 흔히 '만족스럽지 않은', '끝나지 않은' 또는 '딱 맞지 않는' 느낌으로 표현되는 내적 불편감을 유발한다(Summerfeldt, 2008). 부정적 사건이라는 외부의 위험을 막으려는 처음 경우와 달리 이 경우에서는 환경에서 '완전한' 또는 '정확한' 느낌을 얻어 내적 불편감을 줄이기 위해 정리정돈을 한다. 환자는 강박 의식을 이용하여 내적 불편감을 중화시키지 않으면 견디기 어렵거나 영원히 지속될 것이라고 생각할 수 있다. 위험 회피 문제는 10장에서 이미 다뤘기 때문에 이 장에서는 두 번째 경우에 초점을 맞춘다.

표 15.1 간략한 개요: 불완전 및 대칭과 정확성에 대한 요구

공포유발 자극
- 무질서, 비대칭, '불균형' 또는 '불완전'한 것들

전형적 예
- 왼손으로만 사물을 만졌을 때
- 선반에 책이 어지럽게 놓여 있음
- 사물의 모양이나 주위에서 관찰되는 비대칭(예: 오른쪽보다 왼쪽에 물건이 더 많음)
- 벽에 삐딱하게 걸린 그림
- 홀수
- 손글씨가 '딱 맞게' 보이지 않음
- 한쪽 셔츠 소매를 다른 쪽보다 더 많이 걷어 올림
- 깨끗한 표면에 얼룩이 묻음

공포 기반 신념
- '불완전한 느낌으로 인한 고통과 완전하게 만들려는 욕구를 참기 힘들다.'
- '이런 느낌이 계속되면 통제 불능 상태가 되거나, 정신적 붕괴 또는 의학적 응급 상태가 된다.'
- '이런 느낌이 계속되면 아무것도 할 수 없을 거야.'

안전행동
- 정리정돈 의식
- '바로잡거나', 완벽해 보이도록 고치는 의식을 반복
- 정신적 정리정돈 또는 주의를 다른 데로 돌리고 회피
- 상황 회피(예: 서류 작업, 수표 작성을 회피)

DSM-5 진단 범주
- 강박장애

치료 개요
- 전형적인 치료 기간: 14-20회기
- 평가와 심리교육으로 시작함
- 3 내지 4회기에 노출을 시작함
- 노출치료를 할 때 반응방지를 함께 실행함

장애물
- '불완전'으로 인한 두려운 결과를 알아내기 어려움

노출치료의 기초
BASIS FOR EXPOSURE THERAPY

개념화 *Conceptualization*

대칭, 정확, 완벽 그리고 무언가 *딱 맞지 않는* 느낌에 관한 침습사고는 대부분의 성인이 겪는 일반적인 경험이다(Radomsky & Rachman, 2004). 이러한 생각은 특히 혼란스러운 환경에서 오는 불쾌감이나 불안과 관련이 있는 것으로 알려져 있다. *불완전* 또는 *딱 맞지 않는* 느낌이 들 때 정리정돈을 하면 연관된 고통이 감소한다. '무질서disorder'를 '질서order'로 바꾸어 불편한 느낌을 해소하면 개념적으로 부적 강화가 되어 정리정돈 의식을 습관적으로 사용하게 된다. 불행하게도 불완전과 관련된 심리적 고통에서 벗어나려는 행동은 고통의 자연스러운 소거를 방해한다. 다른 말로 하면 내적 불편감은 위험하지 않고 점점 심해져 통제 불능 상태가 되기보다는 결국 저절로 가라앉기 때문에 '완전' 또는 질서정연함을 회복하려고 의식화된 행동을 하다 보면 이를 견디고 감당할 수 있다는 사실을 배울 기회를 잃게 된다. 따라서, 정리정돈 의식으로 인해 불완전, 비대칭 그리고 무질서를 참을 수 없고 감당할 수 없다는 위험 기반 예측이 유지되고, 딱 맞지 않는 느낌을 제거하는 것만이 이러한 고통을 줄이는 유일한 방법이라고 생각하게 된다.

불안과 불완전감이 끝없이 지속되어 신체적 또는 정서적 '붕괴' 혹은 통제력 상실과 같은 두려운 결과로 이어질 것이라고 걱정하는 환자도 있다. 이들에게 정리정돈 의식은 불완전감을 감소시키고 두려운 결과를 예방하는 두 가지 역할이 한다. 또한 집이 엉망이라는 부정적 평가를 받지 않기 위해 정리정돈을 하는 환자도 있다. 이러한 양상은 9장에서 설명한 것처럼 사회적 상황에 대한 두려움을 가진 경우와 유사하다.

노출치료 동안 학습해야 할 사항 *What Must Be Learned during Exposure Therapy*

이전 절에서 간략하게 설명한 개념 모델은 '딱 맞지 않는' 느낌과 그런 느낌을 불러일으키는 상황이 안전하고 감당할 수 있다는 것을 배우기 위해서는 노출과 반응방지 기법이 필요함을 알려준다. 이 기법을 통해 원치 않는 내적 경험을 조절하기 위해 정리정돈 의식이 필요하지 않다는 사실을 배울 수 있다. 이러한 학습은 환자가 '딱 맞지 않는' 또는 '불완전한' 느낌을 유발하는 상황에 직면하고 이러한 느낌에서 벗어나려는 충동에 저항할 때 가장 잘 일어난다. 환자가 다양한 맥락에서 노출과 반응방지를 하고 부정적 결과 없이 정서적 상태가 안정되는 것을 관찰하면, 향후 단서 자극을 만날 때 자극과 위협의 연합이 억제되고 새롭게 배운 안전학습이 나타날 가능성이 높아진다.

기능 평가
FUNCTIONAL ASSESSMENT

불완전에 관한 기능 평가의 다양한 변수들이 표 15.2에 나와 있으며, 다음 단락에서 이를 자세히 설명한다.

표 15.2 한눈에 보는 비대칭과 불완전한 느낌의 기능 평가

매개변수	흔한 예
공포 단서	
외부 상황과 자극	'딱 맞지 않는', '불완전', '불균형', '끝나지 않은' 느낌 또는 감각(예: 비대칭)을 유발하는 상황, 환경, 대상 및 기타 자극(예: 홀수)
내부 단서	불안 각성 또는 불완전한 느낌과 관련된 감각('딱 맞지 않는' 느낌)
침습사고	불완전하다는, 순서와 대칭을 맞추어야 한다는 반복적 사고
두려운 결과	불완전한 느낌은 도저히 견딜 수 없고, 끝없이 지속되거나 위험한 결과(예: 신체적 위해, 통제력 상실, 정신적 붕괴)로 이어짐
안전행동	
회피 패턴	불완전한 느낌을 촉발하는 상황 회피(예: 옷 입기, 특정한 방에 들어가기, 서류 작성)
상황 내 안전행동	대칭, 순서, 완전, 완벽함을 위한 정리하기, 반복하기, 정렬하기 의식
안전행동에 대한 신념	회피와 의식은 불완전한 느낌이 영원히 지속되는 것을 막음. 의식은 신체적 위해, 통제력 상실/미칠 것 같음, 정신적 붕괴로 이어질 수 있는 불안의 '과부하'를 예방

공포 단서 *Fear Cues*

대부분의 사람들은 불완전하다는 내적 불편감을 촉발하는 상황을 쉽게 들 수 있다. 흔히 '비대칭', '불균형', '무질서'와 관련된 상황, 대상, 감정 또는 숫자를 드는데, 예를 들어 책장에서 책이 순서대로 정렬되지 않은 경우, 중요한 양식에 '지저분하게' 필기를 한 경우, 숫자가 홀수인 경우가 있다. 한 여성은 몸의 한쪽만 만지거나 씻고 다른 쪽은 하지 않으

면 괴로움에 빠진다. 단순히 '왼쪽'이란 단어만 듣고 '오른쪽'이라는 단어를 듣지 못해도 '불균형'의 느낌을 유발할 수 있다. 또, 어떤 사람은 자동차 주행 거리계나 회계장부에서 홀수를 보면 불안해한다. 이들은 위험하다는 느낌은 없지만, 홀수는 '맞지' 않다고 생각한다.

두려운 결과 Feared Consequences

앞서 언급한 것처럼 이런 환자들이 가장 흔히 두려워하는 결과는 불완전, 불균형, 완벽하지 않은 느낌 등과 관련된 내적 불편감을 그냥 내버려 두면 끝없이 지속될 거라는 것이다. 일부 환자들은 '딱 맞지 않는' 또는 불완전한 느낌이 견딜 수 없을 정도로 심해지거나, 통제력 상실 또는 공황발작과 같은 응급 상황을 초래할 것이라고 걱정한다. 종종 이러한 두려움을 분명하게 표현하기가 어려울 수 있다. 따라서, 기능 평가를 하면서 이러한 걱정이 있을 가능성을 주의 깊게 살펴야 한다.

안전행동 Safety Behaviors

회피 패턴 Avoidance Patterns

홀수, 비대칭적 자극 또는 무질서한 상황 같은 불완전에 대한 걱정을 가진 환자는 내적 불편감을 유발하는 단서를 피하려 노력하고, 의식을 행하려는 강한 충동을 느낀다. 이런 환자는 새로운 물건을 사면 고통스러운 정리정돈 의식을 지속적으로 해야만 할 것 같아 구입을 피하기도 한다. 어떤 환자는 글자와 단어의 수가 짝수인지 확인하기 위해 읽거나 들었던 문장 속의 단어와 단어의 글자 수를 머릿속으로 세고 싶은 지속적인 충동을 느꼈으며, 이를 피하려고 최대한 고립된 생활을 하였다.

상황 내 안전행동 In-Situation Safety Behaviors

가장 흔한 안전행동은 질서정연함, 완벽, 그리고 균형을 이루고, 불완전함으로 인한 고통을 줄이기 위한 의식이다. 이런 의식에는 정리정돈, 다시 쓰기, 숫자 세기, 짝수 번 반복하기 등이 있다. 어떤 사람은 주행 거리계가 짝수가 될 때까지 차를 운전하고, 다른 사람은 침실문을 '올바른' 소리가 나고 '올바른' 횟수가 될 때까지 반복해서 여닫았다. 정신적 의식도 있을 수 있다. 예를 들어 좌우 대칭에 대한 걱정을 가진 환자는 왼쪽이라는 단어를 들으면 속으로 오른쪽이란 단어를 말한다. 앞서 언급한 것처럼 일부 환자는 단어의 글자 수나 문장의 단어 개수를 세거나, 대칭을 맞추기 위해 공간의 특정 지점을 응시한다. 이러한 행동을 파악하기 위해 기능 평가를 철저하게 하여야 한다.

안전행동에 대한 신념 *Beliefs about Safety Behaviors*

환자는 안전행동이 견딜 수 없는 심리적 고통과 붕괴 또는 불완전한 느낌이 가져올 후유증 같은 두려운 결과를 막고, 기능을 유지하기 위해 필요하다고 믿는다.

노출치료의 근거 제시
PRESENTING THE RATIONALE FOR EXPOSURE THERAPY

앞서 설명한 개념틀을 이용하여 치료자는 노출치료에 대한 근거를 아래와 같이 제시할 수 있다.

치료자 우리가 사용할 치료 기법을 '노출 및 반응방지'라고 합니다. 이를 통해 당신을 괴롭히고 정리정돈 의식을 멈추지 못하고 계속하도록 충동을 불러일으키는 불완전과 '딱 맞지 않는' 느낌에 대해 새로운 사실을 배울 수 있을 것입니다. 노출치료를 통해 무엇을 배울 수 있는지 이야기해 봅시다. 첫 번째는 불완전한 느낌이 불편하기는 하지만 안전하다는 겁니다. 이런 느낌은 신체적으로나 감정적으로 전혀 해롭지 않습니다. 두 번째로 배우게 될 것은 이러한 느낌을 잠시 동안 가지고 있더라도 견딜 수 있다는 것입니다. 세 번째는 위험을 피하거나 괴로움을 줄이기 위해 정리정돈 의식을 할 필요가 없다는 것입니다. 노출치료를 통해 실제로 이러한 느낌으로 인한 고통은 일시적이고 견딜 수 있음을 알게 될 것입니다. 이해하셨나요?

환자 듣긴 했지만 이 작업이 어떻게 효과가 있는 거죠? 저는 그냥 그런 느낌을 없애고 싶어요.

치료자 노출치료에서 우리는 불완전한 느낌을 촉발하는 상황에 직면하면서 고통을 줄이기 위해 그동안 해왔던 의식에 저항하는 연습을 하게 됩니다. 이 연습의 목표는 원치 않는 느낌과 고통에 다가가 처음 생각했던 것보다 이를 잘 감당할 수 있다는 사실을 배우는 것입니다. 실제로 불편한 느낌을 감당하기 위해 그 느낌을 꼭 없앨 필요는 없습니다. 사실 불편한 느낌을 없애려고 힘들게 노력하고 있기 때문에 오히려 이런 느낌이 당신에게 더 중요해지고, 정리정돈으로 많은 시간을 뺏기게 되는거죠. 우리는 그러한 불편한 느낌이 안전하고 견딜 수 있다는 것을 배우기 위하여 느낌에 대응하는 방법을 바꿔야 합니다.

노출 실습 계획
PLANNING EXPOSURE PRACTICES

불완전 문제를 가진 환자의 노출 목록을 만들 때, 치료자와 환자는 불완전, 비대칭, 불균형 등의 감각을 유발하는 자극을 찾아낸다. 이러한 자극은 환자의 일상생활에서 불편함이나 회피를 유발하는 상황이다. 위험 기반 가정과 부정적 결과에 관한 공포를 유발하는 노출을 하고 이를 깨뜨리는 것이 중요하다. 예를 들어 '의식을 행하지 않으면, 통제력을 잃고 정신적으로 붕괴될 것이다'라는 위험 기반 가정을 1시간 동안 의식을 행하지 않고 견디는 노출 실습을 통해 깨뜨리는 것이다. 대부분의 환자들은 노출 목록 항목의 촉발인자를 파악하거나 SUDS 점수를 정하는 데 어려움을 보이지 않는다. 노출 상황은 환자마다 다르겠지만 우리가 했던 작업 예시가 도움이 될 것이다.

- 사무실이나 집의 사진 액자를 비딱하게 두기
- 물건을 '잘못된' 장소에 놓아두거나 비대칭적으로 배치하기
- 일부러 글씨를 엉망으로 쓰기
- 책장이나 서랍을 제멋대로 정리하기
- 테이블, 창 또는 컴퓨터 화면에 얼룩 묻히기
- 손바닥에 홀수 쓰기
- 동작을 홀수 번하기(예: 전등 스위치를 다섯 번 누르기)

일부 환자의 경우 환자를 둘러싼 전체 환경에서 일관되게 노출을 시행해야 한다. 예를 들어 집과 *직장에* 있는 책상 위를 모두 재배치하거나 비대칭으로 만들어야 하며, 그러한 작업을 돕기 위해 친구나 가족의 협조를 구할 수도 있다. 어떤 환자는 특정한 불완전 자극(예: 오른쪽 창문에만 얼룩 묻히기)에 노출하는 것으로 충분할 수 있다. 환자가 두려워하는 결과와 위험 기반 가정을 정확히 아는 것이 효과적인 노출 목록 항목을 정하고 노출 실습을 계획하는 데 중요하다.

노출 실습 진행하기
CONDUCTING EXPOSURE PRACTICES

불완전에 대한 걱정은 점진적 노출에 적합하지만 위계적 접근이 반드시 필요한 것은 아니다. 노출의 목표는 환자의 위험 기반 예측과 고통을 견딜 수 없어 감정적으로 붕괴될 것이라는 가정을 반증하는 것이다. 따라서 노출 중에 환자의 예측을 기대 추적 기법을 사용하여 추적해 나가면 그러한 가정이 틀렸음을 명시적으로 확인하는 데 도움이 된다. 또한, 노출 중에 감정을 말로 표현하도록(예: '너무 불편해서 미칠 것 같다.') 하는 것도 안전학습을 강화하는 역할을 한다. 마지막으로, 한 가지 자극보다 노출 단서들을 결합하여 직면하면 소거 학습을 극대화할 수 있다. 치료자의 감독하에 치료 회기에서 처음 노출하고 이후에는 회기 사이 과제로 노출을 실행한다. 매 노출 실습 후 치료자는 환자가 노출 경험을 돌아보고, 불완전한 느낌이 *불편하지만 일시적이며 감당할 수 있다*는 보다 건강한 관점을 갖도록 돕는다.

반응방지 시행
IMPLEMENTING RESPONSE PREVENTION

반응방지를 위해 노출 회기뿐 아니라 회기 사이의 의식도 멈추어야 한다. 반응방지의 목표는 불완전한 느낌을 주는 맥락에서 의식 행동을 하지 않고 견디면서 고통을 감당할 수 없다는 환자의 위험 기반 예측을 깨뜨려 억제 학습을 돕는 것이다. 따라서 물건의 순서를 다시 바꾸거나 정렬하면 안 되고, 얼룩을 지워서도 안 된다. 짝수 번까지 세거나 물건을 재배열하는 것처럼 '균형을 잡는' 의식에 저항해야 한다. 글씨를 다시 쓰는 것도 허용되지 않는다. 일부 환자의 경우 머릿속으로 수를 세거나, 특별한 방식으로 응시하거나, 손가락을 두드리는 등 특별한 신체 움직임이나 단어나 구를 반복해서 말하면서 질서나 대칭의 느낌을 얻는다. 이러한 의식들은 갑작스럽고, 미묘하며, 광범위하게 스며들어 있기 때문에 자동적이고 멈추기 어려워 보일 수 있다. 이런 경우 의식을 머릿속이 아닌 휴대용 계수기로 숫자를 세는 행동으로 바꾸고 추적해 보는 것이 도움이 된다. 이를 통해 의식 행동의 선행사건을 파악할 수 있다. 다음으로 숫자를 일부러 잘못 세거나 '잘못된 방식'으로 쳐다보는 등 의식을 부정확하게 해본다. 이런 행동은 안전학습을 방해하지 않는다. 이런 중간 단계를 거치면 의식을 완전히 중단하는 것이 쉬워진다.

종종 환자는 저항할 틈도 없이 반사적으로 의식을 수행한다. 이는 특히 반응방지를 처음 시작할 때 그렇다. 이럴 때는 노출을 완전하게 수행하기 위해 물건의 한쪽만 닦는 등 반사적으로 수행한 의식의 효과를 '취소'시켜 불균형 또는 불완전을 복원할 수 있다. 의도한 것과 달리 부정확한 느낌이 유발되지 않더라도 이런 '취소'를 습관적으로 하다 보면 의식에 저항하기가 쉬워진다.

힌트, 팁, 잠재적 함정
HINTS, TIPS, AND POTENTIAL PITFALLS

공포 기반 예측이 회기 내에서 유발되지 않을 때
Matching Fear-Based Expectations in Sessions

일부 환자의 경우 치료실을 의도적으로 불균형 혹은 무질서하게 만들어 놓아도 불안, 고통, 불완전한 느낌 또는 위험 기반 예측이 제대로 유도되지 않을 수 있다. 이런 환자는 *자연스럽게* '딱 맞지 않아야' 공포가 유발되지 *의도적으로* 균형을 깬 것에 대해서는 고통스럽지 않다고 한다. 이러한 상황에서도 의도적으로 고안된 노출치료를 진행하길 권하는데 때때로 환자가 처음 예상한 것보다 더 큰 고통을 경험할 수도 있기 때문이다. 다른 방법으로는 회기 중에 컴퓨터 작업, 수표 작성 또는 치료실 밖에 나가 주변을 걸어 다니기와 같이 일상적인 활동을 하면서 불균형 또는 불완전한 느낌이 자연스럽게 발생할 때까지 기다리는 것이 도움이 될 수 있다. 마지막으로 노출을 연습 경기와 비슷하다고 설명하는 것이 도움이 될 수 있다. 연습 경기는 실제 경기와 같진 않지만 경기 실력을 기르는 데 도움이 된다. 따라서 환자가 회기에서 노출 및 반응방지를 연습하면 불완전한 느낌이 자연스럽게 나타날 때 이를 실천에 옮길 가능성이 높아진다.

불안을 일으키지 않는 불완전함 Incompleteness That Is Non-Anxiety-Based

강박장애에서 불완전한 느낌을 *원치 않는* 고통으로 경험하는 경우와 소위 '강박적 성격장애'를 가진 사람처럼 불완전함을 교정하는 것을 값어치 있다고 생각하는 경우를 구분하는 것이 중요하다. 전자와 같이 진정한 강박 충동을 가진 환자는 이런 내적 자극과 연합된 위험 기반 예측이 있다. 이러한 경험은 고통을 통제하거나 줄이기 위해 의식 행동을 하고자 하는 원치 않지만 저항할 수 없는 충동을 불러일으킨다. 이런 의식은 환자의 기능을 방해한다. 반대로 강박적 성격장애를 가진 사람들은 위협감을 느끼지 않는다. 그들은 완벽함과 정리정돈 의식을 자신의 정체성으로 본다. 즉, '자아 동조적'이다. 그들은 자기 자신에게 비현실적으로 높은 기준을 부과하고 완벽함을 얻으려고 *투쟁*한다. 그러므로 자신의 의식 행동을 문제로 보지 않는다. 일반적으로 그들은 다른 사람들이 그러한 행동을 포기하도록 요구할 때 난색을 표한다. 임상가가 종종 간과하지만 지형학적으로 유사하게 보이는 두 가지 행동의 *기능*이 이렇게 다르다는 것은 중요한 치료적 함의를 가진다. 노출치료는 불완전한 느낌이 위험 기반 신념과 관련이 있을 때 도움이 될 수 있지만, 완전함을 도덕적이고 고결한 특성으로 여기는 경우에는 작동하지 않는다. 이런 차이점을 구별하기 위해 기능 평가의 중요성이 다시 한번 강조된다.

사례 소개
CASE ILLUSTRATION

강박장애 진단을 받은 36세 여성 질은 '불균형'과 '완벽하지 않은' 느낌이 들면 정리정돈 의식을 행한다. 그녀는 불완전한 느낌을 없애려고 글자가 정확하고 완벽하게 쓰여져 있는지 고통스럽게 확인하느라 서류작업 같은 일을 하는 데 오랜 시간이 걸렸다. 또, 집안 물건들을 특정한 방식으로 배열해야 했고, 그런 질서를 유지하기 위해 노력했다. 그녀가 가장 신경쓰는 문제는 주변 환경의 균형이었다. 질은 좌우 '불균형'으로 괴로워하였다. 예를 들어 *오른손*을 사용하여 문을 열거나 무언가를 잡았다면 균형을 잡기 위해 반대로 *왼손*을 사용하여 똑같은 행동을 반복하고자 하는 충동을 느꼈다. 그녀는 이러한 강박과 의식으로 괴로워하였고, 불균형의 느낌이 가라앉지 않고 문자 그대로 '미칠' 때까지 계속될까 두려웠다. 질은 의식 행동을 하지 않으려고 저항하였지만, 대개 몇 분 동안 잠깐 이를 지연시킬 수 있을 뿐이었다. 치료실을 방문했을 때, 질은 의식으로 여러 날 집을 떠날 수 없을 정도로 기능이 떨어져 있었다. 질의 노출 목록은 다음과 같다.

노출 목록 항목	SUDS
글자를 '틀리게' 적어보기	40
다른 사람에게 보내는 메모를 틀리게 적어보기	55
거실에 물건들을 무질서하게 놓아두기	67
자신의 침실에 물건들을 무질서하게 놓아두기	75
오른쪽 없이 *왼쪽*이라는 단어만 말하고, 쓰고, 듣기	75
좌우 불균형을 그저 '알아차리기'	80
오른쪽 또는 왼쪽 중 한쪽 면만 만지기	85

질의 반응방지 계획은 다음과 같다.

• 글씨를 다시 쓰는 의식 금지
• 정리정돈 의식 금지
• 눈으로 보거나, 말하거나, 행동하거나 또는 기타 방법으로 좌우 균형을 잡으려는 시도 금지

첫 번째와 두 번째 노출 회기 동안 질은 치료자의 시범을 보고 글자를 틀리게 쓰는 실습을 했다. 처음에는 빈 종이에, 다음에는 다른 사람에게 보낼 메모에, 마지막으로는 은행 서류와 같은 중요한 양식과 문서에 글자를 틀리게 써보았다. 그리고 나서 치료자는 불완전한 글자를 고치지 않고 얼마나 오랫동안 바라보고 있을 수 있는지 물어보았다. 질은 처음에는 3분도 못 견딜 거라고 예상했다. 기대 추적을 이용하여 질의 예상을 추적하였고, 약 45분간의 남은 치료 시간 동안 의식 행동 없이 견딜 수 있었다. 그녀는 노출 실습 중간쯤에 고통이 사라졌고, 노출 항목의 난이도는 올라가는 반면 노출 실습은 시간이 지남에 따라 더 쉬워졌다며 놀라워했다. 질은 회기를 마치고 집에서도 비슷한 노출을 실습했다. 2주간 매일 노출 실습을 한 뒤 불완전함으로 인한 고통을 견딜 수 없을 것이라는 질의 예상이 바뀌었다.

세 번째와 네 번째 회기에서 질은 진료실에 있는 물건들을 일부러 '균형이 맞지 않도록' 재배열하는 실습을 했다. 예를 들어 치료자의 사진 액자를 오른쪽으로 약간 기울이고, 책꽂이의 책들을 오른쪽으로 옮겼다. 치료자는 질에게 집에 있는 물건들을 '무질서하

게' 보이게 재배열하는 과제를 주었다. 처음에는 거실에 있는 물건으로 시작하여 점차 침실에 있는 물건까지 하도록 하였다. 질은 물건이 '무질서한' 상태로 놓여있음을 되새기고, 물건을 다시 '올바르게' 배열하려는 충동을 억제하라는 지시를 받았다. 불균형이 주는 고통을 견딜 수 없을 것이라는 질의 예상은 불완전한 글자에 대한 예상이 바뀐 것처럼 똑같이 바뀌었다. 기대 추적을 이용하여 노출을 실시한 후 질은 여전히 균형 잡힌 것을 좋아하지만 생각보다 불균형을 쉽게 견딜 수 있다는 사실을 배웠다.

다섯 번째 회기에서는 '왼쪽'이라는 단어만 사용하도록 하였다. '왼쪽'이라고 말하고, 양손의 손등에 '왼쪽'이란 단어를 쓰기도 했다. 집에서도 '왼쪽'과 관련된 노출 과제를 하도록 하였다. '왼쪽'이라고 적은 종이를 항상 주머니에 넣고 다니라고 하였다. 치료자는 질이 불균형과 불완전한 느낌을 사람이라면 누구나 겪는 정상적이고 무해한 경험으로 볼 수 있도록 도와주었다. 질은 처음에는 고통스러웠지만, 점차 고통이 사라지고, 불균형을 느끼면서도 일상 활동을 할 수 있다는 사실에 놀라워하였다.

여섯 번째 회기에서도 '왼쪽'이라는 단어에 노출을 계속하였다. 치료자는 의도적으로 좌우 불균형에 주목하고 '균형 잡기' 의식을 하지 않도록 하였다. 이를 위해 질은 치료자와 함께 병원을 걸어 다니면서 문 오른쪽에 붙어 있는 손잡이와 조명 스위치, 대기실의 오른쪽에 주로 앉아 있는 사람들, 책상 왼쪽에만 올려놓은 책과 같이 주변 환경에서 보이는 '불균형'을 일부러 가리키며 언급하였다. 질은 또한 벽이나 책상의 왼쪽이나 오른쪽 중 한쪽 면만 만지고 '균형 잡기'를 하지 않고 버텼다. 일상생활의 다양한 상황에서도 이와 유사한 노출을 수행하였다. 벨트 버클을 가운데에서 약간 왼쪽으로 돌려놓고, 왼쪽 신발끈을 오른쪽보다 더 단단하게 매도록 하였다.

일곱 번째 회기에서 열여섯 번째 회기까지 다양한 상황에서 좌우 불균형에 반복적으로 노출하였다. 침실에서 불균형한 상황을 일부러 만들었고, 가족들도 집 안 구석구석에서 똑같이 불균형을 만들었다. 노출은 대체로 성공적이었다. 불완전한 느낌은 해롭거나 부정적인 결과를 낳지 않고 그냥 지나갔으며, 질은 불완전함의 일시적인 느낌을 견딜 수 있다는 사실을 배웠다. 노출치료를 받기 전에는 의식 행동을 항상 했기 때문에 이런 사실을 스스로 배울 수 없었다.

Jacobson, A. M., & Smith, A. J. (2017). Symmetry and ordering in youth with obsessive-compulsive disorder. In J. Abramowitz, D. McKay, & E. Storch (Eds.), *Wiley handbook of obsessive-compulsive disorders* (Vol. 1, pp. 405– 420). Hoboken, NJ: Wiley.

Radomsky, A. S., & Rachman, S. (2004). Symmetry, ordering and arranging compulsive behaviour. *Behaviour Research and Therapy*, 4, 893–913.

Summerfeldt, L. J. (2006). Treating incompleteness, ordering, and arranging concerns. In M. Antony, C. Purdon, & L. J. Summerfeldt (Eds.), *Psychological treatment of OCD: Fundamentals and beyond* (pp. 197–208). Washington, DC: American Psychological Association.

Taylor, S. (2017). Symmetry, ordering, and arranging symptoms in adults. In J. Abramowitz, D. McKay, & E. Storch (Eds.), *Wiley handbook of obsessive-compulsive disorders* (Vol. 1, pp. 395–404). Hoboken, NJ: Wiley.

노출기법 사용 시 특별히 고려해야 할 사항
Special Considerations in the Use of Exposure Techniques

이 책의 세 번째이자 마지막 부분은 노출치료에 관한 특별한 주제를 다룬다. 이어지는 장은 임상 불안이 있는 환자를 치료할 때 노출 사용과 관련된 몇 가지 복잡하고 도전적인 문제에 대응할 수 있는 실질적인 조언을 제공한다. 먼저 16장은 임상 양상이 단순하지 않고 복잡한 경우에 노출치료를 적용할 때 고려해야 할 개념적이면서도 실제적인 주제를 논한다. 17장에서는 소아에서 노출치료를 사용하기 위해 특별히 고려해야 할 사항을 다룬다. 임상 불안은 종종 대인 관계 차원을 가진다. 환자에게 중요한 주변 사람들이 환자에게 때로는 순응accommodation하고 때로는 대립할 수 있으며, 어느 쪽이든 모두 불안 문제를 지속시키는 요인이 될 수 있다. 따라서 18장에서는 임상 불안에서 주변 사람들의 역할에 대해 논의하고, 가족을 치료에 참여시키기 위한 전략을 제시한다. 19장은 약물이 노출에 미치는 긍정적 또는 부정적 영향에 관해 논의하고, 병합 치료를 받는 환자의 결과를 개선시키기 위한 전략을 제안할 것이다. 20장에서는 증상 호전을 유지하고 재발을 방지하기 위한 전략을 설명한다.

21장과 22장은 이 책의 2판에서 처음 다루는 내용이며 1판이 출간된 이후 노출치료 분야에서 일어난 주요한 발전을 다루었다. 정신 건강 문제의 치료에 과학기술을 활용하는 것이 많은 관심을 받고 진보한 상황을 반영하여, 21장에서는 노출치료에 테크놀로지(예: 인터넷, 스마트폰 애플리케이션)를 활용하는 방법을 논의할 것이다. 임상 불안의 치료에서 수용 기반 접근의 사용이 늘어나고 있고 여러 면에서 노출기법과 일치한다. 따라서 22장에서는 수용전념치료 맥락에서 노출치료를 구현하는 방법을 설명한다. 마지막으로 23장에서 노출치료와 관련된 독특한 윤리 및 안전 문제를 살펴볼 것이다.

복잡한 사례의 노출치료
Exposure Therapy with Complex Cases

불안한 환자를 많이 면담하고 치료하는 임상의는 심리 문제가 복잡하게 얽혀 있는 경우가 예외적인 것이 아니라 통상적이라는 얘기를 한다. 그런데 일부 임상가는 복잡한 진단을 가지고 있거나 복잡한 임상 양상을 보이는 환자에게 노출을 사용하는 것을 주저한다. 결과적으로 노출이 아닌 대안적 치료가 더 적절하다는 신념에 근거하여 노출을 포기하는 경우이다. 물론 복잡한 사례에 노출치료를 사용하는 것은 상당한 도전이며 추가적인 시간과 계획이 필요하다(McKay, Abramowitz, & Taylor, 2009). 그러나 노출치료는 여전히 가장 적절한 중재이며 더 넓은 치료 전략의 일부로 사용될 수 있다. 따라서 이번 장은 복잡한 문제가 있는 환자에게 노출을 사용하기 위한 몇 가지 일반적인 고려 사항으로 시작한다. 다음으로 여러 임상 문제가 동시에 존재하는 경우(예: 공존질환) 불안을 다룰 때 고려해야 할 사항을 포함하여 문제를 복잡하게 하는 흔한 장애물을 어떻게 다룰지 얘기할 것이다.

복잡한 사례에 대한 일반적 고려 사항
GENERAL CONSIDERATIONS FOR COMPLEX CASES

노출치료를 더 복잡하게 만드는 특정 요인을 논하기 전에 복잡한 사례를 다루기 위한 몇 가지 일반적 원칙을 검토하겠다. 이는 치료자의 관심을 끄는 많은 걱정거리를 차분히 들여다보면서 실행 가능한 치료 계획을 세울 수 있도록 도우려는 것이다. 부가적으로 도전적인 사례를 만났을 때 아래의 핵심 원칙에 다시 초점을 맞추면 압도되는 느낌을 줄이는 데 도움이 된다.

이론적 기초와 기능 평가에 철저하라
Adhere to the Theoretical Foundation and Functional Assessment

초기 노출 회기에 실패하면 치료자는 환자가 노출에 '치료 반응이 없는' 것으로 보고 다른 패러다임을 가지고 환자의 문제를 설명하고 치료하고 싶어진다. 그러나 환자(또는 환자의 증상)를 문제의 원인으로 여기기보다는 노출 계획 자체 또는 실행 방법에 문제가 있을 수 있음을 염두에 두는 것이 좋다. 즉, 다음과 같이 하면 노출을 해도 호전이 없을 수 있다. 예를 들어

- 노출 항목이 환자의 두려움과 일치하지 않음
- 노출을 충분히 자주 실행하지 않음
- 환자가 가진 특정한 공포 기반 예측을 최대한으로 반증하지 못함
- 안전학습을 일반화할 정도로 충분히 다양한 맥락에 노출하지 않음
- 환자가 노출 도중에 일어나는 불안에 저항
- 반응방지를 부적절하게 실행

우리 자신의 임상 작업도 그렇고 많은 치료자를 감독하다 보면 대부분의 경우 '처음부터 다시 시작하는 과정'을 통하여 복잡한 임상 문제들을 성공적으로 해결하였다는 것을 알 수 있다. 이는 기능 평가를 확실히 한 후 그 평가에 따라 노출 계획을 설정하고, 노출 계획이 환자의 두려움을 반증할 수 있는 방식으로 적용되는 것을 확인하는 과정을 말한다.

사회공포증과 광장공포증으로 진단된 32세 리처드는 지난 5년간 일을 하거나 학교에 가지 못하고 부모님 집에서 많은 시간을 보내왔다. 흥미롭게도 노출 목록을 만들려고 할 때 리처드는 자신이 다른 사람에 의해 평가받는 것이나 공황발작에 대해 두려워하지 않는다고 주장했다. 실제로 그는 별다른 걱정 없이 한 달에 몇 번은 밴드와 함께 술집에서 공연을 했다. 리처드의 극단적인 회피 행동은 단순히 가족을 조종하려는 것이 아닌가 의혹을 불러일으켰고, 치료자는 이후 인지행동 접근에서 보다 심리역동적인 접근 방식으로 전환했다. 그러나 두려움을 기능 평가했을 때 리처드는 불안해지면 반드시 토할 거라고 믿고 있었으며, 공공장소에서 구토할까 봐 두려워한다는 사실을 알 수 있었다. 질문을 통해 리처드는 집을 떠나기 전 6시간 동안 식사를 하지 않아야지만 집 밖에서 밴드와 함께 공연을 할 수 있다는 것을 확인했다. 기능 평가를 통해 리처드의 두려움을 둘러싼 세부 사항을 이해한 후 구토 관련 촉발자극(많은 양의 음식 섭취)과 상황(술이 있는 사교 모임에 참석)에 노출을 시행하였고, 정상 생활로 복귀하는 데 큰 도움을 줄 수 있었다.

증상 간 연관성을 평가하라 Assess the Connection between Symptoms

복잡한 사례에서는 종종 증상들이 중첩되는 경우가 있다. 환자가 가지고 있는 증상 사이의 연관성을 이해하면 치료자가 효과적인 치료 계획을 수립하는 데 도움이 된다. 예를 들어 24세 여성인 지니는 강박장애와 공황장애로 진단을 받았다. 그녀는 두 가지 불안 장애에 관한 DSM-5 기준을 모두 충족했지만 기능 평가에 따르면 두 가지 상태가 밀접하게 관련되어 있었다. 자신의 신앙에 관한 강박적 생각과 의심(예: '나는 하나님을 충분히 믿는가?')을 할 때 불안으로 각성이 되어 공황발작이 촉발되었다. 강박적인 기도는 강박 사고를 줄이고 통제력 상실로 이어지지 않을까 두려워하던 공황발작을 예방하는 기능을 하였다. 공황발작에 대한 두려움 때문에 강박 사고에 대한 노출과 반응방지를 꺼렸다. 따라서 치료자는 각성 관련 신체 감각에 대한 내적 감각 노출로 치료를 시작하기로 했다. 지니가 불안감이 통제력 상실로 이어지지 않는다는 사실을 배우면서 그동안 심각한 공황발작이 유발될까 봐 피해왔던 강박 자극(예: 무신론과 악마에 관한 책)에 관한 노출을 성공적으로 수행할 수 있었다. 이 사례는 심리적 징후 및 증상이 어디에 속할지를 추정하는 진단 범주보다는 이것(즉, 행동, 인지)의 *기능*을 이해하는 것이 우선임을 보여 준다.

상황에 따라 하나의 요인이 겉으로는 별개로 보이는 불안 문제를 유발할 수 있다. 예를 들어 높은 수준의 불안 민감도(즉, 자신의 불안 반응에 대한 두려움)가 공황발작과 사회불안을 일으킬 수 있다. 즉, 각성과 관련된 신체 감각이 신체적 위해를 일으킬 거라 걱정하게 되면 *공황발작*으로 나타나고, 다른 사람이 자신의 불안을 보고 부정적인 평가를 할까 두려워하면 *사회불안*으로 나타난다. 두 경우 모두 불안 반응에 깔려 있는 두려움을 표적으로 하여 치료한다. 따라서 내적 감각 노출 단독으로도 두 문제 모두를 치료할 수 있다. 또는 내적 감각 노출을 사회적 상황에 관한 상황 노출과 결합할 수도 있을 것이다. 하지만 동시에 존재하지만 상당히 독립적인 문제도 있다. 예를 들어 환자가 사회불안만이 아니라 도박 중독도 있을 수 있다. 이러한 경우에는 증상 간에 의미 있는 연결이 없어 각각의 문제에 대한 별도의 치료 접근이 필요할 수 있다.

치료의 우선순위를 정하라 Prioritize Treatment

현재 주로 호소하는 문제의 복잡함과 무관하게 치료자와 환자는 어떤 어려움을 먼저 해결해야 하는지 합의가 필요하다. 치료 목표의 우선순위를 정할 때 치료자는 각 문제의 심각성과 환자의 기능에 미치는 영향을 고려해야 한다. 환자의 안전을 위협하거나 치료를 방해하는 문제를 먼저 해결해야 한다(Linehan, 1993). 자살 시도, 자해 행동 및 물질 사용 문제가 우선 포함될 수 있다. 앞에서 설명한 예와 같이 위험하지는 않지만 노출 진행에 방해가 될 수 있는 증상으로는 공황발작 및 광장공포증(예: 집을 떠날 수 없음)이 있다. 잦은 약속 취소, 반복적인 지각, 치료자에 대한 불신, 노출 실습에 대한 지속적인 회피(예: 회기에서 덜 중요한 주제를 제기하여 노출을 피하기)도 치료 방해 행동이 된다. 대개 이런 행동은 불안과 두려움 때문에 일어난다. 이러한 요소가 해결되지 않으면 노출 기반 치료가 성공할 가능성은 낮다.

일단 치료 관계가 확립되면 치료자와 환자는 치료의 목적과 목표를 정하기 위해 협력할 수 있다. 한 가지 방식은 가장 긴급한 문제로 시작하는 것이다. 예를 들어 아이가 학교에 다니는 것을 두려워하고, 우울하고, 부모와 갈등을 겪고 있다면, 성적과 또래 관계에 추가적인 문제가 생기지 않도록 학교 관련 불안을 해결하는 것으로 치료를 시작할 수 있다. 다른 방법으로는 심하지 않으면서 다루기 쉬운 목표를 세우는 것으로 시작할 수 있다. 예를 들어 48세의 여성은 벌에 대한 공포보다 엘리베이터에 대한 공포를 먼저 치료하기로 했다. 엘리베이터가 덜 무섭고 쉽게 접근할 수 있는 반면, 벌은 계절이 바뀌어 봄이 되기 전까지 나타나지 않기 때문이다. 엘리베이터 노출로 성공한 이후 다음 해 봄에 벌에 대한 노출을 한다면 자신감이 높아질 수 있다. 우울증으로 이어지는 반복되는 공황발작의 경우처럼 가능하면 다른 문제를 유발하거나 원인이 되는 증상을 표적으로 할 때 치료가 가장 효과적이다. 일차 문제(공황발작)를 성공적으로 치료함으로써 이차 문제(우울증)를 해결할 수 있다.

어떤 문제를 먼저 해결해야 하는지에 대한 엄격한 규칙은 없지만 계획에 합의했다면 상당한 진전이 있을 때까지 이를 지켜나가는 것이 좋다. 치료의 초점을 바꾸기 전에 환자가 초기 목표를 달성하고 호전을 경험함으로써 치료 과정에 대한 자신감을 얻는 것이 중요하다. 그러나 예외가 필요할 수도 있다. 예를 들어 16살짜리 소녀가 가장 걱정하는 오염 물질에 대한 노출로 치료를 시작하였다. 이 환자는 사회불안으로도 고통을 받고 있었고 곧 반 아이들 앞에서 구두로 발표를 해야 하는 상황이 되어 극도로 불안해졌다. 결국 노출의 초점을 일시적으로 오염에서 공개 발표로 바꾸게 되었다. 마찬가지로 환자가 가족의 사망 또는 실직과 같은 상당한 상실을 경험하는 경우 환자와 치료자의 재량에 따라 노출 이외의 기법을 사용하여 이러한 문제를 바로 다룰 수 있다.

다른 전문가와 공동 작업하라 Collaborate with Other Professionals

복잡한 증상을 가진 환자는 여러 전문가의 치료가 필요할 수 있다. 노출치료에 참여하는 동안 환자가 별도의 치료자로부터 약물치료 또는 커플 치료를 받는 방식으로 동시에 이뤄질 수도 있고, 또는 조증 증상이 안정된 후 이어서 강박장애에 관한 노출치료를 하는 경우와 같이 연속해서 이루어질 수 있다. 두 가지 상황 모두 치료자들 간의 의사소통이 중요한데, 다른 치료자가 환자를 *계속* 치료할 경우에 특히 중요하다. 의사소통을 통해 치료자는 자신의 역할을 명확히 정의하고 겹치는 서비스 또는 상충되는 조언을 하지 않을 수 있다. 이를 통해 치료자는 노출치료를 통해 해결할 수 있는 문제가 무엇인지 적절한 기대치를 설정할 수 있다.

노출치료 중 흔한 혼란 요인 및 방해물
COMMON COMPLICATING FACTORS AND OBSTACLES IN THE USE OF EXPOSURE THERAPY

이전 단락에서는 도전적인 환자와 작업할 때 명심해야 할 몇 가지 일반적 원칙을 검토하였다. 다음으로 노출치료를 복잡하게 하고 치료 결과에 영향을 줄 수 있는 특정한 요인에 대해 논의하려고 한다. 우리는 이러한 요인들을 세 가지 범주, (1) 치료 자체의 특성 (2) 환자 관련 요인 (3) 환자 환경의 특성으로 나누었다. 표 16.1에서 그 내용을 확인할 수 있다.

표 16.1 노출치료의 성공을 가로막는 흔한 방해물

노출치료와 관련된 특성
- 치료 관련 불안
- 노출 중 극심한 불안
- 노출 중 매우 적은 불안
- 노출 중 부정적인 결과

환자 관련 요인 및 공존 질환
- 변화를 위한 준비 상태
- 공존하는 의학적 상태
- 동반하는 심리 증상 및 질환

환자 환경의 특성
- 환경 스트레스 요인
- 관계 스트레스 요인

노출치료와 관련된 특성 Characteristics Related to Exposure Treatment
치료 관련 불안 Treatment-Related Anxiety

환자가 노출 실습 자체를 불안해하면 치료를 방해할 수 있다. 우리는 다른 불안과는 달리 강박장애 환자에게서 이런 현상을 가장 많이 관찰했다. 예를 들어 특정 행동을 3회 반복하지 않으면 가족이 죽을 것이라는 강박 사고가 있는 42세 남자의 노출치료가 초기에는 잘 진행되었다. 그러나 치료가 끝날 무렵 그는 자신이 노출 실습을 세 번 반복하지 않으면 치료가 불완전하게 되어 강박 사고와 행동이 악화될 것이라는 강박 사고를 가지기 시작했다. 그는 노출을 할 수도 안 할 수도 없는 곤란한 상황에 빠졌다. 이후 환자에게 '정확하지 않은 횟수'로, 즉 노출 실습을 세 번이 아닌 한두 번만 하도록 지시했을 때 치료와 관련된 증상이 완화되었다. 치료의 다른 측면이 임상 불안과 연관될 수 있다. 강박장애를 가진 34세의 남자는 주로 석면을 퍼트려 암을 일으켰다고 생각하고 자신의 잘못을 자백해야 한다는 충동을 가지고 있었다. 그는 매일 증상 기록지를 꼼꼼하게 완성하였는데 이렇게 하면 치료자가 기록지에 적힌 자신의 행동을 검토하고 자신이 위험한 행동을 정말로 하게 내버려 두지 않을 것이라고 믿었다. 결국 기록지를 작성하는 것이 의식 행동이 되었다. 그래서 기록지의 사용을 중단하고 주중에 일어난 자신의 행동을 보고하는 정보의 양을 제한해야 했다.

노출 중 극심한 불안 Extreme Anxiety during Exposure

일부 노출은 습관화가 일어나지 않고 치료 회기 내내 매우 강한 수준의 불안을 유발한다. 예를 들면 사회불안을 겪고 있는 한 여성은 소규모 청중 앞에서 큰 소리로 글을 읽는 노출을 하는 동안 SUDS가 계속 높게 유지되었다고 보고했다. 환자와 치료자는 노출 동안 계속되는 높은 수준의 불안이 치료 실패의 징후가 아닌 정상으로 보고 불안 내성을 연습하기 위한 기회로 활용하는 것이 중요하다. 효과적인 노출을 위해서는 습관화가 필요조건도 충분조건도 아님을 상기해야 한다. 따라서 심한 불안이 지속된다고 해서 노출을 중단할 필요는 없으며 노출 시도를 계속하는 것이 좋다. 치료자는 다음을 강조할 수 있다. (1) 비록 불안이 줄어들지 않더라도 불안 경험을 감당하고 노출 실습을 완수할 수 있다. (2) 불안이 통제력 상실, 의학적 응급 상황 또는 기타 치명적인 사건을 초래하지 않는다. (3) 중요한 학습이 진행되고 있고 다음의 노출은 보다 쉬워질 것이다.

하지만 환자가 극도로 감정에 치우치고 심한 고통으로 노출 중단을 고집하는 경우에는 실습을 일지 중지하고 환자의 우려를 논의할 수 있다. 자신의 감정을 말로 표현하면서 이러한 느낌을 경험하는 것이 왜 두려운지 확인하고, 불안 또는 불확실성 내성에 초점을 두고 논의한다. 최후의 수단으로 나중에는 원래 작업으로 돌아갈 것이라고 환자를 이해시킨 뒤 좀 더 '쉬운' 노출로 바꾸어 대신한다. 환자가 노출 중에 불안이 가라앉지 않아 치료가 효과가 없다고 걱정하는 경우 불안에 대한 내성을 키워나가는 것이 노출의 목표라는 것을 재검토할 필요가 있다. 환자가 실망한 경우 처음에 두려워하는 상황에 들어가는 선택을 한 것만으로도 중요한 단계를 밟았다고 알려주어야 한다.

노출 중 매우 적은 불안 Minimal Anxiety during Exposure

또 다른 극단적인 경우 노출 작업이 불안을 거의 또는 전혀 유발하지 않을 수 있다. 이것은 한편으로는 노출 자극과 관련된 두려움이 소거되었을 것이라는 고무적인 조짐일 수 있다. 이런 현상은 환자가 노출기법에 신뢰를 가진 후 치료가 끝날 즈음에 일어날 가능성이 가장 높다. 그러나 노출 초기에 불안이 거의 또는 전혀 유발되지 않으면 환자가 매우 빠르게 개선되었다고 가정하기보다는 문제로 보고 해결하는 것이 낫다. 노출 중 불안이 발생하지 않는 것은 노출 작업이 환자가 두려워하는 특정 자극과 일치하지 않았거나 공포 기반 예측을 최대한 활성화시키지 못했기 때문이다. 노출이 적절하지 않았을 가능성은 환자에게 직접 물어보면서 평가하고 해결할 수 있다. 즉, 왜 노출이 불안을 유발하지 않았는지 또는 어떻게 하면 조금 더 불안을 유발하는 상황을 만들 수 있는지 물어보아야 한다. 후속 노출 계획에서는 이러한 정보를 참작하여야 한다.

환자가 안전행동으로 노출을 무력화했을 수도 있다. 예를 들어 구토를 두려워하는 한 환자는 예전에 구토를 한 식당에 다시 가서 식사를 하는 노출을 하기 전에 미리 항구토제를 복용했다. 강박장애를 가지고 있는 또 다른 환자는 노출 회기 전에 엄숙하게 기도하면서 노출을 하면서 유발되는 생각은 치료의 한 부분이기 때문에 하나님께서 이해해주실 것이라고 믿었다. 이를 통해 불안은 사라졌으나, 노출 실습 중 공포 기반 예측을 깨뜨려 신성 모독적인 생각과 관련된 불확실성이 참을 수 있다는 점을 학습하는 노출의 목적은 이룰 수 없었다. 노출 중 회피 또는 안전행동을 미묘하게 사용한다고 의심되는 경우 치료자는 이에 대해 환자에게 반드시 물어보아야 한다(예: "노출의 고통을 줄이기 위하여 당신이 하고 있거나 속으로 되뇌는 것이 있습니까?"). 안전행동의 사용은 노출치료의 이론적 근거에 대한 추가 논의가 필요함을 의미한다. 일부 환자는 노출 실습을 피하거나 조기에 종료시키는 수단으로 불안을 적게 보고하기도 한다.

노출 중 부정적인 결과 Negative Outcomes during Exposure

노출 작업을 설계할 때 위험을 최소화하는 것이 목표이지만 *최소한의 위험*은 위험이 없는 *것*과는 다르다. 결과적으로 노출은 때때로 부정적인 결과를 초래한다. 아래에 우리가 경험한 몇 가지 예를 소개한다.

- 당황스러움을 두려워하는 여성이 노출 과제로 공공장소에서 의도적으로 물컵을 쏟았을 때 주변의 낯선 사람이 비웃었다.
- 오염에 관한 두려움을 가진 사람이 과일은 오염되었기 때문에 먹으면 병에 걸릴 것이라는 믿음에 따라 수년간 과일을 먹지 않았다. 노출 회기 동안 그는 상당히 많은 양의 과일을 먹었고, 그날 저녁 복통과 설사를 경험하게 되어 오염에 관한 두려움이 강화되었다.
- 자동차로 자신도 모르게 누군가를 치지 않을까 두려워하는 여성이 정신없이 시끄러운 음악을 들으면서 운전하는 노출 실습을 하였다. 회기 중에 실수로 일방통행 길로 잘못 들어갔다.

노출을 통해 위협 기반 예상을 *깨뜨리는* 것이 노출 실습의 기본 가정이기 때문에 이런 일이 일어나면 처음에는 실패로 받아들일 수 있다. 그러나 임상 불안이 있는 환자는 부정적 결과의 *가능성*과 *심각도*(예: 끔찍함, 견디지 못함)를 모두 과대평가하고 있음을 상기해야 한다. 따라서 노출 실습에서 발생하는 바람직하지 않은 결과는 실제로 그러한 부정적인 사건이 *가능하다는* 것을 인정하고 중요한 학습이 여전히 진행되고 있음을 강조함으로써 다룰 수 있다. 즉, 실습을 통해 그런 경험들이 비록 불쾌하지만 결국 감당할 수 있다는 점을 배우게 된다. 다시 말해 노출에서 불행한 일이 발생하는 것은 공포스러운 부정적 결과를 견딜 수 없다는 위협 기반 예측을 깨뜨릴 수 있는 기회이다. 부정적인 결과가 일어날 가능성이 있다고 추정될 때, 환자에게 이러한 가능성에 대해 어떻게 준비할지 노출 전에 논의한다면 나중에 문제를 쉽게 해결할 수 있다.

위에서 설명한 각 환자의 부정적 결과는 다음과 같이 해결하였다.

- 사회불안이 있는 여성은 처음에는 매우 불편함을 느꼈지만 비웃음으로 인한 일시적 고통을 감당할 수 있다는 사실을 알게 되자 불편감은 곧 사라졌다.
- 과일을 먹은 후 설사를 경험한 환자는 아내와 그 일에 대해 이야기하였고, 아내는 설사가 식이의 급격한 변화(섬유질 증가)에 대한 위장의 정상적인 반응일 것이라고 지적하였다. 어쨌든 환자가 오랫동안 과일을 먹지 않은 건 사실이었다!
- 운전 노출을 하였던 여성은 실수를 빨리 수정하였다. 비록 방향을 잘못 들어간 것으

로 힘들긴 했으나 산만한 와중에도 실수를 인지하고 빠르고 안전하게 수정할 수 있다는 것을 깨달았다. 이 경험으로 자신의 운전 기술이 생각보다 낫다고 결론지었다.

환자 관련 요인 Patient-Related Factors

변화를 위한 준비 상태 Readiness for Change

치료참여에 관한 환자의 양가감정이 확실히 진행을 방해할 수 있다. 자신의 두려움에 반복해서 직면하는 것이 필요하기 때문에 주저함은 이해할 만하다. 또한 일부 환자는 불안을 자신의 중요한 일부로 보기도 한다. 종교적 엄격함에 관한 강박장애를 가진 20세 여성은 강박 의식이 고통스럽지만 항상 순수하고 순종적이고자 하는 내면의 동기가 바로 자신의 인격과 일치한다고 믿었다. 심지어 어떤 환자들은 자신의 불안이 유익하다고 본다. 예를 들어 일부 환자는 자신이 가지고 있는 광범위한 불안이 높은 수준의 성취를 이루고 재난을 예방하는데 도움이 된다고 믿어서 걱정을 줄이는 것을 내켜 하지 않는다. 이런 경우에는 환자의 변화 준비 상태를 평가하는 것으로 치료를 시작할 수 있다(Prochaska, 2000). 또한 동기 강화 면담 기술은 양가감정을 가진 환자에게 인지행동치료의 효과적인 보조 수단이 될 수 있다(Westra & Dozois, 2006).

공존하는 의학적 상태 Coexisting Medical Conditions

불안이 의학적 상태와 관련이 있을 때 평가 및 노출치료가 더 복잡해질 수 있다. 4장에서 언급했듯이 갑상선 기능 항진증, 갈색 세포종, 저혈당증, 승모판 탈출증, 천식, 알레르기 및 위장 문제와 같은 일부 의학적 상태는 공황발작을 유발하거나 불안의 징후와 유사할 수 있다. 지난 일 년 동안 의사를 보지 않았다면, 중요한 첫 단계로 의학적 검사가 필요하다. 갑상선기능항진증과 같은 경우 증상 호전을 위한 의학적 치료가 필요하다. 천식 같은 경우 의학적 치료가 증상을 감소시킬 수 있지만 노출치료가 의학적 문제 자체와 관련된 두려움과 걱정을 줄이는 데 매우 유용할 수 있다(Rosqvist, 2005).

질병이 있는 상태에서 불안을 치료할 때 추가적인 문제가 발생한다. 공황발작과 심장병 및 심장 발작 병력이 있는 58세 남성을 생각해 보자. 여기서 문제점은 심장 마비(즉각적인 응급 처치 시행)와 공황발작(증상을 혼자 견디고 감당)에 대한 대응이 정반대이다! 이러한 상황에서는 환자의 주치의와 긴밀히 협력하여 공황과 심장 마비(즉, 응급 치료가 필요한 경우)를 시사하는 선행사건 및 징후를 구별하는 것이 중요하다. 또한 노출 실습을 시작하기 전에 의학적으로 안전한지 확인해야 한다(예: 심장 질환이 있는 사람이 계단을 오르는 내적 감각 노출, 면역 체계가 약한 사람이 화장실 세균에 노출).

의학적으로 아픈 환자를 치료할 때 노출치료자가 종종 마주치게 되는 딜레마는 주치의가 환자의 행동에 대해 보수적 편향(예: '나중에 후회하는 것보다는 조심하는 것이 낫다')을 가질 수 있다는 것이다. 즉, 의사의 보수적 편향은 환자가 자신의 두려움에 직면하고 심리적 고통과 각성 관련 신체 감각을 견디라고 권하는 노출치료자의 강조점과 상충한다. 다소 극단적인 예를 들자면 의학적으로 건강한 19세 여성이 공황발작이 반복되면서 심장 마비에 대해 *걱정*을 하였다. 의사는 '만약을 위해서' 강렬한 신체활동은 피하라는 지시를 하였다. 그럴 경우 노출치료자는 주치의의 조언에 직접적으로 모순되는 내적 감각 노출 과제(예: 팔굽혀 펴기, 제자리 뛰기)를 권해야 하는 불편한 상황에 처한다. 의료 제공자에게 노출치료의 이론과 실제에 관한 교육을 포함하여 협조를 구하는 것이 종종 이런 특별한 상황을 해결해 나가는 데 유용하다.

동반하는 정신 건강 문제 Concurrent Mental Health Problems

앞에서 설명한 것처럼 노출치료는 불안과 비슷해 보이거나 노출 완수에 방해가 될 수 있는 심리적 문제가 동반하면 복잡해질 수 있다. 노출치료자가 모든 정신 건강 문제를 치료할 필요는 없지만, 문제를 식별하고 그것이 노출을 방해할 가능성이 있는지는 판단할 수 있어야 한다. 아래에서 우리는 불안과 공존하거나 성공적인 노출에 방해가 되는 몇 가지 중요한 상황에 대해 검토할 것이다.

다양한 유형의 불안. 여러 가지 공포와 걱정이 공존하는 것은 흔히 있는 일이지만(Kessler, 1995), 노출 실습은 통상 개별적으로 적용된다. 다양한 불안을 호소하는 경우 치료 계획을 짤 때 치료 목표의 우선순위를 정해야 한다. 한 가지 걱정이 다른 불안 치료에 영향을 미칠 때 난관이 발생한다. 예를 들면 사회불안이 있으면 다른 유형의 불안을 치료할 때 공공장소에 가야 할 수 있는 노출 실습을 방해할 수 있다. 만연한 걱정이 있으면 노출치료에 더해 인지치료가 필요할 수 있다(Hansen, Vogel, Stiles, & G testam, 2007). 한 가지 불안을 치료하면 때때로 다른 불안이 개선되기도 하지만(Borkovec, Abel, & Newman, 1995), 치료자는 노출의 효과가 한 영역의 불안에서 다른 영역의 불안으로 일반화되도록 돕는 것에 특별히 집중해야 할 수 있다.

우울증. 우울과 불안은 매우 빈번하게 공존하지만(Kessler, 1995), 불안 문제는 일반적으로 우울증의 발병보다 선행한다(Merikangas et al., 2003). 예를 들어 35세의 남자는 사회불안 때문에 오랫동안 대인 관계에 어려움을 겪은 후 우울증 치료를 받게 되었

다. 따라서 두려움과 불안이 개선되면 우울한 기분, 절망감 및 무기력이 해소될 것이라고 예상하면서 불안과 두려움을 치료 표적으로 하는 것이 적절하다. 그러나 심한 우울증은 노출 결과에 악영향을 줄 수 있다는 점을 명심해야 한다(Abramowitz, Franklin, Street, Kozak, & Foa, 2000; Ledley et al., 2005). 예를 들어 위에 나온 남자의 사례에서 사회적 상황에서 두려움을 줄이는 것이 우선 목표지만 극도의 절망과 무기력은 노출을 완수하는 것에 대한 자신감, 낙관 또는 열정을 가질 수 없게 만든다. 이러한 상황에서는 인지치료, 행동 활성화 및 항우울제를 사용하여 우울증을 먼저 목표로 해야 할 수도 있다.

물질 사용 문제. 임상 불안이 있는 환자는 종종 물질 사용 및 남용에 문제가 있다. 일반적으로 물질 남용이 있으면 노출 요법에 대한 반응이 나쁠 것으로 예측하는데, 이는 정신 활성 물질의 영향으로 노출 동안 학습된 정보를 통합하는 능력이 손상될 수 있기 때문이다(Oei & Loveday, 1997). 또한 노출 전, 노출 동안 또는 노출 후에 물질을 사용하게 되면 인위적으로 불안을 줄이면서 소거 학습 과정을 방해할 수 있다. 치료자는 노출치료를 고려할 때 또는 치료 과정 전반에서 물질 남용 및 의존성을 주의 깊게 관찰하고 문제가 존재하는 경우 노출치료를 시작하기 전에 이를 해결하는 것이 좋다. 사회적 환경에서 불안을 줄이기 위해 술을 마시는 사회불안 환자의 경우 이러한 물질 사용은 안전행동으로 기능한다. 환자가 스스로 물질 사용을 조절할 수 있다면 일단 노출치료를 시작하고 치료 경과에 따라 다른 안전행동과 함께 물질 사용을 점차적으로 줄여 나가는 것도 시도해 볼 만한 가치가 있다.

식이 장애. 음식이나 식사하는 것을 걱정하고 두려워하는 경우 반드시 식이장애와 구별해야 한다. 예를 들어 특정 음식에 관한 공포증이 있는 환자(예: 질식 또는 구토에 대한 두려움으로 인해)는 식이를 제한하면서 체중이 줄기 때문에 신경성 식욕 부진 환자와 구별하기 어려울 수 있다. 게다가 *단순히 음식을 만지거나 바라보는 것만으로* 칼로리를 흡수하고 체중이 늘 것이라는 강박 관념을 가진 신경성 식욕부진 환자처럼 식이 장애와 불안장애는 함께 생길 수도 있다. 환자의 체중이 적은 경우 노출 중 학습을 방해할 수 있으므로 건강 상태와 인지 장애 가능성에 주의를 기울여야 한다. 즉, 건강한 체중을 유지할 수 있을 때까지 노출 요법을 미룰 수도 있다. 대신 특정공포증(예: 음식 질식)이 환자의 건강을 위협할 정도로 상당한 체중 감량을 초래한 경우 체중을 복원하기 위한 치료와 노출을 함께 시행할 수 있다.

성격 특성. 종종 성격장애로 인식되는 일부 성격 특성(DSM-5에 의해 정의됨)은 노출치료에 대한 반응을 방해할 수 있다(Hansen et al., 2007). 예를 들어 불안한(예: 강박성 성격장애) 특성과 극적인(예: 연극성 성격장애) 특성은 라포를 발전시키고 노출 과제 지침을 지켜나가는 데 방해가 될 수 있다. 일부 성격 특성(예: 경계성 성격장애 진단을 받은 사람들의 전형적인 특성)에서 자주 나타나는 대인 관계 위기는 노출의 초점을 잃게 할 가능성이 있다. 강력한 치료 동맹이 개발될 수 있다면 이러한 특성에도 불구하고 노출에 성공할 수 있다. 괴상하거나 편향된 성격 특성(예: 조현형 성격장애)을 가진 사람도 두려운 자극과 대면하는 동안 새로 배운 정보를 통합할 수 있는 능력이 감소되어 노출치료에 문제가 된다. 따라서 불안하거나 극적인 성격 특성을 가진 환자에 대해서는 위에서 논의한 잠재적인 문제에 유의하면서 노출치료를 *고려하는* 것이 좋은 반면, 환자의 상호작용 패턴이 전반적으로 독특하고 편향된 경우 노출보다 다른 종류의 불안관리 전략이 나을 수 있다.

환각, 망상 및 조증. 환각, 망상 및 조증 증상은 이러한 경험이 정상적인 지각, 인지 및 판단을 방해하기 때문에 노출의 영향을 약화시킬 수 있다. 특히 치료 지침을 따르고 노출 실습을 통해 얻은 정보를 통합하는 능력을 방해할 수 있다. 따라서 불안에 대한 노출치료를 시도하기 전에 증상을 조절할 수 있는 치료(예: 인지치료, 약물치료)가 필요하다.

인지 및 발달 장애와 자폐증. 지적 장애, 전반적 발달 장애 및 자폐증에서 인지 장애가 흔히 동반되므로 불안 해결을 위해서는 상대적으로 더 추상적인 인지 전략보다는 노출치료가 적합할 수 있다. 동시에 관련된 인지 및 사회 기술 부족은 노출의 성공을 방해할 가능성이 있다. 예를 들어 다른 사람의 관점에서 보는 것에 어려움이 있으면서 경직되고 보속증 경향이 있다면 공포 기반 예측이 깨질 때 일어나는 소거 학습이 잘 이뤄지지 않을 수 있다. 더욱이 환자의 두려움과 걱정이 현실적일 수 있으며 아마도 일상 상황을 어렵게 하는 실제 사회 기술의 결핍이 있을 수 있다. 예를 들어 대인 관계 결손, 인지 능력의 약점 및 실행 과정의 문제 때문에 사회적 상호 작용, 상황 전환 및 예기치 않은 변화들이 극도로 고통스러울 수 있다. 이와 관련하여 상동 행동, 자기 자극 행위 그리고 반복된 일상에 집착하는 것과 임상 불안의 징후를 서로 구별하는 것이 중요한데 때때로 이들은 매우 비슷해 보일 수 있다. 강박 사고와 유사한 보속증적인 사고와 강박 행동과 비슷한 반복적인 자기 자극이 그 예가 될 수 있다.

인지 기능 또는 지적 기능이 심각하게 감소하여 임상 불안이 더 복잡해진 사람과 작업할 때 임상가는 노출을 시도하기 전 사회 기술 또는 조직화 기술을 향상시키는 기술 훈련을 강조할 수 있다(Cardaciotto & Herbert, 2004; Reaven & Hepburn, 2003). 한편 복잡한 교실의 소음이나 혼란과 같은 과도한 자극이 있는 상황에서 아이에게 자신의 반응을 바꾸라고 하는 비현실적인 요구보다 학급을 바꿔주는 식으로 스트레스를 줄여주는 환경 적응이 더 적절할 수 있다.

자살 생각과 자해 행동. 환자의 안전을 점검하고 확보하는 일은 치료자의 최우선적인 책임이다. 부정적 감정을 다루기 위한 자기 파괴적 방법은 환자의 안녕에 위협이 될 수 있다. 예를 들어 심한 건강 염려가 있는 50세의 남자는 대장암에 걸렸을 것이라는 생각에 사로잡혔을 때 느꼈던 고통에 너무 압도되어 자해와 자살을 고려할 정도였다고 말했다. 자살 사고는 대인 관계나 재정 문제 같은 삶의 다른 요인들과도 관련 있을 수 있다. 자해의 궁극적인 원인과 무관하게 노출치료를 시작하기 전 환자의 안전이 확립되어야 한다. 임상 불안이 자해나 자살 사고를 일으키고, 노출치료를 위한 안전을 확보하지 못한다면 입원을 고려할 수 있다.

위해와 폭력에 대한 생각이 모두 실제로 위해의 위험을 높이는 것은 아니라는 점을 명심해야 한다. 10장에서 논의한 것처럼 위해 행동(예: 자신이나 가족에게 해를 끼치는 행동)에 관한 일부 생각은 원치 않은 침습사고이다. 그러나 환자가 그러한 생각을 보고하면 치료자는 당황할 수 있다. 따라서 환자의 위험 수준을 확인하려 할 때 해로운 생각에 대한 정서적 반응을 평가하는 것이 도움이 된다. 폭력에 대한 생각에 공포나 두려움으로 반응하는 사람들은 행동할 것 같지 않은 '자아 이질적인'(즉, 기분에 *일치되지 않는*) 침습사고를 경험할 가능성이 높다. 게다가 그러한 생각이 일어나는 것은 종종 환자의 감정 상태와 무관하며 행복하거나 슬프거나 무관심할 때도 발생할 수 있다.

반대로 자신이나 타인에게 해를 끼칠 위험이 있는 환자는 기분에 일치된 생각을 하는 경향이 있다. 그러한 경우 이미 슬프고 희망이 없다 느끼는 상황에서 자살사고가 생기며, 종종 자살 행위를 수행하기 위한 어느 정도 구체적인 계획도 있을 수 있다. 자살사고가 고통스럽긴 하지만 자살을 문제에서 벗어날 수 있는 방법으로 지각할 수 있다. 마찬가지로 다른 사람을 해하려는 진정한 의도에는 일반적으로 사람에 대한 분노나 보복에 대한 욕구, 그리고 가능한 행동 계획이 동반된다. 특히 폭력의 과거력을 가진 사람들에게서 타해에 대한 생각이 발생하면 심각한 위협으로 여겨야 한다.

환자 환경의 특성 *Characteristics of the Patient's Environment*
환경 스트레스 요인 *Environmental Stressors*

임상 불안(실제 위험은 거의 없지만 위협을 과도하게 추정하는 것)과 스트레스(현실적 위협에 대한 합리적인 대응)를 구분하는 것은 치료 방향을 결정하는 데 중요한 진단 과정이다. 전자를 줄이려면 환자는 자신의 위협 기반 신념과 기대에 반하는 정보를 학습하여야 한다. 반대로 스트레스를 다루는 것은 스트레스 요인의 영향을 최소화하는 것을 말한다. 예를 들어 골든 리트리버가 무서워 외출을 피하는 어린이는 노출치료를 이용하여 해결할 수 있는 임상적 두려움과 불안감을 가지고 있다. 반대로 이웃의 위험한 경비견을 두려워하는 사람은 현실적인 위협에 정확하게 대응하고 있으며 경비견의 공격으로부터 보호가 필요한 상황일 수 있다. 좀 더 미묘한 차이는 학업 성취에 관한 만연한 걱정을 가지고 있는 대학생의 경우를 들 수 있는데 이는 위협을 과대평가하거나, 대처 능력에 대한 자기 효능감의 저하 혹은 지나치게 까다로운 교수 또는 진단되지 않은 학습장애의 결과일 수 있다. 환자의 두려움과 걱정이 실제 환경 스트레스와 관련이 있을 때 적절한 개입은 현실적인 위협을 줄이거나 관리하는 것이다. 예를 들어 가정 폭력 맥락에서는 임상 불안으로 여성을 치료하기 전에 더 이상 공격받을 위험이 없는지 확인하는 것이 필요하다.

관계 스트레스 *Relationship Stress*

아내의 이혼 요구를 염려했던 40세 남자에서처럼 임상 불안은 스트레스가 많은 관계 문제와 연관될 수 있다. 불안이 배우자와의 불화와 실제 관련 있다면 부부 치료가 도움이 될 수 있다. 그러나 이러한 걱정이 실제 관계 문제와 관련 없는 침습사고라면 상상 노출과 인지치료가 더 적절할 수 있다.

결론 CONCLUSIONS

이 장에서는 불안과 공포에 대한 노출치료를 복잡하게 만드는 일반적인 요인과 구체적인 요인을 살펴보았다. 복잡한 상황이 발생하면 임상의는 철저한 기능 평가와 불안의 유지 및 치료에 관한 인지행동 개념화라는 기본 원칙을 고수해야 한다. 이러한 원칙을 지키면 복잡해 보이는 다양한 상황에서 노출기반 치료를 임상 불안과 공포에 적용할 수 있다. 조절되지 않은 정신병적 양상이나 조증 및 약물 남용과 같은 경우를 제외하고는 복잡한 요인이 공존하고 있다 하여도 노출치료를 시행하는 데 망설일 필요는 없다. 또한 복잡한 요인이 있을 경우 임상의는 자신이 해결할 수 있는 영역에 속한 문제로 개입을 제한하고 다른 영역의 전문가와 협력하는 것이 중요하다.

 추가 참고 문헌ADDITIONAL RESOURCES

Foa, E. B., & Emmelkamp, P. M. G. (Eds.). (1983). *Failures in behavior therapy*. New York: Wiley.

McKay, D., Abramowitz, J. S., & Taylor, S. (Eds.). (2010). *Cognitive-behavioral therapy for refractory cases: Turning failure into success*. Washington, DC: American Psychological Association.

소아에서의 노출치료
Exposure Therapy with Children

이 책은 주로 성인과의 노출치료 작업에 초점을 맞추고 있다. 하지만 불안 증상은 모든 연령대에서 발생하며 특히 지난 수십 년 동안 성인과 더불어 소아의 불안이 증가하는 것을 고려한다면(Twenge, 2000), 소아와 청소년에서 노출의 적용을 다루는 것도 반드시 필요할 것이다. 노출치료를 사용하는 기본적 방법은 성인과 청소년에서 유사하다. 따라서 치료자들은 1부와 2부에 제시된 내용을 소아 및 청소년에게도 그대로 적용하면 된다. 그러나 불안한 아이를 대상으로 개입할 경우 치료자는 고려해야 할 많은 어려움과 도전을 만나게 된다. 이 장에서는 소아와 작업 시 특히 유의해야 할 불안의 특성과 치료, 그리고 구체적인 치료 기법을 검토할 것이다.

1920년대 초 흰 쥐에 대한 두려움을 가진 두 살짜리 아이에게 노출기법을 성공적으로 적용하면서 소아에서 노출치료가 시작되었다(Jones, 1924). 이러한 초기 '고전적' 실험 이후 노출은 사회불안(Beidel, Turner, & Morris, 2000), 특정공포증(Ollendick et al., 2009), 강박장애(Thil & Mulle, 1998), 분리불안(Thyer & Sowers-Hoag, 1988), 범불안장애(Kall, 2000) 등 다양한 소아 불안에 대한 포괄적 인지행동치료의 한 요소로 병합되었다. 그러한 치료 패키지의 효과는 수많은 무작위 통제 연구와 메타 분석 검토로 지지받았다(Wang et al., 2017; Watson & Rees, 2008). 치료 프로토콜은 일반적으로 인지재구조화 및 이완전략과 같은 여러 기법을 포함하지만, 노출이 치료의 주요 구성요소이다(Beidel et al., 2000; Bouchard, Mendlowitz, Coles, 2004; Davis & Ollendick, 2005; Kazddin & Weisz, 1998; Kendall et al.,2005; Silverman & Kurtines, 1996). 사실 이완 및 단독 인지 훈련을 하면 노출에 할애할 시간이 줄어 오히려 치료 효과를 낮출 수도 있다(Ale et al., 2015; Whiteside et al., 2015).

치료 특징
TREATMENT CHARACTERISTICS

소아 및 청소년에서 노출치료를 사용할 때 여러 가지 사항을 고려해야 한다. 이러한 요인 중 일부는 사례를 복잡하게 만들고 심지어 증상 호전에 장애물이 될 수 있지만 치료적 변화를 위한 기회를 제공하는 요인도 있다. 이어지는 단락에서 치료에 영향을 줄 수 있는 치료자, 가족 및 아이의 특징에 대해 검토할 것이다. 이 내용은 표 17.1에 요약되어 있다.

표 17.1 소아에서 노출치료를 사용할 때 고려해야 할 사항

요인	잠재적 장애물	개입
치료자	• 노출에 대한 거부감	• 멘토링 • 점진적 적용
가족	• 서로 다른 관점 • 유전적 위험요인 • 부모의 과도한 통제 • 가족 스트레스 (부부 갈등, 부모의 우울증)	• 부모 및 아이 면담 • 아이의 불안에 대한 부모의 반응을 두고 부모와 작업하기 • 부모를 개인 또는 커플 치료로 의뢰
소아	• 인지 능력의 한계 • 가족에 의존 • 안전 • 사회적 수용성	• 모델링과 이야기 기법 이용 • 치료에 부모 참여 • 행동적 방법에 초점 • 노출 계획 시, 부모에게 자문

치료자 요인 *Therapist Factors*

노출치료의 효과가 소아의 불안 치료에 입증되었지만 많은 치료자들이 이 기법을 사용하는 것을 망설인다(Whiteside et al., 2016). 노출치료를 제공하는 데 있어서 수많은 개별적 장벽이 있겠지만 이를 사용하지 않는 이유 중 일부는 노출이 자신의 지향하는 특정 이론이나 임상 스타일과 맞지 않는다는 믿음에서 비롯된다. 다른 이유로는 아이가 부적절한 두려움과 걱정으로 이미 고통받고 있는데 의도적으로 불안을 유발하는 것에 대한 망설임과 아이의 회복력에 대한 걱정 등이다. 임상의들은 종종 고통을 *만들지* 않고 이를 *감소시키려는* 바람으로 정신건강 분야에 입문하므로 결과적으로 인지 재구조화, 이완 훈련 또는 잠깐의 고통조차도 유발하지 않는 비인지행동치료 접근을 선호하게 된다(Whiteside et al., 2015, 2016). 그러나 이런 결정은 오히려 종종 불안한 소아에게 가장

큰 효과를 줄 수 있는 치료법을 빼앗는다.

치료자가 노출 방법을 사용하는 것에 관한 망설임을 극복하는 과정은 실제 노출치료 과정과 유사하다. 환자에게 노출치료를 적용한 이후 유발된 불안이 일시적이며, 장기적인 호전으로 이어진다는 것을 경험하게 되면 이러한 접근을 사용하는 것이 편하게 느껴진다. 동물 공포증(7장 참조)과 같이 비교적 간단한 노출 적용 사례로 시작하는 것이 도움이 될 수 있다. 성공을 경험하고 자신감을 얻게 되면 오염 공포(12장) 및 원치 않는 침습사고(10장)에서 좀 더 전문적인 노출 실습의 적용을 시도하는 것이 쉬워지는 것을 알게 된다. 경험이 풍부한 노출치료자로부터 감독 및 지도 등을 받는 것이 많은 도움이 될 것이다.

가족 요인 Family Factors

소아 불안의 발달과 유지에 영향을 미치는 가족 시스템을 고려하는 것이 중요하다(Ginsburg, Siqueland, Masia-Warner, & Heddtke, 2004). 불안은 유전적 요인과 학습된 요소를 모두 가지므로 불안한 아이의 부모도 불안 수준이 높다는 것은 그리 놀랄 일이 아니다. 따라서 불안한 기질을 물려받은 일부 소아는 어린 시절부터 새로운 상황에 대한 과도한 반응과 지각된 위협을 피하려는 높은 경향성을 보인다. 시간이 지남에 따라 부모의 불안한 행동과 아이의 두려움에 관한 부모의 순응이 아이의 불안 문제를 유지시키거나 악화시킨다. 대부분의 어린아이들은 부모를 모방함으로써 세상을 배우기 때문에 불안한 행동을 모델링하면서 부모의 두려움에 반응한다. 또한 부모의 과도한 통제 행동은 아이의 두려움과 회피를 증가시킨다는 연구들이 있다(Borelli, Margolin, & Rasmussen, 2015).

소아기 불안과 관련된 가족 요인을 탐구하거나 논의할 때 주의를 요한다. 아이의 불안 문제를 일으킨 부모 요인을 분명하게 파악하는 것은 거의 불가능하다. 이러한 요인에 대해 논의하는 것을 부모는 아이의 어려움에 대해 부모 자신의 불안이나 잘못된 양육을 탓하는 것으로 받아들인다. 그러므로 부모의 순응을 아이를 돌보면서 불안으로 생활에 지장을 받지 않게 하려는 충분히 이해할 만한 노력이라고 정상화해 주는 것이 바람직하다. 그럼에도 불구하고 대부분의 부모는 이러한 순응이 아이의 불안을 유지하는 데 기여하고 있고 치료를 통해 다루어야 한다는 생각에 동의한다. 이와 관련된 이야기는 불안 증상의 초기 기능 평가의 일부로서 회피 및 안전행동을 확인할 때 언급하면 적절하다(4장 참조).

대개 아이들은 안전하고 예측 가능한 환경에서 탐색과 발달을 가능케 하는 구조와 일상에서 잘 성장할 수 있다. 이러한 기반을 방해하는 가족 및 맥락 요인이 불안에도 기여할 수 있다. 여기에는 부부 갈등, 재정 문제, 부모의 우울증, 행동 문제가 있는 형제 및 가족 내 의학적 문제가 포함된다. 이러한 많은 문제는 부모가 아이를 비판하거나 지나치게 통제하는 빈도 즉, 아이의 불안에 기여하는 요인을 증가시킬 수 있다(Ginsburg et al., 2004). 여러 가족 스트레스 요인은 불안을 유지하는 데 기여하거나 가족이 치료에 잘 참여하지 못하도록 방해한다. 그러나 스트레스가 되는 가족 사건(예: 이혼)에 반응하여 일어나는 상황적 불안과 가족 스트레스 요인(예: 아이의 심한 불안에 반응하는 부모 간 양육 방식의 불일치)에 의해 악화될 수 있는 임상 불안을 구별하는 것이 중요하다. 임상 불안은 가족 맥락도 함께 고려한 노출치료를 통해 해결할 수 있고, 상황 불안은 가족 치료 또는 기타 적절한 개입을 통해 해결해야 한다.

소아가 치료자에게 올 무렵 부모가 치료를 찾은 결정을 포함하여 이런 모든 가족 요인이 문제에 관한 가족의 인식을 만든 상태이다. 부모와 아이가 상충되는 정보를 제공할 수도 있지만 치료자는 현재 호소하고 있는 증상에 관한 양쪽의 관점을 모두 평가할 필요가 있다. 이는 특히 소아가 치료에 참여하기를 원하지 않는 경우에 중요하다. 예를 들어 아버지는 12살 아들이 또래와 있으면 불안해하고 집에서 너무 많은 시간을 보낸다고 우려를 표명했지만 아이는 학교에서 사교적이며 주말에 친구들과 좋은 관계를 유지한다고 하였다. 이러한 상황에서 치료자는 다양한 상황에서 아이의 행동을 관찰하고 교사의 보고서와 같은 추가 정보를 수집할 수 있다. 예를 들어 아이가 진료실에서 매우 불안해 보이거나, 부모의 재촉에도 불구하고 과외 활동에 참여하지 않는 경우 자신의 불안을 감추고 있을 수 있다.

불안 문제가 있다는 것에 아이와 부모가 의견이 다른 경우 추가적인 정보를 얻기 위해 노출 작업을 평가 도구로 사용할 수 있다. 예를 들어 위에서 언급한 아이의 경우 다음 약속 전에 친구에게 전화해 주말 계획을 세우도록 요청함으로써 치료를 시작했다. 다음 주에 아이와 아버지는 아이 자신이 친구에게 전화하지 않았으며 아버지가 그렇게 하도록 지시했을 때 눈에 띄게 예민했다고 보고했다. 이 반응은 아이가 자신의 사회불안을 감추고 있음을 시사한다. 또한 이 연습은 추가 노출 계획의 기초를 제공한다. 만약 과제가 비교적 쉽게 성취되었다면 치료자는 아이의 견해를 받아들이고 아이가 일주일에 한 번 친구에게 전화하는 것과 같은 기본적인 요구 사항을 계속 충족시킨다면 사회불안에 대한 치료가 필요하지 않다고 결정할 수 있다.

부모 및 가족 기능이 소아의 불안에 많은 영향을 끼치므로, 초기 면담 중에 이러한 정보를 평가하는 것이 중요하다. 모델링과 비판 같은 많은 요소들을 치료에서 다루어야 할 수도 있다(이 장의 뒷부분에서 설명). 그러나 어떤 경우에는 부모가 불안이나 우울증과 같은 자신의 증상에 대한 치료를 받거나 부부 치료에 참여하도록 권하는 것이 좋다.

소아 요인 *Child Factors*

이번 장에서 소아라는 용어는 미취학 아이부터 청소년까지의 광범위한 연령을 의미한다. 이런 연령 범위 안에는 다양한 발달 단계가 있으며, 증상 발현 양상과 치료 필요성을 발달 단계에 맞춰 고려하여야 한다. 예를 들어 분리 문제는 일반적으로 어린아이에서 발생하는 반면 사회불안은 청소년에서 더 일반적이다(Costello, Mustillo, Erkanli, Keeler, & Angold, 2003). 특히 중요한 것은 어린아이는 보다 낮은 인지 능력을 가지고 있고, 감정에 대한 이해 및 가족과의 독립성이 낮고 보다 현재 지향적이다(Piacentini & Bergman, 2001). 따라서 발달상 인지적 한계가 있기 때문에 노출을 사용할 때 인지 지향 전략보다 주로 행동 개입을 필요로 한다(Bouchard et al., 2004; Piacentini & Bergman, 2001). 치료자들은 소아에게 성인 치료 기법을 동일하게 적용하기보다 발달 수준에 맞춰 두려움에 직면할 수 있도록 방법을 조정해야 한다.

치료를 발달에 맞게 변화시켜야 하는 부분은 회기의 구조와 정보 제시 과정에서 명확하게 드러난다. 예를 들어 부모의 참여는 청소년보다 어린아이에게 더욱 중요하다(Barrett, Dadds, & Rapee, 1996). 따라서 어린아이의 치료는 노출을 돕는 방법을 가르치기 위해 부모의 개입이 필요할 수 있지만 청소년 치료는 성인 치료와 유사하다. 회기 내에서 심리교육의 제공은 소아의 나이에 따라 다르다. 어린아이를 치료할 때 치료자는 종종 충분한 모델링과 이야기 또는 발달적으로 적절한 은유를 매우 구체적으로 사용해야 한다(Piacentini & Bergman, 2001). 예를 들어 불안과 그 치료에 관한 인지행동 개념화를 설명할 때 치료자는 개에 대한 두려움과 같은 기본 사례로 시작한 후 이 모델을 아이의 특정 관심사에 적용하는 것이 도움이 된다. 그림과 함께 시각 보조 도구를 사용하는 것도 좋다. 마지막으로 공포 영화나 롤러코스터를 두 번째 보거나 탈 때 덜 무서워진다는 비유를 들면 경험을 통해 자신의 예측이 변화할 수 있다는 개념을 이해하는 데 도움이 된다.

치료자는 노출 실습을 계획하고 시행할 때 소아의 발달 수준을 고려해야 한다. 특히 어린아이의 경우 초기 노출 항목을 비교적 쉽게 만드는 것이 좋다. 초기에 성공을 경험하면 기꺼이 치료를 계속하려 한다. 일부 아이들은 다른 상황에서 자신이 얼마나 불안을 느낄지 예측하는 데 어려움이 있기 때문에 노출 과제를 만드는 일이 어려울 수 있다(Bouchard et al., 2004). 가정에서 아이가 주어진 상황에서 어떻게 반응하는지에 대해 부모의 피드백을 받으면 노출 실습을 시작하기에 좋은 항목을 판단하는 데 도움이 된다. 예를 들어 7살짜리 소년이 큰 개만 두려워한다고 말했지만 어머니는 친구의 작은 비글도 피한다고 지적했다. 따라서 치료자는 아이가 너무 쉬울 것이라고 예측하지만 작고 느리게 움직이는 개로 노출을 시작하기로 했다. 이 연습조차 아이에게는 힘든 것으로 드러났지만 설령 그렇지 않고 지나치게 쉬운 노출이었다 해도 초기 자신감을 구축하는 경험을 제공할 수 있다.

성인과 마찬가지로 소아의 노출도 위험 가능성이 전혀 없는 것은 아니다. 아이와 작업할 때는 노출이 견딜 수 있을 만큼 안전한지 확인하는 것 외에도 아이의 발달 수준에 적합한지도 확인해야 한다. 이 문제는 특히 상상 노출에서 두드러지는데, 성과 폭력 같이 부모는 아이가 접하지 않았으면 하는 주제를 실습해야 하는 경우가 빈번하다. 여기서 치료자는 걱정하는 부모에게 지금 하려는 것은 아이에게 *이미 존재*하는 원치 않는 생각을 정교화하도록 요청하는 것이고, 아이가 경험하지 않은 생각에 노출하지는 않을 것이라고 설명할 수 있다. 예를 들어 우리는 아이들이 상상 노출을 사용하여 다음과 같은 유형의 원치 않는 침습사고에 맞서도록 도와주었다. 다른 소년과 섹스하는 14살 소년의 원치 않는 생각, 지옥에서 고문당하는 11살 소녀의 침습사고, 어머니를 살해하고 자살하는 15세 소녀의 생각, 부모의 죽음에 관한 12살짜리 소년의 생각(그 아이는 노출 중 부모가 교통사고로 죽었다는 부고를 썼다)을 상상 노출하였다. 상상 노출의 목표는 아이가 기존의 침습사고를 보다 건강하게 다룰 수 있도록 돕는 것이라고 알게 되면 부모는 이 접근법을 더 잘 받아들일 수 있다.

어떤 상황에서는 치료자가 자신의 폭력적이거나 성적인 생각을 예로 들어야 할 수도 있다. 예를 들어 소아가 원치 않는 침습사고에 대하여 수치심을 느끼거나 자세히 설명하기 어려워하는 경우 치료자는 소아가 '예', '아니오'로 대답할 수 있는 예시를 제시할 수 있다. 치료자의 침습사고처럼 다른 사람의 생각을 예로 들면 아이의 경험을 정상화하고 수치심을 줄일 수 있다. 그러나 대부분의 성인은 일반 아이보다 폭력적이고 성적으로 노골적인 생각을 만들어 낼 수 있으므로 적절한 주의를 기울여야 한다. 치료자가 제공하는 생각은 아이에게 익숙한 어휘 또는 개념과 일치해야 한다. 이러한 결정을 할 때 그 주제에 대한 아이의 지식, 가정에서 어떤 종류의 단어를 사용하는지, 또는 아이가 과거에 부모에게 말한 내용에 대해 부모와 대화하는 것이 도움이 된다. 또한 가족이 연습을 편안하게 느낄 수 있도록 노출을 수행하기 전에 부모와 대략적인 내용을 철저히 논의하는 것이 좋다.

다른 한편으로 치료자가 발달에 대한 고려로 지나치게 신중해져도 안 된다. 불안한 아이를 돌보는 데 익숙한 부모와 노출치료를 처음 접하는 치료자는 종종 소아의 탄력성과 독립 가능성을 과소평가한다. 소아의 두려움을 해결하고 자신감을 높이기 위해 노출을 설계하는 것은 종종 성인도 처음에는 불편하게 생각할 수 있는 활동을 포함한다. 예를 들어 어두운 방에 혼자 앉아 있거나 부모 없이 엘리베이터를 타거나 상점에 들어가서 물건을 구입하는 등이다. 수년에 걸쳐 우리는 소아가 이러한 비슷한 도전을 성공적으로 탐색하는 것을 보았다. 결국 안전 확보는 항상 최우선 과제이지만 임상의는 아이에게 그들의 두려움에 철저히 맞설 수 있는 기회를 주어야 한다.

추가적인 고려 사항 및 치료 도구
ADDITIONAL CONSIDERATIONS AND THERAPEUTIC TOOLS

이 단락에서는 아이 및 가족과 함께 노출치료를 수행할 때 도움이 되는 고려 사항과 몇 가지 부가적 기법을 설명한다.

소아와 작업해 본 경험 Experience Working with Children

소아와 함께 노출치료를 사용하기 전에 치료자는 이런 특수 집단과 함께 일하기 위한 적절한 지식과 기술을 가지고 있어야 한다. 여기에는 소아 발달 및 정신 병리에 대한 지식뿐만 아니라 소아와 그 가족에게 정신 건강 서비스를 제공하는 훈련이 포함된다. 임상 불안 문제는 종종 우울증 및 외현화 장애, 가족 갈등 및 학업 기능 장애와 같은 질환을 동반한다. 따라서 치료자는 일반적으로 소아 정신 건강관리와 관련된 여러 가지 문제를 평가할 수 있는 기술이 필요하다. 이러한 기술은 노출에 대한 이해와 더불어 소아 불안 문제를 치료하기 위한 기초를 제공한다.

부모와 함께 하는 치료 Working with Parents

대부분의 전문가들은 모든 연령의 소아에서 노출 작업을 할 때 어느 정도 부모를 포함시킬 것을 제안한다(예: Bouchard et al., 2004). 이런 제안들에서 부모를 치료에 포함시키는 정도는 최소 회기의 동반에서부터(Kendall, 2000) 변화의 주된 통로가 되는 것까지 매우 다양하다(Silverman & Kurtines, 1996). 부모가 치료에서 할 수 있는 구체적인 역할에는 평가 돕기, 노출 참여, 정서적 지지가 포함된다. 치료에 참여하는 부모는 어린아이들에게 특히 도움이 될 수 있지만(Barrett, Healy-Farrell, & March 2004), 청소년 치료에서의 이점은 충분히 연구되지 않았다.

평가 돕기 *Helping in Assessment*

어린아이일수록 과거나 미래보다 현재에 집중하는 경향이 있기 때문에 부모는 종종 아이의 과거력에 대한 중요한 관점을 제공하므로 정보수집 때 항상 포함시켜야 한다. 그러나 행동 징후가 없을 때 일어나는 특정 불편감, 특히 걱정 같은 것은 부모가 인식하지 못할 수 있으므로 아이의 보고를 평가절하해서는 안 된다. 평가자로서 부모의 역할은 치료 전반에 걸쳐 계속될 수 있다. 예를 들어 부모는 새로운 증상의 존재를 점검하고 아이의 성공적인 노출 수행에 관한 피드백을 제공할 수 있다. 또한 부모는 아이 자신은 잘 모르는 좋아지고 있는 증거를 말해 줄 수 있다. 예를 들어 9살짜리 소녀는 실수에 대한 걱정이 '거의 같다'고 말했지만, 어머니에 의하면 실수를 했는지 확인한 것이 일주일이 지났다고 하였다. 심리 치료의 모든 측면에서와 마찬가지로 부모-아이 관계는 협력적이어야 한다. 따라서 부모는 *긍정적인* 행동을 '알아차리는' 것에 집중해야 하며, 아이가 잘못하고 있는 것을 찾아내기 위해 지나치게 신경을 쓰거나 각 회기를 시작하자마자 회기 사이에 발생한 문제 목록을 언급하는 행동은 피하는 것이 좋다.

노출 실습에 참여 *Participating in Exposure Practice*

부모가 진료실 밖에서 노출을 진행하는 데 적극적인 역할을 하도록 권할 수 있다. 지속적으로 집에서 훈련하지 않으면 일상생활에서 불안이 줄어들 가능성은 낮다. 가정과 지역 사회에서 노출을 수행하는 것은 어려운 일이기 때문에 아이가 스스로 정기적으로 연습하는 것은 어렵다. 특히 어린아이들이 노출을 적절히 완수하기 위해서는 부모가 시간표를 짜주어야 한다. 자신이 직접 노출 장소를 계획하고 스스로 갈 수 있는 청소년조차도 노출을 완수하기 위해 도움이 필요하다. 청소년의 독립 정도를 고려할 때 사전에 부모와 청소년이 의견 차이를 이야기하고 조율할 수 있는 방법을 교육하면 잠재적인 충돌을 최소화 할 수 있다. 부모가 아이로 하여금 불안에 능동적으로 대처하게 도와주는 방법을 소개하고 있는 자료들이 많이 있고 이를 활용하면 도움이 될 것이다(Mendlowitz et al., 1999; Silverman & Kurtines, 1996; Whiteside, Brown, & Abramowitz, 2008).

정서적 지지 *Providing Emotional Support*

부모 스스로 자신의 불안을 적절히 관리하고 아이에게 정서적 지원을 지속적으로 제공하도록 지침을 준다. 아이가 치료를 받게 될 때 불안은 종종 가족의 주요 관심사가 된다.

예를 들어 일부 부모들은 분리불안 때문에 아이의 침실이나 교실 밖에서 여러 시간 동안 앉아 있었다고 보고한다. 부모의 관심은 강력한 동기 부여가 되므로 보다 긍정적인 행동으로 관심을 옮기는 것이 중요하다. 특히 치료자들은 부모가 아이의 불안한 행동에 대해 비판이나 훈육으로 반응하기보다는 용감한 행동에 집중하도록 격려할 수 있다. 불안한 아이에게 쏟는 관심을 줄이는 것은 매우 어려울 수 있다. 이는 부모가 아이의 불안을 *고치지* 않고 *견뎌야* 하기 때문이다. 아이가 진료실에서 특정 상황에 성공적으로 직면한 *이후에* 가정에서도 같은 행동을 할 수 있을 것이다. 이런 경우에 부모가 앞서 언급한 내용을 적용할 수 있도록 지침을 줄 수 있다. 예를 들어 아이가 회기 중 노출로 다른 아이에게 전화를 거는 연습을 하였다면 가정에서 스스로 전화 걸기를 시도할 것이다. 치료자는 아이가 불안을 스스로 감당하려고 시도할 때 부모가 따뜻한 칭찬과 지지를 제공하는 방법을 알려주고, 부모 스스로의 불안에 굴복하거나 아이가 불안해한다고 비난하지 않도록 지시하여야 한다.

행동 관리 *Behavior Mamagement*

어린아이는 물론이고 누구나 노출을 완수하는 것은 어렵다. 의지가 강하거나 자신의 불안을 문제로 여기지 않는 아이는 특히 그렇다. 아이가 노출을 완수하기 어려운 상황에서는 행동 관리 기법이 도움이 될 수 있다. 행동 관리 전략은 원하는 방향으로 아이 행동을 조형하기 위해 명확한 기대, 수반되는 보상, 그리고 부정적인 결과의 사용으로 요약할 수 있다.

임상 불안 문제를 가진 대부분의 소아는 기분이 나아지기를 바라는 동기를 가지고 치료에 참여한다. 치료자와 부모가 아이의 두려움을 작고 조절하기 쉬운 단계로 나누어 주면 많은 아이는 일반적으로 노출에 협조한다. 그러한 상황에서 치료가 순조롭게 계속 진행되기 위해서는 순응적 기질, 증상의 감소, 그리고 어려운 작업에 관한(치료자와 부모의) 칭찬이 필요하다. 아이가 치료에 저항할 경우는 부모(또는 치료자)가 너무 빨리 호전될 것으로 기대했기 때문일 수 있다. 그러나 점진적인 호전과 칭찬이 노출 실습과 관련된 초기 고통을 극복하기에는 너무 막연하거나 먼 것일 수 있다. 이러한 경우 보상을 보다 자주 고정된 일정에 따라 전달하는 수반성을 도입하는 것이 유용할 수 있다.

강화는 치료실과 가정에서 모두 사용할 수 있다. 예를 들어 정해진 횟수의 노출(예: 다섯 번 또는 열 번)을 완성하면 보상을 받는 계획을 실행한다. 특히 어린아이들에게는 스티커를 통해 경과를 추적하거나 노출 작업을 성공적으로 참여한 것에 비싸지 않은 상 같은 즉각적인 보상을 제공하는 것이 도움이 된다. 나이가 많은 경우 적립 포인트, 병에 든 구슬, 확인 표시 또는 돈과 같은 다른 보상 시스템은 모두 노출의 보상 과정에 이용할 수 있다. 부모가 일관성을 유지하고 수반성 관리를 보여 주기 위해 치료 회기와 비슷한 시스템을 가정에서 사용하는 것이 도움이 된다. 장난감과 간식을 포함하여 다양한 보상을 활용할 수 있으며, 친구와 잠을 자거나 부모 또는 다른 사랑하는 가족과 '특별한 날'을 보내는 등의 사회적 보상도 큰 동기를 부여할 수 있다. 따라서 보상이 꼭 물질일 필요는 없다(부모의 긍정적 관심은 매우 보상적이다). 청소년과 함께 작업할 때는 자신의 목표를 설정하고 적절한 보상 시스템을 설계할 때 적극적으로 참여시키는 것이 중요하다. 보상의 예는 표 17.2에 있다.

표 17.2 소아에서 사용하는 보상과 결과의 예

범주	예
자연적 보상	• 불안 감소 • 바람직한 활동에 참여할 수 있는 능력 • 부모로부터 칭찬 • 치료자로부터 칭찬 • 성취감 • 자긍심
부가적 보상	• 추가 놀이시간 • 잠드는 시간 30분 늦추기 • 친구를 집에 초대하기 • 형제자매 없이 혼자 부모와 시간을 보내며 특별한 활동하기 • 특별한 디저트 • 먹고 싶은 저녁 식사 고르기 • 영화 보러 가기 • 외식 • 자동차 사용 특권 • 귀가 시간 연장
부정적 결과	• 매일 노출을 완료하기 전까지 즐거운 활동 미루기 • 공격적 행동에 대해 타임아웃 • 특권 상실(전자 기기 사용 등)

일반적으로 순응적인 아이가 보상 시스템에도 불구하고 노출 완수에 저항하는 경우에는 훈련을 끝내지 않은 것에 대해 약간의 부정적인 결과를 도입해야 할 수 있다(표 17.2 하단의 예 참조). 예를 들어 강박장애가 있는 한 어린 소녀는 회기 중 노출은 잘 따라왔지만 집에서 노출을 하라고 제안했을 때 격렬한 분노를 보였다. 이 반응에 대해 어머니와 치료자는 노출을 밖에 나가 놀거나 TV를 보기 전에 끝내야 하는 숙제와 같다고

설명했다. 또한 자신의 강박장애에 화를 내는 것은 괜찮지만 좌절했다고 다른 사람을 때리고 비명을 지르는 것은 허용될 수 없다고 말하였다. 아이가 공격적일 때 부모는 아이를 조용한 장소에 놔두고 타임아웃 시켰다. 이 가족처럼 부모가 특권 상실(예: 전자 기기) 또는 타임아웃을 이용하면 해야 할 노출을 회피하도록 놔두지 않으면서 아이의 불안과 정서 폭발에 관심을 거둘 수 있다.

주의해야 할 것은 비순응에 부정적 결과를 고안하기 전에 부모(및 치료자)는 계획된 노출 작업이 아이에게 적절한 수준(즉, 성공적으로 완료될 가능성이 있음)인지 확인해야 한다. 또한 폭발적 행동은 부정적인 결과(예: 특권 상실)가 따를 것이지만, 불안을 효과적으로 다루기 위해 노력하면 여러 가지 보상과 함께 부모가 열렬히 지지해 줄 것이라는 점을 아이에게 분명히 해야 한다.

일반적으로 비협조적이고 적대적이고 반항적인 행동 문제를 가진 불안한 아이들은 노출치료를 마치기가 매우 어렵다. 이러한 상황에서는 노출치료를 시작하기 전에 전체 행동 수정 시스템을 실행해야 할 수도 있다. 접근법에는 특별한 일대일 시간 제공, 효과적인 명령 제공, 바람직하지 않은 행동 무시, 적절한 행동 칭찬, 준수 행동 강화, 논리적 결과 설명 및 타임아웃 등 부모 관리 기법 교육이 포함된다(Barkley, 1997). 앞에서 본 것처럼 이 기술들은 앞서 부모에게 권장한 것과 매우 유사하므로 나중에 불안 증상을 해결하기 위한 좋은 토대를 제공한다.

놀이 *Play*

치료가 재미있다면 아이가 열심히 작업하고 완수하는 데 도움이 될 것이다. 간단히 말해서 아이들은 자신들이 좋아하는 치료자를 즐겁게 해주고 싶을 것이다(Bouchard et al., 2004). 따라서 치료자가 재미있는 태도를 취하는 것이 좋다. 유머나 바보 같은 행동을 시도하면 환자, 부모, 치료자에게 더 즐거운 경험이 될 수 있다. 또한 아이가 스스로 웃으면서 즐길 수 있다면 완수한 노출이 처음에 예상한 것만큼 위험하지 않다는 것을 암시하게 된다. 하지만 놀이와 바보 같은 행동이 노출에 포함될 수 있지만, 이를 치료자(또는 부모)가 주의전환이나 소아를 진정시키기 위한 방법으로 사용하지 않아야 한다. 주의전환으로서의 유머는 소아가 경험을 통해 배움으로써 자신의 느낌을 독립적으로 관리할 수 있게 될 기회를 방해한다.

놀이는 노출치료에 아주 어린아이들(6세 이하)을 참여시키는 도구가 될 수 있다. 치료자는 치료 초기에 아이와의 관계를 구축하고 긍정적인 활동으로 치료를 확립하기 위해 게임을 선택할 수 있다. 각 회기가 끝날 때 열심히 작업한 것에 대한 보상으로 게임 및 기타 재미있는 활동을 할 수 있다. 놀이는 또한 노출을 수행하기 위한 수단으로 사용할 수 있다. 예를 들어 자신이 움직인 공간의 수와 그다음 차례를 크게 말해야 하는 규칙의 보드게임은 사회불안이 있는 아이가 대화를 시작하는 데 효과적인 방법이 될 수 있다. 그러나 치료자는 게임이 시간이 오래 걸리고 노출 실습을 방해할 수도 있으므로 주의를 기울여야 한다. 우리의 경험상 7세 이상 아이에서는 노출치료에 성공적으로 참여시키는 데 게임은 거의 필요하지 않았다.

소아기 불안의 양상
THE PRESENTATION OF ANXIETY IN CHILDHOOD

어린 시절의 불안과 성인의 불안 경험 사이의 일치에도 불구하고 소아에서 독특한 몇 가지 임상 양상이 있다. 다음 단락에서 우리는 2부에서 다루지 않았던 주로 소아에서 보이는 불안 양상에 노출치료의 적용을 검토할 것이다.

분리불안 *Seperation Anxiety*
분리불안은 대부분의 소아에게 있어서 시간이 지남에 따라 감소하는 정상적인 발달 과정이다. 분리에 관한 임상 문제는 어린아이들에게 가장 흔하며 유치원이나 취학 전과 같이 외부로부터 독립에 대한 요구가 증가하는 것과 관련이 있다. 일반적으로 양육자로부터 분리하는 것에 대한 강한 두려움과 저항이 징후에 포함된다. 전형적인 예는 4살짜리 소년이 유치원 앞에서 분리될 때 교사가 제지하기 전까지 비명을 지르고 울며 어머니의 다리에 달라붙어 있는 경우이다. 흔히 부모가 떠난 후 불안은 상당히 빨리 사라지고 아이는 하루 종일 잘 지내는 경우가 많다. 분리불안의 다른 징후는 가정에서 혼자 방에 있으려 하지 않고 친구 집에 자러 가지 않거나, 육아 도우미와 함께 지내지 않으려는 것이다. 또한 어쩔 수 없이 떨어지는 경우 부모에게 자주 전화나 문자 메시지를 보낼 수 있다. 분리불안과 관련하여 두려워하는 결과에는 버려지는 것뿐만 아니라 자신이나 부모에게 위해나 재난이 닥치는 것 등이 포함된다. 종종 아이는 불안과 관련된 생리적 각성을 두려워한다.

노출 시도는 부모의 도움 없이는 불안이 조절되지 않거나 견디기 힘들 것이라는 믿음과 공포 기반 예측을 반증하는 도전적인 상황에서 점점 시간을 늘리면서 부모와 떨어져 있는 연습을 한다. 이러한 환자에 대한 노출 목록은 다음과 같다. 부모가 진료실에서 대기실로 나가는 것으로 초기 노출을 시작할 수 있다. 치료자가 진료실을 떠나거나 부모가 진료실 건물을 떠나 심부름하도록 함으로써 노출의 강도를 높일 수 있다(아이의 두려움에 대한 기능 평가에 따라 정한다). 처음에는 아이가 얼마나 오랫동안 분리되는지와 부모가 어디에 있을 건지에 대한 정확한 정보를 요구할 것이다. 그러나 이후 노출에는 이러한 변수와 관련하여 불확실성이 도입되어야 한다. 집안에서 아이들이 부모를 계속 따라다니지 않고 혼자 방 안에서(가능하다면 다른 층에서) 놀도록 하기 위해 비슷한 단계를 취할 수 있다. 추가 노출 실습에는 친구의 집에서 시간을 보내거나 밤에 자고 오거나 보모와 함께 집에 머무르게 하는 것이 포함될 수 있다.

노출 과제	SUDS
치료자와 진료실에 머물기	50
치료자와 부모와 함께 진료실에서 '엄마 아빠는 돌아오지 않을 거야'라고 반복해서 생각하기	55
치료자와 진료실에 있는 동안 부모가 건물을 떠나게 함	60
부모가 떠나 있는 동안 치료자와 진료실에 머물면서 생각을 반복	65
진료실에 혼자 있기	70
진료실에 혼자 있으면서 생각을 반복	75
5분 동안 방 안에서 혼자 놀기; 방 안에 혼자 있는 시간을 늘리기	80
생각을 반복하면서 방에서 혼자 놀기	85
부모 없이 친구 집에 가기	95
친구 집에서 하루 자고 오기	100

'엄마가 돌아오지 않을 거야'와 같은 불안 유발 사고에 반복적으로 노출하는 것은 상황 노출을 증강시키는 데 사용된다. 이러한 상상 노출은 처음에는 치료자와 부모가 모두 진료실에 있을 때 시행한다. 이를 통해 아이가 자신의 당황스러운 생각을 성공적으로 감당할 수 있음을 배우도록 돕는다. 다음으로 아이는 가정에서 분리 노출 중에 이러한 생각을 반복할 수 있다. 아이가 (1) 분리될 때 불안을 촉발하는 자동 사고를 파악할 수 있거나, (2) 분리되는 동안 특정한 걱정이 유발되어 부모와 만나려고 노력하는 경우 상상 노출을 포함하는 것이 특히 중요하다. 이러한 경우 부모의 안심에 의존하지 않고 부모와의 물리적인 분리와 관련된 불쾌한 생각을 독립적으로서 처리할 수 있다는 사실을 배우

는 데 도움이 된다.

분리 노출은 차별적 주의와 가능하다면 행동 관리로 강화할 필요가 있다. 예를 들어 울고 집착하는 것이 부모의 주의를 유지하는 데 효과적이라면 아이는 이러한 대응을 계속할 것이다. 따라서 아이가 유치원에서 분리되기 위해서 딸이 문으로 용감하게 걷는다면 아빠는 따뜻하고 애정 어린 말을 한다. 반면 울기 시작하고 머물기를 간청하거나 다리에 매달릴 때는 즉시 떠나도록 한다. 또한 분리 과정에서 불안한 행동을 하지 않으면 아이에게 보상할 수 있다. 예를 들어 울긴 하지만 매달리지 않고 분리하면 스티커를 받을 수 있다. 그 후 아이는 스티커를 얻기 위해 더 높은 수준의 평온함을 보여 줘야 한다. 마찬가지로 같은 방에 맴돌고 있는 아이에게 반응하지 않고 다른 방에서 혼자 놀면 가서 칭찬한다.

모든 노출과 마찬가지로 발달에 대한 기대를 염두에 두는 것이 중요하다. 나이가 많은 아이의 경우 부모 없이 집에 머물도록 연습하는 것이 적절하다. 더 어린아이들은 일반적으로 집에 혼자 놔둘 수 없기 때문에 부모가 없는 방에 혼자 있거나 부모가 아닌 다른 보호자와 함께 머무는 데 초점을 맞출 수 있다. 분리 노출을 계획하기 위한 일련의 유용한 지침은 다음과 같다. 7세 미만의 어린이는 집에 혼자 두어서 안 되며, 8세에서 10세는 3시간 동안 혼자 둘 수 있으며, 11세에서 13세는 최대 12시간 동안 혼자 있을 수 있다(Olmsted County Child and Family Services, 2007).

등교 거부 School Refusal

등교 거부는 엄격한 행동 평가의 중요성을 보여 주는 훌륭한 예이다. 소아는 불안이나 다른 부정적인 감정, 주의를 받으려는 시도 또는 보다 즐거운 활동에 참여하려는 욕구를 포함하여 다양한 이유로 학교를 피할 수 있다(Kearney, 2006). 때때로 등교 거부는 학습장애 또는 괴롭힘과 같은 실재하는 스트레스 요인과 관련이 있다. 아이가 두려움이나 걱정 때문에 학교를 피하는 경우 불안에 대한 단서를 특정하는 것이 중요하다. 예를 들어 일부 아이는 교사에게 질문하거나 점심시간에 또래 친구들과 대화하는 것과 관련된 사회불안 때문에 학교를 피하려 한다. 다른 아이들은 학교 자체는 문제가 없지만 부모와의 분리에 대해 극도로 긴장한다. 일부 학생들 심지어 상위권 학생들조차도 성적이나 곤경에 처할까봐 매우 불안해할 수 있으며, 수행에 대해 여러 걱정을 갖고 있을 수 있다. 마지막으로 일부 아이에게서는 학교에 있을 때 아프거나 겁에 질릴 것이며 도움을 받지 못할 거라는 것 외에는 다른 구체적인 두려움을 파악하지 못할 수도 있다.

치료자가 아이의 두려움에 관해 기능적으로 이해하게 되면 재등교와 장기적인 안전학습을 최대화할 수 있는 노출기반 계획을 설계할 수 있다. 이 계획의 가장 중요한 항목은 소아가 점진적으로 학교로 돌아가는 것이다. 상당한 시간 동안 중학교를 결석한 13세 소년의 노출 목록 예는 아래와 같다. 무엇이 두려움을 불러일으키는 알 수 없었지만 오랜 결석으로 인한 부끄러움이 학교로 돌아가는 것에 관한 불안을 증가시켰다. 기능분석을 통해 출석을 방해하는 특정 두려움(예: 사회불안)이 있을 경우 이러한 항목에 대한 노출은 학교로 돌아간 후에 시행할 수 있다. 아주 긴 시간 동안 결석한 경우와 같이 좀 더 심한 경우에는 재등교가 가능하기 전에 이러한 노출을 시도해야 할 수 있다. 많은 경우 학교 복귀를 촉진하기 위해 체계적인 행동 계획이 필요하다. 이러한 계획에는 출석 목표 달성에 특권과 보상을 부여하는 것과 결석의 결과에 따른 즐거운 활동의 제거가 포함될 것이다. 일반적으로 특히 장기 결석 후에는 학교 재등교가 점진적으로 진행되며 치료자 및 학부모의 인내가 필요하다.

노출 과제	SUDS
제시간에 일어나고 학교 준비하기	5
부모와 함께 차로 학교에 갔다 집으로 바로 돌아오기	15
방과 후에 학교 들어가기	20
낮 동안 학교에서 학교 선생님 만나기	60
학교 선생님 만나고 수학시간 출석하기	80
학교 선생님 만나고 수학 및 영어 수업에 출석하기	90
오전 내내 학교에 머물고 조금씩 오후 시간 늘려가기	97
버스타고 등하교 하기	100

선택적 함구증 *Selective Mutism*

소아의 극단적 사회불안은 선택적 함구증 양상으로 나타날 수 있다. 즉, 일부 환경에서 (특히 집에서) 자유롭게 대화하고 상호 작용하는 아이가 다른 환경에서 전혀 말을 하지 않는다. 사회불안에 관해 9장에서 설명한 것과 비슷한 접근법이 적절하지만 초기 훈련은 의사소통의 기초에 초점을 둘 필요가 있다. 종종 아이와 치료자가 대화하게 되는 초기 목표를 달성하려면 의사소통을 기초적인 단계들로 나눌 필요가 있다. 이러한 노출에는 비언어적 의사소통, 부모에게 속삭이는 것, 또는 기본적인 움직임이나 말소리 내기가 포함될 수 있다. 예를 들어 한 어린 소녀는 비눗방울을 입으로 부는 단계에서 카주(역주,

피리와 비슷한 악기)를 이용하여 흥얼거리다가 단어를 만들고, 결국 한 단어로 답변을 할 수 있었다. 또 다른 아이의 경우 점진적으로 엄마에게 점점 더 크게 속삭였고, 엄마의 귀에서 점점 멀어져서 결국 치료자에게 직접 대화할 수 있었다.

아이가 치료자와 대화할 수 있게 되면 이런 성취를 다른 사람들에게 일반화하는 것이 중요하다. 가능하다면 더 많은 가족이나 친구들을 진료실로 데려오는 것이 도움이 될 수 있다. 이때 치료 회기의 안전함을 느끼면서 치료자와 이야기하기 위해 필요했던 단계를 반복하거나 말을 해야 하는 게임을 할 수 있다. 또한 일반적으로 부모 또는 교사가 진료실 밖에서 즐거운 소그룹 활동을 조직하도록 해서 친구와의 의사소통을 점차적으로 늘릴 수 있다. 잠재적으로 유용한 다른 전략으로는 행동 강화, 모델링 또는 교사 또는 반 친구가 제기한 질문에 대하여 아이가 대답하는 짧은 동영상을 모아 영화로 편집하는 것 등이 있다(Viana, Beidel, & Rabian, 2009).

결론 CONCLUSIONS

이 장에서는 소아 및 청소년에서 노출치료를 수행할 때 치료자들이 고려해야 할 중요한 주제들을 다루었다. 노출치료의 기본 원칙은 소아와 성인에서 동일하기 때문에 이 장에서 다루는 주제는 2부에 제시된 노출 수행에 관한 자세한 정보와 통합해야 한다. 아래의 추가 자료들은 아동기 불안장애 치료에 관심이 있는 치료자들에게 도움이 될 것이다.

 ## 추가 참고 문헌 ADDITIONAL RESOURCES

Barkley, R. A. (2013). *Defiant children: A clinician's manual for assessment and parent training* (3rd ed.). New York: Guilford Press.

Chorpita, B. F. (2007). *Modular cognitive-behavioral therapy for childhoodanxiety disorders*. New york: Guilford Press.

Kendall, P. C., & Hedtke, K. A. (2006). *Cognitive-behavioral therapy for anxious children: Therapist manual* (3rd ed.). Ardmore, PA: Workbook.

Lebowitz, E. R., & Omer, H. (2013). *Treating childhood and adolescent anxiety: A guide for caregivers*. New York: Wiley.

중요한 사람을 치료에 참여시키기
Involving Significant Others in Treatment

이전 장에서 소아 청소년 노출치료에 부모를 참여시키는 것에 대해 알아보았다. 이제 이를 연인, 배우자, 가족, 가까운 친구 등을 포함하는 대인 관계 전반으로 넓혀보겠다. 관계는 두 가지 방법으로 불안에 영향을 준다. 첫 번째는 순응을 통해서이다. 환자와 가까운 사람들이 의도치 않게 환자의 회피 행동과 안전행동을 '도와' 조건화된 불안을 유지시킨다. 두 번째는 불안 증상이 대인 관계의 불화와 갈등을 일으키고 이는 다시 불안을 악화시킨다. 이 두 가지는 보통 동시에 작용하기 때문에 대인관계 문제가 있는 환자에서 노출치료를 계획할 때 평가해야 할 중요한 영역에 대해 논할 것이다. 마지막으로 이러한 대인 관계 관점에서 불안 환자의 개입 전략을 제시하겠다.

두려움에 순응
FEAR ACCOMMODATION

가족은 때때로 사랑하는 사람의 두려움 또는 불안과 복잡하게 연루된다. 가족은 평소 행동을 바꾸어서 환자의 불안 감소 전략에 참여하거나(예: 회피 촉진 또는 안전행동 및 안전추구 의식을 도움), 환자가 해야 할 일상적 책임을 맡거나(예: 쇼핑을 대신해 주기), 환자의 불안 행동으로 인한 문제를 해결해 준다(예: 사회불안 환자가 행사에 참석할 수 없는 변명거리를 만들어 줌). 이러한 행동을 흔히 순응이라 부른다(Abramowitz & Baucom, Press; Boeding et al., 2013; Calvocoressi et al., 1999; Shafran, Ralph, & Tallis, 1995). 이런 식으로 행동하지 않았을 때 환자는 화를 내거나 위협하는 등 부정적 반응을 보이기 때문에 가족이 순응하는 것일 수 있다. 또한 환자가 불안을 느끼지 않도록 '보호'하는 것이 환자에 대한 관심과 염려를 표현하는 것이라 생각하기 때문일 수도 있다. 다음의 예는 이러한 현상을 잘 보여 준다.

60세 잭은 강박장애 진단을 받았다. 그의 주된 강박 사고는 성추행과 근친상간 같은 용납할 수 없는 성적인 생각에 관한 것이다. 강박 사고는 소아를 보면 유발되었고, 손주를 볼 때도 마찬가지였다. 잭은 자신의 뛰어난 자제력과 엄격한 도덕성에 자부심을 가지고 있었다. 그래서 이런 강박 사고가 극도로 불쾌하게 느껴졌고 괴로웠다. 그는 점차 두려워졌고 강박 사고가 생길 때마다 분노를 억제하느라 힘들었다. 그 결과 잭은 손주와 노는 것이나 선정적인 TV 프로그램 시청을 엄격히 피했다. 잭의 강박 사고를 피하기 위해 그의 아내 노마는 TV에서 역사 채널과 음식 채널만 보았다. 잭은 강박 사고와 불안을 피하기 위해 손주 이야기는 일절 꺼내지 않고 집에 손주 사진을 거는 것도 자제해야 한다고 주장했다. 또한 손주들이 그의 집에서 자는 것을 금지했다. 손주를 자랑스러워하며 잭의 강박 사고가 무의미하다는 것을 알고 있는 노마는 이런 상황에 매우 화가 났다. 그러나 그녀는 그를 진심으로 염려하였고 그가 불안하거나 화내는 것을 보고 싶지 않았기 때문에 잭이 원하는 대로 기꺼이 응했다.

순응은 미묘할 수도 있고 노골적일 수도 있으며 대인 관계가 고통스럽거나 그렇지 않은 경우에도 찾아볼 수 있다. 예를 들어 노마는 그녀와 잭이 강박장애에 대해 한 번도 논쟁한 적이 없다고 자랑했다. 그러나 명백한 논쟁이 없다 하더라도 순응에는 보통 돌보는 사람의 좌절이 담겨 있고, 이것이 임상 불안에 있어 문제를 끊임없이 지속시키는 관계 '시스템'의 악순환을 만들어 낸다(1부에서 논의). 우리는 오염 강박이 있는 환자를 가족과 함께 치료한 적이 있다. 그 환자는 집에 오자마자 옷을 벗고 샤워를 하며, 차 키를 표백제로 정기적으로 세척하고, 성인이 된 자녀를 위해 매일 옷을 세탁하고 침대 정리를 하며, 자신이 차로 누군가를 치지 않았는지 확인하기 위해 집에 오는 길을 되돌아가고, 매일 아침 다 큰 자녀의 식사를 준비하기 위해 자녀의 집으로 운전해서 갔다.

순응은 강박장애 환자에게만 있는 것이 아니다. 광장공포증으로 집에 있으려 하는 환자를 위해 가족이 모든 집안일을 해 주거나, 외출할 때마다 환자와 동행하기도 한다. 사회불안이 있는 사람의 모든 전화 통화를 가족이 대신 처리하거나, 극심하게 걱정하는 환자를 위해 전화로 계속 확인해 주거나, 배우자 또는 파트너가 운전에 대한 특정공포증이 있는 경우 운전을 떠맡을 수 있다.

사랑하는 사람이 두려워하는 활동을 피하도록 돕는 것 이외에도, 임상 불안으로 인한 기능 손상과 관련된 부정적 결과로부터 그를 보호하는 일을 할 수도 있다. 예를 들어 일하지 않는 성인 자녀를 부모가 계속 부양하고, 결석이나 일을 제대로 못 했을 때 환자 대신 교사나 고용주에게 변명을 한다거나, 과도한 샤워로 인한 막대한 수도 요금을 지불하고, 강박적인 청소 의식에 필요한 여분의 비누나 화장지를 구매하며, 모임에 가지 않았을 때 자녀의 친구에게 말할 핑곗거리를 제공한다. 표 18.1은 다양한 불안장애 진단에서 보이는 공통적인 순응 패턴 중 일부이다.

가족 순응의 영향을 완전히 이해하려면 3장에서 논의된 불안과 불안의 지속에 관한 개념적 모델 안에서 이러한 행동을 보아야 한다. 임상 불안이 있는 사람이 안전행동과 회피를 계속하면 공포 상황 및 자극에 관한 위협 기반 신념과 경쟁(또는 억제)할 수 있는 새로운 안전학습을 할 수 없다. 그 결과 공포는 지속된다. 따라서 가족이 환자의 불안에 순응할 때 그들의 행동은 의도치 않게 불안을 지속시킨다. 예를 들어 광장공포증이 있는 아내의 남편은 아내의 회피 행동에 순응함으로써 의도치 않게 심한 불안과 공황도 안전하고 감당할 수 있으며 의학적 재앙에 관한 두려움은 근거가 없다는 것을 아내가 배우지 못하게 만들었다.

안전학습을 방해하는 것 외에도 불안을 유지하거나 악화시킬 수 있는 순응의 여러 가지 결과가 있다. 우선 순응은 현재 상태를 유지하는 것이 더 편해 보이게 하기 때문에 환자가 노출치료에 참여하려는 동기를 감소시킨다. 예를 들어 34세 강박장애 남성의 어머니는 아들 아파트 근처에 임대료를 내고 지내면서 언제든 아들이 오염에 대한 불안이 생기면 가서 화장실 청소, 세탁, 침대 정리를 해주었다. 환자는 강박증상이 삶에 미치는 영향을 유감스럽게 생각했지만, 불안을 유발하는 훈련이 그만한 가치가 있는 것으로 생각하지 않았기 때문에 오염 노출치료를 잘 해내지 못했다. 즉, 어머니의 과도한 돌봄은 강박장애로 인한 불편감을 줄였고, 노출치료에서 두려움을 직면하는 것보다 치료를 받지 않고 강박증상을 경험하는 것이 더 견딜 만하도록 만들었다. 한편 환자의 어머니는 아들의 불안 때문에 극심한 고통을 받았으며 이제 이것이 *그녀의* 문제가 되었다. 실제로 환자의 어머니는 아들의 치료에 아들보다 더 많은 관심을 보였다.

표 18.1 가족 순응의 예

진단 범주	가족의 전형적인 순응 행동
강박장애	• 환자를 위해 씻거나 확인 • 추가로 빨래하기 • '딱 맞아'라고 말할 때까지 반복적으로 대답하기 • 특정한 주제에 관해 이야기하는 것을 피하기 • 환자 안심시키기
범불안장애	• 자주 확인하기 • 환자 안심시키기
사회공포증	• 약속 대신 취소해 주기 • 환자의 불참에 대해 변명해주기
공황장애/광장공포증	• 환자를 위해 음식이나 옷 구매하기 • 환자의 모든 외출에 동행하기 • 안전하다고 환자를 안심시키기 • 환자가 외출하지 않고 집에서 음식과 옷을 구매하도록 인터넷 요금 내주기
외상후스트레스장애	• 외상 사건과 관련된 특정한 장소 피하기 • 폭행범의 현황을 확인 • 환자 외출 시 동행
특정공포증	• 환자를 위해 운전 • 환자를 위해 물건을 가지러 건물의 높은 층으로 올라가기 • 개, 폭풍, 뱀, 거미가 있는지 확인

어떤 관계에서는 순응이 건강한 파트너가 사랑하는 사람에 대한 따뜻한 마음과 배려, 동정심을 나타내는 주요 방법이 된다. 예를 들어 한 남성은 공황발작이 있는 아내가 응급실에 가야 한다고 느낄 때면 아내가 진정할 수 있는 곳으로 옮겨서 안심을 시키고, 필요하면 가까운 병원으로 데려갔다. 그는 이러한 자신의 행동에 자부심을 느꼈다. 이것은 남성이 아내에 대한 애정을 나타내는 중요한 방법이 되었다. 순응은 우리가 이미 논의한 대로 임상적 두려움과 불안을 지속시킬 뿐만 아니라, 부부관계가 이러한 병적으로 '다정다감한' 행동을 중심으로 발전함으로써 추가적인 순응을 불러일으킨다.

이렇듯 환자의 불안에 순응하려는 가족들의 노력은 여러 가지 형태로 나타날 수 있다. 이는 두려움과 불안을 악화시키지는 않는다 하더라도 최소한 유지시킬 수 있다. 또한 환자가 치료에 참여하는 것을 방해할 수 있다. 실제 가족 순응은 보다 심각한 불안과 강박장애 치료에서 더 나쁜 장기 결과와 관련이 있다(Calvocoressi et al., 1999; Merlo, Lehmkuhl, Geffken, & Storch, 2009). 결과적으로 노출을 수행할 때 치료자는 종종 환자의 불안에서 가족이 하는 역할을 다룰 필요가 있다.

연구에 따르면 돌보는 사람의 불안, 우울 수준이 높은 경우 순응 행동을 더 많이 하는 경향이 있고(Amir, Freshman, & Foa, 2000), 돌보는 사람의 공감 능력(다른 사람의 관점을 취하고 적절한 감정적 반응을 공유할 수 있는 능력)과 순응의 정도가 양의 상관관계를 보였다(Caporino et al., 2012). 이 연구 결과는 가족이 순응에 참여하는 또 다른 이유를 알려준다. 가족은 자신의 부정적 감정을 회피하거나 줄이기 위해 순응 행동을 할 수 있다. 비슷하게 죄책감에 대한 민감성은 사랑하는 사람의 불안에 순응하려는 경향과 관련이 있다(Cosentino et al., 2015). 특히 사랑하는 사람을 돕지 않는다는 죄책감을 피하는 것이 순응 행동에 참여하는 동기가 된다. 마지막으로 불안한 환자를 돌보는 사람이 보이는 과도한 감정 표현 즉, 비판적, 적대적 감정표현(거절) 또는 지나친 감정적 간섭(또는 과보호)의 정도와 높은 순응 행동이 관련이 있었다(Amir et al., 2000).

대인 관계 갈등
RELATIONSHIP CONFLICT

대인 관계 스트레스와 갈등도 임상 불안에 중요한 역할을 한다(Byrne, Carr, & Clark, 2004; McCarthy & Shean, 1996; Monson, Guthire, & Stevens, 2003; Weissman, 1991; Whisman, 1999). 예를 들어 한 파트너가 불안으로 고통받는 경우 두 사람의 관계는 서로 간의 의존성이 높아지고, 자기 주장을 피하고, 대화를 회피하는 의사소통 패턴이 두드러져 스트레스와 갈등이 촉진된다(Marcaurelle, Belanger, Marchand, Katerelos, & Mainguy, 2005; McCarthy & Shean, 1996). 친척들 또한 비논리적으로 보이는 환자의 불안에 대해 언쟁을 할 수 있고, 이는 다시 관계의 스트레스 수준을 높인다. 불안과 관계 고통은 서로 영향을 주고받는다. 예를 들어 남편과 아내의 불화는 전반적인 불안과 불확실성에 영향을 미쳐 범불안장애의 특징인 극단적인 걱정을 만들 수 있다. 반대로 그의 과도한 점검, 안심 추구, 과도하게 신중한 행동으로 인해 잦은 의견의 불일치와 부부 갈등으로 이어질 수 있다.

관계 스트레스를 증가시키고 불안 유지에 기여하는 관계 갈등은 반드시 불안 문제에만 국한되어 있지 않다. 숙제, 집안일, 학업 또는 사회적 기능, 재정 및 건강 문제가 스트레스 수준을 높여서 불안이 늘어난 가족도 있다. 부부관계에서 육아, 경제적 결정, 시부모 등에 대한 의견 차이도 동일한 영향을 미칠 수 있다. 이러한 의견 차이는 문제 해결 기술이 열악하고, 적대적이고 비판적이며, 정서적으로 과잉간섭이 있을 경우 더 악화된다. 다음 단락에서는 노출치료를 수행할 때 치료자가 알아야 할 상호 작용 패턴을 살펴보겠다.

가족 기능이 불안에 미치는 영향 Effects of Family Functioning on Anxiety

빈약한 의사소통 방식 같은 가족이나 관계의 기능문제는 불안 문제를 발생시킬 수 있다(Baucom, Stanton, & Epstein, 2003). 실제로 관계 불만은 민감한 사람에게서 불안과 우울을 예측한다(South & Krueger, 2008). 적대적이고 비판적이며 열악한 문제 해결 기술을 가진 관계는 고통을 증가시킨다. 예를 들어 문제 해결을 회피하는 것은 더 빈번한 공황발작과 관련이 있다(Marcaurelle et al., 2005). 또한 관계 기능 문제와 의사소통 문제는 노출치료의 결과에 부정적인 영향을 줄 수 있다. 예를 들어 비판적이고 적대적이며 정서적 과잉간섭이 있는 의사소통 패턴은 조기 중단 및 재발과 관련이 있다. 반면 공감적이고 희망적이며 적극적인 관계는 노출치료의 향상된 결과와 관련이 있다(Chambless & Steketee, 1999; Craske, Burton, & Barlow, 1989; Steketee, 1993).

이러한 패턴을 설명하기 위해 의견 차이를 다루는 데 어려움을 겪었던 중년 부부의 예를 들어보겠다. 그들은 의견 차이가 있는 경우 효과적으로 타협하기보다는 어떤 문제가 불거질 때까지 논의를 피했고 결국 말다툼하곤 했다. 시간이 흐르며 아내는 일상적인 결정에 대해서도 불안과 걱정이 생기기 시작했다. 특히 그녀가 어떤 결정을 내리더라도 남편의 분노 폭발로 이어질 것이라는 두려움이 커졌다. 불안감이 커지자 일과 같은 다른 분야에서도 자신의 의사 결정을 의심하기 시작했다. 그녀는 만성적인 걱정과 불안을 치료하기 위해 내원하였다. 치료의 일환으로 남편과 어려운 주제에 관해 이야기하는 노출 과제를 만들었다. 그러나 부부의 의사소통이 빈약한 것을 감안하여 치료자는 부부의 의사소통 능력과 문제 해결 능력을 향상시키기 위해 초기 회기에 부부가 같이 참석하도록 했다.

불안이 관계 만족도에 미치는 영향 Effects of Anxiety on Relationship Satisfaction

불안은 여러 가지 경로로 관계에 영향을 미친다. 불안은 말다툼과 비난을 증가시켜 환자와 파트너 모두에게 관계 만족도를 저하시킨다. 불안이 관계에 부정적인 영향을 미친다는 점에서 임상 불안이 부부 문제와 연관되어 있다는 것은 놀라운 일이 아니다(Byrne et al., 2004; Emmelkamp, de Haan, & Hoogduin, 1990; McCarthy & Shean, 1996; Monson et al. ., 2003; Weissman, 1991; Whisman, 1999). 예를 들어 범불안장애 진단을 받은 48세 남자가 자신의 증상이 결혼 생활에 상당한 영향을 준 후에야 치료를 받으러 왔다고 해 보자. 그는 불안을 줄이기 위해 과도한 안전 예방조치를 취했고, 거기에 아내도 따라야 한다고 강요하며 갈등이 생겼다. 자신과 아이들을 충분히 보살피지 않는다고 불평하는 남편의 행동에 아내는 분노하기 시작했다. 또한 남편의 행동이 일상생활에 방해가 되자 그의 확인과 안심 추구 행동에 점점 적대감으로 대응하기 시작했다. 환자가 치료를 위해 내원했을 때 그의 아내는 그에게 불안에 대한 치료를 받거나 그렇지 않으면 헤어지자는 최후통첩을 한 상황이었다.

또한, 임상 불안은 긍정적인 상호 작용의 빈도를 줄이고 적대적인 상호 작용을 늘려 관계의 만족도를 감소시킨다. 예를 들어 사회불안으로 인한 회피는 부부가 참여하는 활동 범위를 제한하여 함께 즐거움을 느낄 기회를 줄인다. 외상 후 스트레스와 관련된 감정 마비는 애정을 주고받는 능력을 방해하여 두 배우자의 원망이나 오해를 불러일으킬 수 있다(Monson et al., 2003). 다른 긍정적인 상호 작용이 없을 때 사랑하는 사람의 불안에 순응하는 것은 따뜻함과 보살핌을 전달하는 주된 방법이 될 수 있다. 그럼에도 불구하고, 임상적으로 불안한 사람은 여전히 자신의 파트너가 지지적이지 않다고 지각한다(McCarthy & Shean, 1996).

평가
ASSESSMENT

가족이나 관계 문제로 고통받는 임상 불안 환자를 노출치료할 때 대인 관계 측면이 불안 및 두려움과 어떻게 상호 작용하는지 이해하는 것이 중요하다. 로바그Rohrbaugh, 쇼함Shoham, 스펀겐Spungen, 스태인글라스Steinglass(1985)는 이를 '증상-체계 조화symptom-system fit'라고 불렀다. 이 용어는 개인, 부부 또는 가족이 환자의 불안 문제에 순응하기 위해 환경을 어떻게 구조화했는지를 나타낸다. 앞서 논의한 바와 같이 순응은 어려움이 없어 보이는 가족과 부부관계에서도 나타날 수 있다. 이는 '좋은' 증상-체계 조화라 할 수 있다. '나쁜' 증상-체계 조화를 가진 부부나 가족은 다음과 같이 행동한다. 그들은 환자의 불안에 적응하는 것을 거부하거나 환자의 불안 관련 행동이 관계에 끼친 부정적 영향에 대해 지나치게 원망한다. 이러한 관계는 불안 문제에 관한 갈등을 특징으로 한다. 표 18.2에는 증상-체계 조화를 평가하기 위한 질문 목록과 파트너 또는 가족이 불안 증상과 관계하는 구체적 방식이 있다. 대인 관계 문제가 환자의 불안을 지속시키는 데 기여하는 것이 분명한 경우 파트너 및 가족과 함께 전체 회기를 진행하여 이러한 질문에 대한 답변을 논의하는 것이 좋다. 불안 문제의 대인 관계 측면에 관한 평가와 대화에서 얻은 정보는 노출치료의 실행 방식을 향상시킬 수 있다.

표 18.2 부부 또는 가족 내의 증상-체계 조화 평가를 위한 질문

- 파트너/가족이 언제 환자의 불안 문제를 알게 되었습니까?

- 어떻게 알게 되었습니까?

- 일상에서 불안(두려움, 회피, 안전행동)이 가족/관계에 어떤 영향을 미쳤습니까?(환자와 파트너/가족에게 각각 물어보시오.)

- 환자의 불안 문제 때문에 생긴 것으로 보이는 패턴이 있다면 무엇입니까?(환자와 파트너 혹은 가족에게 각각 물어보시오.)

- 환자의 불안 문제가 없었다면 파트너 혹은 가족의 삶은 어떻게 달라질 것 같나요?(환자와 파트너 혹은 가족에게 각각 물어보시오.)

- 환자의 불안 문제로 인해 어떤 식이든 영향을 받는 다른 사람(예: 아이)이 있습니까?(만약 그렇다면 영향을 받는 사람이 누구인지, 어떤 식으로 영향을 받는지 살펴보시오.)(환자와 파트너 혹은 가족에게 각각 물어보시오.)

- 부부/가족이 환자의 불안에 대처하기 위해 어떤 전략을 사용했습니까?

- 환자가 두려움을 겪거나 안전행동(예: 의식)을 할 때, 이것이 분노나 다툼을 유발합니까? 이 상황에서 어떤 일이 벌어집니까? 파트너 혹은 가족이 환자가 불안에서 벗어날 수 있게 하거나 불안을 유발하는 상황을 피하거나 불안을 낮추기 위한 안전행동을 돕는 경향이 있습니까?

- 이것이 얼마나 효과가 있었습니까?

- 파트너 혹은 가족은 환자와의 불안 문제를 얼마나 자주 논의하고 있으며 그럴 때 의사소통은 어떤 방식으로 합니까?

중요한 사람을 치료에 참여시키기 위한 전략
STRATEGIES FOR INVOLVING SIGNIFICANT OTHERS IN TREATMENT

가족 구성원이 불안과 두려움을 지속시키는 데 역할을 할 수 있으므로 치료자는 환자에게 중요한 사람을 치료에 포함시키는 것을 고려하는 것이 좋다. 이 장의 나머지 부분에서는 가족이 노출치료에서 할 수 있는 다양한 역할에 대해 설명하겠다. 우선 노출치료

에 관여할 수 있는 파트너 혹은 가족에 대한 간단한 평가를 권장한다. 구체적으로 파트너 혹은 가족이 감정 또는 행동 문제가 있는지, 또는 환자의 불안 문제를 악화시킬 수 있는 대인 관계 체계에 기여하는 다른 요인들이 있는지 파악하는 것이 중요하다. 예를 들어 첫 번째 남편이 심장 마비로 사망한 여성은 현재 남편의 공황발작에 특히 민감할 것이다. 그렇기 때문에 그가 약간이라도 불안해하는 것을 막기 위해 모든 것을 할 것이고, 그녀의 행동은 무심코 그의 문제가 지속되는 데 영향을 줄 것이다.

심리교육 Psychoeducation

가족 구성원들은 흔히 환자가 불안과 두려움을 경험할 때 자신이 어떻게 대응해야 하는지 배우는 데 관심이 있다(Shafran et al., 1995). 불안의 개념적 모델에 관한 정보(3장 참고)는 가족의 경험을 정상화하고 죄책감과 좌절감을 완화시키며 파트너 혹은 가족의 원한과 비난을 줄이는 데 도움이 된다. 마찬가지로 노출치료의 작동 방식과 그 효과에 대한 증거를 배우는 것은 가족이 압도되는 감정을 줄이고 희망을 가지는 데 도움이 된다. 예를 들어 한 젊은 여성이 남편이 처가 식구 만나는 것을 피하는 이유가 처가 식구를 싫어해서가 아니라 사회불안에서 비롯된 것임을 이해하기 시작했을 때, 남편을 덜 비판하게 되었다. 그가 효과적인 치료에 참여할 것이라는 사실을 알고 난 뒤 그의 불안에 대해 더 인내심을 가질 수 있게 되었다.

파트너 지원 노출 Partner-Assisted Exposure

중요한 사람이 노출치료의 원리를 이해하면 그 사람이 코치 역할을 맡아 노출 실습을 돕는 법을 배울 수 있다. 일부 연구에 따르면 가까운 사람이 치료에 참여하면 환자의 대인 관계뿐만 아니라 치료 효과도 향상된다고 한다(Belus, Baucom, & Abramowitz, 2014; Mehta, 1990). 그러나 관계 갈등과 가족의 순응 행동이 없을 때 파트너 지원 노출이 가장 성공적인 것으로 나타났다. 파트너 혹은 가족은 '코치'처럼 환자가 회기 안팎에서 어려운 노출을 완료할 때 환자에게 정서적 지원을 제공하는 방법을 배운다. 또한 환자가 회피나 안전행동에 참여하지 않도록 부드럽지만 확고하게 이를 상기시키는 것을 배운다. 가장 중요한 것은 환자가 올바르게 노출(예: 안전행동을 사용하지 않음)할 수 있도록 돕는 법을 배우는 것이다.

노출 준비 Preparation for Exposure

파트너 혹은 가족은 환자가 인지하지 못하거나 기능 평가 시에 간과한 회피 행동이나 의식을 알고 있기에 노출 목록을 만드는 데 기여할 수 있다. 다음으로 치료자는 환자와 코치에게 환자가 노출 항목에 직면하도록 돕기 위해 어떻게 함께 작업해야 하는지를 가르쳐준다. 불안 유발 자극에 직면하는 과정은 다음에 설명하는 것처럼 네 가지 구성 요소로 나눌 수 있다.

노출 작업 논의하기. 먼저 치료자는 환자와 코치에게 노출 작업의 세부 사항을 명확하게 설명한다. 두 참가자 모두에게 곧 있을 연습에 대해 각자의 감정을 이야기하고 잠재적인 장애물을 살펴볼 것을 권장한다. 환자에게 코치가 어떻게 연습을 도와줬으면 하는지 상세히 말하도록 한다. 아래에 치료자가 이 정보를 부부에게 제시하는 방법의 예를 설명해 놓았다. 아래의 예에서 환자 타일러는 에스컬레이터 공포증이 있다. 그의 아내 코니는 그의 노출 코치를 맡고 있다.

치료자 타일러, 에스컬레이터를 타야 할 때가 다가오면 당신은 에스컬레이터에서 느낄 불안감에 대해 걱정하기 시작할 것입니다. 어쩌면 코니에게 불안을 피하게 돕거나 진정시켜달라고 부탁할 수도 있습니다. 하지만 우리가 노출 실습을 할 때는 회피하지 말고 다른 것을 시도했으면 합니다. 에스컬레이터에 직면하여 한 팀이 되어 피하지 말고 불안에 다가갔으면 합니다. 코니, 타일러가 불안감을 줄이도록 도와주는 대신 에스컬레이터에 직면하여 불안한 감정을 느끼도록 도와주세요. 당신의 임무는 불안을 사라지게 하는 것이 아닙니다. 그게 어떤 불안이 나타나더라도 극복하게 돕는 것입니다. 지금 말씀드린 것이 평상시 상황과 어떻게 유사하거나 다른지 저에게 알려줄 수 있나요?

타일러 매우 다릅니다. 우리는 한 번도 그런 시도를 하지 않았습니다. 만약 에스컬레이터를 타야만 한다면 코니가 제 손을 잡도록 했습니다.

코니 네, 때로는 남편이 에스컬레이터를 타도록 진정시키는 데 몇 분이 걸립니다. 제가 도와주지 않으면 매우 불안해하고 화를 낼 거예요.

치료자 네 알겠습니다. 그렇다면 새로운 접근 방식이 평소와 조금 다르겠네요. 시작하기 전에 우선 두 사람이 노출에 대해 이야기해 봤으면 합니다. 노출 시에 어떤 것이 어려울지 집중해보세요. 그리고 어떻게 그 상황과 불안감을 다룰지도 이야기해 보세요. 타일러, 노출 시에 코니가 당신을 진정시키려고 하지 않았으면 합니다. 타일러, 당신이 할 일은 불안을 직접 대면하여 에스컬레이터와 그것이 유발하는 불안감이 실제로는 안전하고 당신이 이 상황을 혼자 감당할 수 있다는 것을 배우는 것입니다.

두려워하는 상황에 직면하기. 두 번째 구성 요소는 실제로 노출 항목에 직면하는 것이다. 환자는 자신의 감정을 코치에게 표현하도록 격려하고 코치는 이를 주의 깊게 듣도록 권유한다. 만약 환자가 불안해하면 코치는 이를 인정하고 많은 칭찬으로 환자의 노력을 강화해야 한다(예: "훌륭히 해내고 있어요. 정말 자랑스러워요!"). 코치는 훈련 전반에 걸쳐 상황을 다루는 환자를 계속 칭찬하고 부정적인 말은 하지 않는다. 코치는 환자의 주의를 분산시켜 주고 싶은 마음이나 모든 게 괜찮다고 안심시키고 싶은 유혹에 저항해야 한다. 그래야 환자가 스스로 배울 수 있다. 표 18.3은 노출하는 동안 코치가 말해야 하는 것과 말하지 않아야 할 것들이다. 치료자는 다음과 같은 지시를 했다.

"타일러, 실제로 에스컬레이터를 타면, 당신의 목표는 그 상황에 계속 집중하는 것입니다. 불안을 통제하거나 회피하려 하지 말고 불안과 함께하세요. 불안을 없애기 위해 코니에게 의지하지 마세요. 당신은 지금 그 패턴을 깨는 법을 배우는 것입니다. 또한 나쁜 일이 일어날지에 대해 지나치게 분석하려고 하지 마십시오. 이것은 불안이 더 심해질 것처럼 보이게 만들 뿐입니다."

"코니, 타일러가 노출을 시작할 때 그와 함께 있으세요. 그러나 바로 옆에 붙어 있는 것은 타일러를 더 편하게 할 것입니다. 이는 안전행동과 비슷합니다. 궁극적인 목표는 타일러가 스스로 에스컬레이터를 타도록 하는 것입니다. 따라서 처음에는 약간 지지를 해 주어도 괜찮습니다. 그러나 타일러가 이러한 상황에서 스스로 불안을 관리하는 법을 배울 수 있도록 단계적으로 물러나는 것이 중요합니다.

"타일러가 에스컬레이터 탈 것만 생각해도 불안하다고 말하면 당신은 불안감이 들더라도 계속 연습을 하도록 격려해야 합니다. 그게 그것이 얼마나 힘든 일인지 공감해주세요. 그러나 너무 오래 머물지는 마세요. 그가 포기하도록 두지 마세요. 그가 할 수 있다고 다시 알려주세요!"

"마지막으로 코니, 타일러가 화를 내거나 도움을 주려는 당신을 비난한다면 이것이 매우 힘든 일임을 상기시키세요. 하지만 당신이 무엇을 하려라도 노출 중에 타일러와 말다툼은 하지 마세요. 상황을 악화시킬 뿐입니다. 대신 노출을 방해하지 않을 때 나중에 논의하자고 이야기하고, 타일러가 불안을 느끼더라도 노출을 지속할 수 있게 당신이 도울 것이 있는지 그에게 물어보세요."

표 18.3 노출 실습 중 코치가 해야 할 말과 피해야 할 말

환자가 불안을 보고할 때:
- "이게 정말 어려운 일인 걸 알아요. 그렇지만 당신은 훌륭하게 해내고 있어요."
- "다 해냈을 때 기분이 얼마나 좋을지 생각해 봐요."
- "기억하세요. 불안은 안전한 것입니다."

환자가 안심시키기 또는 안전행동을 요청할 때:
- "그걸 보장할 수는 없습니다. 확실하지 않습니다."
- "안전행동을 하는 것 말고 어떻게 도와줄 수 있을까요?"
- "당신이 해달라는 대로 하면 상황을 악화시킬 뿐입니다. 다른 방법으로 당신을 도와줄 수는 없을까요?"
- "당신은 안심시켜 달라고 말하는 것 같아요. 하지만 치료자는 그렇게 하는 것이 당신에게 도움이 되지 않는다고 말했어요."

환자가 조기에 노출을 끝내고자 할 때:
- "이것이 어렵다는 것을 충분히 이해합니다. 노출을 하면서 겪은 문제에 대해 치료자와 같이 이야기해 봅시다."
- "지금 중단하면 두려움만 더욱 강해지게 될 겁니다."
- "당신은 지금까지 잘 해왔습니다. 지금 불안에 지지 말고 이겨봅시다."

코치가 피해야 할 말:
- "모든 것이 잘 될 것입니다. 걱정하지 마십시오."
- "나도 이전에 해본 적이 있습니다. 당신의 두려움은 비이성적입니다."
- "저를 믿으세요. 위험한 것이었으면 치료자가 이것을 하도록 하지 않았을 거예요."
- "치료자가 말한 대로 하는 것이 좋습니다. 그렇지 않으면……"

매우 높은 수준의 불안에 대처하기. 극심한 불안감에 압도되는 느낌을 받으면 환자는 코치에게 이러한 감정을 표현해야 한다. 코치는 과제가 어렵다는 점을 인정하면서도 높은 수준의 불안감도 안전하다는 것을 언급해야 한다. 강렬한 느낌이 느껴져도 과제를 지속하도록 격려하라. 그 감정은 결국 약해질 것이다. 환자가 노출을 계속하지 않기로 결정하면 짧은 타임아웃을 할 수 있다. 타임아웃 동안 코치는 환자가 원하는 방식으로 지원하지만 안심시키기나 안전행동은 하지 않는다. 두 사람은 또한 무엇이 잘못되었는지와 노출을 재개하는 방법에 대해 논의할 수 있다. 코치는 환자에게 노출 재개의 중요성을 상기시킬 수 있지만 노출을 중지할지 계속할지는 궁극적으로 환자에게 달려 있다. 파트너는 노출 중단을 권장해서도 안 되지만 동시에 환자에게 계속 압력을 가하거나 압박

을 가해서도 안 된다.

평가하기. 네 번째 구성 요소는 환자와 코치가 노출이 어떻게 진행되었는지 평가하는 것이다. 경험한 것에 대해 환자는 어떻게 느꼈는가? 환자는 코치의 도움에 대해 어떻게 느꼈는가? 코치는 또한 환자에게 노출에 대한 자신의 느낌을 알려주고 적절한 경우 잘 수행한 일에 대해 칭찬을 해 주어야 한다.

어떤 사람이 좋은 노출 코치인가? *Who is a Good Exposure Coach?*
불행히도 모든 가족이나 파트너가 좋은 노출 코치일 수는 없다. 훌륭한 코치가 되려면 인내심 있고 사려 깊고 적극적이지만 비판단적이고 지지적이며 낙관적이어야 한다. 또한 코치와 환자는 안정적인 관계를 유지해야 한다. 예를 들어 상당한 갈등이 있는 부부는 배우자를 코치로 참여시키는 것이 좋지 않을 수 있다. 예를 들어 환자와 그녀의 남편이 청구서 지불과 같은 일상적인 문제에 대해 서로 말다툼하고 비난하는 경우 파트너가 노출 실습에서도 권위적으로 행동할 가능성이 높다. 또한 파트너가 상대방의 불안을 참기 어려운 경우에도 코치의 역할을 맡기 어려울 수 있다. 이러한 상황에서는 환자에게 중요한 사람을 노출 코치로 교육하기 전에, 또는 가족이 개입한 노출치료 대신에 다른 가족 개입(다음 단락에 논의)이 필요할 수 있다.

순응 제거하기 *Eliminating Accommodation*
증상 순응이 임상 양상에서 중요한 비중을 차지하고 있을 때 치료자는 노출치료 회기 외의 시간에 가족 혹은 파트너를 포함한 개입을 해야 할 수 있다. 이러한 경우 치료자는 먼저 순응과 순응으로 인한 악영향에 관해 설명하면서 개입을 시작한다. 아래는 공황발작과 광장공포증이 있는 환자에 대한 예제이다.

치료자 사랑하는 사람이 심각한 문제를 겪을 때 온 가족은 이에 적응하고 기능을 유지하는 방법을 찾아야 합니다. 예를 들어 한 가족 구성원이 의학적 질병을 앓는 경우 그 사람은 자신의 집안일이나 책임을 덜게 되겠죠. 가족이 신경 쓰고 있다는 걸 느낄 수 있게 감정적으로 지지하려고 노력하게 됩니다. 이것은 충분히 이해되는 행동이지만 주의하지 않으면 의도치 않은 부정적인 영향을 줄 수 있습니다. 의학적 질병에서 회복하려면 많은 신체 운동을 해야 한다고 가정해봅시다. 가족이 당신을 위해 모든 집안일을 한다면 필요한 만큼 운동을 하지 못해서 회복이 늦어질 수 있습니다.

누군가 공황발작과 광장공포증이 있을 때도 같습니다. 즉, 가족, 배우자 또는 파트너가 아무리 선한 의도로 관여를 한다 하여도 불안 문제를 극복하는 데 도움이 되지 않는 행동을 할 수 있습니다. 이것은 몇 가지 방식으로 발생할 수 있습니다. 첫째, 가족 구성원은 그 사람이 불안해지는 것을 막기 위해 어떤 역할을 맡을 수 있습니다. 예를 들어 그 사람이 외출을 하고 싶을 때마다 언제나 동행할 수 있습니다. 마찬가지로 시간이 지남에 따라 가족은 불안과 공황을 유발하는 특정 상황을 피하는 법을 배울 수 있습니다. 예를 들어 어떤 사람이 많은 사람들이 있는 극장에 앉아 있는 것을 불안해한다면 그 부부는 극장에 가는 것을 피할 수 있습니다. 당신 가족이 마가렛이 불안해지는 것을 피하기 위해 역할을 나누는 방법이나 단지 그녀의 불안을 막기 위해서 가족이 피하는 일을 생각해 볼 수 있습니까?

가족 구성원 네. 우리는 마가렛이 공황발작을 일으킨 특정 상점에서 쇼핑하거나 특정 식당에서 식사하는 것을 피하려고 노력하고 있습니다. 또한 핸드폰 수신이 좋지 않은 곳으로는 여행을 가지 않습니다. 마가렛이 의사에게 전화를 해야 한다고 느낄 때를 대비해서요. 이런 상황이 좋지는 않지만 마가렛을 위해 그렇게 하고 있습니다.

치료자 우리는 종종 사랑하는 사람들이 이런 상황을 피하도록 도와줍니다. 왜냐하면 우리는 그들이 불안해하거나 화내는 것을 보고 싶지 않기 때문입니다. 때때로 공황발작이 있는 사람은 너무 고통스럽기 때문에 가족에게 이런 식으로 도와달라고 요구하거나 주장합니다. 그래서 가족들은 가족에 대한 염려나 논쟁을 피하기 위해서라도 불안을 유발하는 상황을 피해 버립니다. 그러나 우리가 알고 있듯이 공황과 광장공포증을 극복하기 위해서는 원치 않는 반응을 일으키는 상황에 직면하여 그 반응이 즐겁지는 않지만 안전하고 감당할 수 있다는 것을 배울 수 있어야 합니다. 따라서 오늘 우리의 목표는 가족들이 마가렛의 불안과 공황에 순응하는 다양한 방법들을 살펴봄으로써 이러한 패턴을 변화시키는 법을 알아내는 것입니다.

치료가 진행되며 치료자는 환자와 가족이 불안 문제의 맥락 밖에서도 더 건강한 패턴을 개발하도록 돕는다. 이는 해로운 상호 작용 패턴을 변화시키는 데 있어 또 다른 중요한 부분이다. 다음은 성폭행 후 외상후스트레스장애로 진단된 환자(로렌)와 이 주제에 관해 이야기한 예이다.

치료자 우리가 주의해야 할 사항 중 하나는 많은 가족이 외상 후 스트레스와 같은 문제에만 관심과 염려를 표현한다는 사실입니다. 따라서 부모님은 로렌이 불안을 느끼지 못하게 도와줌으로써 관심과 사랑을 표현할 수 있습니다. 물론 우리는 함께한다는 느낌, 친밀감, 가족 간의 관계를 방해하고 싶지 않습니다. 그러나 우리는 가족의 친밀감이 오로지 로렌의 불안에만 바탕을 두지는 않았으면 합니다. 그래서 당신이 로렌과 함께하고 싶은 일을 생각해봤으면 합니다. 즉, 최근에 하고 싶었지만 하지 못했던 일들, 로렌과 함께 있는 것을 즐기고 친밀감을 만끽할 수 있는 방법 말입니다. 가족으로서 함께 하고 싶었지만 로렌의 불안 때문에 그만두어야 했던 일은 무엇입니까? 저는 외상 후 스트레스와 상관없이 서로 즐기고 친밀했던 관계로 돌아가기를 바랍니다.

환자의 아버지 로렌은 공격을 받는 것에 대한 두려움이 있었습니다. 그래서 가족끼리 밤에 외출하는 것을 중단했습니다. 하지만 다시 즐길 수 있었으면 좋겠습니다.

치료자 네 좋은 예입니다.

그다음 가족(또는 부부)은 불안과 관련된 회피 행동 또는 안전행동으로 인해 방해를 받는 활동을 선택한다. 치료자는 그 상황을 다르게 다룰 수 있도록 문제 해결법에 관한 토론을 촉진한다. 이를 통해 노출과 불안 내성에 대한 아이디어가 나올 수 있게 도와준다. 즉, 특정한 노출 목록을 만들지 않으면서 가족이 일상생활에서 노출과 반응방지 방법을 구축하게 된다. 예를 들어 앞에서 설명한 마가렛의 경우 가족들은 다시 휴가를 가고, 피해야 했던 상점에서 쇼핑하고, 출입을 금했던 식당에서 식사를 할 수 있다. 또한, 그녀가 가는 곳마다 가족이 동행하지 않을 거라고 합의할 수 있다. 외상후스트레스장애가 있는 로렌의 경우 가족은 야간 외출에 동의할 수 있다. 아마 점진적으로 야간 외출 시간을 늘릴 수 있다. 물론 도시의 안전하지 않은 곳으로 가는 것은 자제해야 한다. 파트너 지원 노출과 마찬가지로 이러한 가족 또는 부부에서 개입의 목표는 가족 또는 부부가 함께 환자가 피해 왔던 것에 직면하고, 불안을 조절하기 위해 안전행동을 하기 보다는 그 상황에 머무는 삶의 방식을 향해 변하는 것이다. 이를 통해 안전 학습과 불안 내성을 증진시킬 수 있다.

결론 CONCLUSIONS

임상 불안과 대인 관계는 서로 영향을 주고받는다. 가족은 순응과 갈등을 통해 불안과 치료에 영향을 줄 수 있다. 결론적으로 임상의는 노출기반 치료에 가족을 포함시키는 것이 좋다. 심각한 순응이나 갈등이 없다 하더라도 가족 구성원을 노출 코치로 훈련시키고, 지지 기반으로 만드는 것은 환자의 치료 과정을 촉진할 수 있다. 순응이 불안을 지속시키는 데 중요한 역할을 하는 경우 임상의는 환자와 가족 구성원과 함께 작업할 수 있다. 순응이 어떻게 문제가 될 수 있는지 파악하고, 비적응적인 행동 패턴을 줄일 개입 방법을 만들 수 있다.

 추가 참고 문헌 ADDITIONAL RESOURCES

Abramowitz, J. S. (2017). An interpersonal perspective on the conceptualization and treatment of OCD. *The Wiley handbook ofobsessive-compulsive disorders* (pp. 632-643). Hoboken, NJ: Wiley.

Abramowitz, J. S., & Baucom, D. H. (in press). Interpersonal processes. In J. S. Abramowitz & S. M. Blakey (Eds.), *Clinical handbook of fear and anxiety: Psychological processes and treatment mechanisms*. Washington, DC: American Psychological Association.

Baucom, D. H., Stanton, S., & Epstein, N. B. (2003). Anxiety disorders. In D. K. Snyder & M. A. Whisman (Eds.), *Treating difficult couples: Helpingpatients with coexisting mental and relationship disorders* (pp. 57-87).New York: Guilford Press.

노출치료와 약물의 병용
Combining Exposure Therapy with Medication

노출기반 치료는 매우 효과적이지만 불안과 공포 문제에 가장 일반적으로 사용하는 치료법은 아니다. 노출치료보다는 약물치료를 받는 사람이 훨씬 더 많다(Stein et al., 2004). 선택적 세로토닌 재흡수 차단제Selective Serotonin Reuptake Inhibitors, SSRIs, 삼환계 항우울제Tricyclic Antidepressants, TCAs, 모노아민 산화효소 억제제Monoamine Oxidase Inhibitors, MAOs 및 벤조디아제핀Benzodiazepines, BZs과 같은 약물은 불안에 유익한 효과가 있지만, 노출치료 효과와 동등하지는 않으며 특히 장기 효과에는 차이를 보인다(Fedoroff & Taylor, 2001; Gould, Buckminster, et al., 1997; Gould, Otto, Pollack, & Yap, 1997; Mitte, 2005). 약물치료의 인기로 인해 정신치료를 받으러 오는 대부분의 사람들은 이미 하나 이상의 약물을 복용하고 있을 가능성이 높다. 따라서 임상의는 약물이 노출치료의 과정과 결과에 미치는 영향을 이해하는 것이 중요하다.

노출치료와 약물치료가 모두 효과적이라면 두 가지 치료를 병용하는 것에 이익이 있을지 의문이 생긴다. 두 치료 모두 다른 방식으로 불안에 영향을 미치므로 환자는 두 가지 치료의 주요한 이득을 모두 얻을 수 있다(예: Hegel, Ravaris, & Ahles, 1994). 마찬가지로 약물치료는 환자의 불안과 두려움을 완화시켜 노출 실습 동안 일어나는 고통을 견디는 능력을 향상시킬 수 있다. 그러나 이러한 추가적인 효과의 존재를 의심할 이유도 있다. 예를 들어 항불안제는 신체적인 각성을 줄여 노출 시에 공포가 일어나지 않게 할 수 있다. 그러면 환자는 공포가 안전하고 감당할 수 있다는 사실을 배울 수 없다. 이전 장에서 논의한 것처럼 공황과 불안을 예방하기 위해 처방된 벤조디아제핀 같은 약물은 노출치료를 방해할 수 있다. 이들 약물은 노출 중 부정확한 신념에 대한 반증을 방해하거나, 증상 호전이 학습 때문이 아닌 약물로 인한 것이라 생각하게 만들 수 있다(Powers, Smits, Whitley, Bystritsky, & Telch, 2008). 이 장에서는 임상 불안 치료에서 약물치료와 노출치료의 병용에 관한 연구를 검토하고 임상에서 일어나는 실제적인 이슈에 대해 논의한다.

약물치료는 노출치료의 효과를 강화하는가?
DOSE MEDICATION ENHANCE THE EFFECTS OF EXPOSURE THERAPY?

공황 Panic

반복되는 공황발작을 경험하는 환자에게 다양한 정신과 약물(TCAs, SSRIs, and BZs)과 노출기반 인지행동치료를 병행한 효과를 분석한 여러 대규모 연구가 있다(예: Barlow, Gorman, Shear, & Woods, 2000; de Beurs, van Balkom, Lange, Koele, & van Dyck, 1995; Sharp et al., 1996; van Apel- doorn et al., 2008). 이에 따르면 치료 직후에는 노출기반 인지행동치료와 항우울제를 병용하는 것이 인지행동치료 단독보다 우수했다. 그러나 이러한 연구 결과는 일관성 있게 재현되지 않고 연구 간의 노출 방식(예: 내적 감각노출과 상황 노출)의 차이로 인해 항우울제가 정신치료 효과를 어느 정도 향상시키는지 확인하기는 어렵다. 또한 장기 결과는 인지행동치료 단독요법에 비해 병용요법의 이점이 없음을 시사한다. 그리고 이 연구는 항우울제를 추가하면 노출치료 단독보다 탈락률이 더 높음을 보여 준다. 벤조디아제핀과 노출치료 병용요법은 노출치료 단독요법보다 이점이 거의 없으며 약물을 끊은 이후에는 노출치료 단독요법보다 확실히 결과가 나빴다. 벤조디아제핀을 필요시 복용(PRN; 즉, 공황발생 시)으로 처방하는 것은 노출치료의 급성 및 장기 효과를 방해한다. 그러나 필요시 처방을 피하고 노출치료를 하면서 천천히 약물을 줄이기 시작하면 벤조디아제핀의 문제점을 줄일 수 있다.

강박장애 Obsessive-Compulsive Disorder

공황장애처럼 다수의 잘 통제된 연구에서 노출기반 치료(예: 노출 및 반응방지)와 약물의 병용요법이 노출 및 반응방지 단독보다 강박장애 치료에 더 효과적인지를 보았다(예: Cottraux et al., 1990; Foa, Liebowitz, et al., 2005; Franklin, 2005 참조). 연구 결과는 다음과 같이 요약할 수 있다. 일반적으로 강박장애의 치료에서 약물치료가 노출 및 반응방지의 효과를 증대시키는 이점이 거의 없는 것으로 보인다. 코트라우Cottraux 등(1990)이 수행한 6개월 추적 연구에서 노출 및 반응방지 단독 치료가 병용요법과 동등한 결과를 가진다는 결과가 나왔다. 하지만 병용요법의 장기 효과는 거의 알려지지 않았다. 중요한 것은 약물치료가 노출의 효과를 *방해*한다는 증거는 없다는 것이다. 대체로 노출 및 반응방지 치료를 받고 있는 강박장애 환자에게 약물치료는 필요치 않은 것으로 보인다. 약물치료를 계속하거나 중단하는 것이 노출 및 반응방지의 효과가 지속되는 것을 방해하는지를 보는 장기 연구가 필요하다. 초기 증거는 항우울제를 복용하면서 노출 및 반응방지를 시작한 환자와 약물 없이 치료한 환자 모두 치료반응을 보인다(Franklin, Abramowitz, Bux, Zoellner, & Feeny, 2002).

사회불안 Social Anxiety

소수의 통제된 연구에도 불구하고 사회불안 치료에 있어 약물치료와 노출치료 병용에 관한 신뢰할 만한 결론을 도출하지 못했다. 하나의 잘 설계된 대규모 연구에서 노출기반 인지행동치료에 플루옥세틴fluoxetine을 첨가하는 것의 이점이 없음이 드러났다(Davidson et al., 2004). 다른 연구에서는 약물치료가 사회불안 증상을 더 빨리 감소시키는 경향이 있다고 강조했지만 노출치료가 급성기 치료가 끝날 때 약물치료를 '따라잡는 것'으로 보이고 효과도 더 오래 지속된다고 하였다(Blomhoff et al., 2001; Haug). et al., 2003; Heimberg et al., 1998; Liebowitz et al., 1999).

외상 후 스트레스 Posttraumatic Stress

놀랍게도 외상 후 스트레스 환자에서 병용요법의 효과에 관한 연구는 거의 없다. 이 글을 쓰는 현재 외상 후 스트레스 급성기 치료에서 노출기반 인지행동치료와 병용요법을 비교한 임상 시험은 없다. 한 연구에 따르면 이전에 약물 요법으로 효과를 보지 못한 환자에서 노출치료가 효과가 있었다(Otto et al., 2003). 두 번째 연구는 이전에 노출치료에서 효과를 보지 못한 환자에게 선택적 세로토닌 재흡수 차단제인 설트랄린sertraline은 증상 개선을 하지 못했다고 보고했다(Simon et al., 2008).

공포증 Phobias

특정공포증의 치료에서 병용요법이나 약물치료의 효과에 관한 연구는 거의 없다. 적은 수의 연구에서 벤조디아제핀인 디아제팜diazepam(Whitehead, Robinson, Blackwell, & Stutz, 1978)과 삼환계 항우울제인 이미프라민imipramine(Zitrin, Klein, & Woerner, 1978; Zitrin, Klein, Woerner, & 로스, 1983)의 병용요법에 대한 효과를 실험한 것이 있었다. 각각의 연구에서 병용요법은 노출치료만 사용했을 때에 비해 치료 반응이 좋았다고 결론을 짓고 있다.

소아 불안 *Childhood Anxiety*

소아 청소년의 병용요법에 대한 연구가 부족하다는 것이 불안 치료 문헌의 한계이다. 소아 강박장애 치료 연구 팀POTS, The Pediatric OCD Treatment Study Team(2004)은 중요한 예외이다. 두 장소에서 진행한 이 연구에서 강박장애를 가진 소아 청소년들은 노출 및 반응방지군, 설트랄린(SSRI)군, 병용요법군, 12주간 위약을 받는 군으로 무작위 배정되었다. 노출 및 반응방지는 12주에 걸친 14회의 1시간 회기로 구성되었다. 치료 후 3가지 치료 모두 위약보다 우수했다. 병용요법은 노출 및 반응방지 단독 또는 설트랄린 단독 치료보다 효과적이었으며, 두 단독 요법의 결과는 서로 다르지 않았다. 흥미롭게도 연구 장소에 따라 결과에 차이가 있었다. 노출 및 반응방지에 대한 전문 지식이 있는 펜실베니아 대학교에서는 노출 및 반응방지 단독 치료가 병용요법만큼 효과적이었다. 이에 반해 약물치료에 전문적인 듀크 대학교에서는 병용요법이 노출 및 반응방지 단독 치료보다 효과적이었다. 저자들은 강박장애가 있는 소아 청소년은 병용요법이나 노출 및 반응방지 단독 치료를 받아야 한다고 결론을 내렸다.

다른 연구로 소아 불안에 대한 대규모 무작위 대조 시험이 발표되었다. 월컵Walkup 등(2008)은 분리불안장애, 범불안장애 또는 사회공포증으로 진단된 488명의 소아 청소년(7-17세)에서 노출기반 인지행동치료, 설트랄린 병용요법, 위약을 비교한 결과를 보고했다. 인지행동치료는 1시간 회기로 14회 진행되었다. 결과는 노출 요법 단독에 비해 병용요법에서 명백한 장점을 보였다. 이 연구의 저자들은 설트랄린과 노출기반 인지행동치료 모두 소아 불안의 치료에 효과적이지만 병용요법이 가장 좋은 결과를 얻을 수 있는 치료 방법이라는 결론을 내렸다.

병용요법에 관한 연구 요약 *Summary of Research on Combined Treatments*

주의 깊게 시행된 통제 연구에 따르면 성인에서 약물치료가 노출치료를 촉진한다는 증거는 거의 없다. 공황발작이 있는 환자에서 병용요법이 단기적인 이익을 준다는 연구 결과는 많다. 그러나 높은 치료중단 비율과 약물 중단 후 재발 위험성의 증가로 인해 병용요법 권고는 주의해야 한다. 병용요법의 장단기 효과에 대한 연구 결과, 약물 비용, 약물 부작용 증가와 효과 감소의 가능성을 고려할 때 일차 치료로 노출기반 인지행동치료 단독이 병용요법보다 권장할 만하다.

현재로서는 병용요법이 도움이 되는지 불필요한지 해가 되는지 불분명하다. 그렇기 때문에 소아 불안에서 병용요법의 효과에 관한 추가 연구가 필요하다. 노출치료에 오는 불안 환자가 이미 약물을 복용하고 있다는 점을 고려할 때 다양한 치료 방식을 최적의 순서로 배열하는 방법에 관한 더 많은 연구가 필요하다. 다행히도 현재까지의 결과로 볼 때 대부분의 경우 진행 중인 약물치료가 환자의 노출치료로 받는 효과를 방해하지 않는다.

병용요법의 임상 시험 결과는 약물치료와 노출치료의 효과가 시너지가 되어 더 나은 치료 효과를 나타낸다는 것을 뒷받침하지는 않는다. 오히려 불안장애에 대한 노출치료와 전통적인 향정신성 약물치료의 메커니즘은 상보적이지 않고, 일부의 경우 서로 모순되는 것으로 보인다. 그러나 최근 연구자들은 병용요법의 이러한 경향과 다른 흥미로운 예외를 발견했고 이것이 하나의 돌파구가 될 것으로 생각한다. 다음으로는 인지기능 개선제cognitive enhancers로 알려진 약물들이 노출치료에 미치는 긍정적 영향에 관한 연구 결과를 살펴보겠다.

노출치료의 약물적 강화 : 병용요법의 미래?
PHARMACOLOGICAL ENHANCEMENT OF EXPOSURE THERAPY: THE FUTURE OF COMBINED TREATMENT?

지난 반세기 동안 불안에 대한 약물치료에는 두 가지 주요 접근법이 있었다. 하나는 벤조디아제핀(예: alprazolam, clonazepam)같이 불안에서 수반되는 생리적 각성을 완화시키는 것이고, 다른 하나는 세로토닌과 같은 신경전달물질에 작용하여 불안을 감소시킨다고 알려진 항우울제(SSRIs or MAOIs)이다. 위에서 검토한 바와 같이 이들 치료는 종종 단일 요법으로서 효과적이지만(Stein, Hollander, & Rothbaum, 2010), 그 어느 것도 노출치료의 효과를 지속적으로 향상시키지 못했다.

병용요법에 대한 근본적으로 다른 접근법은 그 자체로 항불안 효과는 없지만 노출하는 동안 학습 능력을 향상시켜 공포 소거를 촉진할 수 있는 약물을 사용하는 것이다. 30년 이상 결핵에 대해 FDA 승인을 받은 약물인 디싸이클로세린D-cycloserine, DCS은 동물 연구에서 두려움 소거와 관련된 신경 학습 과정을 향상시키는 것으로 나타났다(예: Ledgerwood, Richardson, & Cranney, 2003). 연구자들은 소거 훈련 직전 또는 직후에 디싸이클로세린을 제공하는 것의 임상적 이점을 연구하기 시작했다. 노출치료를 강화하기 위해 디싸이클로세린을 사용하는 것은 벤조다이아제핀, 선택적 세로토닌 재흡수 차단제 또는 모노아민 산화효소 억제제를 사용한 병용요법과 근본적으로 다르다. 디싸이클로세린의 유일한 목적은 진정 상태를 만들거나 추정하고 있는 생물학적 기능부전을 교정하는 것이 아닌 노출치료 자체의 효과를 향상시키는 것이기 때문이다.

인간에 대한 디싸이클로세린의 첫 번째 연구에서 레슬러^{Ressler} 등(2004)은 고소공포증이 있는 27명의 성인들을 3개의 무작위 군으로 나누었다. 모든 대상자들에게 2회기의 가상현실(VR) 노출을 시행하였고, 첫 번째 군에는 위약을 주고 두 번째 군에는 디싸이클로세린 50mg, 세 번째 군에는 디싸이클로세린 500mg을 각각 주었다. 위약이나 디싸이클로세린은 가상현실 노출 회기 2-4시간 전에 투여되었다. 각 그룹의 대상자 모두 첫 번째 노출 회기 동안 동등한 수준의 두려움을 가졌었다. 그러나 두 번째 노출 회기 동안, 1주일 후, 3개월 후 디싸이클로세린을 처방받았던 환자군이 위약군에 비해 노출 동안의 두려움이 적었다. 디싸이클로세린의 유익한 효과는 가상 세계를 넘어서 나타났다. 디싸이클로세린을 처방받았던 대상자는 실제 세계에서도 고소공포증 증상을 위약군에 비해 더 적게 보고했다.

이러한 발견은 여러 연구에서 독립적으로 재현되었다. 예를 들어 윌헬름^{Wilhelm} 등(2008)은 강박장애 환자 23명에 대한 노출 및 반응방지 치료를 강화하는 데 있어 디싸이클로세린의 효과를 위약과 비교했다. 환자는 각각의 노출치료 회기 시작 1시간 전에 100mg의 디싸이클로세린을 복용하거나 위약을 복용하였다. 이러한 노출치료는 10회기 진행되었다. 레슬러 등(2004)이 사용한 두 회기의 중재와는 달리 이 연구는 치료 기간이 더 길었고 실제 임상 실습에서 치료가 이루어지는 기간에 더 가까웠다. 디싸이클로세린을 복용한 환자는 위약군보다 치료 중 증상 개선이 더 빨랐고 치료 후와 1개월 후의 추후 관찰에서 강박 사고와 강박 행동이 현저히 적었다.

추가로 여러 임상 시험이 불안장애, 강박장애, 외상후스트레스장애의 치료에서 디싸이클로세린을 사용한 노출치료의 효과를 조사하였으며, 유망한 결과를 보였던 초기 연구와 달리 보다 최근의 연구는 혼합된 결과를 보고했다(Mataix-Cols et al., 2017. 참조). 연구에 따르면 디싸이클로세린은 특정 조건 하에서만 노출을 향상시킨다. 노출 회기 수, 디싸이클로세린 투여 시기, 용량, 횟수, 노출 회기에서의 성공, 회기 간 노출 숙제에서의 성공 등의 변수들이 여러 연구들 사이의 일관되지 않은 결과에 기여할 수 있다. 마타익스-콜스^{Mataix-Cols} 등(2017)은 1,047명의 환자를 대상으로 한 21개의 디싸이클로세린 연구에서 종합적인 메타 분석을 수행했으며, 치료 이후 및 경과 관찰에서 디싸이클로세린의 전체적인 영향은 미미한 것으로 나타났다. 이에 대한 한 가지 가설은 디싸이클로세린의 주요 이점은 치료 결과의 전반적인 향상이 아니라 노출에 대한 빠른 반응이라는 것이다. 그러나 마타익스-콜스 등은 치료 중 평가에서 디싸이클로세린과 위약 간에 차이가 없음을 발견했다. 마지막으로 최근 연구가 기존 연구보다 효과가 더 작다는 것을 제외하면 디싸이클로세린의 효과에 대한 예측 인자는 확인할 수 없었다.

디싸이클로세린같이 노출치료에서 공포 소거를 촉진하는 데 도움이 될 수 있는 다양한 약물들이 연구되고 있다. 폐소공포증 노출치료에서 강화요법으로 $\alpha 2$ 아드레날린 수용체의 선택적 경쟁적 길항제인 요힘빈yohimbine을 사용하였을 때 위약을 사용한 것보다 상당한 효과를 보였다(Powers, Smits, Otto, Sanders, & Emmelkamp, 2009). 마찬가지로 노출 전에 글루코코티코이드 코티손glucocorticoid cortisone을 투여하는 것은 사회공포증과 거미공포증 환자의 치료 효과를 상당히 향상시켰다(Soravia et al., 2006). 노출치료와 디싸이클로세린 및 기타 '인지기능 개선제' 결합에 대한 앞으로의 연구는 불안장애 환자의 삶을 향상시킬 수 있을 거라는 기대를 갖게 한다.

불행하게도 디싸이클로세린 및 다른 '인지기능 개선제'와 같은 약물이 노출치료를 강화하는 효과를 보여도, 이러한 약물이 넓게 처방되는 것을 방해하는 장벽이 존재한다. 첫째, 정신건강의학과 의사 및 다른 의사들은 불안장애를 신경전달물질 체계의 비정상적인 작동으로 발생한 뇌 질환이라고 생각한다. 그렇기 때문에 생물학적 기능장애(예: 세로토닌 조절 이상)를 조절하기 위한 것이 아니라 정신치료(예: 노출)의 효과를 향상시키기 위해 약물을 처방하는 것은 주요한 패러다임의 전환을 요구한다. 둘째, 디싸이클로세린을 처방하는 의사는 일차 치료 제공자가 아닌 노출치료자의 치료를 도와주는 '이차 치료 제공자'의 역할을 맡게 된다. 이것 역시 현재 정신치료가 약물치료에 비해 이차적인 치료라는 일부 의료 센터의 인식에 대한 패러다임의 전환을 요구한다(Abramowitz & Piacentini, 2006).

병용요법과 관련된 임상 문제
CLINICAL ISSUES ASSOCIATED WITH COMBINED TREATMENTS

불안의 정신치료를 위해 내원한 대부분의 환자들이 이미 하나 이상의 향정신성 약물을 사용하고 있기 때문에, 노출치료자는 병용요법과 관련된 주요 문제를 해결할 준비가 되어 있어야 한다. 다음에는 약물과 노출처럼 모순되는 것처럼 보이는 접근법에 대한 이론적 근거를 전달하는 방법, 약물 사용의 맥락 효과를 관리하는 방법, 환자에게 향정신성 의약품을 처방하는 의사와 효과적으로 협력하는 방법에 대해 논의할 것이다.

치료에 대한 통합된 이론을 전달하기Conveying an Integrated Treatment Rationale
불안에 대한 약물치료는 대부분 생물학적 모델에 기초하고 있다. 이러한 생물학적 모델은 불안장애의 발달에서 신경전달물질의 조절장애가 중요한 역할을 한다고 강조한다 (예: Krystal, Deutsch, & Charney, 1996; Pigott, 1996). 의사와 제약 회사는 대중매체를 통해 이러한 '화학적 불균형 모델'을 퍼뜨렸다. 따라서 환자는 일반적으로 불안과 두려움의 문제가 '뇌의 화학적 불균형' 때문에 나타나고, 약물로 이러한 문제를 해결할 수 있다는 이론에 익숙하다. 따라서 치료자가 노출과 약물 사용을 통합하여 설명하지 않는다면 환자들은 이를 이상하게 생각할 수 있다. 즉, 화학적 불균형 모델은 임상 불안이 수정 가능한 인지적 및 행동적 요인과 관련이 있다는 개념과 양립할 수 없는 것처럼 보일 수 있다. 결과적으로 환자가 불필요하다고 인식할 경우 약물치료나 노출치료 중 하나를 제대로 따르지 않을 수 있다(Deacon & Lickel, 2009).

이러한 잠재적인 문제를 피하기 위해, 노출치료자와 이상적으로는 약을 처방하는 의사도 생물학의 역할을 인정하지만 부적절한 불안과 두려움을 유지하는 심리 과정을 치료 표적으로 강조하는 통합된 치료 이론을 전달해야 한다. 유전 및 신경전달물질의 기능과 같은 생물학적 인자는 불안 문제의 발생에 기여하는 많은 변수 중 하나로 설명할 수 있다. 이러한 요인들은 일반적으로 불안에 대한 개인의 취약성을 높일 수 있다. 따라서 약물치료를 통한 중재의 대상이 될 수 있다. 그러나 위협과 관련된 과장된 신념의 내용과 그것의 지속은 심리적(인지 및 행동) 과정의 산물로 볼 수 있다. 이는 노출을 포함한 인지행동치료를 통해 수정될 수 있다. 이러한 관점에서 약물치료는 증상을 완화시켜 회복을 촉진할 수 있는 반면, 문제가 있는 인지 및 행동 반응을 직접 수정하는 작업은 노출 및 다른 인지행동치료 기술을 통해 이뤄질 수 있다.

대부분의 불안 환자들은 통합된 모델을 이해하지만 일부는 그들의 증상이 생화학적 요인에 의해 발생한 것이라면 정신치료가 어떻게 도움이 될 수 있을지 회의적인 반응을 보인다. 그러한 경우 환자에게 노출기반 인지행동치료가 약물 병용요법만큼 효과적이며 약물로 인한 뇌 기능의 변화와 비슷한 변화를 만든다고 알리는 것이 도움이 될 수 있다 (예: Baxter et al., 1992; Paquette et al., 2003). 이는 뇌의 화학적 결함으로 인한 증상이 약물치료를 통해서만 나아질 수 있다고 널리 알려진 잘못된 가정을 교정하는 데 특히 유용하다.

이 통합 모델은 병용요법에서 즉각적인 불안 감소 효과가 없는 선택적 세로토닌 재흡수 차단제를 사용할 경우 가장 적합하다. 이 장의 앞에서 설명한 것처럼 필요시 처방으로 벤조디아제핀을 사용하는 환자가 노출치료를 할 때는 상황이 크게 다르다. 이러한 경우 노출과 벤조디아제핀 치료의 상반되는 이론적 근거를 통합하는 것이 어려울 수 있다. 실제 벤조디아제핀 치료가 노출치료의 효과를 방해한다는 연구 결과도 있기에 병용은 현명하지 않다(예: Marks et al., 1993). 그러한 환자들에게 권장되는 방법은 노출기반 모델에서 벤조디아제핀 사용이 안전행동으로 기능한다고 말해주는 것이다. 처방 의사의 감독 아래 노출치료 동안 점진적으로 벤조디아제핀을 중단하는 것에 대해 논의할 수 있다. 환자가 이 접근법을 따를 수 있는 경우 벤조디아제핀 감량이 천천히 진행되고 노출치료 종료 전까지 투약을 중단할 수 있다면 환자는 노출로부터 상당한 이득을 얻을 수 있다 (Spiegel & Bruce, 1997). 환자가 노출치료 중 벤조디아제핀 투약 변경을 고려하지 않겠다고 하면 치료를 시작하지 않는 것이 좋을 수 있다. 이는 본질적으로 안전행동 포기를 거부하는 것이기 때문이다.

맥락 효과 관리하기 *Managing Contextual Effects*

노출치료는 *어떤 맥락에서도* 두려워하는 자극이 위협이 되지 않음을 보임으로써 환자의 안전학습을 촉진한다(Bouton, 2002). 따라서 노출의 효과는 부분적으로 학습이 이루어지는 맥락에 의존한다. 예를 들어 거미에 대한 극심한 공포가 있는 환자가 거미를 들고 노출 회기를 보낸다고 해보자. 이때 특정 맥락은(여러 가지가 될 수 있지만) 회기가 이뤄지는 진료실, 치료자의 존재, 거미의 특성 등이 있을 것이다. 치료자는 한 맥락에서 학습한 것이 다른 맥락으로 완전히 일반화될 것이라고 가정해서는 안 된다.

　노출 중 약물치료를 사용하면 여러 잠재적인 맥락과 상태가 맥락이 바뀌었을 때의 노출 효과를 약화시킬 수 있다. 그러한 맥락 중 하나는 약물의 약리학적 효과에 의해 만들어진 내적 상태이다. 예를 들어 이미프라민(TCA)의 맥락과 관련된 내적 단서는 구강 건조, 발한 및 심박수 증가 등이 있다. 공황장애에서 이미프라민(Barlow et al., 2000) 병용요법의 대규모 무작위대조실험은 내부 맥락 효과의 강력한 증거를 제공한다. 병용요법에 잘 반응했던 참가자들이 이미프라민을 중단하자 공황 증상이 현저하게 증가했다. 위약 복용을 중단했던 병용요법 참가자에게는 이러한 증상 악화가 일어나지 않았다. 이러한 결과에 대한 가장 가능성 있는 설명은 이미프라민에 의해 생성된 내부 맥락에서 일어난 학습이 약물의 영향이 없는 새로운 맥락으로 일반화되지 않았다는 것이다. 실제로 약물로 인한 내적 상태의 맥락 효과는 환자의 약물 중단 후 재발의 위험을 증가시킨다. 노출치료 동안 약물치료를 중단함으로써 이러한 맥락 변화의 부정적인 영향을 관리할 수 있다. 환자는 이를 통해 약물이 없는 새로운 내부 상황에서 안전학습을 습득할 수 있는 기회를 얻게 된다.

　약물이 불안에 대한 생리적 감각을 감소시킬 때 약물치료로 인한 추가적인 맥락 효과가 발생한다. 이러한 맥락에서 적당한 정도로만 각성을 경험하여 노출에 의한 안전학습이 조건부로 일어난다. 예를 들면 '심장이 너무 빨리 뛰지 않는다면 심장 마비가 일어나지 않을 것 같다'라고 느끼는 경우가 있다. 생리적 자극을 두려워하는 환자(즉, 불안에 민감한 환자)의 경우 불안이 줄어든 맥락은 안전학습에 지장을 줄 수 있다. 충분히 강렬한 신체 감각에 노출되는 것을 방해하기 때문이다.

약물이 안전 도우미로 사용될 때 노출치료의 학습을 방해할 수 있다. 이 현상은 환자가 위협을 피하거나 대처하기 위해 벤조디아제핀 약물을 필요시로 복용할 때 관찰할 수 있다. 이러한 방식으로 약을 사용하면 사용자의 마음에 임박한 재앙을 막아주는 힘은 약물이라는 생각을 심어주게 된다. 공황발작이 있는 35세 여성의 예를 들어보겠다. 그녀는 공황이 발생할 때 질식할 것 같은 강렬한 두려움을 겪는다고 한다. 그녀에게 이전 수백 번의 공황발작에서 실제로 질식이 발생하지 않았는데 왜 그렇게 두려워하는지 물었다. 그녀는 발작 중에 벤조디아제핀인 알프라졸람alprazolam을 복용했기 때문에 질식과 사망을 예방할 수 있었다고 말했다.

이 사례는 약물을 안전 도우미로 사용하여 발생하는 두 가지 인지 효과를 보여 준다. 첫째, 환자는 자신의 위험과 관련된 부정확한 기대가 틀렸다는 것을 깨닫기 어려워진다. 둘째, 약물로 인해 '가까스로' 재앙이 일어나지 않은 것이라 인식하면 이러한 예측은 실제로 강화될 수 있다. 인지적으로 악영향을 미치는 것 외에도 이런 방식의 약물 사용은 도피 행동을 강화하거나(예: 불안이 증가하는 것을 멈추기 위해 약물 복용), 공포 단서로 높아진 불안을 감당할 수 있고 안전행동 없이도 가라앉는다는 사실을 효과적으로 배우지 못하게 하여 인지행동치료를 시행하는 동안 증상 호전을 방해할 수 있다. 안전 도우미로 약물을 사용하지 않도록 하기 위해 노출치료자는 이런 방식으로 약물을 사용하도록 한 처방의사를 교육해야 할 수도 있다.

처방의사와 협력하기 Collaborating with Prescribers

치료자들이 처방의사와 직접 협력하여 인지행동치료와 약물 요법의 통합을 촉진하는 것은 도움이 된다. 처방의사와 정신치료 제공자가 협력하지 못하면 두 가지 치료 방법이 환자에게 양립할 수 없는 것처럼 전달된다. 환자는 중간에 붙잡혀 이러한 경쟁적 접근법에서 어떻게 방향을 잡을지 스스로 결정해야 상황에 내몰린다. 이상적으로 처방 의사와 노출치료자는 노출과 약물치료의 역할을 모두 인정하는 통합된 치료 근거를 제시하는 것이다. 그러나 앞에서 논의한 것처럼 이러한 이상적인 생각은 심리학자와 의사가 심리적 또는 생물학적 근거를 각각 일방적으로 제시하는 임상 현실을 반영하지 못할 수 있다. 문제가 되는 상황은 선의의 처방의사가 환자에게 노출치료 과정과 상반되는 방식으로 약물을 사용하도록 지시하는 상황이다. 예를 들어 환자에게 때때로 벤조디아제핀을 가지고 다니면서 *불안해지기 시작하면* 알약을 섭취하도록 지시하는 것이다. 이러한 상황에서 치료 근거와 치료 계획을 조정하기 위해 노출치료자들이 처방의사와 협력하는 것이 중요하다.

병용요법의 사전 동의 절차에는 약물치료 중단 시 재발 가능성에 대한 논의가 포함되어야 한다. 짧은 기간 동안만 약을 복용하려는 환자는 이러한 위험을 기꺼이 받아들인다. 그러나 좀 더 나중에 약을 중단하고 싶은 사람은 자신의 예후에 대해 우려할 수 있다. 그러한 사람에게는 노출 시 일어난 공포 소거를 약물이 없는 맥락까지 일반화하기 위해서 노출치료 동안 약물을 감량하여 중단하는 것이 필요하다. 약물 중단 중에 금단 증상 및 기타 부작용이 발생할 수 있으므로 이 과정은 항상 적절히 훈련된 처방자의 감독하에 이루어져야 한다.

다행스럽게도 많은 처방의사들은 근거 기반 정신치료를 배우는 것에 관심이 있으며 조심스럽게 약물을 처방하려 한다. 혹은 효과적인 비약물적 치료법이 가능하다면 약물 처방을 고려하지 않기도 한다. 적극적인 임상의는 특히 정신 건강 수련을 거의 받지 않은 처방 의사들에게 약물치료와 정신치료를 효율적으로 통합하는 것에 대하여 교육할 기회가 생길 수도 있다. 처방의사와 협력하는 치료자는 위에서 언급한 병용요법의 문제를 피할 수 있고 환자에게 지속적으로 더 나은 결과를 줄 수 있다.

결론 CONCLUSIONS

노출치료에 오는 대부분의 사람은 불안 관련 약물을 복용하고 있다. 불행히도 약물을 병용하는 것이 노출치료의 결과에 어떤 영향을 미치는지는 상대적으로 알려진 것이 없다. 연구 문헌에 따르면 병용요법이 노출기반 치료의 효과를 반드시 증가시키지는 않는다고 한다. 장기적인 결과를 고려할 때 일부 상황에서(예: 약물치료 중단 후) 노출치료가 병용요법보다 효과적일 수 있다. 기존의 연구는 노출 요법과 선택적 세로토닌 재흡수 차단제 및 벤조디아제핀과 같은 전통적인 약물치료가 상승적으로 작용하여 강력한 치료 효과를 만든다는 가정을 뒷받침하지 않는다. 대신 이러한 치료 방식은 비보완적 기전을 통해 효과를 보일 수 있다. 노출 시 공포 소거를 촉진하기 위해 디싸이클로세린을 사용하는 것에 대한 최근의 문헌은 현재로서는 명백하지 않다. 이 접근법이 널리 사용되기 위해서는 추가 연구가 필요하다.

추가 참고 문헌ADDITIONAL RESOURCES

Otto, M. W., McHugh, R. K., & Kantak, K. M. (2010). Combinedpharmacotherapy and cognitive-behavioral therapy for anxiety disorders: Medication effects, glucocorticoids, and attenuated treatment outcome. *Clinical Psychology: Science and Practice*, 17, 91-103.

치료 후 호전된 상태 유지하기
Maintaining Improvement after Treatment

노출치료는 환자가 치료를 독립적으로 수행하는 데 필요한 기술을 개발하도록 설계된 짧은 치료법이다. 치료 초기에는 노출치료자가 적극적이고 전문적인 역할을 한다. 환자에게 불안의 본질, 인지행동 모델, 노출의 이론적 근거와 절차에 관해 교육한다. 그러다가 노출 회기가 시작되면 치료자의 역할은 점차 '교사'에서 '코치' 또는 '치어리더'로 변한다. 이 과정은 치료를 수행하는 일차적인 책임을 환자에게 점진적으로 이전하는 것을 뜻한다. 일단 환자가 공포 자극에 직면하여 자신의 공포 기반 예측을 검증하고 소거를 최적화할 수 있는 능력을 보인다면, 치료자의 주요 임무는 환자가 자가 치료자가 되도록 돕는 것이다. 환자가 노출치료의 이론과 실제를 이해하고 두려움을 극복하기 위해 이러한 지식을 사용할 수 있으면 굳이 계속 치료를 이어나갈 필요는 없다. 이것이 노출치료의 이상적인 종결이다. 이 장에서는 치료 후 장기적인 증상 호전을 촉진하고 재발을 방지하기 위한 임상 전략에 대해 논의한다.

치료는 언제 종결하는가?
WHEN IS TREATMENT COMPLETE?

지속적인 회복을 촉진하는 첫 번째 단계는 환자가 실제로 치료를 완료했는지 확인하는 것이다. 하지만 이것을 어떻게 결정할 수 있을까? 불안 문제에 대한 추가적인 치료가 필요하지 않게 되는 것은 언제인가? 이번 장에서는 노출치료의 성공지표인 호전의 징후를 검토하고 치료 이득의 장기적인 유지를 촉진하는 법을 살펴보겠다.

모든 노출 목록의 완수 *Completion of All Exposure List Items*

노출치료를 완료했다는 한 가지 징후는 환자가 노출 목록에 있는 모든 항목을 성공적으로 직면하는 것이다. 이는 가장 두려움을 유발하는 상황과 자극을 반복적으로 직면하고, 안전행동을 사용하지 않고 때로는 일상적이지 않은 방식으로 다양한 맥락에서 여러 공포 자극을 동시에 직면하는 소거의 '심화'를 해낼 수 있음을 말한다. 예컨대 뱀이나 거미를 만지거나, 욕실 바닥에 주저앉거나, 좁은 옷장에서 한 시간을 보내고, 악마와 계약을 맺으며, 친척의 불운을 기원하며, 고의적으로 자신을 난처하게 만드는 상황 등이 있다.

위협 기반 인지의 변화 *Threat-Based Cognitions Have Changed*

노출치료는 환자에게 무조건적unconditional 안전학습을 심어주기 위해 설계된 학습 과정이다. 따라서 노출이 완료되었음을 더욱더 의미하는 징후는 두려워하는 결과가 일어날 가능성과 심각도에 대한 과대평가가 눈에 띄게 감소하는 것이다. 여기에 더해 환자들은 불안을 경험하는 것이 안전하고 견딜 수 있다고 믿어야 한다. 마지막으로 환자는 재난까지는 아니지만 두려운 일이 일어날 수도 있다는 어느 정도의 불확실성을 기꺼이 받아들이고 있음을 확실하게 보여 주어야 한다.

노출치료자들은 어떻게 환자의 비적응적 믿음이 충분히 교정되었다고 판단할 수 있을까? 한 가지 전략은 치료 과정 전반에 걸쳐 불안 민감성 지표Anxiety Sensitivity Index(Taylor et al., 2007), 강박 신념 질문지Obsessive Beliefs Questionnaire(Obsessive – Compulsive Cognitions Working Group, 2001), 사회적 염려 평가 설문지Appraisal of Social Concerns Scale(Telch et al., 2004) 같은 검증된 자가보고 설문지를 사용하여 공식적으로 평가하는 것이다. 치료자는 치료 시작, 치료 중(예: 회기별), 치료 종료 시 평가를 시행할 수 있다. 이러한 도구들의 점수가 임상 수준에서 비임상 수준으로 떨어지면 비적응적 믿음이 충분히 교정되었다는 객관적인 증거가 될 수 있다. *불안의 경험 기반 측정에 관한 임상 지침*The Practitioner's Guide to Empirically Based Measures of Anxiety(Antony, Orsillo, & Roemer, 2001)과 *효과 있는 평가에 관한 지침*A Guide to Assessments That Work(Hunsley & Mash, 2008)은 다양한 불안 문제에 관한 수십 가지 설문지와 비임상 집단과 불안 환자 집단에 대한 정상규준을 제공하는 유용한 참고 자료이다.

위협 기반 인지에 대한 비공식적인 평가는 치료 회기 동안, 특히 노출 실습 동안과 연습 직후 지속적으로 이루어진다. 바람직한 패턴은 치료 전반에 걸쳐 환자의 공포 기반 기대(두려워하는 결과가 일어날 가능성과 그것으로 치러야 하는 대가)가 감소하는 것이다. 개선 지수 중 하나는 노출 실습 안에서 위험 추정치가 줄어드는 것이다. 예컨대 한 번의 연습이 끝날 즈음 위험 예측이 낮은 수준으로 감소하는 것을 말한다. 두 번째 지수는 회기 간 위협 추정치의 감소이다. 예컨대 연속적인 노출 실습을 통해 유사한 노출 작업을 점차 덜 위험하게 평가하는 것이다. 모든 노출 작업을 완료할 때까지 환자가 예상하는 두려운 재앙이 일어날 확률과 비용이 충분히 낮아져 실제 위험 정도에 근접해야 한다. 치료가 끝이 났는데도 환자가 계속 과장된 위험 기반 신념을 보이는 경우 그러한 신념의 본질과 무조건적 안전학습을 확실하게 고취시킬 수 있는 추가적인 노출 과업을 결정하기 위해 기능분석이 이루어져야 한다.

불안과 불확실성에 관한 내성이 증가
Tolerance of Anxiety and Uncertainty Has Increased

노출이 완수되었다는 또 다른 지표는 환자가 불안과 불확실성을 안전하고 감당할 수 있는 것으로 보는 것이다. 이는 노출에서 불안의 감소를 종결의 지표로 간주하는 습관화 기반 접근법과 대조된다. 위협 기반 인지의 변화에 대해 중요하게 생각하는 우리의 관점으로 보면 *내성*이 좀 더 적합한 지표이다. 왜냐하면 불안, 공포, 불확실성, 원치 않은 사적 사건(예: 정확하지 않은 느낌)은 다른 모든 사람처럼 환자가 수시로 경험할 수밖에 없기 때문이다. 내성을 배우면 이러한 경험이 다시 생겨도 공포가 재발하거나 회피 및 안전행동으로 다시 돌아갈 위험이 줄어든다.

안전행동의 제거 *Safety Behaviors Have Been Eliminated*

안전행동을 더 이상 하지 않는 것은 노출치료의 진전을 보여 주는 중요한 객관적 지표이다. 하나 이상의 안전행동을 계속 사용하는 것은 공포 단서나 불안 경험 자체를 위협으로 받아들이는 끈질긴 신념이나 가정이 치료에서 아직 적절히 다루어지지 않은 채 남아 있다는 뜻이다. 마찬가지로 지갑에 신경 안정제를 넣고 다니는 행동처럼 안전 도구를 계속 옆에 두고자 하는 모습은 치료가 완료되지 않았으며 재발 가능성이 있음을 나타내는 것으로 볼 수 있다. 자가 점검을 사용하면 치료자와 환자가 치료 중 안전행동을 하는 정도를 측정하는 데 도움을 준다. 또한 텍사스 공황 안전 조치 설문지Texas Safety Maneuver Scale for panic(Kamphuis & Telch, 1998)와 리보위츠 사회불안 설문지Liebowitz Social Anxiety Scale(Liebowitz, 1987)같이 각기 다른 양상의 임상 불안을 가진 환자에서 안전행동의 사용 정도를 평가하기 위한 신뢰할 만한 다수의 설문지가 개발되어 있다. 앞서 얘기한 *불안의 경험 기반 측정에 관한 임상 지침*(Antony, Orsillo, & Roemer, 2001)과 *효과 있는 평가에 관한 지침*(Hunsley & Mash, 2008)은 그러한 척도를 찾아내는 데 유용한 참고 자료이다.

일어날 것 같지 않은 재앙을 예방하려고 온 힘을 쓰는 사람은 없듯이 확실하고 지속적인 공포 소거를 경험한 환자는 안전행동을 보이지 않는다. 임상 경험에 따르면 노출 결과가 가장 좋은 환자는 비적응적인 위협 신념이 확실하게 깨지고 반증되었기 때문에 자신이 두려워할 것은 아무것도 없다는 것을 증명하기 위해 이전에 회피했던 자극을 기꺼이 직면한다. 이런 환자는 노출 과제와 치료 바깥에서 마주하는 공포에 대해서 '어디 덤벼봐!' 하는 태도를 가지고 임한다. 그러한 태도를 이끌어 내는 것이 제대로 된 노출치료의 목표다. 이러한 태도는 안전행동의 제거와 함께 노출치료가 거의 완료되고 있으며 환자가 종결 후에도 호전 상태를 유지할 가능성이 높다는 것을 나타내는 좋은 지표이다.

기능과 삶의 질 향상 *Functioning and Quality of Life Have Improved*

노출치료의 외현적 목표는 공포 소거이지만 치료의 결과는 이런 제한적인 변화를 넘어선다. 임상 불안의 가장 해로운 영향 중 하나는 운전, 비행, 화장실 사용, 종교활동, 교실 또는 직장에서의 성취, 의사 방문, 건강한 관계 유지 또는 데이트와 같은 일상 활동에 대한 참여가 제한된다는 것이다. 그러한 활동에 참여하지 못하는 것은 환자의 삶의 질, 심리적 안녕 그리고 신체 건강에도 상당히 부정적인 영향을 미친다. 노출치료는 임상 불안에서 오는 만만치 않은 장벽을 제거해줌으로써 환자의 삶의 질을 실질적으로 향상시킨다.

노출 작업을 통해 그동안 가치있지만 피해 왔던 상황과 활동에 참여하는 것을 격려함으로써 노출치료는 직접적으로 환자의 삶의 질을 고취시킨다. 공포 소거가 이루어진 환자는 두려운 상황에서 고통이 줄어들고 소중하지만 피했던 활동에 참여하는 일이 늘어난다. 공황발작 때 탈출할 수 없을까 봐 군중을 피했던 사람이 사람들로 가득한 극장 한 가운데에서 영화를 볼 수 있게 된다. 사회불안이 있는 사람이 회의나 수업에 참석하고 권위자와 이야기하거나, 모르는 사람에게 길을 물어볼 수 있게 된다. 주삿바늘 공포증이 있는 환자가 의학적으로 필요한 외과 시술을 받을 수 있게 된다. 이전에 언급한 기준과 함께 뚜렷하게 개선된 삶의 질은 추가 치료가 필요하지 않다는 신호로 간주할 수 있다. 임상적인 고통과 기능 장애가 없는 것보다 삶의 질이 더 중요하다. 불안 문제를 극복한다고 해서 반드시 행복하고 충만한 것은 아니다. 불안 감소를 넘어 직접적인 삶의 질 향상으로 치료를 확대하고자 하는 치료자들은 인지치료 기법뿐만 아니라 수용 전념 치료의 가치 기반 전략으로부터 도움을 받을 수 있다(예: Eifert & Forsyth, 2005).

회복상태 유지하기와 재발 방지하기
MAINTAINING GAINS AND PREVENTING RELAPSE

2장의 문헌 검토에서 알 수 있듯이 노출치료는 임상 불안 문제를 제거하는 데 있어 보편적인 치료도, 완전한 효과를 보이는 치료도 아니다. 그러나 치료를 통해 환자는 어느 정도의 두려움이 발생하더라도 이를 관리할 수 있는 귀중한 기술을 얻는다. 치료가 마무리될 때 치료에서 얻은 이득을 장기적으로 유지하고 재발을 예방하기 위해 치료자가 취할 수 있는 단계는 다음과 같다.

치료 종결까지 치료 회기의 간격 늘리기
Spread Out Therapy Sessions toward the End of Treatment

치료가 후반부로 진행됨에 따라 치료자 감독 노출 회기의 빈도를 점차적으로 줄여가는 것이 좋다. 예를 들어 매주 회기를 진행했다면 격주로, 그다음에는 매월, 그다음에는 필요에 따라 진행하는 것으로 일정을 잡는다. 치료자가 지원하는 방식 또한 직접 대면 방문에서 전화나 다른 플랫폼을 통해 확인하는 것으로 전환할 수 있다. 치료 속도를 점진적으로 느리게 하는 연습은 기억 보존에 있어 조밀한massed 간격과 성긴spaced 간격 사이의 장단기 학습 효과의 차이에 관한 연구와 일치한다(예: Bjork & Bjork, 1990; Schmidt & Bjork, 1992). 구체적으로 살펴보면 훈련 사이에 더 길고 다양한 간격을 두는 것은 장기적인 학습 보존을 향상시킨다. 왜냐하면, 다양한 맥락에서 배운 것을 이용할 수 있는 기회를 증가시키기 때문이다(Bjork & Bjork, 1990; Schmidt & Bjork, 1992). 노출치료에 관한 이 연구의 의미는 분명하다. 치료가 끝나갈 때 치료 회기의 간격을 늘이면 환자가 노출 중에 생긴 안전학습을 공고화할 수 있는 기회가 증가한다. 이러한 공고화는 공포의 재발을 방지하기 때문에 치료 이익을 장기적으로 유지할 수 있게 한다(Craske et al., 2008).

지속적인 자가 치료를 계획하기 Plan for Ongoing Self-Directed Treatment

노출치료가 안전학습을 촉진하고 유지하는 기술을 습득하는 방법임을 감안할 때, 그러한 기술은 시간이 지나도 유지될 필요가 있다. 외스트Öst(1989)는 환자와 이 문제를 이야기하기 위해 이를 자동차 운전 연수에 비유하였다. 운전면허를 취득하더라도 아직 숙련된 운전자는 아니다. 다양한 상황을 다루는 법을 배우고 운전 기술을 향상시키기 위해서는 다양한 도로 조건과 환경에서 운전을 계속해야 한다. 운전면허를 취득한 후 거의 운전하지 않으면 면허를 취득할 때보다 운전 기술이 나빠질 수 있다. 만약 긴 시간 운전을 하지 않은 상태에서 예기치 않게 운전 요청을 받은 경우 제대로 운전할 수 없을 정도로 운전 실력이 떨어졌을 수도 있다. 이 비유는 환자가 이해하기 쉽고 공식적인 치료가 완수된 후에도 계속 노출을 연습해야 한다는 것을 분명히 알려 준다.

　지속적인 자가 치료 전략을 구체화하기 위해 서면으로 된 유지 계획을 사용할 수 있다. 계획에는 시행해야 할 구체적인 노출 작업뿐만 아니라 훈련 빈도도 포함되어야 한다. 환자는 필요하다면 과제 점검 양식을 계속 사용해야 한다. 지속적인 자가 치료는 계획된 노출과 일상 중 자연스럽게 발생하는 공포 상황에 직면하도록 장려하는 '일상생활 노출' 둘 다 포함한다. 또한 안전행동을 점검하고 없애야 한다. 환자에게 자가 치료 중 어려움을 겪는 경우 치료자에게 연락하라고 한다.

　데칸Deacon(2007a)은 공황장애와 광장공포증으로 진단된 환자의 유지 계획을 설명했다. 38세 여성 환자는 이틀간의 집중 노출치료에 참여하였다. 치료는 흥분과 관련된 신체 감각에 대한 두려움과 공황 증상을 경험하는 동안 기절할 것 같은 느낌을 표적으로 하였다. 치료 후 치료자와 환자가 함께 네 부분의 방지 계획을 서면으로 작성하였다(그림 20.1. 참조). 첫 번째 부분은 과호흡 및 에어로빅 운동과 같은 내적 감각 노출 및 상황 노출을 계획하고 자주 시행하는 것이다. 두 번째는 일상생활에서 기회가 생겼을 때 노출을 수행하면서 일상에서의 회피를 제거하는 것이다. 셋째, 공황 및 미주신경성 증상과 관련된 모든 안전행동과 회피 행동을 찾아 제거하는 것이다. 넷째, 미주신경 반응이 확실히 시작된다고 느껴지면 실신을 막기 위해 응용긴장법을 사용하도록 권장하였다. 마지막 회기 1개월 후 전화 연락을 약속하였으며, 환자에게 궁금한 점이 있으면 필요에 따라 치료자에게 연락하라고 하였다.

---

1. **노출 실습을 계획하여 자주 시행한다.**

   내적 감각 노출: 회전의자에 앉아 회전하기, 머리를 좌우로 흔들기, 숨 참기, 격렬한 운동
   하기, 몸을 뜨겁게 하기(예: 사우나에 앉기, 따뜻하게 입기)

   상황 노출 :   사람이 붐비는 식당에서 식사하기, 사람이 많은 엘리베이터 타기,자녀의
   스포츠 행사 참석, 교회에 가기, 붐비는 쇼핑몰에서 가기

2. **일상생활에서 기회가 생길 때마다 회피하지 않고 노출을 시행한다.**

3. **도움이 되지 않는 안전행동을 제거한다.**

   불안할 때 조퇴하기, 다리 높이기, 호흡 점검, 단백질 바 휴대 및 섭취, 산책할 때 휴대폰 가
   지고 다니기, 공공장소에서 안전한 사람에게 의지, 불안 증상으로부터 주의 분산, 불안 증상을
   줄이기 위해 복식 호흡

4. **필요한 경우 응용긴장법을 사용하여 실신을 방지한다.**

그림 20.1 공황발작 중 때때로 기절하는 공황장애와 광장공포증이 있는 환자를 위해
작성한 유지 계획

불안을 증가시킬 수 있는 잠재적 촉발인자 예상하기
Anticipate Potential Triggers for Anxiety Escalation

불안을 유발할 수 있는 '고위험' 상황과 자극을 인식하고 있으면 그러한 자극이 발생할 때 환자가 역기능적 사고와 행동 패턴으로 다시 미끄러지는 것을 방지하는 데 도움이 된다. 노출치료 후 여러 가지 상황이 그러한 경험을 야기할 수 있다. 그중 하나는 스트레스가 많은 생활 사건이 발생하는 것이다. 질병, 실직, 관계 단절, 사랑하는 사람의 죽음은 자연스럽게 감정적 고통, 재앙적 사고, 원치 않는 신체 감각, 전반적인 불안의 상승으로 이어질 수 있다. 노출 실습 중에 다루지 않은 새롭고 어려운 상황을 예기치 않게 마주하는 것도 불안을 유발할 수 있다. 예를 들어 사회불안을 성공적으로 치료받은 환자가 결혼식 피로연에 참석했을 때, 수백 명의 구경꾼이 보고 있는 댄스 플로어에서 혼자 신부와 춤을 추고 있었다는 걸 깨닫고 예기치 못한 두려움을 느꼈다. 이전에 두려워했던 상황에서 외상을 경험하면 두려움이 다시 나타날 수 있다. 예를 들어 주사 공포에 대한 노출치료를 성공적으로 완료한 사람이 1년 뒤 정기 검진을 받던 중 채혈을 하다가 기절하면서 머리를 부딪치자 공포 재발을 경험했다. 이러한 각각의 상황에서 안전학습을 다시

하기 위해 자가 노출에 적극적으로 참여하도록 권해야 한다. 치료자 감독하에 몇 회의 노출을 하는 '추가 회기booster session'도 고려할 수 있다.

불안을 치료하는 약물을 중단하면 불안이 자연스럽게 증가할 수 있다. 실제로 병용요법에 참여한 환자가 항우울제(Barlow et al., 2000) 또는 벤조다이아제핀(Marks et al., 1993)을 중단한 후 공황발작이 더 악화되는 경향을 보였다. 이런 경우에는 노출 실습을 하며 약물을 감량하는 통합 프로그램(예: Otto, Jones, Craske, & Barlow, 1996)으로 재발 가능성을 낮출 수 있다. 노출치료 동안 호전된 이유를 약물로 생각하는 환자는 약물 치료가 중단될 때 특히 재발의 위험이 있다(Basoglu, Marks, Kilic, Brewin, & Swinson, 1994). 따라서 치료자들은 약물을 복용하는 환자들이 약물 때문에 안전하다고 오해할 가능성에 특히 유의해야 한다. 이 문제는 약물과 노출이 동시에 시작될 때 특히 자주 발생한다. 이 문제를 완화하기 위해 치료자는 노출치료에서 행동변화를 위해 환자가 노력한 점을 강조하고, 치료의 이득을 얻기 위해 환자가 한 것과 노출치료 중에 배운 것을 글로 써 보도록 권하는 것도 괜찮다(Taylor, 2000).

후퇴와 재발의 차이에 대해 교육하기
Educate the Patient about the Difference between Lapse and Relapse

언급한 바와 같이 환자는 치료 후 어느 시점에서든 불안과 두려움이 발생할 수 있고 그것이 정상적이라는 것을 알고 있어야 한다. 노출치료에 매우 잘 반응하는 사람조차도 일시적인 두려움이 다시 발생할 수 있음을 관찰할 수 있다. 따라서 치료자는 환자가 두려움에 대해 현실적인 예상을 할 수 있도록 도와야 한다. 예를 들어 공포와 불안은 보편적이고 피할 수 없는 인간의 반응이며, 이는 적응적이고 무해하다는 것을 환자에게 상기시키는 것이 유용하다. 따라서 이러한 일시적 경험을 예상하고 환자가 이를 치료 실패의 징후나 치료 전의 상태로 돌아간 것으로 잘못 해석하지 않는 것이 중요하다.

환자는 또한 일시적 *후퇴lapse*와 *재발relapse*의 차이를 이해해야 한다. 일시적 후퇴는 공황발작과 같은 공포나 불안이 발생하거나, 회피 또는 이전에 적절하게 다루었던 상황을 예기치 않게 감당할 수 없게 되는 것을 말한다. 대조적으로 *재발*은 임상적으로 심각한 불안과 공포로 완전히 돌아가는 것을 말하며 일시적 후퇴보다는 더 오래 지속된다. 후퇴가 재발로 진행되는지의 여부는 환자가 자신의 불안이 되살아나는 것에 대해 반응하는 방식에 달려 있다. 다시 말해 장기적인 성공은 불안이 전혀 없는 것이 아니라 불안이 발생할 때 이를 성공적으로 관리할 수 있는 것이다. 당연히 더 좋은 반응은 노출을 수행하고, 비적응적 신념에 도전하고, 치료 기술을 훈련하여 안전학습을 다시 하는 것이다. 실제로 일시적 후퇴는 불안과 두려운 자극에 대한 이전의 믿음이 부정확하다는 것을 다시 한번 입증하기 위해 노출과 다른 인지행동치료 기술을 연습할 기회라고 생각할 수 있다. 노출치료 동안 개선을 가져온 똑같은 치료 기술을 치료 완수 후에 발생한 일시적 후퇴에도 쓸 수 있다고 강조하는 것이 중요하다.

일시적 후퇴에 대응하는 방법 계획하기 Have a Plan for How to Respond to a Lapse

치료를 끝내기 전에 노출치료자는 일시적 후퇴가 발생할 때 환자가 대처할 수 있는 행동 계획을 가지도록 준비해야 한다. 외스트^{Öst}(1989)는 수많은 연구에서 믿을 만한 결과를 보여 준 종합적인 유지 프로그램의 일부로 일시적 후퇴에 대응하기 위한 지침을 제공했다(McKay, 1997; McKay, Todaro, Neziroglu, & Yaryura-Tobias, 1996). 이러한 단계를 간략하게 소개하면 다음과 같다.

1. *일시적 후퇴는 재발과 같지 않다는 것을 기억하십시오.* 이는 일시적인 장애입니다. 일시적 후퇴는 간헐적으로 일어날 수 있으며 적절히 다룬다면 문제가 되지 않습니다.

2. *상황을 분석하십시오.* 일시적 후퇴가 일어난 원인을 이해해 보세요. 재앙적인 사고에 빠져 있습니까? 안전행동을 사용하였습니까? 노출치료에서 시행했던 상황과 비교했을 때 다른 점이 있습니까?

3. *치료에서 배운 기술을 연습하십시오.* 다시 상황으로 돌아와서 위협에 기반한 가정과 예측이 있는지 확인하고 이를 극복하기 위해 노출을 반복적으로 시행합니다.

4. *일시적 후퇴를 제한하십시오.* 일시적 후퇴는 불길이 잡힌 약한 불로 볼 수 있습니다. 이것을 퍼지게 두면 화재로 번질 수 있습니다. 한 가지 상황에서 나타난 공포가 다른 맥락으로 확산되는 것을 막기 위해 공포가 다시 나타난 바로 그 상황에 대한 노출 계획을 세우고 안전행동 없이 노출을 시행하여야 합니다.

5. *자기 주도적 노력이 효과가 없다면 가능한 한 빨리 치료자와 만나십시오.* 상황을 검토하기 위해 치료 회기를 가지십시오. 치료자 감독하에 몇 차례 노출 회기를 시행할 것을 권합니다.

결론 CONCLUSIONS

노출치료는 환자에게 공포 자극이 안전하고, 공포와 관련된 내적 경험이 안전하며, 두려워하는 결과를 막기 위한 안전행동이 불필요하다는 것을 가르쳐줌으로써 장기적인 회복을 촉진하도록 고안되었다. 환자는 공식적인 치료 회기가 끝난 후에도 계속 노출을 시행하고 치료 기술을 연습해야 한다. 노출 중 완전한 소거를 경험한 것 같은 환자조차 치료가 끝난 이후에 두려움이 다시 나타날 수 있다. 치료 이득의 유지에 대한 합리적인 기대를 갖고, 불안감과 공포가 악화될 때 어떻게 대처할지에 대한 구체적인 전략이 있는 경우에는 일시적인 후퇴가 재발로 진행할 확률이 줄어든다. 요약하면 임상의가 적극적으로 환자의 치료 후 삶에 대해 준비할 때 노출치료는 장기적으로 가장 큰 효과를 보인다.

노출치료에 테크놀로지 활용하기
Using Technology to Implement Exposure Therapy

테크놀로지의 진보는 노출치료의 전달을 촉진할 수 있는 새롭고 흥미로운 기회다. 노출치료의 보급 문제는 넘어야 할 주요 장애물이며, 테크놀로지가 이를 해결할 잠재력을 가지고 있다. 치료자는 테크놀로지를 사용하여 지리적으로 먼 환자에게 다가갈 수 있다. 자가 노출에 참여하기 위해 테크놀로지를 사용할 수도 있다. 치료자와 환자는 함께 테크놀로지를 사용하여 노출 실습의 설계, 구현 및 모니터링을 향상시킬 수 있다. 다른 발전과 마찬가지로 테크놀로지 사용에도 한계와 잠재적 위해가 있다. 이 장에서는 테크놀로지를 통해 해결하고자 하는 문제를 살펴보고 가장 흔히 사용되는 테크놀로지에 관해 설명하면서 이에 대한 경험적 문헌을 검토하겠다.

왜 테크놀로지인가?
WHY TECHNOLOGY?

노출의 치료적 가치에도 불구하고 임상 불안이 있는 대부분의 사람은 이러한 개입을 받지 않는다. 정신 건강 문제가 있는 대다수의 성인과 소아는 아무런 치료를 받지 않는다(Nguyen, Hellebuyck, Halpern, & Fritze, 2018). 불안 특히 소아의 불안은 인식되지 않을 수 있다(Chavira, Stein, Bailey, & Stein, 2004). 다행스럽게 치료를 받는 경우에도 정신치료보다 약물치료를 할 가능성이 높고 정신치료가 제공될 때에도 노출이 포함되는 경우는 거의 없다(Hipol & Deacon, 2013; Whiteside et al., 2016). 마지막으로 정신 건강 관리가 필요한 많은 소아와 성인을 고려할 때 전통적인 개인 치료를 제공하는 치료자의 수를 늘리는 것만으로는 이를 충족시키기 어려울 것 같다(Kazdin & Blase, 2011;

Nguyen et al., 2018). 대신 정신 건강 관리의 범위를 넓히려면 혁신, 특히 새로운 테크놀로지의 채택이 필요하다.

우선 테크놀로지를 사용해서 전통적인 정신 건강 서비스의 범위를 확장할 수 있다. 정신 건강 전문가들의 분포는 고르지 않아 대체로 농촌과 저소득 지역에는 공급이 부족하다. 전화에서 화상 회의에 이르는 테크놀로지를 통해 도시나 의료 센터의 임상의가 그간 치료를 받을 수 없었던 사람들에게 노출치료를 전달할 수 있다. 이와 유사하게 자가 치료를 통해 임상의사와 접촉하지 않고도 노출치료를 받을 수 있다. 혹은 낙인으로 인해 치료 기관에 오는 것을 꺼리는 사람에게도 노출치료를 전달할 수 있다. 노출치료와 같은 근거 기반 치료를 제공하도록 치료자들을 훈련시키는 것은 도전적인 일이었다. 훈련을 촉진하거나 임상의의 치료 전달을 직접적으로 가이드하는 테크놀로지는 치료의 질을 향상시킬 수 있는 잠재력을 가지고 있다. 마지막으로 테크놀로지는 환자가 진료실 밖에서 더 많은 노출을 완수할 수 있게 함으로써 노출치료의 효율성을 향상시킬 수 있는 잠재력이 있다. 대면 치료 회기의 수를 줄이면 전문 노출치료자가 치료할 수 있는 환자 수를 늘릴 수 있다. 요약하면 테크놀로지는 전통적인 치료의 질을 향상시키고, 전통적인 치료를 진료실 밖으로 확장하며, 정신 건강 체계를 뛰어넘어 사람들이 치료에 접근할 수 있게 하는 잠재력을 가지고 있다.

노출치료에 대한 테크놀로지 기반 접근법
TECHNOLOGY-BASED APPROACHES TO EXPOSURE THERAPY

원격치료 E-therapy

아마도 노출치료에 테크놀로지를 적용하는 가장 기본적인 방법은 임상의와 환자가 대면 진료를 넘어 대화하도록 하는 것이다. 이것을 원격치료 E-therapy라 부른다(Barak, Liat, Boniel-Nissim, Shapiira, 2008). 이러한 접근 방식은 전통적인 대인 관계 치료법을 그대로 유지하며 개입 내용이나 전달을 수정할 필요가 거의 없다. 극단적으로 원격치료는 대면 치료와 동등한 실시간 의사소통 즉, 전화 또는 비디오폰을 통해 전달되는 치료 회기로 완전히 대체할 수 있다. 테크놀로지의 발전으로 화상 회의를 통해 원격의료를 제공하는 데 필요한 고가의 장비가 대부분의 사람이 일반적으로 가지고 있는 컴퓨터와 스마트폰으로 전환되었다. 또한 접근 가능한 통신망이 보편화되면서 이메일이나 문자 메시지를 통해 치료를 제공할 수 있다. 이러한 방식은 증상 점검 및 과제 완수에 더 많은 참여를 유도하는 등 회기 사이에 환자와의 의사소통에 편의를 제공한다.

원격치료에 관한 연구가 많지는 않지만, 이용 가능한 근거는 대체로 지지적이다. 예를 들어 전화 또는 화상 회의를 통해 전달되는 치료는 강박장애 및 불안장애 등에서 일반적으로 대면 치료와 유사한 효과를 보인다(Chakrab-arti, 2015). 원격치료는 그룹 치료로도 검토되었지만 효과 크기는 개인 치료에 비해 낮다(Barak et al., 2008). 청소년을 대상으로 한 초기 연구에서 화상 회의를 통해 전달되는 원격치료가 노출을 포함한 강박장애 치료에 효과적이지만 그 외 다른 임상 불안에 대한 연구는 시행되지 않았다 (Khanna, 2014). 또한 초기 연구는 비실시간으로 전달되는 원격치료가 효과 크기가 더 작고, 실시간 치료를 대체하기에는 어렵지만 성인에서 긍정적인 이점을 가진다고 보았다 (Barak et al., 2008).

이렇게 유망한 결과에도 불구하고 테크놀로지를 통해 노출이나 다른 정신치료를 제공할 것인지를 결정할 때 임상의가 고려해야 할 많은 문제가 있다. 우선 임상의는 비밀보장을 염두에 두어야 한다. 무료로 제공되는 화상 회의 도구는 개인 정보 보호 및 비밀보장을 위해 암호화 요구 사항을 충족하지 않는 경우가 많다. 이메일에도 비슷한 제한과 문제가 있다. 테크놀로지가 빠르게 발전하고 있지만 임상의는 자신이 선택한 통신 방법의 안정성을 고려하고 시험해야 한다. 불안정한 연결은 치료적 의사소통을 방해할 수 있다. 테크놀로지 발전이 규제를 앞서는 경우가 많으므로 청구서 발부와 면허로 인한 문제가 발생할 수 있다. 다른 주에 있는 사람 또는 임상의가 면허를 취득한 곳과 다른 관할권에 서비스를 제공하면 면허법에 위배될 수 있다. 혹은 비전통적인 방식으로 제공되는 서비스에 대해 보험 회사로부터 지급을 거절당할 수 있다. 마지막으로 임상의는 원격치료에 대한 지역의 관심을 주의 깊게 평가해야 한다. 원격치료의 수요와 이익이 이를 임상에 통합하는 데 필요한 노력을 보상하지 못할 수 있다.

요약하면 테크놀로지를 통해 치료를 제공하는 데 사용될 수 있는 여러 가지 새로운 의사소통 방식이 열렸다. 이러한 혁신은 임상의가 환자를 직접 만나기가 불가능한 장소에서 실제 노출 동안 코칭을 제공할 수 있게 함으로써 노출치료에 특히 유용하게 작용할 수 있다. 원격치료는 효과적이고 쉽게 이용할 수 있는 것처럼 보이지만 임상의는 비밀보장, 신뢰성 및 규제 요구 사항과 같은 문제를 해결할 수 있도록 신중하게 시작하여야 한다. 마지막으로 원격치료는 노출치료에 접근하는 데 지리적 장벽을 줄일 수 있는 잠재력을 가지고 있지만 필요한 훈련을 받고 전문지식을 갖춘 임상의가 부족하다는 문제는 해결하지 못한다.

컴퓨터 기반 치료 *Computer-Based Therapy*

*컴퓨터 기반 치료*는 컴퓨터를 통해 부분적으로 또는 완전히 전달되는 치료를 말하며, 이 때 임상의는 다양한 수준으로 개입한다. 이 치료는 치료자나 워크북을 통해서가 아니라 일반적으로 매뉴얼화된 치료 내용을 컴퓨터로 제시하는 형식으로 이루어진다. 따라서 이러한 프로그램에는 정신의학적 교육, 치료 연습, 워크 시트가 포함된다. 치료자가 제공하는 원래의 매뉴얼화된 치료 구조와 유사하게 회기별로 진행된다. 이러한 개입은 CD-ROM 기반 프로그램까지 거슬러 올라가는 오랜 역사를 가지고 있다. 시간이 지남에 따라 테크놀로지의 혁신이 이루어졌다. 오늘날 컴퓨터 기반 치료법은 일반적으로 인터넷을 통해 접근할 수 있으며 치료 접근을 늘릴 수 있는 광범위한 기회를 제공한다. 이러한 프로그램은 일반적으로 독립형 자조 도구로 설계되었기 때문에 노출치료에 접근할 수 없는 사람이 치료자 없이도 치료에 참여할 수 있다. 그러나 일부 컴퓨터 기반 중재는 적어도 부분적으로는 치료자를 통해 전달하도록 설계되었다. 컴퓨터 기반 치료는 초보 치료자에게는 지도와 훈련을 제공할 수 있고, 경험 많은 치료자에게는 일차적인 치료 원칙에서 너무 멀리 벗어나지 않도록 해 준다. 따라서 컴퓨터 기반 치료법은 대면 노출치료의 질을 향상시키고 치료에 대한 접근성을 높일 수 있는 잠재력을 가지고 있다.

컴퓨터 기반 치료의 이득을 뒷받침하는 문헌은 상당히 많고 강력하다. 성인의 불안 및 우울증에 대한 컴퓨터 기반 인지행동치료의 메타 분석 결과 대조군과 비교했을 때 전반적으로 큰 효과 크기(0.80)를 보였다. 이는 통상적인 치료(0.38)보다 약간 또는 중간 정도로 우월한 효과 크기이다(Andrews et al., 2018). 불안장애의 효과 크기는 범불안장애 0.70, 사회불안장애 0.92, 공황장애 1.31로 모두 컸다. 또한 정기적인 임상 진료를 하면서 개입이 시행될 때 컴퓨터 기반 인지행동치료의 이점이 분명했다.

컴퓨터 기반 치료는 외상후스트레스장애, 강박장애, 특정공포증, 건강 염려증에 대해서도 연구되었다(Andersson & Titov, 2014). 소아에 대한 연구는 적지만 현재 존재하는 연구들은 기대할 만하다. 7가지 연구에 대한 메타 분석에 따르면 컴퓨터 기반 프로그램은 소아 불안을 유의하게 감소시켰지만(효과 크기 0.52), 우울증은 감소시키지 않았다(Ye et al., 2014). 또한 6개의 프로토콜을 조사한 11건의 연구 검토에서 컴퓨터 기반 인지행동치료는 노출이 포함된 경우에만 임상 불안의 심각도를 감소시켰다(Donovan & March, 2014). 소아 및 성인 프로그램 모두에서 불안에 대한 컴퓨터 기반 인지행동치료에는 임상의의 상당한 지원이 포함되었으며, 지원을 많이 했을 때 더 나은 결과가 있었다(Andersson & Titov, 2014; Donovan & March, 2014).

원격치료와 마찬가지로 컴퓨터 기반 치료를 뒷받침하는 전도유망한 자료는 주의해서 검토할 필요가 있다. 왜냐하면 아직 해결되지 않은 질문들이 있기 때문이다(Andersson & Titov, 2014). 주된 문제는 임상의 없이 정확한 평가가 필요한 치료를 받는 것에 관한 효율성과 유연성 사이의 균형을 유지하는 것이다. 설문지를 통한 자가 보고는 아직 임상의가 수행하는 체계적 평가를 대체하기에 적합하지 않다. 컴퓨터 기반 치료 프로그램은 진단에 특화된 경향이 있고, 정신 건강 문제는 동반 질환이 흔하기 때문에 특정 환자에 대한 적절한 치료를 시작하려면 전통적인 평가가 필요할 수 있다. 이와 관련하여 컴퓨터 기반 치료가 다른 사람보다 더 적합한 사람이 있을 수 있지만 아직 이를 구별하는 특징은 확인되지 않았다. 또한 평가는 치료 전반에 걸쳐 진행되는 과정인데, 자기 주도적 컴퓨터 기반 치료가 제대로 진행되지 않을 때에는 부정적인 결과가 감지되지 않을 위험이 있다(Andersson & Titov, 2014).

요약하면 컴퓨터 기반 치료는 노출치료의 질과 이용 가능성을 향상시킬 잠재력이 있다. 초보 치료자 또는 진료 보는 전체 환자 중 불안장애는 일부일 뿐인 치료자의 경우 컴퓨터 기반 치료 프로그램을 대면 치료에 통합하여 제공하는 구조를 선호할 것이다. 불안장애 환자를 주로 보는 치료자 중 특히 많은 수의 사람을 담당하는 환경에서 일하는 치료자는 그들의 전문지식에 대한 증가하는 수요를 충족시키기 위해 컴퓨터 기반 치료 프로그램을 찾을 수 있다.

모바일 애플리케이션 Mobile Applications

컴퓨터 기반 치료 및 원격치료와 달리 불안 및 일반적인 정신 건강 문제를 위한 모바일 애플리케이션은 경험적 지지가 거의 없이 빠르게 성장했다. 변화의 속도를 고려할 때 이용 가능한 애플리케이션의 현 상황과 이를 지지하는 증거를 검토한 자료는 금방 구식 자료가 될 것이라는 점에 주목해야 한다. 따라서 향후 의사 결정을 도와주기 위해 애플리케이션에 대한 경험적 근거를 평가하는 과정에 대해 논의하겠다. 이용 가능한 애플리케이션의 양을 보여주기 위해 2015년에 실시된 검색에서 불안과 걱정을 해소하기 위해 설계된 361개의 무료 모바일 애플리케이션을 확인했는데, 애플리케이션의 수는 이후 몇 년간 크게 증가하였다. 그러나 불안과 정신 건강 문제에 대한 27가지 애플리케이션에 대한 보다 집중적인 검토에서 애플리케이션의 효능을 입증하기 위한 실험은 한 건도 없었다는 것이 밝혀졌다(Bakker, Kazantzis, Rickwood, & Rickard, 2016). 이와 유사하게 일반적인 소아 내재화 문제를 위한 테크놀로지 기반 개입을 검토한 연구는 오직 하나의 모바일 애플리케이션 실험만을 찾아냈다. 그 실험은 주의력 조절능력의 향상을 입증할 수 없었다(Reyes-Portillo et al., 2014). 현재로서는 어떤 모바일 애플리케이션도 직접적인 경험적 지지를 받지 못한다고 추정하는 것이 안전하다.

효능 연구가 없는 상황에서 다음의 기준으로 모바일 애플리케이션을 평가하는 것이 도움이 된다. (1) 전통적인 근거 기반 치료와의 일관성, (2) 설계 및 기능성이다. 2장에서 검토한 바와 같이 노출기반 인지행동치료는 불안 문제에 관한 가장 경험적 지지를 받는 치료법이다. 불행히도 불안과 걱정에 대한 무료 모바일 애플리케이션을 검토한 결과 단 13%만 인지행동치료적 개입을 포함한 것으로 나타났다(Kertz et al., 2017). 대신 이용 가능한 대부분의 애플리케이션은 이완이나 마음챙김 수련을 제공한다(Whiteside, 2016). 또한 가장 많이 사용되는 25가지 애플리케이션 중 인지행동치료 구성 요소를 포함한 것은 없었다. 정신 건강 애플리케이션에 대한 더 제한적인 검토에서는 55%가 인지행동치료를 기반으로 한 것으로 나타났다(Bakker et al., 2016). 그러나 인지행동치료에는 여러 구성 요소가 포함되어 있으므로 인지행동치료에 해당되는 것으로 보이는 모바일 애플리케이션도 노출을 충분히 제공하지 않을 수 있으며, 단일 장애에 특화된 경우가 많다(Whiteside, 2016). 이와 같이 경험적 문헌과 일치하는 콘텐츠를 제공하는 모바일 애플리케이션은 존재하겠지만 찾기는 어렵다.

근거 기반 임상 콘텐츠 외에도 모바일 애플리케이션은 행동 변화를 유도하고 촉진하도록 설계되어야 한다. 효능 연구와 함께 화면 디자인, 레이아웃, 탐색 및 기능성, 상호 작용 및 자체 모니터링을 어떻게 최적화하는지에 관한 문헌이 점차 늘어나고 있다(Brouwer et al., 2008). 하지만 대부분의 기존 애플리케이션은 이 표준을 충족시키지 못하고 있다. 한 종설은 애플리케이션의 55%만이 단순하고 직관적인 인터페이스를 가지고 있었고, 48% 정도에서 자동 알림 기능이 있었으며, 15% 정도가 개인에 맞게 조정될 수 있다고 한다(Bakker et al., 2016). 물론 애플리케이션이 사용하기 좋은 디자인의 모든 기준을 충족해야 하는 것은 아니다. 그러나 스스로 모바일 애플리케이션 사용을 중단하는 빈도를 고려할 때 매력적이고 참여하고픈 디자인이 중요해 보인다.

요약하면 모바일 애플리케이션은 노출치료에 대한 접근을 향상시킬 수 있는 잠재력이 있다. 애플리케이션은 구매가 쉽기 때문에 앞으로 임상의에게 애플리케이션 추천이나 다운로드받은 애플리케이션의 질에 대한 의견을 묻는 일이 증가할 것이다. 불행히도 경험적으로 뒷받침되고 매력적인 모바일 애플리케이션을 만들고 유지하는 과정은 어려운 일이다. 예를 들어 2013년에 발표된 종설에서 '근거 기반'으로 확인된 5가지 정신 건강 애플리케이션 중 2014년에 상업적으로 사용할 수 있는 애플리케이션은 없었다(Bakker et al., 2016). 현재 임상의는 환자가 인지행동치료를 뒷받침하는 근거와 일치하는 애플리케이션을 사용하도록 권장하는 데 제한이 있다. 일반적으로 사용되는 대부분의 애플리케이션이 최소한의 기준도 충족하지 않기 때문이다.

가상현실 노출 *Virtual Reality Exposure*

치료 전달 방식으로 가상현실을 사용하는 것은 그 효능을 뒷받침하는 강력한 증거를 가지고 있지만 임상적 이점이 아직 그 정도로 분명하지는 않다. 가상현실을 통한 노출치료의 잠재성에 대해 수십 년간 각 불안장애에서 연구되어왔다. 가상현실에는 개인의 움직임에 따라 변화하는 사실적인 3차원 이미지를 투사하여 실제와 유사한 몰입형 경험을 제공하는 헤드셋을 착용한다. 이러한 테크놀로지는 노출치료에서 상당한 잠재력을 가지고 있다. 특히 환자들이 실제 노출을 시작하기 꺼리거나 현실기반 노출이 가능하지 않은 경우 가상 노출에 참여할 수 있다. 예를 들어 비행 노출은 비용이 많이 들고 시간이 오래 걸리며 난이도를 조절하기 어렵고 현실적으로 실행하기 어려운 경우가 많다. 따라서 비행 노출은 가상현실 노출의 원형이며 잘 연구된 사례이다(Maples-Keller, Bunnell, Kim, & Rothbaum, 2017). 또한 가상현실은 외상 후 스트레스 환자 등에서 상상 노출을 늘리는 데 사용할 수 있다. 연구에서 가상현실은 전형적인 전통 노출치료와 비슷한 방식으로 치료 중에 실행된다(Maples-Keller et al., 2017).

불안장애에 대한 가상현실 노출의 효과를 뒷받침하는 상당한 문헌이 있다. 메타 분석에서 큰 효과 크기를 나타냈다(각각 0.95 및 1.11; Parsons & Rizzo, 2008; Powers & Emmelkamp, 2008). 실제로 가상현실 노출은 실제 노출과 비교하여 통계적으로 유의미하지 않지만 작은 이점이 있다(Powers & Emmelkamp, 2008). 개별 연구는 특정공포증, 사회불안, 외상후스트레스장애, 공황발작 및 공포증에 대한 가상현실 노출의 사용을 뒷받침했으며, 범불안장애 및 강박장애에서 사용을 검토하는 탐색적 연구도 있다(Maples-Keller et al., 2017). 종합하면 가상현실은 다양한 노출 실습을 제공하는 효과적인 매체인 것으로 보인다.

가상현실은 효과적일 뿐만 아니라 점점 더 접근이 쉬워졌다. 원격치료와 마찬가지로 고가의 특수 장비가 필요하던 것을 이제 스마트폰과 카드보드 헤드셋을 통해 제공할 수 있다. 실제에서 계획하기 어려운 노출의 질 개선이 가상현실의 가장 큰 잠재적 이점일 가능성이 높다. 가상현실은 그 자체로 노출을 제공하는 치료자의 수를 늘리거나 치료에 접근하지 못하는 사람이 자조 개입을 할 수 있게 할 것 같지는 않다. 하지만 가상현실과 원격치료를 결합하면 치료자의 지시 없이 개인이 참여하는 노출의 구조와 품질을 높일 수 있다. 그러나 다양한 범위의 공포 자극과 그러한 자극을 표적으로 노출을 밀접하게 짝지을 필요성을 고려할 때 가상현실 경험을 광범위하게 적용하기 위해 충분한 콘텐츠를 개발하는 것이 어려울 것이다.

요약하면 가상현실은 매우 효과적인 치료 장비이며 이 테크놀로지에 대한 접근성이 빠른 속도로 높아지고 있다. 비행 공포와 같이 실제 노출을 계획하기 어려운 공포를 자주 다루는 치료자는 이러한 장비가 매우 도움이 될 수 있다.

치료자의 역할
THE THERAPIST'S ROLE

테크놀로지는 임상의의 대체물이 아닌 확장으로 보아야 한다. 여기에 검토된 모든 테크놀로지는 임상의가 직접 참여해야 할 것도 있고, 임상의에 의해 개선되어야 할 것도 있다. 앞에서 설명한 방법은 본질적으로 치료자가 제공하는 노출치료의 범위를 지리적으로 (원격치료 및 컴퓨터 기반 치료) 그리고 내용적으로(가상현실 노출) 확대하도록 설계되었다. 대부분의 모바일 애플리케이션이 경험적 뒷받침이나 증거기반 치료와의 관련성이 부족하기 때문에 이러한 형태의 테크놀로지는 아직 독립적으로 사용할 준비가 되어 있지 않고 환자에게 도움이 될 가능성이 높은 애플리케이션을 치료자가 골라 주어야 한다. 게다가 테크놀로지를 통해 전달되는 많은 프로그램들은 단일 불안장애나 겉으로 보이는 불안을 표적으로 하기 때문에 문제를 정확하게 파악하여 적절한 프로그램을 시도해야 한다. 또한 치료 중 증상 변화에 대한 지속적인 평가가 최적의 이익을 위해 중요하다는 이해가 점점 더 확대되고 있다(Jensen-Doss et al., 2018). 따라서 적절한 치료를 시작하고, 반응을 모니터링하고, 치료 계획을 적절하게 조정하고, 치료 종결 시기를 결정하는 데 임상의의 도움이 필요하다.

모든 개입의 난제인 조기 치료 중단은 특히 테크놀로지 기반 치료법의 문제이다 (Eysenbach, 2005). 다행인 것은 임상의의 지원을 통해 테크놀로지 기반 치료의 참여와 효과를 향상시킬 수 있다(Andersson & Titov, 2014). 특히 임상의의 역할은 환자가 목표를 찾아내고, 함께 설정한 목표를 따를 수 있도록 도움을 주는 *지원 책임자*supportive accountability(Mohr, Cuijpers, & Leman, 2011)라고 볼 수 있다. 이 모델에서 임상의를 신뢰할 수 있고 친절한 전문가라고 인식할 때 가장 효과적인 치료가 된다. 임상의는 환자가 유익하다고 생각하는(결과 지향이 아닌) 과정 지향 목표를 찾을 것이고, 목표를 향한 진전을 어떻게 점검해 나갈 것인가에 대해 동의를 구함으로써 환자와 협력해 나간다.

치료자와 환자 모두 테크놀로지를 치료에 통합하는 데 개방적인 것으로 보인다

(Becker & Jensen-Doss, 2013; Salloum, Crawford, Lewin, & Storch, 2015). 대부분의 치료자들은 테크놀로지 기반 치료에 필요한 장비인 컴퓨터에 접근하고 이를 사용하는데 자신감을 가지고 있다고 보고했다(Becker & Jensen-Doss, 2013). 테크놀로지를 임상에 적용한다는 생각에는 익숙하더라도 지역사회 치료자들은 종종 테크놀로지가 결과를 향상시킨다는 것에 대해서는 회의적이고, 오히려 환자와의 라포를 방해할 것이라고 우려한다(Becker & Jensen-Doss, 2013). 그러나 컴퓨터 기반 치료에 참여한 치료자는 대체로 긍정적인 경험을 한다. 특히 치료 자료의 관리와 전달의 용이성을 긍정적으로 생각하며, 라포에 끼치는 악영향은 보고하지 않았다(Salloum et al., 2015). 이와 같이 일반적으로 치료자들은 테크놀로지를 임상에 통합시키는 것에 대해 개방성과 회의 사이의 적절한 균형을 가지고 있는 것으로 보이며, 개입을 잘 설계함으로써 이러한 우려는 불식될 수 있다.

결론 CONCLUSIONS

노출치료 및 일반적인 정신치료의 전달에 사용하는 테크놀로지의 옵션과 편의성은 빠르게 확장되고 있다. 테크놀로지는 컴퓨터 기반 치료와 같은 치료 지침의 안내 또는 가상현실에서 이용 가능한 노출 콘텐츠의 확장을 통해 치료자가 제공하는 노출의 효과를 향상시킬 잠재력을 가지고 있다. 또한 테크놀로지는 전자기기를 통해 치료자와 환자를 연결하여 지리적 장벽을 극복하고, 치료자와 직접 접촉하지 않고도 개인이 노출에 접근할 수 있도록 함으로써 노출의 범위를 확대할 수 있다. 이 장에 설명된 각각의 방식은 치료자의 참여가 필요하거나 적어도 전문가가 있을 때 효과가 향상된다. 따라서 테크놀로지 혁신은 치료자의 역할을 대체하는 것이 아니라 역할을 확장하는 방법으로 보는 것이 가장 적절한 시각이다. 그러나 때때로 테크놀로지의 대가가 그 이득을 능가할 수 있고, 새로운 테크놀로지의 개발 속도가 그 효능을 조사하는 연구보다 더 빠른 경우가 자주 있기 때문에 이러한 확장에 대해 주의와 심사숙고가 필요하다.

노출치료에 수용전념치료 활용하기
Using Acceptance and Commitment Therapy with Exposure

수용전념치료(ACT; Hayes et al., 2011)는 불안이나 이와 관련된 경험을 하면서도 더 가치 있는 삶을 살려는 기꺼이하기willingness를 환자들이 기르도록 도와주는 임상 불안 치료에 적용할 수 있는 일련의 기법이다. 이처럼 수용전념치료는 습관화를 통한 공포 감소와 달리 공포 내성을 강조하는 노출의 억제 학습 관점과 매우 유사하다. 또 치료참여를 촉진하고 노출을 수행해야 하는 근거를 전달하기 위해 노출치료 과정 안에서 일부 수용전념치료 전략을 구현할 수 있다는 연구 결과가 있다(Twohig et al., 2018). 따라서 수용전념치료와 노출치료 사이에 차이가 있기도 하지만, 개념적으로 또 실제 적용에 있어 중복되는 부분이 상당히 많다. 이 장에서는 둘 사이의 공통점과 차이점이 무엇인지 살펴본다. 그리고 수용전념치료가 임상의(우리 자신을 포함하여) 사이에서 널리 받아들여지고 있음을 고려했을 때 수용전념치료의 틀 안에서 (1) 환자에게 임상 불안의 개념화를 제공하고, (2) 노출을 사용하는 근거를 전달하고, (3) 노출과 반응방지를 실행하는 작업을 어떻게 해 나가는지 설명하고자 한다. 이 틀 안에서 노출치료의 목표는 환자가 삶의 질 향상을 위해 불안과 두려움을 유발하는 단서에 유연하게 대응하는 법을 배우도록 돕는 것이 된다.

수용전념치료란 무엇인가?
WHAT IS ACT?

수용전념치료는 실증적 근거로 뒷받침된 심리 개입으로 인지행동치료에 속하며 최근 수십 년 동안 다양한 정신 및 행동 건강 문제의 치료에서 많은 인기를 끌었다. 수용전념치료는 *기능적 맥락주의*로 알려진 과학 철학 기반 안에서 *맥락적 행동과학*으로도 불리는 관계구성이론에 기초를 두고 있다(Hayes, Levin, Plumb-Vilardaga, Villatte, & Pistorello, 2013). 수용전념치료의 목적은 개인적으로 중요한(즉, 가치 있는) 활동에 참여하면서도, 현재에 머물며 사적 경험(예: 생각, 감정, 감각)을 그저 관찰할 수 있는 *심리적 유연성*을 촉진하는 것이다. 심리적 유연성을 높이기 위해 수용전념치료에서는 수용, 인지적 탈융합, 현재 순간 알아차림, 맥락으로서의 자기, 가치, 전념 행동 등 여섯 가지의 변화 과정을 표적으로 한다(Hayes et al., 2011). 수용전념치료에서 사용하는 주요 기법은 여섯 가지 변화 과정을 표적 삼아 심리적 유연성을 증가시키고 삶의 질 향상을 도모하는 체험적 은유이다.

수용전념치료를 불안 치료에 적용할 때 노출기법과 중요한 점에서 중복된다. 가장 주목할 만한 것은 두 가지 접근법 모두 공포 자극에 대한 참여를 확장함으로써 행동을 변화시키는 데 초점을 맞춘다는 점이다. 게다가 노출과 수용전념치료 모두 즉각적인 공포 감소를 강조하지 않고 공포 내성을 촉진하는 목표를 가지고 있다. 그러나 수용전념치료와 노출 사이에 주목할 만한 차이점도 있다. 예를 들어 수용전념치료는 다양한 삶의 영역(예: 관계, 개인 건강)에서 환자의 가치(의미 있고 중요한 대상) 추구와 관련된 목표를 명시적으로 설정한다. 반면에 노출치료에서는 이러한 가치의 중요성이 보다 암묵적이다. 반대로 노출치료자는 공포 소거를 촉진하기 위해 위협 기반의 신념과 예측을 적극적으로 변화시키려는 반면, 수용전념치료는 그러한 인지의 변화에는 관심이 없다. 다만 심리적으로 더 유연해지면 사적 경험(생각, 감정 등)에 대한 신념이 그에 따라 변화된다고 주장한다. 마지막으로 노출치료에서는 공포 자극에 직면하거나 안전행동에 저항하라고 명시적으로 지시하지만, 수용전념치료에서는 자발적인 변화를 촉진하기 위해 지시보다는 은유를 주로 사용한다.

수용전념치료 관점에서 본 노출치료
EXPOSURE THERAPY FROM AN ACT PERSPECTIVE

공포 자극에 직면하는 구체적인 절차는 이전 장에서 설명한 방법과 거의 차이가 없다. 하지만 수용전념치료 관점은 공포 자극이나 불안 관련 내적 경험과 더 기능적으로 상호작용할 수 있는 방식을 학습하여 임상 불안에 의해 방해받았던 자신의 가치를 추구하는 쪽으로 노출의 강조점을 전환한다. 전통적인 인지행동 접근 역시 환자와 불안 사이의 관계 변화를 목표로 하고 있지만, 새로운 관계는 공포 기대가 부정확하고, 견딜 만하며, 안전행동은 불필요하다는 안전학습을 통해 만들어진다. 비록 미미하긴 하지만 이러한 강조점의 차이는 수용전념치료 관점에서 불안 문제를 개념화하고 논의하는 방법, 노출의 근거를 제공하는 방법, 노출 항목을 선택하는 방법, 더 좁게는 노출 자체를 시행하는 방법 등에서 함의를 가진다. 앞서 언급했듯이 수용전념치료 관점에서 노출을 사용했을 때 역기능적 신념, 원치 않는 생각, 불안, 원치 않는 생리적 각성의 빈도와 강도 및 지속 시간의 감소가 장기적으로 보았을 때 관찰될 수는 있겠지만 이를 명시적인 목표로 삼지 않는다. 오히려 환자가 불안과 안전행동을 하려는 충동에 구애받지 않고 가치 기반의 삶을 추구하는 방법을 배우도록 돕는 것을 목표로 한다. 따라서 수용전념치료 관점에서 노출은 주로 이전에 언급된 세 가지 핵심 과정 즉, 수용, 인지 탈융합, 가치를 활용한다. 필요에 따라 현재에 머무르기와 맥락으로서의 자기도 사용하고, 일반적으로 노출 실습을 통해 전념 행동에 참여한다.

수용 *Acceptance*

수용전념치료의 관점에서 노출을 할 때 환자가 원치 않는 불안 관련 생각, 느낌, 생리적 감각을 환영하도록 돕기 위해 수용을 활용한다. 수용이란, 이런 사적 경험을 '견디거나', '인내하는' 것과 달리, 비록 그런 경험을 좋아하거나 즐기지 않는다고 하더라도 그 경험이 일어나는 한 변화시키려 하지 않고 그 경험을 겪는 것에 진정으로 개방되어 있음을 의미한다. 그래서 환자들에게 SUDS 점수를 매기게 하는 대신, 수용전념치료 틀 안에서 노출을 수행하면서 불안이나 불안 관련 사적 경험을 기꺼이하기 또는 개방성openness 점수를 물어본다.

탈융합 *Defusion*

환자들이 (1) 불안 관련 사적 경험과 관계하는 방식을 변화시키고, (2) 그 경험이 말하는 *대로*가 아니라 그 경험 자체를 있는 *그대로* 볼 수 있게 돕기 위해 노출을 사용한다. 더 구체적으로 말하면 노출을 할 때 탈융합이란 환자의 불안한 생각, 감각 및 감정을 사실이나 위험으로 여기는 대신 단순히 단어의 흐름(즉, 정신적 소음) 혹은 지나가는 신체 감각으로 보는 연습을 말한다. 비록 이 목표가 위협 기반 신념과 예측을 수정하거나 반증하기 위해 노출을 사용하는 것과 어느 정도 중복되긴 하지만, 수용전념치료 관점에서 노출은 명시적으로 그러한 인지에 도전하는 것에 초점을 맞추지 않는다. 즉, 신념 변화를 위한 소크라테스식 질문이나 논의는 없다. 이 장 뒷부분에서 자세히 설명한 바와 같이 탈융합은 은유적이고 역설적인 언어를 사용함으로써 촉진된다. 이러한 언어는 기억하기 좋을 뿐 아니라, 생각을 어떻게 해야 하는지에 관한 *규칙*의 생성을 막을 수 있다. 수용전념치료는 규칙의 형성을 지양한다.

가치 *Values*

수용전념치료의 관점에서 노출은 두 가지 방식으로 가치를 다루게 된다. 첫째, 가치는 노출에 참여하고 안전행동을 줄이는 근거를 제공한다. 예를 들어 노출을 시작하기 전 환자는 자신의 삶에서 가치를 두는 것이 무엇인지 확인하고, 노출에 참여하는 것이 가치 있는 방향으로 움직이는 데 어떻게 도움이 되는지 말한다. 둘째, 노출은 환자가 불안, 원치 않는 신체 감각, 기타 불쾌한 내적 경험을 하는 동안 의미 있는 방식으로 가치 활동에 참여하는 것을 실천하고 학습하도록 돕는다. 이것은 특히 가치 기반의 행위가 그 자체로 강화물로 작용하며, 치료 종결 이후에도 이러한 행동을 지속하게 한다는 면에서 유익하다. 따라서 노출 시도는 환자가 자신에게 일어나는 불안 관련 사적 경험의 정도에 개의치 않고, 단지 의미 있다고 발견한 삶을 실천하는 기회로 볼 수 있다. 치료자는 대체로 환자가 그런 경험에 어떤 식으로 제대로 대응하는지, 또 의미 있는 행동에 얼마나 자주 그리고 충실하게 참여하는지에 관심을 둔다.

노출 준비하기
PREPARING THE PATIENT FOR EXPOSURE

불안을 개념화하기 *Conceptualizing Anxiety*

환자는 노출을 시행하기 전 수용전념치료의 임상 불안 모델에 익숙해져야 한다. 많은 환자들이 '불안을 조절할 수 있어야 해' 혹은 '불안한 생각이나 느낌을 갖고는 제대로 살 수 없어. 이것들을 없애야 해.'와 같은 생각을 하면서 치료에 접근한다. 따라서 한 가지 중요한 목표는 치료자와 환자가 치료를 통해 *불안이나 공포가 있음에도 불구하고 달리 행동할 수 있고,* 따라서 불안과 공포 경험을 군이 변화시킬 필요가 없음을 이해하게 되는 것이다. 따라서 치료자는 환자가 불안이나 불안과 관련된 사적 경험 자체는 본질적으로 잘못된 것이 아니라고 생각할 수 있도록 돕는다. 사실 치료에 있어 어려운 점은 환자가 이러한 사적 경험을 해결하기 위해 효과적이지 않은 전략(예: 회피, 안전행동)을 사용한다는 것이다. 이런 투쟁을 정상화하고 라포를 개발하기 위해 치료자는 이런저런 불쾌한 내적 경험이 정상적이라 설명하고, 어쩌면 자신의 경험을 공유할 수도 있다(예: "저도 때때로 '내가 나의 자녀들을 죽이면 어쩌지?'와 같은 원치 않는 끔찍한 생각을 할 때가 있어요." 또는 "많은 사람 앞에서 강연할 때 제 심장이 요동치는 것을 느낄 수 있어요."). 정말로 중요한 것은 경험 자체의 속성보다는 이런 종류의 경험을 다루는 방식이라는 사실이 환자에게 깊은 인상을 준다.

이후 환자는 자신의 불안 문제를 아래의 세 가지 측면에서 생각해 본다. (1) 불안, 의심, 신체 감각, 생각, 이미지, 충동, 기억 등의 사적 경험(환자 자신에게 나타나는 특정 경험), (2) 사적 경험을 조절하거나 감소시키려는 행동(회피 혹은 안전행동), (3) 삶의 질에 미치는 부정적 효과. 치료자는 은유를 사용하여 (1) 회피를 포함한 안전행동을 조절하는 것이 사적 경험을 조절하는 것보다 훨씬 쉽고, (2) 삶의 질에 미치는 부정적 효과는 사적 경험을 조절하려고 시도하기 때문이지 그 경험 자체 때문이 아니라는 점을 환자가 이해할 수 있도록 돕는다. 나아가 자기 점검과 탐색을 통해 안전행동이 단기적으로는 원치 않는 사적 경험에서 벗어나게 해 주지만 장기적으로 성공적이지 않음을 환자 스스로 볼 수 있게 돕는다. 이 치료 모델의 주된 함의는 환자가 하는 작업은 자신의 불안 관련 사적 경험과 새로운 방식으로 상호 작용하는 법을 학습하는 것이고, 따라서 회피와 안전 행동에 참여할 필요성을 감소시키는 것에 초점을 맞춘다는 데 있다.

노출의 근거 The Rationale for Exposure

노출과 반응방지의 근거는 앞서 언급한 개념 모델을 따른다. 즉, 치료는 환자가 전반적인 삶의 질 향상을 위해 자신이 가치 있게 여기는 방향으로 다가가도록 돕는 것이라는 생각에 초점을 맞춘다. 불안 관련 사적 경험에 대응하는 대안적인 방법으로 수용의 개념(종종 *기꺼이하기*라고 한다)을 소개한다. 즉, 불안을 조절하기 위해 애쓰고 시간과 에너지를 소모하는 대신 그 생각, 느낌, 감각이 그냥 '거기에 있게' 내버려 두고, 그것들과 싸우거나 뒤엉키지 않는다. 그리고 사적 경험이 존재하는 동안에도 의미 있는 삶을 영위하는 방법을 학습한다. 이러한 접근의 중요한 가정은 *사적 경험이 성공적으로 조절될 수 있다*는 개념이 사실은 틀린 것이고 실제로 그러한 경험에 대응하는 방법으로 수용이 더 잘 작동할 수 있다는 것이다. 하지만 불안을 단기적으로는 성공적으로 조절할 수 있기 때문에 '사람은 불안을 조절할 수 있고, 또 불안을 조절할 수 있어야 한다.'는 언어 규칙이 계속 유지된다. 이런 점을 강박 사고와 강박 행동이 있는 사람과 얘기를 나눌 때 다음과 같이 말할 수 있다.

"당신 삶을 진지하게 생각해 보시고 당신이 강박 사고를 유의하게 조절하는 데 얼마나 성공적이었는지 얘기해 주세요. 강박 사고 조절에 점수를 매긴다면 몇 점이나 받을 수 있을까요? 점수가 낮다면 충분히 노력하지 않아서일까요? 아니면 올바른 방법을 시도하지 않아서일까요? 그것도 아니라면 어쩌면 이 게임이 조작된 것이고 이길 방법이 없었던 것일까요? 그렇지만 만일 이것이 이길 필요가 없었던 게임이라면 어떨까요? 당신이 이 게임을 그만둘 수 있다면 그러니까 강박 사고를 조절하려 애쓰지 않고 대신 삶에 관한 다른 게임에 집중한다면 어떨까요? 당신에 관한 어떤 것도 바꾸지 않고 단지 당신의 사적 경험에 대해 다른 방식으로 대응하는 법을 지금 당장 배울 수 있다면 어떨까요? 그럼 어떨 것 같나요?"

불안한 생각과 느낌에 사로잡히지 않기 위해 가능한 전략이 제시되고 논의된다. 이러한 기법은 노출 사용의 단계를 설정하는 데 도움이 된다. 구체적으로 '자기'는 그러한 경험에 의해 *정의되는* 사람이 아니라, 단순히 사적 경험이 발생하는 맥락으로 제시된다. 이 관점을 설명하는 한 가지 방법은 *체스판 은유*를 사용하는 것이다(Hayes, Strosahl, & Wilson, 1999, p. 190). 환자가 자신을 체스판으로 보게 한다. 그 판 위에서 원치 않은 사적 경험과 안전과 평온을 바라는 느낌이 각자 팀을 만들어 서로 맞서는 경기를 벌이고 있다. 체스판은 실제로는 각 팀의 경기에 신경을 쓰지 않는다. 단순히 말들을 가지고 있을 뿐이다. 비슷하게 체스판은 말들의 행위에도 영향을 받지 않고 게임의 승자가 누군지에 의해서도 영향을 받지 않는다(이 은유의 전체 버전은 이 장 뒷부분을 참조). 다른 은유도 불안 관련 사적 경험이 '단순히 사적 사건이고 그렇게 강력하지 않다.'고 볼 수 있도록 도와준다. 예를 들어 *버스에 탄 승객 은유*(Hayes et al., 1999, p. 157)는 자신이 가치를 향해 다가가는 버스 운전사라고 볼 수 있게 해 준다. 이 버스에 앉아 있는 승객들(예: 공황 관련 신체 감각)이 자신이 원하는 대로 가 달라고 고함지른다. 하지만 운전하는 내내 신체 감각이 따라다닌다 하더라도 어디로 갈지 정하는 것은 운전사가 할 일이다. 노출 도중 환자는 '버스를 운전하는' 실습 기회를 갖는다.

마지막으로 노출 시도에 환자 자신의 의미를 부여하고, 공포 단서에 직면할 수 있는 동기를 강화하기 위해 가치 개념을 소개한다. 치료자와 환자는 공동으로 환자의 가치를 명료화하고 불안을 조절하려는 시도가 가치 있는 활동을 추구하는 데 어느 정도 방해가 되는지 검토한다. 가치 추구는 종종 어려운 상황에도 불구하고 그렇게 하는 것을 의미한다. 이 개념은 파티에서 일부 손님이 매우 불쾌하게 구는 은유를 통해 제시된다. 환자는 제멋대로인 손님과 논쟁을 벌일 수도 있고(즉, 불안을 조절하려고 안전행동을 하느라 시간을 소모), 자신에게 중요한 것을 계속해서 주시하면서 자신이 좋아하는 손님(즉, 자신의 가치를 추구함)과 파티를 즐기고 원치 않는 손님(즉, 불안 관련 사적 경험)도 거기에 그대로 있도록 내버려 둘 수 있다.

노출 과제 선택하기 *Selecting Exposure Tasks*

이전에 제시된 모델과 일관성 있게 노출이 위협 기반 예측을 얼마나 많이 깨뜨리는지 보다는 환자가 추구하는 가치 있는 삶을 얼마나 많이 방해하는지를 염두에 두고 노출 자극과 과제를 협력적으로 선택한다. 노출 실습 기간 중 일어나는 모든 사적 경험에 대해 환자가 얼마나 개방적일 수 있는지가 공포 소거보다 더 중요하다. 그러므로 치료자와 환자는 불안 관련 사적 경험을 유발하는 다양한 자극(예: 물건, 상황, 생각, 신체 감각)을 포함한 노출 목록을 공동으로 개발한다. 이런 식으로 모든 노출 자극은 환자가 삶에서 중요한 것(예: 환자가 자신의 가치에 기반을 두고 참여하기를 원하지만 현재는 두려움 때문에 회피하고 있는 특정 상황)에 다가가면서, 동시에 내적 경험에 더 개방적이고 유연한 방식으로 참여하는 것을 실천해 보게 한다. 그림 22.1은 사회불안 환자를 위한 노출목록의 예이다. 노출 목록을 개발하면서 각 항목의 목적과 가치가 어떻게 연결되는지도 명시적으로 논의한다.

노출 과제를 정할 때 환자와 치료자는 회피 전략과 안전행동에 저항하면서 과제를 시행하는 동안 불안한 생각, 느낌, 의심, 신체 감각(그리고 무엇이든 내적으로 '나타나는' 것들)을 기꺼이 경험하려는 기꺼이하기 정도를 각 항목마다 평가한다. *기꺼이하기*는 0-100점 척도로 평가되고 100은 완전히 기꺼이하기, 0은 기꺼이 할 마음이 전혀 없음을 의미한다. 따라서 환자는 자신의 가치와 치료 목표, 또 기꺼이 경험하려는 *기꺼이하기*의 정도에 근거하여 노출의 순서를 정할 수 있다. 비록 노출의 순서가 환자 주도에 의해 정해지지만 치료자는 환자에게 치료 전 과정을 통해 다양한 유형의 노출을 시도해 보라고 권할 수 있다. 이는 특정한 가치 영역을 다루기 위해 환자에게 가장 유용한 노출이 다를 수 있기 때문이다.

기꺼이하기 (0 – 100)	노출 실습/가치와 연계된 전념 행동
65	사회 기술을 기르고 새로운 사람을 만나기 위해 낯선 사람과 대화를 시도한다. 사회 기술을 기르고 새로운 사람을 만나기 위해 낯선 사람과 대화를 시도한다.
60	자신이 원하는 것을 찾는 데 더 독립적이고 적극적일 수 있도록 서점 점원에게 책을 찾아 달라고 도움을 요청한다.
45	공공장소에서 원하는 시간 동안 자유롭게 시간을 보낼 수 있도록 쇼핑몰 푸드 코트에서 혼자 식사를 한다.
30	교육을 더 받기 위해 수업에 출석하거나 자원봉사를 한다.
15	창피함에 익숙해지기 위해 수업 시간에 일부로 틀린 대답을 한다.
10	창피함에 더 익숙해지기 위해 다른 사람 앞에서 의도적으로 물건(음식, 음료수, 책)을 떨어뜨린다.
10	창피함에 더 익숙해지기 위해 일부러 '멍청한 질문'을 한다.
기꺼이하기: 실습 중 나타나는 어떠한 사적 경험도 기꺼이 가질 수 있는 정도 0 = 전혀 없다. 100 = 실습 중 발생하는 어떤 경험이든 완벽하게 마음을 열고 유지할 자신이 있다.	

그림 22.1 사회불안을 보이는 환자에서 사용할 수 있는 노출 목록의 예

노출 소개하기 INTRODUCING EXPOSURE

처음 노출을 시작하기 전 노출을 하는 합당한 근거를 다시 다루게 된다. 이번에는 다음
과 같이 더 깊게 논의한다.

"먼저 우리가 노출치료를 하려는 이유에 관해 이야기 해 봅시다. 왜냐하면 당신이 여태껏 회
피해 오던 생각이나 상황에 의도적으로 직면하는 것은 직관에 어긋나 보이기 때문이죠. 당신
이 불안과 싸우느라 삶의 의미 있는 부분으로부터 얼마나 멀어지게 되었는지 생각해 보세요.
예를 들어 벌을 무서워하기 때문에 하고 싶었던 야외 활동을 할 수 없었을 겁니다. 아이들이

운동하는 것을 지켜보거나, 가족과 함께 수영장에 가거나, 반려견과 산책을 못 했겠지요. 저는 불가능한 걸 하려고 애쓰지는 않을 겁니다. 불안과 관련된 생각이나 느낌을 완전히 '없애'버리거나 조절할 수 있는 더 효과적인 전략을 제공할 수는 없어요. 불안, 공포, 신체 감각을 아마 부정적으로 평가하겠지만 그것도 삶의 일부입니다. 이를테면 내리는 비가 그렇죠. 우리는 다른 접근법으로 당신이 이런 경험을 기꺼이 겪고, 그래서 그런 경험이 존재하든 하지 않든 삶에서 원하는 것을 할 수 있는 방법을 찾을 겁니다. 이런 방법은 새롭고 혼란스러워 보이기도 할 거예요. 그렇지만 당신이 이런 생각과 느낌을 새로운 방식으로 볼 수 있게 돕기 위해 함께 작업할 거고, 이 방식이 길게 봤을 때는 당신에게 더 도움이 될 겁니다. 이 게임에 도전할 준비가 되었나요?"

이후 치료자는 *기꺼이하기* 개념을 정의하고 두 개의 다이얼 은유(Abramowitz, 2018, p. 69)를 사용하여 더 깊이 논의한다.

"당신이 기꺼이하기에 대해 생각할 수 있게 도와줄 수 있는 한 가지 방법은 두 개의 다이얼을 상상하는 거예요. 첫 번째는 '불안 관련 사적 경험' 다이얼(혹은 '불안 다이얼')이고, 0(낮음)에서 100(높음)까지 조절할 수 있습니다. 당신은 종종 이 다이얼 수치가 꽤 높이 올라가기 때문에 저에게 도움을 받으러 오셨습니다. 아마 다이얼을 0에 가깝게 내린 상태로 유지할 수 있는 최선의 방법을 찾고 싶겠죠. 여태껏 이 다이얼을 가능한 낮은 상태로 유지하기 위한 전략으로 회피를 사용해 오셨을 거예요. 하지만 아시다시피 회피나 그 비슷한 전략들은 그리 효과적이지 않습니다. 그 이유는 불안 다이얼을 실제로는 우리가 조절할 수 없기 때문입니다."

"두 번째는 불안 관련 사적 경험을 기꺼이 겪으려는 '기꺼이하기 다이얼'입니다. 역시 0에서 100까지 있습니다. 하지만 이건 당신이 불안이나 이와 관련된 사적 경험이 나타날 때마다 당신이 얼마나 기꺼이 개방적으로 그것을 겪으려 하는지를 표시하는 겁니다. 우리가 흔히 이 점수를 간과하지만 사실 두 다이얼 중에서 이게 더 중요합니다. 왜 그럴까요? 기꺼이하기가 많은 변화를 만들기 때문입니다. 예를 들어 벌을 만났거나 야외에 나갔다고 생각하면 아마 당신의 기꺼이하기 점수는 0에 가깝게 떨어질 것입니다. 당신은 불안을 겪는데 마음을 열고 있지 않으므로 불안이 시작되는 것을 막으려고 회피를 사용하겠죠. 하지만 바로 그게 문제입니다. 당신의 기꺼이하기 다이얼이 너무 낮으면, 어느 쪽으로도 꽉 끼어서 꼼짝하지 않는 톱니바퀴처럼 불안이 더 강렬해질 것입니다. 어쩔 수 없이 그렇게 됩니다."

"중요한 건 이겁니다. 당신은 기꺼이하기 다이얼 점수를 설정할 수 있습니다. 그렇게 낮게 설정되어 있을 필요가 없습니다. 불안 다이얼과는 달리 당신은 어디서든 기꺼이하기를 설정할 수 있습니다. 그건 선택의 문제거든요. 지금은 그게 가능해 보이지 않는다는 걸 저는 잘 알고 있습니다. 하지만 우리가 실습할 노출치료가 당신의 기꺼이하기 다이얼을 높여 불안이 줄어들게 하는 데 도움을 줄 겁니다. 아이러니하게도 실제로 불안으로 인한 문제를 줄이는 방법은 더 기꺼이 불안을 겪는 방법을 학습하는 것입니다. 불안 쪽으로 오히려 다가가는 거죠. 하지만 이런 종류의 기꺼이하기는 하나의 기술입니다. 악기 연주나 운동, 자전거 타기와 비슷해요. 연습을 하면 익힐 수 있습니다."

"어떤 것을 할 것인지 말 것인지 가늠하는 척도로 불안을 사용하는 대신, 전형적으로 회피해 왔던 것을 실행하려는 기꺼이하기에 초점을 맞추는 법을 배울 겁니다. 그래서 우리의 노출 실습 중에 당신이 불안이나 공포 관련 사적 경험을 얼마나 기꺼이 겪으려고 하는지가 0점(전혀 기꺼이 할 마음이 없음. 당신이 불안과 싸우고 있고 조절하려고 애쓰고 있음을 의미)에서 100점(완전히 기꺼이하기. 불안과 싸우거나 밀어내려고 하지 않고 마음속에서 환영하는 것을 의미) 사이에서 어느 정도 되는지 물어볼 것입니다. 노출 중 불안을 가라앉히기 위해 당신이 하는 모든 것에 주의를 기울이고, 그 생각이나 신체 감각과 싸우지 않고 단지 '거기에 머무르도록' 허용하는 연습을 하십시오. 불안과 맞서려는 싸움은 더 이상 할 필요가 없는 싸움이 될 것입니다."

노출 실습 실행하기
IMPLEMENTING EXPOSURE PRACTICES

이 단락에서는 환자가 노출을 수행하고 안전행동에 저항할 수 있도록 돕기 위해 불안 관련 사적 경험이 있어도 유연하게 대응하는 방법을 배울 수 있는 다양한 수용전념치료 전략과 은유를 설명한다. 또한 노출 과제를 삶의 질 향상과 환자가 가치 있다고 여기는 활동, 일, 목표의 추구와 연계하기 위해 수용전념치료를 사용할 수 있다.

가치에 초점 맞추기 Focusing on Values
각 노출 회기는 다음과 같이 환자가 자신의 가치에 다가가는 데 노출 과제가 어떻게 도움을 줄 것인지 논의하는 것으로 시작한다.

"당신에게 중요한 일을 다시 할 수 있도록 돕기 위해 이러한 노출을 하고 있음을 기억하세요. 이 점을 설명하기 위해 여러분 앞에 늪이 있다고 상상하시기 바랍니다. 이 늪에는 온갖 종류의 벌, 공포 관련 사적 경험, 그리고 치료 중에 마주치게 될 여러 다른 공포가 있습니다. 우리는 저항하거나 회피하지 않고 기꺼이 그 늪으로 들어가려고 연습할 겁니다. 하지만 우리가 그저 '늪에서 뒹굴기' 위해 노출을 하는 것이 아님을 명심하세요. 우리는 목적이 있기에 늪에서 더러워지고 진흙투성이가 되는 것입니다. 늪을 헤치고 걸어가는 것은 당신에게 중요한 일을 위해서입니다. 벌에 대한 공포가 당신 인생의 수많은 중요한 영역에서 방해가 되고 있습니다. 예를 들어 이 치료를 하기로 결심한 가장 큰 이유도 아이가 자라면서 함께 밖에서 시간을 보낼 수 있기를 원하기 때문이라고 하셨죠. 늪 사이로 움직이는 것은 확실히 도전적인 과제입니다. 하지만 더러워지는 것은 삶에서 중요한 것을 위한 것입니다. 당신은 무엇이 나타나든 여전히 늪을 헤치고 앞으로 나아가면서도 나타난 것을 다루는 법을 학습할 것입니다. 따뜻한 날 야외에 앉아 있는 노출이 어떻게 당신이 가치 있게 생각하는 대상으로 가까이 다가갈 수 있게 해 줄까요?"

기꺼이하기 함양하기 Fostering Willingness

기꺼이하기는 '자기 자신의 경험'을 변화시키려 하거나, 회피하거나, 도피하지 않고 '경험'에 열려있는 것을 뜻한다. 이를 위해 치료자는 이전에 설명했던 두 개의 다이얼을 언급할 수 있다. 더욱이 치료자는 노출 중에 환자에게 SUDS 점수를 요구하는 대신, 환자의 불안 관련 경험에 대한 개방성을 추적하기 위해 0(전혀 기꺼이하지 않음)부터 100(완전히 기꺼이함)까지 점수로 기꺼이하기에 대해 점수를 매기도록 요청할 수 있다. 노출을 하면서 SUDS 점수는 내려가지만, 환자의 기꺼이하기 점수는 시간이 흐름에 따라 올라가는 것이 목표가 된다. 또 다음과 같은 은유를 추가로 사용하면 불안 관련 사적 경험과 더 개방적이고 평화롭고 건강한 관계를 발전시키는 것이 노출의 목표임을 환자가 이해할 수 있도록 도울 수 있다.

대문 앞의 불청객 The Jerk at the Door

이 은유에서 환자는 자신이 파티를 주최한다고 상상한다. 동네 이웃을 모두 초대해 파티를 즐기고 있다. 그때 집 문 앞에 자신이 좋아하지 않는 '불청객'이 나타났음을 깨닫는다. 불청객은 불안 관련 생각, 느낌, 신체 감각을 포함한 모든 원치 않는 자극을 나타낸다. 환자는 지금 그 불청객이 집 안으로 들어와 자신의 파티를 망칠까 봐 집 안으로 못 들어오게 하려고 문 앞에서 시간을 보내고 있다. 그렇지만 그러는 동안 파티(자신의 삶을 나타내는)의 온갖 즐거움을 다 놓치고 있다. 비록 그 불청객을 좋아하지도 않고 그가 파티에 나타나지 않았으면 하고 바라지만, 그 불청객을 파티에 입장시켜 환영해 주고 계속 파티

장에 머물게 해 줄 수 있을지 환자에게 질문한다. 이렇게 질문하면 불안한 생각, 불확실한 느낌 등과 같은 것들이 불쾌하지만 기꺼이 겪을 수 있을지에 대한 대화로 이어질 수 있다. 노출은 '불청객이 파티에 들어올 수 있게 허용하는' 실습 기회를 만드는 것이라고 말할 수 있다.

괴물과 줄다리기 Tug-of-War with a Monster

이 은유에서 환자는 매우 힘이 센 괴물(불안 관련 사적 경험)과 줄다리기를 하고 있다. 깊은 낭떠러지를 사이에 두고 환자는 괴물과 반대쪽에 서 있다. 이 시합에서 진 쪽은 낭떠러지 속으로 끌려갈 것이다. 대부분 환자는 단지 두 가지 결과만을 생각할 수 있는데 이는 임상 불안과 관련된 그들의 경험을 그대로 비춰준다. 즉, (1) 괴물을 이기거나(괴물이 매우 크고 강하다는 사실을 고려하면 이럴 가능성은 거의 없다.) (2) 괴물에게 패한다. 따라서 낭떠러지 아래로 끌려가지 않는 유일한 선택은 괴물을 이길 수 있다는 희망으로 줄을 당기고 또 당기는 행동을 필사적으로 계속하는 것이다. 하지만 종종 환자가 간과하고 있는 다른 선택도 가능하다. 환자가 그냥 줄을 놓고 싸움에서 벗어나는 것이다. 이 경우 괴물은 그곳에 그대로 존재하지만 싸움은 끝이 나 있다. 노출의 목표는 낭떠러지 건너편에 서 있는 괴물(즉, 불안한 느낌, 부정적인 생각 등)이 여전히 생생하게 들리고 보이는데도(하지만 전적으로 무해하다) '줄을 놓고' 살아가는 삶을 실천하는 것이다.

생각과 느낌에서 탈융합하기 Defusing Thoughts and Feelings

임상 불안이 있는 사람은 흔히 내부 경험을 객관적으로 '좋은'(예: 침착, 조절) 또는 '나쁜'(예: 강박, 불안, 불확실성) 것으로 보면서 자신의 불안한 생각, 감정, 신체 감각에 엄청난 힘을 부여하는 경우가 많다. 다음의 은유는 이런 경직된 방식으로 불안 관련 내적 경험을 평가하는 데서(예: '위험한', '비도덕적인') 벗어나 뒤로 한 발짝 물러서서 이러한 생각과 느낌을 단순히 관찰하는 법을 배우는 데 사용할 수 있다. 달리 말하면 불안 경험이 말하는 것('위험하다')보다는 그 경험이 실제로 무엇인지(신체 감각 자체, 단어의 나열)를 보는 것이 목표이다. 환자는 특정 사적 경험을 어느 정도 중요하게 생각할지 스스로 결정할 수 있다.

버스에 탄 승객 은유 Passengers on the Bus Metaphor

이 은유에서 환자는 자신의 삶에서 가치 있게 여기는 방향으로 운전하는 버스의 운전사가 된다. 길을 가는 도중 운전사의 사적 경험(생각, 감정, 감각)을 나타내는 승객이 이런 저런 정류장에서 타기도 하고 내리기도 한다. 약간 무섭게 생긴 승객들이 버스에 탔다. 이 승객은 불안 관련 사적 경험을 나타낸다. 그들은 환자의 불안 문제와 관련된 내용으로 짓궂게 위협하며 소리치고 있다(예: '그 파티에 가면 너는 바보가 될 거라니까!', '너 심장 마비에 걸려 죽어!', '그렇게 불확실한 채로 살 수 없어!'). 그리고 버스를 어떤 특정 방향으로 몰고 가라고 요구한다. 방어해 보려고 환자는 승객들과 거래를 시도한다. 그들이 버스 뒤편에 숨어 있고 소리 지르는 걸 멈추기만 하면 환자는 요구하는 곳 어디든 운전해 갈 거라고 한다. 환자는 이런 타협을 통해 승객(불안 관련 사적 경험에 대한 은유)을 더 강하게 통제하려고 노력하지만 사실상 버스 운전의 통제권을 포기하고 있다. 왜냐하면 실제로는 승객들이 버스가 가는 방향을 결정하고 있기 때문이다.

한 가지 해결책은 운전사가 버스를 멈추고 이 승객들을 쫓아내는 것이다. 하지만 승객이 매우 강력하므로(아마 환자도 과거에 이 방법을 시도해 보았지만 소용없었을 것이다), 이 방법은 작동하지 않을뿐더러 운전사가 버스를 멈추어야 하므로 더는 자신의 인생에서 가고 싶은 방향으로 움직일 수 없다. 그렇지만 만일 운전사(즉, 환자)가 뒤편 승객이 떠드는 소리에 귀를 기울이지 말고 단순히 자신이 원하는 방향으로 버스를 운전해 가면 어떨까? 그러면 아마 승객들이 버스 앞쪽으로 몰려와서 험상궂은 표정으로 다시 소리를 지르고 위협할 것이다. 하지만 그들이 할 수 있는 건 그것뿐이다. 승객들이 무서워 보여도 운전사가 자신이 선택한 장소로 운전하는 것을 강제로 막을 수는 없다. 노출치료는 승객들이 바로 앞에 서서 고함을 지르는데도 버스 운전을 실습하는 하나의 방법이다.

체스판 되기 *Becoming the Chessboard*

치료자는 두 팀이 대결하는 체스 게임을 설명하면서 이 탈융합 은유를 시작할 수 있다. A 팀은 환자의 불안 관련 내적 경험을 대표하고, B팀은 평화와 고요함을 나타낸다. 환자에게 이 게임에서 어느 팀이 이겼으면 좋겠는지 물어보고, 실제로는 상대하는 두 팀 모두 환자 내면에 있음을 지적해 준다. 그러므로 한 쪽을 선택하자마자 자신의 일부와 싸우고 있는 상황이 되므로 이 싸움에서 이길 수 없다. 이후 치료자는 환자가 어느 한 팀이 아니고 *체스판*이라면 상황이 어떻게 다를지 물어볼 수 있다. 어느 한 팀의 일원일 때는 그 게임에서 싸우거나 이기는 것이 매우 중요하지만, 체스판이 되면 환자는 말들에게 주목하고 말들이 어떻게 움직이는지 알아차리면서 그저 말들과 접촉을 하고 있을 뿐 게임의 결과는 더 이상 중요치 않다. 체스판은 말들을 조작할 수 없고 누가 이기는지 관심도 없다. 다만 말들이 어떻게 움직이는지 관찰할 뿐이다. 노출 도중 환자는 불안 관련 경험과 만났을 때 체스판 관점을 취하는 실습을 할 수 있다.

노출 참여에 대한 거절 다루기 Managing Refusal to Engage in Exposures

심한 불안이나 '참을 수 없는' 불안으로 인한 노출 과제 수행의 거절을 다룰 수 있는 여러 가지 방법이 있다. 피자 먹기 노출을 수행하고 있는 구토 공포 환자를 생각해 보자. 환자가 토할 것 같아서 피자 먹기를 거절하면 치료자는 환자가 이 생각과 맺고 있는 관계를 지적하면서 시작할 수 있다. "흠, 그 생각이 진짜로 당신의 주의를 사로잡았네요. 마치 체스판이 체스 말과 접촉하고 있듯이 단순히 그 생각과 접촉한다면 어떨지 궁금하군요. 피자를 한 입 베어 물어보세요. 그리고 단지 그 생각을 관찰할 수 있는지 봅시다."

다른 접근법은 다음의 대화에 나와 있는 것처럼 환자의 가치에 초점을 맞추는 것이다.

치료자 바로 지금 당신의 몸 안에서 일어나고 있는 일들을 알아차려 보세요. 근육은 긴장되어 있고, 호흡이 빨라지고 있어요. 어떤 생각들이 떠올랐고, 당신은 불안하다고 느끼고 있어요. 이런 경험 중에 어떤 것이라도 당신이 피자를 먹는 것을 물리적으로 방해하는 것이 있나요?

환자 사실 그렇지는 않아요.

치료자 그래서 그냥 회피해 버리는 게 더 쉽지만, 기름진 음식 먹는 걸 회피하면 보통 어떤 일이 벌어지나요? 구토에 대한 공포가 사라집니까?

환자 글쎄요. 아마 잠시 동안은 그렇죠. 하지만 곧 무언가 다시 나타나요.

치료자 네. 맞아요. 이 피자 조각에서 멀어지면 지금 당장은 두려움에서 잠시 벗어날 거예요. 하지만 당신이 즐기고 싶은 것에서도 역시 멀어질 거예요. 배고플 때 어디에서든 무엇이든 원하는 걸 먹을 수 있는 것 말이죠. 당신은 이제 무엇이든, 어디서든, 누구와 함께든 원하는 대로 먹을 수 있게 될 거라는 장기적인 목적을 위해, 그 모든 걱정을 그대로 하면서, 기꺼이 피자 한 조각을 먹어보실 건가요?

기꺼이하기, 탈융합, 유연성 강화하기
Reinforcing Willingness, Defusion, and Flexibility

또한 치료자는 기꺼이하기, 탈융합, 유연성의 지표를 강화할 기회를 찾아야 한다. 운전 노출 도중 환자가 "저는 지금 정말 어지러워요. 마치 통제력을 잃고 부딪칠 것 같아요." 라고 말할 수 있다. 치료자는 "어지러운 느낌과 통제력을 잃을 것 같다는 생각을 하면서 운전하는 것이 어떤 느낌인지 잘 알아차렸습니다. 또 어떤 걸 알아차렸나요?"와 같이 응답할 수 있다. 강화할 만한 가치가 있는 다른 지표로는 환자가 다음과 같은 모습을 보일 때이다. (1) 내적 경험을 문자 그대로가 아니라 단순히 생기는 경험으로 받아들이고 있음을 암시한다. 예를 들어 소아 성애증에 관한 강박 사고를 가진 환자가 유머(예: "오 저기 한 소년이 혼자 서 있어요. 가서 사탕을 좀 줘야겠어요!")를 사용한다. (2) 괴로움을 유발할 수 있는 행동을 선택한다. (예: 식사 전에 손을 씻지 않기로 결심한다.) (3) 행동이 가치가 있는 이유를 언급한다("더 많은 친구를 사귀는 것이 제게 중요해요. 낯선 사람에게 말을 걸면 어떤 일이 벌어지는지 어디 한번 봅시다."). (4) 해로울 거라는 마음의 예측이 중요하다는 믿음에 변화가 있음을 설명한다("조깅하는 사람을 차로 치어서 누군가에게 고발당할 거라고 내 마음이 말하고 있지만, 내 마음이 종종 나에게 그런 식으로 말한다는 것을 알아차리기 시작했어요.").

중요한 것은 수용전념치료가 유연성을 강조하여 규칙으로 묶인 사고와 행동(언어행동을 포함한)의 패턴을 단념시킨다는 점이다. 환자가 불안해질 '때마다' 혹은 '모든 상황'(심지어 노출이나 수용전념치료 틀 내에서도)에 적용할 수 있는 규칙을 찾고 있는 것으로 보이면 학습이 유연하고, 본질적으로 체험적이고, 가치 있는 삶을 추구하는 방향으로 향할 수 있게 노력하라. 예를 들어 환자가 "외상 기억을 촉발하는 모든 것을 항상 직면하도록 나 자신을 몰아붙여야 해요."라고 말한다면, 치료자는 "그것도 한 가지 옵션입니다. 그렇게 하는 게 목표로 향하는 작업에 어떻게 도움이 될까요?"라고 말할 수 있다. 이런 반응은 환자가 지속적으로 유연하게 생각할 수 있게 하고 치료 시간에 나왔던 말이 엄격하게 적용되어야 하는 규칙으로 변할 확률을 감소시켜준다. 표 22.1은 치료자와 환자가 '해야 할 것'과 '하지 말아야 할 것'에 대한 추가적인 권고 사항을 제공하고 있다.

표 22.1 수용전념치료 틀 안에서 노출을 할 때 치료자와 환자가 해야 할 것과 하지 말아야 할 것

주제	해야 할 것	하지 말아야 할 것
치료자 행동		
치료의 목적이 무엇인가?	가치와 부합하는 삶을 위해 환자와 불안 관련 사적 경험 사이의 관계를 개선한다.	사적 경험을 조절하고, 감소시키고, 변화시킨다.
환자를 위한 목표를 어떻게 선택하는가?	가치 있는 삶의 향상과 관련된 목표를 선택한다.	행동 변화를 위해 '증상 감소'를 목표로 한다.
불안 관련 사적 경험을 어떻게 개념화하는가?	환자가 이런 경험을 '나쁜' 것으로 평가하지 않고 단순히 알아차릴 수 있게 비판단적으로 접근할 수 있게 한다.	사적 경험을 '수용할 수 없는', '끔찍한', '원치 않는' 등과 같이 가치 판단을 하도록 조장한다.
정보를 환자에게 어떻게 제공할 것인가?	체험적으로 연습하고 은유를 통해 환자가 문제를 개념화(예: 불안과 싸우거나 안전행동을 수행하는 것이 어떤 식으로 문제를 지속시키는지)할 수 있도록 돕는다.	심리학적 개념을 설명하기 위해 설교식 강의를 한다.
노출 도중 환자의 불안이 매우 강렬해지면 어떻게 하는가?	환자가 경험의 관찰자가 되고, 불안을 경험하는 동안에도 기꺼이 가치 있는 행위에 참여하기를 학습할 수 있게 노출을 계속하도록 돕는다.	고통으로 인해 노출을 중단한다.
환자 행동		
불안이 심해지면 환자는 무엇을 해야 하는가?	안전행동에 저항하고, 사적 경험에 대해 판단하지 않고 있는 그대로 받아들이는 개방과 기꺼이하기 실습의 기회로 삼는다.	노출을 중단하고, 안전행동을 수행하고, 불안을 감소시키려 노력하고, 자신의 경험을 다른 사람의 것과 비교하고, 불안을 부정적인 것으로 판단한다.
환자가 회기 밖에서는 어떻게 행동해야 하는가?	불안 관련 사적 경험의 존재 여부와 상관없이 가치 있는 삶에 참여하는 것을 실천한다.	불안과 괴로움을 회피하고 도피하라는 규칙을 따른다.

노출 종결하기 Ending Exposure

환자가 불안 관련 경험(즉, 감정, 신체 감각, 침습사고나 기억)이 있어도 기능할 수 있고, 안전행동 없이 이전에는 회피했던 상황에 직면하는 기회를 충분히 가졌을 때 노출 실습을 종료할 수 있다. 예를 들어 혼자서 식사하는 상황 노출은 환자가 번잡한 장소에서 혼자 앉아 식사를 할 수 있거나, 사회불안과 신체 감각을 피하거나 감소시키려 하지 않고 기꺼이 체험할 수 있다고 하면 노출을 종결할 수 있다. 불경스러운 생각에 대한 상상 노출이라면 환자가 (1) 악마 숭배 사상을 떠올리면서도 용서를 구하거나 고해성사를 할 필요 없이 예배당에 앉아 있을 수 있든지, (2) 천국에 갈지 지옥에 갈지 모르는 불확실성에 대해 기꺼이 받아들일 수 있다면 종결할 수 있다. 환자가 심장이 뛰는데도 불구하고 맥박을 느리게 하거나 몸을 진정시킬 필요 없이 운동을 계속하려고 할 때 내적 감각 노출을 끝낼 수 있다. 노출 종결 시 주관적인 고통 수준의 변화에는 거의 관심을 두지 않는다는 점을 주목하라.

전통적인 노출치료에서 하듯이 불안과 기타 내적 현상에 대해 개방하는 경험이 어땠는지 논의하는 것이 유용하다. 예를 들어 "노출이 강박 사고와 싸우거나 밀쳐내는 것보다 쉬웠나요? 아니면 어려웠나요?"나 "이런 불안에 대한 개방이 회기 밖에서도 도움이 될 것 같나요?"라고 물어볼 수 있다. 불안을 막지 않고 마음을 여는 것은 처음에는 어려워 보이지만, 시간이 지나고 실습을 거듭할수록 점점 더 능숙해질 수 있다. "진행하기 힘든 곳이 어디였나요? 무엇이 당신을 망설이게 했나요?"와 같은 대화를 통해 불안과의 투쟁을 확인할 수 있다. 이런 종류의 질문은 치료자와 환자가 서로 협력하여 작업이 더 필요한 곳이 어딘지 발견하도록 해 준다. 실습이 환자의 가치에 어떤 식으로 연결되어 있는지에 대한 논의 역시 도움이 된다. 마지막으로 환자에게 회기 내에 시행하는 노출을 회기 사이에도 매일 실습하도록 요청한다.

결론 CONCLUSION

우리는 임상 불안의 개념화와 개입에 대한 수용전념치료 접근법이 이 책 전반에 걸쳐 제시된 전통적인 인지행동 틀과 양립할 수 있다고 믿는다. 실제로 노출치료는 수용, 개방, 탈융합과 가치 기반의 삶을 실천하는 궁극적인 체험을 제공한다. 수용전념치료 틀은 임상 불안과 관련된 요인, 노출 목표 및 과정을 환자와 논의할 때 노출치료자가 활용할 수 있는 새로운 도구와 수정된 모델을 제공한다. 또한 이 접근법은 다른 노출기법보다 더 명시적으로 가치에 초점을 맞춘다. 이는 환자에게 고통이 심해도 노출을 시작하거나 지속할 수 있게 동기를 부여한다. 그럼에도 이 접근법이 전통적 노출 접근법과 비교하여 수용성, 순응도, 치료 효과 측면에서 향상이 있는지, 또는 어떤 특성을 가진 환자에게 사용하는 것이 가장 좋은지에 관한 연구가 여전히 필요하다.

노출치료의 위험 편익 분석

A Risk-Benefit Analysis of Exposure Therapy

노출기반 인지행동치료는 과학적으로 가장 지지받는 불안에 대한 정신 치료 기법이다 (Carpenter et al., 2018). 2장에서 논의하였듯이 수십 건의 무작위 대조 시험이 임상 불안을 포함한 다양한 문제에서 노출의 효능을 증명하였고, 지역 사회 환자를 대상으로 적용하였을 때도 그 효과가 밝혀졌다(Stewart & Chambless, 2009). 평균적으로 노출기반 치료는 가장 널리 사용되고 있는 항불안제와 항우울제 약물치료만큼 높은 단기적 이익을 가져다주었고, 장기적으로는 더 나은 치료 효과를 보였다. 또한 노출치료는 약물치료보다 상대적으로 비용 대비 편익이 더 높고(Heuzenroeder, Donnelly, & Haby, 2004), 환자와 보호자가 더 잘 받아들이고 선호하며(Brown, Deacon, Abramowitz, & Whiteside, 2007; Deacon & Abramowitz, 2005), 치료 탈락률이 더 낮다(Hofmann et al., 1998; Huppert, Franklin, Foa, & Davidson, 2003). 이러한 관찰들을 종합하면 노출기반 인지행동치료가 임상 불안을 치료하는 데 일차적으로 선택할 수 있는 강력한 기법임을 보여 준다. 사실 이 치료법은 모든 문제에 대한 기타 어떤 종류의 정신치료보다 더 많은 과학적 지지를 받고 있다.

하지만 논문에서 효과가 검증되었음에도 불구하고 임상의가 진료에서 노출치료 기법을 사용하는 경우가 드물다. 예를 들면 포이Foy 등(1996)은 미 보훈처 건강 관리 시스템에서 외상후스트레스장애 환자 4,000명 중 20% 미만에서 노출치료가 사용되었고, 노출치료를 일차 치료 방법으로 사용한 경우는 전체 사례의 1%에 불과하였다고 보고하였다. 더 넓게 보면 모든 종류의 불안장애 환자 대다수가 근거 기반의 정신치료를 받지 못하고 있고(Stein et al., 2004), 정신역동 치료가 인지행동치료와 비슷한 빈도로 시행되고 있다(Goisman, Warshaw, & Keller, 1999). 노출치료가 확산되지 않고 있는 것은 근거 기반 치료법 중에서도 특별한 경우라 할 수 있다. 심지어 집중적으로 훈련받은 임상가들도 노출을 잘 사용하지 않는다(Becker, Zayfert, & Anderson, 2004; Chu et al., 2015). 치료자는 종종 '정서적 허약성'과 같은 의문스러운 이유로 노출치료를 제외하고(Meyer, Farrell, Kemp, Blakey, & Deacon, 2014), 대신 이완 기법, 인지기법, 수용 기반 기법, 마음챙김 등을 선호한다(Freiheit et al., 2004; Hipol & Deacon, 2013; Whiteside et al., 2016). 심지어 이런 현상은 인지행동치료를 공개적으로 지지하고 자신을 불안 치료 전문가로 자처하는 임상가에게서도 나타난다. 노출치료는 종종 불필요할 정도로 조심스러운 태도로 시행되고(Deacon, Lickel, et al., 2013), 다른 기법과 혼용함으로써 더 비효율적이고 비효과적인 결과를 초래하기도 한다.

정신 건강 전문가들이 노출을 사용하는 빈도가 낮다는 사실을 어떻게 설명할 것인가? 이는 의심할 여지없이 많은 치료자가 노출치료의 이론과 실습에 대해 충분한 훈련을 받지 않았기 때문이다. 하지만 또 한 가지 분명한 이유는 많은 치료자가 노출에 대해 부정적 신념을 갖고 있다는 점이다(Olatunji, Deacon, & Abramowitz, 2009b). 예를 들어 우리는 노출이 환자에게 害를 끼칠 것으로 생각하거나 불안한 사람에게 공포 자극을 마주하게 하는 것은 고문이나 마찬가지라고 생각하는 치료자를 마주치게 된다. 그러한 믿음의 결과로 노출이 과학적으로 지지받고 있음을 알고 있는 치료자들조차 스스로 덜 혐오스럽고 더 '인간적인' 것으로 여기는 치료를 선호하며 노출치료를 거부할 수 있다. 이런 잘못된 자비심의 너무나도 흔한 결과는 부적절한 치료를 받는 것으로 인한 시간과 노력의 낭비, 경제적 비용 지출, 감정적 고통의 지속이다.

이 장에서는 노출치료에 대한 일반적인 부정적 신념을 생각해 보는 것으로 시작한다. 다음으로 노출을 시행할 때 환자 안전에 대한 위험을 최소화하기 위한 접근 방식을 논의한다. 마지막으로 노출을 하는 동안 유지할 윤리적 경계에 관한 전략을 검토한다. 노출기반 치료에 대한 흔한 오해들에 이의를 제기함으로써 객관적이고 근거 기반의 위험 편익 분석이 대부분의 불안 환자를 대상으로 이 치료법을 사용해야 함을 강력히 주장한다는 사실을 임상가에게 설득하는 데 도움이 되기를 희망한다. 이 주제에 관해 더 자세한 관심이 있는 독자는 올라튠지[Olatunji](2009b)와 동료들의 메타 분석 연구를 참고하기 바란다.

노출치료에 관한 신념
BELIEFS ABOUT EXPOSURE THERAPY

노출치료는 정신치료 분야의 전문가들 심지어 불안 치료를 전문으로 하는 임상가들 사이에서도 이미지가 좋지 않다(Prochaska & Norcross, 1999; Richard & Gloster, 2007). 연구자들은 노출에 관한 부정적인 신념이 널리 퍼져 있어 노출치료 확산에 장애가 되고 있음을 오랫동안 주목해왔다(예: Feeny, Hembree, & Zoellner, 2003; Olatunji et al., 2009b). 이 책의 1판 이후 수많은 경험적 연구들이 임상의가 노출에 대해 갖는 부정적인 신념의 유형과 그러한 신념이 노출치료의 사용에 어떻게 영향을 미치는가를 명료하게 보여 주었다. 임상의를 대상으로 한 대규모 조사에서 데칸Deacon, 파렐Farrell과 그의 동료(2013)들은 일반적으로 다음과 같은 생각이 흔히 받아들여지고 있는 것을 발견했다.

- 환자는 노출이 유발하는 고통을 견디기 어렵다.
- 환자가 노출치료를 견디는 데는 이완 기술이 필요하다.
- 매우 고통스러운 노출을 하면 환자가 심리적으로 붕괴될 위험이 있다.
- 노출치료는 탈락률을 크게 높인다.
- 외상 기억에 대한 노출은 환자에게 재외상을 일으킨다.
- 복잡한 사례에는 노출이 제대로 작동하지 않는다.

노출치료에 대한 부정적 신념은 심지어 노출치료자 사이에도 흔하다! 이러한 신념은 임상의가 불안 환자들을 어떤 방식으로 치료할지에 대한 강력한 예측 요인이 된다(Deacon, Farrell, et al., 2013). 노출에 대한 높은 부정적 신념은 (1) 노출치료 사례(Deacon, Farrell, et al., 2013)와 모의 환자를 대상으로 한 치료 회기(Farrell, Deacon, Kemp, Dixon, & Sy, 2013)에서 지나칠 정도로 조심스럽고 최적 수준에 미치지 못하는 노출을 시행하거나, (2) 근거에 합당치 않은 이유로 노출에서 환자를 배제하는 확률이 높거나, (3) 노출 기술을 적게 사용하고 불안관리나 과학적 근거가 증명되지 않은 기술을 많이 사용하는 것과 연관성이 있었다(Deacon, Lickel, et al., 2013; Whiteside et al., 2016). 이 연구가 말하는 이야기는 분명하다. 노출을 비윤리적이고, 견디기 어렵고, 위험하다고 보는 치료자는 비록 노출을 시도하더라도 최적 수준에 미치지 못하게 시행한다.

제3장에서 불안한 사람이 고통을 관리하고 두려운 결과를 방지하기 위해 어떻게 안전행동을 사용하는지 논의하였다. 노출 작업 중 노출치료자도 환자만큼 불편할 수 있으며(Schumacher et al., 2014), 따라서 안전행동으로부터 자유롭지 못하다. 앞 단락에서 설명한 결과들은 위해로부터 자신과 환자를 보호하기 위한 전략이 필요하다고 보는 치료자들이 사용하는 안전행동으로 이해할 수 있다. 표 23.1은 노출에 대해 치료자가 갖는 일반적인 우려와 이를 관리하기 위해 사용하는 안전행동을 요약하고 있다. 이 책에서 설명하고 있지만 억제 학습이 최적으로 일어나도록 집중적인 노출을 하더라도 노출과 노

출이 유발하는 불안은 수용할 수 있을 정도로 안전하고 견딜 수 있으므로 치료자의 이러한 안전행동은 불필요하다.

표 23.1 **노출치료의 적절한 시행에 대한 치료자 장벽**

노출치료에 관한 부정적 신념

'노출치료는 비윤리적이다.'
- 노출은 잔인하고, 비인간적이고 고문에 가깝다.
- 치료자는 환자의 괴로움을 악화시키기보다 진정시켜야 한다.
- 불안관리 전략을 노출과 동시에 사용하는 등 고통을 최소화하는 방식으로 노출을 시행하여야 윤리적이라고 볼 수 있다.

'노출치료는 견디기 어렵다.'
- 불안한 환자는 연약하므로 노출이 유발하는 고통을 견딜 수 없다.
- 환자는 노출을 거절하거나 중도에 탈락하기 쉽다.
- 노출치료는 환자가 수용하기 어렵다.
- 환자가 노출치료를 견디기 위해서는 이완 기술로 불안을 최소화하거나 안전행동 사용을 허용하는 것이 필요하다.

'노출치료는 위험하다.'
- 환자는 노출 과제 도중 기절을 하거나 통제력을 상실하는 등 신체적 혹은 정신적 위해를 경험할 것이다.
- 노출 과제 도중 신체적 혹은 정신적 위해를 예방하기 위해 불안관리 전략이 필요하다.
- 노출은 환자의 불안 문제를 악화시킬 것이다.
- 환자가 의료과오로 노출치료자를 법적으로 고소할 것이다.

치료자 안전행동
- 노출에 적합한 환자를 '복잡하고', '연약하다'고 치부하여 불필요할 정도로 많이 배제한다.
- 노출 과제를 숙제로만 할당한다.
- 적용이 필요함에도 치료실 밖 노출을 시행하지 않는다.
- 치료의 과정 중 노출 시작을 연기한다.
- 노출 위계 목록을 너무 쉬운 과제로 채운다.
- 너무 쉬운 과제로 노출을 시작한다.
- 필요할 때 환자를 위한 노출 과제 모델링에 실패한다.
- 노출 과제 시행 전과 시행 도중 환자에게 안전하다고 안심시킨다.
- 노출 과제와 그것이 유발하는 고통에 대해 사과한다.
- 노출 과제 시행 전, 시행 도중, 시행 후 이완 기술(예: 복식호흡)을 사용한다.
- 노출 기간을 짧게 하여 노출 과제의 강도를 최소화하거나 불안이 가라앉을 수 있도록 노출 시도 사이에 휴식 시간을 길게 가진다.
- 환자가 기꺼이 포기하려는 안전행동을 하도록 허용하거나 오히려 격려한다.
- 환자가 노출을 기꺼이 계속하려고 함에도 불구하고 환자의 불안이 커지면 노출 과제를 중단한다.
- 환자가 가장 두려워하는 상황에 대한 노출이 시행되었는지 확인하지 않고 노출치료를 종결한다.

다음 단락에서 노출에 대해 널리 퍼져 있는 몇 가지 부정적 신념에 대해 비판적 분석을 제시한다. 그러한 정보가 유용한 시작점이 될 수 있지만 노출에 관한 부정적 신념을 구제할 수 있는 가장 강력한 방법은 이 책에서 설명하고 있는 대로 노출치료를 수행하면서 따라오는 좋은 결과를 개인적으로 경험하는 것이다.

노출치료는 비윤리적이다 Exposure Therapy Is Unethical

노출치료는 의심할 바 없이 대부분의 정신치료보다 더 많은 괴로움을 유발한다. 사실 억제 학습을 최적화하기 위해 집중적인 노출을 강조하는 측면에서 고통 유발은 매우 핵심 요소이다. 하지만 일부 선의의 치료자는 환자 고통을 덜어 주기보다 오히려 증가시키는 접근법을 불편하게 느낀다. 그들은 노출이 장기적으로 정신 건강에 이득을 줄 수 있음에도 불구하고, 환자를 일시적으로 불편한 상태에 처하게 하려 하지 않는다. 그런 치료자들은 노출을 잔인하고, 비인간적이며, 심지어 고문과 마찬가지로 여긴다(Olatunji et al., 2009b).

노출치료를 잔인하다고 보는 견해는 환자가 편안하게 느끼기를 바라는 진정한 욕구라는 점에서 공감적이라고 볼 수 있다. 하지만 환자가 편안하게 느끼게 하려고 단기 불안의 최소화에 중점을 두는 치료는 치료자가 잘못된 표적에 공감하고 있는 것이다. 불안에 휩싸인 환자들이 안전행동의 도움 없이도 관련된 모든 맥락에서 공포 자극과 그것이 유발하는 불안이 받아들일 수 있을 만큼 안전하고 견딜 수 있다는 것을 알게 될 때까지 그들의 두려움은 사라지지 않을 것이다. 환자는 그런 학습이 일어난 이후 진정으로 편하게 느끼게 되겠지만 이러한 보상의 결과는 도전적인 여행 이후에 주어지는 산물이다. 환자를 단기적 고통에서 구조하는 전략을 강조하는 공감적 치료자는 아이러니하게도 환자가 장기적으로 임상 불안이 없는 삶을 찾을 기회를 박탈하고 있다. 반면 노출치료자는 환자에 있어서 당장의 편안함을 넘어 장기적인 안녕을 더 소중하게 여긴다.

우리는 임상가들이 노출 작업을 물리치료사, 치과의사 또는 의사가 하는 것과 비슷하다고 여기길 권한다. 이러한 의료 제공자들은 종종 환자의 장기적 건강을 위해 일시적으로 고통스러운 절차를 수행한다. 비록 의학적 절차를 거치는 동안 견딜 수는 있지만 불쾌한 고통을 경험하는 것이 혐오스러울 수 있다. 하지만 전형적으로 환자들은 장기적 안녕을 위해 기꺼이 받아들인다. 예를 들어 이 책을 읽고 있는 독자 대부분은 구강 건강에 필요하다는 것을 알기 때문에 스케일링의 불편함을 받아들인다. 마찬가지로 환자 대부분은 자신의 두려움을 극복하기 위해 노출 과제 중에 발생하는 불안의 혐오적 경험을 기꺼이 받아들인다. 노출치료가 필요로 하는 것은 환자가 '평온한 미래를 위해 현재 겪는 불안에 투자'하는 것이다. 연구 결과와 임상 경험에 따르면 가장 불안해하는 환자들도 기꺼이 투자를 시도한다.

일부 임상가의 유보에도 불구하고 일반적으로 환자들은 노출치료를 높이 평가하는 것으로 보인다. 불안 환자는 노출기반 인지행동치료를 약물치료와 비교하여 더 믿을 만하고, 수용할 수 있고, 장기적으로도 효과적일 가능성이 크다고 인식한다(Deacon & Abramowitz, 2005; Norton, Allen, & Hilton, 1983). 임상 불안 아동의 부모도 같은 방식으로 얘기한다(Brown et al., 2007). 더욱이 학부 학생과 광장공포증 환자들은 노출치료가 인지치료나 관계 지향 정신치료만큼 수용할 수 있고, 윤리적이고, 효과적이라고 평가하였다(Norton et al., 1983). 공황장애에 대한 노출기반 인지행동치료를 완료한 환자들 사이에서 상황 노출, 내적 감각 노출은 낮은 호감도에도 불구하고 매우 유용성이 높다고 인식하고 있다(Cox, Fergus, & Swinson, 1994). 불안한 사람들이 공황(Deacon, Kemp, et al., 2013), 대중 연설(Nelson, Deacon, Lickel, & Sy, 2010), 밀폐된 공간(Deacon, Sy, Lickel, & Nelson, 2010)에 대한 공포를 갖고 있을 때, 강렬한 불안을 유발하는 집중적인 노출이 덜 집중적인 노출과 비슷한 정도로 수용할 수 있다고 평가하였다. 이 결과는 노출치료를 유보하는 치료자의 태도가 이 치료를 받는 대부분의 사람들의 의견과 일치하지 않음을 시사한다.

환자가 노출치료를 수용할 수 있는 범위를 치료자는 왜 과소평가하는 것일까? 리챠드Richard와 글로스터Gloster(2007)에 의하면 노출에 의한 고통이 불안 환자에게는 익숙하고 오랫동안 지속되었던 감정 반응이 단지 일시적으로 악화되는 것에 불과하므로 노출 과정 중 커질 불안 경험을 예상은 하면서도 겁을 덜 먹을 것이라고 한다. 노출치료자들은 환자들이 이미 지속적이고 강렬한 불안을 경험하고 있다는 사실에 자신감을 가질 수 있다. 그러므로 노출 과제에서 불안을 일으키는 것은 새로운 것이 아닌 오랫동안 익숙한 경험을 치료에 사용할 기회를 단순히 제공하는 것이다.

노출치료는 견디기 어렵다 Exposure Therapy Is Intolerable

치료자는 종종 불안 환자가 노출치료가 유발하는 고통을 견딜 수 없을 것이라고 우려한다. 노출치료를 비판하는 사람들은 종종 이러한 혐오적인 치료를 시행하면 짐작건대 탈락률이 매우 높을 것이라 가정한다. 이러한 가정에 대해서는 설득력 있는 근거로 반박할 수 있다. 메타 분석 결과는 강박장애, 공황장애, 외상후스트레스장애 등과 같은 불안장애 치료에서 노출기반 치료가 비노출기반 치료에 비해 탈락률이 더 높지 않음을 나타낸다(예: Goetter et al., 2015; Ong, Clyde, Bluett, Levin, & Twohig, 2016; Siev &

Chambless, 2007). 주목할 만한 것은 노출치료를 비판하는 사람들이 특히 참을 수 없을 것이라고 예상한 매우 집중적인 노출기반 치료에서도 탈락률이 매우 낮거나 아예 탈락이 일어나지 않는다. 예를 들면 한센Hansen, 해겐Hagen, 외스트Öst, 솔렘Solem, 크발레Kvale(2018)는 강박장애로 진단받은 65명의 환자에게 매우 효과적인 4일간의 집중 노출치료를 시행하였는데 탈락자가 없었다고 보고하였다. 유사하게 포아Foa와 동료들(2018)은 외상후스트레스장애에 대해 8주간 노출치료를 한 경우(25%)보다 2주간 집중 노출(매일 연속으로 10회기)을 했을 때(14%) 탈락률이 더 낮았음을 보고하였다.

　노출치료로 인해 생길 수 있는 또 다른 바람직하지 않은 결과는 불안 증상의 악화 가능성이다. 이런 염려는 외상후스트레스장애 환자가 상상 노출을 통해 외상 기억을 다시 불러오는 과정을 견디지 못할 것이라고 믿는 치료자가 종종 표현한다. 포아Foa, 조엘너Zoellner, 피니Feeny, 헴브리Hembree, 알바레즈-콘라드Alvarez-Conrad(2002)는 지속적 노출치료의 경과 중 증상 악화를 검토함으로써 이 문제를 직접 조사했다. 외상후스트레스장애 환자 대부분이 증상 악화를 경험하지 않았지만, 소수의 사람에게 상상 노출을 시작한 후 일시적인 악화가 발생하였다. 중요한 점은 초기에 증상 악화를 보였던 환자들에서 치료 탈락률이 증가하거나 호전되지 않을 위험성이 커지지 않았다는 데 있다. 따라서 노출 중 일어나는 증상 악화는 흔치도 않고 예후 결정 요인이 되지도 않는다. 포아Foa, 조엘너Zoellner와 동료들의 연구 결과는 노출이 초기에 일시적인 괴로움을 유발할 가능성이 있지만 이런 종류의 공포 경험을 반복적으로 실습하면 결국에는 이익이 된다는 점을 환자에게 알려주어야 한다는 사실을 지지한다. 또 이러한 결과는 일부 치료자들의 신념과 반대로 환자들 대부분이 회복 탄력성을 갖고 있고 공포와 직면하는 고통을 견딜 수 있다는 생각과 일맥상통한다.

　흔히 노출치료를 견딜 수 없을 것이라는 인식의 바탕에는 불안 환자들이 연약하고 자신의 고통을 견디지 못한다는 관념이 깔려 있다. 미흘Meehl(1973)은 정서적으로 고통받는 환자들을 치료자가 섬세하게 다루지 않으면 섬유 유리처럼 부서지는 연약한 실체라는 원칙을 서술하기 위해 '섬유 유리 마음 이론'을 만들었다. 이러한 견해를 가진 임상가들은 환자들이 참을 수 없는 고통에 노출되는 상황을 피하려고 노출을 포기하거나 불필요할 정도로 조심스럽게 노출을 시행하기 쉽다. 우리는 치료자가 불안 환자를 연약한 존재라기보다 경험이 매우 많은 '불안 내성'을 가진 존재로 보기를 권유한다. 지금까지 불안 문제로 인해 섬유 유리처럼 부서지지 않았듯이 그들은 노출치료 에 잘 견딜 것이다.

노출치료는 위험하다 Exposure Therapy Is Dangerous

노출치료는 환자가 위험하다고 간주하는 불안 유발 자극에 직면하라고 격려한다. 흥미롭게도 노출 과제를 시행하면서 치료자도 환자와 똑같은 결과를 두려워할 수 있다. 예를 들어 공황장애로 진단된 환자에게 내적 감각 노출을 제공하는 임상의는 환자가 노출을 위해 의도적으로 과호흡을 계속하면 가능성이 극도로 낮음에도 불구하고 기절하거나 통제력을 상실하는 등 신체적으로나 정신적으로 위험해질까봐 심각하게 걱정한다고 보고한다(Deacon, Lickel, et al., 2013). 그러한 걱정은 심한 불안 자체가 위험하다는 근거없는 믿음을 반영한다. 노출 과제 중 심한 불안 경험이 새로운 것이 아님을 앞에서도 언급하였듯이, 임상 불안 환자는 높은 수준의 불안 감정을 오랫동안 경험한 역사를 갖고 있다. 더욱이 노출치료자는 불안이 고통을 가져다주고 때때로 극적인 경우도 있지만, 위험으로부터 우리를 보호하기 위해 고안된 적응 반응이라는 점을 기억해야 한다. 인간은 진화를 통해 생존에 위협적인 것을 다루기 위한 경고 시스템을 장착하게 되었는데 그 자체를 생존의 위험이라고 생각한다면 얼마나 어리석은 일인가.

노출이 비인간적이고 견디기 힘들 정도로 혐오적이고 잠재적으로 위험하다고 믿는 임상가가 있다면 이 기법의 사용과 관련한 법적 위험성에 대해서도 걱정할 것이다. 그들은 노출 수행을 위해 치료실을 벗어나는 것이 현명하지 않다고 생각할 것이고 환자에게 완수해야 한다고 요청하는 노출 과제 내용이 법적으로 문제가 없는지 걱정할 것이다. 리챠드Richard와 글로스터Gloster(2007)는 노출치료가 포함된 판례가 있는지 기록을 탐색하였다. 철저한 탐색에도 불구하고 이 치료와 관련된 소송은 단 한 건도 밝혀지지 않았다. 유사하게 리챠드와 글로스터는 미국 불안장애 협회 84명 회원 모두 노출에 관한 법적 행위나 윤리적 제소에 대해 알지 못한다는 응답 결과를 보고하였다. 하지만 이 조사 접근법이 관련 민원이 제기되었지만 기각되었거나 법정에서 해결되었을 가능성을 완전히 배제할 수는 없다. 하지만 이용 가능한 증거에 따르면 노출치료가 수용할 수 있을 정도로 안전하고 견딜 수 있으며, 환자나 치료자에게 적극적으로 해를 끼칠 위험이 거의 없음을 시사한다.

강력한 증거가 있음에도 불구하고, 노출치료의 독특한 요구사항이 때때로 언어를 이용한 전통적인 정신치료보다 환자를 더 큰 감정적, 신체적 위험에 처하게 한다는 사실도 부인할 수 없다. 예를 들어 노출은 환자가 개와 같은 동물에 접근하거나 쓰레기통 같은 '오염된' 물체를 만질 때처럼 가능성은 낮아도 실제로 위험할 수 있다. 이러한 실습이 적절하게 수행된다면 허용 가능할 정도로 낮은 수준의 위험을 수반하겠지만, 노출치료자는 노출 실습을 설계하고 시행할 때 환자의 안전을 신중하게 고려해야 한다. 다음 단락에서 이러한 주제를 다루는 전략을 검토한다.

위험 최소화 전략들
STRATEGIES FOR MINIMIZING RISK

윤리 원칙은 심리학자와 치료자가 환자에게 위해를 끼치는 것을 피하라고 명령한다. 환자에 대한 해악을 금지하는 경고는 미국 심리학회 윤리 강령(2002)에 한번은 일반 원칙(원칙 A, 선행과 악행 금지. 심리학자는 환자에게 '해를 끼치지 않기 위해 조심해야 하고', 환자의 '복지와 권리를 보호해야 한다.')에서, 다른 한 번은 인간관계 윤리 기준(3.04절, '심리학자는 환자에 대한 위해를 피하고자 합리적인 조처를 해야 한다.'와 '예측이 가능하고 피할 수 없는 경우에는 그 위해가 최소가 되도록 해야 한다.')에서 두 차례 나타난다.

사전 동의서에 관해 협상하기 Negotiating Informed Consent

정신치료에서 사전 동의를 얻어야 하는 윤리적 의무(예: 미국 심리학회, 2002년)와 일관되게, 노출치료자는 치료에서 가능한 한 빨리 환자의 동의를 얻어야 한다. 노출치료는 지속적인 사전 동의가 치료 과정 안에 내재되어 있다는 점에서 정신 치료 기법 중 다소 독특할 수 있다. 치료자는 환자에게 각각의 새로운 노출 실습을 설명해야 하고, 환자는 주어진 과제가 시작되기 전에 진행할 것을 동의해야 한다. 따라서 사전 동의는 치료 전반에 걸쳐 진행되는 과정이며 환자들은 치료하는 동안 동의하거나, 동의 과정에 대해 협상하거나, 심지어는 동의를 취소할 수도 있다. 특정 노출 작업에 대한 사전 동의는 회기마다 여러 번 논의될 수 있다. 예를 들어 쇼핑몰에서 다른 사람들과 대화하는 것과 관련된 상황 노출을 할 때 노출을 계획하는 동안 사무실에서, 또 이후 대화를 시작하기 전 쇼핑몰에서 동의에 관해 협상할 수 있다. 환자가 불안 유발 절차를 준수할 가능성을 높이기 위해 노출치료자는 노출을 시도하는 명확한 근거와 노출이 요구하는 사항에 관한 상세한 설명을 전달하는 데 중점을 둔다. 흥미롭게도 환자와 치료자에게 부과되는 독특한 요구 때문에, 노출치료는 정신치료자들 사이에서 사전 동의의 윤리적 원칙을 충족하는 모범이 될 가능성이 크다.

노출 과제 중 수용 가능한 위험 정도 결정하기
Determining Acceptable Risk during Exposure Tasks

주어진 노출 작업에 수용 불가능할 정도의 높은 수준의 위험이 뒤따를 때 어떻게 결정을 내릴지 이해하면 노출치료에서 환자가 위해를 받을 확률을 줄일 수 있다. 예를 들어 심한 천식 환자에게 집중적인 과호흡 시행하기, 폭행 피해자가 어두운 밤에 위험한 길을 걷기, 면역 저하가 있는 환자가 화장실 바닥을 만지기 등 특정 상황에서는 과제 수행이 명백히 금기 사항이 된다. 위해에 관해 명확한 위험성 기준이 없을 때는 노출 관련 위험성이 수용 가능한지 아닌지를 평가하기 위해 다음과 같이 질문할 수 있다. *적어도 일부 사람들은 일상생활 과정에서 부정적인 결과 없이 그 상황이나 자극에 직면하는가?* 실제로 심장은 건강하지만 공황발작을 경험한 뒤 심장 마비를 두려워하는 환자는 30분 동안 계단을 힘차게 오르내리는 것이 안전한지에 대해 우려를 표시할 수 있다. 하지만 동네 체육관을 방문해 보면 이 정도 수준의 운동을 하는 많은 사람에게 아무 일도 일어나지 않음을 볼 수 있다. 심한 강도를 당한 사람들은 대중 교통수단을 다시 이용하자는 제안을 거부할 수 있지만 그 도시에 사는 수천 명의 사람들은 그 시설을 정기적으로 사용한다.

오염과 관련된 강박장애에 관해서도 많은 사람이 손을 씻지 않고 문의 손잡이와 쓰레기통을 일상적으로 만지지만 병에 걸리지 않는다. 어떤 사람들은 가끔 샤워를 건너뛰고, 화장실 사용 후 손 씻기를 하지 않고, 개를 쓰다듬은 후 손가락으로 음식을 먹는다. 야외 활동에 열광하는 사람들은 일상적으로 뱀과 거미를 아무 탈 없이 가까이서 접하고, 누구나 한번쯤은 꼼짝 못하고 바깥에서 폭풍우를 만나지만 대부분 벼락을 맞지 않는다. 환자가 일상생활 과정에서 같은 활동을 수행하는 다른 개인보다 위해를 경험할 위험이 유의하게 더 높지 않은 경우 그 노출 과제는 허용 가능한 위험성이라고 볼 수 있다.

허용 가능한 노출 과제를 결정하려고 '나라면 이 노출을 편안하게 할 수 있을까?'하고 묻는 것은 결코 도움이 되지 않는다. 이 표현은 환자가 할 수 있는 노출 과제의 범위를 치료자가 기꺼이 수행할 수 있는 수준 이내로 제한한다. 치료자도 환자처럼 다양한 불안과 걱정을 한다. 자신의 불안을 노출 과제 선택의 척도로 사용하는 치료자는 자신의 불안과 걱정이 환자의 것과 일치할 때 최적에 미치지 못하는 노출을 시행할 가능성이 크다. 이상적으로 노출치료자는 아무리 자신을 불안하게 만들더라도 환자를 돕는 데 유용하다고 생각되는 노출 과제를 기꺼이 수행하도록 함으로써 '자신이 설교한 것을 실천'한다. 실제로 우리는 비위가 약한 치료자가 조심스럽게 노출치료를 하는 경향이 있음을 종종 관찰해왔다. 따라서 치료자가 자신의 불안과 흡사한 공포를 가진 환자를 맡을 가능성에 직면했을 경우, 또 자신의 불안이 최적의 노출 시행에 장애가 될 수 있다고 우려가 될 경우에 환자와 함께 작업하기 전에 치료자 자신이 먼저 노출치료를 시행하거나, 대안으로 동료에게 환자를 의뢰할지를 신중하게 고려해야 한다.

치료 회기 중 시간 관리 Time Management during Therapy Sessions

노출치료에 할당된 회기 시간 안에 강한 불안감이 습관화되지 않으면 환자는 의기소침하게 되고 치료로부터 도움을 받을 수 있을지 의구심을 표현할 수 있다. 이런 경우가 발생하지 않게 하려고 치료자는 습관화에 걸리는 시간에 개인차가 있음을 고려하여 더 긴 시간의 회기를 계획할 수 있다(예: 90-120분). 최근 거미를 붙잡고 있는 동안 습관화가 이루어지는 데까지 걸린 시간이 3시간을 넘긴 환자가 있었다. 그러므로 2시간짜리 회기라 하더라도 습관화가 나타나는 데 충분한 시간이 아닐 수 있다. 대안으로 노출을 주어진 시간 내에 기대 위반과 공포 내성과 관련된 내용을 가능한 한 많이 학습할 수 있는 기회로 소개하면 설사 불안의 습관화가 이루어지지 않았다 하더라도 환자가 노출 과제를 유용한 것으로 보게 하는 데 도움이 된다. 이런 맥락에서 노출의 성과는 '아무런 끔찍한 일이 일어나지 않았어. 내 불안도 견딜 만했어'라고 말할 수 있는 가치 있는 학습 경험이라고 볼 수 있다.

잠재적으로 부정적일 수 있는 결과 다루기 Managing Potentially Negative Outcomes

삶이 늘 그렇듯이 노출치료에서 예상치 못한 혹은 원치 않은 결과가 발생하지 않는다는 절대적인 보장은 없다. 그리고 사실 그러한 불확실성과 함께 살아가는 법을 배우는 것이 노출치료의 중요한 목표이다. 개도 때로는 문다. 회전의자에 앉아서 반복적으로 돌리면 구토가 정말 일어날 수 있다. 연설 도중 대사를 잊어버릴 수도 있다. 노출 과제가 바람직하지 않지만 합리적인 수준에서 해가 없는 결과를 초래할 것 같은 경우, 치료자는 노출 과제를 그 결과가 나타날 *가능성*과 그 결과로 인한 *비용* 모두를 검증하는 틀로 삼아야 한다. 이런 식으로 대화 도중 얼어붙는 일이 발생하거나, 낯선 사람에게 부정적으로 평가받거나, 공황발작을 경험하는 등 예기치 않은 일이 발생하면 결과가 실제로 예측한 만큼 그렇게 '나쁜가' 평가하여 교정된 정보를 제공한다. 물론 노출이 객관적으로 부정적인 결과(예: 중증 질환, 폭행, 중요한 관계의 상실)로 이어질 가능성이 수용하기 힘들 정도로 크다고 판단하면 노출 과제를 수행해서는 안 된다.

치료자는 노출 상황에서 매우 낮은 확률의 결과까지 모두 예상할 수는 없다. 노출 요법으로 인해 몇 시간 동안 비좁은 엘리베이터에 갇혀 폐소공포증 환자가 되거나, 치명적인 교통사고로 운전을 두려워하는 사람이 되거나, 탑승한 비행기가 추락하여하여 비행을 두려워하는 사람이 되는 결과를 초래할 수 있다. 하지만 이러한 재난과 같이 매우 희박한 가능성 때문에 운전 노출을 못 한다면 치료자도 운전해서 출근할 수 없을 것이다.

치료자 역량 *Therapist Competency*

위에서 설명한 전략 외에도 노출치료자가 적절하게 훈련(또는 지도 감독)을 받고 이 치료법을 유능하게 전달함으로써 노출 중 발생할 수 있는 위험을 효과적으로 최소화할 수 있다. 노출치료를 수행하는 것이 믿을 수 없을 정도로 간단해 보일 수 있다. 하지만 이 기법을 최적으로 시행하는 일은 노출기반 치료 효과에 영향을 미칠 수 있는 맥락과 기타 요인들에 대한 세심한 고려를 필요로 한다(Powers et al., 2007). 예를 들어 설사 사용하지 않는다 하더라도 노출 중에 안전 보조 장치를 이용 가능하게 놔두는 것은 치료 결과에 매우 해로울 수 있다(Powers et al., 2004). 노출기법 사용에 관심이 있는 치료자는 유능한 노출치료자로부터 적절하게 훈련을 받고 지도 감독을 받아야 한다. 카스트로 Castro와 막스Marx(2007)는 환자 복지의 보호를 언급한 부분에서 환자 개개인에게 적절하고 적합한 치료를 제공하기 위해 치료자가 지적으로나 정서적으로 준비되어 있어야 한다고 하였다. '노출치료는 환자로서도 어렵지만 치료자로서도 도전적이고 힘든 것이다. 사실 노출치료 중 환자의 강렬한 감정 반응이 치료자의 이차적 고통을 유발하는 일이 드물지 않다.'(pp. 164-165). 이러한 관찰 결과로 보았을 때 치료자는 노출치료를 수행할 수 있는 역량으로 노출 방법을 구현하는 기술은 물론 종종 발생하는 환자의 강렬한 감정 반응을 견딜 수 있는 능력을 갖추는 것이 필요함을 보여 준다.

치료자의 자기 돌봄 *Therapist Self-Care*

노출치료는 치료자에게 심리적인 고통을 일으킬 수 있다. 그러한 고통은 특히 외상 후 스트레스 환자들을 위한 상상 노출을 수행할 때 발생할 수 있는데, 노출 중 치료자는 정말 끔찍한 외상 이야기들을 고통스러울 정도로 상세하게 듣게 된다. 이러한 까다로운 작업을 성공적으로 다루려면 노출치료자가 환자 고통에 대한 공감과 전문적 치료 반응을 가능케 하는 전문가로서의 거리 유지 사이에서 균형을 이루어야 한다(Foa & Rothbaum, 1998). 어떤 경우에는 이러한 균형을 유지하기 어려우며 환자들이 매우 끔찍한 경험을 되풀이하는 것을 듣고 난 후, 목에 뭐가 걸린 것 같이 느껴지거나 눈물을 참아야 할 수 있다. 그러나 비록 자애심 많은 치료자라 하더라도 환자가 임상 불안으로부터 회복하도록 돕는 것이 자신의 임무이고, 감정 조절을 하지 못하면 이 목표를 이룰 수 없음을 명심해야 한다. 실제로 치료자가 매우 힘든 노출로 유발된 고통을 견디는 능력을 자신감 있게 표현한다면 이로부터 환자들이 힘을 얻을 수 있다. 노출치료자의 발전에 중요한 부분은 특히 힘든 노출 동안 환자들이 보이는 감정적 고통을 받아들이는 법을 배우는 것이다. 이러한 노출치료 고유의 요구를 다루기 위해 때때로 동료들과 이야기를 나누거나 다른 전문적 활동 또는 개인 활동의 형태로 기분 전환을 추구하면서 부담을 줄이는 것이 필요하다.

윤리 경계를 유지하기
MAINTAINING ETHICAL BOUNDARIES

앞에서 설명한 바와 같이 일부 치료자들은 혐오를 일으키고 환자에게 위해가 될 수 있다는 추정과 우려를 근거로 노출이 비윤리적이라고 믿는다. 하지만 노출치료의 윤리에 대한 부정적인 신념에는 이 치료법이 잠재적으로 경계 위반의 문제와 이중 관계*를 초래할 것이라는 우려도 있다. 다른 종류의 덜 직접적인 정신치료에 익숙한 임상의들이 보기에는 노출은 환자에 대해 불편할 정도로 높은 수준의 능동적 참여를 수반한다. 그러한 참여가 회전의자에 앉은 채 의자를 빙빙 돌리거나 공중화장실에서 물체를 만지는 것과 같이 치료 활동이라고 하기에는 명백하게 통념적이지 않은 맥락에서 일어난다는 생각이 노출을 더 불편하게 여기게 만드는 것 같다. 또 노출을 수행하기 위해 치료실을 벗어나는 관행은 치료 관계의 전문성을 근본적으로 변화시킬 거라고 두려워하는 치료자들에게 문제가 될 수 있다. 여기서는 경계에 관한 윤리 원칙의 맥락에서 이러한 문제를 검토하고 윤리적으로 가장 적절한 방법으로 노출치료를 수행하기 위한 전략을 논의한다.

　　정신치료에서 *경계 침범*은 전형적인 치료 관행에서 벗어나는 것으로 간주한다(Zur, 2005). 전통적으로 치료자는 환자에게 가장 이익이 되는 치료적 맥락을 만들기 위해 엄격한 경계를 유지하도록 권고를 받아 왔다. 치료 경계는 시간, 장소, 접촉, 자기 공개, 선물, 돈 등의 매개 변수를 포함한다(Barnett, Lazarus, Vasquez, Moorehead-Slaughter, & Johnson, 2007). 그 중 특히 '치료실에서만'이라는 장소에 대한 경계 위반이 노출치료에 해당한다. 전통적으로 정신치료는 치료실을 벗어날 필요가 없었다. 하지만 노출치료는

---

*dual relationship 역주. 정신치료나 상담에서 치료자와 환자 관계 이외 다른 관계를 복합적으로 갖는 것을 말한다. 예를 들어 환자가 학생, 친구, 가족, 직장 동료, 동업자 등이기도 하다.

때때로 치료실로 쉽게 옮겨올 수 없는 공포 자극에 대한 노출을 수행하기 위해 치료자가 환자와 함께 치료실을 벗어나야 할 때가 있다. 그 결과 노출치료는 최소한 어느 정도는 경계 침범을 하게 된다.치료실을 벗어나는 형태의 경계 침범을 하면 치료자-환자 관계의 전통적인 개념에 내재된 엄격한 경계가 침식당할 가능성이 있다. 실제로 치료실 문밖에서 노출 요법을 시행하면 비공식적인 교류가 일어날 확률이 높아지고, 그중 일부는 엄격한 수준에서 치료적이지 않을 수 있다. 전통적으로 치료실 밖에서 환자와 상호 작용하는 것을 현명하지 않은 행위로 간주하였는데 성적 관계를 포함하여 환자와 이중 관계를 형성하는 기초를 만드는 것으로 볼 수 있기 때문이다(Barnett et al., 2007). 이러한 관점에서 노출 현장 실습은 점점 더 부적절한 행동을 초래하여 궁극적으로 착취적인 성적 만남이나 다른 이중 관계로 이어질 수 있는 '미끄러운 경사'로 한 발자국 내딛는 것으로 볼 수 있다. 이 미끄러운 경사로 이동하는 것을 막고, 임상의가 환자에게 가장 이익이 되는 치료를 제공하도록 '치료실에서만' 규정이 제안되었다(Smith & Fitzpatrick, 1995).

전통적인 형태의 정신치료 맥락 안에서는 '치료실에서만' 경계가 논리적인 처방이다. 그러나 이러한 전통적 경계 개념을 엄격하게 고수하면 환자와 함께 효과적으로 노출치료를 실행할 수 있는 치료자의 능력이 심각하게 제한될 것이다. 따라서 치료 목적에서 일시적으로 경계를 침범하는 것이 반드시 비윤리적이거나 위해를 끼치는 것은 아니다 (Lazarus, 1998). 사실 일부 불안장애 환자를 위한 노출기반 치료에서 그렇게 하지 *못하*는 것이 오히려 비윤리적이거나, 적어도 최적의 치료가 아니라고 간주할 수 있다. 따라서 경계 *침범*이 반드시 임상의를 '미끄러운 경사'에 올려놓아 경계 *위반*으로 이어지는 것은 아니다(예: Zur, 2001, 2007).노출치료를 수행할 때는 부분적인 경계 침범이 임상적으로 적합하거나 심지어는 필요할 수도 있다. 노출은 치료자 도움이 뒷받침되어 수행될 때(예: Abramowitz, 1996), 또 다양한 맥락에서 일어날 때(Powers et al., 2007) 최적의 효과를 보인다. 일부 환자에서는 안전학습이 특정 맥락에서만 일어나는 것은 아닌지 명확히 하기 위해 치료실 밖 노출이 필수이다(예: '*응급상황에 대처할 수 있는 병원 내에서 심장이 두근거린다면 위험하지 않다*'). 임상적으로 적응증이 된다면 노출치료자는 회기 시간을 1시간 이상으로 연장하거나, 환자 집을 방문하거나, 치료에 낯선 사람을 포함하는(예: 대중 연설 노출을 위해 동원된 관객들) 등 전통적인 치료와 관련된 경계를 추가로 침범할 수 있다. 그러한 경계 침범이 그 자체로는 비윤리적이지도 않고, 반드시 종국에는 환자와 부당한 성적 관계를 초래하는 일련의 부적절한 교류로 이어지는 것도 아니다.

경계 침범이 반드시 비윤리적인 것은 아니라고 해서 그러한 침범이 항상 윤리적이라는 것을 의미하지는 않는다. 마찬가지로 경계 침범이 반드시 성적 착취로 향하는 미끄러운 경사로 내딛는 것은 아니라고 해서 이런 일이 절대 일어나지 않음을 의미하지는 않는다. 경계 침범은 치료자가 환자를 돕는 데 필요하다고 판단할 때에만 발생해야 한다. 모든 치료 과제가 치료실 내에서 효과적으로 수행될 수 있다면 다른 곳에서 노출을 수행할 필요가 없다. 포프Pope와 케이쓰-스피겔Keith-Spiegel(2008)은 경계 침범을 숙고할 때 임상가가 고려해야 할 몇 가지 단계를 요약하였다. 이 중 가장 관련성이 높은 것은 치료자가 경계를 침범할 때 최선의 결과와 경계를 침범하지 않을 때 최악의 결과를 상상하는 것이다. 이러한 비용 편익 분석이 노출치료 중 경계 침범이 가지는 종합적인 치료적 가치를 결정하는 데 이용될 수 있다.

결론 CONCLUSIONS

위험 편익을 분석한 정보는 노출치료법이 일반적으로 안전하고, 견딜 수 있고, 효과적이고, 임상 불안에 사용할 수 있는 일차 치료법이라는 사실을 명확하게 시사한다. 그러나 상대적으로 소수의 치료자가 이 치료법을 제공하므로 임상 불안이 있는 대부분 환자는 노출기반의 치료를 받지 못하고 있다. 이 장에서는 노출에 관한 치료자의 수많은 부정적 신념에 관해 검토하였는데 이런 부정적 신념이 환자들에게 노출이 널리 적용되는 것을 방해하는 방향으로 작용한다. 또 노출치료 고유의 위험성과 윤리적 과제를 최소화하기 위한 전략도 논의하였다. 노출이 환자에게 위해를 가하고 비윤리적인 치료자-환자 상호 작용을 함양할 것이라는 추정은 물론이고, 노출에는 견디기 어렵고 비인간적인 속성이 있다는 치료자 신념이 과학적 근거가 없고 적절히 훈련받은 노출치료자의 임상적 경험과도 부합하지 않는다고 결론짓는다. 사실 잘 확립된 효과성을 고려할 때, 효과가 덜 하거나 입증되지 않은 치료를 선호하여 노출치료를 고려하지 않는다면 이에 대한 윤리적(아마도 심지어는 법적)인 문제의 소지가 있다고 믿는다. 그렇다고 해서 이 치료가 위험성이 없다고 말하는 것은 아니다. 사실 노출은 다른 형태의 정신치료보다 일시적으로 환자를 감정적으로 훨씬 더 불편하게 만들 수 있다. 하지만 이러한 가능성을 인식하고 이를 다루는 데 필요한 조처를 함으로써 노출치료자들은 환자에 대한 위해의 위험성을 상당히 줄일 수 있다.

노출치료에 있어 실증적으로 확립된 효과성과 치료 제공자의 낮은 이용 빈도 사이의 괴리는 받아들이기 힘들 정도로 크고 저자들에게는 큰 관심사이다. 여러 해 동안 괴로운 불안 증상으로 고통을 받았고 수많은 정신 건강 임상가들을 만났음에도 노출치료를 한

번도 받은 적이 없거나, 심지어 많은 경우 노출치료의 존재를 들어 본 적도 없는 환자들을 임상 작업에서 만나는 것은 몹시 분통이 터지는 일이다. 이 장에서(그리고 사실 이 책 전체에 걸쳐) 제공된 정보가 보통의 치료자가 노출을 유보하는 태도를 해소하고, 그 위험성과 편익을 더 객관적으로 분석할 수 있게 함으로써 노출 사용을 촉진하는 데 도움이 되기를 희망한다.